Das Gewissen steht auf

Vierzig Jahre sind seit dem 20. Juli 1944, mit dem wir symbolisch den gesamten Widerstand gegen den Nationalsozialismus verbinden, vergangen.

Der Tag des mißglückten Attentats auf Adolf Hitler und dessen Folgen ist für die Generationen, die den Krieg und die Zeit des Nationalsozialismus nur als historisches Ereignis kennen, ein Meilenstein im anhaltenden Widerstand von Menschen und Gruppen im Deutschland des »Dritten Reiches«.

Der Alfried Krupp von Bohlen und Halbach-Stiftung ist es ein Anliegen, das Vermächtnis jener Männer und Frauen des Widerstandes wach zu halten. Sie möchte gerade auf die jüngeren Generationen durch die Konfrontation mit den unmittelbaren Zeugnissen der nationalsozialistischen Herrschaft und des persönlichen Widerstandes mahnend einwirken und zur Besinnung anregen.

Die Stiftung hat deshalb gerne ihre Hilfe angeboten, die Dokumentation von Annedore Leber über Leben und Denken deutscher Widerstandskämpfer unter dem Titel »Das Gewissen steht auf« neu herauszugeben.

Berthold Beitz

DAS GEWISSEN STEHT AUF

Lebensbilder aus dem deutschen Widerstand
1933–1945

gesammelt und herausgegeben von Annedore Leber †
in Zusammenarbeit
mit Willy Brandt und Karl Dietrich Bracher

Neu herausgegeben von
Karl Dietrich Bracher
in Verbindung mit der
Forschungsgemeinschaft 20. Juli e. V.

v. HASE & KOEHLER

Gesamtherstellung: Süddeutsche Verlagsanstalt, Ludwigsburg
Printed in Germany
ISBN 3-7758-1064-1

Inhalt

Zweiter Teil
Das Gewissen entscheidet

Geleitwort

Dieses Buch beschreibt Lebensbilder aus dem deutschen Widerstand 1933 bis 1945. Man kann die Schilderungen, die es enthält, nur mit tiefer innerer Anteilnahme und Erregung lesen. Der Grund dafür liegt wahrlich nicht in Parallelen der damaligen zur heutigen Zeit. Damals war der Protest gegen die herrschenden Verhältnisse lebensgefährlich. Heute ist er durch die Verfassung geschützt, und der Geist der Zeit lädt ein, ihn reichlich zu nutzen. Damals herrschte äußerlich die Unfreiheit. Und doch blieben die Menschen, deren Überzeugungen und Schicksale hier wiedergegeben sind, innerlich frei und ihrer Aufgaben gewiß. Heute haben wir äußere Freiheit die Fülle. Für viele Menschen ist es dagegen schwer zu wissen, wo man im Leben gebraucht wird und wofür der eigene ganze Einsatz lohnt.

Jede Zeit muß ihre eigenen Fragen aufspüren und die Antworten selbst finden. Es gibt keine geschichtlichen Formeln für die Bewältigung der Gegenwart.

Dennoch lohnt es sich für ältere und jüngere Menschen immer wieder, die Texte zu lesen, die dieser Band über den Widerstand gegen die nationalsozialistische Herrschaft enthält.

Hier geht es nicht um eine zusammenhängende Darstellung der Geschichte und schon gar nicht darum, eine Entlastung der Deutschen für das Kapitel des Dritten Reiches im ganzen zu liefern. Historisch gesehen wiegt die Schuld, die wir auf uns geladen oder ererbt haben, stärker als die Läuterung, durch die viele Mitglieder des Widerstandes gegangen sind, wo immer ihr Ausgangspunkt auch war. Der Widerstand gegen Hitler und der 20. Juli 1944 sind keine mildernden Umstände für Deutschland geworden, auch wenn Männer und Frauen des Widerstandes lebten und starben im Gedanken der Sühne.

Es gab keine staatliche oder gesellschaftliche Institution, keine Schicht als Ganzes, die den Widerstand gegen Hitler getragen hätte. Vielmehr waren es Personen, die gegen die freiwillige, widerwillige oder erzwungene Haltung der Institution oder Schicht, der sie angehörten, sich zur Einsicht durchrangen, es müsse Widerstand geleistet werden durch Wort und Tat. Das Buch schildert Gedanken und Entscheidungen einzelner Menschen. Von persönlicher Verantwortung ist hier die Rede. Aus allen Landschaften waren sie zusammengekommen, aus allen Schichten der Bevölkerung, aus allen geistigen, sozialen und politischen Traditionen. Es hatte tiefe Gräben unter ihnen gegeben. Aber sie hatten erkannt, wie unwichtig dies gegenüber ihren gemeinsamen und nun lebensgefährlich bedrohten Überzeugungen der Humanität geworden war.

Die Texte bezeugen Gewissensentscheidungen. Das Gewissen ist persönlich, nicht kollektiv. Folglich gab es auch ganz unterschiedliche Gewissensentscheidungen. Einige wollten nicht den Umsturz herbeiführen. Sie wollten nur persönlich und ohne Schutzvorkehrungen für ihre Überzeugungen gegen das Unrecht eintreten. Manche schlossen das Ziel eines Umsturzes ein, fühlten sich aber durch ihre religiösen Überzeugungen an einem Attentat selbst gehindert. Andere sahen die Teilnahme an der Verschwörung als geboten an, nicht wenige von ihnen um ihres Glaubens willen.

Die Unterschiedlichkeit der Antworten war verständlich und sachgemäß. Gemeinsam waren ihnen die Erfahrung und die Kraft, aus der Bindung des Gewissens heraus für den anderen einzutreten. Was den Widerstand zusammenhielt, war nicht die soziale Herkunft, die politische Überzeugung oder der Glaube, sondern die Kraft, sich dem Gewissen in seiner ganzen Last zu stellen und für die Folgen das eigene Leben einzusetzen. Einer von ihnen, Justus Delbrück, sagte: »Wenn Gott will, kann er durch den Tod eines Menschen mehr sagen als durch sein Leben.« Was vom damaligen Widerstand fortwirkt, sind nicht historische Zusammenhänge oder politische Berechnungen, sondern Charakter, Gewissen, Worte und Taten der handelnden Menschen.

Wir leben heute in einer anderen Zeit. Die Herausforderungen, vor die sie uns stellt, sind weniger handgreiflich und extrem. Die Mittel, die sie uns gibt, um zu protestieren, sind – anders als damals – rechtlich gesichert und nahezu unbegrenzt. Die Probleme, die wir zu erkennen, und die Aufgaben, die wir zu lösen haben, sind im Vergleich zu damals oft verschwommen. Aber die Anforderungen an ein verantwortliches Leben gelten heute wie damals. Die Menschen, deren Lebenszeugnisse hier aufgezeichnet sind, bieten uns dafür Maßstäbe. Ihre Zielrichtung war wesentlich, ihre Gesinnung war lauter, ihr Gewissen war ihr Antrieb. Dies hat sie zu einer geistigen Kraft im Leben geführt, wie sie in unserer Zeit selten anzutreffen ist. Ihr Leben und ihre Liebe sprechen zu uns über ihren Tod hinaus. ». . ., jeden Tag zu nehmen, als wäre er der letzte, und doch in Glauben und Verantwortung so zu leben, als gäbe es noch eine große Zukunft«, wie Bonhoeffer sagt, das war ihre Leitlinie. Es kann jedem Leben zur Orientierung dienen, auch der heutigen Zeit.

Richard von Weizsäcker

Vorwort

Zehn Jahre nach dem 20. Juli 1944, dem bedeutendsten und zugleich letzten Versuch einer Beseitigung des Hitler-Regimes von innen, erschien in Berlin ein großer Band über den Widerstand von 1933 bis 1945, der mit eindringlichen Lebensbildern erstmals die ganze Breite und Tiefe des anderen Deutschland auszumessen suchte: »Das Gewissen steht auf.« Drei Jahre später folgte ein weiterer Band, der den verschiedenen geistigen und sozialen Bereichen des Widerstands gewidmet war: »Das Gewissen entscheidet.«
Es war die unvergeßliche Leistung von Annedore Leber († 1968), daß sie durch unermüdliches Sammeln von Lebensdaten und Äußerungen aus den vielen sehr unterschiedlichen Kreisen und Familien des Widerstands schon früh die Grundlagen geschaffen hat, auf denen jene beiden Bände dann in gemeinsamer Arbeit gestaltet werden konnten. Bei der Durchsicht des Materials und im Gespräch über die Manuskripte war den Bearbeitern und Herausgebern Anfang der fünfziger Jahre noch ganz unmittelbar die erlebte Erfahrung gegenwärtig, die Annedore Leber aus den Jahren der Opposition und der Konspiration an der Seite ihres Mannes mitbrachte und den Deutschen zu vermitteln, zum Vermächtnis zu machen suchte.

Berlin, wo sich dies alles schließlich 1943–1944 dramatisch und tragisch zugespitzt hatte, war Anfang der fünfziger Jahre noch immer und schon wieder ein Ort brennender Zeitgeschichte. Das Nebeneinander und Gegeneinander von Freiheit und Unterdrückung, von Demokratie und Diktatur, die Problematik des Widerstands war hautnah, freilich mit einer sich ändernden Frontstellung. Neben der Auseinandersetzung mit fortdauernden nationalsozialistischen Denkweisen und neonazistischen Aktivitäten, mit der apologetischen Leugnung oder Verleumdung des Widerstands, stand man nun vor der Herausforderung kommunistischer Diktaturen. Diktatur und Widerstand waren und blieben damals noch unmittelbare Erfahrung, auch wenn gleichzeitig das Bedürfnis nach Verdrängung leidvoller Geschichte, menschlichen Versagens und moralischer Schuld weitverbreitet war – ja in gewisser Weise der Anstrengung des Wiederaufbaus inhärent wurde.
Aber das Thema ist heute nicht weniger aktuell als in der unmittelbaren Nachkriegszeit. Denn die Auseinandersetzung um Sinn und Charakter des Widerstands gegen die schrecklichste Gewaltherrschaft der abendländischen Geschichte wird seit einigen Jahren mit entschieden politischen, teilweise fragwürdigen Argumenten neu belebt und scharf zugespitzt. Nicht selten geht es dabei um Einwände und Vorwürfe ähnlich denen, die schon nach 1945 eine breitere Aufnahme und Würdigung der Anti-Hitler-Opposition in Deutschland verstellten. Vor allem zwei Probleme treten hervor: zum einen die Frage der Gewichtung oder Bewertung der verschiedenen Kräfte und Richtungen des Widerstands; zum anderen der Gebrauch und Mißbrauch des Widerstandsbegriffs selbst als Argument aktueller politischer Auseinandersetzung.
Damals freilich wollten viele nichts hören von jenem »anderen Deutschland«, man verdächtigte die Motive der Verschwörer, manche rückten ihre Aktivität gar in die Nähe neuer Dolchstoßlegenden vom »verratenen Sieg«. Heute wiederum betont man gerne, die Widerstandskämpfer vom 20. Juli 1944 seien gar keine richtigen Demokraten gewesen, und es gelte dagegen die eigentlichen »Antifaschisten« (zumal der Linken) hervorzuheben. Dem dient neuerdings auch ein inflationärer Gebrauch des Widerstandsbegriffs durch Antisystem- und Alternativbewegungen. Nachdem man ihn lange verdrängt oder verkannt hat, meldet sich nun ein »nachträglicher Widerstandskampf« (J. Isensee), der freilich in grober Verkehrung der Sache nicht etwa gegen eine Diktatur, sondern zum Teil wie in der Weimarer Republik wieder gerade gegen die parlamentarische Demokratie gerichtet ist. Pervertierte politische Begriffe können verheerend wirken, wenn ihnen nicht rechtzeitig entgegengehalten wird, was ein politisches Gemeinwesen menschenwürdig macht: rechtsstaatlich verbürgte Freiheit und wirklich friedliche Austragung der Konflikte. Soll nicht unsere Demokratie, die eine solche Freiheitsordnung gewährleistet und schützt, ernsten Schaden nehmen, so müssen auch Begriff und Verständnis des Widerstands in ihrer eigentlichen Substanz erhalten werden: politischer Widerstand ist allein dort geboten und gerechtfertigt, wo keine legale Möglichkeit zu politischem

Widerspruch, keine legale politische Opposition geduldet und die Verfahren und Kontrollen des Rechtsstaats ausgeschaltet werden; Widerstand aber (wo er am leichtesten ist) gegen die freiheitlich-rechtsstaatliche Demokratie kann sehr wohl zur antidemokratischen Wegbereitung für künftige Diktatoren werden. Das ist nicht zuletzt auch die Lehre von Weimar – und das Vermächtnis des Widerstands gegen Hitler.

Das nun wieder vorliegende Werk wollte aber auch dem fatalen Umstand entgegenwirken, daß »die Akten der Unterdrücker schwerer [wiegen], als die mündlichen Überlieferungen und Dokumentenfetzen der Unterdrückten« (Willy Brandt). Die Herausgeber waren sich bewußt, daß man schriftliche Quellen aus diktatorischen Herrschaftszeiten (wie Gestapoakten) nie ohne Berücksichtigung der extremen Umstände der Manipulation und des Zwangs lesen dürfe, unter denen sie – für den Diktator – angefertigt wurden.

In diesem Sinne geht es hier um ein differenziertes Verständnis der unterschiedlichen Gruppen, Richtungen und Persönlichkeiten des Widerstands. Sie treten zu verschiedenen Zeiten mit verschiedenen Methoden und Zielen hervor. Einerseits waren es die alten politischen Gegner der Linken und der Mitte, bald auch enttäuschte Konservative; dann verstärkte sich der Widerspruch aus dem Raum der Kirchen; hinzu kamen Einzelgänger aus dem Staatsapparat und der Wirtschaft; schließlich rückten 1938 und wieder seit 1942/43 Militärs in den Mittelpunkt oppositioneller Pläne und Aktionen. Die Bewertung ist deshalb so schwierig und umstritten, weil sie nach höchst verschiedenen Maßstäben erfolgen kann: sind es die Motive, die Erfolgsaussichten oder die politischen Ziele, denen das Hauptgewicht zukommt? Davon hängt es ab, wie die linken und die bürgerlichen, die jugendbewegten und die kirchlichen, konservativen und militärischen Oppositionellen beurteilt werden, wie ihr Verhältnis zueinander und ihre Taktik gegenüber dem Regime gesehen wird.

Die tapfere, opfervolle Geschichte des Widerstands wird hier über die ganze Zeit von 1933–1945 für die verschiedensten politischen Richtungen von Kommunisten, Sozialisten und Christen bis zu den Konservativen und Militärs dokumentiert. Beides ist wichtig: das entschiedene Widerstehen der ersten Stunde – und der späte Versuch des Umsturzes, der noch Millionen Menschen hätte retten können. Man sollte beides nicht gegeneinander ausspielen wollen und damit denen in die Hände arbeiten, die den Widerstand überhaupt als erfolglos oder als zu spät herabsetzen und bagatellisieren: damals wie jetzt.

Natürlich ist völlig unumstritten und wird in diesem Buch auch schon früh dokumentiert: »Es gab nicht nur den 20. Juli.« Aber ebenso wichtig wie dies leider oft polemisch gemeinte Schlagwort bleibt die Tatsache, daß doch auch der Staatsstreich gegen die Diktatur, der Tyrannenmord selbst gewagt worden ist. Es geht sowohl um die opfervollen Anfänge von 1933 wie um die Umsturzversuche von 1938–1944. Und dazwischen liegt die große Skala der Verweigerungen und Einzelaktionen gegen das totalitäre Regime – freilich auch die tiefe Verlassenheit jeder Opposition inmitten der lärmend konformistischen »Volksgemeinschaft« einer so verführerischen wie zwanghaften Massendiktatur.

Das letzte Vermächtnis dieser Männer und Frauen ist aber nicht die Rechtfertigung revolutionärer Gewalt, sondern die Wiederherstellung verfassungs- und menschenrechtlicher Verhältnisse. Wenn immer noch oder von neuem ihre Motive und ihr Handeln als unlauter verdächtigt werden, wie es kürzlich wieder General Hans Oster geschah, so muß man sich klar machen, was es für diese Patrioten bedeutete, im Mai 1940 die Niederlande vor Hitlers Angriff zu warnen. Von Rechtsradikalen schon immer als Vaterlandsverräter diffamiert, wird er nun andererseits von politischen oder theoretischen Besserwissern verdächtigt, »kein makelloser Verschwörer« gewesen zu sein.

Verschleudern wir noch das wenige, was aus der deutschen Geschichte dieser zwölf Jahre rühmenswert bleibt? Man sollte einmal im ehemaligen KZ Flossenbürg, einem Todeslager auch des europäischen Widerstands, vor der Mauer stehen, wo Oster mit Canaris, Dietrich Bonhoeffer und anderen gehängt wurde – sie alle nun selbst Opfer des KZ-Grauens, das ihnen bei ihrem Tun in Gedanken an die Verfolgten, in den Lagern Leidenden und Sterbenden, immer vor Augen stand. Statt ein Datum der Verlegenheit sollte der 20. Juli symbolisch für den gesamten Widerstand ein deutscher Gedenktag sein, zu dem sich unser demokratischer Staat bekennt: mit den Tagen der Verfassung und der Einheit auch ein Tag der Freiheit, zugleich der Warnung vor allen Diktaturen.

Karl Dietrich Bracher

Erster Teil
Das Gewissen steht auf

VORWORT ZUR ERSTEN AUFLAGE

Der erste Gedanke zu diesem Buch liegt Jahre zurück. Den Anstoß gaben Bilder aus der Zeit der nationalsozialistischen Gerichtsbarkeit. Sie wurden in dem Verhandlungsraum des Volksgerichtshofes – offensichtlich auf Anordnung höchster Gestapo-Instanzen – während der Prozesse, die der Aktion vom 20. Juli 1944 folgten, aufgenommen. Damals haben weder die betroffenen Familien noch die Öffentlichkeit etwas von diesen Fotografien gewußt. Bald nach dem Zusammenbruch wurden sie mir zugänglich gemacht.

Schon unter dem ersten Eindruck meinte ich, daß niemals Worte das Geschehen unter der modernen totalen Diktatur eindringlicher vermitteln könnten als diese Bilder. Aus ihnen tritt uns der einzelne Mensch in seinem Schicksal entgegen. Er hebt sich damit aus der fernen, unbestimmbaren Zahl aller Opfer – bekannter und unbekannter – heraus und legt sein persönliches Zeugnis ab. Wir sehen uns seinem Mut, seinen Leiden und seiner seelischen Größe gegenübergestellt. Ein Einzelner hält uns fest und fragt uns, ob wir begreifen oder ob wir ausweichen wollen.

Seither beschäftigte mich die Überlegung, für diese Dokumente der jüngsten deutschen Geschichte die Form eines Buches zu finden, das die innere Notwendigkeit eines Aufbegehrens gegen den Gewaltstaat allgemein verständlich macht. Darin sollte – als eine Kette des Widerstrebens und Widerstehens – jene tief menschliche Haltung sichtbar werden, die allen grausamen Mitteln des totalitären Staates zum Trotz Bestand behielt.

Männer und Frauen, Junge und Alte aus allen Schichten des Volkes und allen Gebieten des Landes fanden sich nicht mit dem Unrecht ab; sie wehrten sich früher oder auch später dagegen. Eine wachsende geistige Rebellion ließ schließlich Menschen der verschiedensten Kreise zueinander finden und wurde ihnen zum Antrieb, nach einer befreienden Tat zu suchen. Zuletzt brach sich in dem Aufstand vom 20. Juli 1944 ihre Gewissensempörung gemeinsam Bahn. Zur Erinnerung an diese Verbundenheit trägt das Buch, 10 Jahre danach, das Erscheinungsdatum 1954.

Die Bemühung um einen breiteren Überblick führte mich dazu, weitere Bilder zu sammeln. Sehr bald wurden freilich große Schwierigkeiten offenbar. Zunächst begrenzten die zur Zeit gegebenen Verhältnisse die Materialbeschaffung aus dem Osten Deutschlands. In vielen Fällen waren auch die Angehörigen inzwischen verstorben, oder es waren Bilder und sonstige Unterlagen auf der Flucht verlorengegangen. Es kommt hinzu, daß viele Hinterbliebene häufig in völliger Zurückgezogenheit leben. Durch alle diese Umstände blieben zweifellos wesentliche Fälle unerfaßt.

Die schwerste Aufgabe aber war, eine Auswahl aus der Fülle der vorhandenen Unterlagen zu treffen, ohne damit etwa ein Werturteil zu verbinden. So ist die Sammlung in ihrer Unvollständigkeit nur der Versuch, in vierundsechzig Lebensschicksalen die Motive des Widerstandes zu spiegeln. Es wird eine notwendige weitere Arbeit sein, den richtigen Rahmen zu finden, um die Lücken, die dieses Buch nach Themenstellung und nach persönlichen Zeugnissen läßt, zu schließen.

Eine anspruchsvolle Aufgabe ist aber meist schön und kann so ausfüllend sein, daß fast ein Bedauern bleibt, wenn sie zu einem bestimmten Abschluß gekommen ist, wie das nun vorliegende Buch. Seine Gestaltung war nur dank der Unterstützung durch Angehörige und Freunde möglich, und es trägt in sich viele Gedanken derer, die als Nächste den Weg der Menschen begleiteten, die wir verloren haben und die uns heute so fehlen.

Wirkliche Menschen, suchende, hoffende, irrende, kämpfende, leidende Menschen – das wahrlich sind sie gewesen. In ihnen haben die widerstreitendsten Kräfte gerungen, wie in jedem von uns. Sie haben die Probe bestanden, weil ihr Gewissen in einer harten Entscheidungsstunde stark genug war. Auch uns kann ein ungeahntes Geschick in eine vergleichbare Lage bringen, und wir wagen um so weniger vorauszusagen, wie wir uns dann

verhalten werden, als uns die komplizierten Gesellschaftsverhältnisse heute vor überaus schwierige Entscheidungen stellen können.
Vielleicht werden wir richtig – vielleicht aber falsch reagieren. Doch das Wesentliche ist, daß wir uns immer wieder bewußt machen, wie die rechte Entscheidung und danach auch die unsere sein sollte. Denn das Wissen muß uns bleiben: Es ist die Grundlage unserer geistigen und kulturellen Existenz, daß der Einzelne, wenn es not tut, aus der Reihe tritt, um für das Recht, das Leben und die Seele seines Mitmenschen einzustehen.

Annedore Leber

BEKENNTNIS DER JUGEND

Die schwerste Last, die das nationalsozialistische Regime dem deutschen Volk aufbürdete, hatte seine Jugend zu tragen. Schändlich mißbrauchte es ihren Tatendrang, ihre Vaterlandsliebe, ihre Gläubigkeit. Es warf ihr Leben in ein ungeheuerliches Spiel. Den Überlebenden machte es den Weg in die Zukunft schwer.

Gewiß bleibt es wahr, daß der Nationalsozialismus durch die aktive Mitwirkung einer großen Zahl junger Menschen an die Macht gelangte und daß er sich auf die Generation, die unter den veränderten Verhältnissen heranwuchs, weitgehend zu stützen vermochte. Wahr bleibt aber auch, daß vor und nach 1933 – aus Tradition, Glauben und freier geistiger Entscheidung, aus dem Erlebnis des Krieges und aus Rebellion gegen das schlechthin Böse – immer wieder einzelne junge Menschen und Gruppen aufgestanden sind, um sich mutig und selbstlos zu den unveräußerlichen Werten der gesitteten Menschheit zu bekennen. Die Jugend, die im heutigen Deutschland um ihren Lebensinhalt und um neue Formen der Selbstdarstellung ringt, wird auf das Wachhalten der Erinnerung an die Opfer des deutschen Widerstandes gegen dämonische Mächte nicht verzichten können.

Nach dem ersten Weltkrieg war der Staat von Weimar an der Aufgabe gescheitert, die Demokratie fest zu verankern, der jungen Generation festen Halt zu geben und sie für die demokratische Lebensform zu gewinnen. Von starken Flügelparteien wurden die Grundlagen der Republik auch in jenen kurzen Jahren angegriffen, in denen eine bedeutende und vielfach verkannte Aufbauarbeit vonstatten ging. Die Zersetzung der staatlichen Gemeinschaft, die nach 1918 mit viel Mühe einigermaßen abgewehrt worden war, vollzog sich in erschreckendem Tempo, als die Wirtschaftskrise ab 1929/30 um sich griff. Breite Schichten des Mittelstandes sahen sich dem Ruin ausgeliefert. Junge Akademiker drängten sich mit Millionen von Arbeitern vor den Stempelstellen. Viele der jungen Menschen blieben ohne jede Berufsausbildung. Die alten Autoritäten, auch die des Elternhauses und der Schule, wurden erschüttert. Tatsächliche und vermeintliche Gegensätze führten zu einer immer stärkeren Zerklüftung. Die Bürgerkriegsarmeen wuchsen immer mehr an. Hoffnungslosigkeit, Verwirrung und Verzweiflung gaben den Boden ab, den gewissenlose Abenteurer beackerten. Sie entflammten eine Art revolutionärer Leidenschaft und münzten die geistige Krise in künstliche Begeisterung um. Die Träger der demokratischen Ordnung aber waren dieser Auseinandersetzung nicht gewachsen. Unter der Flagge eines krankhaft verzerrten Nationalismus – gefördert durch die aktive und passive Hilfe eines verfälschten und mißverstandenen Konservativismus – marschierte die unklare Massenbewegung der Unzufriedenen in den dunkelsten Abschnitt der deutschen Geschichte hinein.

Ein beträchtlicher Teil der jungen Generation zwischen den beiden Weltkriegen war von den hemmungslosen Demagogen eingefangen worden. So verhängnisvoll der politische Irrtum der damaligen Zeit in seinem Ausgangspunkt und erst recht in seinen Auswirkungen gewesen ist – den meisten der Beteiligten stellte er sich zunächst als etwas anderes dar. Das Auseinanderfallen im Volk spiegelte sich in der Jugend und ihren Verbänden wider. Viele hatten nicht den Mißbrauch durchschaut, den die nationalsozialistischen Führer von Anfang an mit dem »nationalen« wie mit dem »sozialen« Teil ihrer Forderungen betrieben. Vielen wurde nicht bewußt, daß die Gefühlsappelle der neuen Machthaber unecht, ihre Wertmaßstäbe unmöglich, ihre Beschwörung des deutschen Freiheitsstrebens unaufrichtig waren und das Dritte Reich tatsächlich mit einer Besetzung des eigenen Landes begann. Von der Haltung des einzelnen her gesehen, gab es eine Reihe von Berührungspunkten zwischen den jungen, aktivistischen Kräften der einander schroff gegenüberstehenden Lager: denen, die dem braunen »Trommler« folgten und

jenen, die auf dem linken politischen Flügel das Heil von einer »sozialen Revolution« erwarteten.
Ein nicht unbedeutender Teil der deutschen Jugend stand jedoch auch im Jahre 1933 noch – das sollte nicht vergessen werden – auf der Seite der Gegner einer Diktatur, die Knechtschaft bedeutete und zum Krieg führen mußte. Die jungen Menschen in der Arbeiterbewegung, in den stark zusammengeschmolzenen demokratischen Mittelgruppen, im Reichsbanner, in zahlreichen konfessionellen und anderen Jugendverbänden und in Sportorganisationen hatten einen wesentlichen Anteil an dem ehrlichen, wenn auch unzulänglichen Bemühen, das Verhängnis abzuwenden. Nach der Machtergreifung wurde ihnen ein nicht unbeträchtlicher Teil des Blutzolls abverlangt. Söhne folgten ihren Vätern in die Zuchthäuser, junge Mädchen blieben von den Mißhandlungen der SA und den Foltern der Gestapo nicht verschont. Wo immer die Illegalität dann als eine Verpflichtung zur Aktivität und zur Erneuerung aufgefaßt wurde, waren es vorwiegend jüngere Menschen, die ohne Furcht vor persönlichen Folgen in die Bresche sprangen.

Die nationalsozialistischen Machthaber gaben rasch zu erkennen, daß sie von einer eigenständigen Jugendbewegung nichts wissen wollten. Die »kämpferische« Note der Zeit vor 1933 wich bald einer äußerlichen Betriebsamkeit und dem blinden Gehorchen. Ein Ringen der jungen Generation um ihren Standort, ein Suchen nach positiven Werten war den Regierenden verdächtig und zuwider. Ihnen ging es allein darum, die jungen Menschen in einer Staatsjugend auszurichten, um sich ihrer als eines Machtinstruments bedienen zu können. Den wenigen, noch bestehenbleibenden, selbständigen Jugendverbänden wurde ein scharfer Kampf angesagt, bis auch diese gleichgeschaltet waren. Die HJ und ihre Nebenverbände haben es jedoch nicht verhindern können, daß sich auch auf dem völlig veränderten Boden oppositionelle Kräfte entfalteten.

Mancher junge Bursche, manches Mädel reagierten früher oder später mit ursprünglichem Widerwillen gegen den ihnen zugemuteten ewigen Zwang, gegen ein Leben, das wiederum und nun erst recht ohne berufliche Verankerung und auch sonst leer blieb. Viele flüchteten in die private Sphäre. In engen Zirkeln fielen harte Worte über das Versagen und die Verirrungen der »Zwischengeneration«. In zahlreichen Fällen erwies sich die Tradition stärker, als es den Regierenden lieb sein konnte. Es gab eine nicht geringe Zahl von Eltern, die den Kindern eine kritische Grundhaltung oder auch mehr mit auf den Weg zu geben vermochten: einen Halt im Glauben oder in humanistischer Gesinnung. Das freiheitliche Gedankengut der früheren Jugendbewegung – politischer, konfessioneller oder bündischer Richtung – blieb zumindest in kleineren Kreisen bewahrt. Das Streben nach der Befreiung aus hoffnungsloser Vermassung erhielt eine neue Bedeutung. Als »liberalistische« oder »individualistische« Elemente wurden solche Jugendlichen an den Pranger gestellt, die den Wert der Persönlichkeit und der Menschenrechte erkannt hatten. Einzelne gerieten auch mit dem Staat in Konflikt, weil sie sich gegen das auflehnten, was sie als Verrat an einem nationalen Sozialismus auffaßten.

Nachdem die Staatsführung den zweiten Weltkrieg entfesselt hatte, opferte sie an den Fronten und unter den Trümmern der Städte die Blüte der deutschen und der europäischen Jugend. Es endete damit, daß kaum schulentlassene Kinder in die Volksgrenadierdivisionen gepreßt oder zur Flak beordert wurden. Bedenkenlos wurde die deutsche Jugend in ein System gewollter Unmenschlichkeit verstrickt.

Das Fronterlebnis bedeutete jedoch für viele auch ein ernstes und beständiges Suchen nach tieferen Lebensgrundlagen. Wo die Welt aus den Fugen geraten war, suchte der beste Teil der Jugend Zuflucht bei den Grundimpulsen der Liebe und Treue, der Kameradschaft und Verläßlichkeit. Die Macht der übermütigen Menschenverächter zerbrach, die einfachen Dinge und die echten Werte blieben trotz allem bestehen.

Wir begegnen diesen echten Werten, wenn wir etwa die »Kriegsbriefe gefallener deutscher Studenten 1939–1945« lesen. Darin klingt manche

Stimme eines verzweifelnden Gewissens an, manch leidenschaftlicher Protest. Freiheit sei ein Fremdwort geworden oder ein sagenhafter Begriff, heißt es in einem Brief aus dem Sommer 1942. Die jungen Männer an der Front wüßten nicht mehr, um was sie kämpften: »Aber wir harren auf unserem Posten aus, und wenn es so ist: auf dem verlorenen.« Es gebe für ihn dort draußen kein »für«, nur ein »gegen«, sagt ein 22jähriger ein paar Monate vor seinem Tod im Herbst 1941: »Aber es ist meine Schuld, daß ich gezwungen falsch orientiert bin? Verflucht die Schuldigen.«

Oder auch dieses echt menschliche und alle Gefühle des Hasses bannende Bekenntnis von der Ostfront im Dezember 1941: »Brutale Gewalt ist das Kennzeichen für unser Jahrhundert, und so werden auch wir mitleiden müssen mit unseren russischen Brüdern und Schwestern, wir alle, denen Recht, Humanität und Menschenliebe eine Verpflichtung ihres Glaubens sind. Mitleiden – vor allem deshalb, weil es uns verwehrt bleibt, zu helfen, weil wir Hunderttausende, ja Millionen von Menschen leiden und hungern sehen, ohne die Möglichkeit zu haben, mit Wort und Werk gegen dieses Elend einzuschreiten. Welch ein unseliger Krieg ist dieses Menschenmorden im Osten Europas! Ein Frevel an der Menschheit!«

Hier stand der Soldat, der mit gutem Gewissen sein Vaterland zu verteidigen glaubte. Dort stand in nur scheinbarem Gegensatz zu ihm sein Kamerad, der mithelfen wollte, der nationalsozialistischen Herrschaft so bald wie möglich ein Ende zu bereiten. Diese jungen Menschen – wie die jungen Offiziere des 20. Juli – waren keine Landesverräter und erst recht keine Feiglinge. Sie folgten der Stimme ihres Gewissens. In den »Kriegsbriefen« ist vom letzten Gang eines »Fahnenflüchtigen« die Rede: »Er war ganz fest, ging aufrecht und zeigte nichts Jammerhaftes...«
Die Welt horchte auf, als man über ein Jahr vor dem 20. Juli von der Auflehnung und vom Mut der Geschwister Scholl und ihres Freundeskreises erfuhr. Ohne Aussicht auf einen unmittelbar greifbaren Erfolg boten sich diese jungen Menschen als Opfer an. In ihnen und den anderen jungen Kämpfern der Widerstandsgruppen trat der Kern der deutschen Jugendbewegung noch einmal hervor. Von dem Studenten der Medizin, Willi Graf, der einige Tage nach den Geschwistern Scholl verhaftet wurde und sieben Monate in der Todeszelle auf die Vollstreckung des Urteils warten mußte, berichtet ein Freund: »Als Sechzehnjähriger stieß er auf jene Angehörige der Jugendbewegung, die man die Jungenschaft nannte. Dieser Gruppe – eine, die nach dem Verbot der Bünde allen nationalsozialistischen Verlockungen ein unbeugsames Nein entgegensetzte – gehörte er bis zu seinem Tode an. Die meisten seiner Freunde erlitten ein ähnliches Schicksal wie er. Sie fielen im Krieg oder im Kampf gegen Hitler.«

Die Hoffnung der Jungen, die sich dem Ringen um ein besseres Deutschland verschrieben hatten, war auch zu allerletzt noch nicht geschwunden. Sie spricht in fast überschwenglichem Optimismus aus der Niederschrift eines der Mitarbeiter einer illegalen Gruppe in Berlin vom Januar 1945:
»Wir wollen neu beginnen! Wahrhaftig. Der Boden wird noch ein letztes Mal umgepflügt, um für eine neue gute Saat bereit zu sein. Es wird – oh, es wird.«

ANTON SCHMAUS

geboren am 19. April 1910 in München, war unter fünf Geschwistern der zweite Sohn des Gewerkschaftssekretärs und Reichsbannermitgliedes Johannes Schmaus in Berlin-Köpenick.
Nach Abschluß der Lehre als Zimmermann suchte sich Anton Schmaus neben seiner Berufsarbeit in Abendkursen auf einer Baufachschule weiterzubilden. Frühzeitig gehörte er der Sozialistischen Arbeiterjugend, bald dann der SPD und seit 1931 der Reichsbannerjugend an. Er galt dort als äußerst zuverlässig, konnte jedoch aus Zeitmangel nicht besonders aktiv in Erscheinung treten.
Folgende Schilderung gaben Willy Urban und Paul Hasche, Freunde und Nachbarn der Familie Schmaus.

Seit Februar 1933 war der Bezirk Köpenick in höchste Beunruhigung versetzt. Rollkommandos der SA fuhren in Wäschereiautos vor den Häusern bekannter Nazigegner vor, holten diese heraus und brachten sie in SA-Lokale. Niemand war gewiß, ob er nach den Mißhandlungen gesund oder lebend wiederkam.
Am Morgen des 21. Juni hatte sich die Terroraktion zum höchsten Ausmaß gesteigert. Die Köpenicker SA-Stürme waren eingesetzt und hatten im Laufe des Tages an mindestens 200 Personen ihre Gewaltakte verübt.

Anton Schmaus wurde abends bei seiner Rückkehr am Bahnhof gewarnt. Die SA war schon in den Mittagsstunden vor dem Schmausschen Hause vorgefahren und hatte die Wohnung der wegen ihrer vorbildlich-selbstlosen Haltung allgemein geschätzten Familie nach Vater und Sohn durchsucht. Anton wies den Rat, zu fliehen, entschieden zurück: »Ich habe die Rechtlosigkeit satt, ich will mich nicht ständig verstecken.«
Anton befand sich bereits im oberen Stockwerk im Bett, als die SA zur halben Nachtzeit gewaltsam ins Haus eindrang und die sich in den Weg stellende Mutter mit Tritten zurückstieß und niederschlug. Durch deren Hilferufe aufgeschreckt sah sich Anton auf der obersten Stufe der Treppe bereits den nach oben stürmenden SA-Leuten gegenüber. Er rief ihnen zu, daß sie das Haus verlassen sollten, andernfalls würde er schießen. Da diese nicht achtend auf ihn eindrängten, griff er in Notwehr nach seiner Pistole. Laut Polizeibericht vom 5. Juli 1933, Aktenzeichen I Ad VI, brachen drei SA-Leute schwer verletzt zusammen und verstarben später im Krankenhaus. Ein vierter war durch einen Schuß seiner eigenen Leute tödlich getroffen.

Nach einem Sprung aus dem Fenster stellte sich Anton Schmaus freiwillig der Polizei. Die SA suchte nach ihm. Sie verlangte seine Herausgabe bei der Köpenicker Polizei. Diese lehnte das Ansuchen ab, ließ jedoch Anton Schmaus aus Sicherheitsgründen durch zwei Schutzpolizeibeamte in das Polizeipräsidium Berlin überführen. Daselbst sahen sich die Polizisten von etwa 30 bis 40 SA-Leuten umringt, die sich des Gefangenen bemächtigen wollten. Nach dem oben erwähnten Polizeibericht fiel aus ihrer Menge heraus plötzlich ein Schuß auf Anton Schmaus. Durch eine Rückenmarkverletzung gelähmt, verstarb er im Polizeikrankenhaus im Januar 1934. Sein Todestag ist unbekannt.

Der Vater, Johannes Schmaus, wurde von der SA am 22. Juni 1933 in seinem eigenen Hause erhängt; an vielen anderen wurden grausame Racheakte verübt. Das Wasser der Dahme schwemmte nach wenigen Tagen nahe der Grünauer Fähre mehrere Säcke mit Toten an. Unter ihnen wurden der frühere Ministerpräsident von Mecklenburg-Schwerin, Johannes Stelling, der Reichsbannerführer Paul von Essen und der Kommunist Pokern identifiziert.

HELMUTH HÜBENER

Geheim!

Jm Namen des Deutschen Volkes

In der Strafsache gegen

1. den Verwaltungslehrling bei der Sozialverwaltung in Hamburg *Helmuth* Günther *Hübener,* geboren am 8. Januar 1925 in Hamburg, zuletzt dort wohnhaft gewesen,
2. den Schlosserlehrling *Rudolf* Gustav *Wobbe,* geboren am 11. Februar 1926 in Hamburg, zuletzt dort wohnhaft gewesen,
3. den Malergesellen Karl Heinz *Schnibbe,* geboren am 5. Januar 1924 in Hamburg, zuletzt dort wohnhaft gewesen,
4. den Verwaltungslehrling bei der Sozialverwaltung Hamburg, *Gerhard* Heinrich Jacob Jonni *Düwer,* geboren am 1. November 1924 in Altona, zuletzt in Hamburg-Altona wohnhaft gewesen,

sämtlich z. Zt. in dieser Sache in gerichtlicher Untersuchungshaft,

wegen Vorbereitung zum Hochverrat

hat der Volksgerichtshof, 2. Senat, auf Grund der Hauptverhandlung vom 11. August 1942, an welcher teilgenommen haben als Richter:

Vizepräsident des Volksgerichtshofes Engert, Vorsitzer,
Oberlandesgerichtsrat Fikeis,
NSKK-Brigadeführer Heinsius,
Oberbereichsleiter Bodinus,
Oberführer Gaugerichtsvorsitzender Hartmann,
als Vertreter des Oberreichsanwalts: Erster Staatsanwalt Dr. Drullmann,
als Urkundsbeamter der Geschäftstelle: Justizsekretär Wöhlke,
für Recht erkannt:

Es werden verurteilt:

Hübener wegen Abhörens eines Auslandssenders und Verbreitung der abgehörten Nachrichten in Verbindung mit Vorbereitung zum Hochverrat und landesverräterischer Feindbegünstigung

zum Tode

und zum Verlust der bürgerlichen Ehrenrechte auf Lebenszeit,

Wobbe wegen Abhörens eines Auslandssenders und Verbreitung ausländischer Rundfunknachrichten in Verbindung mit Vorbereitung zum Hochverrat zu 10 – zehn – Jahren Gefängnis,

Schnibbe wegen Abhörens eines Auslandssenders und Verbreitung ausländischer Rundfunknachrichten zu

5 – fünf – Jahren Gefängnis

und *Düwer* wegen Verbreitung von ausländischen Rundfunknachrichten zu

4 – vier – Jahren Gefängnis.

Auszüge aus der Urteilsbegründung:

Der Angeklagte Hübener ist jetzt 17 Jahre alt. Sein Vater ist derzeit im Sicherheitsdienst eingesetzt, die Mutter zu Hause. Er hat die Volksschule besucht und kam im Jahre 1938 in den Oberbau. Das Abschlußzeugnis, das er hier im Jahre 1941 erhielt, war überaus gut. Seit April 1941 ist er Lehrling für den gehobenen Verwaltungsdienst.

Hübener trat im Jahre 1938 dem Deutschen Jungvolk bei, wurde dann zur HJ überstellt und gehörte ihr bis zu seiner Festnahme an. Er gehört seit seiner Kindheit der Glaubensgemeinschaft »Kirche Jesu Christi der Heiligen der letzten Tage« an.

Seit Sommer 1941 verarbeitete Hübener den Inhalt der abgehörten englischen Nachrichten zu Flugzetteln und Flugblättern ... Insgesamt sind die Entwürfe oder Vervielfältigungen 20 verschiedener Hetzschriften dieser Art verfaßt worden. Diese Flugblätter enthalten außer den englischen Meldungen über die Kriegslage gemeine Beschimpfungen und Verdächtigungen des Führers und seiner Mitarbeiter, hetzerische Angriffe gegen die Maßnahmen und Einrichtungen der nationalsozialistischen Staatsführung sowie die Aufforderung, durch den Sturz des Führers das Kriegsende herbeizuführen ...

Sämtliche Angeklagten haben zugegeben, das Verbot des Hörens ausländischer Sender und der Verbreitung ausländischer dem Reich abträglicher Rundfunknachrichten gekannt zu haben. Im übrigen haben sie sich wie folgt eingelassen:

Hübener: Die englischen Nachrichten hätten im Gegensatze zu den deutschen Meldungen, die er ebenfalls gehört habe, die Ereignisse in einem für

England günstigen und dem Reich abträglichen Sinne dargestellt. Da sie aber alles viel eingehender behandelt hätten als die deutschen Berichte, habe er sie in den meisten Punkten für wahr gehalten und sich verpflichtet gefühlt, sie anderen Leuten zur Kenntnis zu bringen, damit auch diese die Wahrheit erführen und besser unterrichtet seien . . .
Hübener, der von dem Zeugen Mons als ausgezeichneter und verläßlicher Mitarbeiter bezeichnet wurde, hat in der Hauptverwaltung einen weit über dem Durchschnitte von Jungen seines Alters stehende Intelligenz gezeigt . . . Daß er schon immer Fähigkeiten über dem Durchschnitte aufgewiesen hat, zeigt seine Zuteilung zum Oberbau. Dann hat er für seine Abschlußprüfung einen politischen Aufsatz: »Der Krieg der Plutokraten« vorgelegt, der zwar vorwiegend eine Zusammenstellung enthält, aber in seiner Art nicht vermuten läßt, daß er damals erst im 15. oder 16. Lebensjahr gestanden hat. Die Arbeit ist ihrem inneren Gehalt und der Reife nach die Arbeit einer Person von weit über 18 Jahren. Das gleiche Bild gibt der Inhalt der Flugschriften, die von Hübener in Anlehnung an die Nachrichten verfaßt worden sind. Auch hier würde niemand, selbst wenn er wüßte, daß ihr Inhalt nach Aufzeichnungen verfaßt worden ist, vermuten, daß sie von einem erst 16- und 17jährigen Jungen verfaßt worden sind . . . Damit war der Angeklagte wie ein Erwachsener zu bestrafen.

Das Todesurteil gegen Helmuth Hübener wurde am 27. Oktober 1942 vollstreckt.

HILDA MONTE

Als Hilda Monte 15 Jahre alt war, schrieb sie für das Berliner Blatt des Internationalen Sozialistischen Kampfbundes »Der Funke«. Drei Jahre später, zum Zeitpunkt der nationalsozialistischen Machtübernahme, war sie in England. Obwohl sie als Jüdin Grund genug zur Sorge um die eigene Zukunft gehabt hätte, gab sie die ganzen Kräfte ihres jungen und kurzen Lebens für die Organisation eines internationalen Widerstandes gegen das Naziregime und eine Befreiung des deutschen Volkes von diesem System hin. Über den Internationalen Sozialistischen Kampfbund nahm sie Verbindung zu politischen Freunden in den verschiedensten Ländern und – mit großem Geschick – auch in Deutschland auf. In Wort und Schrift drängte sie darauf, durch die Beseitigung Hitlers etwas Entscheidendes gegen den Nationalsozialismus zu tun. Unter dem Pseudonym Hilda Monte – ihr eigentlicher Name war Hilde Meisel – brachte sie ihren Gesinnungsfreunden in Deutschland Literatur und Informationen, warnte sie in Gefahr und half ihnen bei der Flucht.
Während des Krieges veröffentlichte sie in englischer Sprache die Novelle »Where Freedom Perished«, in der sie die Bedrängnis auch der Deutschen unter der nationalsozialistischen Diktatur im Ausland verständlich zu machen suchte, und etwa zur gleichen Zeit das Buch »The Unity of Europe« – eine für ihre politischen und ökonomischen Kenntnisse sprechende Arbeit. Auch in den Kriegsjahren suchte sie Möglichkeiten nach Deutschland zu kommen.

Im Jahr 1939 erreichte sie Lissabon, mußte dann aber nach England zurückkehren. Sie fand schließlich 1944 den Weg in die Schweiz und hoffte von dort nach Österreich und Deutschland zu gelangen. Im Frühjahr 1945 wurde sie von einer SS-Patrouille auf dem Rückweg in die Schweiz beim illegalen Grenzübergang erschossen.
Eine sehr nahe Freundin, Nora Platiel, zeichnet die früh Verstorbene mit folgenden Worten: »Hilda Monte, körperlich zart, geistig beweglich und frühreif, wandte sich in einem Alter, in dem sonst junge Menschen sich noch auf Examen vorbereiten, dem politischen Journalismus zu. Ihr klarer Verstand ließ sie die Zusammenhänge der sozialen Struktur unserer Gesellschaft früh erkennen. Obwohl sie kein reguläres Studium durchführte, legen dafür zahlreiche volkswirtschaftliche und politische Arbeiten Zeugnis ab.
Nun lesen wir in ihren nachgelassenen Gedichten. Sie machen keinen Anspruch auf künstlerischen Wert, aber sie rühren irgend etwas in uns an. Ist es die tiefe Verbundenheit mit der Natur, mit der Kunst, mit der Welt des Schönen schlechthin, die uns aus diesen Gedichten so unmittelbar anspricht? Ist es der tiefe Ernst, der Hunger nach Gerechtigkeit?
Wir kommen dem Wesen Hilda Montes und dem Sinn und Wert dieser Gedichte vielleicht am nächsten, wenn wir sie nehmen als Äußerungen eines leidenschaftlichen, unruhevollen Herzens, dem Mutlosigkeit und Trägheit fremd waren.«

Sprecht nicht von Mut . . .

Sprecht nicht von Mut,
o, sprecht mir nicht von Helden
und Heldentum!
Ich weiß, es gibt auch Helden,
und ihnen gebührt der Ruhm;
aber bei mir war es anders,
feiert mich darum nicht so sehr, –
Das Leben ist manchmal so drückend,
so beängstigend schwer,
daß man mehr Mut braucht zu leben,
als für einen großen Zweck
sich selbst hinzugeben –
und ist dann über alles hinweg.
So lernt man den Tod verachten,
und das zu lernen ist gut;
doch die es dazu brachten,
beweisen erst ihren Mut,
wenn sie dennoch weiterleben,
Jahre – jahrzehntelang –
Feiert den nicht als Helden,
der nicht das Leben bezwang!

Aus: Gedichte von Hans Lehnert, Hilde Meisel; Europäische Verlagsanstalt, Hamburg.

JONATHAN STARK

wurde am 8. Juli 1926 in Ulm an der Donau geboren. Seine Eltern, Zeugen Jehovas, erzogen den Sohn in streng biblischem Geist. Nach Abschluß der Volksschule erlernte er Lithographie. Auf der Kunstmalerschule in Ulm, die er während seiner Lehrzeit absolvierte, galt er als einer der besten Schüler. Am 1. Oktober 1943 mußte er sich beim NS-Arbeitsdienst melden, was er nur schweren Herzens tat, weil dort zu dieser Zeit die Jungens bereits im Alter von 16 Jahren mit der Waffe ausgebildet wurden. Nach drei Tagen Arbeitsdienstlager holte ihn die Gestapo ab, weil sich der damals Siebzehnjährige getreu seinem Glauben geweigert hatte, den Eid auf Hitler abzulegen. Man nahm auch kurz danach seinen Vater in Haft, der seine Freiheit erst nach Kriegsende wiedererlangte.

Jonathan Stark selbst wurde in das Konzentrationslager Sachsenhausen bei Oranienburg gebracht und dort Ende Oktober 1944 erhängt.

Über die Vorgänge berichtete Hermann Scheffel, der selbst viele Jahre in Sachsenhausen war und erneut als Zeuge Jehovas in der Sowjetzone zu einer langjährigen Zuchthausstrafe verurteilt ist, folgendes:

»Es war im Herbst 1944, als ich hörte, daß der junge Bruder Jonathan Stark im Lager Sachsenhausen-Oranienburg eingeliefert wurde. Er kam in die Strafkompanie nach Block 14, wo er gleich eine besondere Uniform bekam. Wir aber wußten genau, was diese Uniformen bedeuteten; es war die Totenuniform. Als ich davon hörte – es war zwar schwer verboten, ihn aufzusuchen –, machte ich mich auf, um mit ihm in Verbindung zu treten. Ich hatte auch Erfolg und habe mich über eine Stunde mit ihm ausgesprochen. Durch sein entschiedenes Handeln war er schon bei den anderen aufgefallen und machte sich damit in dem Kreise sehr beliebt. An dem ersten Abend, an dem ich mit ihm zusammen war, zeigte er ein ganz ruhiges Wesen, trotzdem er um sein Schicksal wußte. Er blieb freudig und bei jeder Verhandlung entschieden und fest, so daß seine Haltung selbst bei der SS Bewunderung hervorrief. Im ganzen Lager war er damals die große Sensation, alles sprach von ihm.

An einem Dienstagnachmittag war seine letzte Stunde. Von weitem konnten wir ihn nochmals vorn am Tor stehen sehen, aber wir konnten nicht mehr zu ihm. Er stand ruhig und fest am Tor. Ein Berufsverbrecher mußte ihn aufhängen im Beisein des Lagerführers. Man legte ihm die Schlinge um den Hals. Da aber zögerte der Berufsverbrecher, der Lagerführer vergaß auch den Befehl zu geben. Da fragte mit einem Male unser kleiner Junge: ›Warum zögert ihr? Für Jehova und Gideon steht ein!‹ Das waren seine letzten Worte.«

Jonathan Stark war einer der 6034 »Zeugen Jehovas« zu jener Zeit in Deutschland. Von ihnen sind 5911 in den Jahren 1933–1945 verhaftet worden. Über zweitausend fanden dabei den Tod durch Hinrichtung, sonstige Gewaltakte, Hunger, Krankheit oder Frondienst.

SOPHIE SCHOLL

geboren am 9. Mai 1921 in Forchtenberg (Württemberg) als Tochter des Bürgermeisters, wuchs mit vier Geschwistern auf. Im Jahre 1940 legte sie ihr Abitur in Ulm ab, durchlief die zweijährige Ausbildung zur Kindergärtnerin, wurde dann zum Arbeitsdienst und anschließend zum Kriegshilfsdienst eingezogen. Im Mai 1942 nahm sie das Studium der Biologie und Philosophie in München auf. Sie gehörte der aus Studenten, Künstlern und Gelehrten gebildeten Widerstandsgruppe »Weiße Rose« an, die durch Flugblätter zu einer klaren ablehnenden Haltung gegen Hitler und sein Regime aufrufen wollte, um damit – wie es in einem der Flugblätter heißt – »eine Erneuerung des schwerverwundeten deutschen Geistes anzustreben«.
Sophie Scholl wurde mit ihrem Bruder Hans am 18. Februar 1943 in der Universität München verhaftet und am 22. Februar 1943 durch den Volksgerichtshof unter dem Vorsitz von Freisler gemeinsam mit ihrem Bruder und dessen Studienfreund Christoph Probst zum Tode verurteilt. Das Urteil wurde einige Stunden später vollstreckt. Zu der Kerngruppe des Kreises gehörten Prof. Kurt Huber, Willy Graf und Alexander Schmorell. Auch sie fanden den gleichen Tod.

Aus Briefen und Tagebuchaufzeichnungen von Sophie Scholl

9. 11. 39
. . . Man sollte überhaupt den Mut haben, nur an das Gute zu glauben. Ich meine damit nicht, an Illusionen zu glauben, sondern ich meine, nur das Wahre und Gute zu tun und bei anderen Menschen vorauszusetzen, wie man es mit dem Verstand nie tun kann. (Das heißt: immer undiplomatisch sein.)

16. 5. 40
. . . Ich wünsche Dir sehr, daß Du diesen Krieg und diese Zeit überstehst, ohne ihr Geschöpf zu werden. Wir haben alle unsere Maßstäbe in uns selbst, nur werden sie zu wenig gesucht. Vielleicht auch, weil es die härtesten Maßstäbe sind.

13. 1. 41
. . . Ich sehnte mich während der Bahnfahrt so sehr nach einem Gesicht, das dem meiner Geschwister oder Kameraden geglichen hätte. Kannst Du Dir das vorstellen? Nicht etwa Heimweh, nur die Erkenntnis eines Unterschiedes. Selbst die Jungen, deren ich viele im Zuge sah, waren nimmer jung, sie benutzten ihre Jugend nur zum Genuß. Aber meine Geschwister und Freunde, wenn auch oft unbeholfen, unwissender, waren doch voll guten Willens oder – voll Willens zum Guten.

Juli 1942
Rufen möchte ich vor Freude, daß ich so allein bin, daß mein Körper von allen Seiten von dem wilden ungestümen Wind umspült wird; allein auf einem Floß möchte ich stehen, aufrecht stehen, über dem grauen Fluß, dessen eiliges Wasser der Wind nicht erregen kann. Rufen möchte ich da, daß ich so herrlich allein bin.
Der Wind reißt den blauen Himmel auf, da kommt die Sonne heraus und küßt mich zärtlich. Ich möchte sie wiederküssen, doch gleich habe ich meinen Wunsch vergessen, weil der Wind mich jetzt anspringt. Ich spüre, wie herrlich hart ich bin, ich lache laut vor Freude, weil ich dem Winde ein solcher Widerstand bin. Alle Kräfte spüre ich in mir.

10. 2. 43
Wahrscheinlich werde ich im nächsten Sommer auch zum Arbeitseinsatz herangezogen. Ich bin nicht so unglücklich darüber, weil ich auch noch leiden will (das ist zu viel gesagt, ich meine: daß ich wenigstens noch unmittelbarer betroffen sein will) unter der ganzen Zeit. Verstehst Du, das Mitleiden fällt oft schwer und wird leicht zur Phrase, wenn der eigene Körper nicht weh tut.

FRIEDRICH KARL KLAUSING

am 24. Mai 1920 in München geboren, wurde als Mitglied der christlichen Pfadfinder nach der Machtübernahme 1933 in die HJ eingegliedert. 1938 legte er sein humanistisches Abitur ab und trat nach einem halben Jahr Arbeitsdienst im Herbst 1938 als Fahnenjunker in das Infanterie-Regiment 9 ein. Er nahm am Polen- und Frankreich-Feldzug teil, erhielt das EK I und dann die Ernennung zum Offizier.
Nach einer schweren Verwundung bei den Kämpfen um Stalingrad wurde er zum Oberleutnant befördert und nach einer zweiten schweren Verwundung 1943 in Rußland zum Innendienst beim Oberkommando der Wehrmacht versetzt.

Die Gestalt dieses jungen Offiziers steht für eine ganze Generation, die unter dem Eindruck, ja, im Geist des Nationalsozialismus aufgewachsen ist, dann aber durch Gedanke und persönliche Erlebnisse getrieben wurde, den Ruf des Gewissens aufzunehmen und aus eigener Kraft zu erfüllen. Die innere Auseinandersetzung beginnt an der Front mit der Frage nach dem Sinn des Krieges; sie vertieft sich, als Klausing nach einer Verwundung in der Heimat Dienst tut. Er begegnet einem älteren Freund aus seinem Frontregiment, Fritz v. d. Schulenburg, der ihm – erfahrener und wissender – die Augen öffnet und ihn für seinen Widerstandskreis gewinnt. Die zertretenen Ideale der Jugend fallen, verraten von einer verbrecherischen Führung. Klausing wird Adjutant Stauffenbergs, den er mit der Bereitschaft des jungen, doch politisch gereiften Herzens verehrt.

Ein Leben der Selbstverleugnung, der Konspiration beginnt, bis nach vielen Fehlschlägen und langem Warten der 20. Juli da ist. Trotz einer Erkrankung ist Klausing mittags in der Bendlerstraße und mobilisiert die in Potsdam wartenden Freunde. Er erlebt die Verhaftung und Erschießung der Offiziere um Stauffenberg, entkommt jedoch in später Nacht. In dem Zehlendorfer Haus der Ärztin Vera Gaupp sucht er, wie häufig die Wochen zuvor, illegale Zuflucht. Bei Wolfgang Gaupp, dem Eingeweihten und Mitverschworenen, verbringt er die folgenden Stunden in schwerem Kampf um die rechte Entscheidung. Er wählt nicht Selbstmord oder Flucht, sondern stellt sich am Morgen. Unter dem Verdikt des Volksgerichtshofs stirbt er am 8. August 1944 mit seinen Kameraden.

Über die letzten Stunden vor der Verhaftung schreibt Vera Gaupp nach der Darstellung ihres Bruders Wolfgang:

»Bleich, verstört, in größter seelischer Erregung und Verzweiflung kam er nachts um 12 Uhr zu Hause an, legte in Anwesenheit meines Bruders die Pistole auf den Tisch und sagte, daß er sich nunmehr erschießen müsse, da alles verloren sei und er das Schicksal seiner Kameraden teilen müsse.
Die Diskussion dauerte die halbe Nacht; sie ging um Flucht, Selbstmord oder gemeinsamen Tod mit den Kameraden. Den Gedanken an Selbstmord gab er zuerst auf, da er uns nicht gefährden wollte. Auch schien ihm dieser Weg keine Lösung und Besiegelung seines Wollens. Flucht hielt er für feige, sie mochte auch die gefährden, die ihm dabei helfen wollten. So schien ihm nur mehr der eine Weg möglich, sich zu Stauffenberg und seinem Einsatz zu bekennen und in den Bendlerblock zurückzukehren.
Es gelang Wolfgang nicht, ihn von der Sinnlosigkeit dieses Opfers, mit der der Sache nicht mehr zu dienen sei, zu überzeugen. Klausing bestimmte die Pflicht der Kameradschaft, für die ihm sein Leben ein angemessener Preis schien.
Als er am anderen Morgen um 8 Uhr aufbrach, um sich zu stellen, war er ruhig, gefaßt und ohne Furcht. Er wußte seinen Weg.«

HEINZ BELLO

»Wie ohnmächtig sind wir Menschen doch dem Tod gegenüber. Was wäre das Leben ohne Glauben? Es wäre zum Verzweifeln, wenn wir nur in ein Nichts zurücksänken.«

Diese Worte des vierundzwanzigjährigen Sanitätsfeldwebels Heinz Bello unmittelbar vor seiner Erschießung übermittelte der damalige Wehrmachtpfarrer Kreuzberg der Familie. Und weiter berichtete dieser Pfarrer, der viele junge Soldaten zu der Richtstätte begleitete, über die Vorgänge jenes Tages:

»Es war morgens 6 Uhr, als Heinz im Geschäftszimmer des Wehrmachtsuntersuchungsgefängnisses Berlin die Mitteilung erhielt, daß das Gnadengesuch abgelehnt sei und das Todesurteil ›heute morgen um 8 Uhr durch Erschießen vollstreckt‹ werde. Heinz nahm das Urteil ernst und ruhig entgegen. Ich ging dann mit ihm in seine Zelle zurück. Nachdem wir beide Platz genommen, sagte er: ›Es ist wohl so Gottes Wille. Ich bin gestern von Spandau nach hier verlegt worden. Diese Nacht habe ich nicht so gut geschlafen wie sonst. Mir kam der Gedanke, wenn ich heute sterben müßte, dann wäre es gerade am Festtage der Märtyrer Peter und Paul. Ich sterbe für ein christliches Deutschland. Ich will sterben für die Wiedervereinigung der Kirchen in Deutschland, daß doch alle wieder in Frieden leben können. Mein letztes Wort soll sein: ›Omnia ad majorem Dei gloriam! Alles zur größeren Ehre Gottes.‹ ...
Ich fuhr mit ihm und dem evangelischen Pfarrer und einem evangelischen jungen Soldaten aus Hamburg zusammen in einem geschlossenen Wagen hinaus zu den Schießständen, wo wir um 7.55 Uhr eintrafen. Nach der Ankunft verließ der andere Soldat mit dem Pfarrer den Wagen. Im Augenblick als der Schuß fiel, sagte Heinz: ›Herr, gib ihm die ewige Ruhe!‹ Wir beteten ...

Dann war es Zeit. Ich begleitete ihn zum letzten Gang. Das Urteil wurde nochmals verlesen. Auf die Frage, ob er noch eine Bitte habe, erklärte er, er möchte frei sterben, ohne die Augen verbunden und die Hände gefesselt zu haben. Diese Bitte wurde ihm gewährt. Aufrecht stand er zum letzten bereit. Noch einmal gab ich ihm den Segen und die Hand zum Abschied. Dann betete er, leise die Lippen bewegend, aufrecht zum Himmel schauend.«

Heinz Bello wurde am 5. September 1920 in Breslau als Sohn eines Steuerbeamten geboren. Er legte sein Abitur in Wesel im März 1939 ab, erfüllte anschließend die Arbeitsdienstpflicht und wurde nach Kriegsausbruch eingezogen. Zum medizinischen Studium freigestellt, begann er im Januar 1940 an der Universität Münster i. W. zu studieren. Aber eine erneute Einberufung zum Wehrdienst erfolgte im Oktober des gleichen Jahres.

Im Sanitätsdienstgrad nahm er am Vormarsch auf Moskau teil, erhielt das EK II und die Ostmedaille. Die Versetzung von der Front in eine Studentenkompanie des Heimatgebietes ermöglichte ihm die Fortsetzung seines Studiums. Nach unerschrockenen Bergungsarbeiten während eines Fliegerangriffs auf Münster am 10. Oktober 1943 und einer Kopfverletzung durch einen Bombensplitter wurde ihm das Verwundetenabzeichen verliehen. Am 18. März 1944 stand Heinz Bello vor dem Militärzentralgericht Berlin-Charlottenburg. Zwei sogenannte Kameraden einer anderen Studentenkompanie hatten folgenden Vorgang zur Meldung gebracht: Am 20. Juli 1943 war Heinz Bello, einen Tag vor dem medizinischen Vorexamen, zur Brandwache im Gebäude der Studentenkompanie befohlen worden. Über diesen rücksichtslosen Befehl erregt, hatte er nach dem Betreten des Dienstgebäudes seinem Herzen in scharfen Worten über Militarismus, Nationalsozialismus und die korrupten Parteispitzen Luft gemacht. Dabei hatte er auf das Kreuz, das noch aus früherer Zeit an der Wand des als Unterkunft der Studentenkompanie die-

nenden Gebäudes hing, hingewiesen und ausgerufen: »Solange der dort oben lebt, werden die Bäume nicht in den Himmel wachsen.«

Von der Einleitung des Verfahrens bis zum Prozeß war Heinz Bello auf freiem Fuß. In dieser Zwischenzeit lehnte er das Angebot einiger Freunde, ihn in die Schweiz zu bringen, ab, weil er nicht wollte, daß seine Angehörigen unter den Folgen einer solchen Flucht leiden müßten.

So fuhren Vater und Sohn zu dem anberaumten Termin nach Berlin. Die Verhandlung begann um 13 Uhr, wurde jedoch sehr bald durch Fliegeralarm unterbrochen. Während des zweistündigen Alarms gab der Rechtsanwalt Vater und Sohn zu bedenken, daß die Sache nach der sich bis jetzt abzeichnenden Prozeßführung überaus ernst stehe. Trotz dringenden Anratens, die Gelegenheit zur Flucht aus dem unbewachten Luftschutzkeller zu nutzen, lehnte Heinz Bello es wiederum ab, von einer solchen Möglichkeit Gebrauch zu machen.

Um 16 Uhr konnte die Verhandlung fortgesetzt werden und nach einer knappen Stunde lag folgendes Urteil vor:
»Der Sanitätsfeldwebel der Reserve Fahnenjunker Heinrich Bello, Zivilberuf: cand. med., wird durch Urteil des Feldkriegsgerichts des Zentralgerichts des Heeres wegen Zersetzung der Wehrkraft zum Tode, Wehrunwürdigkeit und Verlust der bürgerlichen Ehrenrechte auf Lebenszeit verurteilt.«
Nach der Urteilsverkündung wurde Heinz Bello in Haft genommen und in das Militärgefängnis Berlin, Lehrter Straße, gebracht. Da gegen das ergangene Urteil kein Rechtsmittel zulässig war, reichte der Rechtsanwalt am 19. April 1944 beim Gericht der Wehrmacht-Kommandantur, Berlin-Charlottenburg, ein Gnadengesuch ein. Am 10. Juni 1944 ist das Urteil jedoch von Generaloberst Fromm bestätigt worden, und zwar aufgrund der Stellungnahmen des Reichsstudentenführers und der Kanzlei des »Führers«.
Das Todesurteil wurde am 29. Juni 1944 im M. G.-Schießstand Berlin-Tegel vollstreckt.

MICHAEL KITZELMANN

als Bauernsohn am 29. Januar 1916 in Horben bei Brugg im Allgäu geboren, besuchte anschließend an die Volksschule das Knabenseminar in Dillingen. Nach Abschlußprüfung und Arbeitsdienst studierte er drei Semester Theologie in St. Stephan, Augsburg, und meldete sich dann 1937 freiwillig beim 20. Inf.-Reg. in Lindau, um seine Militärdienstpflicht zu erfüllen. Doch am 9. Januar 1938 schreibt er bereits an einen Studienfreund: »So muß ich mich halt beugen 2 Jahre lang unter das grauenvolle Joch dieses so geistlosen, abstumpfenden Militärdrills, der jetzt schon in den ersten Wochen einen so unerträglichen Druck auf meine Seele ausübt.«

Am Polenfeldzug nahm er als einfacher Soldat teil. Aus dieser Zeit liegt eine Nachricht von ihm an Freunde im Nachbardorf vor: »Nie werde ich erzählen, was ich erlebt und gesehen habe.«
Nach einem Unteroffizierslehrgang in Döberitz wurde er 1940 im Frankreichfeldzug zum Leutnant befördert und erhielt das EK II.
Während des Rußlandfeldzuges war Michael Kitzelmann Kompanieführer im Inf.-Reg. 199. Das Kriegsgericht verurteilte ihn am 3. April 1942 wegen sogenannter Zersetzung der Wehrkraft zum Tode. Das Urteil wurde am 11. Juni 1942 in Orel durch Erschießen vollstreckt. Einzelheiten über die Verhandlung sind nicht bekannt. Die immer stärkere Kritik Michael Kitzelmanns an der Staatsgewalt war jedoch nicht verborgen geblieben. Sie fand in Worten wie den folgenden ihren Ausdruck: »Wenn diese Verbrecher siegen, mag ich nicht mehr leben.«

In der Haftzeit schrieb Leutnant Michael Kitzelmann in sein Tagebuch:
Am 11. April 1942 betrat ich das Militärgefängnis in der Festung von Orel. Die Festung, ein massiver, breiter, rosa getünchter, an den vier Ecken mit wuchtigen Rundtürmen bewehrter Bau, liegt im Norden der Stadt am Steilufer der Oka. Dumpfe, kalte Mauerluft schlägt mir im dunklen Gang des Obergeschosses entgegen. Ich werde der Gefängniswache übergeben . . .
Die Zelle, im Nordwestturm gelegen, hat etwa 4,5 m im Durchmesser und ist ebenso hoch. Sie hat einen hölzernen Fußboden und eine gemauerte Gewölbedecke. Ein Rundbogenfenster durchbricht nach Westen hin die fast meterdicke Mauerwand. Vor dem Fenster ist ein starkes Eisengitter in die Mauer eingelassen. Erst am Abend, und da nur spärlich, fließen die goldenen Sonnenstrahlen in die öde Einsamkeit herein. Eine mächtige Tür aus Eichenbohlen mit reichlichen Eisenbeschlägen schließt den Raum ab . . .

Finsternis und Grauen umnachten meine Seele. Stille, unerträglich still ist es um mich. Hilflos, verlassen, bin ich mir selbst überlassen. Zum Tode verurteilt! –
Die ganze Härte des furchtbaren Militärgesetzes hat mich getroffen. Über Nacht bin ich zum Verbrecher gestempelt worden und das wegen etlicher Äußerungen und Schmähungen gegen die Staatsgewalt. Und dafür habe ich nun das Leben verwirkt, auch aller meiner Ehre sehe ich mich entblößt, ausgestoßen bin ich aus dem Kameradenkreis und der menschlichen Gesellschaft. Wie kann das alles möglich sein? Habe ich nicht bis jetzt in meinem Leben einen untadeligen Leumund besessen? Haben mich nicht alle, die mich kennenlernten, als pflichterfüllten anständigen Menschen betrachtet? Was ist denn eigentlich noch Recht und Gerechtigkeit in dieser Welt? Und habe ich nicht vier lange Jahre dem Vaterland gedient in Ehren? Zwei Jahre bin ich doch im Felde gestanden, habe an drei Feldzügen teilgenommen, oft genug meinen Opfermut gezeigt und bewiesen. O Vaterland, ist das dein Dank?
Zu all dem wächst in meinem Herzen eine schreckliche Angst um die Heimat. Sind doch aus meinem Koffer und aus der einlaufenden Post etliche Briefe von Vater, Mutter und Freunden durch das Gericht beschlagnahmt worden. Wie wird es ihnen ergehen? Werden auch sie noch gerichtlich verfolgt

werden? Dann wäre das Unglück unabsehbar. Und kein Mensch kann mir helfen. Man muß es geschehen lassen, wie es kommt.
Wer vermöchte meine Seelenqualen zu ermessen? Wie furchtbare Gespenster verfolgen sie mich Tag und Nacht. Und dabei diese entsetzliche Verlassenheit, dieses Eingesperrtsein, diese erdrückende Stille. Stundenlang schreite ich in der Zelle umher, um meine Schritte zu hören; ich heize den Ofen, nur um das Knistern des Feuers zu hören, ich fange an laut zu beten, um meine eigene Stimme zu vernehmen. Und ich schreie empor zum Himmel, zu Gott um Hilfe in meiner gewaltigen Seelennot ...
Von unbeschreiblichem Heimweh ist mein Herz zerwühlt, dieses Weh übersteigt alle anderen Kümmernisse. Die ferne, liebe, schöne Heimat; nie mehr wirst Du sie wiedersehen, das liebe Elternhaus, den Garten davor, die vielen Obstbäume, die grünen Wiesen und die rauschenden Wälder rundum, das Tobel, das stille Pfarrkirchlein im Argental, den Kranz der nahen Berge. Ein Gottesgarten, ein halber Himmel bist du auf dieser leidvollen Welt ...
Welch namenloses Leid habe ich durch mein Ungeschick über Euch alle, Ihr Lieben, bringen müssen, meiner viellieben Mutter, dem guten Vater, den treuen Geschwistern, allen Verwandten und Freunden. Der größte Schmerz für ein Menschenherz ist es, der Liebe weh tun zu müssen ...
Wer auch wollte mir diese Erdgebundenheit und diese Seelennot, dieses brennende Heimweh verübeln! Haben doch selbst Christus, den Sohn Gottes, an jenem Berg der Ölbäume namenloses Leid und Grauen zu Boden geworfen angesichts des bevorstehenden Opfertodes. Und wie schmerzlich hat er die Trennung von seinen Lieben empfunden. Am Gartentor ließ er sie warten; seine besten Freunde nimmt er noch mit hinein und fordert sie auf, mit ihm, für ihn zu beten. Und während seines Gebetes kehrt er dreimal zu ihnen zurück, er will nicht allein sein. Er sucht die Teilnahme seiner Freunde.
In flehentlichem Gebet wende ich mich an Jesus den Gekreuzigten, der uns den Weg durch bitterstes Leid gebahnt und vorangegangen ist. Er aber spricht zu mir: »Wenn du mein Jünger sein willst, so nimm dein Kreuz und folge mir!«
Und wieder rufe ich ihn an: »Herr, ich bin ja noch so jung, zu jung für ein solch schweres Kreuz; mein Leben ist noch ungelebt, all meine Hoffnungen, Ziele, Pläne unerfüllt.«
Und er sagt zu mir: »Sieh' an, auch ich war jung, hatte das Leben noch vor mir und jung habe ich mein Kreuz getragen und mein junges Leben hingegeben.«
Abermals klagt meine Seele: »Sieh' an mein bitteres Heimweh, das Leid der Meinen. Laß mich zum Leben zurückkehren und laß mich ihrer Liebe nicht weh tun.«
Jesus aber entgegnet mir: »Wenn du nicht aller Habe, aller irdischen Liebe entsagst, kannst du nicht mein Jünger sein. Folge mir!«
Und wieder beginnt meine Seele zu klagen: »Ach, Herr, zu schwer lastet die Drangsal auf meiner Schulter; nimm weg von mir das schreckliche Joch; kürze ab mein Leid und trockne mein Tränen!«
Voll Liebe spricht sein Mund: »Mein Sohn, nur Mut, verzage nicht! So schwer habe ich gelitten für euch Menschen, auch für dich, hab euch den Himmel aufgeschlossen. Und ich bleibe bei euch bis an das Ende.«
Ich antworte dem göttlichen Heiland: »Hab tausend Dank für deine allerbarmende Liebe, mein Erlöser! Ich will dein Jünger sein und dein Kreuz dir nachtragen. So nimm du meine Hände und führe mich bis an mein selig Ende und ewiglich« ...
Die schwersten Stunden, das sind die frühen Morgenstunden. Bei jedem Erwachen fällt von neuem die ganze Furchtbarkeit meines Schicksals wie ein zermalmender Felsblock auf meine Seele. Todesbangen erfüllt mein Herz; wie oft noch wirst du dich hier hinlegen zur Ruhe? Wirst du den morgigen Tag noch erleben? Es ist mir zumute wie einem Ertrinkenden. Verzweifelt suche ich nach einem Halt. Ich klettere förmlich am Kreuz des göttlichen Heilandes empor, um wieder Trost und Kraft zu erflehen in diesem furchtbaren Geisterkampf. Ich beginne meine Morgenandacht und verharre solange darin, bis sich mein Herz wieder beruhigt hat.

24. Mai, Pfingstsonntag! Pfingsten im Gefängnis im Schatten des Todes! Die leidvollen und schrecklichen Stürme in meiner Seele haben sich etwas beruhigt. Die Pfingstsonne, der göttliche Geist,

der Tröster und Seligmacher, leuchtet auch in meine hoffnungslose Verlassenheit. Und indem ich in und mit der Heimat die Wiederkunft des Heiligen Geistes feiere, fällt auch in meine einsame Klause ein Schimmer des heimatlichen Pfingstglanzes. Und als stünde ich zu Hause in der Schar der Kirchenchorsänger, singe ich immer wieder das vielgesungene, unsterbliche Pfingstlied »Veni creator spiritus«. Ich weiß mich in Gottes Nähe; da verebben alle menschlichen Nöte und Leiden; da verliert selbst die schreckliche Maske des Todes ihre Schrecken . . .

Mein Leben ist ganz und gar ein Einsiedlerleben geworden. Mein Tagewerk ist Gebet, Lesen der Heiligen Schrift und ab und zu Tagebuch oder Briefschreiben. Unerhört schmerzlich ist dieses Sichlostrennen vom Leben, von der Vergangenheit, von allen guten Hoffnungen und Plänen und besonders von der liebenden und geliebten Heimat. So schwer ist es, in solcher Trübsal sich ganz in Gottes Willen zu versenken; aber es ist der einzige bleibende Trost und Halt, in solchem Unglück und Leid mannhaft und aufrecht auszuharren bis ans Ende . . .

Am 11. Juni 1942, nachmittags 17 Uhr, wird mir mitgeteilt, daß mein Gnadengesuch verworfen wurde und daß die Vollstreckung des Urteils am 12. Juni 1942, morgens 8 Uhr, stattfindet.

Herr, Dein Wille geschehe.

Abends wird mir noch eine große Freude zuteil: Der liebe, gute Pfarrer Schmitter ist zurückgekehrt und will die letzten Stunden meines Lebens mit mir gehen. Bis nach Mitternacht verbleibt er bei mir. Ich lege ihm meine letzten Wünsche und Grüße an die Heimat ans Herz und bespreche mit ihm den Verlauf der letzten Stunde. Er verspricht mir, um 6 Uhr pünktlich wiederzukommen. Ich werde dann nochmals eine Lebensbeichte ablegen. Dann feiern wir zusammen eine heilige Messe mit Kommunionsfeier . . .

Gott hat mir das große Glück einer gnadenvollen Todesstunde bereitet.

GELEBTE LEHRE

Die Geschichte der Kultur, in der menschliches Denken sich entfaltet und zur Wirkung drängt, ist mit der Geschichte der Freiheit eng verbunden. Aus dem fruchtbaren Widerstreit der Denker, Erzieher, Wissenschaftler, Schriftsteller erwuchs erst jener Reichtum an Fragen und Antworten, der einer vielfältigen Wirklichkeit im Leben der Einzelnen wie der Völker entspricht. Denn nur in der freien Auseinandersetzung der Geister, nur im freien Austausch der Meinungen gewinnt das menschliche Zusammenleben den Raum und die Atmosphäre, die echtes Streben nach Erkenntnis und Wahrheit gedeihen lassen.

Das System der unbedingten Unterwerfung, mit dem der nationalsozialistische Führerstaat alle Daseinsbereiche seiner Bürger zu ergreifen und zu reglementieren suchte, konnte sich darum nicht mit der Eroberung der politischen Herrschaft begnügen. Es trat zugleich mit dem totalitären Anspruch auf, seine Vorstellungen, die auf Unterdrückung und Vernichtung gestellt waren, auch als Weltanschauung rücksichtslos durchzusetzen. Das »Dritte Reich« traf hier auf eine Fülle von Gedanken und Überzeugungen, es traf auf persönliche Meinungen wie auf wissenschaftlich begründete Auffassungen, aus denen sich bislang Kultur, Welterkenntnis und Haltung zum Leben in immer neuen schöpferischen Akten geformt hatten. Da sind die Prinzipien und das Ethos einer objektiven Wissenschaft, die sich nur unter Verleugnung ihres eigentlichen Wesens in den Dienst einer einseitigen Herrschaftsdoktrin stellen läßt. Da ist die Meinungsfreiheit der Presse; ihre Unterdrückung durch ein despotisches Propagandazentrum, das zugleich Funk und Film kontrolliert, beseitigt die Möglichkeit zu selbständiger Wahl der Nachrichten, zu freier Unterrichtung über das zeitgenössische Geschehen. Da ist nicht zuletzt das weite Feld der Erziehung: an die Stelle vielseitiger Förderung und Entfaltung tritt die rücksichtslose Abrichtung der heranwachsenden Menschen auf die Formeln der Diktatur. So suchte die neue Herrschaft von Anbeginn nicht allein mit den Überwachungsmethoden des Polizeistaates, sondern mit unbedingter Forderung nach Anerkennung der nationalsozialistischen Lehren die Menschen in den Dienst eines eng umgrenzten Dogmas zu zwingen.

Mit der Schaffung des Goebbelsschen Propagandaministeriums und eines zentralen Erziehungsministeriums erhielten die Bestrebungen nach außen hin ihren unmißverständlichen Ausdruck. Schon die ersten Maßnahmen der neuen Machthaber galten der »Säuberung« der Universitäten und Schulen, dem Verbot unbequemer Zeitungen und Zeitschriften, der Ausschaltung andersdenkender Schriftsteller, der barbarischen, öffentlichen Verbrennung einer ganzen Literatur. Als am 10. Mai 1933, zehn Wochen nach dem Reichstagsbrand und im Zeichen des allgemeinen politischen Terrors, auf dem Gendarmenmarkt zu Berlin und auf vielen anderen öffentlichen Plätzen des Reiches die Scheiterhaufen aufflammten, erreichte die staatlich organisierte Inquisition des Geistes ihren Höhepunkt. Zu der »Schmutz- und Schundliteratur«, die von Beauftragten des verhinderten »Dichters«, Joseph Goebbels, verbrannt wurde, gehörten Meisterwerke lebender Autoren, die Deutschlands literarische und wissenschaftliche Weltgeltung erweitert hatten, und vom europäischen Erbe seit Voltaire fast alles, was den deutschen Leser zum Nachdenken über den Geist des neuen Regimes anregen konnte.

Hunderte von Schriftstellern und Wissenschaftlern mußten das Land ihrer Muttersprache verlassen; viele gingen dabei zugrunde. Andere waren in Deutschland durch Rede- und Publikationsverbot auf ein Wirken im engsten Kreise beschränkt, in berufsfremde Tätigkeit getrieben, soweit nicht Gefängnis, Konzentrationslager und Tod auf sie warteten. Äußere und innere Emigration waren bald die einzige Alternative zu dem geistigen Kniefall vor einem System, dessen Macht auf der Verneinung aller geistigen Freiheit beruhte.

Die nationalsozialistische Gewaltlehre hatte nun alle Machtmittel des gewalttätigen Staates zur Verfügung. Zu ihren Kernstücken zählte der Antisemitismus, in dem sich wirtschaftliche, soziale und rassengläubige Vorurteile zu einer Philosophie des Neides und Hasses zusammenfanden. Die dilettantischen Rassentheorien eines Hans F. K. Günther und eines Alfred Rosenberg liehen dem Despotismus den pseudo-wissenschaftlichen Unterbau, suchten eine geistige Rechtfertigung der politischen Praxis durch den primitiven Kult der »Herrenrasse« zu begründen.
Ihre verderbliche Popularisierung durch die perversen Skandalgeschichten des »Stürmer« wurden unter dem Schaukastenmotto: »Die Juden sind unser Unglück«, bis in die kleinsten Dörfer getragen. Es war die propagandistische Vorbereitung einer Politik, deren praktische Konsequenz die Gaskammern von Auschwitz wurden, deren geistesverwirrende Auswirkungen aber noch darüber hinausreichten.
Eine unmenschliche Gesetzgebung intensivierte von Jahr zu Jahr die »legalen« Mittel dieser Vernichtungskampagne: Zunächst Entlassung aller jüdischen Beamten, dann Ausschaltung aus allen Berufen, Ausbürgerung, Auferlegung höchster Kontributionen, Zwangsarbeit, Diskriminierung auch im täglichen und privaten Leben. Überall ist »Juden der Zutritt verboten«; von Schulen, Universitäten, Büchereien, öffentlichen Veranstaltungen werden sie ausgeschlossen; sie sind mit Stern und Zusatznamen gebrandmarkt, sie dürfen keine Haustiere, Kraftfahrzeuge, Telefone, Rundfunkapparate halten, keine Bücher und Zeitungen kaufen, ja, keine Fahrkartenautomaten und öffentliche Fernsprecher benutzen. Da ihnen der ordentliche Rechtsweg verschlossen ist, werden sie schließlich zum Freiwild der Gestapo.
Damit war die völlige Entrechtung auf der Grundlage der Irrlehre vom Rassengefühl legalisiert, die nationalsozialistische Doktrin in ihren äußersten Konsequenzen verwirklicht. Der »philosophische« Kern der Rassentheorie, die Bedrohung des »nordischen Menschen« durch Rassenschande, fand in den Nürnberger Gesetzen »zum Schutze des deutschen Blutes und der deutschen Ehre« seinen Ausdruck. Daneben zog sich das Netz außergesetzlicher Boykott- und Willkürmaßnahmen, bis zur systematischen Massendeportation in die Vernichtungslager, um die zurückgebliebenen Juden immer enger zusammen, nachdem in der »Kristallnacht« vom November 1938 ein auf höhere Anweisung organisierter Pöbel unter Duldung der Polizei ihre Geschäfte demoliert und Synagogen in allen deutschen Städten niedergebrannt hatte.
Die Menschen, die sich aus Überzeugung und sachlichem Verantwortungsgefühl ihre Unabhängigkeit gegenüber solchen Doktrinen bewahrten, standen dem totalitären Machtapparat gegenüber, fanden sich ebenfalls der Verfemung, dann der Verfolgung und schließlich der Vernichtung ausgesetzt. Es sind Vertreter verschiedener Denkrichtungen, verschiedener Kulturzweige: Publizisten, Wissenschaftler, Pädagogen. Sie alle aber verbindet der Kampf – lange versteckt geführt, und doch immer wieder aufflammend – gegen die Erniedrigung des Gedankens zu einem politischen Handlangertum und gegen die Verstellung der Wahrheit durch Intoleranz. Neben den Protest gegen pseudowissenschaftliche Rassenlehren, gegen den Mißbrauch der Medizin zu Euthanasie, Zwangssterilisation und Versuchsmorden, gegen die Rechtswillkür in allen Lebensbereichen tritt der kompromißlose Kampf gegen die nationalistische Kriegspolitik. Die Freiheit wissenschaftlicher Forschung und Lehre bleibt im Wirken verantwortungsbewußter Menschen, die sich fern den Versuchungen der zwölf Jahre halten, hier und da noch immer bewahrt, während die Sorge um die verführte Jugend zugleich manchen Erzieher, der Protest gegen die Gleichschaltung der »Volksaufklärung« manchen Journalisten zum Widerstand mahnen.
Die ihr Leben für die Freiheit des Geistes ließen, zeugten dafür, daß die Achtung vor der Vielfalt der Erkenntnisse und Überzeugungen nicht eine Sache des kritischen Intellekts allein, sondern ein Anliegen des menschlichen Zusammenlebens selbst ist. Indem sie sich selbst zum Opfer gaben, widerlegten sie den überheblichen Glauben der Machthaber, daß Geist käuflich sei und zum willfährigen Sklaven einer despotischen Herrenphilosophie erniedrigt werden könne.

CARL VON OSSIETZKY

am 3. Oktober 1889 in Hamburg geboren, kam aus katholischem Kleinbürgertum, erlangte als Publizist internationalen Ruf, starb am 3. Mai 1938 als Gefangener der Gestapo in Berlin.

Carl von Ossietzky gehörte zu den ersten Opfern, die am Morgen nach dem Reichstagsbrand verhaftet wurden. Über drei Jahre währte sein Martyrium in den Konzentrationslagern. Als das Berliner Propaganda-Ministerium erfuhr, daß man in Oslo die Verleihung des Friedensnobel-Preises an Ossietzky ernsthaft erwog, befahl die Gestapo Überführung des unbequemen Gefangenen in ein Berliner Gefängnis-Lazarett.

Vier Monate später – wenige Tage vor der Entscheidung des Norwegischen Nobel-Komitees – ließ Hermann Göring den wehrlosen Todfeind in sein Amtszimmer bringen, um mit ihm zu verhandeln. Mit Drohen und Schmeicheln versuchte Göring von Ossietzky die Zusage zu erpressen, daß er den Preis – falls die Verkündung zu seinen Gunsten erfolgte – mit einer persönlichen Erklärung zurückweisen würde; dann sollte er umgehend befreit, materiell sichergestellt und in Zukunft niemals mehr belästigt werden. Ossietzky sagte NEIN und ging in sein Gefängnis zurück.

Während deutsche Zeitungen und Radiostationen eine Woche nach diesem Gespräch die erregende Nachricht aus Oslo verbreiten und zugleich als »freche Herausforderung des Dritten Reichs« erklären mußten, lag der gefangene Preisträger auf Görings Befehl unter strengster Sonderbewachung in einem Städtischen Krankenhaus. In Oslo aber empfing der Präsident des Preiskomitees ein Telegramm: »Dankbar für die unerwartete Ehrung – Carl von Ossietzky.« Der Absender mußte die Antwort mit lebenslänglicher Haft bezahlen, aber niemand hatte gewagt, Ossietzkys Botschaft aufzuhalten.

Dieser tapfere Entschluß in schwerster Bedrängnis kennzeichnet Ossietzkys Charakter, denn solche Entscheidungen bestimmten seine Rolle in der deutschen Öffentlichkeit.

In den Hamburger Jugendjahren richtete sich Ossietzkys publizistischer Kampf gegen den Einfluß des Militärs auf die Innen- und Außenpolitik des Kaiserreichs. Als Dreißigjähriger kam er, durchrüttelt und erbittert vom Kriegserlebnis seiner Generation, von der Westfront – wo er als »gemeiner Soldat« gekämpft hatte – mit dem festen Vorsatz zurück, von nun an seine ganze Persönlichkeit und Begabung gegen alle Kräfte einzusetzen, die jemals wieder einen Krieg möglich machen könnten, und ebenso leidenschaftlich für den Aufbau und die Sicherung einer freien, demokratischen, von verantwortungsfreudigen Bürgern regierten Republik zu arbeiten.

Er ging zunächst als Sekretär der Deutschen Friedensgesellschaft nach Berlin, wurde dann Redakteur liberaler Zeitungen und Zeitschriften und fand 1927 als Herausgeber der »Weltbühne« eine Plattform, die seinen Anspruch auf vollkommen unabhängige Äußerung erfüllte und den Impulsen eines geistigen Guerillakämpfers, dem die Ellbogen des politischen Erfolgsmannes fehlten, entsprach.

Ossietzky schrieb einen glänzenden, geschmeidigen, aggressiven, oft beißend witzigen Stil. Je mehr die deutsche Politik zum latenten Bürgerkrieg zwischen der linksradikalen, der rechtsradikalen und der staatserhaltenden Gruppe ausartete, um so mehr entwickelte sich Ossietzky zum großen Polemiker gegen die nationalsozialistische Gefahr – vor allem zum Kritiker hitlerfreundlicher Rechtsparteien und jener Kräfte in der Reichswehr und der Justiz, die den Nazismus begünstigten.

Obwohl Ossietzky in seiner Zeitschrift viele sowjet-begeisterte Literaten zu Wort kommen ließ, beklagte er selbst, »daß in Rot-Rußlands Vokabularium das Wort Freiheit nicht geduldet wird«, und daß Moskau sich in den europäischen Bruderparteien »willenlose Trabanten und stumme Diener« ziehen wollte. Auch die berufenen Hüter der Republik und der Freiheit in Deutschland hörten von ihm, was sie unterlassen oder falsch gemacht hatten. Für all das mußte Ossietzky – wie er selbst einmal schrieb – »von rechts den Vorwurf der Verräterei nationaler Interessen und von links den des verantwortungslos krittelnden Ästhetentums einstecken«.

Die stärkste Belastungsprobe wurde der berühmte Prozeß vor dem Reichsgericht in Leipzig, der 1931 hinter verschlossenen Türen stattfand und in dem der Vierte Straf-Senat Ossietzky wegen »Landesverrat und Verrat militärischer Geheimnisse« zu 18 Monaten Gefängnis verurteilte. Es ging um die scharfe Kritik der »Weltbühne« an getarnten und der parlamentarischen Kontrolle entzogenen Ausgaben bestimmter Reichswehrstellen, die auf sowjetrussischem Territorium in Kooperation mit der sowjetrussischen Regierung tatkräftig geheime deutsche Luftrüstungen vorbereiteten. Ossietzky hätte sich dem Strafvollzug bequem, unter stiller Duldung schuldbewußter Behörden, durch eine Auslandsreise entziehen können. Aber er erklärte, die Stimme der »Weltbühne« könne nur ihren Klang behalten, »wenn ihr Herausgeber seine ganze Person einsetzt und dann, wenn es ungemütlich wird, nicht die bequemere Lösung wählt, sondern die notwendige«. Ossietzky blieb und ging ins Gefängnis. Nachdem er sieben Monate später durch die Weihnachtsamnestie des Reichskanzlers v. Schleicher befreit wurde, weigerte er sich im Februar 1933 von neuem, eine »bequeme« Lösung zu wählen.

Seit Hitler Reichskanzler war, wurde Ossietzky von seinen Freunden bestürmt, sich rechtzeitig ins Ausland zu retten. »Nach dem letzten Wahlartikel«, war seine Antwort; er wollte erst gehen, wenn er den letzten Versuch, das Übel einzudämmen, gewagt hatte. In der Nacht, in der Ossietzkys letzter Mahnruf vor den Märzwahlen gedruckt wurde, brannte der Reichstag, und um fünf Uhr früh haben sie ihn geholt.
Wenn Ossietzky im Konzentrationslager unter den Schlägen seiner Peiniger blutete oder bei der Fronarbeit an Herzkrämpfen zusammenbrach, erlaubten sie ihm ein paar Tage Ruhe auf der Pritsche. Dann erschien ein höherer Nazi an seinem Krankenlager und schlug vor, Ossietzky möge ein Entlassungsgesuch mit der Erklärung, daß er seine Anschauungen »revidiert« habe, unterschreiben. Auch zu diesem Kompromiß mit der Diktatur sagte Ossietzky NEIN, und für dieses NEIN wurde er mit langsam wirkender, mörderischer Sonderbehandlung zum Schweigen gebracht; bis das Leben des Todkranken im Dunkel der Isolierung unauffällig erlosch.

DAS NOBELKOMITEE DES NORWEGISCHEN STORTING

hat entsprechend den Bestimmungen des von

ALFRED NOBEL

am 27. November 1895 errichteten Testaments

CARL VON OSSIETZKY

den Nobel-Friedenspreis für 1935 erteilt

Oslo, den 10. Dezember 1936

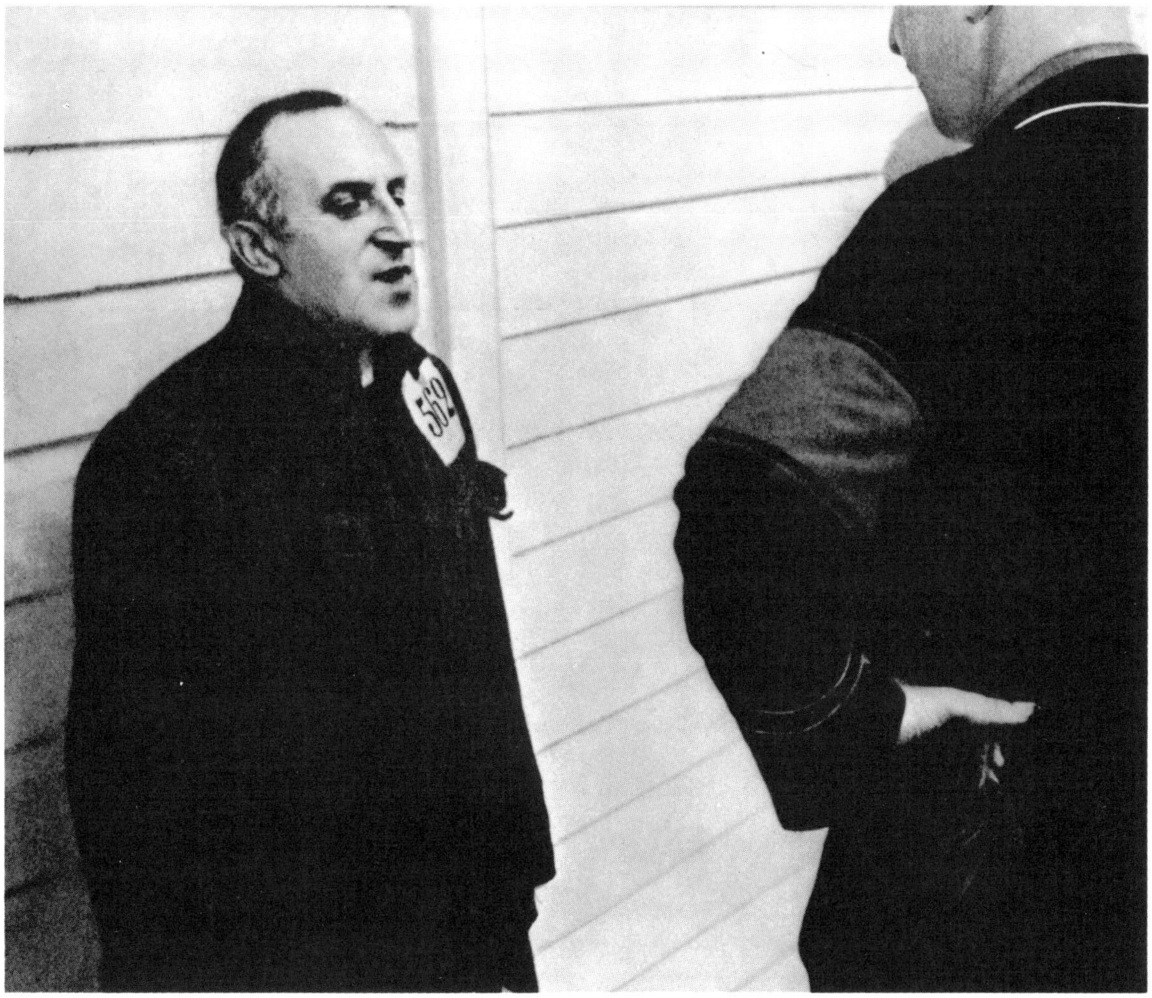

Carl von Ossietzky im Konzentrationslager Papenburg-Esterwegen

FRITZ SOLMITZ

am 22. Oktober 1893 in Berlin geboren, kam aus wohlhabendem Elternhaus. Nach dem humanistischen Abitur studierte er ein Semester Nationalökonomie an der Universität Freiburg, meldete sich im August 1914 zum Kriegsdienst und wurde – durch einen Unfall verzögert – im März 1915 einberufen.
Die Kriegserlebnisse an der Westfront machten Fritz Solmitz zum Pazifisten. Der Heimkehr im November 1918 folgte eine kurze Zeit des Kampfes in Berlin gegen die Spartakusbewegung. Nach der Promotion zum Dr. rer. pol. arbeitete Fritz Solmitz als Dezernent in der öffentlichen Wohlfahrtspflege in Berlin. Von dort führte sein Weg 1924 in die politisch-journalistische Tätigkeit. Die letzten neun Jahre seines Lebens verbrachte er als politischer Redakteur am »Lübecker Volksboten«, an der Seite seines Kollegen Julius Leber. Bis 1933 war er auch Mitglied der Lübecker Bürgerschaft.

Früh formte sich in Fritz Solmitz der Wille, sein Leben in den Dienst der Gerechtigkeit zu stellen. In der allmählichen Gestaltung seiner Persönlichkeit vereinten sich als treibende Kräfte sein jüdischer Glaube und die Einsicht in die Ungerechtigkeit der sozialen und wirtschaftlichen Bedingungen seiner Zeit.
»Politik ist für mich nie etwas anderes gewesen als der Weg der Verwirklichung der Gerechtigkeit«, heißt es an einer Stelle in seinem Nachlaß. Er lebte nach diesem Wort – anspruchslos für sich selbst, hilfsbereit jedem gegenüber, der in Not war.
Sein Bekenntnis zur Sozialdemokratischen Partei, seine Mitarbeit in Vereinigungen, die sich soziale, erzieherische und friedensbewahrende Ziele gesteckt hatten, waren für ihn Dienst an der Gerechtigkeit. Er ging seinen Weg mit Leidenschaft und unbedingter Wahrhaftigkeit.
Als er in Lübeck im Gefängnis saß, schrieb er diese Worte nieder: »Ich glaube, daß die unbedingte Wahrhaftigkeit im Bekennen höchstes Gebot der Religion ist. Die Lüge ist der Anfang alles Widergöttlichen.«

Sein Geist und seine Rede waren scharf und mahnend. Ein klares, fast prophetisches Voraussehen der politischen Entwicklung in Deutschland ließen ihn die Folgen einer Naziherrschaft in ihrer vollen Grausamkeit erkennen. In vielen schmerzlichen und schweren Gesprächen war das Bewußtsein der Möglichkeit des eigenen Todes oft mit einbeschlossen.

Seine politische und journalistische Tätigkeit, seine Arbeit mit den jungen Menschen, zielten darauf ab, die Menschen aufzurütteln und sie ihrer Verantwortung als Bürger einer demokratischen Republik bewußt zu machen. Am 24. Mai 1925 schrieb er anläßlich einer Reichsbannertagung:

»Wir aber wollen ein Vaterland schaffen, das jedem von uns Heimat und wirkliches Heim ist. Wir wollen ein Deutschland, das wir lieben können, frei und ohne Scham, nicht nur als Heimat, nicht nur als Volk, sondern auch als das, was beide vereint, als Staat, als Reich. Lieben aber können wir nur einen Staat, der seine Größe nicht auf Blut und Eisen, auf Reichtum und schimmernde Wehr stützt. Lieben können wir nur einen Staat, der auf Arbeit und Gerechtigkeit gegründet ist, einen Staat, den wir als frei schaffende Männer und Frauen gestalten können nach dem Bilde, das wir in uns tragen.«

Am 19. Februar 1933, drei Wochen nach Hitlers Machtübernahme, erlebte Lübeck einen Massenaufmarsch der Arbeiterschaft und der Republikaner, wie man ihn seit 1918 nicht gesehen hatte. Auf der sich anschließenden Kundgebung sprach Fritz Solmitz. Er fragte: »Seid ihr ein zusammengelaufener Haufen, der auseinanderströmt, wenn der erste Schuß fällt? Das Gegenteil ist wahr, davon bin ich überzeugt. Alle Drohungen und Terrorakte schließen uns immer fester und einiger zusammen.«

Am Tage darauf schrieb er im »Volksboten«: »Nicht ohne Opfer werden wir unser Ziel erreichen. Die Soldaten der Republik wissen, wofür diese Opfer gebracht werden müssen.«

Am 11. März 1933 wurde Fritz Solmitz in Lübeck verhaftet. Freunde hatten ihm die Flucht nahegelegt, aber er wollte dem Schicksal, der Leidensgemeinschaft mit der Lübecker Arbeiterschaft, nicht entgehen. Einer kurzen Periode im Burgtorgefängnis folgte im Mai 1933 die Überführung in das Konzentrationslager Fuhlsbüttel, Hamburg.

Anfang September war es Karoline Solmitz gelungen, die Freilassung ihres Mannes durch den damaligen nationalsozialistischen Senat in Lübeck zu erwirken. Es ist jedoch nicht zu dieser Freilassung gekommen.

Nach einem Besuch des Chefs der Lübecker Gestapo im Lager Fuhlsbüttel wurde Fritz Solmitz am 13. September in eine Einzelzelle überführt und so grausam mißhandelt, daß der Tod in der Nacht vom 18. zum 19. September als Erlösung kam.

Unter Todesqualen schrieb er geheim auf Zigarettenpapier Abschiedsworte an seine Frau, die diese später in dem Gehäuse seiner Taschenuhr fand. Sie klangen aus mit dem letzten Vers von Hebbels Gedicht »Dem Schmerz sein Recht«.
Viele sind stumm, mannhaft, in schlichtem Nichtanderskönnen den gleichen Weg wie Fritz Solmitz gegangen, andere in heroischem Protest. Eines hatten sie den meisten voraus: Sie hatten das Böse erkannt und konnten und wollten es nicht auf sich nehmen, in Gemeinschaft mit ihm zu leben.

In den Tagen der Gefangenschaft fühlte Fritz Solmitz die Begrenztheit des Einzelschicksals und dessen Einbezogensein in das Zukünftige. Er schrieb an seine Kinder:
»Ich fühle allzusehr, wie roh und ärmlich das ist, was ich hier geben konnte. Aber ich habe immer geglaubt, daß es in diesen verworrenen Tagen das Beste ist, sein Leben als Dienst Gottes zu gestalten und sonst zu schweigen. Denn ich bin nicht berufen, das zu verkünden, was sich in vielen Geistern vorbereitet. Ich spreche heute nur zu Euch und spreche leise: Gott schenke Euch die wahre Frommheit, die die Herzen fröhlich macht.«

KURT HUBER

Sein Leben begann am 24. Oktober 1893 in Chur (Schweiz), wo der Vater an der Kantonschule wirkte. Seit 1897 wohnte die Familie in Stuttgart; dort absolvierte Kurt Huber das Gymnasium, studierte dann in München Musikwissenschaft und Philosophie und promovierte 1917. Der Habilitation 1920 in Philosophie und Psychologie schloß sich 1925 die aktive Lehrtätigkeit, 1926 die außerordentliche Professur an.

Einer Berufung durch das Preußische Kulturministerium folgend, baute Huber 1937 in Berlin die Abteilung Volkslied im Archiv für deutsche Musikforschung auf. Bald führten Konflikte mit der Studenten- und HJ-Führung zum Abbruch dieser Tätigkeit. 1938 kehrte er in seine alte Münchener Stellung zurück.

Seine unbeugsame wissenschaftliche, menschliche und religiöse Haltung brachte ihn aber in wachsenden Gegensatz zu Vorgesetzten und staatlichem Zwang, zugleich in enge Fühlung mit oppositionellen Studentengruppen, besonders mit dem Kreis um die Geschwister Scholl. Um die Jahreswende 1942/43 führten die Gespräche über den Widerstand gegen wachsenden Terror und sinnlose Verlängerung des Krieges, über die geistige und sittliche Erneuerung Deutschlands zu Aufrufen an die aufgewühlte Münchener Studentenschaft.

Am 8./9. Februar 1943 verfaßte Kurt Huber selbst jenes Flugblatt, das zehn Tage später die Geschwister Scholl im Lichthof der Universität abwarfen:

»... Im Namen der deutschen Jugend fordern wir von Adolf Hitler die persönliche Freiheit, das kostbarste Gut der Deutschen, zurück, um das er uns in allererbärmlichster Form betrogen hat. In einem Staat rücksichtslosester Knebelung freier Meinungsäußerung sind wir aufgewachsen. HJ, SS und SA haben uns in den fruchtbarsten Bildungsjahren unseres Lebens zu uniformieren, zu revolutionieren, zu narkotisieren versucht. ›Weltanschauliche Schulung‹ hieß die verächtliche Methode, das aufkeimende Selbstdenken und Selbstwerten in einem Nebel leerer Phrasen zu ersticken ...

Es geht uns um wahre Wissenschaft und echte Geistesfreiheit. Kein Drohmittel kann uns erschrecken, auch nicht die Schließung unserer Hochschulen ...

Der deutsche Name bleibt für immer geschändet, wenn nicht die deutsche Jugend endlich aufsteht, ihre Peiniger zerschmettert und ein neues geistiges Europa aufrichtet. Es gilt den Kampf jedes Einzelnen um unsere Zukunft, unsere Freiheit und Ehre in einem seiner sittlichen Einheit bewußten Staatswesen ...«

Am 27. Februar 1943 holte die Gestapo Kurt Huber aus seiner Wohnung. Am 19. April wurde er mit seinen Studenten Willi Graf und Alexander Schmorell zum Tode verurteilt. Am 13. Juli starb er durch das Beil.
Dies waren Notizen für sein Schlußwort:

»Als deutscher Staatsbürger, als deutscher Hochschullehrer und als politischer Mensch erachte ich es als Recht nicht nur, sondern als sittliche Pflicht, an der Gestaltung der deutschen Geschicke mitzuarbeiten, offenkundige Schäden aufzudecken und zu bekämpfen ...

Was ich bezweckte, war die Weckung der studentischen Krise nicht durch eine Organisation, sondern durch das schlichte Wort, nicht zu irgendeinem Akt der Gewalt, sondern zur sittlichen Einsicht in bestehende schwere Schäden des politischen Lebens. Rückkehr zu klaren sittlichen Grundsätzen, zum Rechtsstaat, zu gegenseitigem Vertrauen von Mensch zu Mensch, das ist nicht illegal, sondern umgekehrt die Wiederherstellung der Legalität. Ich habe mich im Sinne von Kants kategorischem Imperativ gefragt, was geschähe, wenn diese subjektive Maxime meines Handelns ein allgemeines Gesetz würde. Darauf kann es nur eine Antwort geben: Dann würde Ordnung, Sicherheit, Vertrauen in unser Staatswesen, in unser politisches Leben zurückkehren. Jeder sittlich Verantwortliche würde mit uns seine Stimme erheben gegen die drohende Herrschaft der bloßen Macht über das Recht, der bloßen Willkür über den Willen des sittlich Guten. Die Forderung der freien Selbstbestimmung auch des kleinsten Volksteils ist in ganz Europa vergewaltigt, nicht minder die Forderung der Wahrung der rassischen und völkischen Eigenart. Die grundlegende Forderung wahrer Volksgemeinschaft ist durch die systematische Untergrabung des Vertrauens von Mensch zu Mensch zunichte gemacht. Es gibt kein furchtbareres Urteil über eine Volksgemeinschaft als das Eingeständnis, das wir uns alle machen müssen, daß keiner sich vor seinem Nachbar, der Vater nicht mehr vor seinen Söhnen, sicher fühlt.

Es gibt für alle äußere Legalität eine letzte Grenze, wo sie unwahrhaftig und unsittlich wird. Dann nämlich, wenn sie zum Deckmantel einer Feigheit wird, die sich nicht getraut, gegen offenkundige Rechtsverletzung aufzutreten. Ein Staat, der jegliche freie Meinungsäußerung unterbindet und jede, aber auch jede sittlich berechtigte Kritik, jeden Verbesserungsvorschlag als ›Vorbereitung zum Hochverrat‹ unter die furchtbarsten Strafen stellt, bricht ein ungeschriebenes Recht ...

Ich bitte und beschwöre Sie in dieser Stunde, diesen jungen Angeklagten gegenüber im wahren Wortsinn schöpferisch Recht zu sprechen, nicht ein Diktat der Macht, sondern die klare Stimme des Gewissens sprechen zu lassen, die auf die Gesinnung schaut, aus der die Tat hervorging. Und diese Gesinnung war wohl die uneigennützigste, idealste, die man sich denken kann! Das Streben nach absoluter Rechtlichkeit, Sauberkeit, Wahrhaftigkeit im Leben des Staates.

Für mich selbst aber nehme ich in Anspruch, daß meine Mahnung zur Besinnung auf die allein dauerhaften Fundamente eines Rechtsstaates das oberste Gebot der Stunde ist, dessen Überhören nur den Untergang des deutschen Geistes und zuletzt des deutschen Volkes nach sich zieht. Ich habe das eine Ziel erreicht, diese Warnung und Mahnung nicht in einem privaten kleinen Diskutierklub, sondern an verantwortlicher, an höchster richterlicher Stelle vorzubringen. Ich setze für diese Mahnung, für diese beschwörende Bitte zur Rückkehr mein Leben ein ...

Mein Handeln und Wollen wird der eherne Gang der Geschichte rechtfertigen; darauf vertraue ich felsenfest. Ich hoffe zu Gott, daß die geistigen Kräfte, die es rechtfertigen, rechtzeitig aus meinem eigenen Volke sich entbinden mögen. Ich habe gehandelt, wie ich aus einer inneren Stimme heraus handeln mußte. Ich nehme die Folgen auf mich ...«

Entnommen dem Buch: »Kurt Huber zum Gedächtnis«.

ELISABETH VON THADDEN

Im Nachlaß von Ricarda Huch wurde eine Skizze über ihre Begegnung mit Elisabeth von Thadden gefunden:

»Ich lernte Elisabeth von Thadden in Heidelberg bei einer gemeinsamen Freundin kennen und sah der Begegnung etwas zweifelnd entgegen. Die aus Pommern stammende Leiterin eines Erziehungsheims für junge Mädchen, die überwiegend aus Offizierskreisen waren, einer Anstalt von ausdrücklich evangelischem Charakter, hatte für mich, wie ich sie mir vorzustellen versuchte, etwas Ostelbisch-Junkerliches und zugleich Bebrilltes, Betschwesterliches, das mir nicht unangenehm, aber doch fremd war. Kaum war ich eine Viertelstunde mit ihr zusammen gewesen, als sie mir lieb und vertraut war.

Man vergaß im Umgang mit ihr zunächst Herkunft, Stand, Beruf und empfand sie menschlich und persönlich, obwohl sie den Charakter ihrer Heimat und ihrer Arbeit deutlich darstellte. Mit ihrer großen, kräftigen, stattlichen Erscheinung, in der unbefangenen Sicherheit ihres Auftretens glich sie einer Herrscherin, die etwa ein großes Gut verwaltet, eine zahlreiche Familie und viele Untergebene gerecht und liebevoll versorgte.
Von Schulwissen, Pedanterie, Fadengradheit merkte man nichts, Humor und Frohsinn machten sich bald geltend. Daß sie aufrichtig fromm war, wußten ihre Freunde; ihre evangelische Überzeugung war ihr zu selbstverständlich, als daß sie sie hätte betonen wollen. Ich glaube nicht, daß man in ersprießlicher Weise mit ihr hätte theologisieren oder philosophieren können; sie hatte wohl nie eine Periode des Zweifels durchgemacht und sich das überlieferte Glaubensgut unter Kämpfen angeeignet. Gläubigkeit war für sie so selbstverständlich wie die Liebe zum Vaterlande und zum eigenen Volke, etwas, das einem nicht genommen werden kann, womit man lebt und stirbt. Überhaupt hatte sie etwas ausgesprochen Kindliches, das im Verein mit ihrer dazu kontrastierenden pompösen Erscheinung besonders anziehend war. Es mochte sich um was immer handeln, sie ging an alles mit der Zutraulichkeit, Neugier und Unbefangenheit eines Kindes heran.«

Elisabeth von Thadden wurde am 29. Juli 1890 in Mohrungen in Ostpreußen geboren, wo ihr Vater Landrat war. 1905 zog die Familie auf das Gut Trieglaff in Pommern. Nach dem Tode der Mutter übernahm die Zwanzigjährige den Gutshaushalt und zugleich die Betreuung der jüngsten Geschwister. Im Jahre 1920 heiratete der Vater zum zweitenmal. Elisabeth wandte sich darauf dem Erzieherberuf zu und machte bei Anna v. Gierke in Berlin das Jugendleiterinnenexamen. Nach praktischer Tätigkeit im Jugendlager Heuberg auf der Schwäbischen Alb und in der Schloßschule Salem gründete sie Ostern 1927 in Schloß Wieblingen bei Heidelberg ein evangelisches Landerziehungsheim. Im Sommer 1941 durch staatlichen Zwang aus der Leitung ihrer aufblühenden Anstalt vertrieben, arbeitete sie im Roten Kreuz und erlebte dort – nach dem Bericht ihrer Schwester Ehrengard –, daß Briefe vernichtet werden mußten, die von deutschen Kriegsgefangenen aus Rußland durchkamen, weil Hitler meinte, daß solche Briefe die Moral der Front schwächen würden.

Ab 1943 war Elisabeth von Thadden als Helferin in Soldatenheimen in Frankreich tätig. Während eines Urlaubs, am 10. September 1943, wurde sie das Opfer eines Spitzels, den sie zu einer Teegesellschaft eingeladen hatte. Anlaß zu dieser Einladung war das Empfehlungsschreiben einer alten Schweizer Freundin, die bat, den jungen Mann, der schreckliche Erfahrungen mit den Nationalsozialisten gemacht habe, in die christlich-konservativen Kreise Berlins einzuführen. Dieser teilte die bei der Gesellschaft geführten Gespräche der Gestapo mit, worauf in den nächsten Monaten die Verhaftung aller Gäste erfolgte.

Am 1. Juli 1944 wurde Elisabeth von Thadden vom Volksgericht zum Tode verurteilt – gemeinsam mit

dem Gesandten Otto Kiep –, da man in den verratenen Gesprächen Wehrkraftzersetzung und versuchten Hochverrat sah.
Während der Wochen nach der Verurteilung an beiden Händen gefesselt, konnte sie dem Gefängnisgeistlichen Pfarrer Ohm einige Mitteilungen an ihre Familie diktieren:

»Ich wurde im Januar 1944 in Meaux in Frankreich um 8 Uhr morgens festgenommen. Im Auto wurde ich von M. nach Paris gebracht, dort verhört von morgens um 9 Uhr bis abends um 6 Uhr; nach einer Stunde Abendbrotzeit Fortsetzung des Verhörs während der ganzen Nacht. Im Laufe des nächsten Tages wurde die Verhaftung ausgesprochen. Es bestand mehrfache Fluchtmöglichkeit. Von dieser habe ich bewußt keinen Gebrauch gemacht, um meinen Bruder nicht zu gefährden. Dann wurde ich nach Berlin gebracht und erneut die ganze Nacht verhört. Die Schwere der Inquisition war ganz ungeheuerlich. Ich wurde gefragt nach der bekennenden Kirche und nach der Una Sancta. Mir ist kein Wort entschlüpft, was andere belastet hätte. Das KZ Ravensbrück war schlimm. Mit der Aktion vom 20. 7. habe ich nichts zu tun gehabt, ich kenne keinen dieser Leute. Wir wollten soziale Hilfe leisten, in dem Augenblick, wo diese Hilfe not tat. Daß dieser Augenblick kommen mußte, war klar. Wir wollten barmherzige Samariter sein.«

Pfarrer Ohm, der Elisabeth von Thadden am 8. September 1944 bis zur Tür des Hinrichtungsraumes begleitete, berichtet, daß sie den Weg sicheren Schrittes und ohne Zittern ging. Ihre letzten Worte waren der Vers des Paul-Gerhard-Liedes: »Mach End', o Herr, mach' Ende mit aller unsrer Not.«

ERICH KNAUF

wurde am 21. Februar 1895 in Meerane in Sachsen als Arbeitersohn geboren. Mit 14 Jahren trat er in die Schriftsetzerlehre ein und begab sich im Frühjahr 1914 als junger Geselle auf Wanderschaft durch Italien, die Türkei und Griechenland. Der Kriegsteilnehmer (1915–1918) wirkte dann 1920 an der Niederwerfung des Kapp-Putsches in Gera mit. Nach einer einjährigen Mitarbeit an der Volkshochschule Tinz wandte sich Knauf dem politisch-feuilletonistischen Journalismus zu. Von 1922 bis 1928 war er Redakteur an der Plauener »Volkszeitung«. Seine Kunstseiten und Theaterkritiken fanden weite Beachtung, trugen ihm aber auch eine Reihe von Prozessen und Strafen ein. Es folgten mehrere Jahre der Tätigkeit als Lektor der Büchergilde Gutenberg. Während dieser Zeit schrieb er einen Kapp-Putsch-Roman, eine Daumier-Biographie und ein Buch, das 22 Künstlerprofile von Daumier bis Kollwitz umfaßt. Mit der Übernahme der Büchergilde durch die Nationalsozialisten gab Knauf 1933 diese Tätigkeit auf, wurde ein Jahr später aufgrund einer Opernkritik im 8-Uhr-Abendblatt aus dem Reichsverband der deutschen Presse ausgeschlossen und mußte dann zehn Wochen im KZ Oranienburg und Lichtenburg verbringen.

Nach seiner Entlassung wandte er sich der Industrie- und Filmwerbung zu. Gemeinsam mit E. O. Plauen, der sich durch seine menschlich-liebenswürdigen Zeichnungen »Vater und Sohn« berühmt gemacht hat, wurde er am 28. März 1944 endgültig verhaftet.

Über die Gründe geben die folgenden Auszüge aus den Akten in der Strafsache gegen Erich Knauf und Erich Ohser (genannt E. O. Plauen) Aufschluß:

Hauptmann Schultz
WPr F/H

An den
Herrn Abteilungschef
über Leiter F.

Berlin, den 22. Februar 1944

Mit der Zerstörung meiner Wohnung, Trabenerstr. 49, wohne ich mit meiner Frau in Berlin-Kaulsdorf, Am Feldberg 3. In diesem Hause wohnen auch der Pressechef der Terra-Filmkunst GmbH. Erich Knauf und der Pressezeichner Erich Ohser ...

Nachstehende Äußerungen der beiden bei verschiedenen Gelegenheiten sind zum Teil wörtlich wiedergegeben.

U. a. *Knauf* (über die Artikel von Dr. Goebbels, im »Reich«): »Dieser Lausejunge bekommt für jeden Artikel RM 1500,–, obwohl er das als Propagandaminister doch umsonst machen müßte ...«

Ohser stimmte dem zu, denn er als ständiger Mitarbeiter am »Reich« wäre genau im Bilde. Dr. Goebbels als sogenannter Minister habe alle deutschen Künstler durch idiotische Verfügungen so gedrosselt und vergrämt, daß die deutsche Kunst, wie ja vom Blinden zu sehen sei, vor die Hunde gegangen ist ...

Ohser: »Himmler hält sich nur durch täglich 80 bis 100 Hinrichtungen. Ich merke es ja am Dünnerwerden meines Bekanntenkreises«.

Knauf: »Die SS enthalte die größten Strolche ...«

Knauf und Ohser: »Ein deutscher Sieg wäre unser größtes Unglück, weil Hitler nach eigenem Ausspruch dann erst ein richtiger Nationalsozialist werden solle« ...

Ich habe mit meiner Meldung bis heute gewartet, um in meiner Auffassung über die Einstellung der Knauf und Ohser ganz sicher zu gehen.

gez. Schultz

Berlin, den 1. April 1944

Büro Staatssekretär

Notiz für Herrn Leiter über die Besprechung beim Herrn Staatssekretär.
Betr.: Ohser und Knauf.

...Der Herr Minister wünscht nun, daß Freisler nach Möglichkeit noch vor Ostern den Haupttermin durchführt und auch selbst die Verhandlungen führt. Der Herr Minister möchte ferner, da es um seine Person geht, bevor das Urteil gesprochen wird, von Freisler angerufen werden, um das Urteil eventuell abzumildern. Leiter R. hat hiergegen Bedenken und schlägt vor, daß Freisler den Herrn Minister anruft, wenn er sich mit der Sache befaßt hat.
Der Staatssekretär telefoniert daraufhin mit Freisler und vereinbart, daß Verhandlung kommenden Dienstag oder Mittwoch vor dem Volksgerichtshof stattfindet. Da ehrenamtliche Richter von auswärts so kurzfristig nicht mehr heranbesorgt werden können, wird Freisler diese Richter aus den Reihen der Berliner Kreisleiter und SA-Führer wählen, soweit diese vom Führer als Richter beim Volksgerichtshof ernannt sind. Freisler ist angehalten, *vor* Beginn der Verhandlung sich mit dem Minister noch in Verbindung zu setzen.
Vorschlag: Horchposten Oberstaatsanwalt Metten, Abt. R.

gez. Dr. Prause

Der Staatssekretär

Dem
Herrn Minister.

Berlin, den 29. März 1944

In der Angelegenheit Terra und Reich sind nunmehr die ersten Ergebnisse über die Vernehmung der Angeschuldigten eingegangen...
Der zuständige Sachbearbeiter der Geheimen Staatspolizei, RR Lietzenburg, hofft im Wege der weiteren Vernehmung doch noch zu einem Geständnis der Angeschuldigten zu kommen. Bleibt aber ein Ergebnis aus, dann wird die Gegenüberstellung mit Hauptmann Schultz vorgenommen.
Ich berichte weiter.

Heil Hitler!
gez. Gutterer

Der Staatssekretär

An den
Herrn Minister

Berlin, den 1. April 1944

...Das Ehepaar Schultz hat sich auf Befragen eindeutig bereit erklärt, die Behauptungen gegen die Angeschuldigten auch unter Eid auszusagen. Sie machen dabei einen zuverlässigen und überzeugenden Eindruck. Der Vorgang wird daher nunmehr an den Oberreichsanwalt des Volksgerichtshofs abgegeben. Es wird dabei darauf geachtet, daß die Sache beschleunigt bearbeitet wird. Ich berichte weiter.

Heil Hitler!
gez. Gutterer

R. M. f. V. u. P.
R. 1403/3. 4. 44/372–1,4.
Min. Dirigent Dr. Schmidt-Leonhardt

An den
Herrn Reichsminister

Berlin, den 3. April 1944

Betr.: Strafsache Ohser-Knauf.

Auftragsgemäß habe ich heute Präsident Freisler aufgesucht und mit ihm sowie auf seinen Wunsch im Anschluß daran auch mit Oberreichsanwalt Lautz eingehend gesprochen. Ohser hat sein Teilgeständnis widerrufen, so daß zu seiner Überführung neue Zeugenvernehmungen notwendig sind. Diese sind in gutem Gange. Gleichwohl konnten aus diesem Grunde die Akten noch nicht einmal an den Oberreichsanwalt, geschweige denn an das Gericht geschickt werden. Die Übersendung wird auch vor morgen früh nicht stattfinden können. Die Angelegenheit wird trotz dieser Schwierigkeiten so beschleunigt, daß am Mittwoch früh 9 Uhr die Hauptverhandlung stattfindet. Präsident Freisler, der auch geschäftsordnungsmäßig zuständig ist, leitet sie persönlich ... Präsident Freisler erklärte, zwar grundsätzlich nie eine Prognose für ein Urteil zu stellen, ließ aber durchblicken, daß, wie es meiner Überzeugung nach bei der Härte des Falles auch gar nicht anders sein kann, zwei Todesurteile mindestens wahrscheinlich sind ...

Heil Hitler!
i.A. S.

R. M. f. V. u. P.
R. 1403/3. 4. 44/372–1,4
Ref.: OSt. Dr. Metten

Berlin, den 4. April 1944

Als persönliches Schreiben des Abteilungsleiters:

An den Präsidenten des Volksgerichtshofs,
Herrn Dr. Freisler, Berlin W 9, Bellevuestraße.

Sofort!
Durch Sonderboten!

Sehr verehrter Herr Präsident!

In der Strafsache Ohser-Knauf übersende ich Ihnen Ihren Wünschen entsprechend
1. ein Faszikel mit karikaturistischen Zeichnungen sowie zehn Fotokopien von Karikaturen aus der Feder Plauens,
2. zwei Zeitungsausschnitte mit Reden des Führers und des Reichsministers Dr. Goebbels, die sich mit dem deutschen Künstler befassen,
3. ein Schreiben des Gaupersonalamts Berlin vom 4. April 1944.

Zu 1. Die Fotokopien der Karikaturen können Bestandteil der Gerichtsakten werden. Dagegen darf ich bitten, die übrigen Stücke, die als Archivstücke nur einmal vorhanden sind und häufig gebraucht werden, baldmöglichst an mich zurückgelangen zu lassen.

Zu 2. Die Auswahl ist sehr dürftig, die mit der Sammlung betrauten Stellen können Zitate so, wie Sie sie eigentlich wünschen, vorläufig nicht finden. Ich bin bemüht, weiter suchen zu lassen, und würde gegebenenfalls Ergänzungen noch im Laufe des Tages an Sie gelangen lassen. Die beiden Stücke darf ich ebenfalls zurückerbitten.

Zu 3. Auch die Auskunft des Gaupersonalamts ist dürftig, denn sie enthält zwar wertvolle Angaben zur Person, besonders auch über die Ausbombung, enthält aber keine politische Beurteilung. Eine Rückfrage beim Gaupersonalamt ergab, daß eine solche frühestens im Laufe des Nachmittags über die früheren Ortsgruppen der Beschuldigten beschafft werden kann, da die jetzige Ortsgruppe keine Unterlagen besitzt. Nachteiliges sei weder in polizeilicher noch in politischer Beziehung bei beiden bekannt. Etwa eingehende Ergänzungen würde ich ebenfalls auf dem schnellsten Wege im Laufe des heutigen Tages an Sie gelangen lassen.

Heil Hitler!
Ihr sehr ergebener
i. A. S. gez. Dr. M.

Leiter R.
R. 1403/4. 4. 44/372–1,4
Sachbearb.: OStA Dr. Metten

An den Herrn Reichsminister

Berlin, den 4. April 1944

Betr.: Strafsache gegen Ohser und Knauf.

Es ist folgender Zwischenfall eingetreten: Reichsminister Thierack, der ja vom Führer verpflichtet ist, sich aller Zersetzungssachen in persönlicher Verantwortung anzunehmen, hat Vortrag verlangt und, wie soeben mitgeteilt wird, entschieden, daß ihm der Sachstand morgen früh zur Kenntnis gebracht wird. Der Verhandlungstermin morgen früh kann infolgedessen nicht stattfinden, Reichsminister Thierack wird jedoch Sorge tragen, daß er dann, wenn irgend möglich, am Gründonnerstag früh angesetzt wird. Von Ihrem Interesse an der Angelegenheit und Ihren Beschleunigungswünschen ist er unterrichtet. Ich erhalte morgen vormittag Nachricht von der weiteren Entscheidung des Reichsministers Thierack sowie darüber, ob der Termin am Donnerstag früh angesetzt ist. Ich erstatte dann sofort weiter Meldung.
Dem Wunsch des Reichsjustizministers, von dem Verfahren vorher Kenntnis zu erhalten, wird wohl nicht entgegengetreten werden können.

Heil Hitler!
gez. Schmidt-Leonhardt

Leiter R.
Sachbearb.: OStA Dr. Metten
R. 1403/4. 4. 44/372–1,4

An den
Herrn Reichsminister

Berlin, den 5. April 1944

Betr.: Strafsache gegen Ohser und Knauf.

Präsident Freisler teilt mit, daß der Termin endgültig morgen, 6., früh 9 Uhr, stattfindet. OStA Dr. Metten von meiner Abteilung wird dem Termin beiwohnen; sofort nach Beendigung wird Ihnen Bericht erstattet werden. Außerdem hofft Präsident Freisler, Ihnen das Urteil mit Gründen schon in den frühen Nachmittagsstunden zusenden zu können.

Heil Hitler!
gez. Schmidt-Leonhardt

Oberstaatsanwalt Dr. Metten

An den
Herrn Reichsminister

Berlin, den 6. April 1944

Betr.: Strafsache gegen Ohser und Knauf.

Die Sitzung, die infolge des dem Gericht erst gegen 9 Uhr bekanntgewordenen Selbstmordes des Angeklagten Ohser verspätet um 10 Uhr begann, wurde vom Präsidenten Dr. Freisler als Vorsitzendem des 1. Strafsenates des Volksgerichtshofes geleitet; neben einem weiteren Berufsrichter fungierten als ehrenamtliche Beisitzer der Gauhauptstellenleiter Ahnels, der Ortsgruppenleiter Winter und der Generalarbeitsführer von Mangold ...
Nach mündlicher Erhebung der auf fortgesetzte Wehrkraftzersetzung und Feindbegünstigung lautenden Anklage durch den Vertreter des Oberreichsanwalts wurde der Angeklagte Knauf vernommen. Seine Befragung zur Person ergab, daß er kinderlos verheiratet, Weltkriegsteilnehmer, Inhaber des EK II und des Verwundetenabzeichens sowie Verfasser des Textes unter anderem zu den Liedern »Heimat Deine Sterne« und »Glocken der Heimat« ist. In politischer Hinsicht wurde festgestellt, daß er früher – genau wie sein Vater – Mitglied der SPD sowie bis zum Jahre 1933 nacheinander bei der »Tribüne«, bei einer in Plauen/Vogtl. erscheinenden sozialdemokratischen Zeitung und bei der Büchergilde Gutenberg tätig war. Knauf stellte jede Schuld in Abrede. Anschließend wurde der Hauptbelastungszeuge Hauptmann Schultz gehört. Dieser beschuldigte Knauf in derselben Weise und im gleichen Umfang wie im Vorverfahren. Seine Bekundungen wurden durch die Angaben seiner nach ihm vernommenen Ehefrau bestätigt und ergänzt. Beide Zeugen machten bei ihren Angaben einen in jeder Hinsicht glaubwürdigen Eindruck. Den Bekundungen des Hauptmanns Schultz war um so mehr Beweiskraft beizumessen, als dieser Zeuge sich unmittelbar im Anschluß an die jeweiligen Vorfälle eingehende Notizen über die Äußerungen Ohsers und Knaufs gemacht hat ...
Das Todesurteil, das der Angeklagte gefaßt und ruhig aufnahm, ist, da es ein Rechtsmittel gegen Urteile des Volksgerichtshofes nicht gibt, mit der Verkündung rechtskräftig geworden. Nach Absetzung der schriftlichen Urteilsgründe gehen die Akten an den Herrn Reichsminister der Justiz, der auf Grund einer allgemeinen Ermächtigung des Führers selbständig die Vollstreckung des Todesurteils anordnet oder, falls er etwa von sich aus oder auf Grund einer an ihn herangebrachten Anregung einen Gnadenerweis für angezeigt erachten sollte, die Entscheidung des Führers zur Gnadenfrage einholt.

Heil Hitler!
gez. Dr. Metten

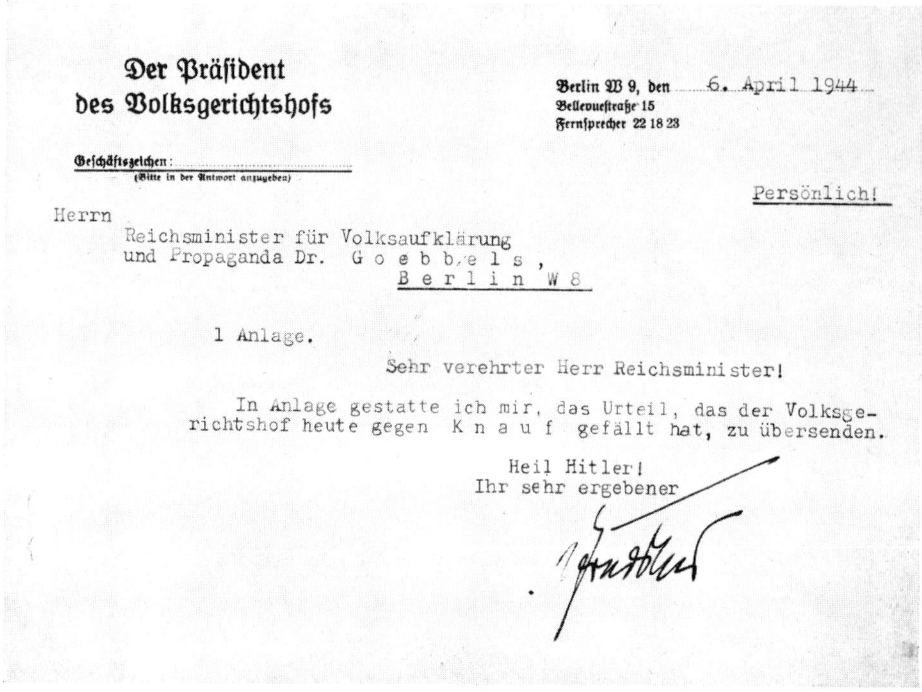

Der Präsident des Volksgerichtshofs

Berlin W 9, den 6. April 1944
Bellevuestraße 15
Fernsprecher 22 18 23

Geschäftszeichen: ....
(Bitte in der Antwort anzugeben)

Persönlich!

Herrn
Reichsminister für Volksaufklärung
und Propaganda Dr. G o e b b e l s ,
B e r l i n W 8

1 Anlage.

Sehr verehrter Herr Reichsminister!

In Anlage gestatte ich mir, das Urteil, das der Volksgerichtshof heute gegen K n a u f gefällt hat, zu übersenden.

Heil Hitler!
Ihr sehr ergebener

Aus der Urteilsbegründung

Wie der Angeklagte Knauf zu seinen zersetzenden defaitistischen Äußerungen kommt, das kann man wohl aus der Begründung seiner Bemerkung entnehmen, unser Sieg sei unser größtes Unglück, denn: dann werde der Führer erst richtiger Nationalsozialist sein. Es ist also der Haß gegen den Nationalsozialismus, gegen die kompromißlos ganze Durchsetzung unserer unserem Wesen gemäßen Lebensart, die ihn dazu getrieben hat. Sein Leben ist also in sich selbst zurückgekehrt. Der Ring seiner politischen Entwicklung hat sich geschlossen . . .
Und das als Mann, der in unserem kulturellen Leben eine wichtige Stellung einnimmt! Als Mann, dessen Ehre es sein muß, seiner darin begründeten höheren Verantwortung treu gerecht zu werden.
Wir würden nicht nationalsozialistisch gerecht handeln . . . wenn wir auf solche Tat eines durch sie für immer ehrlos gewordenen Mannes anders antworten würden als: er muß mit dem Tode bestraft werden.
Weil Knauf verurteilt ist, muß er auch die Kosten tragen.

gez. Freisler
Der Präsident des
Volksgerichtshof

Unterschrift unleserlich
Berlin W 9, den 11. April 1944
Bellevuestr. 15

Reichsanwaltschaft beim Volksgerichtshof
Geschäftsnummer 4 J 777/44
– Staatsanwaltschaft –

Kostenrechnung
in der Strafsache gegen Erich Knauf

Gebühr gem. §§ 49, 52 SGKG für Todesstrafe	300,—
Postgebühren gem. § 72, 1 SGKG	1,84
Gebühr gem. § 72, 6 für den als Pflichtverteidiger bestellt gewesenen Rechtsanwalt Ahlsdorff, Berlin-Lichterfelde-Ost, Gärtnerstr. 10 a	81,60
für die Strafhaft vom 6. April 1944 bis 2. Mai 1944	44,—
Kosten der Strafvollstreckung: Vollstreckung des Urteils	158,18
hinzu Porto für Übersendung der Kostenrechnung	—,12
zusammen:	585,74

Zahlungspflichtig: Die Erben des Erich Knauf, z. Hd. von Frau Erna Knauf, Berlin-Tempelhof, Manfred-von-Richthofen-Str. 13, bei Fa. Gilbert, Mach.

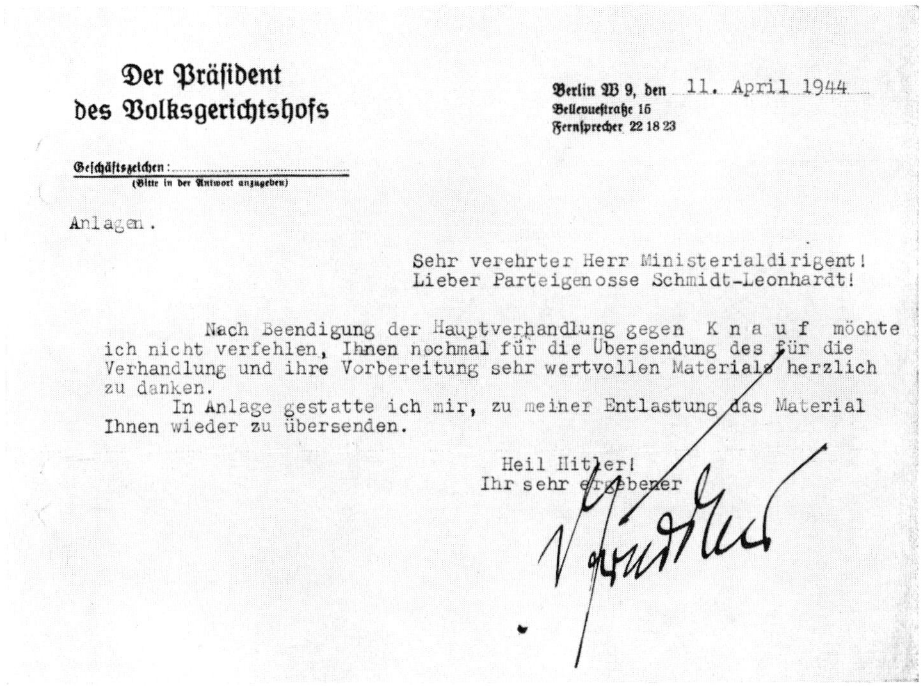

Der Präsident
des Volksgerichtshofs

Berlin W 9, den 11. April 1944
Bellevuestraße 15
Fernsprecher 22 18 23

Geschäftszeichen: ....
(Bitte in der Antwort angeben)

Anlagen.

Sehr verehrter Herr Ministerialdirigent!
Lieber Parteigenosse Schmidt-Leonhardt!

Nach Beendigung der Hauptverhandlung gegen K n a u f möchte ich nicht verfehlen, Ihnen nochmal für die Übersendung des für die Verhandlung und ihre Vorbereitung sehr wertvollen Materials herzlich zu danken.
In Anlage gestatte ich mir, zu meiner Entlastung das Material Ihnen wieder zu übersenden.

Heil Hitler!
Ihr sehr ergebener

Der Reichsminister der Justiz
IV g 10b 668b/44
Sonderreferat, Oberstaatsanwalt Dr. Franke

Berlin W 8, den 21. April 1944
Wilhelmstr. 65

Sofort!

An den
Herrn Oberreichsanwalt beim Volksgerichtshof
in Berlin
Persönlich oder Vertreter im Amt

Zu 4 J 777/44–1 L 98/44.
Anlagen: 1 Erlaß vom 20. April 1944 in Reinschrift
1 begl. Abschrift des Erlasses.

In der Strafsache gegen den vom Volksgerichtshof in Berlin am 6. April 1944 zum Tode verurteilten

Erich Knauf

übersende ich Reinschrift und beglaubigte Abschrift des Erlasses vom 20. April 1944 mit dem Ersuchen, mit größter Beschleunigung das Weitere zu veranlassen.
Von einer Bekanntmachung in der Presse und durch Anschlag bitte ich abzusehen.

Im Auftrage
gez. Wollmer.

NIKOLAUS GROSS

wurde am 30. September 1898 in Niederwenigern, einem kleinen Dorf an der Ruhr, als Arbeitersohn geboren. Nach Abschluß der Volksschule nahm er den Bergmannsberuf auf. Als 17jähriger besuchte er Abendkurse und Rednerschulen und begründete mit 20 Jahren die ersten Jugendgruppen in der christlichen Bergarbeiterbewegung.
Zunächst Jugend- und später in Niederschlesien, Zwickau und im Ruhrgebiet Gewerkschaftssekretär, wurde er dann 1930 Redakteur an der »Westdeutschen Arbeiterzeitung«.
In Wort und Schrift hat er sich fortlaufend klar und unmißverständlich gegen den Nationalsozialismus ausgesprochen und immer wieder sein Hauptanliegen vorgetragen: Rückhalt durch die christlich begründete Familie.
Als schließlich das Nachfolgeorgan der WAZ, die »Ketteler Wacht«, verboten wurde, brachte er seine Überzeugung noch in Vorträgen im kleineren Kreis und Gesprächen zu Gehör.
Im Zusammenhang mit der Aktion vom 20. Juli 1944, an deren Vorbereitung er sich in enger Zusammenarbeit mit Bernhard Letterhaus beteiligt hatte, wurde er am 12. August verhaftet, am 15. Januar zum Tode verurteilt und am 23. Januar 1945 hingerichtet.
Seine Worte aus einer früheren Schrift »Sieben um einen Tisch« zeichnen sein Denken: »Die kindlichen Wunschbilder verblassen, ihren Platz gewinnt das beherrschende Leitbild des Lebens. Es in den Kindern zu wecken, ist unsere Aufgabe.
Was ist das für ein Bild? Es ist das Bild eines lebenstüchtigen charaktervollen Menschen. Eines Menschen, der in Freiheit seine Eigenart entfaltet, ohne sich an sie zu verlieren. Eines selbständigen Menschen, dem seine Tüchtigkeit hohes Ziel und ernste Verpflichtung ist. Eines Menschen, der die Maßlosigkeit der Wünsche und Träume durch die Kraft seines Geistes und die Disziplin des Willens meistert. Eines Menschen, dessen Reichtum seine Innerlichkeit ist. Eines Menschen, der die Einfachheit und Ganzheit sucht. Und eines Menschen, der sich und seinem Wesen treu bleibt.
Manchmal will mir das Herz schwer werden und die Aufgabe unlösbar erscheinen, wenn ich die eigene menschliche Unvollkommenheit und Unzulänglichkeit an der Größe der Verpflichtung und dem Gewicht der Verantwortung messe. Wenn ich dann aber vor meinen Kindern stehe und sie anschaue, wenn ich mit ihnen zu Tisch sitze und ihren munteren Reden lausche, wenn ich in der Erinnerung den vielen sich kreuzenden, zusammenlaufenden und auseinanderstrebenden Wegen nachgehe, die sich durch ihr Leben ziehen, wenn ich in diesem Leben lese und nach Antwort suche, dann finde ich: Jeder Mensch trägt seine Bestimmung in sich. Niemand kann ihr ausweichen oder sich entziehen, ohne sich selbst untreu zu werden.«

Zum Abschied schrieb Nikolaus Groß an seine Frau und seine sieben noch unmündigen Kinder:
»... Fürchtet nicht, daß angesichts des Todes großer Sturm und Unruhe in mir sei. Ich habe täglich gebetet, daß der Herr mich und Euch stark mache, alles geduldig und ergeben auf uns zu nehmen, was er für uns bestimmt oder zugelassen. Und ich spüre, wie es durch das Gebet still und ruhig geworden ist.
Mit inniger Liebe und tiefer Dankbarkeit denke ich an Euch zurück. Wie gut ist doch Gott und wie reich hat er mein Leben gemacht. Er gab mir seine Liebe und Gnade und er gab mir eine herzensliebe Frau und gute Kinder. Bin ich ihm und Euch dafür nicht lebenslänglichen Dank schuldig? Habt Dank, Ihr Lieben, für alles, was Ihr mir erwiesen. Und verzeiht mir, wenn ich Euch weh tat, oder meine Pflicht und Aufgaben an Euch schlecht erfüllte ...
Manchmal hatte ich mir in den langen Monaten meiner Haft Gedanken darüber gemacht, was wohl einmal aus Euch werden möge, wenn ich nicht mehr bei Euch sein könnte. Längst habe ich eingesehen, daß Euer Schicksal gar nicht von mir abhängt. Wenn Gott es so will, daß ich nicht mehr bei Euch sein soll, dann hat er auch für Euch eine Hilfe bereit, die ohne mich wirkt ...«

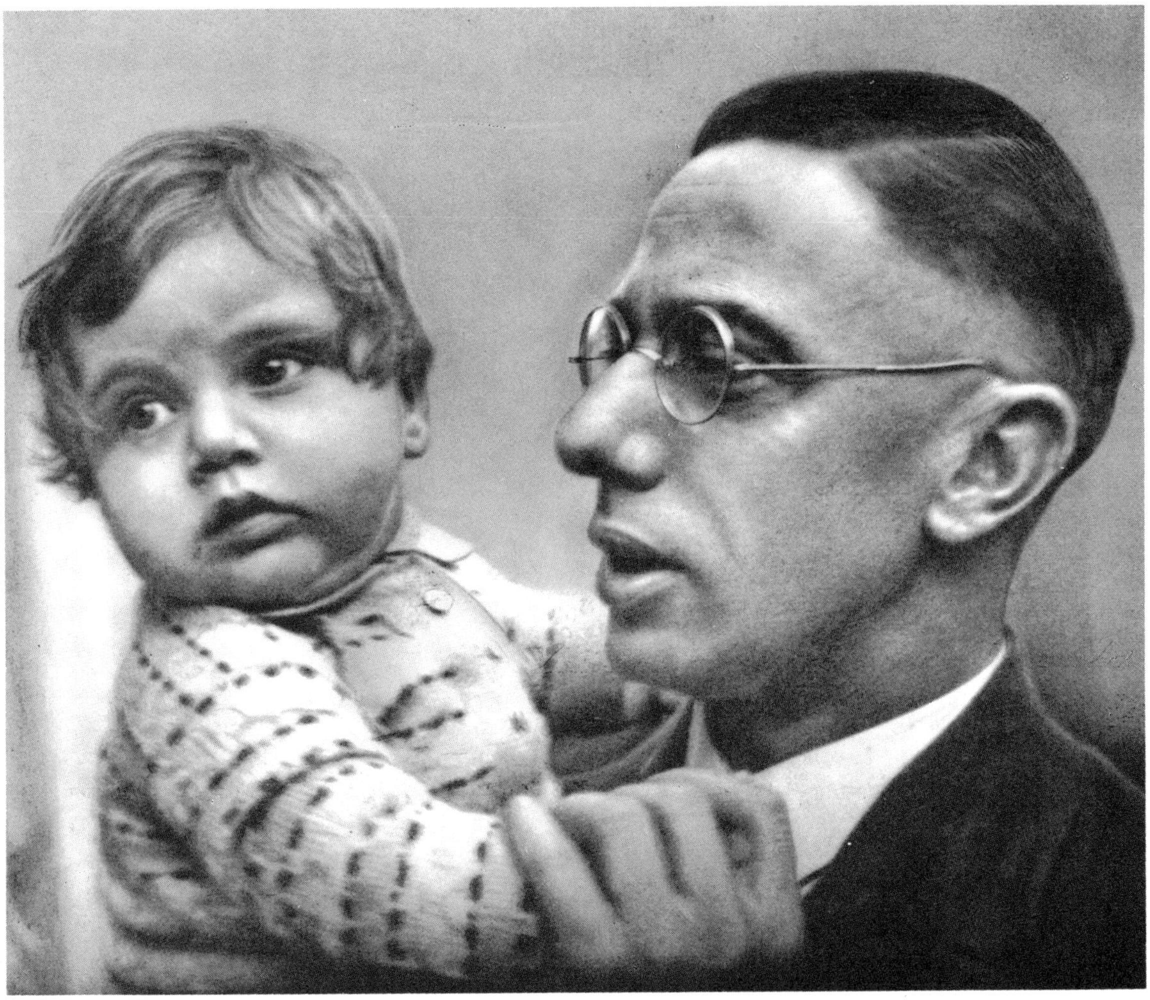

ADOLF REICHWEIN

wurde am 3. Oktober 1898 in Bad Ems geboren, wuchs in Oberjosbach im Taunus in enger Verbindung mit dem Wandervogel auf.
Er bestand 1916 das Abitur, wurde sofort zum Kriegsdienst eingezogen und 1917 schwer verwundet.
Danach nahm er das Studium der Philosophie, Geschichte und Volkswirtschaft auf und promovierte bereits 1920 zum Dr. phil.. Seine Dissertation erschien als Buch unter dem Titel »China und Europa, geistige und künstlerische Beziehungen«. Er kam sehr jung ins preußische Kultusministerium, ging aber bald in die praktische volksbildnerische Arbeit zuerst in Volkshochschulen, später als Hochschulprofessor. Er veröffentlichte folgende Bücher: »Die Rohstoffe der Erde«, »Mexiko erwacht«, »Erlebnisse mit Mensch und Tier« und »Schaffendes Schulvolk«.

Eine Charakteristik von Adolf Reichwein gibt Susanne Suhr, die mit ihm von den Jenaer Jahren bis zur Widerstandszeit in Verbindung war:
Ein ungewöhnlicher Mensch, von ungewöhnlichen geistigen und menschlichen Qualitäten. Er ist wohl von allen, die mit ihm in Berührung kamen, so empfunden worden. Das Geheimnis der Faszination, die er in einem seltenen Maß ausstrahlte, kann nur hierin liegen, da ihm jede Spur von Selbstgefälligkeit fehlte.
Es mag allerdings sein, daß der Reiz des Jünglingshaften, des Frühvollendeten, ihn wie ein tragischer Nimbus umgab. Er ist nicht mehr zur vollen Reife gekommen.

Reichwein stammte aus der Jugendbewegung, war aber schon früh bemüht, über sie hinauszukommen. Das Schicksal schien ihm schon in jungen Jahren seine Chancen zu bieten. Bereits mit 22 Jahren konnte der junge Dr. phil. im Kultusministerium für seine Ideen und Ideale der Volksbildung – im wörtlichen Sinne als Bildung des Volkes gedacht – arbeiten und sie wenig später als Leiter der Thüringischen Volkshochschulen praktisch in die Tat umsetzen. In dieser Arbeit mit Studenten und mit den Arbeitern der Jenaer Zeisswerke gewann er jene sein Leben begleitende Verbindung mit allen Schichten. Die herkömmliche Bindung an eine Gesellschaftsschicht wollte er durch neue geistige und ethische Bindungen überwunden sehen. Daß dieser Weg vom schwärmerischen Ideal zur politischen Aktivität führen müsse, war ihm klar, aber er zögerte lange, ihn zu gehen.

Romantische Freude am Abenteuer und nüchterne Arbeitsdisziplin trafen in ihm zusammen: er trampte durch Amerika, fuhr als Matrose nach Japan, schmuggelte Waffen für die Kuomintang, kämpfte in Mexiko gegen die Aufständischen – und brachte zugleich reiches Material für seine Bücher und Vorlesungen mit.

Zum zweitenmal im preußischen Kultusministerium als persönlicher Referent des Ministers Becker, arbeitete Reichwein entscheidend mit an der Gründung der Pädagogischen Akademien. Er ging 1930 dann selbst als Professor der Geschichte und Staatsbürgerkunde an die Pädagogische Hochschule in Halle. Da ihm in der pädagogischen Aufgabe der Gedanke des Vorlebens auf allen Gebieten – auch in der sportlichen Disziplin – wesentlich war, flog er dann selbst eine kleine Sportmaschine. Eine politische Bindung an eine Partei und eine aktive politische Arbeit hatte er bisher immer abgelehnt. Aber als Hitler drohend vor der Tür stand und manche aus Angst ihre Gesinnung zu verleugnen begannen, bekannte er sich zur Sozialdemokratie. Ebenso gab er nach 1933, als jedes Flugzeug mit einem Hakenkreuz versehen werden mußte, als erstes seine Maschine auf, weil er nicht mehr in der Luft »ein freier Mann« sein könne.

Der Nationalsozialismus warf ihn aus seiner Professur. Er zog sich auf die Insel eines Dorfschulmeisterdaseins zurück, obwohl man ihm goldene Brücken bauen wollte.

Aber trotz seiner Freude an dieser Arbeit begann er nun, in seinem Wesenskern tief verletzt, durch die Entwicklung des Hitlerstaates immer mehr in einen aktiven Widerstand hineinzuwachsen. In engstem Vertrauen mit seinen Freunden wurde er zum Mitverschwörer und Mittler der planmäßigen Vorbereitung, denn er konnte dank seiner ungewöhnlich reichen freundschaftlichen Beziehungen nach allen Seiten Fäden knüpfen. Die Verbindung des Kreisauer Kreises, der ihn mit alten und neuen Freunden in enger Gemeinsamkeit des Zieles zusammenführte, zu den verschiedensten Gruppen, besonders zu bestimmten Arbeitergruppen, lief vor allem auch über ihn. Sein Büro im Prinzessinnenschlößchen Unter den Linden – er arbeitete damals am Volkskundemuseum Berlin – war ein getarnter Ort geheimer Zusammenkünfte und Gespräche. Der Weg von der Erkenntnis und ethischen Forderung zur politischen Aktion war ihm nicht leicht gefallen. Aber sein Mut, seine Freundestreue und seine moralische Verpflichtung, sich für das Notwendige bis zur letzten Konsequenz einzusetzen, ließen ihn unbeirrbar auf diesem Weg vorangehen.

Mitten in den geheimen Verhandlungen wurde er am 4. Juli 1944 durch einen Spitzel verraten und verhaftet. Im Gefängnis und während des Prozesses vor dem Volksgerichtshof des tobenden Freisler hat er, der ebenso zart wie unbeugsam war, schwer gelitten. Er folgte am 20. Oktober den ihm vorausgegangenen Freunden in den Tod.

Am 16. Oktober 1944 schrieb er an seine Frau: »Daß meine Gedanken auch immer wieder um das eigene Leben kreisen, brauche ich kaum zu sagen. Aber darüber läßt sich kaum jetzt schreiben, so wohltuend es auch wäre. Das eine drängt sich beim Überfliegen der Jahrzehnte auf: wie reich und schön diese Zeiten für mich gewesen sind. Das Schwere etwa des vorigen Krieges tritt ganz dahinter zurück. Um so stärker strahlt die ländlich gesunde ungebundene Jugend, die 10 Jahre im »Wandervogel« mit den weiten und nahen Fahrten, die Jugendfreundschaften, die glückliche Studienzeit in Frankfurt und Marburg mit neuen unzertrennlichen Freundschaften, dann das mit Begeisterung erfüllte Berufsleben in der Volksbildung, die seltenen Lebensgeschenke meiner Reisen in Europa, Amerika, Ostasien, die vier Jahre Fliegen und die Welt aus der Vogelperspektive, dazwischen die wissenschaftlichen Arbeiten, die Nächte wie Tage kosteten, und schließlich das Schönste und Reichste: die 12 Jahre mit Dir und den Kindern. Wieviel Anlaß dankbar zu sein.«

WALTHER ARNDT

in Landeshut in Schlesien am 8. Januar 1891 geboren, studierte – wie schon sein Vater – Naturwissenschaften. Er führte sein Studium an der Universität Breslau durch, nahm von dort aus 1911 erstmalig an einer Studienexpedition ins Ausland teil und bestand am 18. August 1914 die medizinische Doktorprüfung.

Danach meldete er sich als Kriegsfreiwilliger, geriet am 23. Oktober 1914 als Unterarzt eines Feldlazaretts in russische Kriegsgefangenschaft und wurde nach zweieinhalb Jahren als Arzt ausgetauscht. Anfang Mai ging er mit der Rußland-Kriegsgefangenen-Fürsorgekommission des Kriegsministeriums wieder nach Rußland. Er wurde dabei – wie er voraussagte – zum zweiten Male gefangengenommen und kehrte schließlich auf Umwegen über Japan, die Philippinen, Amerika und Schweden 1919 in die Heimat zurück.

1920 promovierte er noch zum Dr. phil. und folgte dann einem Ruf an das Zoologische Museum in Berlin, wo er zunächst als Assistent und später als Kustos und Professor tätig war.

Neben den Aufgaben des Museumsbeamten widmete sich Walther Arndt der Veröffentlichung zahlreicher wissenschaftlicher Arbeiten. Er hat in wissenschaftlichen Vereinen gewirkt und rege an allen volksbildenden Aufgaben teilgenommen.

Auf verschiedenen Forschungsreisen knüpfte er enge Beziehungen zum Ausland an. So standen in seinem Adressenverzeichnis 600 deutschen rund 400 ausländische Anschriften gegenüber, die sich über 47 Länder verteilten.
Das Ausland hat seine Bedeutung frühzeitig erkannt. 1929 ernannte ihn die Peking Society of Natural History zu ihrem korrespondierenden Mitglied, 1932 die Bulgarische Naturforschende Gesellschaft zu ihrem Ehrenmitglied. Seit 1938 gehörte er der Internationalen Zoologischen Nomenklatur-Kommission an. In dem gleichen Jahre verlieh ihm der König der Belgier eine Plakette.

Allgemein galt Arndt als ein Gelehrter, der sich mit höchstem Idealismus seiner Wissenschaft unter völliger Zurückstellung seiner eigenen Person widmete. Nachdem er bei einem schweren Bombenangriff Brände in seinem Museum gelöscht hatte, wurden folgende Worte, die ein Kollege und eine Jugendfreundin zur Anzeige brachten, zu seinem Verhängnis: »Jetzt ist es zu Ende mit dem Dritten Reich. Es handelt sich nur noch um die Bestrafung der Schuldigen.«
Dafür wurde Walther Arndt am 11. Mai 1944 vom Volksgerichtshof zum Tode verurteilt.

Wie klar er sein Schicksal übersah, beweisen schon seine Zeilen vom 22. April 1944 aus der Haft: »Wenn mein Leben, das so reich und schön war, jetzt zu Ende geht, so geschieht es vielleicht auch in dem alten Sinn: Wen die Götter lieben, den lassen sie jung sterben ... Wo immer nun auch meine sterblichen Reste in den großen Kreislauf eingehen werden – meine Seele wird in unsere Heimat zurückkehren.«

Vor der Vollziehung des Urteils am 26. Juni 1944 schrieb er an seine Schwester: »Ich erhalte eben noch die Möglichkeit, Dir diese Zeilen zu senden. Ich denke es ist für uns alle drei nur gut, daß diese Tage des Wartenmüssen nun heute zu Ende gehen, obgleich auch sie noch manch schöne, wertvolle Stunden brachten ... Und nun gilt für mich wie bei Fausts Tod: Der Zeiger fällt – die Uhr steht still – es ist vollbracht.
Wie oft habe ich hier –, und ich tue es heute noch einmal – die Gesangbuchverse, die wir für Vaters Trauerfeier wählten, vor mich hingesagt und hingesungen. Und auch an seinen Spruch: Sei getreu bis in den Tod – denke ich jetzt noch einmal.«

Als letzte Worte des Unverheirateten wurden überliefert:
»Meine Schwester, meine Heimat und meine Wissenschaft waren die Liebe und der Inhalt meines Lebens.«

Der folgende Auszug ist dem Nachruf im Archiv für Hydrobiologie 1947 Bd. XII S. 614 bis 621 entnommen:

»Indem ich mich bemühe, die liebenswürdige Persönlichkeit meines unvergeßlichen Freundes in ihrer schlichten Größe und makellosen Reinheit noch einmal vor mir erstehen zu lassen, komme ich immer mehr zu der Überzeugung, daß alle die wertvollen Eigenschaften, die wir an ihm schätzten und liebten, drei Quellen entsprangen. Die eine, die man geradezu als den Grundzug seines ganzen Wesens bezeichnen kann, war menschliche Güte, die beiden anderen unbedingte Wahrheitsliebe und selbstlose Hingabe an die Pflicht.

Wenn ich menschliche Güte als den Grundwesenszug meines Freundes bezeichnete, so möchte ich dabei betonen, daß sie sich keineswegs in einer wohlwollenden Einstellung seinen Mitmenschen gegenüber erschöpfte. Es handelte sich vielmehr um eine im höchsten Maße aktive Güte. Ich kann mir nicht versagen, dafür wenigstens ein konkretes Beispiel anzuführen. Ich erinnere mich, ihn einmal gefragt zu haben, wann er endlich zum Kustos am Berliner Museum aufrücken würde. ›Ja‹, sagte er, ›es ist gerade eine Stelle frei geworden, und ich wäre dem Alter nach an der Reihe. Ich habe mich aber entschlossen, zugunsten des Kollegen X. zurückzutreten. Denn er ist verheiratet und braucht die feste Anstellung als Lebensgrundlage‹.

Bei einem Forscher werden wir aber nicht die Güte, sondern die unbedingte Wahrheitsliebe, hier Objektivität genannt, an erste Stelle setzen und an zweite die Hingabe an sein Werk. Beide Eigenschaften waren ihm in höchstem Maße eigen. Auf eine Angabe, die sich in einer Veröffentlichung Arndts fand, konnte man sich unbedingt verlassen. In der Zusammentragung aller für den Fall in Frage kommender Literaturangaben und Beobachtungstatsachen war er vorbildlich. Nie ist er einer Theorie zuliebe oder im Interesse einer effektvolleren Darstellung auch nur um Haaresbreite von dem abgewichen, was ihm nach der Sprache der feststellbaren Tatsachen als das Wahrscheinlichste erschien.

Was seinem Wesen und seiner Arbeit, so lange er lebte, ein so schönes und besonderes Gepräge verlieh, wurde letzten Endes auch die Ursache zu seinem frühen, schrecklichen Tod. Ein Mann, dessen ganzes Wesen in einer alles umfassenden Güte und einer unbeirrbaren Wahrheitsliebe bestand, mußte in einer Zeit und Umgebung, in der wilder Haß als Tugend gepredigt wurde, sich früher oder später in sein Geschick verstricken. Vielleicht wird mancher es Arndt gar nicht besonders hoch anrechnen, daß er sich Menschen gegenüber, denen er glaubte vertrauen zu können, offen aussprach. Niemand aber wird dem hohen Mut seine Bewunderung versagen können, den Arndt vor seinen ›Richtern‹, das heißt im Angesicht des sicheren Todes bewies. Gestützt auf die zahlreich für ihn eingereichten Gutachten und Gnadengesuche hätte er möglicherweise sein Leben noch retten können. Daß er nicht abstritt, daß er nicht zurückwich, daß er lieber die Wahrheit bekennend sein Leben opferte, als es die Wahrheit verleugnend zu retten, das beweist eine Seelengröße, vor der wir uns in Bewunderung und Dankbarkeit beugen.

Man könnte an der Objektivität der Wissenschaft verzweifeln, wenn es nicht Wahrheitsbekenner wie ihn gegeben hätte. Er starb nicht umsonst! Denn der Mann, den Verbrecher im Richtergewand als ›für immer ehrlos‹ erklärten, starb für die Ehre des deutschen Volkes, für die Ehre der Wissenschaft, für die Ehre der Menschlichkeit.«

Professor Ernst Matthes
Museo e Laboratorio Zoologico da Universidade Coimbra

LEITZ
LEITZ

ARBEIT UND OPFER FÜR DEN ANDEREN

Unter totalitärer Herrschaft ist das erzwungene Kollektiv alles, die verantwortliche Selbstentscheidung gilt nichts. Der Einzelwille wird gebrochen, wenn er sich dem »Staatswillen« widersetzt, wie ihn die Führung auslegt und für sich in Anspruch nimmt. Mitempfinden und Hilfsbereitschaft werden abgetötet. Eine Parteiführung maßt sich an, die Grenzen abzustecken, innerhalb derer es erlaubt ist, für den anderen einzustehen.

Und dennoch: es hat in den Jahren nach 1933, in allen Schichten und auf allen Ebenen, immer wieder Beweise der Auflehnung dagegen gegeben, daß natürliche Regungen gegenüber dem Mitmenschen plötzlich nichts mehr gelten sollten. Viele, allzuviele haben sich blenden und ihr Gefühl abstumpfen lassen. Viele haben von den willkürlichen Verhaftungen, von den Foltermethoden der Gestapo, von der Schande der Konzentrationslager nichts wissen wollen oder sich gar mit diesem schändlichen Tun identifiziert. Andere aber haben sich allen Gefahren zum Trotz bemüht, zu helfen.

Zur Geschichte der deutschen Bewegung gegen den Nationalsozialismus gehört das schöne Kapitel der menschlich-selbstverständlichen Hilfe, des wortlosen Einstehens für den anderen – ohne Rücksicht auf das damit verbundene persönliche Risiko. Aus ideenmäßiger Verbundenheit oder aus schlichter Nächstenliebe wurde getarnt und gewarnt.

Mancher Verfolgte fand Zuflucht in der Wohnung beherzter Menschen, die ihn tage- oder monatelang verbargen und dadurch das eigene Leben aufs Spiel setzten. Grenzbewohner, Fischer und Bergsteiger brachten Bedrängte ins Ausland. Es gab Unternehmer, die ihren Betrieb demjenigen öffneten, der des Schutzes bedurfte, Beamte und Militärs, die es mit den Anordnungen einer rechtswidrigen Herrschaft nicht so genau nahmen, wenn es um die Abwehr brutaler Übergriffe ging.

In Tausenden von Fällen haben sich Menschen aus allen Lagern bemüht, den verfolgten Mitbürgern jüdischer Herkunft beizustehen: von der Marktfrau, die Lebensmittel bereit hielt, bis zu Beamten, die Ausweispapiere fälschten. Andere haben Kriegsgefangenen und ausländischen Zwangsarbeitern Beistand gewährt, obgleich diese menschliche Haltung drakonische Strafen bis zur Hinrichtung nach sich ziehen konnte. Aber nicht den »Schuldigen« allein traf die Rache der Herrschenden. Er mußte immer damit rechnen, daß seine Angehörigen in Mitleidenschaft gezogen würden. Weder Kinder noch Eltern sind von der berüchtigten »Sippenhaft« verschont geblieben.

Über die vielen Einzelschicksale hinaus gilt es an dieser Stelle festzuhalten, daß die deutsche Gegenbewegung gegen den Nationalsozialismus zu einem wesentlichen Teil von jenen sozialen und politischen Gemeinschaften getragen wurde, für deren ganze Entwicklung der Gedanke der Solidarität eine besondere Bedeutung gehabt hatte. Die Arbeiterbewegung war stark geworden im Zeichen des: Einer für alle, alle für einen. Während des Ausnahmegesetzes gegen die Sozialisten gegen Ende des vorigen Jahrhunderts, durch die großen Streiks um erträgliche Lebensbedingungen der Arbeiter, war das Gefühl der Zusammengehörigkeit und der Gemeinschaftlichkeit in den Herzen von Millionen verankert worden.

Hier ist nicht der Ort, über die Fehler und Irrtümer zu rechten, die auch dem linken Flügel der deutschen Demokratie in den Jahren nach dem ersten Weltkrieg angehaftet haben mögen. Fest steht, daß die politische und gewerkschaftliche Arbeiterbewegung von Anfang an gegen den Nationalsozialismus Stellung bezogen, vor den mit ihm heraufziehenden Gefahren nachdrücklich gewarnt und noch bei den letzten freien Wahlen deutlich darauf hingewiesen hat, daß Hitler den Krieg bedeute. Nicht alle, die diese Erkenntnis gewonnen und verbreitet hatten, haben dem Druck und der Versuchung zu widerstehen vermocht. Für weite Kreise aus dem Lager der alten Arbeiterbewegung blieben jedoch die Gedanken der Freiheit, des sozialen Ausgleichs, der Solidarität unter den Menschen und den Völkern lebendig. Sie hielten ihren Idealen aktive Treue und ließen sich durch keine Verfolgung von ihrem Weg abbringen. Die nationalsozialistischen Machthaber wandten sich denn auch mit aller Brutalität gegen die Vertrauensleute und gegen zahllose Anhänger der politischen und gewerkschaftlichen Arbeiterbewegung.

»Wir grüßen die Verfolgten und Bedrängten, wir grüßen unsere Freunde im Reich. Ihre Standhaftigkeit und Treue verdienen Bewunderung. Ihr Bekennermut, ihre ungebrochene Zuversicht verbürgen eine hellere Zukunft.« – Mit diesen Worten schloß der Abgeordnete Otto Wels seine Rede, die er am 23. März 1933 zum Ermächtigungsgesetz im Deutschen Reichstag hielt, um dem Verlangen der Regierung Hitler das Nein der sozialdemokratischen Fraktion entgegenzusetzen. Bald riß der Tod schwere Lücken in die Reihen der standhaften Reichstagsabgeordneten: Johannes Stelling, Toni Pfülf, Adolf Biedermann, Otto Eggerstedt, Julius Moses, Ludwig Marum, um nur einige Namen in Ergänzung derer zu nennen, die an anderer Stelle dieses Buches in Erscheinung treten. Und zu einem gefürchteten Begriff für die sogenannte Schutzhaft, die im ganzen Reich in den Händen der SA-Trupps lag, wurde das Columbia-Haus in Berlin.

Die Verfolgungen, die sich der Machtübernahme, dem Reichstagsbrand und den Märzwahlen des Jahres 1933 angeschlossen hatten, wurden in der folgenden Zeit noch weit übertroffen.

Es gilt nicht nur, sich der bekannteren Namen zu erinnern, sondern ebensosehr der vielen treuen Anhänger, die in Dutzenden von Prozessen abgeurteilt wurden und in die Zuchthäuser wanderten. Dem ersten Prozeß vor dem neugeschaffenen Volksgerichtshof gegen sozialistische Studenten und junge Arbeiter 1934 in Berlin folgten immer wieder Prozesse mit 50, 100 und mehr Angeklagten.

Zehntausende aus den Reihen der Arbeiterbewegung sind durch die Konzentrationslager geschleppt worden; viele von ihnen erlebten nicht das Ende des Krieges und der Diktatur. Die Verluste der zwölf Jahre haben sich bei der Neugestaltung des öffentlichen Lebens in Deutschland nach 1945 schmerzlich genug bemerkbar gemacht.

In der ersten Zeit nach der »Machtübernahme« waren hunderttausende an den meist unzulänglichen Versuchen einer geheimen Organisationsbildung beteiligt. Ganze Vereine und Parteigliederungen wechselten in die Illegalität über, pflegten den traditionellen Zusammenhalt und bemühten sich, diesen Zusammenhalt mehr oder weniger wirkungsvoll ausstrahlen zu lassen. Bittere Enttäuschung über den kampflosen Untergang der demokratischen Kräfte mischte sich mit wenig wirklichkeitsnahen Hoffnungen auf einen baldigen Sturz des Regimes. Mit der Festigung der nationalsozialistischen Herrschaft schwanden die Voraussetzungen für die »Illegalität auf Massenbasis«.

Ein kleiner Ausschnitt aus dem unterirdischen Zusammenhalt der freien Gewerkschafter: Um den früheren Vorsitzenden des Deutschen Metallarbeiter-Verbandes, Alwin Brandes, gruppierte sich ein ganzes Netz von Vertrauensmännern, das auch mit der sozialdemokratischen Emigration und mit ausländischen Gewerkschaften verknüpft war. Etwa 60 Mitarbeiter dieses Kreises wurden um die Jahreswende 1935/36 verhaftet. Arthur Schille aus Dresden wurde kurz darauf während seiner Untersuchungshaft umgebracht. Richard Teichgräber, 1937 zu dreieinhalb Jahren Zuchthaus verurteilt, ist im Februar 1945 im Konzentrationslager Mauthausen umgekommen. Der tüchtige Bevollmächtigte für das Mansfelder Land, Fritz Sauer aus Hettstedt, kehrte aus dem berüchtigten Lager Bergen-Belsen nicht mehr heim. Ähnlich erging es anderen Gruppen, so auch der von Else Nieviera geführten, die 1939 von der Gestapo aufgerollt wurde. Frau Nieviera hatte bis 1933 als geschäftsführendes Vorstandsmitglied ihres Verbandes außerordentlich viel für die Textilarbeiterinnen geleistet. Nach monatelanger Untersuchungshaft wurde sie zu zweieinhalb Jahren Zuchthaus verurteilt und kam einige Tage vor Pfingsten 1944 bei einem Bombenangriff ums Leben.

In den meisten Fällen war es im Laufe der Jahre nicht mehr möglich, zentrale Verbindungen aufrechtzuerhalten. Auch die Kontakte zu den Zentren der politischen Emigration, die zunächst eine beträchtliche Rolle spielten, wurden lockerer und hörten nach Kriegsausbruch fast ganz auf. Eine größere Zahl von Anhängern der gewerkschaftlichen und der sozialistischen Bewegung hat aber auch dann noch an der gefahrvollen illegalen Arbeit teilgenommen, als die Herrschaft der nationalsozialistischen Machthaber für lange Zeit gesichert

erschien. Im Verlauf des Krieges entwickelte sich dann wieder eine verstärkte Aktivität der unterirdischen Kader.
1942/43 gelang es der Gestapo, eine Anzahl sozialdemokratischer Widerstandsgruppen in Bayern, die mit Gleichgesinnten in Österreich eng zusammenarbeiteten, zu zerschlagen. Etwa 200 Verhaftungen, zehn Hinrichtungen, sechs bei Vernehmungen Umgekommene, eine Serie von Zuchthausurteilen waren das Ergebnis. Viele der besten Arbeiterführer waren daran beteiligt, den zivilen Sektor für den Tag nach dem Zusammenbruch des Regimes vorzubereiten; viele von ihnen wurden in den Strudel der Vergeltung nach dem 20. Juli hineingezogen, sozialdemokratische und christliche Gewerkschaftsführer, auch der frühere Reichstagsabgeordnete Ernst Schneppenhorst aus Nürnberg und die führenden Mitglieder des sozialistischen Widerstandes in Schlesien: Oswald Wiersich, früher Bezirkssekretär des Allgemeinen Deutschen Gewerkschaftsbundes, und Fritz Voigt, früher Polizeipräsident von Breslau, beide hingerichtet am 1. März 1945 in Plötzensee.

Als Hintergrund und Stützung der aktiven Widerstandsgruppen hat der halblegale Zusammenhalt in den Betrieben, in Sport- und Gesangvereinen und auf mancherlei andere Art eine wesentliche Rolle gespielt. Besonders eindrucksvoll war die Massenbeteiligung, der auch die polizeiliche Überwachung keinen Abbruch tat, wenn es galt, bekannten Männern das letzte Geleit zu geben. So war es, um nur zwei Beispiele zu nennen, als der Bergarbeiterführer und Reichstagsabgeordnete Fritz Husemann 1935 im Ruhrgebiet beigesetzt wurde, nachdem ihn die Nationalsozialisten im Konzentrationslager Papenburg umgebracht hatten, und als der langjährige Vorsitzende der Berliner Sozialdemokraten, Franz Künstler, im Februar 1942 verstorben war.

Der geinsame Gegner, das gemeinsame Schicksal der Bedrängnis und Verfolgung ließen manche der früheren Gegensätze verblassen. Im gewerkschaftlichen Bereich fanden die führenden Männer der verschiedenen Richtungen zueinander. Im politischen Bereich hatten Angehörige damaliger linkssozialistischer und auch unabhängig-kommunistischer Gruppen einen verhältnismäßig starken Anteil an der illegalen Arbeit. Aus der Schicksalsgemeinschaft jener Jahre ergaben sich nicht nur von sozialistischer Seite, sondern auch aus anderen Kreisen Verbindungen zu den Kommunisten, die als energische Widersacher der nazistischen Diktatur erschienen und von ihr rücksichtslos verfolgt wurden.

Kommunistische Funktionäre und Arbeiter stellten einen hohen Anteil an den Opfern des Dritten Reichs. Bis in die letzten Kriegsjahre kam es immer wieder zu neuen Organisationsbildungen. 1943/44 entfaltete insbesondere die von Anton Saefkow geführte Gruppe, zu der auch die früheren Reichstagsabgeordneten Theo Neubauer in Thüringen und Georg Schumann in Sachsen gehörten, und die fast völlig aufgerieben wurde, starke Aktivität. Zahlreiche Anhänger dieser politischen Richtung meinten es zweifellos ernst und subjektiv ehrlich mit ihrem Kampf gegen die Tyrannei und für eine bessere soziale Ordnung. Viele von ihnen bewiesen Überzeugungstreue und Unbeugsamkeit, so etwa der Sinologe Dr. Philipp Schaeffer, der in Verbindung mit dem Verfahren gegen die Gruppe um Harro Schulze-Boysen verhaftet und am 13. Mai 1943 hingerichtet wurde.
Der etwa 45jährige Wissenschaftler hatte Ostern 1942 versucht, ein altes jüdisches Ehepaar zu retten. Mit einem Luftschutzseil wollte er in die Wohnung der alten Leute, die den Gashahn geöffnet hatten, einsteigen; aber das Seil riß. Dr. Schaeffer wurde schwerverletzt ins Krankenhaus gebracht und dort verhaftet. Im Prozeß wurde ihm vorgeworfen, daß er die Tätigkeit seiner Freunde nicht der Gestapo gemeldet habe. Auf seine Krücken gestützt, sagte er den Richtern: »Meine Herren, ich bin hier gefragt worden, warum ich diese Sache nicht angezeigt habe. Darauf kann ich Ihnen nur erwidern: Ich bin kein Handlanger der Polizei.«

Der kommunistische Parteiapparat, der sich von der Arbeiterbewegung immer mehr entfernt hatte, zeichnete sich freilich auch während der Illegalität durch jene zynische Menschenverachtung aus, die sowohl das Merkmal der kommunistischen wie der nationalsozialistischen Diktatur ist. Angesichts der modernen totalen Diktatur wird aber die Forderung immer dringlicher: Einer für alle, alle für einen.

JOACHIM GOTTSCHALK

Auf dem Stahnsdorfer Friedhof Berlin ruht eine Schauspielerfamilie, und auf dem von Freunden gestifteten Block stehen eingemeißelt die Namen, die Daten der Geburt und des gemeinsamen Todestages:

JOACHIM GOTTSCHALK

* 10. April 1904

META GOTTSCHALK

* 13. August 1902

MICHAEL GOTTSCHALK

* 19. Februar 1933

† 6. November 1941

Von den Geschehnissen, die hinter dieser Inschrift stehen, gibt Hugo Gau-Hamm, der mit Gottschalk in jenen Jahren an der gleichen Bühne beschäftigt war, folgende Schilderung: Joachim Gottschalk, Sohn eines Arztes, war drei Jahre zur See gefahren, als er sich entschloß, Schauspieler zu werden. In Leipzig und in Frankfurt am Main hatte er sich schon zu einer Schauspieler-Persönlichkeit entwikkelt, als er von Eugen Klöpfer für die Spielzeit 1938/39 nach Berlin an das Theater am Bülowplatz verpflichtet wurde.

Als erste Rolle spielte Gottschalk den »Fiesco« mit großem Erfolg. Seine starke Begabung weckte berechtigte Erwartungen. Beliebt wegen seines natürlichen aufrechten Wesens, das Treue verbürgte in einer Zeit recht zweifelhaft gewordenen Verhaltens von Mensch zu Mensch, wurde er in der Zusammenarbeit von Freunden und Kollegen Joschi genannt. Jung, glücklich und erfolgreich erschien er dem großen Kreis seiner Verehrer. Nur wenige wußten, daß hinter allem, was diesen stillen, die Unauffälligkeit liebenden Künstler anging, ein Verhängnis lauerte. Im engsten Freundeskreis wurde oft über Joachims Frau Meta, die Jüdin war, gesprochen.

Gottschalk wußte, daß an den von Gustaf Gründgens geleiteten staatlichen Bühnen in Berlin Kollegen mit jüdischen Ehepartnern nach besonderer Erlaubnis tätig sein konnten, – aber wie war es in seinem Falle? Die Situation Gottschalks war eine andere. Sein Können, seine Bühnenerfolge und seine Jugendlichkeit von eigenem Gepräge blieben von den für die Herstellung »staatspolitisch wertvoller« Filme verantwortlichen Interessengruppen nicht unbemerkt. Nach Mitwirkung in zwei Filmen hatte sich Gottschalk starke Beachtung auch als Filmschauspieler zu verschaffen gewußt. Aber erst als Partner von Paula Wessely in dem Film »Ein Leben lang« sollten seine nur zu verständlichen Erfolgswünsche in Erfüllung gehen.

Die Popularität eines Künstlers, der »versippt« mit einer Jüdin, und der – wie es schien – auch nicht im geringsten zu bewegen war, sich von seiner Frau zu trennen, machte dem Propagandaminister des Dritten Reiches schwer zu schaffen. »Ich kann dieses Gesicht nicht mehr sehen . . .«, dies war ein Goebbels-Wort, welches in den Ohren willfähriger Befehlsempfänger seine Wirkung nicht verfehlte, – nicht verfehlen durfte. Gottschalk war unerwünscht. Dies bedeutete, daß eine weitere Berufsausübung im »kulturellen« Sektor verhindert werden sollte. Gesperrt für Bühne, Film und Funk! Diese Drohung stand hinter den von Gottschalk zurückgewiesenen, mehrfach an ihn gerichteten Aufforderungen, sich von seiner Frau zu trennen.

Nun aber, da alle Einkünfte gestoppt werden sollten, schien es unmöglich, den Verpflichtungen aus den erheblichen Einnahmen der bisherigen Filmtätigkeit nachzukommen. Als Gottschalk auf diesen Umstand hinwies, wurde ihm anheimgestellt, eine Tournee im Rahmen der sogenannten »Kraft-durch-Freude-Veranstaltungen« nach Norwegen mitzumachen. Gottschalk mußte sich hier einem gefährlichen Angebot gegenüberfühlen. – Wenn schon Frau und Kind allein lassen, dann, so dachte er, nur als Soldat; denn Frau und Kind eines Soldaten mußten doch vor bösartigen Verfolgungen geschützt sein. Aber man verzichtete auf seinen Militärdienst.

Die Bedrängnis wuchs und wurde zur Qual. – Es kam der Tag, an dem eine Probe am jetzigen Hebbel-Theater nicht beginnen konnte, weil Gott-

Joachim Gottschalk in der Titelrolle des »Fiesco« von Friedrich von Schiller

schalk fehlte ... Dann teilte es sich mit in jener seltsamen Leere und Ergriffenheit zugleich, – in abgerissenen tonlos gesprochenen Sätzen voll verhaltenem Schreck und Schmerz –, daß die Familie Gottschalk den Freitod gewählt hatte.
Veronal hatte Frau und Kind schon eingeschläfert, als Gottschalk noch kurz vor seinem Tode alles ordnete, wie es mit seiner Frau besprochen war, und Abschied nahm von der Welt und seinen Freunden. »Denk an die Worte von Kleist in seinem letzten Brief an seine Schwester Ulrike: Die Wahrheit ist, daß mir auf Erden nicht zu helfen war«, so lauten einige seiner letzten Zeilen.

Am Grabe legte der Schauspieler Ernst Sattler im Namen der Kollegenschaft einen Kranz nieder. Worte des Gedenkens waren nicht erlaubt. Ein alter grauhaariger Pfarrer – so berichtete er uns – sprach an diesem trüben Novembertag in Anwesenheit nazistischer Kontrolleure mutige Worte. Er wies die Vorwürfe derjenigen zurück, die es als unverantwortlich bezeichneten, ein Kind mit in den Tod zu nehmen, indem er betonte, daß seiner Meinung nach gerade von einem hohen Verantwortungsgefühl zu sprechen sei, wenn dieses Elternpaar sich entschlossen hatte, sein Kind in einer so barbarischen Welt nicht allein zurückzulassen.

Es wird vieles so leicht vergessen! – Denkt man heute daran, daß der plötzliche Tod der Familie Gottschalk damals dazu beitragen sollte, manchen in gleicher Bedrängnis Lebenden noch größeres Leid zu ersparen – so gewinnt das tragische Ende dieser Familie auch noch in einem ganz anderen Sinne Bedeutung.

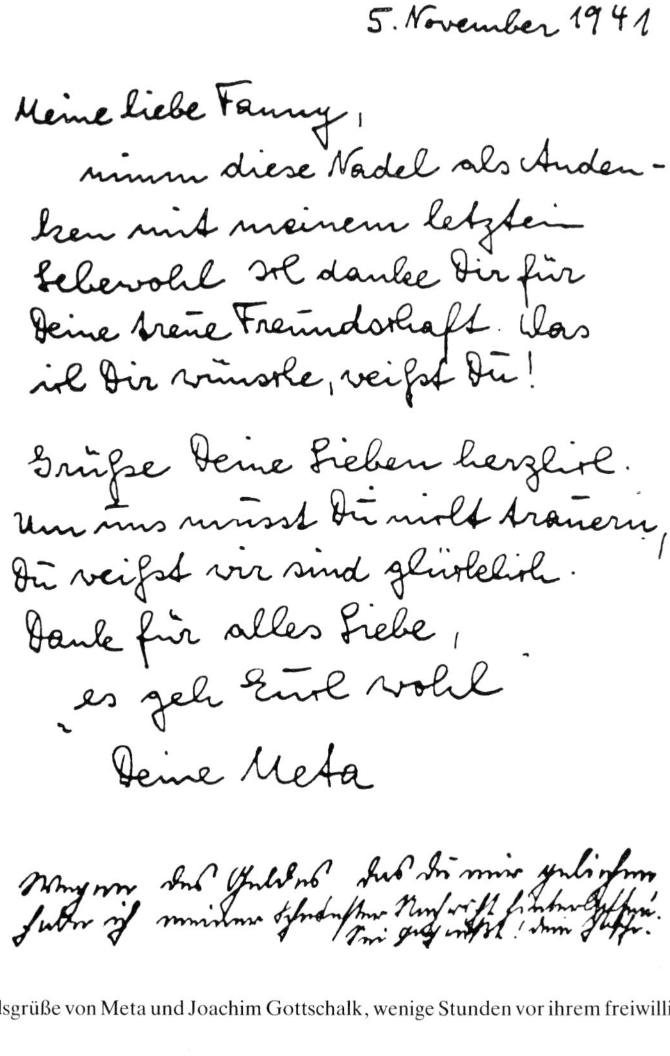
5. November 1941

Meine liebe Fanny,
nimm diese Nadel als Andenken mit meinem letzten Lebewohl. Ich danke Dir für Deine treue Freundschaft. Was ich Dir wünsche, weißt Du!

Grüße Deine Lieben herzlich. Um uns musst Du nicht trauern, Du weißt wir sind glücklich. Danke für alles Liebe, es geh Euch wohl

Deine Meta

Abschiedsgrüße von Meta und Joachim Gottschalk, wenige Stunden vor ihrem freiwilligen Tode.

ERNST HEILMANN

13. April 1881–3. April 1940

»Der Fall untersteht der persönlichen Entscheidung des Reichsführers der SS.«
So lautete von 1933 bis 1940 die ablehnende Antwort auf jede Bemühung, das Haftschicksal von Ernst Heilmann zu erleichtern; an dem Hinweis der Gestapobeamten auf Heinrich Himmlers Befehl scheiterten alle Versuche, das ungeschriebene Todesurteil abzuwenden, das schließlich im siebenten Jahr eines beispiellosen Passionsweges vollstreckt wurde.

Sozialdemokratische Freunde nannten Heilmann vor 1933 im Scherz den »ungekrönten König von Preußen«. Sie hatten ihn, der seit 1919 dem preußischen Landtag angehörte, 1924 zum Vorsitzenden ihrer Fraktion gewählt; dieses Amt – Wortführer und maßgebender Parlamentarier der stärksten Partei in der Volksvertretung des größten deutschen Landes – brachte seinem Träger eine wahrhaft königliche Fülle von Verantwortungen, Risiken und Einflußmöglichkeiten. Im Rahmen der Lebensgesetze und Spielregeln einer modernen Demokratie mußte Ernst Heilmanns politisches Wirken die Lenkung der Geschicke Preußens weitgehend mitbestimmen.

Auf Heilmanns konstruktiver Tätigkeit in den Jahren fruchtbarer Koalitionsgemeinschaft von Sozialdemokraten, Katholischer Zentrumspartei und Demokratischer Partei und seinem Einfluß beruhte wesentlich die Stetigkeit der Preußischen Regierung Braun-Severing, auch zur Zeit der sogenannten kleinen Weimarer Koalition, die er von 1924 bis 1932 durch alle Fährnisse steuerte. Seinem freundschaftlichen Verhältnis zum Führer der Preußischen Zentrumsfraktion, Dr. Heß, seiner überlegenen Intelligenz und seinem hohen politischen Können war dieser Erfolg zuzuschreiben.

Ernst Heilmann wuchs als Sohn bürgerlicher jüdischer Eltern in Berlin auf. Schon als junger Student der Rechtswissenschaften, der 1903 sein Referendarexamen ablegte, schloß er sich der Sozialdemokratischen Partei an.

Aber im damaligen Königreich Preußen versperrte diese politische Entscheidung einem Kandidaten für den behördlich geregelten juristischen Vorbereitungsdienst den Weg zu den Abschlußprüfungen, und Heilmann mußte seiner politischen Überzeugung zuliebe auf die Erfüllung seiner Berufswünsche verzichten. Er wurde erst Parlamentsstenograf, dann selbständiger Berichterstatter, schließlich Chefredakteur der »Chemnitzer Volksstimme« und später Herausgeber sozialdemokratischer Korrespondenzen und Zeitschriften. Im zweiten Jahr seines Kriegsdienstes verlor der damals fünfunddreißigjährige die Sehkraft des rechten Auges.

Seit dem Ende des ersten Weltkrieges war der Abgeordnete Ernst Heilmann einer der energischsten und darum von den totalitären Gegnern meistgehaßten Verteidiger der jungen Republik gegen die Umsturzversuche der Kommunisten: im parlamentarischen Ausschuß zur Untersuchung der mitteldeutschen kommunistischen Unruhen des Jahres 1921, im Plenum des Preußischen Landtags, wenn er sie »von Moskau dressierte Wühlmäuse« nannte und in allen Gremien, die sich mit den Angriffen auf den Bestand des demokratischen Staates beschäftigen mußten.

Für die Nationalsozialisten war Heilmanns außenpolitische Konzeption, die auf Verständigung mit den ehemaligen Kriegsgegnern beruhte, Grund genug, ihn als Erzfeind zu betrachten; hinzu kam ihr maßloser Haß gegen den einflußreichen demokratischen Politiker jüdischer Herkunft, mit dem sie sich seit 1928 auch im Reichstag auseinandersetzen mußten. Trotzdem blieb Heilmann 1933 in Berlin. Diesen lebensgefährlichen Entschluß faßte er im Bewußtsein, für die beste Sache der Welt gekämpft zu haben. Obwohl er wußte, was die Zukunft bringen würde, lehnte er es ab, Deutschland nach der Auflösung der Parlamente und dem Verbot der Parteien zu verlassen. Ernst Heilmanns Weg durch das Gestapo-Gefängnis im Columbiahaus, das Gefängnis in Plötzensee, die Konzentrationslager Oranienburg, Papenburg-Börgermoor, durch Dachau und Buchenwald war grauenhafter und durch die Ausdehnung der ununterbrochenen Leidenszeit verzweiflungsvoller als die Leidenswege der meisten seiner Kameraden und Schicksalsgefährten.

Walter Poller, Autor des Tatsachenberichtes »Arztschreiber in Buchenwald«, schildert neben anderen unaussprechlichen Demütigungen Heilmanns, wie der SS-Führer Roedl zur Belustigung seiner Gäste dressierte Bluthunde auf Heilmann hetzte, die ihm Arme und Hände zerfleischten. Vergeblich hatte Heilmann schon früher – in Papenburg-Börgermoor – versucht, sein Leben durch einen fingierten Fluchtversuch zu beenden, indem er absichtlich die todbringenden Schüsse der Wachen herausforderte. Es wurde ihm aber nur das rechte Bein durchschossen, und was folgte, war schlimmer als der Tod.

Dennoch bekannte sich der arme, zerschlagene, bis zur Unkenntlichkeit entstellte Mensch auf seinem Schmerzenslager voller Stolz zu seiner Vergangenheit, indem er kaum hörbar flüsterte: »Und dennoch habe ich recht gehandelt.«

Er hatte sich auch die politische Urteilsfähigkeit bewahrt; Ende 1938 erklärte er einem Mitgefangenen – dem Arztschreiber in Buchenwald: »Es wird Krieg geben; Ihr ›Arier‹ werdet noch eine Chance haben, denn man wird Euch brauchen. Uns Juden aber wird man alle totschlagen«; und im ersten Kriegswinter meinte er: »Deutschland kann diesen Krieg nicht gewinnen.«

Im Frühling 1940 lag der tote Ernst Heilmann in der Leichenkammer des Lagers; der Körper war in Packpapier eingewickelt und mutige Zeugen entdeckten, daß sein rechter Arm in der Beuge, an den Venen, eine frische Stichwunde aufwies.
Seine Frau und seine Tochter gehörten zu den wenigen, denen gestattet wurde, nach Buchenwald zu fahren, um von dem toten Mann und Vater letzten Abschied zu nehmen. Dort verlas ein SS-Offizier in Anwesenheit der Witwe ein ärztliches Protokoll der Erkrankungen, die angeblich zum Tode geführt hätten, und er schloß mit den Worten:
»Also ausgesprochene Altersschwäche.«

LILO GLOEDEN

Das Mordregister des Jahres 1944 enthält unter den Nummern 3078/80 die Namen:

Erich Gloeden,
Architekt,
geb. 23. August 1888
Berlin

Elisabeth Charlotte Gloeden,
geb. 19. Dezember 1903
Köln

Elisabeth Kusnitzky,
geb. 21. Januar 1878
Straßburg.

Als Straftat wird verzeichnet: Landesverrat, als erkannte Strafe: Todesstrafe, als Tag des Urteils: 27. November 1944, als Tag und Ort der Vollstrekkung: 30. November 1944 in Berlin. Ein kurzer Vermerk weist aus, daß die Verurteilten den ehemaligen General der Artillerie Fritz Lindemann »in Kenntnis seines Verrats« sechs Wochen in ihrer Wohnung beherbergten.

Dr. jur. Lilo Gloeden war die Tochter des Kölner Sanitätsrats Kusnitzky und seiner Ehefrau, geb. Freiin v. Liliencron. 1938 heiratete sie den Architekten Erich Gloeden. Sie wird als ein Mensch mit vielseitigen künstlerischen Neigungen und als rührend besorgte Frau und Tochter geschildert. Ihre Mutter, die nach dem Tode des Sanitätsrats nach Berlin übergesiedelt war, verbrachte die meiste Zeit bei ihr.

Lilo war von unbestechlichem Gerechtigkeitsgefühl erfüllt. Sie und ihr Mann empfanden die damaligen Verhältnisse als unerträglich und waren leidenschaftliche Gegner der nationalsozialistischen Gewaltherrschaft. Wo sie nur konnten, unterstützten sie solche Menschen, die in Bedrängnis geraten waren. Sie beherbergten Opfer der Judenverfolgung und des politischen Terrors. Auch Dr. Goerdeler soll sich vorübergehend in der Gloedenschen Wohnung verborgen haben.
Nach dem 20. Juli wurde der Familie Gloeden, durch einen Freund des Mannes, aus Dresden der General Lindemann zugeführt, den sie zuvor persönlich nicht gekannt hatten. Lindemann – von der Gestapo steckbrieflich unter Aussetzung einer Belohnung von einer halben Million gesucht – blieb, da er offenbar keine andere Unterkunft finden konnte, länger als vereinbart gewesen war. Am 3. September wurde er in der Wohnung von einem großen Polizeiaufgebot festgenommen und angeschossen. Erich und Lilo Gloeden und ihre Mutter wurden verhaftet und bei der Gestapo entsetzlichen Verhören unterworfen.

Mitgefangene bezeugten einige Jahre nach Kriegsende – als der Denunziant vor Gericht stand – Architekt Gloeden habe sich im Herbst 1944 bemüht, die beiden Frauen bis zum letzten zu schützen. Er habe behauptet, sie hätten gar nicht gewußt, daß es Lindemann sei, der bei ihnen wohnte. Der General sei ja unter falschem Namen eingeführt worden. Als jedoch dann das Todesurteil ihres Mannes gesprochen wurde, erklärte Lilo Gloeden, daß sie wohl gewußt habe, wen sie beherberge und den gleichen Weg gehen wolle, wie ihr Mann. Ebenso sagte die alte Frau Kusnitzky, daß sie sich zu der Haltung ihrer Kinder bekenne, nach deren Hinrichtung ihr das Leben nichts mehr bedeuten könne.

In Zeitabständen von je zwei Minuten wurden Mann, Frau und Mutter in Plötzensee enthauptet.

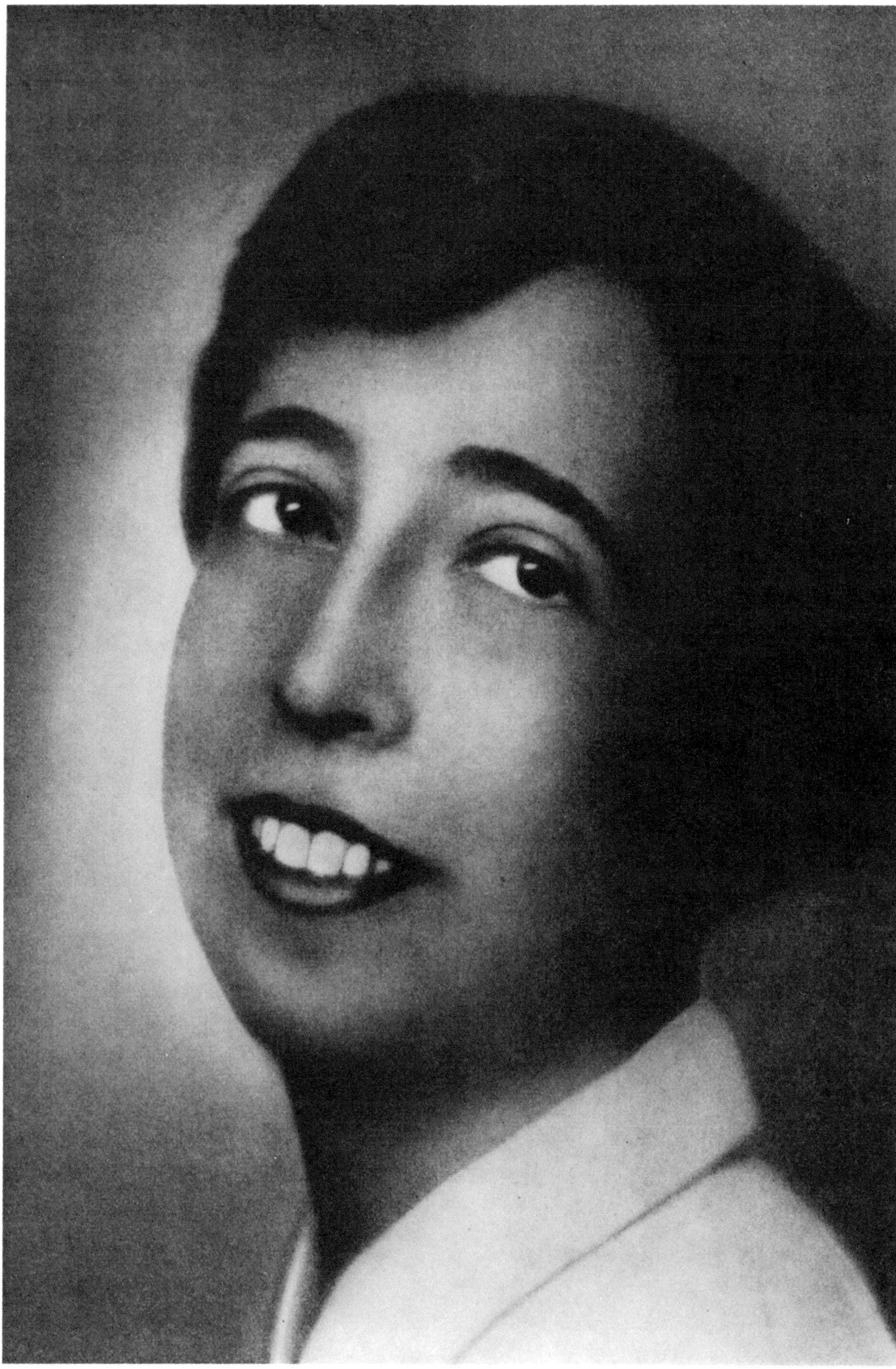

LOTHAR ERDMANN

geboren am 12. Oktober 1888 in Breslau, wuchs in Halle auf, wo der Vater Ordinarius für Philosophie war; bestand 1905 das Abitur in Bonn, studierte in Freiburg Geschichte und Philosophie und setzte das Studium in London fort. Dort fand er Kontakt mit den Fabiern und über sie die Bindung zum Sozialismus.
1914 meldete sich Lothar Erdmann als Kriegsfreiwilliger und war in den folgenden Jahren Kompanieführer an der Westfront. Einer Mitarbeit am Wolffschen Telegrafenbüro in Amsterdam schloß sich die Tätigkeit beim Internationalen Gewerkschaftsbund in Amsterdam an. Von 1924 bis 1933 war Lothar Erdmann Sekretär beim Allgemeinen Deutschen Gewerkschaftsbund in Berlin. Er wurde Chefredakteur der Zeitschrift »Die Arbeit«.

Als die Gewerkschaftshäuser am 2. Mai 1933 durch die Nationalsozialisten besetzt wurden, gehörte auch Lothar Erdmann zu den Gemaßregelten. Die neuen Machthaber bemühten sich jedoch eifrig, Erdmann für eine Mitarbeit zu gewinnen. Er lehnte dieses Ansinnen trotz der Drohung ab, daß er dann der SS überliefert werde, ebenso die Aufforderung, für die Blätter der »Arbeitsfront« zu schreiben. Die Familie lebte während dieser Jahre in sehr engen Verhältnissen. Erdmann versuchte, sich mit gelegentlicher freier schriftstellerischer Tätigkeit durchzuschlagen, u. a. bei der Zeitschrift »Die Hilfe«.

In einem Brief vom 19. Juli 1934 schreibt er an seinen Sohn:
»Manche älteren Leute sagen, die Aufgabe der Jugend sei Enthusiasmus, Hingabe, Glaube, Gehorsam.

Enthusiasmus? Ja, aber nur für Menschen und Ideen, zu denen man sich auch dann leidenschaftlich positiv stellen kann, wenn man sie auf Herz und Nieren prüft.

Glauben? Gewiß, aber nur an glaubwürdige Menschen, nur an Gedanken, die aus der Wahrheit sind und keiner Reklame bedürfen, die in sich überzeugend, fruchtbar und lebensgemäß sind. Die Wahrheiten, die heute auf den Märkten ausgeklingelt werden, sehen verdächtig nach Ausverkauf billiger Ramschware aus.
Gehorsam? Sicherlich, aber er ist nur da am Platz, wo ein einfacher Zweckgedanke – wie zum Beispiel im Heer – klare Unterordnungsverhältnisse verlangt; überall sonst ist der Verzicht auf Prüfung eine Auslieferung der eigenen Zukunft und der Zukunft unseres Volkes an den historischen Zufall, das blinde historische Verhängnis, das oft genug diejenigen zu Führern bestellt, denen blind zu gehorchen ein Verbrechen an der eigenen Generation wie den kommenden Geschlechtern wäre.

Nein, die Pflicht, sich den Kopf von jeder Vermengung freizuhalten, die eigene Anschauung durch kritische Prüfung der Menschen und Meinungen, durch rücksichtslose Feststellung der erreichbaren Tatsachen unvoreingenommen auszubilden, war nie so zwingendes Gebot wie in dieser undurchsichtigen Zeit. Denn nur aus diesem verantwortlichen eigenen Denken erwächst echter Glaube; wenn du deine Begeisterung mit niemanden teilst, ist es besser, als daß du in deinem Urteil anderen hörig bist.«

Mit Ausbruch des Krieges wurde Lothar Erdmann aus »präventiven« Gründen am 1. September 1939 durch die Gestapo verhaftet und acht Tage später in das Konzentrationslager Sachsenhausen eingeliefert.
Auf dem Wege zur Einlieferung strauchelte ein Mithäftling. Die Wachen schlugen auf ihn ein. Dagegen empörte sich Lothar Erdmann und sagte zu der SS, dieses Schlagen sei unglaublich. Daraufhin schlug die Wachmannschaft auch auf ihn ein und führte ihn bei der Ankunft im Lager vor den Kommandanten. Auf dessen Frage, ob er wisse, warum er im KZ sei, antwortete Erdmann:
»Als Gegner des Nationalsozialismus.«

Auf die zweite Frage des Kommandanten, ob er wisse, was Gehorsam sei, war die Antwort Erdmanns, es gäbe verschiedene Arten des Gehorsams. Er selbst sei im Ersten Weltkrieg Offizier gewesen. Und seine beiden Söhne stünden jetzt wieder an der Front.
Lothar Erdmann wurde zum Strafexerzieren gezwungen, das sich täglich um eine Stunde steigerte. Am sechsten Tag brach er zusammen. Dies wurde ihm als Meuterei ausgelegt. Er mußte drei Stunden »Hängen am Pfahl« mit Schlägen und Tritten über sich ergehen lassen. Rippenbrüche, Riß der Halssehne, innere Verletzungen waren die Folge.

Am 18. September 1939 hatte Lothar Erdmann ausgelitten.

GERTRUD SEELE

»Meine liebe kleine Tochter Michaela! Heute muß Deine Mutti durch ... sterben. Ich habe nun eine große Bitte an Dich, kleines Dirnlein, Du mußt ein braver und tüchtiger Mensch werden und den Großeltern viel Freude machen. Dein Vater ist .., geboren am 5. März 1907 in Leipzig. Durch die Großeltern wirst Du alles Nähere erfahren. Ich gebe Dir alle lieben Wünsche mit auf Deinen Lebensweg und möchte Dich bitten, mich immer lieb zu behalten und mich nie zu vergessen. Ich weine innerlich heiße Tränen um Dich und die Eltern, sei immer lieb zu ihnen und mache ihnen recht viel Freude, indem Du ein tüchtiger und aufrechter Mensch wirst. Lebewohl, geliebtes kleines Töchterchen, in Gedanken umarme und küsse ich Dich.«

Deine verzweifelte Mutti

Die in diesem Brief fehlenden Worte wurden von der Zensurstelle des Volksgerichtshofes herausgeschnitten.

Am 6. Dezember 1944 fand in Potsdam der Prozeß vor dem Volksgerichtshof statt, in dem Gertrud Seele zum Tode verurteilt wurde. Eine Begnadigung lehnte man ab. Der letzte Wunsch der Verurteilten: »Ich will nur noch einmal mein Kind sehen«, wurde nicht erfüllt. Die Urteilsvollstreckung erfolgte am 12. Januar 1945 in Berlin-Plötzensee.

Gertrud Seele, am 22. September 1917 geboren, ein begabtes Arbeiterkind aus Berlin, besuchte nach der Volksschule zwei Jahre die Oberrealschule, war dann im Arbeitsdienst und trat mit 18 Jahren in die Krankenpflege ein. Nach der Ausbildung absolvierte sie noch das Fürsorgeexamen; danach nahm sie eine entsprechende Berufsarbeit auf. Am 11. September 1941 war ihre Tochter Michaela geboren worden. 1942 wurden Mutter und Tochter evakuiert, kamen jedoch im Oktober 1943 nach Berlin zurück.
Luise Seele, die Mutter von Gertrud, schrieb mit Datum vom 27. August 1951:
»Gelegentlich einer feierlichen Zusammenkunft in Merke wurde auch auf die Nazis geschimpft. Gertrud hatte einen gesunden und aufrechten Sinn gegen Unrecht gehabt, daher war sie eine glühende Gegnerin der Nazis. Sie hat bei der Unterhaltung dann auch ihren Unwillen gegen die Nazis in derben Worten ausgedrückt. In der Kriegszeit hat sie wiederholt ihre Hilfsbereitschaft Bedrängten und Juden zur Verfügung gestellt. So war ihre Empörung begründet, zumal andere Hitler und die Nazis lobten. Sie hatte ihre Aussteuerwäsche nach Merke verlagert und fuhr im Januar nichtsahnend noch einmal nach Merke, um nach dem Rechten zu sehen. Sie wurde dort verhaftet und in die Untersuchungshaft nach Frankfurt/Oder und Berlin überführt.«
Am 22. Dezember 1951 stellte Luise Seele im Interesse ihrer Enkelin Michaela unter Berufung auf das Gesetz vom 5. Januar 1951 zur Wiedergutmachung nationalsozialistischen Unrechts auf dem Gebiete des Strafrechts bei der Staatsanwaltschaft des Landgerichts Berlin Antrag auf Aufhebung des durch den Volksgerichtshof gegen ihre Tochter verkündeten Urteils. Dort schreibt sie:
»Das seinerzeit ergangene Urteil wurde dem Rechtsanwalt zugestellt, der z. Zt. nicht auffindbar ist, so daß ich keine Auskunft über das Aktenzeichen geben kann.«
Mit Schreiben vom 15. Januar 1952 teilt ihr der Generalstaatsanwalt bei dem Landgericht mit:
»Aus dem von mir herbeigezogenen Strafregisterauszug geht die von Ihnen behauptete Verurteilung nicht hervor. Die Akten sind nicht mehr vorhanden. Ich bitte mir sämtliche Haftanstalten zu benennen, in denen Ihre Tochter im Zusammenhang mit ihrer Verurteilung eingesessen hat. Ich will versuchen, auf diesem Wege etwas über die Verurteilung zu erfahren.«
Nach vielen Bemühungen und einem entsprechenden Schriftwechsel wurde das Urteil dann von der 4. Strafkammer des Landgerichts Berlin am 17. Oktober 1952 aufgehoben. In der Begründung heißt es:

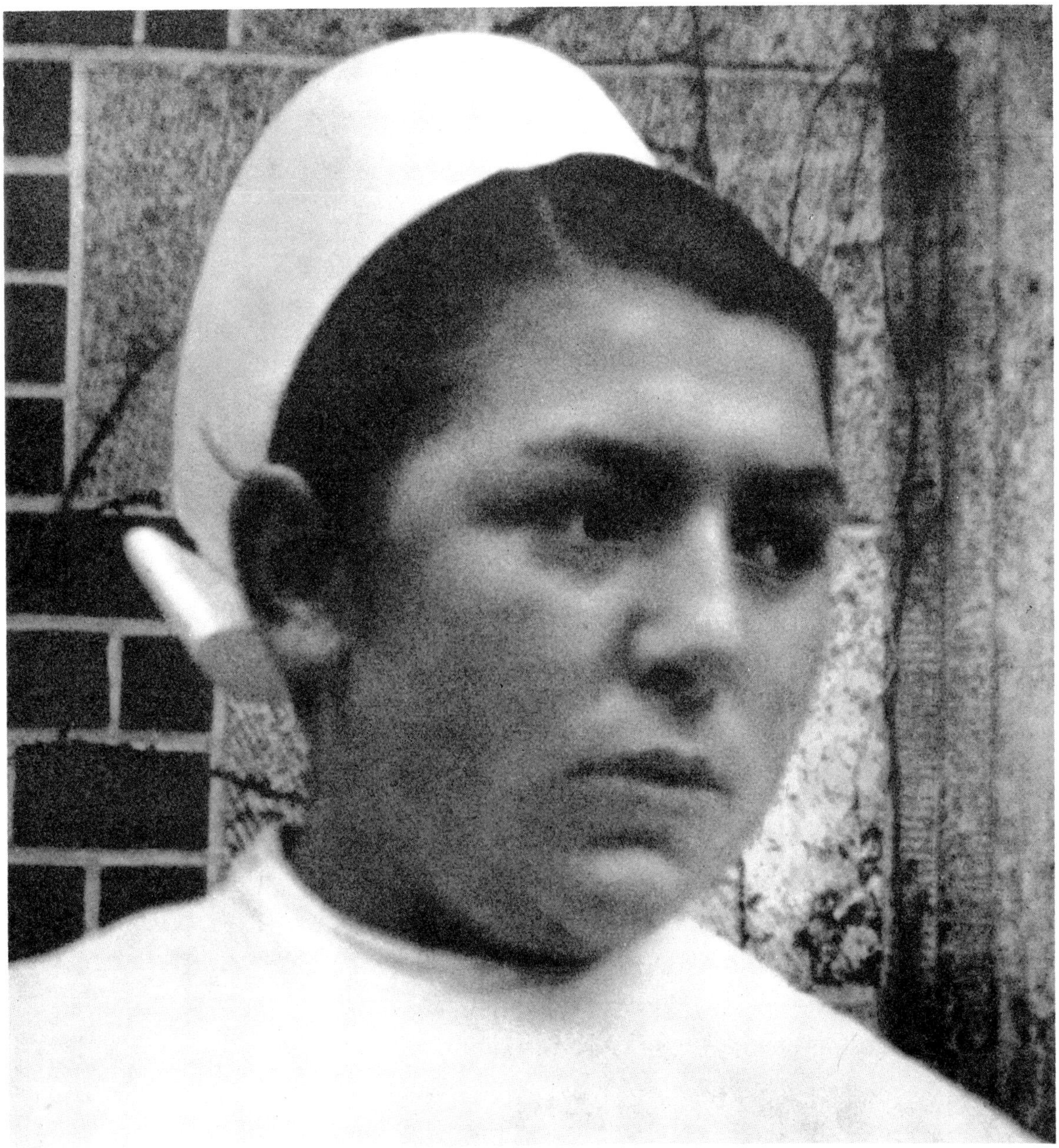

»Die in dieser Sache angestellten Ermittlungen haben ergeben, daß die Tochter der Antragstellerin, wie im Beschlußtenor angegeben, verurteilt ist, weil sie sogenannte »defaitistische, wehrkraftzersetzende« Äußerungen getan hatte, die sie nach den von ihrem damaligen Verteidiger auf Grund seiner Aufzeichnungen dem wesentlichen Inhalt nach wiedergegebenen Urteilsgründen als »überführte und entschiedene Staatsfeindin« kennzeichneten. Nachgewiesen ist diese Verurteilung durch die der Kammer in Urschrift vorliegenden Mitteilungen des Oberreichsanwalts beim Volksgerichtshof vom 21. November 1944 und 10. Januar 1945 sowie die Ausfertigung zweier Schreiben des Vorsitzers des 5. Senats des Volksgerichtshofes vom 20. November 1944, die der damalige Verteidiger der Verurteilten, Rechtsanwalt Dr. Ernst Falck, Berlin NW 40, Rathenower Str. 7, unter Vorlage seiner Handakten in dieser Sache und sie ergänzender glaubhafter Angaben in seinem Schreiben vom 2. September 1952 zu den Gerichtsakten überreicht hat.

Die im Beschlußtenor angeführte Entscheidung des ehemaligen Volksgerichtshofs ist demzufolge aus politischen Gründen ergangen.«

WILLI HÄUSSLER

Ein junger Hamburger Arbeiter spricht für Tausende treuer Gegner und Opfer des nationalsozialistischen Regimes:
Geboren am 18. April 1907 zu Hamburg, wuchs Willi Häussler gewissermaßen schon durch das Elternhaus in die Arbeiterbewegung hinein, war Mitglied der »Kinderfreunde« und der Arbeiterjugend, kam 1925 zum Reichsbanner Schwarz-Rot-Gold und trat gleichzeitig der Sozialdemokratischen Partei bei. Beschäftigt war er bei der Lagerhausgesellschaft Hamburg, wurde aber im Sommer 1933 wegen »staatsfeindlicher Einstellung« entlassen.

Willi Häussler gehörte im Reichsbanner zur Schutzformation Hamburg X (Barmbek). Von Barmbek aus nahm die illegale Arbeit der Hamburger Schutzformationen 1933 ihren Anfang. Gefährdete politische Freunde, auch aus anderen Teilen Deutschlands, wurden ins Ausland gebracht. An den Häuserfronten erschienen Inschriften und die drei Pfeile der Eisernen Front als Zeichen des kämpferischen Willens der Arbeiter gegen die Nazidiktatur. Unter der Hand verbreitetes Informationsmaterial rief zur Kompromißlosigkeit und Unerbittlichkeit gegen das System der Unfreiheit auf. In einem der Flugblätter hieß es:

»Es geht hier nicht nur um die verdiente Vernichtung einer Partei und einer herrschsüchtigen Führerclique. Es geht um das Schicksal des ganzen deutschen Volkes, das wieder einmal in der Gefahr schwebt, durch die Gewissenlosigkeit seiner Führer in den Abgrund gezogen zu werden. Es geht um unsere eigene Zukunft ... Die enttäuschten und verbitterten Massen, die sich jetzt von Hitler abwenden wollen, müssen sehen, daß ein neues politisches Willenszentrum im Werden ist.« –

Im Oktober 1934 traf die erste größere Verhaftungswelle die Hamburger Reichsbannerleute. Fast hundert Verhaftete wurden in zehn Gruppen abgeurteilt. Als bald danach auch die neue Leitung der Widerstandsgruppen des Reichsbanners verhaftet worden war, sprang Willi Häussler, ohne zu zögern, ein.

Frau Mimi Häussler berichtet:
»Wir wohnten im Sommer in unserem Schrebergarten und erfuhren ein paar Tage vor der Verhaftung (die am 13. Juni 1936 erfolgte), als wir in unsere Wohnung Pestalozzistraße gingen, von den Nachbarn, daß nachts die Gestapo in der Wohnung gewesen sei. Daraufhin versuchte mein Mann, irgendwo unterzuschlüpfen.
Bis zu seiner Verhaftung erschien die Gestapo Nacht für Nacht bei mir, um aus mir herauszubekommen, wo mein Mann sich aufhielte. Mein Mann besorgte sich alle nötigen Papiere und Fahrkarten, um nach Dänemark fliehen zu können. Doch zwei Stunden vor der Abfahrt erfolgte die Verhaftung. Von der Gestapo wurde mir auferlegt, mit keinem Menschen über die Verhaftung beziehungsweise über die Maßnahmen zu sprechen. Ich warnte aber doch unsere Freunde, von denen es einigen gelang, zu entkommen.
Unsere Tochter war fünf Jahre alt, als dies geschah. Später in der Schule war in ihrer Akte ein großer Vermerk: Vater in politischer Haft.«

Die Wohlfahrtsbehörde wollte Frau Häussler nur Unterstützung geben, falls sie sich scheiden ließe. Sie mußte dann Pflichtarbeiten für einen Lohn von 75 Pfennig pro Tag verrichten. Beim Versorgungsamt wurde sie wieder entlassen, als der Personalchef von der politischen Haft ihres Mannes erfuhr. Schließlich fand sie eine Anstellung als Verkäuferin.

Es erfolgten immer wieder neue Verhaftungen. 45 Personen wurden in den »Häussler-Prozeß« verwickelt. Manche von ihnen haben die schwere Zeit nicht überlebt. Aber es gelang nie, den Zusammenhalt der Kameraden völlig zu zerschlagen.

Am 13. Juni 1938 wurde Willi Häussler zu sieben Jahren Zuchthaus verurteilt, auf die ein Jahr der

Untersuchungshaft in Anrechnung kommen sollte. Zuerst war Häussler in Hamburg-Fuhlsbüttel, später in Bremen-Oslebshausen.
Nach der Verbüßung der Zuchthausstrafe wurde er aber nicht freigelassen, sondern als »Schutzhäftling« wieder nach Fuhlsbüttel überführt. Von dort aus kam er zu einem Arbeitskommando in das Ausländerlager Hamburg-Wilhelmsburg.
»Gesehen habe ich meinen Mann nur selten«, schreibt Frau Häussler, »im Zuchthaus nur alle vier Monate. Erforderlich war jeweils ein Besuchserlaubnisschein. Fünf Minuten konnte ich ihn dann sprechen. Allerdings konnte ich ihm nach Fuhlsbüttel und ins Lager Wilhelmsburg Wäsche bringen. Vierzehn Tage vor seinem Tode sah ich ihn zuletzt. Bei meinen letzten Besuchen hatte ich ihn heimlich ausgerüstet: mit Geld, ein paar Lebensmittelkarten und Ausweisen, die mir jemand anders besorgte. Es war auch den Häftlingen kein Geheimnis mehr, daß der Krieg bald seinem Ende entgegengehen mußte. Sollte ihm etwas zu Ohren kommen über seine etwaige Beseitigung, wollte er versuchen, zu flüchten.

Der Todesschein, den ich erhielt, lautete: ›Bei Feindeinwirkung im Lager Wilhelmsburg am 22. März 1945 ums Leben gekommen.‹ Die Leiche wurde jedoch trotz Antrag nicht freigegeben.«

HEINRICH JASPER

Am 19. Februar 1945 fand einer seiner Leidensgefährten den früheren braunschweigischen Ministerpräsidenten Dr. Heinrich Jasper tot im Gelände des Lagers Bergen-Belsen. Neun Uhr früh wurde er auf den Scheiterhaufen geworfen und verbrannt. Tags zuvor war er noch von dem berüchtigten Kommandanten Kramer gepeitscht worden. Wenige Monate danach gab es in Braunschweig viele, die ungeachtet früherer politischer Meinungsverschiedenheiten ausriefen: Hätten wir doch jetzt Heinrich Jasper hier!

Wer war dieser Mann, den man eine echte Führergestalt nennen durfte? Geboren am 21. August 1875 in Dingelbe im Braunschweigischen, als Sohn begüterter Eltern; mit 25 Jahren Doktor der Rechtswissenschaften; drei Jahre später, als junger Anwalt, sozialdemokratischer Stadtverordneter; bei den letzten Wahlen vor dem ersten Weltkrieg Mitglied des Braunschweigischen Landtages.
Seiner politischen Überzeugung wegen blieb Dr. Jasper während des Weltkrieges einfacher Soldat. 1918 aber bat ihn die herzogliche Regierung nach Braunschweig zurück, um das Chaos zu verhüten. 1919 wurde er einstimmig zum Präsidenten des Landtags gewählt. Auch der Nationalversammlung in Weimar gehörte er an. Bis 1921, dann wieder von 1922 bis 1924 und von 1927 bis 1930 leitete er das Braunschweigische Staatsministerium, wobei seine Hauptsorge der Finanzverwaltung galt. Als verantwortlicher Minister war er von äußerster Sparsamkeit in allen Dingen des öffentlichen Lebens. Ihm ist es zu danken, daß Braunschweig bald zu den finanziell am besten gestellten Ländern Deutschlands zählte.
Professor Dr. von Frankenberg sagte in einer Gedenkrede: »Wirklich war seine Uneigennützigkeit ohne Grenzen. Wer ihm näher stand, weiß, wie streng er gegen sich selber war, wie eisern sein Pflichtgefühl, wie anspruchslos er lebte, sparsam bis zur Übertreibung. Selbst die Bescheidenheit seiner Kleidung war sprichwörtlich! Aber derselbe Mann handelte sofort mit großzügigster Freigiebigkeit, sobald er Freunde in Not sah. Nie wird man erfahren, wie vielen er in der Stille geholfen hat. Er war ein Freund, auf den man sich unbedingt und in jeder Lage verlassen konnte ...«

Mit der Wahl vom 5. September 1930 hatte Braunschweig den traurigen Ruhm geerntet, als zweites Land einen Nationalsozialisten in der Regierung zu haben. Unter Dietrich Klagges brach sich dann das Böse vollends Bahn.

Dr. Jasper wurde heimlich von der Straße weg verhaftet, ins »Volksfreund«-Gebäude verschleppt und dort, wie so viele, unmenschlich mißhandelt. Niemand wußte zunächst, wo er war, und Klagges verweigerte jede Auskunft. Im »Volksfreund« aber hatte man Jasper so furchtbar geschlagen, daß sein Gesicht kaum zu erkennen war. Dabei wurde er bewußtlos. Am anderen Tage kam er langsam wieder zu sich und hörte es zwölf schlagen. Er hatte von nachts bis mittags in Blut und Schmutz bewußtlos gelegen. Den Revolver auf sich gerichtet, wurde Jasper gezwungen, sein geronnenes Blut aufzuwischen. Dann wurde Jasper in ein anderes Zimmer gebracht und gefragt, ob er eine Waffe bedienen könne. »Natürlich kann ich das.« »Gut, wir wollen dich nicht mehr vorfinden, wenn wir wiederkommen, sonst erledigen wir das.« Jasper sagte ganz ruhig: »Da könnt Ihr lange warten, den Gefallen tue ich Euch nicht!«
Am Nachmittag wurde er ins Kreisgefängnis am Rennelberg eingeliefert, doch nach einigen Wochen wieder entlassen. Damals hatten ihn politische Freunde flehentlich gebeten, sofort zu emigrieren. Aber dazu war er nicht zu bewegen. Seine zweite Verhaftung erfolgte kurz darauf.
Nach einer Einzelhaft von etwa zwei Jahren wurde Jasper nach Dachau, später nach Oranienburg, gebracht. Dort ertrug er sein Los fast fünf Jahre lang. Alle Bemühungen von befreundeter Seite, die Entlassung aus dem Konzentrationslager zu erwirken, scheiterten an dem Widerspruch von Klagges.

1939 kam Jasper frei. Seine Anwaltspraxis war ihm verboten. Seine mit vieler Mühe und Liebe zusammengetragene Bibliothek hatte ihm die Gestapo genommen. Nur einige juristische Bücher waren ihm verblieben. Aber Heinrich Jaspers Geist ruhte nicht. Im Braunschweiger Staatsarchiv sah man ihn, über Chroniken und Urkunden gebeugt, eifrig an einem wissenschaftlichen Werk arbeiten.

Als sich 1943/44 der kommende Zusammenbruch immer deutlicher abzeichnete, sahen viele in Heinrich Jasper eine der Hoffnungen für den Wiederaufbau Deutschlands. Das wußten auch die damaligen Machthaber. Er wurde ein Opfer der großen Verhaftungswelle nach dem 20. Juli 1944.
Am Morgen nach seinem Geburtstage, am 22. August, wurde er aus dem Bett gerissen und in das Lager 21 bei Hallendorf eingeliefert. Von dort ging sein Leidensweg wieder nach Oranienburg. Am 4. Februar 1945 wurde er nach Bergen-Belsen gebracht. Am 19. Februar 1945 verzehrte die Flamme des Scheiterhaufens, was sterblich an Heinrich Jasper gewesen war.

HANS SCHIFTAN

Als kaufmännischer Angestellter in der Radiobranche hatte Hans Schiftan, am 8. 12. 1899 geboren, mit sechsundzwanzig Jahren geheiratet. Durch Fleiß und Tüchtigkeit hatte er eine gewisse Selbständigkeit und einen sogenannten mittleren Lebensstandard erreicht.

Seine jüngste Tochter Ingrid schreibt:

»Es war ein harmonisches Familienleben, fröhlichen Charakters, mit regelmäßigen Paddelbootfahrten und einem riesigen alten Zelt – schöne Tage und Wochen dann immer für uns drei Kinder. Für uns endete das alles sehr plötzlich mit der Verhaftung meines Vaters. Ich war damals zehn Jahre, und es war mir unbegreiflich, sinnlos und sehr schmerzlich. Ich begann dann Zusammenhänge zu sehen und Dinge zu begreifen, die ich sonst als Kind in der damaligen Zeit wohl kaum erkannt hätte.

Papa war Mitglied der SPD. Seine persönliche Bindung an die Partei war stark, und besonders Freunden gegenüber fühlte er sich in hohem Grade verpflichtet und verantwortlich. Nach 1933 stand mein Vater mit Parteifreunden, die in die Tschechoslowakei emigriert waren, in Verbindung. Es gab heimliche Besuche über die ich nicht sprechen sollte, er war hier der Schlüsselmann einer Gruppe der Untergrundbewegung. Durch den Einmarsch Hitlers in die Tschechoslowakei 1939 gerieten seine Freunde in Haft. Daraufhin wurde mein Vater am 13. April 1939 verhaftet. In dem nachfolgenden Prozeß 1940 ist er als Hauptangeklagter wegen Vorbereitung zum Hochverrat zu zwei Jahren Zuchthaus verurteilt worden. In diesen Jahren – aber auch in den dann folgenden – hat uns meine Mutter, die nierenleidend war, mit unwahrscheinlicher Energie, Mut und Liebe ernährt. Dann kam am 20. April 1941 ein Telegramm:

›20.37 Uhr Lehrter Bahnhof – Papa‹.

Die letzte Begegnung mit meinem Vater verdanke ich einem technischen Fehler der Gestapo. Papa wurde nach Verbüßung seiner Strafe zu uns nach Hause entlassen. Der Schutzhaftbefehl, nach dem er unmittelbar nach Ablauf der zweijährigen Strafe in ein KZ überführt werden sollte, traf im Zuchthaus, wahrscheinlich infolge des an diesem Tage begangenen ›Führergeburtstages‹, zu spät ein, und Papa war schon zu uns unterwegs. Er war von Sonntagabend bis Dienstag früh zu Hause. Am Montag ging er mit mir, weil es mir an diesem von uns allen so heiß ersehnten Tag sehr schwer wurde, in die Schule, mir freundlich zuredend. Am Dienstag konnte meine Mutter nicht mehr von der Arbeit fortbleiben, und Papa und ich waren allein, bis er zum Polizeipräsidium Alexanderplatz ging, um sich dort der Anweisung nach zu melden. Es wurde ihm schwer, trotzdem er noch nichts ahnte. Er verbot mir beim Abschied, aus dem Fenster zu winken, weil er fürchtete, daß ich, vor Aufregung unvorsichtig, aus dem Fenster stürzen könnte. So sah ich ihm heimlich die wenigen Schritte bis zur Ecke nach. Auf dem Polizeipräsidium wurde er sofort wieder inhaftiert. Es war am 22. April 1941.«

Hans Schiftan wurde einen Monat später in das Konzentrationslager Mauthausen überführt. Am 10. November 1941 erhielt die Familie die Nachricht von der Kommandantur des Lagers, daß Hans Schiftan am 3. November 1941 an den Folgen einer allgemeinen Sepsis »im hiesigen Krankenhaus verstorben« sei.

Geheime Staatspolizei
Geheimes Staatspolizeiamt
-IV C2- H.-Nr. Sch.9788-

Berlin SW 11, den 22.Mai 1941
Prinz-Albrecht-Straße 8

Schutzhaftbefehl

Vor- und Zuname: Hans Schiftan Geburtstag und -Ort: 8.12.99 Schöneberg
Beruf: Angestellter Familienstand: verh. Staatsangehörigkeit: DR.
Religion: glaubenslos Rasse (bei Nichtariern anzugeben): -.-
Wohnort und Wohnung: Berlin-Neukölln, Zietenstr.27.
wird in Schutzhaft genommen.

Gründe:

Er gefährdet nach dem Ergebnis der staatspolizeilichen Feststellungen durch sein Verhalten den Bestand und die Sicherheit des Volkes und Staates, indem er auf Grund seines politischen Vorlebens zu der Befürchtung Anlaß gibt, er werde sich nach Verbüßung einer Zuchthausstrafe von 2 Jahren wegen Vorbereitung zum Hochverrat erneut im marxistischen Sinne betätigen.

gez. Heydrich. Beglaubigt: Rottan

JOHANNA KIRCHNER

Am 9. Juni 1944 wurde Johanna Kirchner in der Strafanstalt Berlin-Plötzensee hingerichtet. Zu dem schweren Tod führte ein Leben voll Güte, Hilfsbereitschaft und Kämpfertum. Ihre Tochter schildert dieses Leben:

»Johanna Kirchner, geboren am 24. April 1889, entstammte einer alten sozialdemokratischen Familie in Frankfurt am Main und gehörte seit ihrem 14. Lebensjahr der sozialistischen Arbeiterjugend an. So war meine Mutter durch Tradition und politisches Erleben von frühester Jugend an mit der Arbeiterbewegung verbunden. Diese Bande wurden noch enger durch ihre Ehe mit Karl Kirchner, der in Frankfurt als Kommunalpolitiker der SPD allgemein anerkannt war. An seiner Seite arbeitete meine Mutter als Zeitungsberichterstatterin auf Partei- und Gewerkschaftskongressen, in politischen Vertrauensämtern und mit besonderer Anteilnahme für die »Arbeiterwohlfahrt«.
Sie organisierte die Patenschaften Frankfurter Familien für die Kinder der während des Ruhrstreiks ausgesperrten Arbeiter. An der Verschickung deutscher Kinder nach der Schweiz während der Inflation war sie führend beteiligt.
Als 1933 die Nationalsozialisten an die Macht kamen, arbeitete meine Mutter mit unverminderter Energie weiter für ihre Ideale. Unermüdlich war sie vor allem in ihrer Hilfe für Verhaftete. Sie schuf Möglichkeiten der Flucht für Verfolgte. Um Carlo Mierendorff aus den Fängen der Gestapo zu befreien, fuhr sie nach Genf. Dann konnte sich aber auch meine Mutter nicht mehr in Frankfurt halten. Sie entschloß sich, zu emigrieren, um der Verhaftung zu entgehen. Bis zum Januar 1935 war sie im Saargebiet, beteiligte sich an den Vorbereitungen der Saarabstimmung und mußte dann weiter flüchten. Im französischen Forbach, so nahe wie nur möglich der deutschen Heimat, blieb sie bis zum Kriegsausbruch, aufs engste verbunden mit dem Kampf der deutschen Hitlergegner. Sie stand in der Hilfsarbeit für die deutschen Emigranten, für die deutschen Freiwilligen im spanischen Bürgerkrieg, für die »Illegalen« in Deutschland.
Nach Kriegsausbruch blieben ihr die Verhaftung durch die französische Regierung und die Internierung in französischen Konzentrationslagern nicht erspart. Durch Hilfe französischer Widerständler gelang es, sie aus dem Lager Gurs zu befreien. Doch diese Freiheit währte nicht lange. Auf Verlangen der Hitlerregierung lieferte sie die Vichy-Regierung nach der Besetzung Frankreichs aus.
Am 9. Juni 1942 begann für meine Mutter der Leidensweg durch die Hölle der Gestapo-Vernehmungen. Im Mai 1943 wurde sie vom Volksgerichtshof zu 10 Jahren Zuchthaus verurteilt.
Doch wurde zu Beginn des Jahres 1944 das Verfahren gegen Johanna Kirchner wieder aufgenommen. Am 20. April wurde sie in einer halbstündigen Verhandlung unter dem Vorsitz Freislers vom Volksgericht zum Tode verurteilt.
Mit Mut und Gelassenheit hat meine Mutter dieses Urteil entgegengenommen. Zuversichtlich und ruhig hat sie ihre letzten Tage verlebt, in der Gewißheit des baldigen Endes der Schreckensherrschaft. Voll Stärke und Mut ist ihr letzter Brief:

»Es muß geschieden sein. Meine ganze Liebe und mein Segen werden aber immerdar bei Euch sein. Ich gehe tapfer und unverzagt meinen letzten Gang. Und meine letzte große Herzensbitte an Euch ist: seid auch tapfer und unverzagt. Laßt Euch vom Leid nicht niederdrücken, denkt an das große Goethe-Wort »Stirb und Werde«...
Bleibt immer in treuer Liebe und Kameradschaft verbunden. Diese Gewißheit Eurer treuen kameradschaftlichen Gemeinschaft ist eine große Beruhigung für mich. Habt auch tausend Dank für alles, was ihr für mich getan habt, ich weiß, die Verhältnisse waren stärker als Eure Liebe. Bitte, bitte, klagt nicht und weint nicht... Eure Liebe und Eure Tapferkeit sind mein Trost und Beruhigung in meiner letzten Stunde...
Möge Euch ein baldiger Frieden wieder glücklich vereinen... Werdet glücklich und seid tapfer, es kommt eine bessere Zukunft für Euch...«

Pfarrer Buchholz, der sie noch kurz vor ihrem Tode sah, schrieb, sie habe ihr schweres Schicksal mit seltener Fassung und Ruhe hingenommen und bis zuletzt eine innere und äußere Haltung bewahrt, die beispielhaft war und eine vorbildliche seelische Größe und die ganze Reife ihrer starken fraulichen Persönlichkeit zeigte.

BERNHARD LETTERHAUS

geboren am 10. Juli 1894 in Barmen, besuchte die Volksschule und anschließend an die Industrielehre die Preußische Höhere Fachschule für Textilindustrie. Als Teilnehmer am Weltkrieg 1914–1918 erhielt er das EK I.

Im ersten Weltkrieg faßt Bernhard Letterhaus den Entschluß, seine Arbeitskraft der katholischen Arbeiterschaft zu widmen. In einem Brief vom 4. August 1940 schreibt er darüber:

»Beruf hat im Kern das Wort ›Ruf‹. Zu dem, was ich in der Vergangenheit tat und was ich in der Zukunft tun muß, bin ich gerufen. Von wem? Nun, wir Christen bekennen: von Gott. Ich habe diese Stimme im Weltkrieg in mir gehört und bin ihr gefolgt. Deshalb darf ich ja nicht bedrückt sein, wenn ich durch Täler wandern muß. Nur wenn ich der Stimme nicht folgte, müßte ich mich verlieren.«

Von 1921 bis 1927 war Letterhaus im Zentralverband christlicher Textilarbeiter tätig, um dann in den Reihen der katholischen Arbeitervereine ein Arbeitsfeld zu finden, das ihm besonders lag. Als Verbandssekretär der westdeutschen Arbeitervereine übernahm er in Köln vor allem auch pädagogische Aufgaben. Er galt als Meister in der Vermittlung von Kenntnissen aus den Wirtschafts- und Gesellschaftswissenschaften und auf dem Gebiet der Statistik.

Der frühere Reichskanzler Heinrich Brüning, mit Bernhard Letterhaus jahrelang aufs engste befreundet, schrieb in einem Brief vom 15. August 1946 an Frau Letterhaus:

»Niemand hatte all die Eigenschaften zusammen, die Ihr Mann besaß: ruhige Überlegung und zugleich schnelle Entschlußkraft, wenn nötig; scharfes und klares Urteil über Menschen, verbunden mit großer Herzensgüte; einen seltenen politischen Instinkt; die Fähigkeit, warten zu können ohne Bedürfnis zu einer Geschäftigkeit, die zu nichts führt; Mut in Gefahr und voll Feuers für Gerechtigkeit, Sauberkeit und Ordnung in seinem geliebten Vaterland. Abhold allen Intrigen, unfähig eine selbst zu begehen, erkannte er sie schnell, bevor sie sich auswirken konnten, und wußte sie ruhig und sicher in der ersten Auswirkung zu bekämpfen.«

Von der Zentrumspartei zunächst in den Rheinischen Provinziallandtag und 1928 in den Preußischen Landtag entsandt, sah Letterhaus früh die Gefahr, die von Hitler ausging. So sagte er:

»Wenn es diesem Demagogen einmal gelingen sollte, an der Spitze Deutschlands zu stehen, dann ist der Anfang des Unterganges da und auch ein neuer Krieg. Wir müssen uns dem entgegenstemmen, wo immer es sein mag.« Von 1933 ab war er ununterbrochen mit seinen Freunden tätig, um den Widerstand des katholischen Kirchenvolkes nicht erlahmen zu lassen. Häufige Fahrten ins Ausland dienten der Verbindung mit Vertretern der internationalen Arbeiterbewegung. Diese Fahrten blieben der Gestapo nicht verborgen, und viele Verhöre waren die Folge.

Als Letterhaus 1939 wieder zum Wehrdienst verpflichtet wurde, nutzte er seine Stellung im Oberkommando der Wehrmacht als Hauptmann in der Abteilung Abwehr, um die Widerstandskräfte durch seine Informationen, Erkenntnisse und Verbindungen zu stärken.

Bernhard Letterhaus wurde unmittelbar nach der Aktion vom 20. Juli 1944 verhaftet. Von Frau und Kind hörte er nichts mehr. Aber auch die letzten Monate dieses Lebens erfüllte tätige Hilfsbereitschaft für die Kameraden, mit denen er gekämpft und gelitten hatte. Aufrecht und furchtlos nahm der tiefgläubige Katholik am 13. November 1944 in der Verhandlung vor dem Volksgerichtshof das Todesurteil entgegen. Am folgenden Tage wurde er mit zwei Glaubensfreunden, Ferdinand von Lüninck und Walter Kramer, hingerichtet.

Franz Leuninger, Generalsekretär der christlichen Metallarbeiter, fand noch kurz vor Kriegsende den gleichen Tod. Am 25. April 1945 wurde der Geschäftsführer der christlichen Gewerkschaften, Heinrich Körner, vor der Strafanstalt Plötzensee kurzerhand niedergeschossen. Von dem Kreis dieser Männer getragen, hatte der spätere Bundesminister Jakob Kaiser die Gemeinschaft mit den sozialdemokratischen Gewerkschaftsführern hergestellt, der auch Max Habermann vom Deutschnationalen Handlungsgehilfenverband angehörte. Nach dem 20. Juli von Freunden verborgen, am 30. Oktober entdeckt und festgenommen, nahm sich Habermann im Gefängnis das Leben, weil er »an den Menschen, die ihm Asyl gewährt hatten, nicht Verrat begehen wollte«.

WILHELM LEUSCHNER

Geboren am 15. Juni 1888 in Bayreuth, kam als 17jähriger Holzbildhauer nach Darmstadt, wo er sich früh in der Gewerkschaftsbewegung bewährte. Viele Jahre Darmstädter Stadtrat und Mitglied des Hessischen Landtages, wurde er 1929 hessischer Innenminister und 1932 stellvertretender Vorsitzender des Allgemeinen Deutschen Gewerkschaftsbundes.

»Der Wahlkampf wird von den Nationalsozialisten mit den Methoden der Verleumdung, der Beschimpfung und Verdächtigung, aber nicht als geistige Auseinandersetzung geführt werden. Wir verlangen mehr Wahrhaftigkeit, höhere Moral und höhere Intelligenz von unseren Führern und Volksvertretern als die Nationalsozialisten und Kommunisten.

Unser Kampf gilt ebenso den Kommunisten wie den Nationalsozialisten, da ohne ihre Spaltungspolitik der Nationalsozialismus nicht die Rolle in Deutschland spielen könnte. Wir wollen wieder die gesamte Arbeiterschaft in einer einigen Partei zusammenführen. So kämpfen wir gegen Faschismus und gegen Kommunismus für ein arbeitsfähiges Parlament in Hessen, für eine starke Sozialdemokratie!«

Mit etwa diesen Worten schloß Wilhelm Leuschner vor den Neuwahlen zum hessischen Landtag seine Rede am 30. Mai 1932.

Ein Jahr später befand sich Wilhelm Leuschner in der Gewalt der SA, nachdem die Nationalsozialisten im Zuge der Besetzung der Gewerkschaftshäuser am 2. Mai 1933 im Haus des ADGB in Berlin die Gewerkschaftsführung verhaftet hatten. Noch dort im Haus unterzog dann Robert Ley, durch ein Aufgebot von SA gedeckt, jeden Einzelnen der Verhafteten einem Verhör und ordnete ihren Abtransport an. Im Keller des Antikriegsmuseums, in der Parochialstraße Berlin, war – wie Bruno Gleitze, einer der damaligen Mitverhafteten berichtet – Wilhelm Leuschner mehrere Tage und Nächte das Ziel roher Akte der SA. Es folgte seine Überführung nach Plötzensee in den Zellenbau nahe der Hinrichtungshalle. Überraschend ließ man ihn wieder frei und zwang ihn, mit Robert Ley nach Genf zu fahren, um bei der Internationalen Arbeitskonferenz den Anspruch auf den deutschen Sitz für die »Arbeitsfront« berechtigt erscheinen zu lassen.

Leuschner nahm jedoch in der Vollversammlung nicht das Wort. Noch heute entsinnen sich der Generalsekretär des Internationalen Bundes Freier Gewerkschaften I. H. Oldenbroek und der Sekretär der europäischen Regionalorganisation, W. Schevenels, daß die Versammelten von dem »mutigen Schweigen« tief beeindruckt waren. In den Besprechungen der Arbeitnehmergruppe aber machte Wilhelm Leuschner kein Hehl daraus, daß er dort stand, wo er immer gestanden hatte.

Als Leuschner nach Deutschland zurückfuhr, wußte er, daß die Gestapo an der Grenze auf ihn warten würde. Zwei Jahre lang mußte er für die Haltung in Genf in Konzentrationslagern büßen.

Nach seiner Freilassung gelang es Wilhelm Leuschner, eine Fabrik in Berlin zu übernehmen, in der er fast ausschließlich politische Freunde und Kollegen aus der Gewerkschaftsbewegung beschäftigte. Er benutzte die Gelegenheit ausgedehnter Geschäftsreisen, um die Verbindung mit alten Freunden und anderen Gegnern des Regimes herzustellen und ein Netz von Widerstandszellen über ganz Deutschland zu knüpfen.

Am 20. August 1939 schrieb er an einen Freund im Ausland: »Ich fürchte, daß es in diesem Herbst zum Krieg kommen wird, und daß dieser Jahre dauern wird. Frankreich und England haben erst begonnen, sich auf den Krieg vorzubereiten. Sage unsern dortigen Freunden, besonders Walter Citrine (damaliger Generalsekretär des Britischen Gewerkschaftsbundes), daß wir sind, was wir waren. Aber wir sind gänzlich unfähig die Katastrophe zu verhindern. Wir sind Gefangene in einem großen Zuchthaus. Zu rebellieren wäre genau so Selbstmord, als wenn Gefangene sich gegen ihre schwer bewaffneten Aufseher erheben würden.«

Während des Krieges bemühte sich Leuschner mit verstärkter Kraft, gemeinsam mit den Gewerkschaftlern der verschiedenen Richtungen und mit Vertretern der verschiedenen früheren politischen Gruppierungen, jene Aufgaben vorzubereiten, die »am Tage danach« zu lösen sein würden. Gemeinsam mit Beck arbeitete er an einem Umsturz vor der äußersten Katastrophe. Gemeinsam mit Goerdeler bereitete er die Übergangsregierung vor, in der für ihn selbst das Amt des Vizekanzlers vorgesehen war.

Professor Dr. Ludwig Bergsträsser beschreibt Begegnungen aus jenen Tagen:

»Wenn man ihn in Berlin besucht hat, war man erstaunt, wie gut er über alles unterrichtet war. Man war ebenso erstaunt darüber, mit welcher Klugheit, Ruhe und Sachlichkeit er die Situation beobachtete und Schlüsse daraus zog. Während der Kriegsjahre sah er genau, daß sich nun die Lage erheblich zugespitzt hatte, und er wußte, daß der Krieg das Ende der Diktatur bedeuten würde. Sein harter Wille sagte ihm: schnell muß es geschehen, um unsägliches Leid zu vermeiden.

Dabei wuchs er hinaus – wenn er es nicht schon je gewesen war – über den engen Kreis nur parteimäßigen Blickfeldes. Das war auch für ihn ein Stück Realität, genau wie er den Gedanken hegte, daß die Vereinigung der Arbeiterschaft dadurch herbeigeführt werden müsse, daß nach dem Zusammenbruch der Hitlerregierung nicht wieder Gewerkschaften verschiedenster Art entstehen sollten.

So sehr er seinen Weg gemacht hatte in der SPD, war er doch davon überzeugt, daß nach diesem Unglück einer Diktatur, das über Deutschland gekommen war, alle, die guten Willens seien, für Freiheit, für Ehrlichkeit und Recht zu kämpfen, zusammenarbeiten müßten.«

Bis zuletzt bedachte Leuschner gemeinsam mit seinen nächsten Gesinnungsfreunden die Einzelaufgaben einer neuen gesellschaftlichen Ordnung, »die nicht mehr mit den Rezepten von anno dazumal und auch nicht mehr mit einer Wiederholung der Demokratie nach 1918 auskommen könne«. Ganz besonders lag ihm das am Herzen, was die deutsche Jugend anging. Noch kurz vor dem 20. Juli fand ein Gespräch über den Aufbau einer Organisation für die arbeitende Jugend statt. Leuschner pochte darauf, daß der Bildungsstand der jungen Menschen gehoben werden müßte. Es gelte, die Berufsschulen auszubauen, und dabei sei es die Aufgabe, »die deutsche Jugend in erster Linie zu Menschen zu erziehen«.

So war es gewiß kein Zufall, daß zu den Mitarbeitern Leuschners in der Berliner Fabrik Hermann Maass gehörte, der aus der Jugendbewegung kam und bis 1933 Geschäftsführer des Reichsausschusses Deutscher Jugendverbände gewesen war. Auch er mußte den letzten Weg des Opfers gehen, wie ein weiterer Vertrauter von Leuschner, der frühere hessische Staatsrat Ludwig Schwamb, der ein ständig bereiter Vermittler war.

Wilhelm Leuschner, dem Mann mit dem ausgesprochenen Sinn für das Wesentliche, kam es vor allem auf das Zusammenführen der im nächsten Ziel einigen Kräfte an. Als er am 29. September 1944 zur Hinrichtungsstätte geführt wurde, sagte er seinen Gefährten in Zeichensprache nur noch das eine Wort: Einigkeit!

DER STAAT UND DAS RECHT

Die Geschichte des »Dritten Reiches« verzeichnet mit dem Reichstagsbrand vier Wochen nach der nationalsozialistischen Machtergreifung das erste Ereignis, das in seinen Folgen die umwälzenden Gewaltmaßnahmen der neuen Machthaber weithin sichtbar ankündigte.

Entscheidender als die Einzelheiten in der Durchführung dieses Verbrechens ist die Tatsache, daß es die gesuchte, rücksichtslos genutzte Gelegenheit zur Unterdrückung und Verfolgung der vielen Menschen in Staat und Parteien bot, die der drohenden totalen Gleichschaltung aller politischen Kräfte noch entgegenstanden. Der oberste Beamte der Berliner Feuerwehr hatte als erster Sachverständiger sogleich die Möglichkeit einer kommunistischen Brandstiftung bezweifelt; er wurde unter Androhung weiterer Repressalien kurzfristig seines Amtes entsetzt und schließlich als unbequemer Zeuge umgebracht. Die folgenden Wochen standen im Zeichen unzähliger Eingriffe solcher Art.

Dabei ist es ein Merkmal des nationalsozialistischen Staates in seiner Frühzeit, daß seine Träger bei der Beseitigung demokratischer Freiheit, bei Massenentlassungen und Massenverhaftungen den Schein des Rechts mit allen Mitteln der Täuschung und Lüge zu wahren suchten. Noch hielt es auch dieser Staat für nötig, in den Augen seiner Bürger als ein geordneter Staat zu erscheinen und die Demokratie auf legalem Wege in eine Diktatur zu verwandeln; die Nationalsozialisten wußten durchaus, daß plötzlicher Bruch der Gesetze und offene Gewalt die Billigung und Unterstützung einer Mehrheit nicht gefunden hätten. Darum beschritt Hitler einen Umweg, der wohl zeitraubend, aber sicher erschien: er suchte mittels demokratischer Scheinbeschlüsse, die durch die skrupellose Herbeiführung und Ausnutzung staatlicher Krisenlagen suggestiv gelenkt und schließlich erzwungen wurden, das Recht – wenn auch gefesselt – auf seine Seite zu bringen.

So wurde dem Reichstag, dessen Sitzungssaal von SA- und SS-Verbänden umstellt und gefüllt war, das »Ermächtigungsgesetz« abgezwungen: sein Hintergrund war eine Welle von Terror gegen die rechtmäßige politische Opposition, die der Legalisierung der Diktatur noch Widerstand leistete. Hitler war entschlossen, so viele Abgeordnete des Reichstags verhaften zu lassen, bis er die zur Durchsetzung dieser Maßnahmen notwendige Zweidrittelmehrheit erreichte. Sogleich wurde dann mit dem »Gesetz zur Wiederherstellung des Berufsbeamtentums« nachträglich eine scheinrechtliche Begründung geschaffen für die willkürliche Entlassung aller politisch unbequemen oder »nichtarischen« Beamten, »die nach ihrer bisherigen politischen Betätigung nicht die Gewähr dafür bieten, daß sie jederzeit rückhaltlos für den nationalen Staat eintreten«. Bald darauf verloren auch die nichtnationalsozialistischen Minister, denen noch im Ermächtigungsgesetz ihr voller Wirkungsbereich zugesichert war, jeden Einfluß auf die Gesamtpolitik des Kabinetts Hitler. Das dehnbare Ermächtigungsgesetz, das Hitler fast unbegrenzte Vollmachten übertrug, wurde in den folgenden Jahren über seine ursprünglichen Grenzen hinaus noch erweitert, um schließlich ebenso wie die nie widerrufene, aber nie mehr beachtete demokratische Weimarer Verfassung ganz in Vergessenheit zu geraten.

Noch schien der verfassungsmäßig gewählte Reichspräsident als oberste Instanz Schutz gegen äußerste Willkür in der Begründung und Handhabung rechtswidriger Gesetze zu verbürgen. Doch er hatte sich, alt und krank, auf sein ostpreußisches Gut zurückgezogen; er war abgeschnitten von der politischen Wirklichkeit und umstellt von den Ergebenen des »Führers«; seine zum Mythos erhobene Gestalt war nur zu den betäubenden Schaustellungen des »Dritten Reiches«, zur überzeugenden Rechtfertigung des verhüllten Terrors noch am Leben. Sein Tod endlich fiel in den Zeitraum, in dem mit der willkürlichen Massenerschießung von Gegnern und Unschuldigen nun auch offen sichtbar der Maßstab allen Rechts im Willen Hitlers verankert wurde. Der Tag war da, an dem ein führender Professor des Rechts das Blutbad des 30. Juni 1934 mit einem Aufsatz des Titels: »Der Führer schützt das Recht« feiern konnte.

Den Höhepunkt der rücksichtslosen Machtpolitik mit Hilfe scheinheiliger Rechtsverschleierung bildete die verfassungswidrige Vereidigung des letzten noch unabhängigen Pfeilers des Staates, der Wehrmacht auf Hitler. Vor Hindenburgs Tod beschlossen, unter Verletzung aller Bestimmungen über die Nachfolge des Reichspräsidenten und vor der »Volkswahl« Hitlers zum Staatsoberhaupt vollzogen, stellte diese Maßnahme einen weiteren Schlag gegen Verfassung, Recht und guten Glauben dar. Der Treueid der Armee, wie schon der Beamtenschaft, der beide Seiten binden und nach dem Wortlaut unter Gott stellen sollte, wurde nicht nur von der Führung wieder und wieder gebrochen, er war schon von Beginn an das Produkt eines geschickt getarnten Rechtsbruches. Mit der permanenten Verletzung des Rechtes nahm man auch der Forderung nach Gehorsam die moralische Grundlage.

Nachdem die Staatsgewalt an entscheidenden Punkten den Boden des Rechts endgültig und auch offen verlassen hatte, wurde der Widerstand gegen ihre Forderungen zur letzten Zuflucht des Rechts. Die Gewalthaber des »Dritten Reiches«, die der menschlichen Selbstbestimmung, dem Recht auf Leben, Freiheit und Gewissen planmäßig unmenschliche Gesetze des Gesinnungszwanges und Schreckens, der Furcht und Drohung, des Sklavendaseins und des Massenmordes auferlegten, handelten längst rechtswidrig, als sie noch »Recht« in solchen Gesetzen zu vollziehen vorgaben. Ihre Herrschaft bedeutete geschichtlich und rechtlich einen katastrophalen Bruch in der politischen, geistigen und kulturellen Tradition und Entwicklung des ganzen gesitteten Abendlandes. Die Gestalt des tobenden Freisler, der schließlich dem höchsten deutschen Gericht präsidierte, ist zum Inbegriff eines Staates ohne Recht geworden.

Mit jeder Maßnahme stand dieses Regime im krassesten Gegensatz zu einem rechtmäßigen Staat, der seine vornehmste Aufgabe im Rechtsschutz jedes einzelnen seiner Bürger sieht, deren Anliegen er wahrzunehmen und zu fördern, denen er äußerste Toleranz und Frieden zu sichern hat. Der nationalsozialistische Einparteienstaat aber beseitigte rigoros die Voraussetzungen, auf denen die Zustimmung der Bürger zur Vollmacht und zum verfassungsmäßig begrenzten Gehorsamsanspruch des Staates beruht.

Er raubte den Menschen die freie Meinungsäußerung in Wort und Schrift, die Versammlungsfreiheit, die Möglichkeit der freien Wahl. Er duldete nur Kandidaten, die im Interesse der Machthaber zu handeln bereit waren und verriegelte dadurch das Mitwirken an der Gesetzgebung und das Zustandekommen echter Gesetze und einer legalen Regierung. Statt dessen proklamierte er den Willen des Diktators als das einzige Maß seiner »Gerechtigkeit«. Er richtete seine Anstrengungen auf die Beseitigung eines unabhängigen Gerichtswesens, auf die Kontrolle und Lenkung von Kultur und Wissenschaft, auf die Zerstörung kirchlicher und religiöser Freiheit, auf die Lösung der Kinder von den Eltern, auf die Verfälschung der Ehe zu militärisch-bevölkerungspolitischen Zwecken, auf die Verfolgung und die Vernichtung von Menschen um äußerer Merkmale willen. Auf solchen Rechts- und Verfassungsbrüchen beruhte das System, das auf seinem weiteren Weg bis zur Schreckensjustiz der Kriegsjahre eine Steigerung seiner geistigen und körperlichen Folterungen in der Sippenhaft von Frauen und Kindern und einer nicht ruhenden Guillotine fand. Mit den Drohmitteln der Gestapo und ihren Konzentrationslagern, mit dem Mißtrauen aller gegen alle hatte es seine unbeschränkte, unkontrollierbare Macht befestigt, um sie bis in die innersten Lebensbereiche seiner Bürger hinein, schließlich in gewaltsamer Aggression auch über die benachbarten Länder hinaus zu erweitern.
Dagegen erkannten, wie viele sich auch freiwillig oder gezwungen dem Tyrannen unterworfen hatten, Männer und Frauen die Gefahr verschwimmender Grenzen zwischen Willkür und Recht, Gesetzlosigkeit und Gesetz. Für sie wurde das Wider-

standsrecht des Gewissens das Gesetz ihres Handelns. Beamte und Juristen, manche nach schwerem Konflikt, widersetzten sich der Gleichschaltung ihres Gewissens durch eine Staatsgewalt, die ihren rückhaltlosen Dienst im Zeichen der Rechtlosigkeit forderte. Sie starben als Bewahrer eines unbestechlichen Rechtsbewußtseins in der Überzeugung, daß Hitler mit der Unterwerfung des Rechts unter die Allmacht des Staates unaufhebbare Grenzen zu verletzen und das menschliche Zusammenleben in seinen Grundfesten zu erschüttern gewagt hatte.

WALTER GEMPP

geboren am 13. September 1878 in Rodach bei Coburg, bildete sich nach dem Abitur praktisch im Maschinenbau aus und studierte an der Technischen Hochschule in Karlsruhe Maschinenbau und Elektrotechnik.
Der Diplom-Ingenieur arbeitete anschließend drei Jahre als Konstrukteur bei Siemens-Schuckert in Berlin. 1906 wurde er mit dem technischen Ausbau, besonders mit der Durchführung der Versuche für den Automobilbetrieb der Berliner Feuerwehr betraut; 1908 trat der erste Automobilzug auf Brandmeister Gempps Feuerwache, Schönlanker Straße, in Dienst, dem schon bis 1914 elf weitere Löschzüge dieser Art folgten. Seit der Ernennung zum technischen Direktor leitete Gempp die Abteilungen Technik und Telegrafie; 1923 wurde er zum Oberbranddirektor von Berlin gewählt und machte sich um den weiteren technischen Ausbau und die organisatorische Zusammenfassung der Berliner Feuerwehr verdient.

Den Mann, der als hervorragender Ingenieur und als pflichtbewußter Beamter zugleich im In- und Ausland geschätzt und geehrt wurde, stellte der Reichstagsbrand vom 27. Februar 1933 vor eine Situation, die über sein Leben und Wirken entscheiden sollte. Er hatte über ein Vierteljahrhundert lang an der Vervollkommnung jenes Instruments gearbeitet, das sich nun auch in jenem großen Einsatz bewährte. Aber dieser Brand bedeutete weit mehr als eine technische Aufgabe. Er war ein politisches Ereignis. Schon die Umstände des Alarms und der ersten Untersuchungen, vor allem aber die sofort im ganzen Reichsgebiet einsetzenden politischen Massenverfolgungen – wenige Tage vor der Reichstagswahl vom 5. März – ließen dies erkennen. Es war das unbestechliche Gewissen des Fachmannes und Beamten, das Gempp in einer Besprechung mit Inspektoren und Brandleitern der Feuerwehr zu einer Korrektur der offiziellen Verlautbarungen veranlaßte. Er stellte fest, daß die Feuerwehr zu spät alarmiert worden sei und bereits SA-Leute am Brandherd angetroffen hätte, daß ihm ferner der kommissarische Innenminister Göring die Verkündigung der höchsten Alarmstufe und den Einsatz aller Kräfte zunächst ausdrücklich verboten habe, daß schließlich in unzerstörten Zimmern und Schränken des hermetisch abgeriegelten Reichstagsgebäudes noch Brandstiftungsmaterial im Umfang einer Lastwagenladung aufgefunden worden wäre, was alles gegen die Behauptungen von einer kommunistischen Brandstiftung spräche.

Damit war Gempp zu einem lästigen Zeugen gegen die terroristische Taktik der Nationalsozialisten geworden, denen der Reichstagsbrand als Einleitung zur Unterdrückung und Beseitigung aller politischen Gegner dienen sollte.

Vier Wochen später fiel Walter Gempp unter die Säuberungsaktion zur sogenannten Wiederherstellung des Berufsbeamtentums. Während Hindenburg ihm wiederholt sein Vertrauen und selbst Hitler ihm noch kurz zuvor wegen »umsichtiger Leitung« besonderen Dank und warme Anerkennung ausgesprochen hatte, wurde nun Gempp, obgleich er der Demokratischen Partei angehörte, der Duldung »marxistischer und kommunistischer Hetz- und Wühlarbeit« und der Zurücksetzung »national eingestellter Feuerwehrbeamter« beschuldigt.

Die Bestürzung war allgemein. So schrieb die Vossische Zeitung vom 25. März 1933:

»Welche Motive den Staatskommissar veranlaßt haben können, den bewährten Leiter der Berliner Feuerwehr, der seit 27 Jahren im Dienst der Stadt Berlin steht, zu beurlauben, weiß man nicht. Das aber weiß man, daß Gempp, der im 55. Lebensjahr steht, die Berliner Feuerwehr zu der Beschützerin der Berliner Bevölkerung gemacht hat. Tausende von Ausländern haben hier in Berlin das Feuerlöschwesen studiert und das Werk Gempps voll Neid anerkannt« . . .

Gempp wiederholte seine sachlichen Feststellungen im Reichstagsbrandprozeß vom September bis Dezember 1933.
Aber auch seine endgültige Entlassung konnte die neuen Machthaber nicht befriedigen. Es folgten niedrigste Verleumdungen, Verhöre und Haft. Schließlich wurde Gempp im September 1937 in feste Untersuchungshaft genommen. Ein konstruierter Prozeß wegen sogenannter Amtsvergehen führte zu seiner Verurteilung, gegen die jedoch, von weiteren Anwälten unterstützt, Berufung eingelegt wurde. Kurz vor der neuen Gerichtsverhandlung ist Walter Gempp am 2. Mai 1939 in seiner Zelle erdrosselt aufgefunden worden.

MARTIN GAUGER

Vierter Sohn eines kinderreichen Pfarrers und Schriftleiters in Wuppertal, ungewöhnlich begabt, kritisch und aufgeschlossen für die Aufgaben seiner Zeit, war Martin Gauger schon als Student wegen der sozialen Zerklüftung Deutschlands bewegt und besorgt. Er sucht sie in seinem Rahmen im »Boberhaus« durch erste freiwillige Arbeitslager zu überwinden, an denen sich aufgrund seiner unablässigen Bemühungen Arbeiter und Breslauer Studenten des Professors Eugen Rosenstock beteiligen. Daraus erwächst die Freundschaft mit dem späteren Kreisauer Kreis, besonders mit Helmuth von Moltke und Carl-Dietrich von Trotha. Sein Studium umfaßt Volkswirtschaft und Rechtswissenschaft. Es führt ihn auch an die School of Economics in London. Er schließt es mit dem Diplom-Volkswirt, den beiden juristischen Prüfungen und der Promotion zum Dr. jur. ab.

1934 ist er Assessor bei der Staatsanwaltschaft in München-Gladbach. Bei seiner Begabung steht er vor einer vielversprechenden Laufbahn. Aber er sieht, was um ihn herum geschieht, erlebt die widerrechtliche Absetzung seines Vaters als Schriftleiter und dessen Verhaftung. Die nachträgliche Justifizierung der Morde vom 30. Juni 1934 durch den Justizminister erschreckt ihn tief. Er lehnt es daraufhin ab, als Beamter den geforderten Eid auf Hitler abzulegen. Als Jurist wisse er um die Bedeutung des Eides, den ihm hier sein Gewissen verbiete.

Damit scheidet er aus dem Staatsdienst aus. Er wird Justitiar bei der Vorläufigen Leitung der Deutschen Evangelischen Kirche und dann beim Lutherischen Rat in Berlin. Hier sieht er die Aufgabe, für die zu wirken lohnt, hier tut er – die Gefahr für sein eigenes Leben außer acht lassend – für Pfarrer und Gemeindemitglieder alles nur Menschenmögliche. Seine größte Freude ist die Befreiung von sieben Lübecker Pastoren aus dem Konzentrationslager, die er durch seinen persönlichen Einsatz erwirken kann.

Bei aller grundsätzlichen Opposition gegen das nationalsozialistische Regime ist er vor allem darauf bedacht, eine intakte, das Dritte Reich überdauernde Kirche zu erhalten. Dieser Sisyphusarbeit widmet er seine ganze Kraft: »Im ganzen sind wir von den zuständigen staatlichen Stellen mit dem Prädikat versehen: wir sind Staatsfeinde. Das kann uns persönlich kalt lassen, weil wir ein gutes Gewissen haben und uns als die eigentlichen Patrioten mit manchem guten Recht fühlen können.« Schreibt Martin Gauger 1938 in einem Brief.

Er lehnt einen Ruf als Professor an das Christian College in Madras in Indien ab: »Ich kann meinem Posten hier nicht entlaufen, solange ich da überhaupt noch Arbeitsmöglichkeiten habe.«

Neben zahlreichen Aufsätzen in dem Evangelischen Wochenblatt »Licht und Leben« und in den Gotthardbriefen verfaßt er in den Vorkriegsjahren »Notizen zum Recht der evangelischen Presse in Deutschland« und die Schrift »Bekenntnis und Kirchenregiment« Wuppertal 1936. Beide Bücher werden sogleich von der Geheimen Staatspolizei beschlagnahmt.

Als der Krieg beginnt, wird Gauger ein Dezernat beim Roten Kreuz in Genf angeboten. Aber auch jetzt wieder lehnt er – treu seiner Arbeit – ab. Da geht ihm im April 1940 der Gestellungsbefehl zu.

»Ich habe einige Zeit angenommen, ich könnte diesen Krieg ertragen, wenn ich nicht mit der Waffe dienen müßte, aber das ist doch ganz eng und falsch gedacht und eigentlich auch feig. Ich meine jetzt, man dürfe überhaupt nicht Kriegsdienst tun; in diesem Krieg wenigstens, weil er kein Verteidigungskrieg ist ... Eine Beschäftigung bei der Intendantur hatte ich lange für eine Entlastung gehalten, weil ich dann nicht mit der Waffe dienen müßte. Aber dann mußte ich doch sagen: wie? – es soll einen Unterschied machen, ob du kämpfst oder ob du die Kämpfenden ausrüstest und verpflegst? Nein, es macht keinen Unterschied. Und ich kann diesen Krieg nicht fördern, ich kann nicht helfen, daß das Meer von Blut und Tränen noch andere Länder überflutet.«

Gauger entschließt sich, nach Holland zu fliehen. Anfang Mai 1940 durchschwimmt er den Rhein.

Kaum hat er die Grenze erreicht, da fallen Hitlers SS-Truppen in das neutrale Land ein. Schwer verwundet, wird Gauger von ihnen gefangengenommen und nach einigen Zwischenstationen in das Polizeigefängnis in Düsseldorf eingeliefert. Dort bleibt er ein Jahr, bis sein Fall für die Gestapo geklärt ist. Im Juni 1941 wird er in das berüchtigte Konzentrationslager Buchenwald überführt. Als er am 14. Juli 1941 mit 90 anderen Häftlingen abgeholt wird, weiß er, daß sein Ende gekommen ist.

HANS VON DOHNANYI

»Der Urheber und das geistige Haupt der Bewegung zur Beseitigung des Führers« – so ist Dohnanyi von der Gestapo charakterisiert worden, nachdem diese im Verlaufe der Untersuchungen über den 20. Juli die Rolle erkannt hatte, die er viele Jahre hindurch bei den Planungen zum Sturz des Hitlerregimes gespielt hat.

Gleich nach seiner Verhaftung hat die Gestapo besondere Vorsichtsmaßnahmen bezüglich des Sicherheitsgewahrsams gegen ihn angewandt. Darüber gibt eine Erinnerung von Harald Poelchau Aufschluß:
»Es muß im Juli oder August 1944 gewesen sein. Ich hatte den Kollegen im Wehrmachtskrankenhausgefängnis in Buch zu vertreten und erkundigte mich nach den ›Vormeldungen‹ der Gefangenen zum Standortpfarrer. Es wurden mir eine Reihe Namen genannt und dann hieß es etwas zögernd:
›Es hat sich noch der Oberst Z. gemeldet.‹
›Oberst Z. Wer ist denn das?‹
›Das wissen wir auch nicht.‹
Als ich mich Oberst Z. unter vier Augen vorstellte, sagte er:
›Ich weiß von Ihnen, ich bin Dohnanyi.‹
Ich fand einen körperlich leidenden, aber gesammelten, ungewöhnlich bedeutenden Mann, dem ich nur wenige Dienste tun konnte.«

Dohnanyi wurde am 1. Januar 1902 in Wien als Sohn eines bekannten Komponisten geboren und wuchs in naher Berührung mit den Familien Bonhoeffer, Delbrück und Harnack in Berlin auf. Nach Ablegung der juristischen Prüfung 1929 ins Reichsjustizministerium berufen, arbeitete er in den Referaten für Völker-, Staats- und Verwaltungsrecht, sowie für Hoch- und Landesverrat und war gleichzeitig als persönlicher Referent verschiedener Justizminister tätig. Diese Stellung vermittelte ihm eine frühe Einsicht in das wahre Wesen des Nationalsozialismus. Schon unter Brüning, den er als junger Assessor in Kabinettssitzungen kennengelernt hatte, setzte er sich für den Erlaß eines strengen Uniformverbotes gegen die nationalistischen Radikalisten ein.
Nach dem Reichstagsbrand versuchte Dohnanyi eine offene Aktion der deutschen Richter gegen den wachsenden Terror in Gang zu bringen. Doch sein Appell an den Reichsgerichtspräsidenten Bumcke blieb ohne Erfolg. Auch in wiederholten Aussprachen mit Justizminister Gürtner, vor allem anläßlich des Reichstagsbrand-Prozesses, ließ Dohnanyi über seine Einstellung keinen Zweifel. Trotzdem gewann er als Leiter des Ministerbüros eine Position, die ihm wichtige Einblicke und Verbindungen vermittelte. Mit Hilfe seiner großen Personalkenntnis betrieb er systematisch den Schutz der Verfolgten, doch machten ihm vergebliche Interventionen an höchsten Stellen gleichzeitig die Wirkungslosigkeit aller juristisch begründeten Proteste gegen das System der Konzentrationslager deutlich. So entschloß er sich zum aktiven Widerstand.

Schon 1933 begann er mit der Einrichtung einer geheimen Kartei, in der die Verbrechen des Regimes mit ihren Tätern aufgezeichnet wurden. Dies Material, das einmal bei der Auseinandersetzung mit Hitlers Diktatur offenbart und verwendet werden sollte, war ihm aus den Geheimakten des Justizministeriums zugänglich geworden.

Bald wurde Dohnanyi zu einem Mittelpunkt ziviler Widerstandsgruppen. Er besaß aufgrund seiner Stellung bei Gürtner stets zuverlässige Informationen über Vorgänge innerhalb der Regierung und kam in ein enges Vertrauensverhältnis zu Popitz und Goerdeler. Seine unverfrorene Zivilcourage Parteigewaltigen gegenüber bewährte sich auch angesichts der ständigen Intrigen des damaligen Staatssekretärs Freisler, gegen die er sich – obwohl er nicht einmal dem »Rechtswahrerbund« angehörte – fünf Jahre lang zu behaupten wußte. Anläßlich der Verhandlung gegen Generaloberst Fritsch gewann er die für alle weiteren Planungen so entscheidende Verbindung mit Beck und Oster,

der unter Canaris die Schlüsselstellung im militärischen Geheimdienst inne hatte.
Unter dem Druck Freislers und Bormanns mußte Gürtner ihn schließlich, da »das Verbleiben eines Nicht-Nationalsozialisten« in dieser Stellung als »untragbar« bezeichnet wurde, Ende 1938 als Reichsgerichtsrat nach Leipzig versetzen. Doch konnte Dohnanyi durch ständige Dienstreisen nach Berlin seine Verbindungen weiter ausbauen, auch nachdem die Pläne von 1938 gescheitert waren.
Bei Kriegsausbruch wurde er auf Becks Veranlassung in den Stab Canaris im OKW einberufen, wo er in der Dienststelle Osters das Referat für Politik übernahm. Der Plan zur Beendigung des Krieges im Winter 1939/1940 ist wesentlich durch seine illegale Tätigkeit in der Abwehr gefördert worden, wobei seine Vermittlung zwischen den Bestrebungen Becks und Leuschners, für die Aktionseinheit der Widerstandsbewegung von Bedeutung war. Nicht minder wichtig waren die Verhandlungen mit dem Vatikan, die er über Josef Müller einleitete: Ihr Ergebnis – ein unzweideutiges Friedensangebot – wurde den führenden Generalen unterbreitet. Offensive und Sieg in Frankreich durchkreuzten auch diese Aktion. Doch gingen Dohnanyis unablässige Bemühungen weiter. Im März 1943 flog er ins Hauptquartier der Heeresgruppe Mitte, um die Attentatspläne Tresckows und Schlabrendorffs noch einmal mit den politischen Vorbereitungen in Berlin abzustimmen. Das Versagen der Bombe in Hitlers Flugzeug zerschlug auch diesen Plan.

Völlig überraschend wurden Dohnanyi, Josef Müller und Dietrich Bonhoeffer am 5. April 1943 verhaftet. Ein Vertrauensmann hatte durch Devisenmanipulationen die Aufmerksamkeit auf Osters Zentrale gelenkt und Himmlers SD einen Vorwand zum lange geplanten Eingriff in die unabhängige militärische Abwehr geliefert. Auch den hartnäckigsten Vernehmungen gelang es freilich nicht, von Dohnanyi Aufschlüsse über die vermutete Widerstandstätigkeit innerhalb der Abwehr zu erlangen. Aber eine zentrale Schlüsselstellung der Verschwörung war ausgeschaltet.

Nach dem 20. Juli konnte Dohnanyis Rolle zwar nicht mehr verborgen bleiben, doch vereitelte die standhafte und geschickte Verteidigung des erfahrenen Juristen trotz aller Mittel und Versuche, die die Gestapo anwandte, noch immer die Überführung. So ist es zu keiner gerichtlichen Verhandlung und Verurteilung mehr gekommen.

Über Dohnanyis Ende – vermutlich am 8. April 1945 im KZ Sachsenhausen – liegt keine zuverlässige Bestätigung vor.

MARIA TERWIEL

Tochter eines hohen Verwaltungsbeamten, wurde am 7. Juni 1910 in Boppard geboren, bestand 1929 ihr Abitur und nahm, einer tiefen Neigung folgend, das Studium der Rechtswissenschaften auf.

Da ihre Mutter jüdischer Abstammung war, wurde Maria Terwiel infolge der Nürnberger Gesetze nicht zum Referendarexamen zugelassen und mußte ihr Studium aufgeben. Ihr Vater – Sozialdemokrat und Katholik – 1933 in Stettin von seinem Amte enthoben, übersiedelte mit der Familie nach Berlin.

Dort fand Maria Arbeit als Sekretärin in einem Textilunternehmen französisch-schweizerischer Gründung.

Nach Kriegsausbruch erwirkte sie mit Umsicht, daß der französische Leiter der Firma, der als Kriegsgefangener behandelt wurde, seine Arbeitszwangsstunden in dem bisherigen Tätigkeitsbereich seiner Firma ableisten konnte.

Später griff Maria Terwiel eine sich ihr bietende Verbindung zu der Gruppe des Hauptmanns Schulze-Boysen auf und nutzte deren Beziehungen zur Verbreitung der Predigten des Bischofs v. Galen und zur Beschaffung von Pässen für gefährdete Juden.

Gemeinsam mit ihrem Verlobten, Helmut Himpel, wurde sie im Januar 1943 vor dem Reichskriegsgericht zum Tode verurteilt. Das Urteil wurde am 5. August 1943 vollstreckt. Maria Terwiel starb als überzeugte Katholikin. Ein Jahr zuvor hatte sie ihren Vater verloren, Mutter und Bruder fielen am 17. Dezember 1943 einem Bombenangriff zum Opfer.

Die junge Juristin, der eine öffentliche Rechtstätigkeit versagt war, hat sich bis in die letzten Lebensstunden als geheime Anwältin der Rechtlosen eingesetzt. Dafür sprechen die folgenden Auszüge aus dem Brief einer Polin, über deren Schicksal nur bekannt ist, daß sie von Moabit ins Frauengefängnis Leipzig überführt wurde. Der Brief wurde den Geschwistern Maria Terwiels auf geheimen Wegen zugeleitet:

Berlin-Moabit, den 15. September 1943

»... Wer sie das erstemal sah, konnte die Tiefe ihres Gemüts hinter diesem offenen, ehrlichen Gesichtchen nicht erraten, nur die Augen hatten ihre eigene Sprache.

Bis auf den Tag, wo ich zu ihr kam, war sie alleine in der Zelle. Zuerst waren wir alle sehr streng beobachtet und überwacht. Ein SS-Mann stand immer auf dem Flur und schaute jede Minute auf das Guckloch, das Licht brannte die ganze Nacht. Alles um einen Selbstmordversuch zu verhindern. Marie konnte nicht schlafen, das Bett war voll Wanzen, sie lief in ihrer Zelle auf und ab. Am Tage machte sie auf einem Brett Fingerübungen, pfiff durch das Fenster stundenlang alle möglichen Melodien. Als mich eine Beamtin in ihre Zelle reingeschoben hat, hat sie mich gleich unter ihren Schutz genommen. Ich war damals ein Neuling im Gefängnis, frisch aus Warschau gebracht, von meinen polnischen Kameradinnen das erstemal getrennt, erschrocken und dem Weinen nahe. Aber bei Marie hieß es gleich, den Kopf hoch halten!

Damals hat sie noch nicht gedacht, daß sie ein Todesurteil erwarten soll. Erst mit der Zeit und mit der wachsenden Erfahrung, wenn man nichts mehr auf dem Alex hörte, nur von Todesstrafe, wenn das rückwirkende Gesetz rausgekommen ist und alle kleinen Mädchen aus dieser Sache wie Cato Bontjes van Beek, Eva Buch usw. dasselbe Urteil erhielten, haben wir verstanden, daß für uns auch die Lage hoffnungslos ist.

Damals ist Marie sehr unruhig geworden, sie machte sich Sorgen um Helmut... Sie hat im Gestapo versucht, die ganze Schuld auf sich zu nehmen. Helmut hat von seiner Seite dasselbe getan!

Wir hungerten damals gemeinsam und froren, wir teilten dasselbe enge Bett. Während der endlosen, winterlichen Abende ohne Licht pfiff mir Marie ihre schönsten Lieder vor, und ich mußte ihr dafür polnische Märchen erzählen. Das ging natürlich sehr stockend, weil ich noch so wenig deutsch konnte. Später, im Januar, kamen die Tage der Verhandlung. Äußerlich war Marie vollständig ruhig und hatte eine tadellose, tapfere Haltung. Als sie nach dem Todesurteil durch die Kommissare in das Gefängnis geleitet wurde und sich mit ihnen noch bei der Zellentür unterhielt mit einem liebenswürdigen Lächeln, dachte ich, daß alles gut abgelaufen wäre. Ich konnte nicht begreifen, als sie mir sagte, sie und Helmut . . .

Nach dem Todesurteil sind wir nur noch zwei Wochen zusammengeblieben, dann kam ich nach Moabit und Marie zu der anderen polnischen Christina Katowiz. Mit der Christina Nr. 2 konnte sich Marie auch sehr gut vertragen, ihr hat Christina das Leben zu verdanken, weil Marie immer wiederholte, sie dürfe nichts zugeben! So hat sie auch getan, und anstatt vor das Gericht zu kommen, wo sie bestimmt ein Todesurteil gekriegt hätte, wurde sie in ein Lager geschickt. Nicht nur Christina 2 und ich, aber auch viele andere Polinnen werden Marie nie vergessen. Sie war immer hilfsbereit und für viele von uns hat sie das Gnadengesuch geschrieben, zuerst natürlich für mich. Sie sagte oft – ›Schade, daß ich dich nicht verteidigen kann, glaubst du, daß ich es gut getan hätte!‹
Als ich sie das erstemal in Moabit bei der Freistunde bemerkte, war meine Freude ungeheuer. Wir haben sofort versucht, wieder zusammen zu sein, aber es ließ sich nicht machen! Erstens mußte Marie durch Anordnung des Gerichts alleine bleiben, zweitens durfte ich als Polin nicht zu ihr.

Hier in Moabit begann es mit ihrer Gesundheit schief zu gehen, sie könnte eine Pflegerin so gut gebrauchen. Zuerst hatte sie einen Ausschlag auf dem Rücken und konnte die Anstaltswäsche gar nicht vertragen. Wir haben ihr aus meinem Kopfkissenbezug ein kleines Hemdchen genäht, das viel weicher und angenehmer war. Später konnte sie die Mittagssuppe oft nicht vertragen, sie bekam nach wenigen Löffeln Magenschmerzen und gab alles zurück. Die Geschichte mit dem Finger war doch die schlimmste. Sie hat so sehr gelitten, daß sie nachts nicht schlafen konnte, nur in ihrer Zelle auf und ab lief. Ich weiß nicht, wie sie es fertiggebracht hat, sich jeden Tag an- und ausziehen, waschen und kämmen. Schreiben konnte sie nur mit der linken Hand, drollige, ungeschickte Buchstaben. Sie sagte, daß sie mit dem Finger ihre Sünden vom nächsten Jahr abgebüßt habe und versuchte bei der Freistunde ganz brav zu lächeln. Ich hätte so viel dafür gegeben, um ihr helfen zu können. Monate, welche man zusammen im Gefängnis lebt, verbinden die Menschen viel mehr als lange Jahre in der Freiheit . . .

Ich habe schon so viele anständige Menschen sterben gesehen, daß ich nach Helmuts und Mimis Tod im Zweifel war, ob welche übrig geblieben sind.
Seien Sie vielmals herzlichst gegrüßt von Ihrer Christine.«

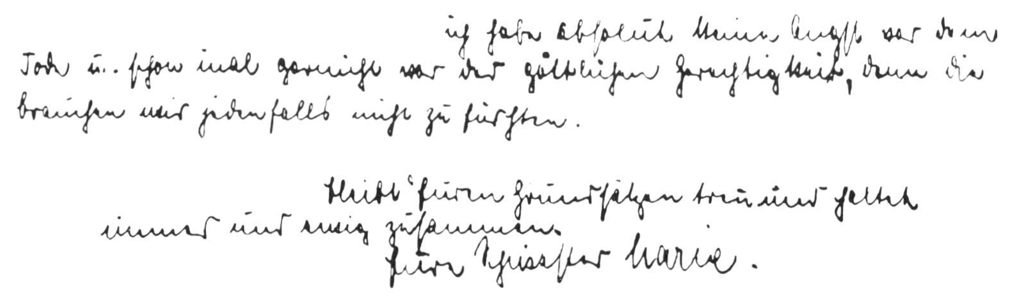
ich habe absolut keine Angst vor dem Tod u. schon mal garnicht vor der göttlichen Gerechtigkeit, denn die brauchen wir jedenfalls nicht zu fürchten.
Bleibt Euren Grundsätzen treu und haltet immer und ewig zusammen.
Eure Schwester Marie.

Aus dem Testament von Maria Terwiel vom 29. 1. 1943

FRITZ ELSAS

Sohn eines Fabrikbesitzers, am 11. Juli 1890 in Cannstatt geboren, machte sich nach dem juristischen Studium bald durch seine unermüdliche Tätigkeit im Dienst der öffentlichen Verwaltung bekannt.
Er war zwei Jahre lang 1. Bürgermeister von Berlin, wurde 1933 aus diesem Amt entlassen und schließlich einige Monate vor Kriegsende im Konzentrationslager Sachsenhausen ermordet.

Das Verschwörertum war in seiner Natur nicht angelegt; er war ein Mann konkreter und nüchterner Sachlichkeit. Gewiß mangelte es Fritz Elsas nicht an der politischen Leidenschaft, Familientradition hatte ihn früh schon an den demokratischen Kreis seiner schwäbischen Heimat herangeführt. Doch der Sinn seines Lebens suchte nicht die Teilhaberschaft an der politischen Macht, sondern die Ordnung der guten Verwaltung und die Unantastbarkeit des Rechtes im Staate. Der frühe Jugendtraum hatte die Wissenschaften erstrebt, er hat ihn nie verlassen. Denn als der erst sechsunddreißigjährige Stuttgarter Stadtrechtsrat 1926 Vizepräsident des Deutschen Städtetages und 1931 Erster Bürgermeister in Berlin geworden, blieb die Arbeit von bedeutenden Studien über die wirtschaftsrechtliche, über die soziale Seite der Gemeindepolitik begleitet.

Das Jahr 1933 zerbrach den Mann, um seiner jüdischen Herkunft willen, das öffentliche Wirken. Aber das Jahrfünft im Städtetag hatte ihm, auf der politischen Rechten wie Linken, nicht nur Respekt, sondern auch viel vertrauensvolle menschliche Kameradschaft gebracht, daß er für das Bewußtsein derer, die auf die Wendung warteten, immer gegenwärtig war. Dies empfinden zu dürfen, tröstete in den Jahren der Verdüsterung – das Planen und das Entwerfen für das Nachher würde also doch noch sinnvoll sein.

Er war über die Gefährdung seiner Existenz ohne Illusion. Zwar hatte eine mehrmonatige Verhaftung im Jahre 1937, die ihn, der Auswanderer beriet, zur Strecke bringen wollte, nicht die gewünschte Folge – es gab noch »Richter in Berlin«. Aber wie lange noch? Einige Monate nach seiner zweiten Verhaftung, die Anfang August 1944 erfolgte, fanden Freunde in dem leeren Hause – die Familie war schon in die Sippenhaft verschleppt – unter den einer schlampigen Haussuchung der Gestapo entgangenen Papieren einen Vermerk für die Gattin, an wen sie sich bei seinem Verschwinden als Berater halten möge: Goerdeler, Popitz, Zarden, Heuss.

Theodor Heuss, der gemeinsam mit Eberhard Wildermuth den engen schwäbischen und politischen Freundeskreis bildete, hat später manchmal von seinen letzten Berliner Unterhaltungen mit Elsas erzählt – er war selber im August 1943 nach Süddeutschland verzogen. Nach einer Besprechung mit Goerdeler, um dessen Vertrautheit mit dem Freund er wußte, bat Heuss, ein etwas geräuschloseres Verfahren zu empfehlen; er sei von einem ihm nur wenig bekannten, sicher ebenso anständigen als politisch unbrauchbaren Menschen auf dessen Pläne angesprochen worden. Elsas habe gelacht: »Du hast vielleicht recht. Aber der ganz geräuschlose Motor ist noch nicht erfunden, und heute ist Goerdelers Haß der Motor gegen die Bedenklichkeiten.« Dagegen sei nun kaum etwas einzuwenden gewesen.

Nach dem Fehlschlag des 20. Juli erschien Karl Goerdeler vor dem Elsasschen Hause im Dahlemer Patschkauer Weg, wo er so oft geweilt hatte. Es ist nicht wahrscheinlich, daß er in diesem Augenblick wie sonst ein sehr willkommener Gast gewesen ist, wenigstens »objektiv«, aber subjektiv wurde er freundschaftlich aufgenommen – sowohl am 27. wie am 31. Juli; ein anderes Verhalten hätte Elsas' menschlicher Honorigkeit widersprochen. Der Gleichklang der Gesinnung hatte in jenen Jahren immer Gefahr bedeutet, wieviel mehr in der Stunde der Bewährung. Ein späteres Wort von

Frau Elsas sagt, daß sie »sehr unbekümmert waren und einmal im Garten auf und ab gingen«. Verschwörer von innerer Anlage pflegen so etwas wahrscheinlich nicht zu tun. Man vermutet, daß Goerdeler bei solcher Gelegenheit von der Nachbarschaft erkannt wurde. Damit war auch über das Schicksal von Fritz Elsas entschieden.

Ein Gerichtsverfahren ist gegen ihn nicht durchgeführt worden. Offenbar haben alle Mißhandlungen und endlosen Verhöre von ihm, der heftig sein konnte, aber in allen kritischen Augenblicken sein starkes Temperament moralisch zu regulieren verstand, nichts für Prozesse Ergiebiges zutage fördern können. Und gegen einen Mann jüdischer Herkunft eine Anklage wegen »menschlicher Treue« zu erheben, ging wohl nicht an.

Daß die ganze Familie sich in Sippenhaft befand, erfuhr er nicht. Ende Oktober gelang es ihm, ein Schreiben aus dem Berliner Gestapo-Gefängnis in der Lehrter Straße herauszuschaffen – Freunde, die in das verlassene Haus eindrangen, fanden es im Briefkasten. Wer es dorthin gebracht, ist unbekannt. Der Brief ist mit der linken Hand mühsam geschrieben, die »Eiterherde« auf der rechten, offenbar Folgen der Torturen, seien aber in Rückbildung. Ein sorgendes Fragen nach dem und dem, und wie es im Garten aussehe und ob Kohlen im Hause seien? Er wünscht »Kraft und Gesundheit, mit dem Alltag fertig zu werden«. Und dann kommt die Meditation: »Aber irgendwelche neuen und unbekannten Ansprüche stellt die Zeit wohl immer an neue Menschen. Hölderlins Briefe an Diotima zeigen, wie im Leiden und im Leid der Mensch trotz allem an Kraft und Stärke zu gewinnen vermag. Auch leidende Liebe ist ein solcher Kraftquell.« Das Wort konnte jene, die es suchte, nicht finden.

Ende Dezember wurde Fritz Elsas im KZ Sachsenhausen eingeliefert und von dort noch einmal für einen Tag zu einem Verhör nach Berlin abgeholt. Im »abgekürzten Verfahren« hat ihn die SS dann am 4. Januar 1945 auf dem sogenannten Industriehof in Sachsenhausen einfach erschossen.

ERNST VON HARNACK

wurde am 15. Juli 1888 in Marburg als Sohn des Kirchenhistorikers Adolf von Harnack geboren, wuchs in Berlin auf, studierte in Marburg und Berlin und nahm am Weltkrieg teil.
Nach Ablegung der juristischen Prüfungen wirkte er als Regierungsrat im Preußischen Unterrichtsministerium, als Landrat in Hersfeld, als Vizepräsident in Hannover und Köln, als Regierungspräsident in Merseburg. Seit 1919 gehörte er der Sozialdemokratischen Partei an. Die Maßnahmen von Papens gegen Preußen hatten 1932 Harnacks Versetzung in den einstweiligen Ruhestand zur Folge. Hitlers Beamtengesetz 1933 bedeutete die endgültige Entlassung. Die Bemühungen Harnacks um die Erforschung des Mordes an Stelling nach der Köpenicker Blutnacht trugen ihm eine erste mehrwöchige Verhaftung ein.

Er war ursprünglich eine heitere, offene, lebenbejahende und lebensprühende Natur. Ein Grundzug seines Wesens war – wie seine Schwester Elisabeth besonders hervorhebt – ein ausgesprochener Gerechtigkeitssinn, der ihn schon früh antrieb, für Gedrückte und Benachteiligte einzutreten. Unbekümmert um öffentliche Meinung und eigene Sicherheit folgte er in allen wichtigen Entscheidungen seines Lebens unbeirrbar seinem protestantischen Grundgefühl, nur Gott und seinem Gewissen verantwortlich.
Die preußische Verwaltung war ihm zum Lebenselement geworden, und als er die geliebte Berufsarbeit viel zu früh aufgeben mußte, drängte es ihn, seine reichen Berufserfahrungen in einem Buch über »Die Praxis der öffentlichen Verwaltung« zusammenzufassen, das in einzigartiger Weise die so wenig bekannte innere Leistung der öffentlichen Verwaltung ins Licht rückt. Das Buch wurde sofort nach Erscheinen (1936) verboten.
Beamter aus Neigung und mit voller Hingabe an den Beruf, entsprach Harnack doch wenig dem Bilde des »typischen Beamten«; dazu war er ein zu starker Individualist. Vielseitige künstlerische Anlagen und Begabungen, die er von Jugend an pflegte und entwickelte, machten ihn auf vielen Gebieten heimisch.

Musik begleitete ihn durch sein Leben. Als Schüler gründete er ein Orchester. Er wurde ein ausgezeichneter Flötist. In der Musikgeschichte war er ebenso zu Hause wie in der Literatur- und Kunstgeschichte. Er hatte das Buchbinderhandwerk gelernt, zeichnete mit leichter Hand und trieb manche Kunstfertigkeiten zur Freude seiner Kinder und Freunde.

In all seinem Tun war er den Menschen zugewandt und suchte ihre Gegenwart. Zu plaudern, zu erzählen, Gespräche zu führen, zu diskutieren war ihm ein fast leidenschaftliches Bedürfnis. Seine innere Teilnahme galt dabei sowohl den menschlichen Schicksalen seiner Freunde und Gesprächspartner im einzelnen, wie sachlichen Fragen und Entscheidungen, ganz besonders natürlich den politischen und religiösen Zeitfragen. Immer aber drängten ihn die Gespräche, in denen er sich Klarheit verschaffte über Zusammenhänge, Motive und Ziele der Politik zum Handeln, sei es, daß er – immer wieder unter Einsatz seines Lebens – Gefährdeten und Verfolgten zur Flucht, zur Lebensrettung, zur Erhaltung ihrer Vermögenswerte verhalf, sei es, daß er unermüdlich dem »System ohne Güte und Gnade«, wie er das Hitlerregime nannte, jeden nur möglichen Widerstand offen oder geheim leistete, oft schweren Herzens, denn seine beiden Söhne standen an der Front.

Über seine Bemühungen um Verbindung zum Ausland berichten Auszüge aus einem Brief, in dem die Tochter Hendrik de Man's von einem Besuch mit ihrem Mann bei Harnack im Winter 1941/1942 erzählt:

»Das große Zimmer, in dem wir uns begegneten, lag im 1. Stock. Seine hohen Fenster gingen auf einen Hinterhof, der im Halbschatten des Novembernachmittags noch unheimlicher erschien. Der Raum wirkte wie eine Art von Künstleratelier, und seine Möbel zeigten den Bruch zwischen Herkunft und der jetzigen Existenz ihres Besitzers.

Ernst von Harnack, Aristokrat, entlassener Beamter und Sozialist, hatte durch das Hitlerregime seine hohe Stellung verloren und arbeitete jetzt als Vertreter einer Tuchfabrik. Die Kriegswirtschaft jedoch hatte den Textilmarkt fast zum Erliegen gebracht, und darum war Ernst von Harnack gezwungen, eine andere Beschäftigung zu suchen. Seine Arbeit in diesem zweiten Kriegsjahr war seltsam. Er legte im Auftrage des Berliner Magistrats ein Verzeichnis der Gräber berühmter Männer an, die über die zahlreichen Friedhöfe der 4-Millionen-Stadt verstreut waren.

Gleich zu Beginn unseres Gespräches erwies es sich, daß sich Ernst von Harnack keine Illusionen darüber machte, welche Gefühle wir der damaligen deutschen politischen Führung gegenüber hatten. Er sprach ganz offen mit uns darüber, ohne dabei die Vorsicht außer acht zu lassen. Unsere Besuche in seinem Büro oder in seinem schönen Haus konnten immer mit dem harmlosen Vorwande der gemeinsamen Liebe zur Musik getarnt werden. Sein ›Kollegium musicum‹, wie er es nannte, verschleierte erfolgreich seine Verbindungen und Gespräche mit ›nicht gleichgeschalteten‹ Leuten.

Gefragt über die Gefahren der heimlichen Arbeit, gab er uns eine Antwort, die des attischen Salzes nicht entbehrte und darum wert ist, überliefert zu werden. Ich fragte ihn, ob die Gestapo, deren ›Bekanntschaft‹ wir damals gerade in Belgien zu machen begannen, nicht einen schweren Hemmschuh für die gesamte illegale Arbeit darstelle. Ernst von Harnack antwortete mit Humor: ›Seitdem die deutsche Armee den größten Teil von Europa besetzt haben, ist sie von hier fort und wir haben endlich Ruhe.‹ Und wirklich hatte sich in diesem Jahr 1941 der polizeiliche Schraubstock, in dem Deutschland seit 1933 lag, gelockert. Die braunen Machthaber mochten glauben, daß die militärischen Erfolge des Reiches genügten, um keinen Gedanken an ein Komplott gegen sie aufkommen zu lassen.

Aber Ernst von Harnack sah weiter voran als die Gewalthaber. Ich erinnere mich an zwei seiner politischen Gedankengänge. ›Am wichtigsten ist‹, sagte er mir, ›daß das Regime mit einem einzigen Schlage gestürzt wird, so wie man einen Reißverschluß öffnet. Alle Vorarbeiten müssen vorher abgeschlossen sein, damit es nicht zu einer Auflösung der Nation kommt. Darum ist diese langsame Minierarbeit so wichtig. Die Opposition muß ihr Spinnennetz durch das gesamte Räderwerk des Regimes spinnen und zur gleichen Zeit versuchen, die Verbindung mit dem Ausland herzustellen.‹

Ernst von Harnack übernahm die wichtige Rolle, das Ausland und besonders Belgien, das zu dieser Zeit außerhalb des Brennpunktes der politischen Ereignisse lag, über die heimlichen Kräfte aufzuklären, die am Umsturze des Hitlerregimes arbeiteten. Deshalb legte er Wert darauf, ohne die Namen der anderen Verschwörer zu nennen, daß Hendrik de Man eine Idee vom ›Geiste der Bewegung‹ bekäme.

Aus Verdunklungspapier mit einem Reißnagel gerissener Scherenschnitt, eine Beschäftigung Harnacks zwischen Urteil und Tod.

Ich beeilte mich nach unserer Rückkehr nach Brüssel im März 1942 einen genauen Bericht über all diese Verbindungen an de Man zu geben. Dieser war sehr interessiert und schärfte mir ein, niemand anderem etwas über diese Unterhaltungen zu erzählen. Es ist ein seltsamer Gedanke, daß er kaum 14 Tage später persönlich von dem früheren Reichstagsabgeordneten der SPD, Carlo Mierendorff, den er in Paris traf, von ähnlichen Unternehmungen erfuhr.«

Zwei Jahre danach überstürzen sich die Ereignisse. Wegen einer beruflichen Werbungsarbeit vorübergehend nicht in Berlin, kehrt Harnack nach dem 20. Juli 1944 dorthin zurück. Obwohl er um seine Gefährdung wissen muß, und Angehörige und Freunde ihm dringend anraten, sich in einem abgelegenen Orte verborgen zu halten, bleibt er und sucht in den folgenden Tagen noch mit Hilfe der katholischen Kirche den Aufenthalt der in Sippenhaft genommenen Kinder seines Freundes Julius Leber zu ermitteln.

Am 1. Februar 1945 spricht der Volksgerichtshof das Todesurteil gegen ihn aus, das am 3. März vollstreckt wird. In den Wochen der Erwartung des Todes vermittelt er einem der mitgefangenen politischen Freunde: »Das Entscheidende ist nicht, daß man das Ziel erreicht, sondern daß man den richtigen Weg geht.«

JOSEPH WIRMER

Die Verhandlung vor dem Volksgerichtshof offenbart den persönlichen Mut und die Unerschrokkenheit von Joseph Wirmer. »Wenn ich hänge, Herr Präsident, habe nicht ich die Angst, sondern Sie.«

Der nahe Tod hat diese Überlegenheit nicht angerührt. Vielmehr bestimmen jene Eigenschaften das Bild dieses Mannes. Dem graden und wuchtigen Wuchs entsprach eine unbeirrbare Geradheit des Geistes, die ihn zum selbstverständlichen Widersacher des Nationalsozialismus machte.

Am 1. Mai 1933 hörte er am Radio zusammen mit Freunden, die sich täuschen ließen, die Rede Hitlers vom Tempelhofer Feld. Er sagte damals mit religiösem Ernst: »Ich werde der Feind Hitlers sein.«

Die Geburtsstunde dieser Gegnerschaft war schon das erste öffentliche Auftreten Hitlers; sie ließ Wirmer die charakteristischen Züge seines Feindes erkennen und zwang ihn bis zum Einsatz seines persönlichen Lebens, sich dem Antichristen entgegenzustellen.

Durch Hitler sah er von Anfang an Ethos, Christentum und Kultur bedroht. Diese Werte aber waren Teile des Wesens von Joseph Wirmer, wurden zur Notwendigkeit seines Weges als Mann, Vater, politischer Mensch und Jurist.

Über das Rechtsbewußtsein von Wirmer schreibt sein Bruder Otto:
»Seine Unabhängigkeit glaubte er am wenigsten als Rechtsanwalt einzubüßen. Dabei war ihm in seiner Tätigkeit das starre Regel- oder Gesetzesdenken ein Greuel, das seiner menschlichen Verantwortlichkeit nicht entsprach. Eine rein situationslose und typenlose Norm hielt er für ein Unding, so aufnahmebereit sein Geist sonst für juristisch-formales Denken war. Der Versuchung des Satzes ›autoritas non veritas facit legem‹ ist er nach der Art begegnet, wie Jesus dem Versucher in der Wüste. Es wurde ihm schließlich zur tiefsten Überzeugung, daß das Recht nur aus einer geschichtlich gewordenen konkreten Ordnung der Dinge erwachse und sich demgemäß ständig gestalte.

Gegen das formelle Gesetz einer Gewaltherrschaft zu verstoßen erschien ihm deshalb auf höherer Ebene die Erfüllung des Rechts zu sein, dem er zeit seines Lebens mit ehrfurchtsvoller Scheu diente. Die haßerfüllten Ausfälle Freislers gerade ihm gegenüber lassen erkennen, daß er von dem Regime als substanzieller Gegner empfunden wurde und deshalb vernichtet werden mußte, so wie sich dies bereits viele Jahre vorher in einem ehrengerichtlichen Verfahren abzeichnete, durch das er aus dem Rechtswahrerbund wegen seiner unerschrockenen Verteidigung rassisch Verfolgter ausgeschlossen wurde.«

Und weiter berichtet Otto Wirmer:
»Mein Bruder Joseph war durch den Bundesminister Jakob Kaiser mit Carl Goerdeler bekannt geworden. Ich entsinne mich, Goerdeler häufig im Büro meines Bruders in Berlin angetroffen zu haben. In seiner privaten Wohnung in Lichterfelde habe ich auch Julius Leber kennengelernt, dort ist mein Bruder ferner mit Ulrich von Hassell, Klaus Bonhoeffer und Otto John zusammengetroffen. Er hatte mit Max Habermann, vor allem aber viel mit Bernhard Letterhaus zu tun. Nach dem militärischen Sektor stand er mit Claus von Stauffenberg in Verbindung.«

Joseph Wirmer wurde als einer der Hauptbeteiligten an der Aktion vom 20. Juli unter dem Vorsitz Freislers vom Volksgerichtshof am 8. September 1944 zum Tode verurteilt und am gleichen Tage hingerichtet.

BERTHOLD SCHENK GRAF VON STAUFFENBERG

wurde am 15. März 1905 in Stuttgart geboren, wo sein Vater Oberhofmarschall am Württembergischen Hofe war. Das Studium der Rechtswissenschaften führte er an den Universitäten Heidelberg, Jena, Berlin und Tübingen durch. Nach der Promotion im Jahre 1927 arbeitete er als Referent am Institut für Völkerrecht in Berlin. Mit 26 Jahren kam er an den internationalen Gerichtshof in Den Haag und wurde von dort im Jahre 1933 aus Berlin an das Institut für Völkerrecht als Abteilungsleiter zurückgerufen. Aufgrund seiner besonderen Kenntnisse im Prisenrecht forderte ihn zu Beginn des Krieges die Marine an. Bis zum 20. Juli war er als Jurist bei der Seekriegsleitung-Operationsabteilung tätig.

Am 10. August 1944 ist er vom Volksgerichtshof zum Tode verurteilt worden. Das Urteil wurde am gleichen Tage vollstreckt.

Berthold von Stauffenberg hatte von Kindheit an eine besonders enge Beziehung zu seinem Bruder Claus. Wie sehr sich die beiden geistig unentbehrlich waren, zeichnet sich während ihrer Schul- und Studienjahre und auch in ihrer gemeinsamen Zugehörigkeit zum George-Kreis ab. Diese Verbundenheit trägt sie trotz der verschiedenen Berufswege bis in die letzten Lebensstunden. Gemeinsam verbringen sie von allen Freunden zurückgezogen den Abend des 19. Juli 1944, gemeinsam gehen sie für die gleiche Sache in den Tod.

»Das Furchtbarste ist, zu wissen, daß es nicht gelingen kann und daß man es dennoch für unser Land und unsere Kinder tun muß« vertraute Berthold im Hinblick auf die bevorstehende Aktion seiner Frau am 14. Juli 1944 an. In diesen Worten offenbart sich sein eigenes Wesen im Unterschied zu dem überzeugteren Tatwillen seines Bruders Claus. Sein langjähriger naher Freund, Werner Traber, schreibt: »Wollte man ein Standbild der Lauterkeit, Güte und Rechtlichkeit meißeln, so sollte man ihm die Züge von Berthold Stauffenberg geben. Er wußte und entschied intuitiv, was recht war – oft früher als andere, die später sein Urteil bestätigen mußten.

Ihn beseelte nicht der große Schwung der Tat, die in die Welt wirkt. Ruhm und Ehre lockten ihn nicht. Er hatte Rechtswissenschaften studiert und gelehrt. Die Frage nach Recht und Gerechtigkeit zwischen den Völkern war ihm Beruf und echtes Anliegen geworden. Dafür wirkte er, soweit er konnte, auch im Krieg, als er im OKM Beamter war. Wort und Schrift waren die ihm angemessenen Mittel des Handelns. Dichtung und Kunst waren durch Tradition und eigene Natur Elemente seines Lebens.

All dies machte ihn zum selbstverständlichen Gegner des nationalsozialistischen Regierungssystems. Aber der Schritt von geistiger Gegnerschaft zu aktiver Mitwirkung an der Erhebung war vielen zu groß gewesen. Sein eigenes friedvolles Wesen wies ihm nicht den Weg, den er gegangen ist; aber er sah das Unrecht, das Deutschland begangen hatte und in das seine Führer es täglich weitertrieben. So antwortete er dem furchtbaren Anruf der Situation. Klar und bewußt brachte er das Opfer, das Deutschland und das Recht von ihm forderten.«

ERWIN PLANCK

wurde als Sohn des Physikers Max Planck am 12. März 1893 in Berlin geboren. Nach dem Abitur trat er 1911 als Fahnenjunker in das Füsilierregiment Königin in Schleswig-Holstein ein und wurde Offizier. Dann studierte er einige Semester Medizin, bis er bei Kriegsbeginn 1914 an die Front kam. Noch im gleichen Jahr geriet er schwer verwundet in französische Kriegsgefangenschaft und wurde 1917 über die Schweiz ausgetauscht.

Er blieb weiter beim Militär, war ab 1923 Verbindungsoffizier zur Reichskanzlei und wurde dort später in den zivilen Dienst als Regierungsrat übernommen. Seit 1932 Staatssekretär, legte er das Amt bei der Machtübernahme 1933 nieder. Nach einer längeren Reise durch Ostasien bot sich zunächst wegen seiner politischen Einstellung keine geeignete Tätigkeit. Er benützte die folgenden Jahre, um sich in der Volks- und Staatswissenschaft und der Geschichte fortzubilden, bis er dann in Köln eine Anstellung fand.

Erwin Planck zeigt schon nach dem ersten Weltkrieg ein starkes Interesse für Politik und Staatswissenschaft. Während seiner beruflichen Entwicklung als Offizier und späterer Staatsbeamter bemüht er sich ständig, tiefer in diese Fragen einzudringen, sucht er in der Geschichte nach Vorbildern für sein eigenes Wirken im Staatsdienst. So vertritt er frühzeitig die Auffassung, daß ethische Grundsätze auch in der Politik ihre Gültigkeit haben und äußert wiederholt: »Die Anwendung unmoralischer Mittel in der Politik rächt sich immer!«

Nach einer Krankheit, die ihn im Alter von etwa 30 Jahren trifft, schreibt er am 20. Juli 1924 in sein Tagebuch: »Das Einzige, was von Wert ist, wenn ich dunkle Schatten aufsuchen muß, seien es Schmerzen oder Tod, ist ja der Charakter. Warum sollte ich ihn gefährden oder vernachlässigen um möglicher Gewinne willen.«

Hans Freiherr von Kress skizziert den Freund: »Wer viel in seinem Hause weilen durfte, hat ihn in Erinnerung, wie er ein Buch nahe vor die Augen hielt und sich beim Lesen durch nichts in der Umgebung stören ließ. Ein Suchen nach Klarheit, ein Sichbilden, – darin bestand sein Streben.

Er besaß die seltenen Eigenschaften des Zuhörens und Abwartenkönnens, der Zurückhaltung und Bescheidenheit. Mit dem Augenblick jedoch, zu dem er sich selbst an der Unterhaltung beteiligte, war eine Atmosphäre der Behaglichkeit geschaffen, mehr noch, eine Atmosphäre der Vertrautheit. Nicht unnötig wehetun, das war einer der stets spürbaren Grundsätze dieses liebenswürdigen, toleranten und in der Urteilsbildung so behutsamen Mannes. Er war kein Revolutionär, noch weniger ein Abenteurer und nicht etwa jemand, der sich hingezogen fühlte zum Risiko. Aber der Grausamkeit und Unmoral galt sein energischer Widerstand.«

Mit Freude und innerer Beteiligung arbeitete Erwin Planck bis zum Jahr 1933 im Staatsdienst. Bei der Machtübernahme durch Adolf Hitler wußte er, daß die nun eingeschlagenen Wege der Politik sich nicht mit seinen Grundsätzen vereinbaren ließen, und daß in diesem Rahmen auch für seine Person die Möglichkeit einer beruflichen Weiterentwicklung nicht gegeben war.

Während der Zeit des Dritten Reiches verfolgte er wachen Auges den Fortlauf der Geschehnisse, und sein Bestreben ging dahin, das eigene Gewissen und das anderer wachzuhalten für Recht und Menschlichkeit. Gleichzeitig half er, wo er nur helfen konnte – gemeinsam mit seiner Frau. Für ihn handelte es sich jetzt nicht mehr um Politik, sondern um den Kampf gegen das Böse. Immer stärker litt er unter dem zunehmenden Unrecht und kam zu der Erkenntnis, daß Ablehnung nicht allein genüge, um ihm zu begegnen, sondern der persönliche Einsatz zum Opfer nötig sei. So sagte er längere Zeit vor seiner Verhaftung: »Es muß Sühne geleistet werden für das begangene Unrecht«.

Erwin Planck wurde am 23. Juli 1944 verhaftet, am 23. Oktober zum Tode verurteilt und am 23. Januar 1945 in Berlin-Plötzensee zur Hinrichtungsstätte geführt.

RÜDIGER SCHLEICHER

wurde als Sohn einer alten Beamtenfamilie am 14. Januar 1895 in Stuttgart geboren. Nach Ablegung der juristischen Examina promovierte er 1923 mit einer Arbeit über Luftrecht und arbeitete auf diesem Gebiet, im Reichsverkehrsministerium und später als Ministerialrat im Reichsluftfahrtministerium. Seit 1939 leitete er nebenamtlich das Institut für Luftrecht an der Universität Berlin.
Der erste Leiter der Luftfahrtabteilung im Reichsverkehrsministerium, Ministerialdirektor Dr. Brandenburg, zeichnet in einem Gnadengesuch vom Januar 1945 ein Bild der Persönlichkeit:

»Dr. Schleicher galt in dem engverbundenen Kreise der Referenten und bei mir selbst immer als eine Erscheinung von ganz besonderer Art. Seine Offenheit und seine Wahrheitsliebe in jeder Situation waren offenbar ohne alle Grenzen. Es schien, als ob er die Intrigen und Unsauberkeiten des Lebens gar nicht zu sehen vermochte. Trotzdem hatte seine Arbeit immer Erfolg, die Frucht seines Strebens blieb aber stets im Unbemerkten, und sie war ausschließlich mit unbefleckten Waffen erfochten. Ich habe ihn damals manchmal scherzhaft ›unseren Parzival‹ genannt. Lüge und Verstellung waren seinem Wesen ganz fremd. Vertrauen zu und Furchtlosigkeit vor den Menschen wuchsen bei ihm aus der gleichen Wurzel: Es war die sein ganzes Wesen durchdringende, felsenfeste Überzeugung von der Wirklichkeit und Wahrheit des ›Rechts‹. Das Wort besaß für ihn schwersten religiösen Inhalt. Sein Leben war stets von Skrupeln begleitet, ob seine Gedanken auch wirklich dem ›Recht‹ entsprachen, ob niemand Unrecht geschehe, ob die innere Tendenz eines Gedankens auch wirklich ganz wahrheitsgemäß zum Ausdruck oder Vortrag gebracht sei. Er konnte zuweilen dadurch überraschen, daß er plötzlich gegen seine eigene These Stellung nahm. Sein Denken befand sich sozusagen in ständiger kontradiktorischer Erörterung.«
Ein solcher Gerechtigkeitssinn mußte ihn bald in unauflösliche Konflikte mit den Forderungen der Diktatur führen. Oft warnten ihn Vorgesetzte, die Interventionen für Juden und KZ-Häftlinge fortzusetzen. 1939 lehnte er die Berufung in das Reichskriegsgericht ab, da er Menschen nicht um einer Einstellung willen verurteilen konnte, die er selbst für recht hielt.
Sein Institut für Luftrecht am Leipziger Platz wurde dank der verkehrsgünstigen Lage zu einem Treffpunkt der Opposition. Durch Deckaufträge ermöglichte Rüdiger Schleicher seinem wissenschaftlichen Assistenten Hans John mehrere Reisen, die der Verbindungsaufnahme mit Gleichgesinnten in anderen Städten galten. Nach der Verhaftung seiner Schwäger Hans v. Dohnanyi und Dietrich Bonhoeffer kam diesen Möglichkeiten noch erhöhte Bedeutung zu. Schleicher übermittelte weiterhin Informationen über sein Ministerium an den engeren Kreis der Verschwörer.
Nach dem 20. Juli wurde zunächst Hans John, am 4. Oktober auch Rüdiger Schleicher ins Gefängnis Lehrter Straße gebracht. Als er am 2. Februar zusammen mit seinen Freunden zum Tode verurteilt wurde, bildete die »Rechtsgrundlage« auch hier noch jene Notverordnung vom 28. Februar 1933, für die damals der Reichstagsbrand die Berechtigung hatte schaffen müssen.
Rüdiger Schleicher verbrachte die letzten Monate im selben Gefängnis, in dem auch Schwager und Schwiegersohn saßen. In der Nacht vom 22./23. April starb er mit Hans John, Klaus Bonhoeffer, Justus Perels, Albrecht Haushofer und anderen Gefangenen unter den Kugeln eines SS-Exekutivkommandos in der Nähe des Bahnhofs Lehrter Straße.

Am 3. Februar 1945 befand sich der Bruder Rüdiger Schleichers mit einem Gnadengesuch auf dem Weg zum Volksgerichtshof. Nach einem schweren Luftangriff wurde er als Arzt in den brennenden Volksgerichtshof gerufen: der Senatspräsident sei schwer verletzt. Freisler war tot. Als Rolf Schleicher dies ärztlich bescheinigen sollte, lehnte er mit der Begründung ab, daß am Tage zuvor sein Bruder von Freisler zum Tode verurteilt worden war.

KLAUS BONHOEFFER

geboren am 5. Januar 1901 in Breslau, Sohn eines Universitätsprofessors, 1930 Rechtsanwalt und 1936 Syndikus der Deutschen Lufthansa, wurde in der Nacht vom 22./23. April 1945 nach dem Einrücken der Russen in Berlin von der SS erschossen.

Inmitten des Gedränges seiner zwei älteren und fünf jüngeren Geschwister schuf er sich frühzeitig eine Welt für sich, so berichtet der Bruder Karl Friedrich. Voll von gutem Humor und originellem Schabernack, hatte er doch eigentlich kein leichtes Temperament. So gutherzig er war, so widerspenstig konnte er sein, wenn er falsch angepackt wurde. Unmöglich war es ihm, sich dem Willen eines subalternen Geistes zu fügen. Seinen Blick für menschliche Qualität ließ er sich weder durch Alter noch durch Rang trüben.

Mit sechzehn, siebzehn Jahren ergriffen ihn bewußt die Interessen, die seinem späteren Leben den Inhalt geben sollten – die Probleme des Zusammenlebens in der menschlichen Gesellschaft. Unerschöpflich war sein Interesse an Menschen und Völkern, an Individualitäten und Sitten. Er machte gern Reisen, die ihn von Finnland bis Nordafrika, von England bis Griechenland und bis zur Türkei führten. Seine besondere Liebe galt aber den Ländern der lateinischen Kultur und der französischen Sprache. Bei seinem juristischen Studium waren es nicht die formalen und begrifflichen Konstruktionen, die ihn fesselten, sondern die menschlichen und sozialen Funktionen des Rechtes. Unter seinen Veröffentlichungen kommt das vielleicht am meisten in seinem Aufsatz »Über die Grundformen des Rechts« (1942) in der Zeitschrift »Weiße Blätter« zum Ausdruck, wo er den Rechtsansprüchen eines totalitären Staates zugunsten der natürlich gewachsenen Gemeinschaften entgegentritt.

Es war selbstverständlich, daß er den aufziehenden Nationalsozialismus in seiner Niveaulosigkeit von Anfang an durchschaute, und als dieser an der Macht war, von ihm nicht eingeschüchtert und verblüfft wurde. Sein leidenschaftliches Gefühl für Gerechtigkeit und Menschenwürde trieb ihn in den Konflikt. »In den Anfängen soll man das Übel ersticken, Principiis obsta«, das war vor 1933 seine Meinung gewesen. Als dies mißlungen war, konnte er nicht tatenlos mit ansehen, wie alles, was ihm das Leben lebenswert machte: Recht, Kultur und Ehre seines Volkes von einer minderwertigen Schicht von Gewalttätigen geschändet wurde, und er suchte nach Möglichkeiten, Hitler zu stürzen.

Durch Beziehungen, die er über seinen Schwager Hans v. Dohnanyi zu Beck und Goerdeler, über den Vetter seiner Frau, Ernst v. Harnack, zu Männern der Sozialdemokratie und der Gewerkschaften, durch seinen Bruder Dietrich zur Bekennenden Kirche und zur Ökumene hatte, schuf er systematisch wichtige Querverbindungen der verschiedenen Widerstandsgruppen.

Als er seine Verhaftung bevorstehen sah, floh er nicht, um Verwandte und Freunde nicht zu belasten. Am 2. Februar 1945 vom Volksgericht zum Tode verurteilt, schrieb er an seine Kinder einen Abschiedsbrief. In diesem letzten Vermächtnis, das in dem Buch »Auf dem Wege zur Freiheit« veröffentlicht wurde, sagte er:

»Stellt Ansprüche an Euch und Eure Freunde. – Nach Anerkennung streben macht Euch unfrei, wenn Ihr sie nicht mit Anmut auch entbehren könnt, und das gelingt nicht jedem. Hört nicht auf billigen Beifall.

Die Menschen, die Euch sonst begegnen, nehmt, wie sie sind. Stoßt Euch nicht gleich an dem, was fremd ist oder Euch mißfällt und schaut auf die guten Seiten. Dann seid Ihr nicht nur gerechter, sondern bewahrt Euch selbst vor Engherzigkeit. Im Garten wachsen viele Blumen. Die Tulpe blüht schön, aber duftet nicht, und die Rose hat ihre

Dornen. Ein offenes Auge aber freut sich auch am unscheinbaren Grün. So entdeckt man bei den Menschen meist verborgene erfreuliche Seiten, wenn man sich erst einmal in sie hineinversetzt. Wer nur mit sich beschäftigt ist, hat dafür keinen Sinn. Glaubt mir aber, liebe Kinder, das Leben erschließt sich Euch erst dann im kleinen Kreise und im Großen, wenn Ihr nicht nur an Euch, sondern auch an die andern denkt, sie miterlebt. Wer beim Musizieren sich nur an seine Stimme klammert oder gar nur sich selbst hören will, dem entgeht das Ganze. Wer es aber recht erfühlt, lebt auch beim edlen Verklingen seines Instruments mit in den andern Stimmen. Wenn Ihr Euer Leben so einstellt, wird es von diesem weiten Geiste ganz und gar durchdrungen. Es geht nicht nur darum, hin und wieder hilfsbereit einzuspringen. Das macht gewiß viel Freude. Wer aber herzlich dankbar annimmt, gibt oft mehr. Den Menschen gerecht zu werden, gehört dazu, und wohlwollend an ihnen teilzunehmen, nie Spielverderber sein. Aus diesem Geiste entspringt dann ganz natürlich als Form des Umgangs auch die Höflichkeit, die Euch die Menschen gewinnt. Pflegt sie als feine, lebenskluge Kunst des Herzens. – Wer es versteht, die Menschen, die von Macht und Einfluß sind, recht zu nehmen, ohne an innerer Freiheit einzubüßen, kann damit viel Gutes wirken. Es wäre töricht, seine Weltgewandtheit zu verachten. Ist sie Euch nicht gegeben, so haltet Euch in aller Unbefangenheit zurück. Doch das hat lange Zeit. Nur weil ich dann nicht mehr bin, spreche ich jetzt davon.

Hoffentlich lassen die Verhältnisse Euch die Ruhe und eine lange Zeit, einen jeden in seiner Art geistig auszuwachsen und noch viel zu lernen, damit Ihr einmal an dem unerschöpflichen Glück einer lebendigen Bildung teilhabt. Sucht aber nicht den Wert der Bildung in den höheren Leistungen, zu denen sie Euch befähigt, sondern darin, daß sie den Menschen adelt durch die innere Freiheit und Würde, die sie ihm verleiht. Sie weitet Euch den Horizont von Raum und Zeit. Die Berührung mit dem Edlen und Großen veredelt Anstand, Urteil und Gefühl und entzündet die nie erlöschende Begeisterung, die kein dürftiges Alltagsleben kennt. So werdet Ihr Könige! Beherrscht nun auch Euch selbst. Entwickelt Eure Gaben aus dieser Kraft zum Können und zur Tüchtigkeit. Wenn dann die Zeit Euch hold ist, wird sie den Menschen und nicht nur die Leistung schätzen.«

SINN DER TRADITION

Als im Oktober 1931 zu Bad Harzburg namhafte Vertreter konservativer Schichten ihr Bündnis mit den zur Macht drängenden Nationalsozialisten schlossen, schien der Weg ins »Dritte Reich« für viele verwirrte Zeitgenossen zugleich eine Neubelebung politischer und geistiger Traditionen einzuschließen. Dieser Weg, der von der »Harzburger Front« durch ein Feld erschreckender Gesinnungsschwankungen bis zur »Nationalen Revolution« von 1933 führte, erwies sich freilich bald als verhängnisvoller Irrweg. Mit Hitler siegte das Prinzip der politischen und geistigen Nivellierung, das auch die vielberufenen Werte der Tradition nur im Sinn der Gewaltherrschaft benutzte und bisherige Bundesgenossen im Lager der Deutschnationalen und des Stahlhelms in die Verteidigung trieb. Mochte manches im vermeintlichen Gedankengut und in den Proklamationen des Nationalsozialismus trügerische Hoffnungen auf Bewahrung und Stärkung patriotischer Ehrbegriffe erwecken und überdies wirtschaftlichen und gesellschaftlichen Interessen entgegenkommen, so schieden sich jetzt an der Frage nach dem Sinn der Tradition die Geister.

Den echten Konservativen bedeutete Pflege der Tradition im echten Sinne die Bewahrung und Förderung erprobter Verhältnisse im menschlichen Zusammenleben. Sie lebten und handelten aus einem Gefühl der Ehrfurcht und Verantwortung gegenüber überlieferten Werten, die ihnen Herkunft und Erziehung, Beruf und Selbstbesinnung vermittelt hatten. Viele ihrer führenden Vertreter waren aus solcher Haltung heraus schon lange vor Hitlers Machtergreifung der Verfälschung und dem Mißbrauch ihrer Gedanken zur bedenkenlosen Propagandakampagne entgegengetreten. Die aber, die durch die Haltung Hugenbergs und Papens getäuscht, die wirklichen Absichten Hitlers verkannten und in Hindenburg Staat und Recht geschützt glaubten, konnten sich nur in schweren inneren Kämpfen aus dem Traum der »nationalen Wiedergeburt« lösen, nachdem sie das zutiefst zerstörerische Wesen der neuen Herrschaft in der Wirklichkeit erlebt hatten.
Die Hoffnung vieler richtete sich jetzt auf die Wehrmacht, die scheinbar unversehrt und unverdorben in den veränderten Verhältnissen erhalten geblieben war und als ein Träger alter und wertvoller Überlieferungen in die neue Zeit hineinragte. Die Generale, die zumeist noch im kaiserlichen Deutschland in die Truppe eingetreten und erst nach anspruchsvollem und langem Dienst in den verschiedensten Stellungen zu hoher militärischer Befehlsgewalt aufgerückt waren, konnten mit den nationalsozialistischen Emporkömmlingen nichts gemein haben. Von ihnen durfte ein Verantwortungsbewußtsein erwartet werden, das der Situation nach Hitlers Machtergreifung gewachsen sein mußte.

Und doch sind in den zwölf Jahren nationalsozialistischer Herrschaft die Erwartungen, die auf die Wehrmacht gerichtet waren, enttäuscht worden. Dafür ist nicht nur die fehlende Charakterfestigkeit einzelner höherer Offiziere, sondern vielmehr die Entwicklung des deutschen Heeres seit 1918 verantwortlich gewesen. Nach dem Zusammenbruch vermochten die Offiziere, die in einem festen Vertrauensverhältnis zu ihrem kaiserlichen Kriegsherrn gestanden hatten, ein ähnliches Verhältnis zum neuen Staatsoberhaupt und zur jungen Demokratie nicht wieder zu finden. Die Weimarer Republik erschien ihnen als Verkörperung der Linken, die vor 1914 gegen die Wehrvorlagen gekämpft und im Weltkrieg Ludendorffs Haltung mißbilligt hatte. Sie erwarteten von ihr nicht, daß sie bemüht sein werde, die außenpolitischen Grundlagen für den Wiederaufbau einer starken Wehrmacht zu schaffen. So hat die Reichswehr in der Weimarer Republik ein Eigendasein neben dem staatlichen Leben geführt. Die soldatische Erziehung baute auf den alten Traditionen auf und wies jeden politischen Einfluß der jungen Demokratie von sich ab. Die Reichswehr war ein unbedingt zuverlässiges Instrument in der Hand ihrer

Befehlshaber, aber sie war ihrem Staat innerlich nicht verbunden.
Auch die aufkommende nationalsozialistische Partei konnte zunächst kaum Einfluß auf die Reichswehr gewinnen. Die strenge Zucht und Selbstbeherrschung in der Armee standen in zu großem Gegensatz zu dem lauten Wesen der Partei und ihrer »Sturmabteilungen«. Erst nach der Machtergreifung und mit der Verkündung der Wehrhoheit hat sich das geändert. Das politische Interesse des Offizierkorps war eben wesentlich vom militärischen Denken bestimmt, dem die Schaffung einer starken Wehrmacht allein die Aussicht auf wirksamen Schutz der Reichsgrenzen zu eröffnen schien. Hitlers Vorgehen fand in dieser Frage Zustimmung, wenn auch die mit der allgemeinen Wehrpflicht einsetzende überstürzte Heeresvermehrung und das Einströmen nationalsozialistischer Elemente nicht im Sinne der Generalität war.

Teile des höheren Offizierkorps bewahrten denn auch weiterhin einen inneren Abstand von den Machthabern und ihren Willkürmaßnahmen, ohne jedoch aktiv einzugreifen; auch die Ereignisse des 30. Juni 1934 wurden ohne Gegenwehr hingenommen. Nachdem schließlich die Wehrmacht nach dem Tod Hindenburgs im August 1934 auf die Person des »Führers« vereidigt worden war, hatte Hitler seine auf dieser Bindung beruhende Befehlsgewalt in so eingreifender Weise gebraucht, daß der Entschlußfreiheit des Offizierkorps die engsten Grenzen gesetzt waren. Dem stand die Tradition gegenüber, nach der sich die höheren Offiziere besonders zu Verantwortlichkeit und Urteilsfähigkeit verpflichtet fühlen sollten.

So mußten Gehorsamsforderung und soldatische Verantwortlichkeit seit 1938 und besonders während des Krieges immer wieder Ursache für Konflikte zwischen Truppenführern und Hitler werden. Nicht nur Fragen der operativen Führung, sondern die Anzeichen eines drohenden Krieges an sich wurden zum Anlaß für den ersten militärischen Umsturzplan im Sommer 1938. Es stand außer Zweifel, daß Deutschland bei der von Hitler angestrebten gewaltsamen Lösung der deutschen »Raumfrage« einen Weltkrieg heraufbeschwören würde, an dessen Ende die völlige Niederlage stehen mußte. Seit diesem Zeitpunkt hat der Gedanke des Staatsstreiches Offiziere immer wieder beschäftigt; noch vor Beginn des Frankreichfeldzuges hoffte man damit wenigstens die Ausweitung des Krieges zu einem Weltkrieg verhindern zu können. In den letzten Kriegsjahren war es die sinnlose Verlängerung eines verlorenen Krieges, die zum Handeln herausforderte.

Hinter solchen militärischen Antrieben standen jedoch auch grundsätzliche Überzeugungen. Generaloberst Beck hat im Sommer 1938 die Notwendigkeit zum Handeln zwar aus militärischen Bedenken hergeleitet, aber seine Bedenken waren doch zugleich Ausfluß einer umfassenden Anschauung vom Wesen des Krieges und vom Verhältnis zwischen Politik und Kriegführung, die letztlich von moralischen Überzeugungen getragen war. Unter den Offizieren, die während des Krieges zur Widerstandsbewegung hielten, waren viele Männer, die einen deutschen Sieg, selbst wenn er möglich gewesen wäre, nicht zu wünschen vermochten, weil er ein Unglück für Deutschland und Europa bedeutet hätte.

Die Traditionsgebundenheit, aus der auch eine solche Entscheidung erwuchs, bestimmte überhaupt das Verhältnis der echten Konservativen zur nationalsozialistischen Diktatur. Neben Offizieren standen Angehörige der alten Aristokratie, höhere Beamte und Monarchisten. Der bayerische Königstreue, der entschieden für ein rechtlich-patriarchalisches Staatswesen eintrat, mußte sich in seinem Sinn für politische Ordnung nicht weniger verletzt fühlen als der Gutsbesitzer, der sich für das Ergehen seiner »Leute« verantwortlich fühlte. Sie standen für die Bewahrung einer gewachsenen Ordnung, die sie in allen Bereichen des politischen Lebens bedroht sahen. Der Oberbürgermeister konnte als echter Stadtvater der Zerstörung der traditionellen Selbstverwaltung, den Eingriffen in die Rechte der Bürgerschaft und der Manipulierung des öffentlichen Lebens nicht untätig zusehen. Und der Diplomat alter Schule war um das wirkliche Ansehen seines Landes im Ausland besorgt, wenn ihm schon die innenpolitischen Vorgänge ferner lagen; auch er erkannte mit dem untrüglichen Gefühl für echte Noblesse das Wesen der neuen Herrschaft und erlebte ihre beschämenden, verhängnisvollen Rückwirkungen auf die Beziehungen zwischen den Völkern.

Den Weg der bedenkenlosen Abenteurer konnten Menschen, deren Wurzeln in traditionellen Rechts- und Ehrbegriffen verankert waren, guten Gewissens nicht mitgehen. Die echten Konservativen schieden sich hier von denen, die um gesellschaftlicher und wirtschaftlicher Vorteile willen in dem Zerstörer der Demokratie den Träger des brutalen Machtwillens begrüßten und so dem Mißbrauch der Tradition Hilfe boten; sie hingegen, denen die Tradition ein wahrhaftes Anliegen war, nahmen den Konflikt mit der Obrigkeit auf sich und entschlossen sich sogar zum revolutionären Widerstand. Damit bewiesen sie eine Rückbesinnung auf den echten Grund jener Werte, die ihre Erziehung und ihren Beruf getragen hatten. Aus solcher Überprüfung und Neubelebung des Überlieferten wuchs ihnen, deren Leben auf Bewahrung gerichtet war, die Kraft zum Widerstand und zur Empörung gegen den eigenen Staat zu.

ADOLF VON HARNIER FREIHERR VON REGENDORF

wurde als dritter Sohn eines Gutsbesitzers und königlich bayrischen Kämmerers am 14. April 1903 in München geboren, studierte Rechtswissenschaften und schloß sein Studium mit der Promotion im Jahre 1934 ab. Danach ließ er sich in München als Rechtsanwalt nieder, weil er eine seinen Neigungen entsprechende Betätigung staatsrechtlicher oder staatspolitischer Art unter dem Nationalsozialismus nach seiner grundsätzlichen Auffassung von einem geordneten und rechtlichen Staatsleben für unmöglich hielt. Er lehnte Hitler aufs schärfste ab, nachdem er dessen Putsch von 1923 und Auftreten im anschließenden Hochverratsprozeß als Augenzeuge miterlebt hatte.

Adolf von Harnier, der sich stark mit religiösen und philosophischen Fragen beschäftigte, ist im Jahre 1934 zum katholischen Glauben übergetreten.

Am 12. Mai 1945 hat Adolf von Harnier nach sechsjähriger Haft den Tod im Zuchthaus Straubing durch Hungertyphus und allgemeine körperliche Entkräftung gefunden. Er hat seine Befreiung nicht mehr erlebt, da er an dem gleichen Tag starb, an dem er von den Amerikanern, die das Zuchthaus bereits besetzt hatten, entlassen werden sollte. Dies war die Mitteilung, die seine Frau erhielt, als sie sechs Tage nach seinem Tod endlich Straubing erreichte, in der Hoffnung, ihren Mann abholen zu können.

Adolf von Harnier ging unbeirrbar den Weg, der ihm als der rechte erschien. Gewaltanwendung im politischen Leben lehnte er seiner inneren Einstellung nach ab; er war zutiefst überzeugt, daß der Nationalsozialismus an sich selbst zugrunde gehen müsse und konzentrierte seine Tätigkeit auf Schulung und Vorbereitung der ihm erreichbaren Kreise in monarchischem Sinne auf demokratisch-rechtlich-christlicher Basis für die Zeit nach dem Zusammenbruch.

Zu den Zusammenkünften, die meist in der Wohnung des städtischen Bauaufsehers Josef Zott – der auch zu den Opfern jener Jahre zählt – stattfanden, hatte ein Spitzel der Gestapo Zutritt erlangt. Im August 1939 wurde der ganze Kreis verhaftet und Harnier als Hauptgestalt nach fünfjähriger Untersuchungshaft in verschiedenen Gefängnissen 1944 in einem Hochverratsprozeß zu zehn Jahren Zuchthaus und zehn Jahren Ehrverlust verurteilt.

Gefestigt, wie in der Vorausschau über den Entwicklungsgang des Dritten Reiches bis zum katastrophalen Ende, unerschrocken, wie bei der Verteidigung Geistlicher oder bei der Rechtshilfe verfolgter Juden während seiner Anwaltstätigkeit, so blieb die Haltung Harniers durch die Jahre der Haft. In dieser schweren Zeit hat er noch vielen seiner Leidensgenossen Rückhalt gegeben.

Darüber berichtet sein Freund Erich von Chrambach:

»Oft erschrak ich, wenn wir uns für Augenblicke zwischen Vernehmungen oder auf dem düsteren Gefängnishofe begegneten: totenblaß, die dunklen Augen wie aus tiefen Höhlen leuchtend, bot er mir das Bild eines körperlich schwer Leidenden – und doch, nie kam auch nur ein Laut der Klage über seine Lippen, oft aber hat er uns, seinen Mitgefangenen, unter Ausnutzung irgendeiner der wenigen zur Verfügung stehenden Verbindungsmöglichkeiten, einen ermunternden Gruß, ein Wort tröstenden Ausblicks gesandt!«

Auszüge aus den Notizen, die Adolf von Harnier in der Haft für seine Verteidigung machte, zeichnen sowohl die Hintergründe der Anklage wie Gesinnung und Charakter des Angeklagten:

»Ich bin nicht nur aufgrund meiner Untertanenpflicht treuer Diener meines Königs und Vaterlandes, sondern ich bin auch in akademisch-staatsphilosophischer Beziehung überzeugter Monarchist; damit spreche ich aus, daß ich – jenseits meiner Person und meines Verhältnisses zu meinem bayerischen und deutschen Vaterland – die monarchische Staatsordnung für die glücklichste aller bisher in der Geschichte der Menschheit bekannt gewordenen Staatseinrichtungen halte . . .

Ich bin aufgrund natürlichen Menschenrechts als erwachsener und steuerzahlender Staatsbürger unter jedwedem staatsrechtlichen Zustand der öffentlichen Verhältnisse meines Vaterlandes befugt, ja moralisch sogar verpflichtet, an den letzteren Interesse und entsprechend meinen individuellen Fähigkeiten tätigen Anteil zu nehmen. Solcher Betätigung kann nur im Einzelfall durch Verfassung und sonstige Gesetzgebung eine praktische, nie aber eine grundsätzliche, das Recht als ein Ganzes umfassende Grenze gesetzt werden.

Die Gesetzeslage in Deutschland nach 1933 hat sehr einschneidende Beschränkungen der politischen Betätigungsmöglichkeiten der Staatsbürger gebracht; sie hat dieselben aber selbst in praktischer Beziehung nicht bei weitem völlig und noch viel weniger theoretisch aufgehoben. Insbesondere sind auch seit 1933 mannigfache Volksabstimmungen erfolgt, in denen der Regierung Billigung und Mißbilligung einzelner politischer Akte, ihrer Politik in cumulo und sogar ihres eigenen Bestandes auszusprechen war...

Ich habe nie zum Eintritt in Parteiorganisationen und deren ›Zerbröckelung‹ aufgefordert, sondern habe es im Gegenteil stets als Anstandspflicht jedes charaktervollen Menschen bezeichnet, die Zugehörigkeit zu politischen Parteien usw. auch auf die Gefahr von Zurücksetzung, Schädigung und erst recht von Vorteilsverlusten hin dann zu verzichten, wenn sie im Widerspruch zur wirklichen, inneren Überzeugung wäre. Dies ist der passive Widerstand, den ein Mann von Ehre, gleichgültig unter welchem System, zu leisten hat...

Über Hitlers Abstammung kann ich nichts anderes geäußert haben, als daß in den k. u. k. Beamtenfamilien Blutmischungen aller Völker der Monarchie an der Tagesordnung seien. Von besseren oder schlechteren, geschweige denn allerschlechtesten Rassen kann ich unmöglich gesprochen haben, weil ich von Grund aus die Überhebung einer Rasse über die andere als unmoralisch und ebenso die Blutmischung, deren Produkt ich selbst bin, dementsprechend beurteile bzw. verteidige. Gerade wegen meines Gegensatzes zur nationalsozialistischen Rassen-Programmatik verwahre ich mich gegen die mir unterstellte Äußerung über Hitlers mir gänzlich unbekannte Abstammung...

Ich habe nie beabsichtigt, ›einen Gedanken in eine Waagschale zu werfen‹, sondern wollte ganz einfach dem Kreis einfachster, grundanständiger, rat- und fassungsloser Gesinnungsgenossen insoweit Helfer und Ratgeber sein, als sie mich jeweils ausdrücklich darum angehen würden. Das ist mir soziale Pflicht und zugleich Anlaß zur eigenen politisch-moralischen Gewissensforschung gewesen. Nichts ist so schwer, als vor einem Kreis ungebildeter, aber kritisch denkender, mit untrüglichem Instinkt für Charakterwerte ausgestatteter Arbeiter die Probe auf das Exempel des eigenen guten Gewissens zu bestehen...«

OTTO KARL KIEP

als Sohn eines deutschen Konsuls am 7. Juli 1886 in Saltcoats/Schottland geboren, setzte die väterliche Berufstradition fort und erwarb sich allgemeines Ansehen in der internationalen Diplomatie durch seine vielseitigen Bemühungen im deutschen Auswärtigen Dienst.

Am 16. Januar 1944 wurde er von der Gestapo verhaftet, am 1. Juli zum Tode verurteilt und am 26. August in Berlin-Plötzensee hingerichtet.

Nach dem Studium der Rechtswissenschaften in Deutschland, der Promotion zum Dr. jur. an der Londoner Universität und der Teilnahme am Weltkrieg 1914–1918 tritt Otto Karl Kiep in das Auswärtige Amt ein. Zunächst wird er der deutschen Friedensdelegation in Versailles als Sachverständiger für englisches Recht zugeteilt. Er nimmt dann an allen Konferenzen zur Regelung der Reparationsfrage teil.

Seine folgende diplomatische Tätigkeit in den verschiedenen Ländern findet eine Periode der Unterbrechung, in der er unter dem Kabinett Luther Leiter der Presseabteilung der Reichsregierung ist. Ab 1927 Botschaftsrat an der deutschen Botschaft in Washington und ab 1930 Generalkonsul in New York, wird er 1933 auf eigenen Antrag zur Disposition gestellt. Die Gründe des Ausscheidens schildert er selbst in Aufzeichnungen, die er während seiner späteren Haft für seine Kinder abfaßt; mit begreiflichen Konzessionen an die Zensur der Nationalsozialisten, denen er ausgeliefert ist, formuliert er: »In Deutschland 6 Millionen, in den USA 12 Millionen Arbeitslose . . .

So fand die deutsche Neuordnung in der amerikanischen Öffentlichkeit zunächst mehr Verständnis, als man es in Anbetracht ihres Kampfes gegen Demokratie und Liberalismus hätte erwarten dürfen. Diese günstige Lage wurde aber bald durch den Kampf gegen das Judentum in Deutschland beseitigt . . .

Eine wichtige Rolle in der jüdischen Reaktion spielte die Person Albert Einsteins, der sich um diese Zeit zu Vorträgen gerade in Amerika aufhielt. Er wurde gewissermaßen zum Märtyrer des Weltjudentums erhoben, und seine Anwesenheit in USA als Flucht aus Deutschland vor den dortigen Verfolgungen hingestellt.
Ich war zur Ausheilung einer Erkältung auf zwei Wochen nach Florida gefahren . . .
Bei meiner Rückkehr fand ich, daß mein Vertreter, der Konsul Schwarz, für mich die Teilnahme an einem Essen zugesagt hatte, das von der Stadt New York und zahlreichen dortigen Kulturverbänden zu Ehren Einsteins gegeben wurde . . .
Meine Entscheidung, am Essen teilzunehmen, hat mir späterhin unendlich viele Schwierigkeiten eingebracht und zum Ausscheiden aus dem aktiven Dienst geführt . . .«

Kiep berichtet dann weiter über Warnungen und Drohbriefe, die einen Überfall von verhetzten deutschen Austauschstudenten auf Einstein vor der Rückkehr nach Deutschland befürchten und die Teilnahme an dem Essen um so notwendiger erscheinen ließen, als Kiep derartige Möglichkeiten nicht mit dem »Amtlichen Deutschen Hintergrund« identifiziert sehen wollte. Und er schreibt: »Wenn ich auch späterhin viele und interessante diplomatische Aufgaben erlebte, so bin ich doch immer wieder bei der Frage der Übertragung einer Botschaft oder Gesandtschaft dem Einwand begegnet, daß der ›Fall Einstein‹ mich zu sehr belastet habe.«

Auf seinen Antrag ruft ihn das Auswärtige Amt 1933 aus New York zurück. Da, wie man ihm mitteilt, zunächst kein anderer Posten für ihn frei ist, wird er in den vorläufigen Ruhestand versetzt. Darüber äußert er sich ebenfalls in den Aufzeichnungen während der Haft:

»Auch diese Entscheidung hat mir manch Kopfzerbrechen bereitet . . .

Ich hielt es aber in anbetracht der völligen Umkehr des politischen Kurses gegenüber dem, den ich die letzten Jahre in der amerikanischen Öffentlichkeit vertreten hatte, für unbedingt nötig, einem neuen Mann Platz zu machen, und habe diese Auffassung, so sehr ihr auch von Freunden und Bekannten widersprochen wurde, im Licht der späteren Entwicklung als unbedingt richtig erkannt.«

Als Leiter einer Wirtschaftsdelegation geht Otto Kiep 1934 nach Südamerika und 1935 nach Ostasien. Von 1937 bis 1939 ist er deutscher Vertreter im Londoner Nichteinmischungsausschuß für Spanien.
Statt 1939 in England zu bleiben, was voraussichtlich Internierung bedeutet hätte, wählt er die Rückkehr nach Deutschland und läßt sich als Reserveoffizier ins OKW, Abteilung Ausland, einziehen – an einen Platz, der eine wichtige Schlüsselstellung zur Widerstandsarbeit gegen Hitler zu sein scheint.

Nach außen hin unbemerkt knüpft er seine Verbindungen bis zu dem Tag, an dem durch einen Agenten die Unterhaltung bei dem Tee in der Wohnung Elisabeth v. Thaddens über die Kriegslage und Auflösungserscheinungen an der Ostfront an die Gestapo verraten wird. Am 28. September 1943 besucht Otto Kiep seine Schwester Ida und vertraut ihr – nach deren Gedenkbericht – an:

»Ich habe mir die Sache lange und ernsthaft überlegt. Wenn wir aber nicht bald selber etwas unternehmen, um das Steuer des Staatsschiffes umzudrehen, dann gehen wir mit Sicherheit dem völligen Verderben entgegen. Ich habe immer gehofft, daß sich – wie 1813 – ein Yorck unter den Generälen findet, der die Weiche umstellt auf eigene Verantwortung...
Wenn sie jetzt hinter mir her sind, so ist es nur wegen der Denunziation auf meine Äußerung bei dem Tee. Freilich versuchen sie, alle Männer, die tieferen Einblick in die politischen Geschehen haben, oder in der Opposition zur Partei und ihren Machenschaften stehen, zu beseitigen. Ich ziehe dich ins Vertrauen, denn es ist anzunehmen, daß man – wenn man mich verhaftet – auch meine Frau verhaften wird. Das wird jetzt immer so gemacht.

Ich muß dir die Fürsorge um meine Kinder ans Herz legen, und dann sollst du meinen Brüdern, falls mir etwas passiert, sagen, daß ich sie von Herzen grüßen lasse, und daß sie meinen Tod auffassen sollen, als sei ich in vorderster Front gefallen.«

Nach diesem Besuch kehrt Otto Kiep nach Berlin zurück. Am 16. Januar 1944 wird er von drei SS-Leuten aus der Wohnung abgeholt. Ein Kriminalbeamter und eine -beamtin bleiben in der Wohnung zur Bewachung des sechzehnjährigen Sohnes Albrecht. Wenige Tage später wird seine Frau Hanna verhaftet, und während die Eltern – durch Mauern getrennt – im Konzentrationslager Ravensbrück gefangen gehalten werden, muß sich Albrecht, kaum 17 Jahre, am 1. April 1944 bei der Kriegsmarine in Stralsund melden.

Nach der Vollstreckung des Urteils an Otto Kiep wird seine Frau aus der Haft entlassen.
Sein Sohn wird drei Monate später mit dem Untergang eines Schiffes an der finnischen Küste als vermißt erklärt.

CARL FRIEDRICH GOERDELER

wurde am 31. Juli 1884 in Schneidemühl als Sohn einer preußisch-konservativen Beamtenfamilie geboren. Nach dem juristischen Studium, anschließender Bank- und Handelsausbildung und der Teilnahme am Weltkrieg 1914–1918 war Carl Goerdeler, der damals den Deutschnationalen nahestand, von 1920 bis 1930 als zweiter Bürgermeister in Königsberg, von 1930 bis 1937 als Oberbürgermeister in Leipzig tätig, und arbeitete neben seinem Amt unter Brüning auch vorübergehend als Preiskommissar. Seine vielseitigen Verbindungen und sein Ansehen als bekannter Kommunalpolitiker hat er in den Dienst des Aufbaus der Widerstandsbewegung gestellt.
Er wurde am 7. September 1944 zum Tode verurteilt und nach einer qualvollen Haftzeit am 2. Februar 1945 hingerichtet.

Die deutsche Opposition gegen Hitler hat auf dem Weg zur befreienden Tat immer wieder neue Schwierigkeiten und Rückschläge erleben müssen. In dieser Lage ist Carl Friedrich Goerdeler, der ehemalige Oberbürgermeister von Leipzig, mit seinem nie erlahmenden Willen und durch seine unverzagte Haltung ein starker Antrieb geworden. Er hatte den unerschütterlichen Glauben, daß sich das Gute dank menschlicher Vernunft und Einsicht schließlich durchsetzen werde. Ein System, das »von finanziellem Wahnsinn, von wirtschaftlichem Zwang, von politischem Terror, von Rechtlosigkeit und Unmoral« lebte, konnte nach seiner Überzeugung nicht von Dauer sein. »Der frühere oder spätere Zusammenbruch« desselben war ihm »nach dem von Gott in dieser Natur verankerten Gesetz vollkommen gewiß«.
Ein Zeugnis für Goerdelers Haltung sind die Worte, mit denen er in einem geheimen Rundschreiben vom März 1943 die Generäle zum Handeln aufrief:

»Keine Beschönigung, kein Einlullen unseres Gewissens enthebt eine verantwortungsbewußte Führung von der Pflicht, rechtzeitig die Folgerungen zu ziehen, die allein das heranrückende Unheil abwenden können. 1918 lehrt uns, was rechtzeitig ist. Wenn man nach gewissenhafter Prüfung zu der Überzeugung kommt, daß man den Krieg nicht mehr gewinnen und eine günstigere Situation für Verhandlungen nicht mehr herbeiführen kann, dann muß man an die Stelle des militärischen Tuns das politische setzen, und wenn die vorhandene Staatsführung sich die Wege dazu verbaut hat, dann muß sie selbstverständlich weichen, wie das noch immer in der Geschichte jedes Volkes der Fall gewesen ist, insbesondere aber dann, wenn diese Staatsführung sich selbst so in den Vordergrund gestellt und so sehr die Verantwortlichkeit aller anderen ausgeschaltet hat. Sieht eine solche Staatsführung nicht ihre selbstverständliche Pflicht, das eigene Geschick für nichts, das des Volkes für alles zu achten, so muß ihr das beigebracht werden.
Ein Risiko sehe ich für den entschlossen Handelnden überhaupt nicht mehr. Wie ist es möglich, daß das so anständige deutsche Volk so lange ein so unhaltbares System trägt? Die Erklärung ist einfach: nur weil sich alle Verstöße gegen Recht und Anstand im Schutze der Geheimhaltung und unter dem Druck des Terrors vollziehen. Dies ändert sich mit einem Schlage, wenn das Licht der Wahrheit in aller Öffentlichkeit auf die unhaltbaren Zustände gerichtet wird. Man stelle dem deutschen Volk in klaren Worten, aber öffentlich dar, was es im Geheimen schon weiß und bespricht: nämlich die Folgen unfähiger militärischer Führung, das Übermaß an Korruption, die zahllosen Verbrechen, die mit unserer Ehre nicht vereinbar sind, und richte dann öffentlich an alle die Frage, wer bereit ist, diesen Zustand gutzuheißen, und wer es für richtig hält, daß er bestehen bleibt. Ich übernehme die Bürgschaft dafür, daß niemand dann vortritt; denn es gibt in der ganzen Welt niemand, selbst keinen geborenen Verbrecher, der sich öffentlich zu einem System der Verbrechen bekennt. Es ist ein großer Irrtum anzunehmen, daß die seelische Kraft des deutschen Volkes erschöpft sei; sie ist nur geradezu planmäßig verschüttet. Es ist

also die Aufgabe einer rettenden Tat, die Deckmasse, das heißt das Geheimnis und den Terror hinwegzuräumen, Recht und Anstand wieder herzustellen und damit einen ungeheuren seelischen Kraftzuwachs frei zu machen. Lassen wir uns nicht in unserem Glauben daran beirren, daß das Deutsche Volk wie in der Vergangenheit, so auch für die Zukunft dies will: Gerechtigkeit, Redlichkeit und Wahrhaftigkeit! Die geringen entarteten Bestandteile unseres Volkes, die das nicht wollen, müssen, wie früher, durch die auf das Recht gestützte Kraft des Staates unten gehalten werden.

Es handelt sich also praktisch nur darum, einen Zustand herzustellen, in dem es auch nur vierundzwanzig Stunden möglich ist, die Wahrheit wieder zu Worte kommen zu lassen und damit das allgemeine Vertrauen in den festen Willen zu gewinnen, daß Recht und Anstand wieder herrschen sollen.«

EWALD VON KLEIST-SCHMENZIN

am 22. März 1890 auf dem elterlichen Gut Dubberow bei Belgard in Pommern geboren, war Jurist und Großgrundbesitzer. Politisch stand er der Deutschnationalen Volkspartei und dem Stahlhelm nahe. 1933 geriet er in Widerspruch zu Hugenberg wegen der Kabinettsbildung zwischen den Deutschnationalen und Nationalsozialisten.
Bei seiner ersten Verhaftung am 1. Mai 1933 wurde er für einige Tage in Polizeigewahrsam nach Belgard und bei seiner zweiten Verhaftung am 21. Juni 1933 für drei Wochen nach Schievelbein gebracht. Seine dritte Verhaftung erfolgte aufgrund seiner Beziehungen zu den verschiedenen Widerstandsgruppen vom 20. Juli 1944. Ewald von Kleist wurde in das der Gestapo unterstellte Gefängnis Berlin, Lehrter Straße, geschafft. Am 9. April 1945 ist er in Plötzensee enthauptet worden.
Seine klare Einschätzung der politischen Situation geben Auszüge aus einem Flugblatt wieder, das er 1932 veröffentlichte:

»Der eingehämmerte Glaube an den alleinseligmachenden, alles erneuernden Nationalsozialismus und Hitler befördert eine kaum begreifbare Unduldsamkeit. In Dörfern, in denen früher Deutschnationale und Sozialdemokraten immerhin noch erträglich zusammen wohnten, stehen sich oft Deutschnationale und Nationalsozialisten wie feindliche Völker gegenüber...
Der Nationalsozialismus hätte nie diesen verheerenden Aufschwung genommen, wenn die nationalen Kreise sich offen von ihm abgesetzt hätten. Die von uns geduldete Auffassung, als ob der Nationalsozialismus als eine nationale Bewegung anzusehen wäre, der lediglich noch einige Mängel anhaften, hat eine Gefahr für unsere ganze Zukunft heraufbeschworen, die nur mit äußerster Kraftanstrengung gebannt werden kann. Die vielleicht durch Unkenntnis des Sachverhalts entschuldbaren, jeden politischen Instinkt vermissen lassenden Parolen des Reichslandbundes, der V. V. V., des Kronprinzen und anderer mehr zur zweiten Reichspräsidentenwahl haben mehrere hunderttausend anständige Menschen zu Hitler hinübergetrieben und sie zur Seelenvergiftung bereit gemacht. Aber auch seitens der Deutschnationalen Partei sind Unterlassungen begangen worden. Mindestens nach Harzburg oder bei Aufstellung der Kandidaten zum ersten Reichspräsidentenwahlgang war es klar, daß mit dem Nationalsozialismus und Hitler eine innere Gemeinschaft niemals möglich sein würde...
Uns trennt und muß immer trennen vom Nationalsozialismus die Einstellung zur Religion. Grundlage für unsere Politik ist, daß der Gehorsam gegen Gott und der Glaube an ihn auch das ganze öffentliche Leben zu bestimmen habe. Der Nationalsozialismus steht grundsätzlich auf einem anderen Standpunkt, wobei ich bemerke, daß wir dogmatische Fragen natürlich auszuschalten haben. Hitler erkennt tatsächlich – wenn er gelegentlich etwas anderes sagt, ändert das nichts daran – als höchstes Gesetz des staatlichen Handelns die Rasse und ihre Erfordernisse an. Das ist ein mit Christentum unvereinbarer Materialismus. Der Staat hat nach seiner Auffassung nicht die Aufgabe, Fähigkeiten zu erzeugen, sondern die rassischen Anlagen zu pflegen. Damit entwürdigt er den Staat zu einem Zuchtwart und zeigt, daß er unfähig ist, Wesen und Pflichten des Staates auch nur zu begreifen. In erster Linie kommt für Hitler die Heranzüchtung gesunder Körper. Ausdrücklich betont er, daß erst in zweiter Linie die Pflege des Charakters kommt. Zu dieser Auffassung gibt es keine Brücke...
Ich halte es nicht mehr für tragbar, daß die Fiktion, als ob der Nationalsozialismus eine nationale Bewegung sei, von uns weiter geduldet wird. Dieser Wahn muß zerstört werden. Ebenso das völlig falsche Bild, das sich die Menschen von Hitler machen. Nach dem vorher Ausgeführten frage ich: Was haben wir denn eigentlich noch innerlich mit dem Nationalsozialismus gemeinsam? In den entscheidenden Dingen müssen wir doch erkennen, daß er ein Schädling der Nation und Todfeind unserer Anschauungen ist. Die in ihm vorhandenen anständigen Elemente werden das Wesen der

Bewegung immer weniger bestimmen. Das Ende einer nationalsozialistischen Regierung wird auf jeden Fall das Ende Rienzis sein, nämlich: Chaos.« Als tief religiöser Mann schrieb er kurz vor der Vollstreckung des Urteils: »Wer ist größer, wer hat für die Welt mehr geleistet: Cäsar oder ein schlichter, pflichttreuer, frommer Arbeiter, dessen ganzes Leben Vorbild eines gläubigen Menschen war? Ich meine der Arbeiter. Es lohnt sich, diesem Beispiel nachzudenken.«

LUDWIG BECK

wurde am 29. Juni 1880 in Biebrich/Rhein geboren. Er wählte nach dem Abitur die Laufbahn des aktiven Offiziers. Seit 1911 wirkte er im Generalstab und nach dem ersten Weltkrieg in verschiedenen Kommandeurstellen der Reichswehr; 1932 befehligte er als Generalleutnant eine Kavallerie-Division, ein Jahr später das Truppenamt, 1935 wurde General Beck Chef des Generalstabs.
In den Jahren 1935 bis 1938 stand General Beck an der Spitze des Generalstabes des Heeres. Als Chef dieses Amtes war General Beck verpflichtet und befähigt, in den entscheidenden Fragen der Kriegführung maßgeblich zu urteilen.
Als Hitler am 30. Mai 1938 den höheren Offizieren der Wehrmacht seinen »unabänderlichen Entschluß« verkündete, »die Tschechoslowakei in absehbarer Zukunft durch eine militärische Aktion zu zerschlagen«, erhob General Beck dagegen den entschiedensten Einspruch. Der unvermeidbaren Ausweitung zu einem Krieg als Folge dieser Aktion konnte die noch im Aufbau befindliche Wehrmacht, zumal bei der schlechten wirtschaftlichen Lage Deutschlands, nicht gewachsen sein. Es war seine Forderung, daß die politische Reichsleitung bei einem kriegerischen Einsatz der Wehrmacht die Ansichten der militärischen Sachverständigen berücksichtigen müsse. »Meinungsverschiedenheiten über das Verhältnis zwischen Politik und Kriegführung sowie fehlender Ausgleich zwischen den politischen Ansprüchen und Zielen und der militärischen Leistungsfähigkeit eines Staates können der erste und vielleicht entscheidende Schritt zum Verlust eines Krieges sein. Nicht umsonst weiß die Geschichte von Kriegen zu berichten, die gewonnen oder verloren waren, ehe sie begonnen hatten. Die Ursache war fast allemal Verdienst oder Schuld der Politik.«
Seine Ablehnung eines militärischen Vorgehens gegen die Tschechoslowakei gründete Beck aber nicht allein auf die Erkenntnis, daß ein solcher Schritt zu einem Weltkrieg führen müsse, dem eine deutsche Niederlage folgen würde. Vielmehr war er empört, mit welcher Leichtfertigkeit und Selbstverständlichkeit das Kriegsinstrument zum Einsatz gebracht werden sollte, ohne daß dies durch eine unbedingte Notwendigkeit geboten war. Seine Einsichten in das Wesen des Krieges erlaubten es ihm nicht, einer Politik der Reichsregierung nachzugeben, die ihre Ziele in der Lösung der deutschen »Raumfrage« einfach auf gewaltsamem Wege zu erreichen strebte.

Beck stand in scharfem Gegensatz zu den Folgerungen, die Ludendorff aus den Geschehnissen des ersten Weltkrieges gezogen hatte. Damals waren alle Lebensbereiche in den Strudel des kriegerischen Geschehens gerissen worden, die politischen Stellen hatten immer mehr an Einfluß verloren, und alles wurde schließlich auf die völlige Vernichtung des Gegners abgestellt. Ludendorff hat sich aufgrund dieser Erfahrungen den modernen Krieg nur noch als Vernichtungskrieg zwischen ganzen Volkskörpern (als »totalen« Krieg) vorstellen können und hat auch die Politik diesem Gedanken dienstbar machen und in ihr nur noch das kämpferische Element betonen wollen.

General Beck sprach dagegen dem totalen Krieg seine Berechtigung ab, weil er »einen maßvollen politischen Zweck« des Kriegsunternehmens ausschließt und somit nicht »zu einem guten Frieden im Bismarckschen Sinn führen kann«. Er war überzeugt, daß auch der moderne Krieg in seiner Entfaltung begrenzt werden könne. Er erwartete dies aber nicht »auf dem Wege über das Kriegsinstrument, seine technische Gestaltung und Handhabung, sondern nur auf dem Weg einer sittlich fundierten Politik, die sich in jeder Beziehung das Primat wahrt (die den Krieg ›zu einem politischen, respektive der Politik untergeordneten Instrument‹ mache), und auf der Grundlage eines neuen sittlichen Idealismus im Staat und in seinem Verhältnis zu den anderen Völkern«. Dazu aber war es nach seiner Ansicht notwendig, »daß der Leiter der Politik ein moralischer Mensch sein müsse, der in letzter Instanz dem eigenen inneren Moralgesetz, seinem Gewissen unterworfen bleiben müsse«.

Er suchte 1938 zunächst die Generalität zu einem gemeinsamen Vorgehen bei Hitler zu bewegen. Unter Androhung des geschlossenen Rücktritts sollten sie ein Ablassen von den Kriegsplänen fordern. Als dieses Unternehmen scheiterte, weil der Oberbefehlshaber des Heeres sich dem Plan versagte, trat Beck am 18. August 1938 auf eigenen Wunsch von seinem Amt als verantwortlicher Chef des Generalstabes zurück und wurde von Hitler drei Tage später unter Geheimhaltung der Vorgänge verabschiedet. Er war in den folgenden Jahren führend im Kreis der deutschen Widerstandsbewegung tätig und galt als das anerkannte Haupt der Verschwörung. Am 20. Juli 1944 stand er an ihrer Spitze bereit. In der Zentrale des Reichskriegsministeriums in der Bendlerstraße hat er nach dem Scheitern des Aufstands am Abend desselben Tages seinem Leben ein Ende gesetzt.

HANS OSTER

Dieses Leben beginnt in der Geborgenheit eines reformierten Pfarrhauses am Elbestrand. Die äußeren Daten Hans Osters zeigen den Berufsweg des Soldaten: humanistisches Gymnasium zum Heiligen Kreuz in Dresden, Eintritt in ein sächsisches Artillerieregiment, nach hoher Auszeichnung an der Front 1917 die roten Streifen des Generalstabes. Nach dem Weltkrieg führt die Verwendung in Truppe und Generalstab nach Dresden, Mecklenburg und Westfalen. Ab 1933 – im regulären Fortlauf seiner Karriere – ist Oster im Reichswehrministerium, später im OKW, in jener so vieldeutigen aber zum Teil auch mißgedeuteten Gruppe »Abwehr« tätig. Von dort führt ihn der Weg schon 1943 in höchste persönliche Gefahr, am 21. Juli 1944 in die Fänge der Gestapo. In ihrem Gewahrsam endet Oster vier Tage vor dem Einrücken alliierter Truppen in dem KZ Flossenbürg.

Die Abschnitte seiner inneren Entwicklung machen deutlich, wie das Gewissen eines Mannes unserer Tage durch die Zeichen der Zeit wachgerufen werden kann.
In der Kindheit gehört seine Neigung dem Garten, den er säuberlich pflanzt, und aus dem er der Mutter stolz das erste Gemüse verkauft. Die Jugendjahre sind von dem geliebten Cello begleitet. Mit dem Eintritt in die Armee halten ihn Pferd und Reiten gefangen – seine große und manches ausgleichende Passion bis in die letzten Jahre.
Nach dem ersten Weltkrieg packen den jungen, eleganten und den Freuden des Lebens zugeneigten Generalstabsoffizier Not und Jammer, die der Krieg nach sich zieht. In den Straßen von Dresden sieht er von den Kommunisten aufgehetzte, hungernde Arbeiter mit Frauen und Kindern. Er ist Zeuge, wie der sächsische Kriegsminister, selber ein Arbeiter, von der wütenden Menge in die Elbe geworfen und getötet wird. Die Reichswehr schießt, aber Soldaten bringen zusammen mit der Heilsarmee auch erste Hilfe, und die Gulaschkanonen dampfen an den Straßenecken. Am Aufbau dieser Hilfe ist Oster beteiligt. In jenen Tagen mögen – wie sein Sohn Achim schreibt – zwei Sätze bei ihm zur Gewißheit geworden sein: »Der Berufssoldat sollte der überzeugteste Pazifist sein, denn er kennt den Krieg und daher auch die Verantwortung«. Und weiter: »Die Armee darf nicht in die Lage gebracht werden, auf das eigene Volk zu schießen.«

Im katholischen Münster verfolgt Oster Anfang der dreißiger Jahre wachsam das Anwachsen der Rechtsradikalen und gewinnt dort – gewissermaßen aus erster Hand – die Überzeugung, daß der Nationalsozialismus keine Lösung ist. Seine Hoffnungen begleiten daher den Versuch des Reichskanzlers von Schleicher, durch seine Regierungsmaßnahmen die Machtergreifung Hitlers zu verhindern. Als von Schleicher zwei Jahre später, am 30. Juni 1934, ermordet wird, reift in Oster der Entschluß, sich dem Hitlerstaat in jeder Weise entgegenzustellen. So wird das breite Netz der »Abwehr« im Laufe der Jahre vielen Bedrängten zur tarnenden Deckung und zum Schutz.
Als im Frühjahr 1938 der Generaloberst Freiherr von Fritsch den Nationalsozialisten »lästig« wird, kennt Oster Tag und Nacht keine Ruhe, bis er dem Chef des Generalstabes, dem General Beck, die Unterlagen über die hinterhältige Verleumdungskampagne beschaffen hat. Von da an wirken Oster und Beck ständig zusammen.

Nun wird der gelernte Soldat zum offenen Rebell. Einem hohen Offizier des österreichischen Bundesheeres – und späterem Freund –, der sich nach dem Einmarsch bei ihm meldet, wirft er verzweifelt vor: »Warum hat die österreichische Armee beim Einmarsch nicht geschossen? Wissen Sie, daß Sie einem Verbrecher verfallen sind?«

Aus dieser Gesinnung wächst im Herbst 1938 ein von vielen Seiten gewissenhaft vorbereiteter Plan: Rat an die Engländer, hart zu bleiben in der Tschechenfrage! Umfrage bei den Befehlshabern, wer für Freiheit und Erhaltung des Friedens zu kämp-

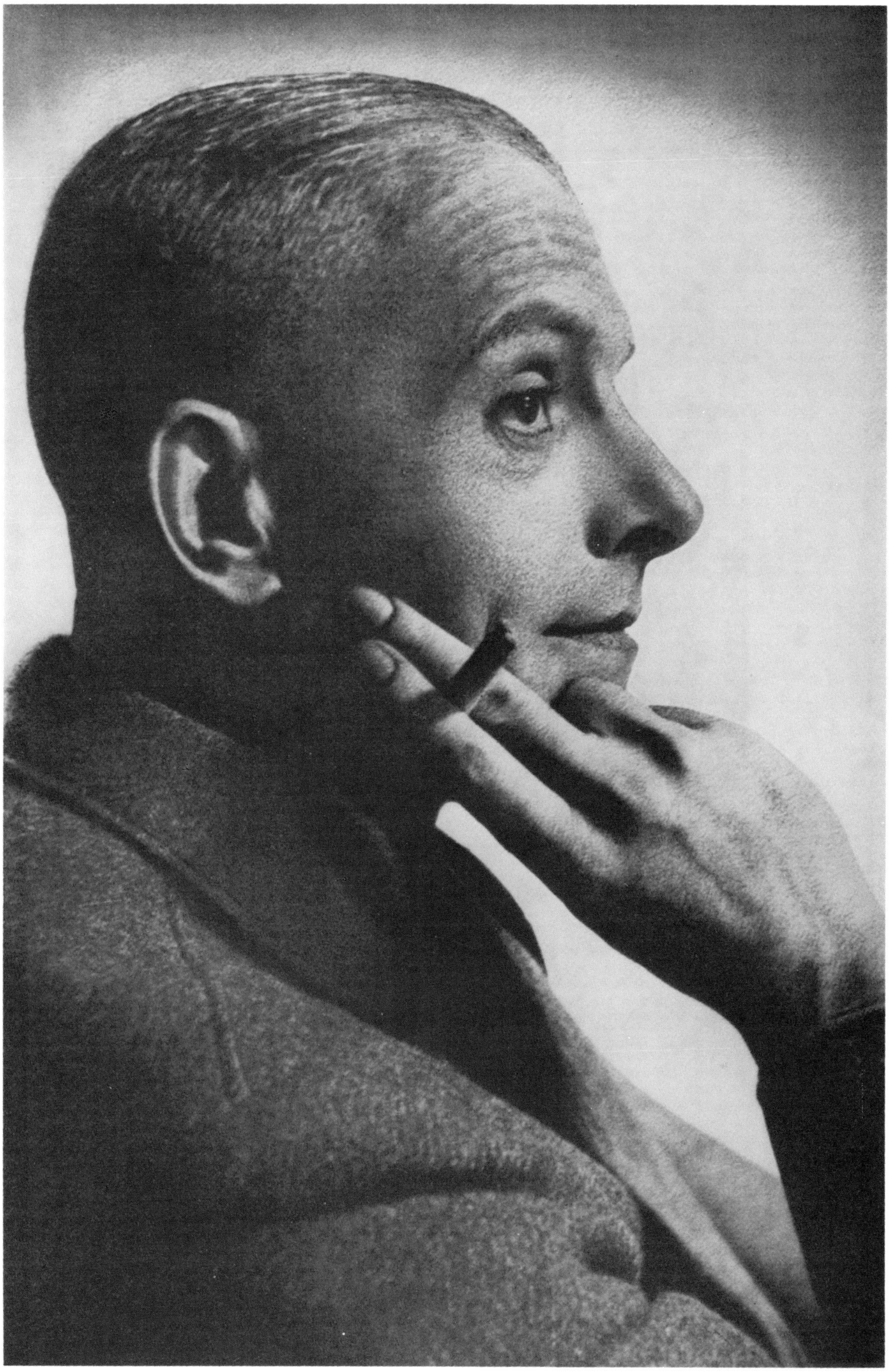

fen bereit ist. Zusammenstellung einer Truppe, die der Reichsführung mit Gewalt entgegentreten kann, um sie festzusetzen. Abtastung des Auslandes, wie ein solcher Schritt zur Wiederherstellung des Rechtes aufgenommen wird. Fühlungnahme mit den Vertretern der ehemaligen Gewerkschaften und der Sozialdemokratie, um Verständnis für das Vorgehen im Volke vorzubereiten.
Doch alles umsonst. Mit dem »Frieden in München« wird Hitler Sieger über die Gegenkräfte in der Armee. Hans Oster weiß, daß niemand mehr Hitler abhalten kann, sein Ziel bedenkenlos zu verfolgen. »Finis Germaniae!« – so begrüßt er einen Freund auf der Straße am Tage des Kriegsausbruches.

Die Entwicklung fordert noch schwerere Beschlüsse. Sie zeigt, daß das Schicksal nicht mehr von innen heraus, vielleicht aber durch Einflüsse von außen gesteuert werden kann. Als der Termin des Überfalles durch deutsche Truppen gegen jene Neutralen feststeht, denen der »Führer« noch wenige Wochen zuvor den Frieden und ihre Unantastbarkeit garantiert hat, unterrichtet Oster, im Bewußtsein einer höheren Pflicht, Freunde in diesen Ländern über die bevorstehenden Ereignisse. Dabei leitet ihn die Hoffnung, daß von dort aus noch in gleicher Nacht der Rechtsbruch über die Sendestationen in die Welt gerufen wird, zugleich als Appell an die Ehre des deutschen Soldaten, um ihn zu entscheidenden Schritten mitzureißen. Aber die erhofften Worte über die Sender bleiben aus.
In den Kriegsjahren rüttelt Oster an dem Gewissen der ihm zugänglichen hohen Militärs. Ob Kommissarbefehl, Judenerschießungen, Euthanasie oder Geiselmorde – keiner soll sagen können, daß er nicht unterrichtet würde. Vielmehr soll jeder immer und immer wieder hören, welchem Regime er dient und welche Verantwortung er auf sich nimmt, wenn er sich nicht für die Wiederherstellung des Rechtes einsetzt. Nicht aber nimmt Oster seine vielseitigen Möglichkeiten wahr, seinen eigenen Sohn, der vor Stalingrad auf verlorenem Posten steht, zu retten. Seine Begründung heißt: »Das Leid und die Not müssen von allen getragen werden.«

Das letzte Lebensjahr von Hans Oster ist nur noch Ausklang. Er sieht keinen Weg mehr, über den das Schicksal des Landes von dem seiner unheilvollen Führung zu trennen ist. So sucht er zu helfen und Freunde zu decken, soweit es sein Amt und seine Stellung ermöglichen. Bei dem Bemühen, seinem engsten Mitarbeiter Dohnanyi bei der Verhaftung Beistand zu leisten, wird er selbst aus Amt und Stellung und aus Berlin verwiesen. Jedoch erst der 20. Juli 1944 bestätigt der Gestapo die Rolle Osters im Widerstand.

ULRICH-WILHELM GRAF SCHWERIN VON SCHWANENFELD

als Sohn eines Diplomaten am 21. Dezember 1902 in Kopenhagen geboren, wurde durch Erbschaft Großgrundbesitzer in Mecklenburg und Westpreußen.
Ab 1939 Kriegsteilnehmer, war er später Ordonnanzoffizier. Am 8. September 1944 stand Ulrich-Wilhelm Schwerin als Angeklagter vor dem Volksgerichtshof. Offen erklärte er Freisler, daß er zum Gegner dieses Systems geworden sei wegen »all seiner Morde in und außerhalb Deutschlands«.

Er wurde zum Tode verurteilt und noch am gleichen Tage hingerichtet.

Während des Studiums der Landwirtschaft an der Technischen Hochschule in München erlebt Ulrich-Wilhelm Schwerin 1923 den Hitlerputsch. Schon damals lehnt er den Nationalsozialismus aufs schärfste ab und beteiligt sich aktiv am Kampf gegen die Putschisten.

Mit gleicher Entschiedenheit weist er die mehrfachen Werbungen der Korpsstudenten und Burschenschaftler zum Beitritt in eine Verbindung ab. Während seiner Breslauer Zeit – dort legt er 1925 seine Diplomprüfung ab – steht er in enger Beziehung zu seinen ehemaligen Schulkameraden Peter Graf von Yorck, Albrecht von Kessel und Botho von Wussow. Das Thema, das die Freunde beschäftigt, ist die politische Erneuerung Deutschlands auf christlich-sozialer Grundlage.

Im Laufe der Jahre wächst das Interesse Ulrich-Wilhelm Schwerins an der politischen Entwicklung. Er äußert im Jahre 1932 schwere Bedenken über die Wiederwahl Hindenburgs zum Reichspräsidenten wie über die zunehmende Radikalisierung der Nationalisten. Mit der Machtübernahme durch Hitler sieht er die kommende Katastrophe klar voraus, der er durch eine Sammlung Gleichgesinnter entgegenbauen will. 1934 zählen zu seinem Freundeskreis Männer wie Adam von Trott zu Solz, Eduard Brücklmeier und Josias von Rantzau. Schon 1935 vertritt Schwerin die Ansicht, »daß eine Befreiung Deutschlands von den Nationalsozialisten nur durch den gewaltsam herbeizuführenden Tod Hitlers zu erhoffen sei«.

Von dieser Zeit an sucht er noch intensiver die Verbindung zu anderen Widerstandsgruppen. Bald findet er Kontakt zu Oster, Dohnanyi und deren Kreis. Mit Witzleben und anderen Offizieren aus dem militärischen Widerstand durch persönliche Freundschaft verbunden, wird er – selbst Zivilist – während der Sudetenkrise das führende Verbindungsglied zwischen den militärischen und zivilen Stellen, die Hitler stürzen wollen.
Dazu schreibt sein Sohn Christoph:

»Kurz vor dem Besuch Chamberlains in München fand in unserem Hause in Göhren eine letzte Zusammenkunft der führenden Persönlichkeiten statt, wobei die abschließenden Richtlinien für die Umsturzaktion gefaßt wurden. Der überraschende Flug Chamberlains nach München ließ die auf dieser Zusammenkunft gefaßten Beschlüsse nicht zur Durchführung kommen. Trotz der großen Enttäuschung nahmen die Freunde die Ausarbeitung neuer Pläne auf. Mein Vater war auch in den Plan, Hitler bei seinem Besuch am ›Westwall‹ Anfang 1939 zu beseitigen, eingeweiht.

Dann bei Ausbruch des Krieges wurde mein Vater eingezogen und machte in den vordersten Linien den Polenfeldzug mit. Nach dessen Beendigung kam er als Ordonnanzoffizier zu Witzleben und hielt – in der Fortsetzung seiner politischen Tätigkeit – die Verbindung zwischen Witzleben und anderen Generälen.

Das im Frühjahr 1942 gegen Hitler geplante Attentat hat er gemeinsam mit Oster und seinen nächsten Freunden ausgearbeitet. Nach der Verabschiedung Witzlebens mußte auch er als ›politisch nicht zuverlässig genug‹ seinen Posten aufgeben, kam für kurze Zeit nach Utrecht, um bald darauf von Oster nach Berlin geholt zu werden, wo er in den verschiedensten Stellungen seine ganze Kraft den Vorbereitungen zum Sturz des Regimes widmete. Seine Arbeit hat ihn dann engstens mit Leber, Leuschner und Mierendorff zusammengeführt.

In der letzten Zeit vor dem Juli 1944 war er sich jedoch völlig bewußt, daß die gwaltsame Beseitigung des nationalsozialistischen Regimes die Katastrophe für Deutschland nicht mehr abwenden könne. Doch er meinte: auch ein Scheitern würde beweisen, daß man kein Opfer scheue, um sich von der geistigen Krankheit des Nationalsozialismus zu befreien.«

Charakteristisch für die Auffassung, die Ulrich-Wilhelm Schwerin als Mensch und Soldat von der Pflicht hatte, sind die Worte, die er einem der Söhne am 6. April 1944 bei der Konfirmation auf den Lebensweg mitgibt:

»In einer solchen Zeit des Leides und der allgemeinen Verwirrung bedürfen wir alle eines Haltes und einer inneren Kraft, die uns stark macht, und es ist sicher, daß die Lehre Christi, die fast 2000 Jahre Geltung hat, uns die innere Hilfe bringt, der wir bedürfen. Täglich und stündlich werden an uns Forderungen gestellt, und wir sind gehalten, unsere Pflicht zu erfüllen. Es ist nicht immer leicht, zu entscheiden, was die Pflicht ist. Wenn Du vor einer Wahl stehst, daß Du mehrere Wege beschreiten kannst, so wähle stets den schwereren Weg, und Du kannst sicher sein, daß Du den richtigeren gewählt hast. Du siehst daran, daß die Erfüllung der Pflicht schwer, ja oft sogar hart ist, ganz gleich, ob sie herantritt an den Schüler oder an den Soldaten, an den Mann im Berufsleben oder an die Hausfrau. Die höchste Anforderung erlebst Du heute täglich im Kriege, wenn die Pflicht von dem Soldaten sein Höchstes, nämlich sein Leben fordert. Es wäre aber unrichtig in der Erfüllung der Pflicht nur das Bedrückende zu sehen. Ich erinnere Dich an ein Wort Deines Großvaters, der sagte, Pflicht ist mir Freude. Wer die Pflicht so sieht, wird in allen Lebenslagen aus ihr die stärksten Kräfte sammeln können.«

Als Ulrich-Wilhelm Schwerin am Abend des 20. Juli mit Eugen Gerstenmaier aneinander gefesselt aus der Bendlerstraße abgeführt wurde, sagte er zu diesem:

»Man kann schließlich nicht mehr tun, als dafür sterben.«

HENNING VON TRESCKOW

Am 10. Januar 1901 in Magdeburg geboren, kam aus einer Familie jahrhundertealter Militärtradition. Im ersten Weltkrieg wurde er mit 17 Jahren Leutnant im 1. Garderegiment zu Fuß und trat nach Ende des Krieges in die Reichswehr über. Anfang der zwanziger Jahre unterbrach er seine militärische Laufbahn, erlernte das Bankfach und hielt sich längere Zeit im Ausland auf. Wieder zu seinem Regiment nach Potsdam zurückgekehrt, wurde er nach mehrjährigem Truppendienst und Besuch der Kriegsakademie in den Generalstab versetzt. Bei Kriegsausbruch 1939 war er Erster Generalstabsoffizier einer ostpreußischen Infanteriedivision. Nach langer Tätigkeit als Erster Generalstabsoffizier des Oberkommandos der Heeresgruppe Mitte führte er einige Zeit ein Infanterieregiment an der Ostfront in schwersten Abwehrkämpfen. Anschließend wurde er als Generalmajor Chef des Generalstabes der 2. Armee, die er nach dem Zusammenbruch der Heeresgruppe Mitte am Dnjepr in einem klassischen Rückzug aus den Pripjetsümpfen herausführte.
Tresckow war eine der markantesten Persönlichkeiten der militärischen Gegenbewegung. Von einer wichtigen Stellung an der Ostfront aus stand er maßgebend hinter den unablässigen Bemühungen um eine Sammlung der Offiziere zum Widerstand gegen den Mißbrauch der Wehrmacht, wie schließlich hinter den wiederholten Versuchen, Hitler zu beseitigen. Als er an dem Scheitern des Attentats vom 20. Juli erkannte, daß es ihm nicht vergönnt war, das Schicksal des Vaterlandes zu wenden, setzte er am 21. Juli 1944 seinem Leben ein Ende.

Seine Erziehung ließ in Tresckow – so schreibt Bernd von Kleist – schon frühzeitig den Geist jener Tugenden lebendig werden, die in den Begriffen Gottesfurcht, Treue, Moral, Bescheidenheit, Achtung vor der Tradition und einem starken Pflichtbewußtsein ihren Ausdruck fanden. Mit dieser hohen sittlichen Lebensauffassung verband sich bei ihm ein klarer Verstand, der es ihm ermöglichte, auch die außerhalb des Militärischen liegenden Dinge zu durchschauen.
Wenn Tresckow noch am Tage von Potsdam im März 1933 unter dem Eindruck des feierlichen Gelöbnisses Adolf Hitlers gehofft hatte, daß die »nationale Erhebung« in den Bahnen des Rechts und der Ehre verlaufen würde, so erkannte er schon nach kurzer Zeit, wohin dieser Weg führte. Für einen Mann wie Tresckow gab es aber nichts Halbes, und so finden wir ihn schon frühzeitig im Lager der Männer der Widerstandsbewegung.

Bald sollte es sich zeigen, daß er, wie Wenige dazu berufen war, an führender Stelle in der Organisation der militärischen Fronde zu wirken und andere dafür zu gewinnen. Das Wesentliche und Überzeugende waren seine menschlichen Grundsätze, die er, so konsequent er ein Ziel verfolgen konnte, nie im Kampf gegen den inneren und äußeren Feind verriet. Aus diesem Grund sind ihm auch alle Entschlüsse, die die unheilvolle Situation von ihm forderte, besonders schwer geworden. In einer harten inneren Auseinandersetzung hat er um diese Entschlüsse gerungen und sie nicht anderen überlassen.
Wie oft hat Tresckow bei der Heeresgruppe Mitte in Smolensk mit seinen Getreuen alle Möglichkeiten erörtert, die zu einer inneren Befreiung des Vaterlandes führen könnten. In all diesen Gesprächen kam immer wieder die Sorge um das Halten der Ostfront im Augenblick höchster innerpolitischer Belastung zum Ausdruck, der ganze Gewissenskonflikt, in den ein Soldat gerät, wenn er sich im Krieg gegen seine Regierung stellt, aber auch das hohe sittliche Verantwortungsgefühl, das ihm letzten Endes keine Wahl ließ, als es darum ging, für die Ehre des Soldaten, für die Ehre und Zukunft des Vaterlandes einzustehen.
Tresckow selbst war sich des Risikos des Umsturzversuches bewußt, sein Handeln aber bestimmte nicht die Meinung des Tages oder die Chance des Erfolges, sondern die Verantwortung vor der Geschichte.
»Trotz oder wegen der hohen Anforderungen, die er an den Menschen stellte, war Henning von Tresckow ein wunderbarer Kamerad«, meint dazu einer seiner Vertrauten, der damalige Oberst von Gersdorff. »Er hat sehr viel von seinen Untergebenen verlangt und konnte auch scharfe Rügen austeilen. Und doch gab er jedem, der mit ihm zu tun hatte, das Gefühl wirklicher Geborgenheit, denn er schien alle inneren und äußeren Nöte zu kennen.

Er vergaß nie, den Menschen im anderen zu sehen und wäre unfähig gewesen, die Würde eines anderen zu verletzen.«
In seinem Buch »Offiziere gegen Hitler« überliefert Schlabrendorff die Worte Tresckows aus der Nacht vor seinem Tode:
»Wenn einst Gott Abraham verheißen hat, er werde Sodom nicht verderben, wenn auch nur zehn Gerechte darin seien, so hoffe ich, daß Gott auch Deutschland um unseretwillen nicht verderben wird. Niemand von uns kann über seinen Tod Klage führen. Wer in unseren Kreis getreten ist, hat damit das Nessushemd angezogen. Der sittliche Wert eines Menschen beginnt erst dort, wo er bereit ist, für seine Überzeugung sein Leben hinzugeben.«

PETER GRAF YORCK VON WARTENBURG

Der Name »Yorck« weckt Erinnerungen an die Zeit der Befreiungskriege gegen Napoleon. Am 30. Dezember 1812 löste der General Hans David Ludwig von Yorck, ein Offizier, der bisher seinem König in treuem Gehorsam gedient hatte, ohne dessen Billigung das von ihm kommandierte Hilfskorps aus dem Verband der napoleonischen Truppen, die geschlagen aus Rußland zurückfluteten. In eigener Verantwortlichkeit schloß Yorck mit dem russischen Gegner die Konvention von Tauroggen. Diese Tat des Generals wurde das weithin sichtbare Zeichen zum nationalen Freiheitskampf.

Am 7. und 8. August 1944 stand sein Urenkel, Peter Yorck, Leutnant und Oberregierungsrat, vor dem Volksgerichtshof – angeklagt wegen seiner Teilnahme an dem Umsturzversuch des 20. Juli. In der Gerichtssitzung nennt er unerschrocken, was ihn in Konflikt mit dem Nationalsozialismus gebracht hat: »Das Wesentliche ist der Totalitätsanspruch des Staates gegenüber dem Staatsbürger unter Ausschaltung seiner religiösen und sittlichen Verpflichtungen vor Gott.«

Peter Graf Yorck von Wartenburg wurde am 13. November 1904 in Klein-Oels in Schlesien geboren. Er studierte Rechts- und Staatswissenschaften in Bonn und Breslau, war zunächst Regierungsassessor am Breslauer Oberpräsidium und später Oberregierungsrat in Berlin beim Reichskommissar für die Preisbildung. Im Kriege nahm Peter Yorck am Polenfeldzug teil. Seit 1942 fand er in einem Wehrwirtschaftsamt Verwendung und konnte im Rahmen dieser Tätigkeit in Berlin und auf Reisen viele Verbindungen für die deutsche Opposition schaffen. Als Mitbegründer des Kreisauer Kreises und naher Freund von Helmuth Moltke arbeitete er an den Plänen für einen künftigen Neuaufbau des Staates, in dem er die Verantwortung der Gemeinden und Länder gestärkt und entfaltet sehen wollte.
Am 20. Juli war Yorck unter der Gruppe von Männern, die in der Bendlerstraße tätig wurden. Er gehört mit zu den ersten Opfern dieses Tages und wurde am 8. August 1944 hingerichtet.

In den letzten Stunden seines Lebens schreibt er an die Mutter: »Am Ende eines an Liebe und Freundschaft überreich gesegneten Lebens habe ich nur Dank gegen Gott und Demut unter seinen Willen. Daß ich Dir diesen Kummer bereite, ist mir ein sehr großer Schmerz nach alledem, was Du an Traurigem erleben mußtest. Ich bitte Dich, mir das von ganzem Herzen zu vergeben. Ich habe über zwei Wochen Zeit gehabt, mich und mein Handeln vor Gott zu stellen und bin überzeugt, in ihm einen gnädigen Richter zu finden. Das Ausmaß an innerer Not, das Menschen wie ich in den letzten Jahren zu durchleben hatten, ist gewiß nicht von denen zu verstehen, die ganz von ihrem Glauben beseelt sind, den ich nun einmal nicht teile. Dir darf ich versichern, daß kein ehrgeiziger Gedanke, keine Lust nach Macht mein Handeln bestimmte. Es waren lediglich meine vaterländischen Gefühle, die Sorge um mein Deutschland, wie es in den letzten zwei Jahrtausenden gewachsen ist, das Bemühen um seine innere und äußere Entwicklung, die mein Handeln bestimmten. Deshalb stehe ich auch aufrecht vor meinen Vorfahren, dem Vater und den Brüdern. Vielleicht kommt doch einmal die Zeit, wo man eine andere Würdigung für unsere Haltung findet, wo man nicht als Lump, sondern als Mahnender und Patriot gewertet wird. Daß die wunderbare Berufung ein Anlaß sein möge, Gott die Ehre zu geben, ist mein heißes Gebet.«

An seine Frau schreibt er: »Wir stehen wohl am Ende unseres schönen, reichen, gemeinsamen Lebens. Denn morgen will der Volksgerichtshof über mich und die anderen zu Gericht sitzen. Ich höre, das Heer hat uns ausgestoßen; das Kleid kann man uns nehmen, aber nicht den Geist, in dem wir handelten. Und in ihm fühlte ich mich den Vätern und Brüdern und auch den Kamera-

den verbunden. Daß Gott es so geführt hat, wie es gekommen ist, gehört zu der Unerforschlichkeit seiner Ratschlüsse, die ich demutsvoll annehme. Ich glaubte mich durch das Gefühl der alle niederbeugenden Schuld getrieben und reinen Herzens. Ich hoffe deshalb auch zuversichtlich, in Gott einen gnädigen Richter zu finden ...

Als wir vom letzten Abendmahl hinweggingen, da fühlte ich eine fast unheimliche Erhabenheit, ich möchte es eigentlich Christusnähe nennen. Rückblickend scheint sie mir als ein Ruf.«

... »Mein Tod, er wird hoffentlich angenommen als Sühne aller meiner Sünden und als Sühneopfer für das, was wir alle gemeinschaftlich tragen. Die Gottesferne unserer Zeit möge auch zu einem Quäntchen durch ihn verringert werden. Auch für meinen Teil sterbe ich den Tod fürs Vaterland. Wenn der Anschein auch sehr ruhmlos, ja schmachvoll ist, – ich gehe aufrecht und ungebeugt diesen letzten Gang, und ich hoffe nur, daß Du darin nicht Hochmut und Verblendung siehst. – Des Lebens Fackel wollten wir entzünden, ein Flammenmeer umgibt uns, welch ein Feuer!«

IN CHRISTLICHEM GEIST

Eine Würdigung des deutschen Widerstands darf sich nicht an den organisierten Aktionen gegen die nationalsozialistische Diktatur allein orientieren. Nur wenn der Blick über solche Gruppen hinausgeht, erfaßt das Bild den wahren Umfang und die ganze Tiefe der Wirklichkeit. Es setzt sich dann aus einer Fülle von Einzelbildern zusammen, deren Konturen schwer nachzuzeichnen, deren erschütternde Details kaum zu ergründen sind. Menschen aus allen Städten und Dörfern, die meist in keinerlei Beziehung zueinander standen und aus verschiedenen Lebenskreisen und Vorstellungswelten kamen, haben in den vielfältigsten Erlebnissen den Anstoß zu ihrer Entscheidung für den Widerstand erfahren. Ebenso verschieden war auch die Stärke der Reaktion und die Art ihres Ausdrucks. Sie mochte sich in der Verweigerung des Fahnengrußes, in der Hilfe für einen Verfolgten, im vernehmlichen Protest beweisen und bewähren: immer war sie Äußerung einer inneren Spannung. Antwort auf den unerträglichen Druck eines Regimes, das in allen Bezirken rücksichtslos über den Menschen hinwegging.

Hinter den vielen Einzelnen aber standen die Familien und Freunde, und so erweiterte sich das individuelle Schicksal sogleich wieder zum Schicksal einer Gruppe, hatte repräsentativen Charakter. Diese stellvertretende Bedeutung des Einzelfalls mag auch die Frage in ein anderes Licht rücken, warum oft ein einziger Akt des isolierten Protestes zum bitteren Tod führte, fortwährende Tat des Widerstands hingegen sich zuweilen bis zuletzt zu behaupten vermochte.

Was aber alle Schicksale zusammenbindet, ist jener rechtsbewußte Wille zur individuellen Verantwortung, ist jenes humanistische Bekenntnis zur Grundlage des Menschlichen, ist jene aus christlichem Geist lebende Entscheidung: der einzelne tritt aus dem befohlenen Gleichschritt, um für den anderen ein Opfer auf sich zu nehmen. Dieser Gedanke klingt durch alle Bilder, oft unausgesprochen, öfter noch deutlich hörbar. Und seinen starken Ausdruck findet er in dem großen Anteil, den Glieder der christlichen Kirchen am Widerstand gegen den Nationalsozialismus haben.

Die evangelische Kirche stand sogleich im Mittelpunkt der Auseinandersetzung. Sie war in ihrem innersten Wesen, in der Wahrhaftigkeit ihrer Verkündigung angegriffen, seit sich 1932 in ihren Reihen eine Bewegung von »evangelischen Nationalsozialisten«, von »Deutschen Christen« gebildet hatte, die die kirchliche Verkündigung der neuen »Weltanschauung« anzugleichen suchte, die Vorstellungen von Blut und Rasse in ihr Denken aufnahm, die Absetzung von »nichtarischen« Geistlichen betrieb und den Totalitätsanspruch des nationalsozialistischen Staates als »den Ruf Gottes an Familie, Volk und Staat« proklamierte. Ihre Ziele strebte sie durch Schaffung einer evangelischen Nationalkirche zu verwirklichen, in deren Rahmen dann die 28 Landeskirchen gleichgeschaltet werden sollten. So wurde das Ringen um die Schaffung der Nationalkirche und um die kirchliche Leitung zu einem Kampf um die rechte Lehre.

Das Einigungsbedürfnis in den evangelischen Kirchen Deutschlands und die Nachwirkungen ihrer jahrhundertelang geübten Anlehnung an den Staat kamen den Bestrebungen der Deutschen Christen zunächst zu Hilfe. Auch hatte das nationalsozialistische Bekenntnis zum »positiven Christentum« einige Wirkung; es trieb viele Anhänger des neuen Regimes in die Kirchen und veranlaßte den Nationalsozialismus, der in den Kirchen ohnehin nur entleerte bürgerliche Institutionen erblickte und für seine Zwecke auszunützen hoffte, seine fortschreitende Machtergreifung in einen pseudochristlichen Rahmen zu stellen. So fand die feierliche Eröffnung des neuen Reichstags nach einem Wahlkampf des staatlich sanktionierten Terrors am 21. März 1933 in der Potsdamer Garnisonkirche statt. Und so sicherte die Unterstützung der Partei den »Deutschen Christen« in den Kirchenwahlen vom Juli 1933 fast überall die Mehrheit. Aber als sie von da aus immer mehr »Machtpositionen« der Kirche an sich rissen, wuchs der Widerstand. Auf der Grundlage der Bibel und der Bekenntnisse des Reformationszeitalters entstand in der »Bekennenden Kirche« eine Gegenbewegung, die auf einer von breiten Volkskreisen getragenen Synode in Barmen im Mai 1934 sich eine neue Vertretung der Deutschen Evangelischen Kirche schuf.

Nun ließ auch das Regime selbst die »Deutschen Christen« und mit ihnen das Ziel einer politischen Ausnützung der evangelischen Kirche fallen. Dafür aber ging es seit 1935 dazu über, die Arbeit der kirchlichen Organisationen unter Aufsicht zu nehmen und ihren Vertretern den Weg zu den ordentlichen Gerichten, bei denen sie in den ersten Jahren ihr Recht noch hatten finden können, zu versperren. Nicht eine Angleichung der Kirche an die nationalsozialistische »Weltanschauung«, sondern eine Vernichtung des Christlichen schlechthin bestimmte alle weiteren staatlichen Maßnahmen.
Diese Bedrängung hatte auch die katholische Kirche in zunehmendem Maße erfahren müssen, obwohl die Verhandlungen, die dem Reichskonkordat von 1933 folgten, zunächst noch einen gewissen Schutz gewährten. Gegenüber den fortgesetzten und immer intensiver werdenden »weltanschaulichen« Angriffen auf die Kirche, verbunden mit der Verfolgung von Menschen, die sich zu ihr bekannten, bedeutete dann die päpstliche Enzyklika »Mit brennender Sorge«, die 1937 den katholischen Gläubigen von den Kanzeln verlesen wurde, die offene Kampfansage.
In der Folgezeit und besonders im Krieg erlitten beide Kirchen schwere Verluste durch propagandistische Verleumdungen, Scheinprozesse gegen Klöster und Geistliche, Wegnahme von Kirchengut und Beschränkung der theologischen Ausbildung. Die außenpolitischen, dann militärischen Probleme hinderten das Regime freilich, die Auseinandersetzung mit den Kirchen endgültig auszutragen.

Dieser Existenzkampf der Kirchen ist jedoch nur die eine Seite des christlichen Widerstands gewesen. Eindrucksvoller noch ist, wie Christen immer wieder hinausgetreten sind in die schreckensvolle Wirklichkeit der politischen Welt, um anderen Menschen einen rechten Weg zu zeigen und gleichzeitig den Unterdrückten und Verfolgten zu helfen. Der langjährige württembergische Staatspräsident Bolz hat beispielsweise aus diesem politischen Verantwortungsbewußtsein des Christen heraus sein Leben für den Sturz der Diktatur eingesetzt und für die Rettung Deutschlands geopfert.
Dies Hinaustreten in den politischen Bereich geschah freilich nicht ohne Bedenken: man fürchtete, die Kirchen könnten dabei zu einem Sammelpunkt Unzufriedener werden, denen ein echtes Verhältnis zur christlichen Botschaft fehlte. Aber unter dem Eindruck der ungeheuerlichen Geschehnisse traten solche Bedenken zurück. Die Kirchen wendeten sich gegen biologische Weltanschauung und Vergötzung des eigenen Volkes, sie sprachen deutlich aus, daß der Eid einen Anspruch Gottes an den Menschen in sich birgt und deshalb nicht einseitig zum unbedingten Gehorsam gegenüber einem Menschen verpflichten kann, sie protestierten gegen die Entchristlichung der Jugend, gegen die Rechtszerstörung, gegen die Willkür der Gestapo, die Greuel der Konzentrationslager und die Mißhandlung der Bevölkerung in den besetzten Gebieten, sie erhoben entschiedenen Einspruch gegen die Tötung von Kranken.

Viele christliche Familien, Pfarrhäuser und Orden haben selbstverständlich Schutz geboten, ohne daß sie sich damit als besondere Widerstandskämpfer vorgekommen wären. So weigerten sich unter eigener Lebensgefahr Leiter christlicher Krankenanstalten, von der Euthanasie bedrohte Patienten herauszugeben. Die tapferen Briefe der Schwester Anna Bertha Königsegg an den Reichsverteidigungskommissar stehen hier neben der energischen Weigerung Pastor von Bodelschwinghs für die Anstalten in Bethel. Beide hatten den Erfolg, daß der Mord an den Patienten dieser Anstalten verhindert wurde. Indem die Kirchen unzählige Opfer brachten, gewannen sie auch wieder ein festeres Verhältnis zu Volksteilen, die ihrer Verkündigung vorher ferner standen.

Die Namen von vielen Geistlichen und Priestern wurden weithin bekannt. Den Pater Rupert Mayer führten seine aufrechten Predigten schon 1936 ein erstes Mal ins KZ; bald nach seiner Befreiung 1945 starb er, der heute in Bayern wie ein Heiliger verehrt wird, auf der Kanzel. Ebenso bekannt wurde Pastor Schneider-Dickenschied, der als »Prediger von Buchenwald« in jahrelanger KZ-Haft bis zum Tod wieder und wieder gegen Verbrechen des Regimes seinen christlichen Protest erhob. Neben ihm steht mit dem österreichischen Pater Franz Reinisch ein Mann, den 1940 das Predigtverbot der Gestapo, dann die Einberufung aus seiner Tätigkeit riß, der darauf den Fahneneid auf Hitler verweigerte und 1942 hingerichtet wurde. In der Schlußvernehmung begründete er seine Bereitschaft, »für Christus und die deutsche Heimat sein Leben hinzuopfern, auf daß unser Volk wieder werde ein starkes und freies Gottesvolk inmitten der Völker des Abendlandes«.

Unvergeßlich bleiben die Predigten Niemöllers in der Dahlemer Kirche, die ihm eine achtjährige KZ-Haft eintrugen. Beispielhaft war auch das Wirken des Bischofs Graf von Galen in Münster, der seinen Gläubigen das Christentum als einen festen Bestandteil deutschen Wesens und deutscher Vergangenheit predigte und damit den hohlen Nationalismus der Machthaber entlarvte: »Werdet hart! Bleibet fest! Bleibet standhaft! Wie der Amboß unter den Hammerschlägen. Es kann sein, daß der Gehorsam gegen Gott, die Treue gegen das Gewissen, mir oder euch das Leben, die Freiheit oder die Heimat kostet. Aber lieber sterben als sündigen! Möge Gottes Gnade, ohne die wir nichts vermögen, euch und mir diese unerschütterliche Festigkeit geben und erhalten.«

Die theologische Wissenschaft mußte sich in dieser Zeit der Prüfung mit den Fragen des praktischen christlichen Lebens in neuer Weise auseinandersetzen. Besonders die evangelische Kirche, die bis 1918 dem Staat aufs engste verbunden war, stand im Zeichen einer völligen Neubesinnung auf das rechte Verhältnis zur Obrigkeit. Einer ihrer theologischen Zeugen, Dietrich Bonhoeffer, hat die Möglichkeit des aktiven Widerstandes bis zur Beseitigung des Tyrannen bejaht. Es gelte nicht nur die Opfer unter dem Rad zu verbinden, sondern dem Rad selbst in die Speichen zu fallen: »Wer in Verantwortung Schuld auf sich nimmt – und kein Verantwortlicher kann dem entgehen –, der rechnet sich selbst und keinem anderen die Schuld zu und steht für sie ein, verantwortet sie. Er tut es nicht in dem frevelnden Übermut seiner Macht, sondern in der Erkenntnis, zu dieser Freiheit – genötigt und in ihr auf Gnade angewiesen zu sein. Vor den anderen Menschen rechtfertigt den Mann der freien Verantwortung die Not, vor sich selbst spricht ihn sein Gewissen frei, aber vor Gott hofft er allein auf Gnade.«

So haben denn Christen im Bewußtsein ihrer Verantwortung den Widerstand bis in die äußersten Konsequenzen auf sich genommen. Besonders eindrucksvoll ist es aber auch, wie Menschen, die den Kampf gegen die Diktatur zunächst nur als ein politisches Anliegen auffaßten, sich darin mehr und mehr vor echte religiöse Entscheidungen gestellt sahen. Sie gingen gewissermaßen den umgekehrten Weg, sie wurden vom Erlebnis des politischen Geschehens zu einem vertieften Verständnis des Christentums geführt. Ein denkwürdiges Zeugnis für diesen Vorgang sind die Briefe aus Tegel, die Graf Moltke zwischen Verurteilung und Hinrichtung geschrieben hat.

ERICH KLAUSENER

geboren am 25. Januar 1885 in Düsseldorf, ging – ähnlich wie sein Vater – den Weg des höheren preußischen Verwaltungsbeamten bis zum Regierungsassessor im Handelsministerium. Nach seiner Kriegstrauung am 1. August 1914 kam er an die Front. Von dort 1917 zurückgerufen, um die Aufgaben des Landrates in Adenau (Eifel) zu übernehmen, wurde er 1919 Landrat des Industriekreises Recklinghausen, 1924 Ministerialdirektor im Wohlfahrtsministerium in Berlin und 1926 Leiter der Polizeiabteilung im preußischen Innenministerium.
Am 2. Februar 1933 mußte Erich Klausener, der sich durch seine Arbeit in der katholischen Laienbewegung bekanntgemacht hatte und seit 1928 Leiter der Katholischen Aktion im Bistum Berlin war, sein Amt verlassen. Er wurde dann im Reichsverkehrsministerium beschäftigt.
Es war am 25. Februar 1933. Schon hatte der Nationalsozialismus in die Freiheit der Kirche eingegriffen, die katholischen Arbeitervereine als »staatsfeindlich« bezeichnet und alle katholischen Verbände in ihrer Daseinsberechtigung angezweifelt. Dennoch füllten das weite Rund des Stadions in Berlin 45 000 Menschen – die ohne Hakenkreuz gekommen waren.

In der nächsten Nummer des »Völkischen Beobachters« vermerkte Alfred Rosenberg in einem Leitartikel: »Der Berliner Katholikentag hat wie früher so auch jetzt einen glanzvollen Verlauf genommen. Und wenn er nur eine kirchliche Kundgebung gewesen wäre, hätten wir keine Ursache, an die Veranstaltung irgendwelche Kritik anzuschließen.«
Aber da war ein Satz in Dr. Klauseners Rede, der Rosenberg »unerträglich« schien: »Wenn die Revolution der nationalen Erhebung nicht begleitet wird von einer Revolution der inneren, geistigen Erneuerung, dann ist alle Kraft und alles Mühen vergebens gewesen.«
Rosenberg hatte den Sinn der Worte verstanden und entgegnete darauf: »Der Zentrumsmann Dr. Klausener sieht also den vierzehnjährigen Kampf Adolf Hitlers und die große Erhebung unseres Volkes, wie sie den Nationen nur alle Vierhunderte von Jahren beschert werden kann, als eine von nicht genügend innerer Geistigkeit getriebene Bewegung an.«
Erich Klausener gehörte zu jenen Männern, die aus Sorge um die Zerrissenheit des Volkes gewisse Möglichkeiten in manchen Plänen der Nationalsozialisten sahen, sich aber dennoch keinen Augenblick im Unklaren darüber waren, daß ein anderer Geist als der nationalsozialistische neue und notwendige Begriffe prägen müsse. Bezeichnend dafür waren die Worte aus seiner Rede: »Nichts wäre schlimmer, als wenn Deutschland und gerade die junge Generation jetzt in den Gegensatz zum Liberalismus verfiele, nämlich in die gleichgültige und gedankenlose Einordnung in ein vollkommenes Staatssystem«, und »darum sei unser Bekenntnis am heutigen Tage: Die Weihe unseres Lebens muß ausgehen von der Eucharistie und in die entferntesten Bezirke des Lebens wirken.«
Und weiter führte er aus: »Wenn unsere Kirche uns den Blick weitet über die Grenzen unseres Landes hinaus, wenn sie ihren Dom spannt über die Lande und Völker, alle Rassen und Geschlechter, dann ist das kein verschwommener Internationalismus, der dem nationalen Wollen, Denken und Fühlen entgegenstünde. Die katholische Kirche ist universal. Sie vermählt sich mit jedem Volk der Erde. Solches Gedankengut in unseren katholischen Mitbürgern zu mehren und zu erhalten, ist der Sinn und Zweck unserer katholischen Organisationen. Darum wünschen wir so leidenschaftlich ihre Erhaltung.«
Noch am Abend der Rede klingelte in Klauseners Wohnung das Telefon. Ob es wahr sei, so fragte man, daß der Ministerialdirektor Klausener verhaftet worden wäre. Er selbst lachte darüber. Er wollte nicht glauben, daß die Zeit des Rechtes vorbei war.
Ein Jahr verging. Die Arbeit in der Katholischen Aktion brach nicht ab. Immer neue Überlegungen wurden gemacht, sie zu vertiefen, die einzelnen

Menschen gegen den Druck von außen widerstandsfähiger zu machen. Gleichzeitig aber war Erich Klausener auf seinem neuen Aufgabengebiet als Leiter der Schiffahrtsabteilung im Reichsverkehrsministerium ein Motor sachlicher Arbeit, auf die selbst die Nationalsozialisten nicht verzichten wollten und konnten.
Es kam der 24. Juni 1934 – diesmal mit 60 000 Menschen beim Berliner Katholikentag in Hoppegarten, wieder ohne Hakenkreuzfahnen, doch 60 000 Menschen mit festem Glauben und klarem Willen zum Bekenntnis in der Öffentlichkeit.
Zum Abschluß – aus der Atmosphäre der Stunde, aber auch aus der Spannung der Zeit heraus – sprach Erich Klausener einige Worte, die im Tagungsprogramm nicht vorgesehen waren, doch weithin über die 60 000 Versammelten Widerhall fanden. Es war der unmißverständliche katholische Protest gegen den wachsenden politischen Druck, gegen die Rassenpolitik und gegen die nationale Überheblichkeit.

Am Samstag darauf fiel um 13.15 der Schuß, durch den Erich Klausener in seinem Amtszimmer ermordet wurde. Es war der 30. Juni 1934, der Tag der »großen Bereinigung«, an dem Hitler mit den Kräften eines noch möglichen Widerstandes gegen seine Macht aufräumen ließ – aus Anlaß der sogenannten Röhm-Revolte in Bayern.
Wer war der Mörder? Göring, der 17 Jahre später in der Voruntersuchung in Nürnberg zugab, daß er den Katholikenführer Klausener habe treffen wollen? Heydrich, der einen SS-Führer mit eindeutigem Befehl in das Reichsverkehrsministerium sandte? Oder der SS-Mann, der den Befehl ausführte und sich in seinem Prozeß 1952 in Berlin daran erinnerte, daß er vor 17 Jahren den »Auftrag Klausener« erhalten hatte.

Und wer war der Ermordete? Auf seinem Schreibtisch wurde ein Zettel mit einigen Worten seiner Handschrift gefunden: »Breche nie dein Wort! Zeige kein falsches Prestige. Habe gerechten Zorn, aber verschwende niemals deinen Zorn. Sei wahrhaftig in deinem Handeln.«

Aus dem Geleitwort zum Katholikentag 1933:

Dem Leid und Tod folgte die glorreiche Auferstehung. Darum ist das Kreuz des Leidens das Kreuz des Sieges geworden. Es muß eine sieghafte Kraft in diesem Holz liegen, die Leben erstehen ließ von dem Kreuze, von dem der Tod ausgegangen. Göttliche Kraft ist diese Siegeskraft. In ihrem Zeichen wird die Welt genesen, nach der Zeit des Kreuztragens das Ostern der Auferstehung folgen. Aber nur dann, wenn auch wir in Demut und Gehorsam Christus nachfolgen, unser Kreuz auf uns nehmen und uns des Namens würdig zeigen, den wir tragen!

EDITH STEIN

wurde am 12. Oktober 1891 in Breslau geboren. Nach dem frühen Tode des Vaters führte die Mutter die Holzhandelsfirma fort.
Edith Stein studierte von 1911 bis 1915 in Breslau und Göttingen Philosophie, Germanistik und Geschichte, promovierte nach dem Staatsexamen 1916 bei dem Freiburger Philosophen Husserl zum Dr. phil. und arbeitete dann als seine Assistentin. Durch philosophische Studien vom Atheismus zur Gotteserkenntnis geführt, wurde sie 1922 katholisch. Von 1922 bis 1931 war sie Lehrerin im Dominikanerinnenkloster St. Magdalena in Speyer; bedeutende Arbeiten auf dem Gebiet der Phänomenologie und scholastischen Philosophie begründeten ihren wissenschaftlichen Ruf. Ihr Werk »Husserls Phänomenologie und die Philosophie des Heiligen Thomas von Aquin« baut die Brücke von der scholastischen zur modernen Philosophie. Es folgen »Endliches und ewiges Sein. Versuch eines Aufstiegs zum Sinn des Seins« und »Kreuzeswissenschaft, eine Studie über Johannes vom Kreuz«. 1932 wurde Edith Stein als Dozentin an das »Deutsche Institut für wissenschaftliche Pädagogik« in Münster gerufen, doch bereits 1933 wegen ihrer jüdischen Herkunft wieder entlassen. Einem langgehegten Wunsche folgend trat sie unter dem Namen Teresia Benedicta a Cruce in das Karmeliterkloster in Köln-Lindenthal ein.

»Ich glaube zu wissen, daß ich um des Judentums willen noch viel leiden muß« und »es ging mir auf einmal ein Licht auf, daß Gott wieder einmal schwer Seine Hand auf Sein Volk gelegt habe, und daß das Schicksal dieses Volkes auch das meine war«. Kein Wort der Klage hören wir, als Edith Stein auf der Höhe ihres geistigen Schaffens aus der Arbeit gerissen wird. Im Karmel folgt sie als Schwester Benedicta still ihrem innersten Beruf, ganz dem Dienste Gottes geweiht.

»Darüber kam der große Tag der letzten entscheidenden Hitlerwahl«, schildert die Priorin des Kölner Karmel, Schwester Teresia Renata de Spiritu Sancto. Und sie schreibt:

»Dem Führer Dein Ja – war in Lapidarschrift an jeder Linde der Dürener Straße in Lindenthal zu lesen. Laut Bekanntmachung durfte kein Nichtarier sich an der Wahl beteiligen. Schwester Benedicta sollte zurückbleiben, während die Schwestern mit Erlaubnis des Erzbischöflichen Stuhles zur Wahlurne pilgerten.

Am Abend des Tages aber, kurz vor Wahlschluß, erschienen zwei Herren im Sprechzimmer. Sie hatten festgestellt, daß als Einzige im Karmel Frau Dr. Stein ihrer Wahlpflicht nicht genügt habe. Jedenfalls wegen Unpäßlichkeit, so meinten sie. Sie hätten aber ein Auto und seien gern bereit, die Schwester hin- und zurückzufahren.

Ihre Abstammung wollte Schwester Benedicta vorerst nicht verraten, ›also‹, erklärte sie einfach, ›wenn die Herren so großen Wert auf meine Nein-Stimme legen, den Gefallen kann ich ihnen erweisen‹.
Aber am 10. April 1938 sah die Sache ernster aus.
Die Grundsätze des Nationalsozialismus und die Staatsführung Hitlers hatten sich so klar als christus- und gottesfeindlich erwiesen, daß auch der harmloseste Deutsche über das angestrebte Ziel nicht mehr im Zweifel sein konnte. Zugleich war die Macht der Gewalthaber in eine brutale Schreckensherrschaft ausgeartet, vor der alles zitterte. So bestand auch im Kölner Karmel eine große Unsicherheit, wie man sich verhalten sollte. Schon hatte die Geheime Staatspolizei fristlos und ohne Grund mit Gewalt eine Menge von Ordensleuten aus ihren Klöstern ausgewiesen und mittellos auf die Straße gestellt. Für den Kölner Karmel erwartete man schon lange das gleiche Schicksal. Würde es nicht unverzüglich über ihn hereinbrechen, wenn man bei dieser Wahl den Behörden auffiel? Deshalb war der von guter Seite erteilte Rat, geschlossen von der Wahl fernzubleiben, unannehmbar. Die meisten vertraten den Standpunkt, daß es gleichgültig sei, ob man Ja oder Nein stimme. Das

Wahlergebnis sei schon eine von der Partei vorher abgemachte Sache und werde sowieso in jedem Wahlkreis von den Nazis auf den gewünschten Nenner gebracht.
Aber gegen diese Auffassung erhob Schwester Benedicta mit großem Eifer ihre Stimme. Die sonst so Sanfte und Nachgiebige war nicht mehr zu erkennen. Immer wieder beschwor sie die Schwestern, Hitler nicht zu wählen, ganz gleich, welche Folgen für den einzelnen oder die Gemeinschaft daraus entstünden. Er sei ein Feind Gottes und werde Deutschland mit sich ins Verderben reißen.

Die Verwirrung war groß, wuchs aber noch, als am Morgen des Wahltages vor acht Uhr, in dem Augenblick, als die erste Gruppe der Schwestern sich zum Wahllokal begeben wollte, eine Abordnung der Wahlleitung mit der Wahlurne im Sprechzimmer des Kölner Karmel gemeldet wurde. Das war noch nie vorgekommen, und die Mutter Priorin unterließ es auch nicht, den Herren ihr Befremden darüber unverhohlen auszudrücken. Diese aber gaben vor, es sei ihnen bekannt, daß Karmelitinnen die Klausur nicht verlassen dürften, darum wollten sie den Schwestern in dieser Weise entgegenkommen und die Stimmzettel abholen. Noch einmal betonte die Oberin, daß es sich um einen öffentlichen, wenn auch geheimen Wahlakt handele, dem die Schwestern sich bisher niemals entzogen hätten... Es half kein Sträuben, man mußte sich fügen.
Alphabetisch nahm die Stimmenabgabe ihren Verlauf.

Am Schluß erklärte der Vorsitzende, der die Wählerliste führte:
›Es haben noch nicht alle gewählt...‹
Dann kam das Gefürchtete:
›Und Dr. Edith Stein?‹
›Die ist nicht wahlberechtigt‹.
›Selbstverständlich, 91 geboren! Also auch wahlberechtigt!‹
Mit eiserner Ruhe kam die Antwort:
›Sie ist nich arisch‹.
Die drei Herren fuhren zurück. Dann rief einer:
›Schreiben Sie hin, sie ist nicht arisch.‹

Eiligst brachen sie auf und verließen den Karmel... Es kamen die Ereignisse vom 9. November und gaben den Ausschlag. In der stillen Vorstadt Lindenthal blieb zwar die Ordnung einigermaßen gewahrt, aber die Nachrichten vom Brand der Synagogen, von Ausschreitungen und Plünderungen bei Juden und Judenfreunden, drangen auch in den Karmel und erfüllten alle mit Entsetzen.
Schwester Benedicta war wie erstarrt vor Schmerz. Die Furcht, ihre Gegenwart könne die Kommunität gefährden, ließ ihr keine Ruhe mehr.«

Ende des Jahres 1938 übersiedelt Edith Stein in den holländischen Karmel zu Echt. Dort wird sie im Januar 1942 von der SS abgeholt.

Als sie das Büro der Gestapo in Maastricht betritt, grüßt sie: »Gelobt sei Jesus Christus.«
Später – in der Frist einer gewissen Bewegungsfreiheit, in der sie den Judenstern tragen muß – erzählt sie der Priorin, daß sie sich zu diesem Gruß getrieben fühlte, weil sie sich klar war, »in dem uralten Kampf zwischen Jesus und Luzifer zu stehen«.

Die endgültige Verhaftung trifft sie am 2. August 1942. Jüdische Augenzeugen berichteten:
»Unter den am 5. August eingelieferten Gefangenen fiel Schwester Benedicta auf durch ihre große Ruhe und Gelassenheit. Der Jammer im Lager und die Aufregung bei den Neueingetroffenen war unbeschreiblich. Schwester Benedicta ging unter den Frauen umher, tröstend, helfend, beruhigend wie ein Engel, nahm sich sofort der armen Kleinen an, wusch und kämmte sie, sorgte für Nahrung und Pflege. Solange sie im Lager weilte, entwickelte sie mit Waschen und Putzen eine rege Liebestätigkeit, so daß alle darüber staunten.«

Dann geht der Weg nach Osten.
Im Lager Auschwitz wird Edith Stein als Nummer 44074 am 9. August 1942 vergast.

KARL FRIEDRICH STELLBRINK

am 28. Oktober 1894 in Münster geboren, war der Sohn eines Zollbeamten. Nach dem humanistischen Abitur trat er in das Landeskirchliche Diasporaseminar in Detmold ein, nahm dann am Weltkrieg teil, kehrte 1917 mit verkrüppelter Hand zurück und legte 1920 die Abschlußprüfung auf dem genannten Seminar ab. Für kurze Zeit Vikar in Barkhausen, wurde er 1921 für das geistliche Amt des überseeischen Auslandsdienstes der evangelischen Landeskirche Preußens ordiniert. Nachdem er 8 Jahre als Seelsorger deutscher Siedler in Brasilien war, kam er mit seiner Familie 1929 wieder nach Deutschland und wurde nach einem bestandenen Colloquium Pfarrer der Gemeinde Steinsdorf in Thüringen. Am 1. Juni 1934 folgte er einem Ruf an die Lutherkirche in Lübeck.

»Er war ein Mensch mit weiter, tiefer Schau des Lebens und der Dinge und ahnender Seele«, schrieb zum Gedächtnis des Pfarrers Stellbrink sein Freund, der evangelische Probst Stoldt. »Obwohl kein eigentlicher Akademiker, war er doch ein Mann von hoher Bildung und Kultur, voll sprühendem Geist und von reichem Wissen und vielen Amtsbrüdern mit akademischem Studium geistig weit überlegen. Wenn wir in meinem Landpfarrhaus oder bei ihm gemütlich beisammen saßen, erzählte er so gern aus der Zeit, als er den Siedlern in Brasilien diente. Diese Zeit ließ ihn reiche Lebenserfahrungen sammeln. Er sehnte sich oft zurück nach der Sonne und der Freiheit jenes gesegneten Landes, nach der Ungebundenheit des dortigen Lebens und Schaffens, nach der Größe und Weite des Raumes, der ihm dort für seine Wirksamkeit offen stand. Denn nichts war ihm verhaßter als die Beschneidung der Freiheit in Wort und Tat... Er war ein ausgesprochener Wahrheitsfanatiker, der es liebte, möglichst den Nagel auf den Kopf zu treffen und gerade heraus zu sagen, was er meint, er war ein praktischer Mann, der überall hinpaßt und sich in alles hineinfinden konnte, nur nicht in das Dritte Reich. Deswegen mußten auch seine anfänglichen Versuche, sich diesem Reich anzupassen oder es gar zu unterstützen und zu fördern, kläglich scheitern... Und so konnte es gar nicht anders sein, es mußte einmal Zeit und Stunde kommen, in der die Agenten der Gestapo begannen, sich für ihn zu interessieren.«

Am 7. April 1942 hatte die Gestapo den evangelischen Pfarrer Karl Friedrich Stellbrink festgenommen; kurz darauf folgte die Verhaftung der katholischen Kapläne Johannes Prassek, Hermann Lange und Eduard Müller. Am 24. Juni 1943 stand Stellbrink gemeinsam mit diesen vor dem Volksgerichtshof, der von Berlin nach Lübeck gekommen war, um unter Ausschluß der Öffentlichkeit das Todesurteil gegen die vier Geistlichen auszusprechen. Am folgenden Tage fand die Verhandlung gegen eine größere Gruppe christlicher Laien statt, von denen 18 – zum Teil Soldaten – im Laufe eines Tages zu längeren Gefängnisstrafen verurteilt wurden.

Den Anstoß zu diesem Christenprozeß hatte, am Tage nach dem schweren Fliegerangriff auf Lübeck, die Predigt des Pfarrers Stellbrink gegeben, in der er am 29. März 1942 die Christenheit aufrief, die Stimme Gottes zu hören und ihr zu folgen.

Durch diese Worte wurde die Gestapo aufmerksam. Sie stellte die gemeinsame Arbeit in der Verbreitung der Briefe des Bischofs von Galen und die geistige Verbundenheit der Seelsorger beider Konfessionen gegen den Nationalsozialismus fest.

Hierzu fand Hermann Lange am 25. Juli 1943 in der Haft folgende Worte: »Das gemeinsam ertragene Leid der letzten Jahre hat die beiden christlichen Kirchen einander näher gebracht. Ein Symbol dieser Leidensgemeinschaft, aber auch der Annäherung, ist die gemeinsame Haft des katholischen und des evangelischen Geistlichen.«

Zur gleichen Zeit waren die Überlegungen Eduard Müllers: »Wenn es uns Menschen von heute so

schwer fällt, unser Leid zu tragen, unser Kreuz auf uns zu nehmen, das der Herr uns schickt, so liegt doch der Grund darin, daß uns der Sinn des Kreuzes und Leides verlorengegangen ist. Das alles ist für uns bloße Theorie geworden; in der Praxis machen wir nur zu schnell Einschränkungen. Denn sonst würden auch wir uns rühmen für Christus zu leiden und bereitwillig alles Widerwärtige auf uns zu nehmen . . . Und nun nimmt uns unser Herr und Meister in seine harte Schule; jetzt läßt er uns ein klein wenig spüren, was es heißt, Christus nachfolgen!«

Johannes Prassek schrieb am 27. Januar 1943, ebenfalls in der Haft:
»In diesem Fall ist es größer, anders zu sein als unsere Zeit – unmodern, rückständig, lebensfeindlich, weltflüchtig – und wie die komischen Reklameworte einer verirrten, modernen Weltanschauung heute heißen. Wir wissen, daß wir in diesen unseren Ideen, in diesen unseren Dogmen die Sicherheit und Wohlfahrt der Menschen beschlossen tragen, wissen, daß in diesen unseren Ideen die Naturgesetze und Gott auf unserer Seite stehen; das gibt uns unsere Sicherheit, das gibt uns auch den Mut, unter Umständen auch einer übermächtigen Gegenwart immer wieder ein ›Nein‹ entgegenzurufen, selbst wenn wir als Einzelne dann vielleicht von dieser Gegenwart erdrückt würden.«

Und kurz vor dem Tode schrieb Karl Friedrich Stellbrink am 31. Oktober 1943 an seine Frau: »Gott bestimmt keinen Menschen vor seiner Geburt zur Verdammnis, verstockt selbst kein Menschenherz. Unser Wille ist ganz frei zur eigenen Entscheidung, daher können und müssen wir wollen, dann gibt Gott das Vollbringen. Er flößt uns auch nicht die Entscheidung ein, sondern diese müssen wir selbst treffen, aber Er weiß sie vorher. Und Seine Allwissenheit mit unserer Willensfreiheit zu vereinbaren, das können wir uns an den zwei Sätzen der Mathematik klarmachen: 1. Parallelen schneiden sich nie, 2. sie schneiden sich in der Unendlichkeit. Diese zwei Sätze widersprechen sich und sind doch beide richtig.«

Wenige Tage später – am 10. November 1943 – traten die vier Geistlichen Lübecks ihren letzten Weg zur Hinrichtungsstätte in Hamburg an. Als überzeugte Christen gingen sie mutig und aufrecht in ihren Tod.

FRIEDRICH JUSTUS PERELS

am 13. November 1910 in Berlin geboren, stand von Jugend an in enger Beziehung zur Kirche. Als Schüler des Friedenauer Gymnasiums gehörte er dem Schülerbibelkreis in Berlin an; als Student der Rechtswissenschaften in Heidelberg und Berlin war er Mitglied der christlichen Studentenvereinigung. Nach dem Referendarexamen 1933 war er überwiegend und nach dem Assessorexamen 1936 fast ausschließlich für den Pfarrernotbund und die Bekennende Kirche tätig.

Als tief überzeugter Christ ging er auch in den Tod. Mit ihm wurde sein Vater, Dr. Ernst Perels, Professor an der Universität Berlin, auf Grund der Sippenhaft ein Opfer der Gestapo.

Christ sein hieß für Friedrich Justus Perels, daß Gott bei seinem Wort genommen werden will und dann das Leben und Wesen seiner Menschen frei macht und formt. Deshalb hat Perels auch während der Zeit seiner Arbeit für die Bekennende Kirche unnachgiebig und scharf deutschchristliche Deutungen der biblischen Botschaft zurückgewiesen und trat für ihre unverfälschte und ungekürzte Verkündigung und die daraus folgenden Konsequenzen ein. So ließ er nicht zu – wie es in einem Nachruf von Martin Fischer lautete – wenn gesagt wurde, die Kirche habe dem Volk zu dienen. »Nein, nicht dem Volke, sondern Gott! Wie leicht fühlt sich einer gerechtfertigt in seinem Dienst am Volk, und hat Gott längst gegen sich und gegen sein Volk.«

Friedrich Justus Perels lehnte den unwahren Kompromiß in jeder Form ab. Wie er sich konsequent allen Versuchen einer allmählichen Anpassung und Gleichschaltung widersetzte, so wirkte er auch mit Energie, Klugheit und Geschick für die Klarheit und Entschiedenheit des kirchlichen Handelns, für die Einmütigkeit der verschiedenen Richtungen innerhalb der Bekennenden Kirche, für ihre Rechtsvertretungen gegenüber staatlichen Eingriffen. Zum Teil brauchte er hierfür, – wie besonders bei seinen Bemühungen um Verfolgte – die Vermittlung derer, die in Staatsstellungen waren, aber dem Regime kritisch gegenüberstanden.

Es brachte ihn neben seiner Freundschaft mit Dietrich Bonhoeffer in Kontakt zu den verschiedenen Gruppen der Widerstandsbewegung – sozialistischen, konservativen und konfessionellen. Den Dienst, den er durch diese Fühlungnahme auch der Kirche leistete, würdigte später Bischof Dibelius mit folgenden Worten:

»Wir denken daran, daß er uns als der Einzige, den wir in Berlin noch hatten, die Türen offengehalten hat zu den anderen Menschen, Kreisen und Mächten . . .
Er hat uns geholfen für die Stunde bereit zu sein, die kommen mußte, und ihr Herannahen zu verfolgen . . .
Er hat uns geholfen, unsere Pläne und Gedanken für die Zukunft nicht durch die vier Wände der Katakomben verengen zu lassen, in die wir hineingezwängt waren . . .«

Über den Christen im Tagesdasein schrieb sein naher Freund und späterer Mitgefangener Pfarrer Eberhard Bethge:
»Wann kam einer vergeblich zu Friedrich Justus Perels? Vom Morgen bis Abend ließ er sich in Anspruch nehmen und machte Wege bis zur Erschöpfung, um Gefangenen die Freiheit zu verschaffen, Angehörigen von KZ-Leuten zu helfen, Pfarrfrauen zu beraten, Juden ihr Los zu erleichtern, sie zu verstecken oder ihnen zur Flucht zu verhelfen.«

Die Gefährlichkeit seiner gesamten Arbeit hatte Perels klar vor Augen. Nach seinen eigenen Worten war sie ihm aber selbstverständlich. »Es fallen jetzt so viele im Kampf für dieses System. Ich finde besser, man fällt im Kampf gegen dieses System.«

Auf diese Vorausahnung folgte am 5. Oktober 1944 seine Verhaftung.
Aus der anschließenden Gefängniszeit berichtete Eberhard Bethge:

»Wir entdeckten uns zuerst Ende November 1944, als ich ihn beim Spaziergang von seinem Zellenfenster aus mir zuwinken sah. Bei jeder Runde stieg er wieder auf seinen Schemel, um von oben herab winken zu können. Sprechen konnten wir uns allerdings erst im März 1945, als ich einen Kalfaktorposten übertragen bekam und beim Essenausteilen an seiner Zelle vorüberging. In der Zwischenzeit hatten wir einige Kassiber gewechselt, um uns über die gegenseitigen Vernehmungen zu orientieren.

Er ist besonders grausam verhört worden: Körperliche Mißhandlungen, ständige Bedrohung für seine Familie, Schmähungen gemeinster Art mußte er wochenlang ertragen. Sachlich sind mir folgende Vorwürfe zu Ohren gekommen: Beteiligung an dem Freiburger Kreis, Ritter, Wolff, von Dietze, Bauer; nächste Bekanntschaft mit Attentäter des 20. Juli, ständiges Konspirieren mit Bonhoeffer und v. Dohnanyi, Bekanntschaft mit dem Leiter der Berliner Kriminalpolizei Nebe und anderes mehr.

Am 2. Februar wurde er – im wesentlichen wegen Nichtanzeige – zum Tode verurteilt.
Vor dem Gericht standen Rüdiger Schleicher, Klaus Bonhoeffer, Hans John, Hans Kloss aus Wien, Perels. Nur Kloss kam mit 4 Jahren Zuchthaus davon. Von diesem erfuhr ich später, daß Perels am Gerichtstage die geschickteste Verteidigung führte und eine sehr gute Haltung zeigte.

Als die Todeskandidaten in meinen Flügel verlegt wurden, gelang es mir fast täglich, mit ihnen, so vor allem auch mit Perels heimliche Gespräche zu führen. Er war unausgesetzt beschäftigt, Material und Vorschläge in die Außenwelt zu schieben, um eine Wiederaufnahme des Verfahrens zu erreichen, die Ausfertigung des Vollstreckungsbefehls zu verzögern und das ganze mit den Mitverurteilten abzustimmen. Diese Bemühungen hatten Erfolg, daß nach Ostern berechtigte Hoffnung war, daß ein Vollstreckungsbefehl nicht erginge. Er ist auch nie erlassen worden.

Nachdem Perels wochenlang versucht hatte, auf offiziellem Wege die Erlaubnis zum Empfang des heiligen Abendmahls zu erhalten, und alles vergeblich blieb, habe ich ihm heimlich, von einem Posten unterstützt, am 1. Ostertag das Heilige Abendmahl gereicht. Der Wein war aus der Zelle von Ernst v. Harnack, der schon früher hingerichtet war, die Oblaten gab uns der katholische Jesuiten-Provinzial, Pater Roesch, aus seiner Zelle.

Die Spannung angesichts der näherrückenden Alliierten war manchmal kaum zu ertragen. Eine neue Belastung war es, als am 21. April 1945, während die ersten Artilleriegeschosse in Berlin einschlugen, die Todeskandidaten der Justiz übergeben wurden und damit in einen anderen Flügel wanderten.«

In der Nacht vom 22. zum 23. April 1945 wurde Friedrich Justus Perels aus seiner Zelle gezerrt und, wie seine Mitverurteilten, durch ein SS-Sonderkommando auf der Straße erschossen.

»Nach dem Krieg wird die Kirche abgeschafft«, schrie Freisler, der den Tag darauf von einer Bombe erschlagen wurde, in der Gerichtsverhandlung Perels entgegen.
»Die Kirche wird bleiben«, war dessen feste und ruhige Antwort.

Kurz vor dem Tode schrieb Friedrich Justus Perels an seine Frau:
»Heute, am Karfreitag, steht der ganze große Trost des Kreuzes Jesu Christi unmittelbar vor unseren Augen. Das ist eine starke und ewige Gewißheit, daß Er für unsere Sünden dahingegeben ist und daß wir durch Seine Wunden geheilt sind. Diese Gewißheit gibt Er uns und macht uns damit in der großen Trübsal fröhlich und reißt uns aus der Angst und Qual. Das erfahre ich hier in ganz reichem Maße. Und daran und an nichts anderes dürft und sollt Ihr Euch auch halten.«

MAX JOSEF METZGER

am 3. Februar 1887 in Schopfheim im Schwarzwald geboren, studierte in Freiburg Theologie, empfing 1911 die Priesterweihe, promovierte zum Dr. theol., war nach seinen Kaplansjahren in Mannheim, Karlsruhe und Oberhausen/Br. von 1914–1915 Divisionpfarrer in Frankreich und 1916 Leiter der Volksheilzentrale in Graz. Unter dem Eindruck des Kriegsgeschehens reifte er bald zu einer führenden Persönlichkeit des katholischen Pazifismus heran.

1917 gründete er mit dem Dominikaner P. Stratmann den »Friedensbund Deutscher Katholiken«, deren Generalleiter er bis zu seinem Tode blieb. Eine Frucht seiner regen ökumenischen Bemühungen war 1938 die Gründung der »Bruderschaft Una Sancta«.

Die Sorge um Deutschlands Zukunft veranlaßte Max Josef Metzger 1942 zu einem Memorandum an den evangelischen Erzbischof Eidem von Upsala über eine neue deutsche Staatsordnung mit der Bitte, sich bei den alliierten Bischöfen um einen erträglichen Friedensvertrag zu verwenden. Das Dokument, in dem nur zum Zweck der Übersendung ins Ausland aus Gründen der Vorsicht statt Deutschland »Nordland« und statt NSDAP »antinationale Partei« gesagt war, hatte sonst folgenden Wortlaut:

»Deutschland (die vereinigten deutschen Länder) ist ein Bund von demokratisch geführten Freistaaten (Preußen, Bayern, Sachsen usw.). Jeder Freistaat ist im Rahmen der deutschen Verfassung selbständig in bezug auf Innenpolitik, kulturelle und soziale Angelegenheiten und Verwaltung. Die Außenpolitik ist gemeinsam und der Führung des Staatenbundes vorbehalten. Die Politik Deutschlands ist nach innen und außen verfassungsmäßig festgelegt als eine redliche Friedenspolitik auf der Grundlage sittlicher Wahrheit und Treue sowie sozialer Gerechtigkeit.

Die Friedenspolitik nach innen gründet auf der Achtung des ewigen Sittengesetzes, auf der Anerkennung und Wahrung des gleichen Grundrechtes für alle Bürger, einer fortschrittlichen Sozialpolitik (Sicherung von Arbeit, Verdienst und Lebensmöglichkeit für alle; Nationalisierung aller Bergwerke, Kraftwerke, Eisenbahnen sowie des Großgrundbesitzes an Feld, Wald und Seen; soziale Steuerpolitik unter Schonung der Schwachen), und einer gerechten Nationalitäten- und Rassenpolitik (Selbstverwaltung der nationalen Kurien, z. B. in bezug auf die öffentlichen Mittel für Schulzwecke).
Die Friedenspolitik nach außen anerkennt und achtet in vollstem Umfang die Lebensrechte fremder Völker und vertritt bzw. verwirklicht freiwillig eine Abrüstung (bis auf eine Polizeitruppe zur Aufrechterhaltung der inneren Ordnung) zugunsten einer überstaatlichen Wehrmacht, die im Dienst eines unparteiischen Organs der ›Vereinigten Staaten von Europa‹ einen gerechten Frieden unter den Staaten zu schützen übernimmt.
Verfassungsmäßig ist jedem Deutschen die Unantastbarkeit der persönlichen Würde und Rechtssicherheit, die Freiheit des Gewissens, der Sprache und Kultur, sowie der Religionsübung, die Freiheit der Meinungsäußerung und schließlich der Freiheit des persönlichen Eigentums und Eigentumsgebrauchs innerhalb der durch das Gemeinwohl bestimmten und rechtlich klar festgelegten Grenzen gewährleistet.
Alle Deutschen, die an dem nationalen Unglück und der Vergewaltigung ihres Volkes nachweisbar mit Schuld tragen, bleiben, ebenso wie alle wegen gemeiner Verbrechen Verurteilten, für zwanzig Jahre von allen bürgerlichen Ehrenrechten (Wahlrecht, Recht auf Bekleidung öffentlicher Ämter) ausgeschlossen. Bis zur allfälligen Feststellung bzw. Bewährung ihrer charakterlichen und verfassungsgemäßen Zuverlässigkeit wird diese Mitschuld vorausgesetzt bei allen Funktionären der NSDAP und ihren Gliederungen und deren militärischen Selbstschutzorganisationen. Die darüber geführte Volksliste ist öffentlich.

Die gesetzgebende Gewalt Deutschlands steht bis zur Festlegung der endgültigen Verfassung auf Grund allgemeiner freier Volkswahlen beim deutschen Volkstag. Dieser besteht aus führenden Vertretern aller Stände sowie hervorragenden Persönlichkeiten der geistigen, kulturellen, religiösen Körperschaften, die erstmals ausgewählt werden vom deutschen Friedensorden, einer Vereinigung solcher Persönlichkeiten als allen Staatsgruppen und ehemaligen Parteien, die sich in der Vertretung der sittlichen, sozialen und politischen Grundsätze der neuen Friedenspolitik vor ihrem Volk und der Welt bewährt haben, insbesondere auch dadurch, daß sie für ihre Überzeugung und Haltung von seiten des vergangenen Systems persönliche Nachteile zu tragen hatten.
Dies politische Programm ist aufgestellt für den Fall, daß mit dem Kriegsende eine Revolution ausbricht, durch die die Kontinuität des Rechts nicht mehr aufrecht zu erhalten ist.«
Dieses Schreiben fiel in die Hände einer Gestapo-Agentin. So wurde Metzger, der schon 1936 vorübergehend in Haft war, am 29. Juni 1943 von der Gestapo abgeholt und wegen »Hochverrat und Feindbegünstigung« angeklagt.
Für ihn war freilich »kein Raum« im Dritten Reich, wie Freisler es ihm vor dem Volksgerichtshof bestätigte.
Hatte doch Bruder Paulus – so nannte sich Metzger nach dem Völkerapostel – immer wieder auf den großen internationalen Friedenskongressen der Nachkriegsjahre in Bern, Haag, Graz, Luxemburg und Konstanz, und 1921 als erster Deutscher in Paris, seine Stimme erhoben, daß das Wissen um die Gewissenspflicht von dem Christen fordere, auch auf politischem Gebiet mit den Geboten Gottes und dem Reich der Liebe Ernst zu machen. »Das ist es, was den Frieden bringt, dieser Geist der letzten persönlichen Selbstaufopferung, auch um den Preis des eigenen Lebens, wie ihn Christus Wahrheit, Gerechtigkeit und Liebe, Frieden, für das Reich Gottes auf Erden.«

Als das Todesurteil am 14. Oktober 1943 verkündet wurde, erwiderte Bruder Paulus ruhig:
»Ich möchte nur noch einmal sagen, daß ich vor Gott und meinem Volke ein gutes Gewissen habe und ihm nur zu dienen suchte«.

»Nun ist es geschehen. Ich bin ruhig, ich habe mein Leben Gott angeboten für den Frieden der Welt und die Einheit der Kirche«, sagte er nach der Verhandlung.
Er ist am 17. April 1944 in Brandenburg hingerichtet worden.

BERNHARD LICHTENBERG

geboren am 3. Dezember 1875 in Ohlau, empfing 1899 die Priesterweihe. Nach kurzer Kaplanzeit in Neiße war er seit 1900 in der Pfarrseelsorge Berlins und während des Weltkrieges 1914–1918 als Militärpfarrer bei dem Gardegrenadierregiment III tätig und erhielt damals die Verdienstmedaille des Roten Kreuzes.
Er machte sich nach dem Krieg als Berliner Stadtverordneter der Zentrumsfraktion bekannt, 1932 wurde er Dompfarrer und 1938 Domprobst an der St. Hedwigs-Kathedrale in Berlin. In apostolischer Armut, strenger Askese und unermüdlichem Dienst an seiner Gemeinde lebte er, was er predigte. Im Herbst 1941 wurde er von der Gestapo in Haft genommen.

Am 28. August 1941 sandte Domprobst Bernhard Lichtenberg folgendes Schreiben ab:

An den Herrn Reichsärzteführer
Dr. Conti im Reichsministerium des Innern
Berlin NW 7, Unter den Linden 72

Der Bischof von Münster hat am 3. August 1941 in der St. Lamberti-Kirche in Münster eine Predigt gehalten, in der er behauptete, es sei ihm versichert worden, daß man im Reichsministerium des Innern und auf der Dienststelle des Reichsärzteführers Dr. Conti gar kein Hehl daraus mache, daß eine große Zahl von Geisteskranken in Deutschland vorsätzlich getötet worden ist und in Zukunft getötet werden soll.
Wenn diese Behauptung unwahr wäre, hätten Sie, Herr Reichsärzteführer, den bischöflichen Prediger schon längst als Verleumder öffentlich gebrandmarkt und gerichtliche Klage gegen ihn angestrengt oder die Geheime Staatspolizei hätte sich seiner bemächtigt. Das ist nicht geschehen, Sie geben also die Richtigkeit der Behauptung zu. Wenn auch die heiligen zehn Gebote Gottes öffentlich ignoriert werden, so hat doch das RStGB noch Gesetzeskraft. § 211 des RStGB bestimmt: »Wer vorsätzlich einen Menschen tötet, wird, wenn er die Tötung mit Überlegung ausgeführt hat, wegen Mordes mit dem Tode bestraft.« § 139 bestimmt: »Wer von dem Vorhaben eines Verbrechens wider das Leben ... glaubhafte Kenntnis erhält und es unterläßt, der Behörde oder dem Bedrohten hiervon zur rechten Zeit Anzeige zu machen, wird ... bestraft.«
Wenn die mit der Strafverfolgung und Strafvollstreckung betraute staatliche Behörde hier keinen Anlaß einzugreifen erkennt, muß jeder deutsche Staatsbürger, den Gewissen und Amt dazu drängen, sich zum Worte melden.

Ich tue es hiermit:
Vor kurzer Zeit war eine fassungslose Mutter in meinem Büro. Sie wollte meinen Rat und meine Hilfe in Anspruch nehmen. Sie hatte vor einer Woche aus einer Provinzial-Heil- und Pflegeanstalt die Nachricht bekommen, daß ihr 38jähriger Sohn an Lippenfurunkel und Hirnhautentzündung gestorben und verbrannt worden sei. Er befand sich in dieser Anstalt erst seit einer Woche. Er war aus einer anderen Anstalt dorthin transportiert worden, die nur eine Sammelstelle für die »zum Tode Verurteilten« war. 18 Jahre hatte er in einer anderen Pflegeanstalt zugebracht, deren Arzt der Mutter vor einem Monat das Anerbieten gemacht hatte, ihren Sohn nach Hause zu beurlauben. Der Vater des Patienten hatte, sobald ihm seine Frau nach der Rückkehr von ihrem Krankenbesuch davon Mitteilung machte, durch einen eingeschriebenen Brief sein Einverständnis mit der Beurlaubung des Sohnes ausgesprochen; dieser Brief kam zu spät an, der Sohn war schon nach der Sammelstelle transportiert worden. Ein zweiter eingeschriebener Brief nach der Sammelstelle kam auch zu spät, der Sohn war schon zur »Hinrichtungsstelle« geführt worden. Die Mutter fuhr ihm nach, verlangte den Sohn, wie mit dem Arzt der ersten Pflegestelle verabredet war, zu wiederholten Malen heraus; der Arzt weigerte sich, ihn zu entlassen, die Mutter fuhr zurück, der Vater verlangte durch eingeschriebenen Brief die sofortige Herausgabe seines

Sohnes, als Antwort erhielt er wenige Tage darauf die Mitteilung seines Todes, die Asche könne zur Verfügung gestellt werden. Wieviele tausende oder -zigtausende Male sich diese Fälle wiederholt haben, weiß Gott allein. Die Öffentlichkeit darf es nicht wissen, und die Angehörigen fürchten, wie auch in diesem Falle, für ihre Freiheit und ihr Leben, wenn sie öffentlich Einspruch erheben.
Auch auf meiner priesterlichen Seele liegt die Last der Mitwisserschaft an den Verbrechen gegen das Sittengesetz und das Staatsgesetz. Aber wenn ich auch nur einer bin, so fordere ich doch von Ihnen, Herr Reichsärzteführer, als Mensch, Christ, Priester und Deutscher Rechenschaft für die Verbrechen, die auf Ihr Geheiß oder mit Ihrer Billigung geschehen und die des Herrn über Leben und Tod Rache über das deutsche Volk herausfordern.
Ich gebe von diesem Briefe der Reichskanzlei, den Reichsministerien und der Geheimen Staatspolizei Kenntnis.

gez. Bernhard Lichtenberg

Ein weiterer Brief, den Dompropst Lichtenberg als Antwort des Vorsitzenden der Fuldaer Bischofskonferenz, Kardinal Bertram, auf ein Schreiben des Reichsministers Kerrl vorbereitete, erreichte sein Ziel nicht. Die Gestapo hatte ihn bei einer Durchsuchung der Wohnung Lichtenbergs gefunden und beschlagnahmt. Diesem Brief ist folgender Auszug entnommen:

An die Reichsregierung,
z. Hd. des Reichsministers Kerrl

Sie haben in Ihrem Brief vom 4. August 1941 an den Herrn Kardinal den gemeinsamen Hirtenbrief der Deutschen Bischöfe zum Anlaß genommen, dem Herrn Kardinal das tiefste Befremden der Reichsregierung über das Verhalten aller deutschen Bischöfe auszusprechen, die an der Fuldaer Bischofskonferenz vom 24. bis 26. Juni teilgenommen haben, weil die Bischöfe sich nicht darauf beschränkt haben, wie es sich Ihrer Meinung nach für deutsche Bischöfe geziemt hätte, die Reichsregierung in einer Denkschrift berechtigte oder unberechtigte Sorgen zur Kenntnis zu geben. Sie fügen hinzu, daß Sie in diesem Falle durchaus bereit gewesen wären, dem Herrn Kardinal (und somit allen deutschen Bischöfen) die Stellung der Reichsregierung zum Inhalt der Denkschrift und zu der Frage, ob einzelne Punkte Berücksichtigung verdienen, zur Kenntnis zu geben.
Herr Reichsminister, es gibt ein Gebiet, auf dem die katholischen Bischöfe durch den Willen des göttlichen Stifters der katholischen Kirche, Jesus Christus, keinerlei Bevormundung bedürfen, auf dem sie vielmehr Lehrer und Führer sind und selbst der rechtmäßigen staatlichen Obrigkeit ein ernstes, warnendes »Halt« zurufen müssen: In rebus fidei et morum!
Es wäre ein Fehlschluß, aus einer verbindlichen schriftlichen Ausdrucksweise auf Schwäche in den Grundsätzen zu schließen. Wenn die Bischöfe nur selten fordern, so ist doch in der Tat eine Bitte des Gesamt-Episkopates in rebus fidei et morum eine Forderung, erst recht an eine Staatsgewalt, welche die von Gott gesetzten Machtgrenzen in verstiegenem Totalitätsanspruch nicht zum Schutze, sondern zum Schaden von Volk und Vaterland überschreitet...

Am 22. Mai 1942 wurde Dompropst und Prälat Bernhard Lichtenberg vom Sondergericht I beim Landgericht wegen Kanzleimißbrauchs und Vergehen gegen das Heimtückegesetz zu zwei Jahren Gefängnis verurteilt.

I

In der Urteilsbegründung heißt es:

Am 29. August 1941 hielt der Angeklagte in der St. Hedwigs-Kirche eine Abendandacht, welcher zahlreiche Gläubige beiwohnten. Diese Andacht schloß er mit einem Gebet, in dem er unter anderem erklärte: »Laßt uns nun beten für die Juden und die armen Gefangenen in den Konzentrationslagern, vor allem auch für meine Amtsbrüder.« Hieran nahmen zwei Studentinnen, welche sich gerade in der Kirche befanden, Anstoß und erstatteten Anzeige. Die Anklage ist ihm deswegen zur Last, als Geistlicher in Ausübung seines Berufes in einer Kirche mehrere Angelegenheiten des Staates in einer den öffentlichen Frieden gefährdenden

Weise zum Gegenstand einer Verkündigung gemacht zu haben. Der Angeklagte gibt zu, die vorerwähnten Erklärungen im Laufe des Abendgebetes von der Kanzel der St. Hedwigs-Kirche abgegeben zu haben ... Die Juden schließe er in sein Gebet ein, seit die Synagogen in Brand gesteckt und die jüdischen Geschäfte geschlossen worden seien. Er sei damals über diesen Vandalismus entrüstet gewesen und deshalb entschlossen, für die Juden allabendlich mitzubeten.

II

Etwa Mitte Oktober 1941 fand der Angeklagte auf seinem Schreibtisch ein gedrucktes Flugblatt vor ... Es handelt sich um ein Exemplar der Flugblätter, welche damals auf Anordnung des Reichspropagandaministeriums hergestellt und von den Ortsgruppen der NSDAP unter sämtliche Volksgenossen im Deutschen Reich verteilt wurden. Der Angeklagte war sofort entschlossen, gegen den Inhalt des Blattes innerhalb seiner Gemeinde Stellung zu nehmen, und zwar in der Form der Vermeldung, das heißt einer Verkündung während des Gottesdienstes durch alle Geistlichen der St. Hedwigs-Kirche. Zu diesem Zweck fertigte er folgenden Entwurf an, der bei seiner Festnahme am 23. Oktober 1941 vorgefunden wurde:

»Vermeldung

In Berliner Häusern wird ein anonymes Hetzblatt gegen die Juden verteilt. Darin wird behauptet, daß jeder Deutsche, der aus angeblicher falscher Sentimentalität Juden unterstützt, und sei es auch nur durch freundliches Entgegenkommen, Verrat an seinem Volke übt. Laßt euch durch diese unchristliche Gesinnung nicht beirren, sondern handelt nach dem strengen Gebot Jesu Christi: Du sollst deinen Nächsten lieben wie dich selbst.«

III

Bei der Strafzumessung ist zu seinen (Lichtenbergs) Gunsten zu berücksichtigen, daß er sich bisher straffrei geführt hat, auf viele Jahre segensreichen Wirkens als Pfarrer zurückblicken kann, innerhalb seiner Gemeinde allseitig Verehrung genießt und während des Weltkrieges in dem ihm gesteckten Rahmen seine Pflicht erfüllt hat ...
Unter Berücksichtigung aller dieser Umstände sowie im Hinblick darauf, daß sich der Angeklagte nicht der besten Gesundheit erfreut und ihn deshalb jede Freiheitsentziehung härter, als das sonst üblich ist, trifft ... ist gemäß § 74 StrGB eine Gesamtstrafe von zwei Jahren Gefängnis gebildet worden.

Domprobst Bernhard Lichtenberg hat seine zweijährige Gefängnishaft in der Strafanstalt Berlin-Tegel verbüßt. Er wurde danach jedoch nicht in die Freiheit entlassen.

Bei der Überführung in das Konzentrationslager Dachau starb er am 3. November 1943 auf dem Transport.

HANS-BERND VON HAEFTEN

am 18. Dezember 1905 in Berlin geboren, Sohn eines höheren Offiziers, studierte Rechtswissenschaften und setzte seine Studien nach der Referendarprüfung als Austauschstudent in Cambridge fort. Anschließend an eine Tätigkeit als Hilfsangestellter im Deutschen Generalkonsulat Genf wurde er Sekretär der Stresemann-Stiftung.

Sein Eintritt in den Auswärtigen Dienst im Jahr 1933 führte ihn nach Kopenhagen, Berlin, Wien, Bukarest und 1940 wieder ins Auswärtige Amt Berlin zurück, wo er zuletzt als Vortragender Legationsrat in der kulturpolitischen Abteilung beschäftigt war. In dieser Zeit hielt er besonders enge Verbindung mit Adam von Trott zu Solz und Adolf Reichwein.

Haeften, der sich zuvor an den Bestrebungen des Berneuchen-Kreises zur Erneuerung des kirchlichen Lebens beteiligt hatte, wirkte dann an den Beratungen des Kreisauer Kreises mit. Auf Grund dieser Mitarbeit wurde er – nachdem sein Bruder Werner als Adjutant Stauffenbergs bereits am 20. Juli erschossen worden war –, am 15. August 1944 vom Volksgerichtshof zum Tode verurteilt und wenige Stunden nach der Urteilsverkündung hingerichtet.

Seine Frau, die die Gestapo von den fünf Kindern – das jüngste im Säuglingsalter – fortgeholt hatte, befand sich, wie andere Frauen und Kinder der an der Umsturzaktion beteiligten Männer, mehrere Wochen in Sippenhaft.

»Wenn ich an unseren Freund Hans-Bernd von Haeften denke« – schreibt Marion von Yorck – »so sehe ich ihn nicht so sehr als einen Menschen starker äußerer Konturen vor mir. Fesselnd waren vielmehr bei seiner zarten Konstitution seine Augen, die die Empfindsamkeit seiner Seele und seines Gewissens verrieten. Im Kontrast dazu hatte er einen ausgeprägt scharfen Verstand und eine Begabung zur Dialektik. Den stärksten Ausdruck aber fand er nicht im gesprochenen, sondern im geschriebenen Wort. Er war ein guter Freund und ein zärtlicher Vater, und ich stelle ihn mir eigentlich immer nur im Kreise seiner Familie vor.«

Eberhard Zeller sagt in seinem Buch »Geist der Freiheit« über Haeften:

»Was in Deutschland geschah, faßte er als den Einbruch einer gottfeindlichen, losgelösten Welt auf, gegenüber der so vieles, was man bisher als stark und konstituierend angesehen hatte, in ein fast unverständliches Schwinden kam. Immer wieder beschäftigten ihn die Gedanken, wie man das hybrid gewordene Staatsgeschehen wieder in die richtige Zuordnung zu den über den Menschen waltenden Menschen bringen könne. Er war von großer und angenehmer Gestalt, ein nachsinnender Mensch des Wohltuns und Rechttuns, mit einem fast überzarten Gewissen gegen sich selbst und die Widrigkeiten der Welt.«

Als überzeugter Christ lehnt Hans-Bernd von Haeften innerlich schon lange vor der Mitarbeit im Kreisauer Kreis den Nationalsozialismus ab. Für die Unruhe seines protestantischen Gewissens in jenen Jahren spricht ein Brief, den er im Mai 1941 an seinen Freund, Herbert Krimm, schrieb, und dem folgender Auszug entnommen ist:

»Ich bin Deiner Meinung, daß die Kirche durch ihr Dasein wirken soll. Sie soll also nicht selber Politik machen, das heißt sich mit den Aufgaben der weltlichen Ordnung befassen. Aber zum Dasein der Kirche gehört das gesamte Bereich geistigen Wirkens, also auch die Seelsorge. Wenn nun in der weltlichen Ordnung oder Unordnung Ereignisse oder Zustände eintreten, die das geistliche Heil der Menschen gefährden, wenn die Politik die Bürger in Lagen bringt, die sie als Christen nicht verantworten können, dann kommt es zu jenen Kreuzungs- oder Schnittpunkten von Staat und Kirche, die häufig und unvermeidlich sind, weil nun einmal beide Institutionen es mit denselben Menschen zu tun haben und weil diese Menschen die Einheit ihrer Person nicht in Bürger und Christ aufspalten können noch dürfen. An solchen Überschneidungsstellen aber, die natürlich mehr oder minder kritisch, Entscheidungfordernd, auch mehr oder weniger eindeutig sein können, verbietet es ihr Bischofsamt der Kirche ›zu schweigen wie ein stummer Hund‹. Hier gebietet ihr die seelsorgerliche Pflicht zu reden, zu verkünden und zu ermahnen.

Wenn die christlichen Völker so wie heute vom Wahnsinn politischer Dämonien gepackt werden, dann muß die seelsorgerliche Stimme der Kirche auch öffentlich ertönen und Zeugnis ablegen vor aller Welt. Das gehört auch zum Wesen einer Kirche, die ›durch sie selber wirken soll‹.

Zu einem ›Hofprediger‹ aber gehört, meine ich, noch mehr. Und das trifft in gleicher Weise auf Euch alle zu, die ihr theologisch gelehrte Männer, sozusagen Christen von Profession seid. Wenn nämlich einer, der mit den Dingen weltlicher Ordnung zu tun hat, euch um Rat fragte, wie er denn wohl diese oder jene Aufgabe als Christ am besten lösen könne, dann solltet ihr darauf schon etwas Nützliches zu antworten wissen.

Und dazu müßte der Theologe dann auch sub specie fidei christianae einen Rat zu geben wissen; nicht als Vertreter der Kirche freilich, denn die Kirche hat sich mit den unwandelbaren Gewißheiten des Glaubens zu befassen und nicht mit den veränderlichen Ratschlägen für irdische Ordnung, die nach Zeit und Raum und tausend Gegebenheiten der Geschichte werden verschieden sein müssen. Aber wenn eben nicht nur der Einzelmensch, sondern auch ›die Herrschaften und Fürstentümer von Ihm und zu Ihm geschaffen‹ sind, wenn also auch das irdische ›Reich‹ seine letzte Ausrichtung aus dem eschatologischen Sinn dieses Wortes empfängt, wenn es höchstes Ziel der Politik ist, durch rechte weltliche Ordnung dem Wachstum des ›kommenden‹ Reiches zu dienen, die Völker so zu erhalten und zu verwalten, wie sie am ehesten ›ein Volk zu Seinem Eigentum‹ werden können, dann müßte auch der christliche Staatsmann bei den Männern der Kirche Rat holen können für seine Aufgaben, die ja doch von keinem anderen Auftraggeber gestellt sind als von dem einen Herrn!

Es ist dieses durch Diesseitiges und Jenseitiges, durch Irdisches und Überirdisches sich erstreckende Gesamtgefüge einer einheitlichen Bezogenheit, das Augustinus meinte, wenn er von der ›civitas Dei‹ sprach. Der Katholizismus hat diese Überlieferung klarer erhalten, aber daraus die meiner Ansicht nach falsche Konsequenz gezogen, qua Kirche ein für alle Mal verbindliche Sozial-, Staats- und Gesellschafts-Doktrinen zu entwickeln, während doch die Konkretisierung christlichen Glaubens in weltlicher Ordnung, Sache der weltlichen Instanzen bleibt und außerdem nach den wechselnden geschichtlichen Gegebenheiten immer wieder andere Ordnungsformen annehmen muß.

Hier wie oft ist der Protestantismus freier, aber er muß endlich inne werden, daß er in der Lage sein müßte, Antwort zu geben, wenn die Laien die Theologen um ihren christlichen Rat in weltlichen Dingen bitten.«

DIETRICH BONHOEFFER

am 4. Februar 1906 in Berlin geboren, wuchs im großen Geschwisterkreis auf. Daheim in Berlin verkehrten Dellbrücks und Harnacks. Auch später war es das Haus des Vaters, in dem sich die Freunde der Jugendzeit und die Verantwortlichen der Kirche trafen: das Haus des bekannten Psychiaters Karl Bonhoeffer. Dort fuhren im April 1943 Gestapo und Kriegsgerichtsbeamte vor, um Dietrich Bonhoeffer abzuholen und das Material zu suchen, das ihn und die Freunde belasten würde. Aber erst nach dem 20. Juli fielen der Gestapo belastende Hinweise in die Hände. Dietrich Bonhoeffer hatte darum gekämpft zu überleben, lange, mit vielen Mitteln und mancherlei Hoffnungen.
Am 9. April 1945 tötete man ihn im Konzentrationslager Flossenbürg.

Er war voll vitaler Kraft und sensibel zugleich, intellektuell und besaß einen untrüglichen Sinn, daß die Schönheit des Lebens auf dem Grund weniger vollzogener Entscheidungen wächst: die Entscheidung zum Beruf eines Pastors, die Entscheidung für die Bekennende Kirche, die Entscheidung zur politisch-konspirativen Aktion.
Solchen Entscheidungen auszuweichen bot sich ihm zweimal Gelegenheit; zweimal schlug er sie aus. Von seinem Posten als Auslandspfarrer in England rief man ihn 1935 in die Leitung eines illegalen Predigerseminars nach Pommern.

In qualvoller Unruhe erlebte er im Sommer 1939 die weltpolitische Entwicklung auf einer Vortragsreise durch die Vereinigten Staaten. Man bot ihm Aufenthalt, Amt und Professur, doch er wählte den Weg zurück. So steht im Tagebuch: »Bei allem fehlt mir Deutschland, die Brüder . . . Ich begreife nicht, warum ich hier bin . . . Das kurze Gebet, in dem wir an die deutschen Brüder dachten, hat mich fast überwältigt . . . Ich will für den Kriegsfall nicht hier sein . . . Seit ich auf dem Schiff bin, hat die innere Entzweiung über die Zukunft aufgehört.«
Und später aus der Zelle an seinen Freund Eberhard Bethge: »Daß ich jetzt sitze, rechne ich auch zu dem Teilnehmen an dem Schicksal Deutschlands, zu dem ich entschlossen war.«
So band er sich selbst und betrat damit doch den Raum einer großen inneren Freiheit. Er hatte Freiheit, Menschen zu begegnen jeder Herkunft, Art und Überzeugung. Er hatte Freiheit, Ferien zu machen, zu musizieren, was er am meisten liebte: die Meister vor Bach und die großen Klassiker. Er war ein guter Lehrer, weil nichts an ihm dozierte, ein guter Überzeuger, weil er niemand seine eigene Entscheidung vorzeitig zumutete.
Während seiner zweijährigen Haftzeit hat sich Dietrich Bonhoeffer mit theologischen und philosophischen Ausarbeitungen befaßt. Folgende Auszüge stammen aus einem unveröffentlichten Romanfragment, verfaßt im Tegeler Gefängnis 1943:

»Wenn Ihr schon das Leben verachten müßt, um es zu gewinnen – so vergeßt nicht, es zu lieben, wenn Ihr es gewonnen habt. Hütet Euch, leichtfertig über das Glück zu sprechen und mit dem Unglück zu kokettieren! Das ist gegen das Leben, gegen den Menschen, wie er geschaffen ist und als armer Sünder sein Leben fristet und nach dem Glück als dem kleinen Zeichen der Freundlichkeit Gottes verlangt. Es ist nicht so leicht, unglücklich zu sein, und wer es wirklich ist, der verachtet und schmäht den Glücklichen nicht. Wozu wollt Ihr bereit sein, Unglück zu tragen, wenn nicht um andere Menschen glücklich machen zu dürfen! Das Unglück kommt von selbst oder besser von Gott; wir brauchen ihm nicht nachzulaufen! Unglücklich werden, das ist Schickung – aber unglücklich sein wollen, das ist Lästerung und eine schwere Krankheit der Seele.«
»Wie die Natur, so entwickelt auch die Geschichte einen Überschuß von Kraft, um zu einem bescheidenen, aber notwendigen Ziel zu kommen. Auch die Geschichte ist verschwenderisch, wenn es ihr darum geht, das Menschengeschlecht zu erhalten; sie bietet die ungeheuersten Kräfte auf, um die Menschen zu einer einzigen notwendigen Erkenntnis zu bringen. Auch wenn wir das uns unbegreifliche Mißverhältnis zwischen den scheinbar sinnlosen, unfruchtbaren Opfern und dem bescheidenen Ergebnis sehen und beklagen, dürfen wir darüber die Wichtigkeit auch des bescheidensten Ergebnisses niemals gering anschlagen. Es ist wie die eine unter tausend Kastanien, die unscheinbar im Boden Wurzel schlägt und wiederum Frucht zu bringen versteht.«

ALFRED DELP

wurde als ältester Sohn von sechs Kindern in Mannheim am 15. September 1907 geboren. Nach der Volksschule, als Fünfzehnjähriger zum katholischen Glauben übergetreten, bereitete ihn der Lampertheimer Pfarrer auf den Besuch der Höheren Schule vor. Er machte innerhalb von drei Jahren sein Abitur und trat mit 18 Jahren in den Jesuiten-Orden ein. 1937 wurde er zum Priester geweiht, hatte jedoch schon zuvor den Dr. phil. gemacht. Von 1937 bis 1941 hat er zum Teil selbst gelehrt, zum Teil an den »Stimmen der Zeit« gearbeitet. Seine dortige Tätigkeit trug ihm bereits damals eine mehrwöchige Verhaftung ein. Von 1941 bis 1944 war er als Seelsorger an der St. Georg-Kirche, München-Bogenhausen, tätig. Seine im Gefängnis verfaßten Schriften »Im Angesicht des Todes« beschließen seine früheren Arbeiten »Tragische Existenz«, »Der Mensch und die Geschichte«, »Zur Erde entschlossen« und »Der mächtige Gott«.

»Das allgemeine Schicksal, meine persönliche Lage, die Entscheidung der nächsten Tage: alles sammelte sich in das eine: Mensch, laß dich los zu deinem Gott hin und du wirst dich selbst wiederhaben. Jetzt haben dich andere, sie quälen dich und erschrecken dich und jagen dich von einer Not in die andere. Das ist dann die Freiheit, die singt: – uns kann kein Tod nicht töten. Das ist dann das Leben, das da ausfährt in die grenzenlose Weite.«

»In diesen Wochen der Gebundenheit habe ich dies erkannt, daß die Menschen immer dann verloren sind und dem Gesetz ihrer Umwelt, ihrer Verhältnisse, ihrer Vergewaltigungen verfallen, wenn sie nicht einer großen inneren Weite und Freiheit fähig sind. Wer nicht in einer Atmosphäre der Freiheit zu Hause ist, die unantastbar und unberührbar bleibt, allen äußeren Mächten und Zuständen zum Trotz, der ist verloren.«

»Die Geburtsstunde der menschlichen Freiheit ist die Stunde der Begegnung mit Gott.« Diese Worte schrieb Pater Alfred Delp um die Jahreswende 1944/45, als er in Haft war und auf die Verurteilung wartete. Er hatte sich auf Wunsch seines Provinzialoberen, Pater Roesch, seit 1942 bereitwillig an den Besprechungen des Kreisauer Kreises beteiligt. Sein besonderes Aufgabengebiet war dabei die Frage einer christlichen Sozialordnung, mit der er sich schon früher beschäftigt hatte, als er an den »Stimmen der Zeit«, dem Organ der Jesuiten, das Referat für Soziologie innehatte.
Noch im Gefängnis haben ihn diese Dinge beschäftigt. Sein Ausgangspunkt war dabei die Gottlosigkeit des gegenwärtigen Menschen, die seiner Meinung nach nicht nur durch die Verkündigung überwunden werden konnte. »Ich kann predigen, soviel ich will, und Menschen geschickt oder ungeschickt behandeln und wieder aufrichten, solange ich will: solange der Mensch menschenunwürdig und unmenschlich leben muß, solange wird der Durchschnitt den Verhältnissen erliegen und weder beten noch denken. Es braucht die gründliche Änderung der Zustände des Lebens.« Delp forderte daher von der Kirche, daß sie sich nicht nur auf ihr religiöses Anliegen beschränkt, sondern sich der »Sorge um den menschentümlichen Raum und die menschenwürdige Ordnung« annimmt.
Die gesunde soziale Ordnung war ihm freilich nur eine »unterste Voraussetzung« für sein eigentliches Ziel. Sie sollte lediglich die Möglichkeit schaffen für die Erziehung des Menschen zur »Selbständigkeit, Verantwortung, Urteilsfähigkeit, Gewissensfähigkeit«. Der Mensch sollte mit ihr einen Grad von »geistiger Wachheit und persönlicher Lebendigkeit« erlangen, der ihn »fähig« macht, »den Namen und das Wort Gottes noch einmal zu vernehmen und die Ordnung Gottes noch einmal anzuerkennen und zu vollziehen«. Die soziale Neugestaltung war für Delp nicht Selbstzweck, sondern sie war ihm eingespannt in die »Erziehung des Menschen zu Gott«.
Pater Delp hat seine Mitarbeit im Kreisauer Kreis mit dem Leben bezahlen müssen. Am 2. Februar 1945 ist er in Berlin »von den Feinden des Glaubens« – wie es auf der Gedenktafel im Jesuitenkolleg St. Blasien heißt – getötet worden.

Er hat sich immer für die allgemeinen Anliegen verantwortlich gewußt und das mit seinem Leben und Sterben bestätigt:
»Noch etwas wissen von Christus und selber Christ sein wollen, das heißt heute, innerlich bereit sein

müssen, die Verantwortung für das Ganze auf sich zu nehmen. In diesen Zeiten erträgt Gott nicht den Menschen, der da vor ihm erscheint und nur sein privates Anliegen vor ihn bringt und nur seine private Sorge ihm vorträgt. In Zeiten, in denen Gott mit der Menschheit würfelt um die Grundordnungen des Daseins, da verlangt der Herrgott den Menschen des weiten Herzens, der großen Verantwortlichkeit, der wirklich vor Gott hintritt und das Ganze auf sich nimmt.«

HELMUTH JAMES GRAF VON MOLTKE

geboren am 11. März 1907 auf dem elterlichen Gut in Kreisau (Schlesien), Landwirt und Jurist, während des Krieges von 1939 bis 1944 Sachverständiger für Kriegs- und Völkerrecht im Oberkommando der Wehrmacht, wurde am 23. Januar 1945 in Plötzensee hingerichtet.

Kurz vor seinem Tode schrieb er an seine Söhne: »Ich habe mein ganzes Leben lang, schon in der Schule, gegen einen Geist der Enge und der Gewalt, der Überheblichkeit, der Intoleranz und des Absoluten, erbarmungslos Konsequenten angekämpft, der in den Deutschen steckt und der seinen Ausdruck in dem nationalsozialistischen Staat gefunden hat. Ich habe mich auch dafür eingesetzt, daß dieser Geist mit seinen schlimmen Folgeerscheinungen wie Nationalismus, im Exzeß, Rassenverfolgung, Glaubenslosigkeit, Materialismus, überwunden werde.«
Helmuth James Graf von Moltke war noch vor dem Krieg der Meinung, »daß der Glaube an Gott nicht wesentlich sei«, um den Kampf gegen den Nationalsozialismus durchzustehen. Später schrieb er dazu: »Heute weiß ich, daß ich unrecht hatte, ganz und gar unrecht ... Der Grad von Gefährdung und Opferbereitschaft, der heute von uns verlangt wird, setzt mehr als gute ethische Prinzipien voraus ...«
Moltke, der schon Monate vor dem 20. Juli 1944 ins Gefängnis kam, weil er einen Freund vor dessen bevorstehender Verhaftung gewarnt hatte, sagte von sich: »Seitdem der Nationalsozialismus zur Macht gekommen ist, habe ich mich bemüht, seine Folgen für seine Opfer zu mildern und einer Wandlung den Weg zu bereiten. Dazu hat mich mein Gewissen getrieben, und schließlich ist das eine Aufgabe für einen Mann.«
Was er aber aus dieser Haltung heraus unternommen hatte, stand bei seiner Gerichtsverhandlung in Tegel nicht zur Sprache. Irgendwelche tatsächlichen Handlungen gegen den Staat wurden ihm nicht zur Last gelegt. Irgendein Klasseninteresse war bei ihm ausgeschlossen. Er stand vor Freisler »nicht als Protestant, nicht als Großgrundbesitzer, nicht als Adliger, nicht als Preuße, nicht als Deutscher«.
In seinem Fall ging es um eine ganz andere Sache. Sie liegt beschlossen in dem Satz, den Freisler Moltke während der Verhandlung entgegenrief: »Herr Graf, eines haben das Christentum und wir Nationalsozialisten gemeinsam, und nur dies eine: wir verlangen den ganzen Menschen.«
In diesem Satz liegt die grundsätzliche Frage christlichen Widerstandes überhaupt. Die Forderung des totalitären Staates greift nach dem Menschen bis hinein in seine Seele. Der Anspruch des Staates steht in unauflösbarem Konflikt mit dem Anspruch Gottes. Der Mensch wird zerrieben in dieser Situation, in diesem »Chaos«. Vor der Stimme des Gewissens wird jedes Nachgeben gegenüber den verwerflichen Forderungen des Staates als Schwäche und Versagen, als Haltlosigkeit und tiefinnerliche Unfreiheit gezeichnet. Aber dem Ruf Gottes folgen heißt, eine ganze Welt von Feinden gegen sich aufbringen. Denn dies allein war es ja, was Moltke getan hatte. Alles, was diese Sachlage hätte verdunkeln können, alle etwaigen anderen Anklagepunkte waren fortgefallen. Er stand vor Freisler, »als Christ und gar nichts anderes«. Er fiel für den einen einzigen Gedanken: »Womit kann im Chaos das Christentum ein Rettungsanker sein?«
»Ein Rettungsanker!« – Die Entscheidung des Christen für Gott bedeutet nicht nur Verfolgung und Tod, sondern ein Hindurchretten der Seele durch das »Chaos«. Rettung vor dem erpresserischen Zugriff des Staates in eine allen irdischen Gewalten unerreichbare Freiheit, in eine »absolute Geborgenheit«. Aus dem Bewußtsein dieser »Geborgenheit« fließt die Kraft, um jenem »Grad von Gefährdung und Opferbereitschaft« zu genügen, von dem Moltke geschrieben hat.
Das Freiheitserlebnis der christlichen Widerstandsbewegung ist immer wieder und vor allem in den Kellern der Gestapo bezeugt worden. Moltke beschreibt es:
»... Der ganze Saal hätte brüllen können, wie der Herr Freisler, und sämtliche Wände hätten wakkeln können, und es hätte mir gar nichts gemacht; es war wahrlich so, wie es im Jesaja 43, 2 heißt: Denn so du durch Wasser gehst, will ich bei dir sein, daß dich die Ströme nicht sollen ersäufen; und so du ins Feuer gehst, sollst du nicht brennen, und die Flamme soll dich nicht versengen. – Nämlich deine Seele ...«

THEO HESPERS

Aus der ruhigen Zuverlässigkeit einer katholischen Familie des niederrheinischen Kleinbürgertums führt der Lebensweg Theo Hespers über die Jugendbewegung in das politische Kampffeld und in den frühen Tod. Man könnte bei diesem Schicksal auch von einem späten Opfer des Krieges 1914 bis 1918 sprechen.

Während der Schulzeit ist Theo Hespers als Mitglied der katholischen Jugendorganisation »Quickborn« begeisterter Wandervogel. Mit dem Einjährigen geht er von dem Gymnasium ab und tritt in die Kaufmannslehre ein. Doch die Probleme der Nachkriegsgeneration fesseln ihn mehr und mehr, so daß ihm statt des eigentlichen Berufes die Organisierung der Jugend Inhalt und Aufgabe wird.

Die Belgier verhaften den Neunzehnjährigen, der mit jugendlichem Temperament – sehr seiner Heimat verbunden – die Separatisten an Rhein und Ruhr bekämpft. Drei Jahre später zeichnet sich seine stärkere Anteilnahme an den sozialen und menschlichen Grundsatzfragen ab. Er tritt bei gleichzeitiger Bindung an die »Pfadfinderschaft Westmark« der »Christlich-Sozialen Bewegung« bei. Schon vor der Machtübernahme gerät er als linkseingestellter Katholik in heftigste Auseinandersetzungen mit den Nationalsozialisten.

So sieht er sich 1933 zur Emigration nach den Niederlanden gezwungen. Auf Grund seiner politischen Grenzarbeit in Roermond läuft dort eine Beschwerde des »Dritten Reiches« ein, der zufolge Theo Hespers von Limburg nach Nordbrabant übersiedeln muß.

Der Essener Prozeß gegen den »Jungnationalen Bund« der Bündischen Jugend im Juni 1937, in dessen Mittelpunkt Hans Böckling zu 12 Jahren Zuchthaus verurteilt wird, ruft unter den niederländischen Jugendorganisationen größte Erregung hervor. Es führt zu der Forderung nach Unterstützung der deutschen Jugend, die sich der Diktatur nicht beugen will, und damit zu der Gründung der Zeitschrift »Kameradschaft« in Brüssel und Amsterdam mit den Herausgebern Theo Hespers und Hans Ebeling.

»Die katholische Jugend hat einen zu hohen Begriff von wirklicher nationaler Einheit und Freiheit, als daß sie sich und ihre Ideen der Nazi-Demagogie opfern könnte. Für sie ist die Einheit des Volkes nicht die Zerstörung der Eigenartigkeit seiner Kirchen, Stämme und Schichten, sondern bedeutet sinnvolle Zusammenarbeit und Ergänzung aller Kräfte für eine gemeinsame Aufgabe: die Erneuerung des Volkes auf einer wirklich ethischen und sozialen Basis. Und es ist nur zu selbstverständlich, daß Freiheit als erste Voraussetzung nicht Zwang, sondern Freiwilligkeit hat«, ruft Theo Hespers 1938 in der Zeitschrift »Kameradschaft« der deutschen Jugend zu. »Wir werden unserer Pflicht nie gerecht, wenn wir uns auf die Sakristei zurückziehen und ins Ghetto gehen! Terror und Angst vor der ›Illegalität‹ darf uns nie davor zurückhalten, als Christen unsere Pflicht zu erfüllen.«

Und weiter begründet er seine katholisch-bündische Haltung:

»Wir Menschen der deutschen Jugendbewegung haben den alten Parteien, den kulturellen und religiösen Formen stets sehr kritisch gegenübergestanden. Aus der Kritik entstand zum Teil scharfe Ablehnung. Wo man sich aber bewußt in die gegebenen Formen hineinstellte, um sie lebendig zu gestalten, blieb der nötige Abstand gewahrt, so daß man seine persönliche Haltung aufrecht erhielt. Es ist der Mühe wert, noch einmal klar herauszustellen, warum wir so vielen Formen kritisch und ablehnend gegenüberstanden, die an sich wertvolle Ideen vertraten. Wem galt unsere Kritik am Sozialismus, am Nationalismus, am Katholizismus, am Christentum? Waren es die Ideen oder die Menschen? Wir können eindeutig antworten, daß es die Menschen waren und die Halbheit, mit der die Ideen vertreten und gelebt wurden. Wir sahen, daß die Vertreter des Sozialismus sich nicht ent-

schieden für eine soziale Neuordnung einsetzten, daß die Vertreter des Nationalismus nicht das Wohl des Volkes und der Nation, sondern egoistische Ziele im Auge hatten, daß die Vertreter des Katholizismus nicht die Weite zeigten, die der Weltkirche ansteht, daß die Vertreter des Christentums mit der Lehre der Nächstenliebe nicht ernst machten . . .
Keine der bis 1933 führenden politischen und kulturellen Gruppen brachte die Kraft auf, den Machtantritt dieses Gewaltregimes zu verhindern oder sich in ihm zu behaupten. Was war die tiefste Ursache dafür, daß kein genügender Widerstand da war, um den Ausbruch der totalen Barbarei zu verhindern? War das deutsche Volk nicht mündig genug oder nicht gewillt, für seine innere Freiheit zu kämpfen? Verfügte man nicht über die nötigen Machtpositionen? Nein, das war nicht das Entscheidende! Was fehlte, war die tiefste Überzeugung in den führenden Kreisen aller Richtungen, war das Verantwortungsbewußtsein und die Opferbereitschaft für die eigene Sache . . .
Das deutsche Volk – schon allzuoft betrogen und verraten, und jetzt in ein System des organisierten Mißtrauens verstrickt, ist so gründlich enttäuscht, daß es von heute auf morgen nicht wieder irgendeiner marktschreierischen Parole folgen wird. Die wichtigste und schwerste Arbeit wird daher sein, wieder ein Vertrauensverhältnis unter den deutschen Menschen herzustellen. Diese Arbeit kann aber nur durch Menschen und Gruppen geleistet werden, die aus der Vergangenheit und Gegenwart unbelastet sind und durch ihre geradlinige Haltung und ihren persönlichen Einsatz überzeugen.«

Nach dem Einmarsch in Holland im Mai 1940 gelingt es Hespers, bis nach Dünkirchen zu kommen. Die Engländer sind bereit, ihn mitzunehmen, nicht aber, auf dem militärischen Rückzug die Verantwortung für Frau und Kind zu tragen. Mit seiner Familie geht er nach Belgien und lebt dort unter Decknamen auf dem Lande – durch Freunde der belgischen Jugendbewegung verborgen –, bis er im Februar 1942 erkannt, verhaftet und in das Reichssicherheitshauptamt Berlin überführt wird. Bald danach erfolgt die Verkündung des Todesurteils gegen Theo Hespers.
Nach einem Fliegerangriff auf das Zuchthaus Plötzensee wird er, da es an Raum für neue Zugänge fehlt, zusammen mit 250 ebenfalls zum Tode Verurteilten am 9. September 1943 erhängt.

FREIHEIT UND ORDNUNG

Die Kräfte des deutschen Widerstandes unterstanden keiner Zentrale; sie waren auf kein einheitliches Programm verpflichtet. Sie befanden sich in gemeinsamer Gegnerschaft. Dieser Gegnerschaft lag jedoch überall ein starker ideeller und sittlicher Antrieb zugrunde.

In jenem Bereich des Widerstandes, der in den Befreiungsversuch des 20. Juli 1944 mündete und der am ehesten eine zentral gesteuerte Gegenbewegung genannt werden kann, hatten sich verantwortungsbewußte Männer und Frauen von den verschiedensten Ausgangspunkten her – mit im einzelnen oft unterschiedlichen Auffassungen – zu gemeinsamem Handeln zusammengefunden. Unzutreffend wäre es jedoch, wollte man die geheime Front gegen die verderbliche Führung Deutschlands lediglich als ein politisches Zweckbündnis betrachten. Ihre Träger waren sich darin einig, daß es gelte, das nationalsozialistische Regime zu stürzen, den Krieg zu beenden und den Weg der Verständigung zu beschreiten. Ihr Gewissen lehnte sich in natürlicher Reaktion gegen die Unmenschlichkeit auf. Durch eine befreiende Tat wollten sie Deutschland als Rechtsstaat neu begründen.

Professor Dr. Max Braubach schreibt in einem Forschungsbericht:
»Wer sich näher mit Persönlichkeiten wie Beck, Goerdeler und Stauffenberg beschäftigt, wer die Tagebücher Hassells liest und die Mitteilungen Schlabrendorffs oder die letzten Briefe Moltkes, der wird in der Tat zu dem Ergebnis gelangen, daß in ihnen bei allem Mitwirken menschlicher Begierden und Befürchtungen in erster Linie eine sittliche Empörung gegen Unrecht und Unmenschlichkeit lebendig war.«

In einem Memorandum, das ein Abgesandter der deutschen Opposition dem Bischof von Chichester im Mai 1942 in Schweden übermittelte, wurde festgestellt, daß es gelte, »die deutsche Nation wieder auf den Boden des Rechts und der sozialen Gerechtigkeit« zu stellen. Eine Ausarbeitung des Kreises um den Grafen Moltke vom August 1943 ging davon aus, daß der totalitäre Gewissenszwang gebrochen werden müsse: »Das zertretene Recht muß wieder aufgerichtet und zur Herrschaft über alle Ordnungen des menschlichen Lebens gebracht werden.«
Ende 1943 schrieb Goerdeler im Entwurf einer Regierungserklärung:
»Die Reichsregierung beginnt ihr Werk damit, daß sie die Staatsgewalt unter das Gesetz der Moral und des Rechts stellt. Sie achtet die Persönlichkeit, die Familie, die religiösen Bekentnisse, die Berufsverbände, die örtlichen Selbstverwaltungen und die freien Gewerkschaften, verlangt aber, daß sich alle dem Gemeinwohl verpflichtet fühlen.«
In einem anderen Entwurf für die Regierungserklärung heißt es, die Wiederherstellung der »vollkommenen Majestät des Rechts« sei die erste Aufgabe: »Wir wollen die Grundlagen der Sittlichkeit wiederherstellen, und zwar auf allen Gebieten des privaten wie öffentlichen Lebens.« Die zerbrochene Freiheit des Geistes, des Gewissens, des Glaubens und der Meinung werde wiedererrichtet werden. Statt einer Spaltung des Volkes erstrebe man seine innere Aussöhnung. Die einzig zu vollziehende Scheidung liege »zwischen Verbrechen und Gewissenlosigkeit auf der einen und Anstand und Sauberkeit auf der andern Seite«. – Im »Aufruf an das deutsche Volk«, der unmittelbar nach der Beseitigung Hitlers in Namen Becks erlassen werden sollte, lesen wir:
»Unser Ziel ist die wahre, auf Achtung, Hilfsbereitschaft und soziale Gerechtigkeit gegründete Gemeinschaft des Volkes. Wir wollen Gottesfurcht an Stelle von Selbstvergottung, Recht und Freiheit an Stelle von Gewalt und Terror, Wahrheit und Sauberkeit an Stelle von Lüge und Eigennutz.«

Die Meinungsverschiedenheiten zwischen den Gegnern des Regimes, denen diese ethische Grundlage gemeinsam war, konnten eigentlich erst unter der Voraussetzung praktische Bedeutung erlangen, daß die Überwindung der nationalsozialistischen Herrschaft gelungen wäre. Bis dahin hatte selbst eine Einigung, die sich überwiegend auf die Negation der Hitlerschen Diktatur konzentrierte, ihren unverkennbaren Wert; denn im Sommer 1944 wäre für Deutschland und Europa noch unendlich viel zu retten gewesen. Damals hätten jedenfalls noch die ungeheuren Opfer und Zerstörungen der letzten Phase des Krieges abgewendet werden können. Vermutlich hätte eine erfolgreiche Erhebung das deutsche Volk auch vor dem Schicksal willkürlicher Spaltung bewahrt.

Gegensätze aus der Zeit vor 1933 wurden in der Auseinandersetzung mit der neuen Wirklichkeit zurückgedrängt. Gewiß gab es – nicht zuletzt in der politischen Emigration und in den mit ihr verbundenen Gruppen – recht unterschiedliche Antworten auf die Fragen, die »der Tag danach« stellen würde. Neue Erkenntnisse rangen mit überkommenen Vorstellungen. Manche der früheren Gegensätze verblaßten angesichts des gemeinsamen Leids und in der Begegnung derer, die die tödliche Gefahr des Nationalsozialismus für das eigene Volk und für die ganze Menschheit erkannt hatten. Die Begriffe »links« und »rechts« stimmten nicht mehr oder hatten nur noch bedingte Gültigkeit.

Bei den Männern und Frauen des Widerstandes fand man denn auch, unbeschadet ihres früheren Standorts, eine weitgehende Bereitschaft zum Überprüfen der Positionen und zum neuen Durchdenken künftiger Aufgaben. Es war eine nächste, große Aufgabe gestellt, die enge Zusammenarbeit forderte. Was darüber hinausging, blieb Gegenstand der Aussprache. Dabei gab es, trotz allen Strebens nach Verständigung, eine Fülle von Spannungen. Auf einen etwas vereinfachten Nenner gebracht: eine Strömung, die einer grundlegenden Umgestaltung nicht nur der politischen, sondern auch der sozialen Verhältnisse zustrebte, stand einer anderen gegenüber, die vorwiegend an traditionelle Lösungen anknüpfte – die »Erneuerer« rangen mit den »Konservativen«.

Nach einer erfolgreichen Erhebung wären solche Meinungsverschiedenheiten vermutlich stark in Erscheinung getreten. Andererseits sollte nicht übersehen werden, daß gerade aus den schriftlichen Zeugnissen des Ringens um ein besseres Deutschland das ernste Suchen nach neuen Wegen spricht. Die verschiedenen Entwürfe programmatischer Erklärungen oder von Proklamationen einer neuen Regierung, die nur zum Teil bewahrt sind, können nicht als Endgültiges betrachtet werden. Die Diskussion innerhalb der illegalen Gruppen und zwischen ihren maßgeblichen Sprechern führte zu immer neuen Versuchen der Angleichung oder zu einer wirklichen Klärung wesentlicher Probleme. So haben sich beispielsweise auch Goerdelers, verschiedentlich als »reaktionär« empfundene Auffassungen weitgehend gewandelt, während sich andererseits die Männer aus dem sozialistischen Lager über die dogmatische Enge früherer Parteipolitik erhoben. In der tatsächlichen Auseinandersetzung mit dem Problem der politischen Macht wären die Standpunkte weiter gewandelt worden. Es kann sich also nicht darum handeln, als fest umrissenes Programm darzustellen, was sich in gedanklicher Weiterentwicklung befand. Wohl aber sollte respektvoll bewahrt bleiben, was in schwerer Zeit und aus der Not des Gewissens über die zukünftige Gestaltung des deutschen Staates gedacht worden ist.

Gerade die besonders aktiven und profilierten Träger der Gegenbewegung begegneten sich nicht nur in gemeinsamer Gegnerschaft. Sie kamen aus ganz verschiedenen Lagern: aus der Tradition alter Adelsgeschlechter, aus der Gedankenwelt des freiheitlichen Sozialismus. Sie fanden zueinander im Willen zur Tat und im Bekenntnis zu wirklicher Neugestaltung.

Akademische, sozialistische, kirchlich orientierte Zirkel haben sich immer wieder um eine geistige und politische Klärung bemüht. Besondere Bedeutung sollten die ernsten Aussprachen erlangen, die während des Krieges zwischen Adligen und sozialistischen Politikern, Beamten und Gewerkschaftlern, Protestanten und Katholiken stattfanden und die – nach dem Moltkeschen Gut – als »Kreisauer Kreis« bekannt geworden sind. Dabei handelte es sich nicht eigentlich um eine Verschwörung, sondern um eine Gemeinschaft denkender Männer:

»Ihr Feld war der Gedanke«. Graf Moltke war selbst Gegner eines Attentats gewesen. Den Nationalsozialisten sollte kein Argument zu ihrer Verteidigung bleiben. Bis zum Ende sollten sie die Verantwortung für das verhängnisvolle Schicksal tragen, das sie dem deutschen Volk bereitet hatten. Eine Reihe der Mitarbeiter dieses Kreises war jedoch an der Vorbereitung des Umsturzes aktiv beteiligt. Andere wurden zum Tode verurteilt, obgleich sie »nur gedacht« hatten.
Die Vorschläge der »Kreisauer« über die politische Organisation einer modernen Demokratie deuteten die Position der »Jungen« gegenüber der konservativen Strömung an. Sie wollten die Zukunft im Geiste der Freiheit und Menschlichkeit gestaltet sehen, aber auch im Zeichen des sozialen Fortschritts und der europäischen Gemeinschaft. Der Nihilismus des Dritten Reiches sollte durch christliche Besinnung abgelöst werden:
»Die Regierung des Deutschen Reiches sieht im Christentum die Grundlage für die sittliche und religiöse Erneuerung unseres Volkes, für die Überwindung von Haß und Lüge, für den Neuaufbau der europäischen Völkergemeinschaft.«

Bei den Überlegungen, die unserer staatlichen Zukunft galten, ging es der eben genannten Gemeinschaft entscheidend um den Gesichtspunkt der demokratischen Selbstverwaltung und um die eigenverantwortliche Teilnahme der Staatsbürger am öffentlichen Geschehen:

»Die persönliche politische Verantwortung eines jeden erfordert seine mitbestimmende Beteiligung an der neu zu belebenden Selbstverwaltung der kleinen und überschaubaren Gemeinschaften.«
Obgleich auch viele Einzelfragen, wie die einer demokratischen Schul- und Universitätsreform, erörtert und in ihren Grundzügen festgelegt wurden, beschränkten sich manche der formulierten Vorschläge bewußt auf Probleme der Übergangsordnung. An allgemeine Wahlen war zunächst nicht zu denken. In den Entwürfen einer Regierungserklärung war davon die Rede, daß man als Provisorium zunächst einen »Reichsrat« einberufen wolle. Das ganze staatliche Leben sollte jedoch so bald wie möglich auf eine verfassungsmäßige Grundlage gestellt werden:
»Ordnung der Verwaltung, gerechte Verteilung und Erfüllung der Gemeinschaftsaufgaben sind nur möglich auf Grund einer Verfassung.«

In den Überlegungen Dr. Goerdelers war von einer »ständischen Organisation« die Rede. Er befürwortete eine autoritative Staatsleitung mit einem Monarchen an der Spitze – eine Lösung, für die auch Generaloberst Beck Sympathie zeigte. Einig war sich die konservative Gruppierung mit den »Erneuerern« darin, daß es einer föderativen Neugliederung des Reiches – und damit einer Aufgliederung Preußens – bedürfe. In der Regierungserklärung sollte von sich selbst verwaltenden Reichsgauen, Kreisen und Gemeinden gesprochen werden.
Man war sich auch weitgehend darüber einig, daß die frühere politische Zersplitterung vermieden werden müsse. Im konservativen Lager gab es Stimmungen, die überhaupt gegen die Neubildung von Parteien gerichtet waren. Dem standen wohldurchdachte Vorschläge zur Förderung eines Zweiparteien-Systems gegenüber. Julius Leber sprach zu seinen Freunden von »einer Art Volksfront auf der Grundlage aller überlebenden und lebensfähigen sozialen und demokratischen Kräfte«. Für die Übergangszeit bis zur Festigung des neuen Staates wurde hier und dort sogar an eine antinazistische »Einheitspartei« gedacht.
Manche Überlegungen mögen nachträglich als wenig realistisch erscheinen; die maßgebende Strömung war jedenfalls nicht restaurativ.
Zur künftigen Sozialordnung betonten die »Kreisauer«, das Recht auf Arbeit und Eigentum habe ohne Ansehen von Rassen-, Volks- und Glaubenszugehörigkeit unter öffentlichem Schutz zu stehen. Ein gleichwertiger Schutz gebühre der Familie, um neben der Erziehung auch die äußerlichen Lebensgüter zu sichern: Nahrung, Kleidung, Wohnung, Garten und Gesundheit.
Die Arbeit müsse so gestaltet werden, hieß es in der Ausarbeitung vom August 1943, daß sie die persönliche Verantwortung fördere. Man befürwortete die »wirksame Mitverantwortung eines jeden an dem Betrieb und darüber hinaus an dem allgemeinen Wirtschaftszusammenhang, zu dem seine Arbeit beiträgt«. In dem früher erwähnten Memorandum für den Bischof von Chichester war

davon die Rede, daß die wirtschaftliche Ordnung »nach echt sozialistischen Richtlinien« wiederhergestellt werden solle. In diesem Zusammenhang beschäftigte man sich mit den Problemen einer Bodenreform und einer Neuordnung der Eigentumsverhältnisse an den Bodenschätzen und Grundstoffindustrien.
In der Regierungserklärung sollte festgehalten werden, daß die Wirtschaft zunächst nur in Form der Bewirtschaftung und der Überwachung der Preise fortgeführt werden könne. In der Zeit danach werde es sich nicht nur darum handeln können, die freie Initiative des Unternehmers herzustellen und ihn zum Leistungskampf im Wettbewerb zu zwingen. Auch der deutsche Arbeiter müsse und werde Gelegenheit erhalten, an der Verantwortung der Wirtschaft schöpferisch teilzunehmen. Der Mißbrauch des Eigentums werde ebenso bekämpft werden wie die ungesunde, die Unselbständigkeit der Menschen vermehrende Zusammenballung des Kapitals. Die Sozialpolitik solle auf Ausgleich gerichtet sein, äußerstenfalls durch einen gerechten Ausgleich »auf den Schultern des ganzen Volkes«.

Auf dem Gebiet der auswärtigen Politik ging es zunächst darum, einem baldigen Frieden zuzustreben. Die vornehmste Aufgabe sollte – nach der Regierungserklärung – darin bestehen, tapfer und geduldig den vielfach entehrten deutschen Namen wieder reinzuwaschen:
»Wir haben vor diesem Kriege gewarnt, der so viel Leid über die ganze Menschheit gebracht hat, und können daher in Freimut sprechen ... Was wir für uns verlangen, müssen und wollen wir andern zubilligen.«
Die Pflicht zur Wiedergutmachung – besonders auch gegenüber den Opfern des Rassenwahns – und zur Aburteilung von Kriegsverbrechern wurde von den verantwortlichen Männern der deutschen Opposition klar herausgestellt. Ihrer Meinung nach sollte die neue Regierung bereit sein, ihren vollen Anteil bei den gemeinsamen Anstrengungen zum Wiederaufbau der Gebiete, die durch den Krieg zerstört wurden, zu übernehmen. Darüber hinaus aber gingen die Überlegungen und Vorschläge in die Richtung einer internationalen Ordnung, durch die Frieden und Freiheit gesichert werden könnten.

In der Denkschrift vom Mai 1942 heißt es, daß die deutsche Opposition eine europäische Föderation von freien Staaten einschließlich Großbritanniens anstrebe und daß diese Föderation mit anderen Staatenbünden eng zusammenarbeiten müsse. In der neuen europäischen Ordnung, mit gemeinsamer Exekutive, müßten eine freie polnische und eine freie tschechische Nation ihren Platz haben. Im Programm der »Jungen« vom August 1943 wurde festgestellt, die freie und friedliche Entfaltung nationaler Kultur sei mit der Aufrechterhaltung absoluter einzelstaatlicher Souveränität nicht mehr zu vereinbaren. Darum gelte es, eine überstaatliche Ordnung anzustreben. Man wollte einen Europäischen Bund und einen umfassenden Welt-Völkerbund. Auch Goerdeler sprach sich in seinen Ausarbeitungen für die Bildung von Staats-Unionen aus, die in einem Weltbund der Nationen zusammengeschlossen werden sollten, damit ein dauerhafter und gerechter Friede aufgebaut und garantiert werden könne.
Aber zuerst wäre es, wie gesagt, um die Beendigung dieses sinnlosen Krieges gegangen. Dazu sollte im »Aufruf an das deutsche Volk« stehen:
»Wir wollen unsere Ehre und damit unser Ansehen in der Gemeinschaft der Völker wiederherstellen. Wir wollen mit den besten Kräften dazu beitragen, die Wunden zu heilen, die dieser Krieg allen Völkern geschlagen hat, und das Vertrauen zwischen ihnen wieder neu zu beleben.
Wir erstreben einen gerechten Frieden, der an die Stelle der Selbstzerfleischung und Vernichtung der Völker friedliche Zusammenarbeit setzt. Ein solcher Friede kann sich nur auf Achtung vor der Freiheit und der Gleichberechtigung aller Völker gründen.«

Denjenigen, die für diese Ziele kämpften, ist der Erfolg versagt geblieben. Ein momentaner Mißerfolg entscheidet jedoch weder über die Berechtigung einer Erhebung noch über die Gesinnung ihrer Träger. Bestehen bleibt das geistige Erbe derer, die die Zukunft im Zeichen der Freiheit und der Menschlichkeit gestalten wollten.

CARLO MIERENDORFF

wurde am 25. März 1897 in Darmstadt geboren, als Sohn eines im Dienst des hessischen Großherzogs stehenden kleinen Angestellten. 1914 ging er als Kriegsfreiwilliger ins Feld und kam 1918 als Offizier mit hohen Auszeichnungen zurück. Ab 1930 sozialdemokratischer Abgeordneter im deutschen Reichstag, wurde er 1933 verhaftet und bis Herbst 1937 in Konzentrationslagerhaft gehalten. In den letzten Jahren vor seinem Tode gehörte er zum engeren Kreis der Männer, die eine Neuordnung der politischen Verhältnisse in Deutschland für die Zeit nach Hitlers Sturz vorbereiteten.

Am Weihnachtstag des Jahres 1943 stand im Anzeigenteil der Deutschen Allgemeinen Zeitung, die in Berlin erschien:

Der Herr über Leben und Tod rief am 4. Dezember unseren Freund und Gefährten Carlo Mierendorff, Dr. phil., zu sich in die Ewigkeit. Er fiel als Opfer des Luftangriffs auf Leipzig.

Im Namen aller Freunde
Emil Henk, Heidelberg
Dr. Theodor Haubach, Berlin-Grunewald

Carlo Mierendorff starb im 47. Lebensjahr. Er war ein Gezeichneter, der durch die Bombe dem Todesurteil Freislers entging.

Über die Jugendjahre in enger Freundschaft mit Theodor Haubach und Carlo Mierendorff schreibt Kasimir Edschmid:

»Das Haus, in dem Theo Haubach wohnte, war nur wenige Meter von dem unseren entfernt. Wir kannten uns schon als Knaben. Mein Bruder machte den Nikolaus auch für die Haubachs und Theo, der sich später vor nichts fürchtete, grauste sich vor dem bärtigen Weihnachtsmann. Theo stellte mir bei Beginn des ersten Weltkrieges auf dem Hof des Infanterieregiments, das in Darmstadt stationiert war, seinen Schulkameraden Carlo Mierendorff vor, der, ebenso wie Theo, das Gymnasium gerade verlassen hatte. Carlo war ein blonder, kräftiger Junge mit kühn geschnittenem Gesicht, trotziger Stirn, einem bald ironischen, bald begeistertem Lächeln und einer bei seiner Jugend ausgesprochenen Würde, die jedoch keinen Augenblick verdeckte, daß in diesem Mann eine immerwährende Angriffslust lebte. Ich hatte in vielen Jahren später Gelegenheit, immer wieder zu sehen, daß diese aggressive Haltung sich gegen das wandte, was unhuman, nicht sozial, menschenfeindlich, böse und gegen die Freiheit gerichtet war, für die zu kämpfen Carlo niemals aufgehört hat.

Etwa ein Jahr nachdem Mierendorff sich freiwillig zur Truppe gemeldet hatte, kam er zu mir ins Lazarett zurück und half mir, obwohl er selbst Patient war, in rührender und uneigennütziger Weise, die aus dem Balkan kommenden Verwundeten zu pflegen.

Damals hatte sich in Darmstadt bereits jene Gruppe sehr junger Menschen um die »Dachstube« und um den Drucker Josef Würth zusammengefunden. Bis 1918 erschienen 65 Flugblätter, Mierendorff sandte aus dem Felde zahlreiche Beiträge und schloß die letzte Nummer November 1918 bei Ende des Krieges mit einem Aufruf, in dem er schrieb: »Wir warten auf Euch Freunde, auf Euer heißes Herz.« Es ist nicht unrecht, zu sagen, daß dies das leidenschaftliche und glaubensstarke Motto seines Lebens geblieben ist.

Er gründete nun in Darmstadt die Zeitschrift »Das Tribunal«. Sie war eine der interessantesten Revuen der bewegten Zeit. Sie brachte unter anderem den berühmten Aufruf an die französische Jugend, der einer übernationale, europäische Gemeinschaft forderte. Carlo war damals, wie der beste Teil der verantwortungsbewußten, sozialdemokratischen Jugend, radikal.

Carlo Mierendorff besaß bei aller Hitzigkeit, allem Rednervermögen und aller Lust am Literarischen, jene bestimmte Heiterkeit, die in der Nähe der Weisheit und sicher in der Nähe einer ausgesprochenen Gläubigkeit liegt. Dies äußert sich auch in seinen Büchern; er war ein ausgezeichneter Schriftsteller und in seinem kleinen Buch »Hätt' ich das Kino« stehen erstaunliche sprachgewaltige Dinge.

Er studierte in Heidelberg, wurde dort promoviert, schloß sich der SPD an, wurde einer der jüngsten Reichstagsabgeordneten der Weimarer Republik und forderte im Parlament, als die Barbarei herannahte, in sensationeller Weise Dr. Goebbels heraus. Carlo brachte damals die Boxheimer Dokumente vor die Öffentlichkeit, in denen der erste Nazi-Umsturzplan skizziert war, dessen Abschnitte jeweils mit dem Finale schlossen: »Wird erschossen.«
Carlo kehrte dann nach Darmstadt zurück, um Wilhelm Leuschner, der das hessische Innenministerium verwaltete, beizustehen. Er wußte um die Kraft eindrucksvoller Symbole im politischen Kampf und förderte die »Drei Pfeile«, das neue Zeichen seiner Gesinnungsfreunde, als sie 1932 noch hofften, den Ermattung zeigenden Nationalsozialismus niederzuringen. Einige Monate später wurde er wie ein ausgebrochenes Tier von den Nazis durch die Straßen Darmstadts geschleift.«
Die folgende Lagerzeit in Osthofen war die schlimmste – mit nächtlichen furchtbaren Mißhandlungen. In Papenburg-Börgermoor schaufelte er dann Gräben aus. Im Lager Torgau kam Mierendorff zugleich mit Wilhelm Leuschner in die sogenannten Todeszellen, in Buchenwald mußte er die ersten Stacheldrähte und die neuen Gefangenenbaracken mitaufbauen. Im fünften Jahr der Haft kam die gefürchtete plötzliche Abberufung vom Arbeitsplatz durch zwei bewaffnete Wachtposten. Carlo Mierendorff erwartete die Exekution. Aber man führte ihn in den Verwaltungsraum, um ihm mitzuteilen, daß die Entlassung genehmigt sei. Er gab keine Antwort und fiel bewußtlos zu Boden.
Als der Stacheldraht hinter ihm lag, fand er, auf Veranlassung höchster SS-Stellen, in der Sozialabteilung der Braunkohle- und Benzin AG. Berlin, den Broterwerb. Während man ihn in diesem NS-Betrieb unter einer gewissen Kontrolle glaubte, nutzte Mierendorff, tatkräftig wie zuvor, diese Tätigkeit, die mit dienstlichen Reisen – sogar ins Ausland – verbunden war, um seine alten politischen Verbindungen auszubauen. Mit der Möglichkeit eines Umsturzes war er aufs Neue zum Wagnis bereit. Von ihm sind die Worte: »Von jetzt ab geht es nur noch aufwärts zum Sieg – oder zum Galgen.« Er bereitete vieles von dem vor, was das Volk im Sinne neuer demokratischer Ziele ansprechen sollte. So entwarf er unter anderem 1943 eine erste Rede, die über den Rundfunk gehalten werden sollte, und als neues Symbol für die Zukunft ein Zeichen. Es zeigte das von dem Ring sozialer Politik umschlossene Kreuz des Christentums.
Die Nachricht von seinem Tode erfüllte die Freunde mit tiefem Entsetzen, unter denen mit seinem Verlust eine unausfüllbare Lücke entstand.

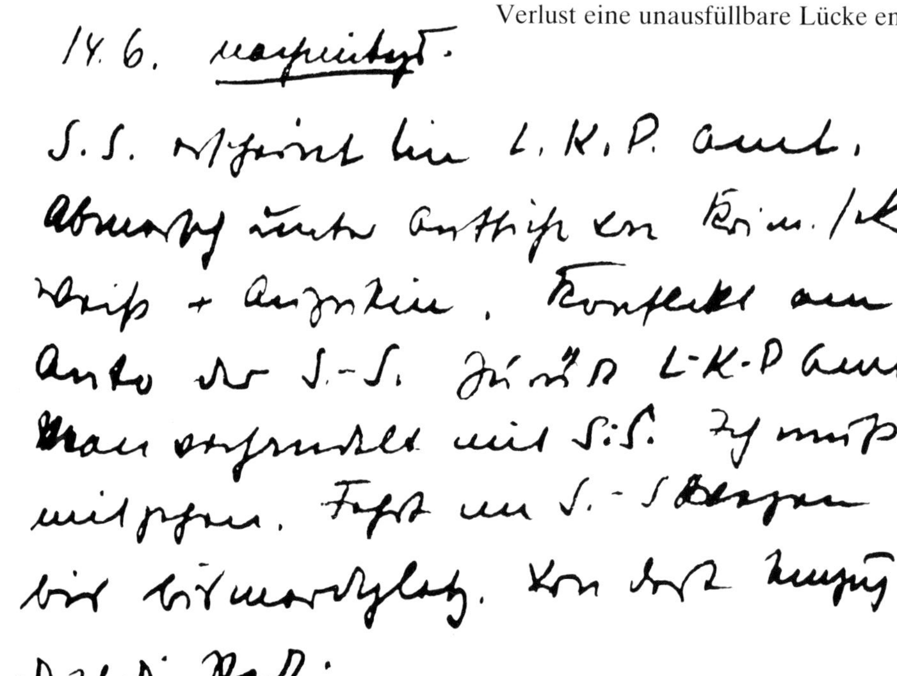

Aus den Haftnotizen Carlo Mierendorff

THEODOR HAUBACH

Die Abiturienten von 1914, zu denen Theodor Haubach gehörte, waren die jüngste, letzte Altersklasse deutscher Gymnasiasten, die im Kaiserreich zwölf Jahre zur Schule ging und sich noch ohne kriegsbedingte Abweichungen von Unterrichtsstil »der alten Zeit« zum Universitätsstudium vorbereitete.

Theodor Haubach hat diese Jugendjahre mit der Aussicht auf eine anscheinend gesicherte Zukunft in einem Darmstädter Bürgerhaus verbracht. Sein scharfer Verstand, seine unstillbare Wißbegierde und seine kristallklare Logik prädestinierten ihn zum Forscher auf jedem geisteswissenschaftlichen Gebiet, das ihn locken mochte. Aber für den Achtzehnjährigen gab es in jenem Jahr keine zivile Berufsentscheidung; er meldete sich zum Kriegsdienst, wurde im Feld zum Offizier befördert und kam – achtmal verwundet – erst nach Kriegsende in die Heimat zurück.

Mit dem alten geistigen Elan begann er 1919 in Heidelberg das Studium der Philosophie. Wie so viele seiner Altersgenossen hatte ihn das Kriegserlebnis zum Sozialismus geführt. »In Heidelberg stand Haubach mit seinem Freund Mierendorff bald an der Spitze der sozialistischen Akademiker«, berichtet Emil Henk, ein Freund beider Männer. »Es gab nichts, was Haubach nicht sofort begriff; als Student führte er einen erbitterten Kampf gegen die ›Völkischen‹, in denen er schon frühzeitig den Lebensfeind des deutschen Volkes – die späteren Nationalsozialisten – erkannte ... In Debatten war Haubach von eiserner Ruhe. Wenn die Leidenschaft einer Versammlung ihn umtobte, so blieb er gelassen und unbewegt. Damals – nach dem ersten Weltkrieg – hat er die Studentenschaft mit politischen Energien erfüllt und eindrucksvolle Siege über seine Gegner erfochten. Aber die politische Tat war nicht das letzte seines Wesens. Er hat sich das Gedankengut, das zum Sozialismus gehört – das schwierige, komplizierte Werk der Philosophen des 19. Jahrhunderts – mit einer Gründlichkeit erworben, wie ganz Wenige ... Der Philosoph Haubach fand bei Hegel die dialektische Methode, die seiner eigenen intellektuellen Dämonie entsprach, die Präzision der Formulierung, die Leidenschaft der Begriffe. Haubach hat aber nie daran gedacht, mit Hegel die Welt aus der Selbstbewegtheit des Geistes zu erklären; der logische Skeptiker sah in der Philosophie den Bereich des äußerst Wißbaren. Als junger Mensch hat Theo Haubach das Unwißbare verneint, aber später als reifer Mann hat er es sorgsam und scheu gesucht.«

1923, im schlimmsten Jahr der Inflation, beendete Haubach sein Studium, ging als junger Doktor der Philosophie an das Institut für Außenpolitik nach Hamburg und ein Jahr später als Redakteur zum »Hamburger Echo«; daneben trat er in die Leitung der Hamburger Organisation des Reichsbanners Schwarz-Rot-Gold ein, um sich auch dort aktiv für den Schutz der Republik einzusetzen.
»Die Tausende und aber Tausende deutscher Toten können nur für ein neues Deutschland gestorben sein«, schrieb Haubach in Hamburg. »Für ein neues Deutschland oder für nichts. Es gibt kein Drittes! Dieses neue Deutschland ist noch nicht da, aber es wird, und wir kämpfen um sein Werden. Und wenn wir für Deutschland kämpfen, dann kämpfen wir für ein neues Europa.«

Um diesem Ziel näherzukommen, mußte sich die Generation, der die Aufgabe gestellt war, mit den Machtverhältnissen der deutschen Vergangenheit auseinandersetzen. In seinen Analysen über die Probleme militärischer und politischer Gewalt schrieb Haubach: »Die Durchsetzung der Zivilsphäre mit der militärischen Ideologie weist auf nichts anderes hin, als auf die jahrhundertelange Verkrüppelung der deutschen nationalen Politik. Alle Verachtung für das Politische, der Zorn gegen die Federfuchser und gegen die ›Quasselbude‹ ist nichts weiter als die Entwöhnung, die jahrhundertelange Entwöhnung in politischen Dingen überhaupt.«

Haubach wünschte eine Republik, »die sich durchsetzen und alle aus solchem Willen fließenden Konsequenzen auf sich nehmen« sollte – »dann wird es ihr auch gelingen, aus einer positiven Begrenzung der Gewalt den Weg zu jenen neuen Formen zu finden, in denen Konflikte zwar sicher nicht gewaltlos, aber immerhin unblutig und mit Argumenten ausgefochten werden.«

1930 kam Haubach als Pressereferent in das preußische Innenministerium und dann als Pressechef ins Berliner Polizeipräsidium. Er wurde zweiter Vorsitzender der Reichsleitung des deutschen Reichsbanners und schlug, um den drohenden Untergang der Weimarer Republik zu verhindern, ungewöhnliche Abwehrmaßnahmen vor; zu seinem großen Schmerz wurden sie von den zur Entscheidung berufenen Politikern nicht akzeptiert.
In den ersten sechs Jahren nationalsozialistischer Herrschaft wurde Haubach wiederholt verhaftet und eingekerkert. Allein zwei Jahre verbrachte er im KZ Esterwegen. Wenn er frei war, verdiente er sein Brot als Versicherungsagent.
Nach der dritten Entlassung gelang es seinem Freund Viktor Bausch, ihn mit dem Einverständnis der Gestapo für einen »kriegswirtschaftlich« wichtigen Posten in der eigenen Papierfabrik zu reklamieren. 1943 schloß sich Haubach dem Kreisauer Kreis an, der seine Mitarbeit suchte und brauchte. Außerdem arbeitete er eng mit seinen alten politischen Freunden Mierendorff, Leuschner und Leber zusammen.

Haubachs philosophische Schriften aus den verschiedenen Perioden seines Lebens gingen durch Brände und Zerstörungen verloren. Nur Briefe und überlieferte Gespräche sind Zeugnisse seines ernsten Ringens um die letzten Fragen menschlicher Erkenntnis. Noch am 6. Juli 1944 – zwei Wochen vor dem Tag, den er bei nüchterner Abschätzung der erforderlichen Maßnahmen gegen einen mächtigen, unerbittlichen Gegner vorbereiten half – schrieb er an einen Pfarrer: »Je mehr ich versuche, in die dunkle Weisheit der beiden Testamente einzudringen, desto mehr drängt sich mir der Gedanke auf, daß in den letzten Jahrhunderten ein wesentlicher Gedanke der göttlichen Botschaft verdunkelt worden ist, nämlich der, daß der Mensch nicht nur abgefallen, sündig, klein und erbärmlich ist, sondern auf der anderen Seite des Göttlichen teilhaftig werden kann in einem Maße, wie es unser gesunkenes Zeitalter überhaupt nicht mehr begreift ...«

Am 9. August wurde Theodor Haubach von der Gestapo verhaftet, im Januar 1945 zum Tode verurteilt und hingerichtet.

Er selbst hatte den Sinn eines solchen Opfers schon in früheren Jahren durchdacht. Dazu schrieb er: »Die Grenze der Gewalt liegt nun darin, daß sie zwar die Person des Widerstandes, aber nicht die Gesinnung des Widerstandes vernichten kann. Wäre es praktisch möglich, sämtliche Gesinnungsträger des Widerstandes total zu vernichten, so käme dieser Ausrottung der Personen auch maximal eine Ausrottung der Gesinnungen nahe. Nicht aber kann bei einer solchen Ausrottung die Erinnerung an das Geschehene selbst vernichtet werden ...«

ADAM VON TROTT ZU SOLZ

wurde am 9. August 1909 als Sohn des damaligen preußischen Kultusministers in Potsdam geboren. Seine Kindheit verbrachte er in der nordhessischen Heimat Imshausen. Später studierte er Jura in München, Göttingen und Berlin und als Cecil-Rhodes-Stipendiat Philosophie, Politik und Wirtschaft in Oxford.

An das Assessorexamen 1936 schloß sich – ebenfalls durch die Rhodes-Stiftung ermöglicht – eine längere Studienzeit in Ostasien, vornehmlich Peking an, auf die sich Trott ein halbes Jahr lang in den Vereinigten Staaten vorbereiten konnte.

Ab Frühjahr 1940 fand er seinen Wirkungsbereich im Auswärtigen Amt Berlin, wo er in der Informationsabteilung tätig war – bei engem geheimen Zusammenhalt mit dem Kreisauer Kreis, mit Vertretern der Arbeiterschaft, der Kirche und Freunden aus der Aristokratie.

Schon seine im Jahr 1932 erschienene Dissertation über »Hegels Staatsphilosophie und das Internationale Recht«, wie 1936 seine Ausgabe der politischen und journalistischen Schriften Heinrich von Kleists lassen die umfassende Art seiner geistigen Auseinandersetzung mit den Zeitfragen und mit dem Nationalsozialismus erkennen, die in der Konsequenz zu der Forderung nach dem persönlichen, politischen Einsatz führt.

Diese Auseinandersetzung war auch der Antrieb zu seinen Reisen in andere Länder, die ihn ein »klareres Bild von der eigenen Heimat« gewinnen ließen. Sie vermittelten ihm Einblick in die Kräfte der Völker des Westens und Ostens und eine neue Beziehung zum christlichen Glauben als Grundlage seines Handelns.

»Der Krieg löst kein Problem«.
Durch diesen Gedanken bestimmt hatte Adam von Trott zu Solz, ein Mensch von ungewöhnlicher geistiger Regsamkeit und kühnen Ideen, 1939 vordringlich versucht, für eine Verhinderung des Krieges zu wirken.

Im Juli war er noch in London und wurde von Chamberlain und Lord Halifax empfangen. Bei den Gesprächen empfahl er, daß das Foreign Office Hitler gegenüber rechtzeitig und vor Ausbruch eines Krieges eine feste und starke Haltung einnehmen möge.

Nach Kriegsausbruch folgte Trott der Einladung zu einer Konferenz in den USA. Er suchte Präsident Roosevelt mit einer Denkschrift für eine Politik zu gewinnen, die die Gegenbewegung gegen Hitler in Deutschland ermutigen könne.

Felix Morley – wie Trott früherer Rhodes-Scholar – schreibt in seinem Tagebuch über die damaligen Bemühungen in Washington:

»In Wirklichkeit jedoch widmete er den größten Teil seiner Zeit dem Versuch, hier Verständnis für den großen Umschwung zu erwecken, der in Deutschland, wie er glaubt, zu erwarten ist . . . Das Hauptproblem ist, wie man es verhindern könne, daß ein Ausrottungskrieg, den wir gegen die Nazis führen, alle jene Kräfte, die jetzt gerade beginnen, sich zu Hitlers Sturz zusammenzuschließen, Hitler wieder in die Arme treibt.«

Adam von Trott kehrte 1940 ohne Ergebnis über Japan nach Deutschland zurück. Hinter der offiziellen Aufgabe als Legationsrat im Auswärtigen Amt verfolgte er, immer wieder unter stetiger Gefahr, die Linien seiner weltweiten Verbindungen, um für die deutsche Widerstandsarbeit Verständnis und Unterstützung im Ausland zu gewinnen. In dieser Arbeit hielt er besonders engen Kontakt mit Leber und Stauffenberg.

Anfang 1944 ließ Trott im Auftrag der zum Umsturz entschlossenen Kräfte eine Botschaft an den amerikanischen Präsidenten gelangen, mit dem dringenden Anruf, wissen zu lassen, inwieweit das Ausland bereit sei, es einer neuen deutschen Regierung zu ermöglichen, die Demokratie in Deutschland allen drohenden Gefahren gegenüber zu sichern. In die gleiche Zeit fiel eine letzte Ausarbeitung von Adam von Trott »Deutschland zwischen Ost und West«.

Trotz seiner häufigen Reisen und seiner vielseitigen Möglichkeiten hatte es Adam von Trott immer wieder mit Macht nach Deutschland zurückgezogen, wo er seine Aufgabe sah. So hätte er sich im Mai 1944 leicht mit einem dienstlichen Grund von Verona aus nach Rom, das kurz vor der Besetzung durch die Alliierten stand, in Sicherheit bringen können, zumal er in dieser Zeit ständig mit seiner Verhaftung rechnete. Doch er strebte wieder zurück zu den Freunden in Berlin und begab sich dann noch einmal im Juni nach Schweden, um dort Erkundigungen einzuholen über die außenpolitischen Bedingungen, denen sich eine erfolgreiche Erhebung gegenübersehen würde.

Am 15. August stand Adam von Trott zu Solz, der als zukünftiger Staatssekretär im Auswärtigen Amt vorgesehen war, mit seinem Freund, Hans-Bernd von Haeften vor dem Volksgerichtshof.

Am Abend des gleichen Tages schrieb er an seine Frau:
»Du... wirst wissen, daß mich am meisten schmerzt, unserem Land die besonderen Kräfte und Erfahrungen, die ich in fast zu einseitiger Konzentration auf seine außenpolitische Behauptung unter den Mächten in mir ausgebildet hatte, nun vielleicht nie mehr dienend zur Verfügung stellen zu können. Hier hätte ich wirklich noch helfen und nützen können. Auch meine Gedanken und Vorschläge hierzu hätte ich so gern noch einmal in zusammengefaßter Form für andere zur Verfügung gestellt. Aber es wird mir wohl versagt bleiben. Es war alles ein aus der Besinnung und Kraft unserer Heimat, deren tiefe Liebe ich meinem Vater verdanke, aufsteigender Versuch, ihr in allen modernen Wandlungen und Erschwerungen unwandelbar bleibendes Recht und ihren tiefen, unentbehrlichen Beitrag gegen den Übergriff fremder Mächte und Gesinnungen zu erhalten und zu vertreten. Darum bin ich aus der Fremde mit allen ihren Verlockungen und Möglichkeiten immer mit Unruhe und begierig dorthin zurückgeeilt, wo ich mich zu dienen berufen fühlte. Was ich draußen lernte und für Deutschland tun konnte, hätte mir hierbei gewiß sehr geholfen – weil um diese Zeit nur wenigen solche weitverzweigten Möglichkeiten zuteil wurden.
So muß ich hoffen, daß auch ohne mich von vielen dieser Verbindungen auch so Verständnis und Hilfe zufließen wird, wenn es einmal wieder nötig und wünschenswert sein sollte. Aber ein Sämann überläßt nicht gerne knospende Saaten anderen zur weiteren Bearbeitung, denn zwischen Saat und Ernte liegen ja noch so viele Stürme...«

Am 26. August wurde in Berlin-Plötzensee das Todesurteil an Adam von Trott zu Solz vollstreckt.

FRITZ-DIETLOF GRAF VON DER SCHULENBURG

Am 10. August 1944 steht Fritz-Dietlof Graf v. d. Schulenburg, Nachkomme eines alten mecklenburgischen Geschlechts, das dem preußischen König eine große Zahl achtbarer Heerführer und Beamten gestellt hat, als Angeklagter vor Freisler. Er soll wegen »Hoch- und Landesverrat« verurteilt werden. Gleichmütig nimmt er es auf. Doch mit dem Stolz des Bekenners erklärt er dem Präsidenten des Volksgerichtshofes:

»Wir haben diese Tat auf uns genommen, um Deutschland vor einem namenlosen Elend zu bewahren. Ich bin mir klar, daß ich daraufhin gehängt werde, aber ich bereue meine Tat nicht.«

Mit dieser nichts mehr fürchtenden Entschiedenheit erklärt sich der Zweiundvierzigjährige gegen das Hitlerregime, der etwa zehn Jahre zuvor sein tätiges Mitwirken unter dem Nationalsozialismus für möglich hielt.

Fritz von der Schulenburg sah sich als junger Verwaltungsjurist konservativer Tradition bald vor die Auseinandersetzung mit der sozialen Not nach dem Weltkrieg gestellt. Seine Sympathie selbst für radikalste Gruppen der Arbeiterschaft bei Unruhen in Recklinghausen brachte ihn während seiner Tätigkeit im dortigen Landratsamt in Widerspruch zu seinen Vorgesetzten. Deshalb wurde er nach Ostpreußen versetzt.

So kam er 1933 zum Oberpräsidium Königsberg, wo sich ein Freundeskreis bildete von Männern um den »roten Grafen«, die »solides Können in ihrem Fach mit lebendiger Aufgeschlossenheit für neue Ideen verbanden«. Trotz starker Bedenken gegenüber der Person Hitlers trat Schulenburg der NSDAP bei, da er meinte, daß sich in ihr der nationale Gedanke mit dem eines undogmatischen Sozialismus verbinden könnte. Damit fand er zum Kreis um Gregor Strasser. Bald aber beobachtete er die den Nationalsozialismus begleitenden Rechtswidrigkeiten; die Sorge darüber wurde zur politischen Enttäuschung – und zur Empörung, nachdem Gregor Strasser 1934 »liquidiert« worden war.

Zunächst regierte Schulenburg als Landrat einen Kreis in Ostpreußen, machte ihn schuldenfrei und verwirklichte seine Vorstellungen von einem vorbildlichen Beamtentum. Gleichzeitig spähte er nach Mitteln und Männern, die geeignet waren, die Rechtsgrundlagen des Staates einigermaßen zu retten. Doch Hitlers außenpolitische Scheinerfolge und die Methoden der Gestapo verhinderten ein gemeinsames Vorgehen oppositioneller Kräfte.
1937 nahm Schulenburg die ihm angebotene Stelle des stellvertretenden Polizeipräsidenten von Berlin an. »Ich hatte mich zu entscheiden, ob ich meinen Dienst quittieren, oder der Fouché Hitlers werden sollte; ich habe das zweite gewählt!«

Der nun mögliche Einblick in tiefere Zusammenhänge veranlaßte ihn, intensiver nach Gleichgesinnten zu suchen. Zu dieser Zeit setzte das Mißtrauen von Goebbels ein. Als Schulenburg 1939 stellvertretender Oberpräsident von Ober- und Niederschlesien wurde, wollte er, daß diese Provinz »ausstrahlt«. Er geriet deshalb mit der Partei in Konflikt und erhielt das Prädikat »politisch untragbar.«
Der Krieg führte ihn an die Ostfront. Ebenso wie in der Aufgabe des Regierungspräsidenten war »Fritzi« jetzt als Zugführer einer Infanteriekompanie ein Vorbild an unerschrockener Gelassenheit, kluger Umsicht, Fürsorge und Humor. Das Fronterlebnis machte ihn reifer und noch entschlossener. Durch eine Aufgabe im Stabe des Generals von Unruh in Paris wurde ihm möglich, die Fäden zu spinnen.
Die Maske, mit der er sein wirkliches Wollen verbarg, lüftete er selten – nur in entscheidenden Augenblicken, um sich dann vorbehaltlos in seinem wahren Wesen zu offenbaren. Über alles informiert, von den jüngsten Äußerungen Hitlers bis zu den Ereignissen an der Front, von der Fehlplanung in der Industrie und Ernährungswirtschaft bis in die Akten der Abwehr, zeigte er eine erstaunliche Gabe, den anderen, Gleichgesonnenen aufzuspüren. Das Netz seiner Verbindungslinien zog er

von Gruppe zu Gruppe, von Stauffenberg zur Militärverwaltung in Paris, von der Polizei zu den Ersatzbataillonen, von Goerdeler zu den Gewerkschaftlern und Sozialisten, vom Kreisauer Kreis wieder zum Militär. Es wurde vereinbart, daß er nach dem Sturz des Hitlerregimes als Staatssekretär – gemeinsam mit Leber – das Innenministerium leiten sollte.
Seine Ausarbeitung einer kommenden Reichsverwaltungsreform – er war auch mitbeteiligt, als Beck, Popitz, Jessen und Planck ihren Entwurf einer kommenden Verfassung bearbeiteten – ist verlorengegangen, aber die Grundzüge wurden überliefert. Das Problem lag für Schulenburg in der Neu- und Weiterentwicklung der deutschen Demokratie unter den Verhältnissen des Industriestaates: Wie muß der moderne Massenstaat regiert und verwaltet werden, damit der Einzelne sich als Staatsbürger mitverantwortlich weiß? Von der national-pädagogischen Konzeption des Freiherrn vom Stein ausgehend, sah Schulenburg nach einer Niederringung der Diktatur die »einzigartige Chance«, diese bis dahin nie in Deutschland verwirklichten demokratischen Grundideen nun zum Bau einer modernen, sozialen und dauerhaften Demokratie durchzusetzen. Darum wollte er im sozialen, kommunalen und politischen Bereich begrenzte, überschaubare, von klarer Verantwortlichkeit getragene Gebilde schaffen. Auch dem kommenden, sinnvoll zu lenkenden Aufbau der Städte maß er in diesem Zusammenhang große Bedeutung bei.

Am 20. Juli 1944 stand Fritz von der Schulenburg an der Seite Stauffenbergs in der Bendlerstraße. Als der Fehlschlag der Aktion erkennbar wurde, sagte er nur:

»Offenbar muß das deutsche Volk diesen Kelch bis zur letzten Neige leeren. Wir müssen uns opfern, später wird man uns verstehen.«
In völliger Ruhe vernichtete er den Inhalt seiner Aktentasche. Die Gelassenheit bewahrte er bis zur letzten Stunde. Während des Prozesses vom Richter befragt, was er »sich eigentlich bei dem Staatsstreich gedacht habe«, gab er zur Antwort: »Warten Sie drei Monate. Die Situation, die Sie dann erleben, ist die, von der wir in unseren Überlegungen und Entschlüssen ausgegangen sind.«
Und nach der Verhandlung schrieb er an seine Frau:

»Was wir getan, war unzulänglich, aber am Ende wird die Geschichte richten und uns freisprechen.«
Wenige Stunden später wurde das Todesurteil an Fritz von der Schulenburg in Plötzensee vollstreckt.

JULIUS LEBER

am 16. November 1891 in Biesheim im Oberelsaß geboren, wuchs in bescheidensten, mehr proletarischen als kleinbäuerlichen Verhältnissen auf. Nach dem Besuch der Dorfschule durch den Pfarrer für die Realschule in Breisach vorgeschlagen, mußte er aus wirtschaftlichen Gründen die Ausbildung mit Mittelschulreife abbrechen und wurde Lehrling in einer Tapetenfabrik. Von 1910 bis 1912 konnte er als Stipendiat die Oberrealschule in Freiburg besuchen und verdiente seinen Lebensunterhalt durch Nachhilfestunden und Zeitungsberichte.

Unter ähnlichen Umständen studierte er an den Universitäten Freiburg und Straßburg Volkswirtschaft und Geschichte und meldete sich 1914 als Kriegsfreiwilliger. Im Weltkrieg Frontoffizier mit mehrfachen Auszeichnungen, beteiligte er sich als republikanischer Offizier im Grenzschutz 1920 an der Niederwerfung des Kapp-Putsches. Anschließend nahm er den Abschied und promovierte zum Dr. rer. pol.

Als Dreißigjähriger kam er als Schriftleiter an den »Lübecker Volksboten«, wurde in kurzer Frist zu einer zentralen Gestalt in der norddeutschen Arbeiterschaft und unumstrittener Führer der Lübekker Sozialdemokratie. Von dieser Position aus, wie während seiner Tätigkeit als Reichstagsabgeordneter von 1924 bis 1933, bekämpfte er konsequent die totalitären Parteien von rechts und links und setzte sich in Wort und Tat für die Gestaltung einer lebendigen Demokratie in Deutschland ein.

»Wenn es gilt, um die Freiheit zu kämpfen, fragt man nicht, was morgen kommt«, rief Julius Leber am 16. Januar 1933 den Lübecker Arbeitern zu. Mit dem Tage der nationalsozialistischen Machtübernahme begann die Zeit seiner ersten Haft. Vom 1. Februar 1933 führte sie ihn – nur kurz vor der Märzwahl des Jahres unterbrochen – bis zum Sommer 1937, stets aufs höchste gefährdet, durch Gefängnisse, Zuchthäuser und Konzentrationslager.

Am 16. November 1933 schrieb er aus dem Marstall-Gefängnis in Lübeck:
»Man kann dem Volke Angst einjagen mit allen möglichen Mitteln, Liebe aber wächst nur durch Menschlichkeit und Gerechtigkeit. Und ohne Liebe gibt es eben kein Vaterland. Manchmal bezweifle ich, ob ich selbst jemals ein Vaterland der Gerechtigkeit sehen werde. Der 1. August 1914 war für meine Generation der große Fluch, von dem sie sich offensichtlich nicht mehr erholen soll.«

Julius Leber kann als der typische Vertreter jener Generation von Männern angesehen werden, die – vielfach durch das Fronterlebnis geprägt – ihre Energien für ein modernes, demokratisches Staatsgebilde aufbieten wollten, denen aber durch eine Kette tragisch einengender Umstände die Chance versagt wurde, jemals nach ihren Visionen gestalten zu dürfen.
Seine Kritik an den Schwächen und Halbheiten der Weimarer Republik war hart: Zu den unerläßlichen Voraussetzungen einer lebensfähigen Demokratie hätte eine zuverlässige Wehrmacht und eine entschiedene Rechtsprechung gehört. Viele der verantwortlichen Männer aber »lebten in einem blutleeren Idealismus von der Hand in den Mund«. Die eigene Partei trug seiner Meinung nach ein beträchtliches Stück Mitverantwortung. Auch sie hatte die Notwendigkeiten häufig verkannt; sie hatte die schöpferische und kämpferische Persönlichkeit kaum zur Entfaltung kommen lassen.
Im Gefängnis schrieb Julius Leber seine Erfahrungen nieder: »Das hohe Ziel«, so meinte er abschließend, »bleibe durch die nervenpeitschenden Spannungen und Entladungen, durch die politischen Wirrnisse hindurch bestehen: Dem arbeitenden Menschen eine bessere Zukunft zu bauen auf den festen Fundamenten von Gerechtigkeit und Freiheit.«
Als er aus dem Konzentrationslager entlassen worden war, schaffte sich Leber als Kohlenhändler in Berlin eine zivile Existenz und eine Tarnung für seine politische Arbeit. Rasch knüpfte er die Kon-

takte mit den Freunden im Reich wieder an, und mit manchen anderen, die den Umsturz wollten. Dies sah er als das nächste und wichtigste Ziel an, das erreicht werden müßte, und demgegenüber kein Pakt zu gefährlich und kein Einsatz zu hoch sei. Geistige Lebendigkeit und unbändiger Wille zur Tat machten ihn zum Kandidaten der Jüngeren für die Führung der neuen Regierung. Nach den vereinbarten Plänen sollte er als Innenminister für den Schutz der neuen staatlichen Ordnung verantwortlich sein.

Es ging ihm um den Aufbau einer funktionsfähigen Demokratie mit einer starken Regierung, ohne enge Parteidogmen und in der Bereitschaft zum Zusammenwirken mit allen aufbauwilligen und gestaltungsfähigen Kräften. »Eine der markantesten Gestalten der deutschen Widerstandsbewegung«, nannte ihn Otto John.

»Im Elementaren war er, Feind des Kommiß, eine soldatische Natur, und er lachte wohl, ohne es abzulehnen, als ich einmal sagte, er, der Elsässer, sei aus dem Holz, aus dem Napoleon seine Marschälle geschnitzt habe.«

Mit diesen Worten skizzierte ihn Theodor Heuss in einem Gedenkbericht. Sein Freund Gustav Dahrendorf schrieb:

»Sein ganzes Leben war Tat. Getrieben aus innersten sittlichen Kräften, lebendiger Wille dazu, so stand er zu allen Zeiten im Leben: als Soldat, als Politiker, als Mensch.«

Paul Sethe, der am 24. Oktober 1944 der Verhandlung vor dem Volksgericht beiwohnte – Leber war Anfang Juli verhaftet worden –, berichtete:

»Des Todes schuldig . . . Der vor dem mächtigen und bösen Mann da steht, hat mehr getan, als nur zu erwägen, ob der Krieg verloren gehe. Er hat versucht, die Regierung zu stürzen, und er macht kein Hehl daraus. Man merkt, Julius Leber weiß längst, was sein Schicksal sein wird. Aber er ist gar nicht erregt, er ist ruhig und geduldig. Er hört sich aufmerksam an, was sein Feind ihm sagt, dann antwortet er nicht laut, aber mit deutlicher und niemals schwankender Stimme.

Auch Julius Leber ist nur ein Mensch; und wenn er auch längst begriffen hat, was über ihn kommen wird, ganz im Innern ist doch vielleicht eine letzte, noch nicht niedergekämpfte Verzweiflung, ein wenig Lebenshunger, ein Wunsch, noch einmal die Freiheit, das Land, die Familie wiederzusehen.

Und während seine Stimme klar bleibt, und während kein Zittern den starken Körper befällt, sieht man doch immer – von hinten, vom Zuhörerraum her –, wie die Absätze seiner Schuhe herauf und herunter gehen. Man sieht auch, daß sie etwas schief getreten sind; man ist im fünften Kriegsjahr, und Leber ist kein reicher Mann. Doch sonst ist Julius Leber kühl und beherrscht.

Von den ersten Sätzen dieses Verhörs ist deutlich geworden, daß es dem Präsidenten da oben in seiner roten Robe kaum darum geht, den Angeklagten zu überführen. Was ist da schon zu überführen, da alles Wesentliche längst klar ist? Aber Roland Freisler will mehr. Er will sein Opfer auch herunterzerren, erniedrigen, moralisch zerstören. Der Vorwurf der Feigheit klingt auf. Wird Leber aufbegehren? Sich wütend zur Wehr setzen? Um dann sofort von dem Brüllenden unterbrochen, von neuem beschimpft, zum Schweigen gebracht zu werden? Aber ruhig hört sich der Angeklagte die Erregungsausbrüche des anderen an; dann kommt gelassen die Antwort: ›Das ist ein Irrtum, in Wirklichkeit verhielt es sich so . . .‹. Und allmählich erkennt man, wie sich in diesem Zweikampf der Geister die Positionen verschieben, wie der Mann da oben in der roten Robe zurückzuweichen beginnt, wie er unsicherer wird, wie sein rollendes Pathos ermattet. Am Ende scheint er enttäuscht, erschöpft, verdrießlich. Er beendet das Verhör. Noch immer ist er der mächtige Mann, er kann anordnen und befehlen. Aber es ist doch der heimliche Sieger, der sich nun wendet und langsam zur Anklagebank zurückgeht. Sehr allein in diesem Saal, nur mit drei oder vier Freunden in der Anklagebank, die ebenso ohnmächtig sind wie er; den Blick auf lauter bösartige Gegner, Richter, Reichsanwälte, Polizisten, SS; selber den gewissen Tod vor Augen; und am Ende hat er den Gegner doch überspielt.

Als sich später der Verteidiger – wohl ein Offizialverteidiger – erhebt, da ist es vollends deutlich, wie sicher Leber bereits das Schicksal kennt, das nun

auf ihn zukommt, übermächtig und unüberwindbar. Der Anwalt plädiert nicht einmal auf mildernde Umstände. Ausdrücklich sagt er, daß sein Mandant genau wisse, was er getan habe, und was er darauf zu erwarten habe. Als dann kurz darauf das Urteil verlesen wird, tut Julius Leber auch diesmal seinem Feinde nicht den Gefallen, den letzten, auch nur mit einer Miene zu zucken. Das Gesicht behält den Ausdruck tiefen und gesammelten Ernstes, wie stets an diesem Tag. Der Blick geht in die Ferne und gewiß weit über die Mauern dieses Saales hinaus. Was er gedacht hat in dieser Stunde, wird die Welt nie erfahren, aber als ihn bald darauf die Polizisten hinausführen, in seine Zelle zurück, geht er aufrecht wie vorher auch. So muß er auch gegangen sein, als er den letzten Gang antrat – den Gang in den schweren und bitteren Tod.«

Bevor Julius Leber am 5. Januar 1945 hingerichtet wurde, ließ er seine Freunde wissen:

»Für eine so gute und gerechte Sache ist der Einsatz des eigenen Lebens der angemessene Preis. Wir haben getan, was in unserer Macht gestanden hat. Es ist nicht unser Verschulden, daß alles so und nicht anders ausgegangen ist.«

CLAUS SCHENK GRAF VON STAUFFENBERG

»Wir haben uns vor Gott und unserem Gewissen geprüft, es muß geschehen, denn dieser Mann ist das Böse an sich«, diese Worte äußerte Claus Stauffenberg gegenüber Jakob Kaiser, als er ihm darlegte, daß nach seiner und seiner nächsten Berater Ansicht alles gewagt und versucht werden müsse, Hitler zu beseitigen. Von der damaligen Stunde der Unterredung berichtete Jakob Kaiser, daß sie ihm unvergeßlich bleiben werde, da sie ihm Einblick in die innere Auseinandersetzung gab, die Stauffenberg mit seinem Gewissen ausfocht.

Als sich Claus Schenk Graf von Stauffenberg zehn Monate vor der Aktion vom 20. Juli 1944 entschloß, selbst die Ausführung des jahrelang erwogenen und mehrfach bis ins einzelne vorbereiteten Attentats auf Hitler in die Hand zu nehmen, stand er im Alter von 36 Jahren. Seine Entscheidung war durch jene Synthese von Ethos und Tatkraft bestimmt, die als Merkmal seiner Wesensart schon in früheren Jahren anklingt, aber erst mit der Erkenntnis des Ausgereiften für Recht und Gerechtigkeit mächtig wurde. Während der junge, ungewöhnlich fähige Berufsoffizier – bei wohl geheimen Bedenken – 1939 weder bewußter Widersacher der Nationalsozialisten noch ihres Krieges war, durchschaute er zur Jahreswende 1943/44 das System bis in die »krankhafte und entmännlichte Atmosphäre des Obersalzberg« und sah in Julius Leber den wesensverwandten Charakter und zuverlässigen Freund. Als dieser bereits am 5. Juli 1944 verhaftet worden war, ließ er dessen Frau am 17. Juli übermitteln: »Wir sind uns unserer Pflicht bewußt.«
Claus Stauffenberg entstammte schwäbischem Adel; mütterlicherseits war er mit dem Geschlecht der Yorck verwandt, und zu seinen Ahnen gehörte Gneisenau.

In der Ausbildungszeit galt Stauffenberg bei vielen Vorgesetzten und Kameraden als der Begabteste seines Jahrgangs, dem eine große Zukunft bevorstand. Altersgenossen nannten ihn scherzend »den neuen Schlieffen«. Man traute ihm die Kraft zu, »dem Generalstab wie dem Heer neuen Geist einzuflößen und die einseitig militärische Denkweise zu überwinden«. Später bezeichnete ihn ein General der alten Schule als »den einzig genialen deutschen Generalstabsoffizier«.

Zu Beginn des zweiten Weltkrieges war Stauffenberg Oberleutnant in einer Panzerdivision; in Polen und im Frankreichfeldzug stand er an exponierten Frontabschnitten. Noch siegesbewußt bedauerte er seine Abberufung in das Hauptquartier, weil er sich nur ungern von der kämpfenden Truppe trennte.
In diesem Stadium des glanzvollen Aufstieges, der ihn zur Lösung größter organisatorischer Aufgaben verpflichtete, setzte der Widerspruch Stauffenbergs gegen die Führerentschlüsse ein.
Anfang des Jahres 1943 kam er zur Truppe nach Afrika. Dort verletzte eine Tieffliegergarbe sein Gesicht, beide Hände und ein Knie. Im Lazarett von Karthago befürchtete er tagelang, völlig blind zu sein. Er behielt ein Auge und hatte die rechte Hand und die Hälfte der linken verloren. Doch in der Genesungszeit stellten Freunde bald mit Staunen fest, daß »eine ganz neue, innere Bestimmtheit, eine Energie drängender als je« von ihm ausging.

Während zu jener Zeit viele militärische Würdenträger im vertrauten Gespräch mit Gleichgesinnten die Kriegsführung Hitlers kritisierten und zum Teil leidenschaftlich verdammten, aber dennoch vor einer entscheidenden Handlung gegen das Regime zurückschreckten, revidierte Claus Stauffenberg sein früheres Weltbild von Grund auf. Von sich selbst den äußeren Einsatz fordernd, suchte er die Verbindung zu den Widerstandskräften – im wesentlichen von der Vorstellung erfüllt, daß der Liquidation des Hitlerregimes ein echter staatlicher Erneuerungsversuch folgen müsse, »die Bildung eines bis in die breiten Volksschichten überzeugenden, neuen, sozialen Staates«.

Unter General Olbricht zog er mit dessen bewußter Förderung als Chef des Stabes beim Allgemeinen Heeresamt ein militärisches Netz um Berlin, auf das sich die Gegenbewegung am Tage des Umsturzes stützen sollte. So galt Stauffenberg unter den Exponenten des zivilen Widerstandes als der Prototyp jener jungen, höheren Offiziere, deren zukünftige Existenz nie zur Debatte stand, die aber den Willen zum Handeln hatten aus dem Verantwortungsgefühl des Offiziers vor der Truppe, aus der Verpflichtung des Staatsbürgers vor dem Volke. Einen Hauch seines Geistes hatten sogar die Gestapo-Beamten, die an der Untersuchung der Vorgänge um den 20. Juli beteiligt waren, verspürt. Sie sprachen von der Sehnsucht und dem Ringen Stauffenbergs, der einen ethischen Sozialismus mit seinen »gräflichen Überlieferungen« in Einklang bringen wollte.

Zum ganzen Einsatz gehörte auch Stauffenbergs Mitwirkung an dem Plan einer rechtzeitigen Verständigung mit den westlichen Kriegsgegnern, bevor die bedrohte, wankende Front im Osten völlig zusammenbrach. Deshalb erwog auch Stauffenberg kurz vor der Invasion der Westalliierten in der Normandie die Möglichkeit, England den Weg durch die deutschen Minenfelder zu erleichtern, was jedoch deshalb nicht weiter verfolgt wurde, weil man zu diesem Zeitpunkt sehr wohl einsah, daß die Vorstellung einer Trennung der Alliierten in ihrer gemeinsamen Kriegsführung unrealistisch war.
Als die westalliierten Truppen schließlich gelandet waren, konnte es nur noch darum gehen, die Katastrophe des dahintreibenden Krieges mit den unzähligen, sinnlosen Opfern abzukürzen und aus den Trägern des Widerstandes eine Regierung zu bilden, die auch das Ausland als verhandlungsfähig anerkennen mußte. Dies setzte den Tod Hitlers voraus.

Am 1. Juli wurde Stauffenberg Oberst und Chef des Generalstabes beim Oberbefehlshaber des Ersatzheeres. Es war ein Posten, der ihn in unmittelbare Nähe von Hitler brachte.
Zweimal wurde zwischen dem 10. und 20. Juli der Termin für das Attentat von Stauffenberg festgesetzt. Zweimal wurde jedoch sein Plan durch widrige Umstände durchkreuzt.
Nach den bekannten Vorgängen am 20. Juli 1944 fiel dann im Hof der Bendlerstraße der Schuß, der das Opfer des Lebens von Claus Schenk Graf von Stauffenberg forderte, jenes Mannes, von dem der Nachruf sagt, daß er mit seinem schwarzwelligen Haar und seiner schönen großen Gestalt in jeder Hinsicht ein echter Enkel Gneisenaus war.
Seine Frau aber brachte einige Monate später ihr fünftes Kind in Sippenhaft zur Welt.

In der Vorausschau, daß er bei seinem letzten Einsatz zugrunde gehen könne, hatte sich Stauffenberg in den Wochen und Tagen zuvor um den Wortlaut eines leicht verständlichen politischen Glaubensbekenntnisses bemüht, das in der Form eines Schwurs ein segensreiches Fortwirken aller längst bewährten und neuerwachten Kräfte sichern sollte.

Das Leitmotiv war:
»Wir wollen eine neue Ordnung, die alle Deutschen zu Trägern des Staates macht und ihnen Recht und Gerechtigkeit verbürgt.«

Zweiter Teil
Das Gewissen entscheidet

VORWORT ZUR ERSTEN AUFLAGE

Schon bei der Herausgabe unseres ersten Bandes »Das Gewissen steht auf« fühlten wir uns innerlich zu einer Fortsetzung unserer Arbeit gedrängt. Die Bekenntnisse vieler Menschen, die ungeachtet dessen, was ihnen drohte, tapfer den Weg der Wahrheit suchten, standen vor uns, und wir hatten bei dem Raum, den ein Buch läßt, nur wenigen gerecht werden können.

Der Einblick in die zusammengetragenen Unterlagen hatte uns aber auch bestimmt, dem Erfaßbaren weiter nachzugehen, solange noch Freunde und Angehörige als Zeugen des Widerstandes leben, um mit ihrer Hilfe jene Männer und Frauen in ihrer inneren und äußeren Zugehörigkeit zu den sehr verschiedenen Lebenskreisen begreifen zu können. Wir hofften zugleich, vielleicht manches festzuhalten, was einer späteren Geschichtsschreibung nicht verlorengehen sollte.
Fraglos war der Mut zum individuellen Gewissen erster Antrieb des Widerstandes. Aber auch durch die Gemeinsamkeit von Interesse, Freundschaft, Erleben und Erkenntnis wuchsen den Beteiligten geistige Kräfte zu, so daß sich die Frage ergab, wie weit und zu welchem Zeitpunkt die Wechselbeziehung zwischen Individuum und Gesinnungsgemeinschaft die Entscheidung des einzelnen beeinflußte. Damit verbunden war die weitere Frage, welchen geistigen Rückhalt die sozialen oder politischen Gruppierungsbereiche der zerschlagenen Demokratie im Konflikt mit dem Nationalsozialismus bieten konnten. Denn unentbehrliche Komponente edler Motive und des Willens zum Guten bleibt die Entscheidungsfähigkeit.

So entscheidet auch heute das Gewissen jedes Deutschen, ob die Tragik unserer jüngsten Geschichte für Gegenwart und Zukunft fruchtbar werden kann, oder ob wir vor der klaren Stellungnahme gegenüber dieser Vergangenheit und ihren polaren Erscheinungen von Untat und Widerstand ausweichen. Eindringlicher denn je ist der Anruf an uns gerichtet, dem universellen menschlichen Anspruch auf Gerechtigkeit und Freiheit den gebührenden Raum in unserem Denken zu geben. Und gewiß bleibt wahr – wie es kaum für ein Ereignis in der deutschen Geschichte gilt –, daß uns durch jene Rechts- und Freiheitsbewegung, die sich unter den unvergleichbaren Umständen der modernen totalen Diktatur in unserem Volke bildete, auch die Umrisse für eine gültige Tradition gezeichnet wurden.

Annedore Leber

AUSMASS DER KATASTROPHE

»Hunderttausend Tote sind eine Statistik, der Tod eines Einzelnen aber bleibt ein ergreifender menschlicher Schmerz.«

So sehr dieses alte französische Wort für alle Völker und Zeiten Gültigkeit hat: Unter dem Ausmaß der nationalsozialistischen Katastrophe wurde die runde Bezifferung von überdimensionalen Todeszahlen zur Selbstverständlichkeit. Doch diesen unvorstellbaren Größenordnungen hält das menschliche Fassungsvermögen nicht stand. Sie sprengen die Bezirke seelischer Kraft zum Mitempfinden und fordern damit zur Flucht in die Unverbindlichkeit gegenüber dem Gesamtgeschehen heraus. Und in der Summe des Unheils verblaßt mehr und mehr das Einzelgeschick.

Auch diese Entwicklung ist Teilerscheinung der Katastrophe. Darum wäre ihr Ausmaß selbst bei präzisesten Zahlenangaben nicht zu erfassen. Um so zwingender ist es, sich der Etappen eines geistigen Zerstörungsprozesses, der bis zur Realisierung vorher für undenkbar gehaltener Untaten trieb, bewußt zu werden.

Als einsam Unbekannter, Fremder sah sich plötzlich der Mensch. Inmitten eines äußerlich lebendigen Menschengetriebes durfte er sich beim Zugriff seines Peinigers nicht mehr – wie sonst sogar das gestürzte Pferd, auf das der Kutscher einschlägt – der natürlichen menschlichen Reaktion seiner Umwelt gewiß sein.

Die Furcht vor dem Verräter zog schärfere, unüberbrückbare Trennungslinien. So war die letzte Mahnung des Münchener Professors Kurt Huber vor seiner Hinrichtung: »Es gibt kein furchtbareres Urteil über eine Volksgemeinschaft als das Eingeständnis, das wir uns alle machen müssen, daß keiner sich vor seinem Nachbarn, der Vater nicht mehr vor seinen Söhnen, sicher fühlt.«

Ausgelöscht war das Vertrauen von Mensch zu Mensch. Von dieser Verlorenheit führte der Weg zur systematischen physischen Lebensvernichtung, der unzählbare Menschen zum Opfer fielen.

DER UNBEKANNTE

Niemand wußte bisher den Namen des Mannes zu nennen. Sein Bild fand sich auf dem Filmstreifen einer Prozeßverhandlung vor dem Volksgerichtshof nach dem 20. Juli 1944.

War er Arbeiter, Kaufmann, Beamter, Soldat?

Hatten ihn politische oder religiöse Bindungen geformt, und waren sie stark genug, ihm den Konflikt zwischen Gewissen und Furcht zu erleichtern?

Trieb ihn Empörung über das Unrecht oder die Vorahnung des drohenden Unheils?

Oder war er von der breiten Verhaftungswelle als Fernerstehender miterfaßt worden?

Sollte er als Wachtposten einem der Gefangenen einen Hilfsdienst erwiesen, ihn vielleicht dadurch gerettet haben?

Oder war er einer von jenen Menschen, die ihr Bedauern über das Scheitern des Aufstandes nach dem 20. Juli verlauten ließen?

Das Urteil, das ihn traf, ist unbekannt, unbekannt sind die Monate seiner Haft, unbekannt ist, ob er gefoltert, hingerichtet wurde und ob er Frau und Kinder hinterließ.

Es ist möglich, daß er noch lebt. Vielleicht könnte sein Bild ihn finden helfen – ihn, der nach allem, was ihm in einem gefürchteten Hause inmitten der Stadt widerfuhr, doch nicht der Mensch neben uns ist, sonern der bis zum heutigen Tage einsam Unbekannte.

GEORG MAUS

Wie Petrus den Herrn nicht vor dem hohen Rat, sondern vor einer armen Magd verraten habe, so bestehe die Gefahr des Schulmeisters darin, den Herrn vor Schulkindern zu verraten.
Zur Begründung seiner Besorgnis um die bedenklichen Folgen der nationalsozialistischen Erziehungsmethoden hatte sich Georg Maus mehrfach auf dieses Gleichnis gestützt. Sein religiöses und pädagogisches Ethos – getragen vom Bewußtsein der Unvereinbarkeit von Christentum und Nationalsozialismus – hatte hier ein zentrales Problem erfaßt. Um so tragischer war, daß das gleiche Motiv zum düsteren Grundton seines Schicksals werden sollte.

Georg Maus, am 5. Juni 1888 als Sohn eines schaumburgischen Pfarrers geboren, hatte zunächst den Beruf seines Vaters gewählt. Nach der ersten theologischen Prüfung aber entschloß er sich, Lehrer zu werden, um schon Kinder an die Botschaft des Evangeliums heranführen zu können. Dieser Wunsch erfüllte sich 1920, nachdem er zuvor während des Weltkrieges drei Jahre Frontdienst geleistet hatte.
Seine Unterrichtstätigkeit als Studienassessor und Studienrat führte den Philologen Maus über Wetzlar und verschiedene rheinische Städte in ein festes Lehrverhältnis nach Wuppertal. Dort erklärte er 1939 seinen Austritt aus dem Nationalsozialistischen Lehrerbund:
»Dazu wurde ich veranlaßt durch die immer deutlicher hervortretende Einstellung des Bundes gegen Christentum und christliche Erziehung. Sie wurde mir deutlich aus den Reden einzelner Amtsträger, in der Haltung der Zeitschrift und in dem Bemühen, den christlichen Unterricht aus der Schule zu verdrängen.«
Georg Maus fühlte sich eng der Bekennenden Kirche verbunden und hatte als einer der ersten in seiner Gemeinde zu dem Zusammenschluß der bekenntnistreuen Glieder aufgerufen. »Er hat dem Nationalsozialismus von Anfang an ablehnend gegenübergestanden« erinnerte sich sein Freund und Kollege Hellmut Lauffs, »aus der tiefen Sicht, daß diese Bewegung einen dämonischen, christusfeindlichen Beweggrund hatte. Er stieß nicht etwa aus politischer Reaktion zur Bekennenden Kirche, sondern umgekehrt kam er aus seiner bekenntnistreuen Haltung zur politischen Opposition.«

Nachdem die Schule in Wuppertal 1943 zerstört worden war, wurde Georg Maus an die Oberschule in Idar/Oberstein versetzt. Dort holte ihn am 16. Mai 1944 die Gestapo während der Dienstzeit ab. Eine 13jährige Schülerin, die Tochter des Ortsgruppenleiters, hatte nach seinen Darlegungen, daß auch dem Feinde gegenüber Christenliebe geboten sei, gefragt, ob das ebenso für die Engländer gelte. Die Antwort von Maus: »Ja, denn Jesu Worte gelten immer und überall und unter allen Umständen«, wurde zum Gegenstand einer Prozeßverhandlung vor dem Volksgerichtshof in Berlin. Das Urteil lautete auf zwei Jahre Gefängnis wegen »Wehrkraftzersetzung«.

Als sich die alliierten Truppen Berlin näherten, wurde Georg Maus mit anderen politischen Häftlingen in einen Zug verladen und in Richtung Dachau abtransportiert. Da seine Gesundheit den Hungerstrapazen während der vieltägigen Fahrt nicht gewachsen war, wurde er – einmal dem System des Verrates preisgegeben – bei der Öffnung des Zuges am 15. Februar 1945 in Höchstadt bei Lichtenfels tot aufgefunden.

OTTO HIRSCH

Bei der Weihe des Gedenksteins, der auf dem Boden des ehemaligen Konzentrationslagers Bergen-Belsen zur Erinnerung an die Zerstörung jüdischen Lebens errichtet wurde, fand Theodor Heuss am 30. November 1952 jenes symbolisch-mahnende Wort: »An einem bösen Tage hörte ich den Namen Mauthausen, wo sie meinen alten Freund Otto Hirsch ›liquidiert‹ hatten, den edlen und bedeutenden Leiter der Reichsvertretung deutscher Juden!«

Bis zu der Stunde, in der sein Leben ausgelöscht wurde, hatte der Württemberger Otto Hirsch mit klarer Bestimmtheit für Recht und Menschentum gewirkt. Schon in der Stuttgarter Heimatstadt, wo er am 9. Januar 1885 geboren wurde, stand er in diesem unantastbaren Ruf. Verband sich in ihm doch beste Tradition liberalen jüdischen Geistes mit dem demokratischen Denken seines Landes.

Den Heranreifenden hatte das elterliche Kaufmannshaus in seiner Ordnung und Aufgeschlossenheit früh mit Menschen des öffentlichen und kulturellen Lebens zusammengeführt. Es bot ihm Raum, seine menschlichen und geistigen Fähigkeiten zu entwickeln, sein Urteil zu bilden und seine Berufswahl unabhängig zu treffen. So war er sich früh gewiß, Rechtswissenschaften studieren zu wollen. Nachdem er das Studium mit Auszeichnungen abgeschlossen hatte, folgte auf eine kurze Anwaltstätigkeit seine Berufung in den Dienst der Stadt Stuttgart, und zwei Jahre später wurde der 29jährige zum städtischen Rechtsrat befördert. Im Jahr 1919 trat er ins Württembergische Innenministerium ein und wurde dort 1921 Ministerialrat. Noch im selben Jahr ernannten ihn die Regierungen des Reichs und der zuständigen Länder zum Vorstandsmitglied der neugeschaffenen Neckar-Aktien-Gesellschaft.

Mit der gleichen lebendigen Tatkraft wie im Bereich seiner rechts- und staatspolitischen Wirksamkeit widmete sich Otto Hirsch den Aufgaben im jüdischen Gemeinde- und Organisationsleben. Auch dort wurden ihm früh verantwortliche Funktionen übertragen. Schon 1919 wählte ihn der israelitische Landesverband zum Vorsitzenden seines Verfassungsausschusses, und nach mehrjähriger Tätigkeit für die israelitische Organisation Württembergs wurde er 1930 Präsident des Israelitischen Oberrats. Ein Jahr zuvor hatte er – obgleich Nichtzionist aus dem Kreise um den Rabbiner Leo Baeck – zur Beteiligung an dem Palästina-Aufbau aufgerufen.
Es waren entscheidungsschwere Tage, als 1933 Otto Hirsch nach übereinstimmendem Urteil der Geeignete schien, das Amt des geschäftsführenden Vorstandes in der Reichsvertretung der deutschen Juden unter der Präsidentenschaft von Dr. Leo Baeck zu übernehmen. Nach den Aufzeichnungen eines nahen Verwandten entschloß er sich, »dem Rufe zu folgen ... obwohl er sich darüber keine Illusionen mache, welche Gefahren eine solche Stellung mit sich bringe. Er sah genau, zu welcher Macht die NSDAP kommen werde und sagte mir, ihre Herrschaft werde mindestens zehn Jahre dauern!«

In dem neuen Amt, das er im Sommer des Jahres 1933 antrat, sah sich Otto Hirsch den Auswirkungen der ersten erschreckenden Eingriffe gegenüber. Dem Aufruf der NSDAP zum Judenboykott vom 1. April 1933 folgte unmittelbar die Ausschaltung jüdischer Bürger aus den Beamten- und freien Berufen durch das »Gesetz zur Wiederherstellung des Berufsbeamtentums« vom 7. April und das Reichskulturkammer- und Schriftleitergesetz vom 22. September und 4. Oktober 1933. Er und seine Mitarbeiter, bedeutende Vertreter des deutschen Judentums, wie Julius Seligsohn, Paul Epstein, Arthur Lilienthal, Cora Berliner und Heinrich Stahl, wußten, daß die neuen Machthaber entschlossen waren, ihre antisemitische Hetze skrupellos in die Tat umzusetzen. Ebenso aber wußten sie, daß die Maßnahmen Hitlers die Mehrzahl der deutschen Juden unvorbereitet traf.

Hieraus ergab sich als vordringliche Aufgabe die Einrichtung von juristischen und wirtschaftlichen Beratungsstellen im Rahmen der Reichsvertretung, die bei der Vielfalt der nationalsozialistischen Verordnungen, die den Juden auf fast allen Gebieten Berufsbeschränkungen und -verbote auferlegten, den Ratsuchenden zuverlässige Auskünfte geben konnten. Zugleich suchte Otto Hirsch durch die Organisierung einer Zentralstelle für jüdische Wirtschaftshilfe, die mit einer Reihe neu gegründeter jüdischer Darlehenskassen Hand in Hand arbeitete, den besonders betroffenen Berufsgruppen zu neuen Existenzmöglichkeiten zu verhelfen, wobei die notwendige berufliche Umschulung zu einem weiteren Problem dieser Jahre wurde.

Einem ungeheuren Umstellungs- und Neuaufbauprozeß diente die Arbeit der Reichsvertretung, und es war das Ziel Otto Hirschs und seiner Freunde, die immer brennender werdende Auswanderung von über 500 000 Menschen vorzubereiten und durchzuführen, aber auch den Auswandernden einen festen Lebenswillen mitzugeben und sie mit den Existenzmöglichkeiten im Einwanderungsland vertraut zu machen. Ebenso mußten Einwanderungsbeschränkungen überwunden werden, was Rücksprachen mit Regierungsvertretern der verschiedensten Länder notwendig machte. Viele Male reiste Otto Hirsch in jenen Jahren zu Verhandlungen nach Paris und London. Sein Weg führte ihn auch nach Palästina und nach den Vereinigten Staaten. Und als Präsident Franklin D. Roosevelt zur Lösung und Regelung dieser Fragen im Jahre 1938 eine Konferenz nach Evian in der Schweiz einberief, vertrat Otto Hirsch dort die Anliegen der deutschen Juden.

Hatte schon die steigende Wirkung antisemitischer Propaganda auf viele innerdeutsche Amtsstellen, mit denen die Reichsvertretung im Interesse ihrer Schützlinge notgedrungen arbeiten mußte, lähmend gewirkt, so schnürte das Jahr 1935 mit seinen bindenden Normen manches bisher noch mögliche Entgegenkommen ab. Die Verkündung der sogenannten Nürnberger Gesetze legte im September 1935 unter dem Deckmantel hohler formal-juristischer Paragraphen die Entrechtung eines ganzen Volksteiles fest. Den jüdischen Menschen wurden als »Fremdrassigen« die staatlichen Rechte als Bürger und die natürlichen Rechte der freien Eheschließung genommen, und der »Ariernachweis« mußte nunmehr auch zur Heirat erbracht werden.
Da in diesen Tagen Dr. Leo Baeck den jüdischen Gemeinden ein besonderes Gebet anempfahl und daraufhin verhaftet wurde, begab sich Otto Hirsch zur Gestapo und erklärte, daß er die Verantwortung für die Übersendung des Gebettextes an die Gemeinden trage. An Stelle von Baeck wurde nun Hirsch festgenommen. Doch seine Freilassung erfolgte nach kurzer Zeit mit Rücksicht auf das Ansehen, das er aufgrund seiner Stellung im Ausland hatte.

Bei der Rückkehr an seinen Arbeitsplatz in der Kantstraße, Berlin-Charlottenburg, türmten sich Sorgen und Mühen auf. Der mit den Nürnberger Gesetzen gleichlaufende Erlaß des Erziehungsministers Rust gab die Grundlage, jüdische Kinder von den Schulen zu verweisen. Doch schon im Jahre 1936 konnten 22 000 Kinder eigene jüdische Schulen besuchen, obwohl der Reichsvertretung immer geringere finanzielle Mittel zur Verfügung standen und der Druck einer ständig wachsenden Zahl Unterstützungsbedürftiger aufgrund der Arbeitsverbote auf ihr lastete. Im Jahre 1936 gaben die Hilfsstellen der jüdischen Gemeinden 2 357 000 Essensportionen aus. Zugleich versuchten die jüdischen Kulturbünde allen jenen, die von dem kulturellen Leben ausgeschlossen waren, durch eigene Einrichtungen und Veranstaltungen einen Ausgleich zu bieten.

Otto Hirsch, der als geschäftsführender Vorsitzender mit der Durchführung einer Fülle von Einzelheiten betraut war, arbeitete unter steter Gestapoüberwachung; er und seine Mitarbeiter waren laufend Verhören und Maßregelungen ausgesetzt. Dabei leistete Otto Hirsch die ihm übertragene Aufgabe mit der Kraft seines ganzen Wesens. Einer seiner Freunde aus diesen Jahren schilderte ihn: »Mit einer bewundernswerten Frische war er immer zur Stelle. Vom frühen Morgen bis zum späten Abend bewältigte er ein in den Jahren ab 1933 ständig steigendes Arbeitsquantum mit beispielhafter Präzision und hatte doch immer Zeit: ein Meister des Tagesablaufs . . . Er war kein Redner, sondern ein Sprecher, ein ausgezeichneter, ebenso sachlicher wie sachkundiger Vertreter, äußerlich aufrecht, innerlich aufrichtig, ein würdiger Repräsentant der aufs schwerste getroffenen Gemeinschaft: ein Mann mit einem inneren jüdischen Stolz.«

Der 9. November 1938 wurde zum furchtbaren Fanal. Der Tag der sogenannten Kristallnacht, an dem die Synagogen in Brand gesteckt und die Geschäfte jüdischer Inhaber geplündert wurden, leitete die radikale Verfolgung jüdischen Lebens ein.

Nach einem Befehl Hitlers wurde Göring beauftragt, die »Judenfrage einheitlich zusammenzufassen und so oder so zur Erledigung zu bringen«. »Ich möchte kein Jude in Deutschland sein«, sagte Hermann Göring bei der Besprechung, die er darauf im Reichsluftfahrtministerium am 12. November 1938 mit Vertretern des Reichssicherheitshauptamtes und der Regierungsstellen durchführte. Zugleich erläuterte er die Absichten Hitlers: »Wenn das Deutsche Reich in absehbarer Zeit in außenpolitischen Konflikt kommt, so ist es selbstverständlich, daß auch wir in Deutschland in allererster Linie daran denken werden, eine große Abrechnung an den Juden zu vollziehen.« Und »Das Schwarze Korps«, das Organ der SS, schrieb zwölf Tage später, bei einem Kriegsausbruch müsse das Schicksal der in Deutschland verbleibenden Juden »restlose Vernichtung« sein.

Die Reichsvertretung der deutschen Juden, die bisher eine freie jüdische Vereinigung war, wurde nun auf Initiative Heydrichs in die »Reichsvereinigung der Juden in Deutschland« umgewandelt und unterstand, wie entsprechende Zwangsvereinigungen in Wien und Prag, der direkten Gewalt des Reichssicherheitshauptamtes. Leo Baeck und Otto Hirsch blieben mit den anderen Mitarbeitern aber weiter im Vorstand. Damals schrieb Otto Hirsch: »Wir haben es bei der Reichsvertretung immer so gehalten, daß die Person hinter der Sache zurücktrat, und anders soll es auch bei der Reichsvereinigung nicht sein . . . Nie vollzieht sich die Arbeit am ›grünen Tisch‹, sondern immer steht sie im Wirbel dieser umgestaltenden Zeit, deren Wellen unablässig auch alle rechtsformende und verwaltende Tätigkeit ergreifen. Entscheidend aber ist, wie diese Arbeit geleistet wird: mit festen Nerven, mit unbedingter Sachlichkeit und Gerechtigkeit und doch mit fühlender Liebe.«

Nach den Ereignissen der Kristallnacht wurde Otto Hirsch Ende November 1938 in das Konzentrationslager Sachsenhausen gebracht, nach kurzer Zeit aber wieder entlassen. Fast als sei nichts geschehen, saß er erneut an seinem Schreibtisch im Büro der Reichsvereinigung, zwar kahlgeschoren und abgemagert, doch unbeirrbar und unerschrokken, äußerlich völlig beherrscht, sogar zu einem »schwäbelnden« Wort aufmunternden Zuspruchs aufgelegt, ohne den bitteren Ernst der Lage zu verkennen. »Unermüdlich verwaltete er acht Jahre lang ein unendlich schweres Amt. Ein Mann, der in der Mörderhöhle ausharrte, um so viele wie möglich von seinen leidenden und gefährdeten Mitmenschen zu trösten und zu retten«, schrieb sein Freund Julius Bab über ihn.

Noch im August 1939 war Otto Hirsch in London, um die Einwanderungsmöglichkeiten, die England seit der Kristallnacht den Flüchtlingen bot, intensiver zu fördern. Von der Unterstützung ausländischer Organisationen hing bei den willkürlich erhöhten Beträgen, die vor der Auswanderung bei den deutschen Wirtschaftsämtern hinterlegt werden mußten, weitgehend ab, wem noch der Weg nach draußen möglich wurde. Im Frühjahr 1940 führte ihn dann noch einmal seine Aufgabe nach Budapest. Mehrere ausländische Regierungen boten Otto Hirsch wichtige Posten mit breiter Wirkungsmöglichkeit an. Aber er entschied sich im Bewußtsein seiner großen Verantwortung gegenüber dem Rest der in Deutschland eingeschlossenen Juden zum Bleiben, ebenso wie Leo Baeck, der noch 1941 den Ruf als Rabbiner nach Cincinnati mit der Begründung ablehnte: »Solange noch ein Jude in Deutschland ist, ist mein Platz bei ihm.«

Die Arbeit der Reichsvereinigung wurde seit Kriegsbeginn immer hoffnungsloser, obwohl es ihr gelang, noch bis in das Jahr 1941 hinein Juden Auswanderungsmöglichkeiten zu öffnen, so daß von den etwa 540 000 Glaubensjuden, die im Jahr 1933 in Deutschland lebten, insgesamt 317 000 gerettet werden konnten – im wesentlichen ein Verdienst Otto Hirschs. Auch die Rettung seiner Kinder gelang. Doch seine Frau Martha, die in selbstverständlicher Treue neben ihrem Mann in Berlin ausharrte, wurde später nach seinem Tode deportiert und umgebracht.

Seit 1940 wurden schon jüdische Menschen in Massentransporten nach Polen in die Ghettos überführt, und 1941 wurde Theresienstadt in der Tschechoslowakei als sogenanntes Musterlager für bevorzugte Juden aufgebaut. Im Herbst 1942 lebten dort bereits 60000 Menschen zusammengepfercht unter den unmenschlichsten Bedingungen. Die Sterblichkeit betrug bis zu 200 Menschen täglich.

Nacheinander fielen auch die Mitarbeiter der Reichsvereinigung der Deportation zum Opfer. Im Frühjahr 1941 wurde Otto Hirsch wiederum zur Gestapo befohlen, dort festgenommen und nach vorübergehender Inhaftierung im Gefängnis am Alexanderplatz in Berlin in das Konzentrationslager Mauthausen verschleppt. Die Vernichtung seines Lebens bestätigte eine Totmeldung vom 19. Juni 1941.

Am 8. Juli schrieb Leo Baeck an den Sohn von Otto Hirsch:
»Soll ich dem Sohne sagen, wer der Vater gewesen ist?! Aber das darf ich aussprechen, daß er einer der seltenen Menschen, welche wahre Persönlichkeiten sind, gewesen ist. Ihm wurde jede Idee immer alsbald zur Aufgabe, und jede Aufgabe war ihm von der Idee, von dem Ideal getragen. Die Erfahrung und Bewährung im Praktischen einte sich in ihm mit dem lebendigen, immer offenen Sinn für alles Geistige und Künstlerische. Er war Realist und Idealist in einem, und ebenso in einem der Sohn seines Volkes und der Mensch. Das starke Bewußtsein unseres Besonderen verband sich in ihm mit dem steten Verständnis für das Allgemeine, das Universelle.«

Ein Jahr später waren auch die letzten Mitarbeiter der Reichsvereinigung der Gestapo in die Hände gefallen. Die systematische Vernichtung menschlichen Lebens, das durch den Judenstern gebrandmarkt worden war, rollte in furchtbarem Ausmaß ab. Als Hitler nach dem Kriegseintritt der USA am 8. Dezember 1941 die letzte Tarnung fallen ließ und die Ausrottung der europäischen Juden befahl, entwickelte der Chef der Sicherheitspolizei, Reinhard Heydrich, vor Vertretern des Reichssicherheitshauptamtes und der beteiligten Behörden in der Wannsee-Besprechung am 20. Januar 1942 einen Teil seines Vernichtungsprogramms, das in den Ostgebieten zur Durchführung kommen sollte. »In großen Arbeitskolonnen, unter Trennung der Geschlechter, werden die arbeitsfähigen Juden straßenbauend in diese Gebiete geführt, wobei zweifellos ein Großteil durch natürliche Verminderung ausfallen wird.«

Im selben Jahr jedoch arbeiteten bereits drei Vernichtungslager in Polen – Belcec, Tréblinka und Soboror –, deren Einrichtungen Möglichkeiten boten, täglich je 15000–20000 Menschen zu töten. Hinzu kamen die Vergasungslager Auschwitz und Lublin. Aber auch durch die »Einsatzgruppen« des SD und auf andere Weise wurde die Ausrottung der Juden in Europa vorangetrieben. Nach der Aussage des SS-Gruppenleiters im Reichssicherheitshauptamt, Dr. Hoettl, erhielt im August 1944 Himmler einen Bericht, aus dem hervorging, daß in den verschiedenen Vernichtungslagern 4 Millionen Juden getötet wurden, während weitere 2 Millionen auf andere Weise den Tod fanden. Dieser Bericht habe Himmler nicht befriedigt, da er mit einer bereits 6 Millionen übersteigenden Zahl gerechnet habe.

Nachforschungen nach 1945 erbrachten unterschiedliche Ergebnisse über die Zahl der Menschen, die aufgrund ihrer jüdischen Herkunft umgebracht wurden. Aus den Vergleichsziffern, die in dem Buch von Gerald Reitlinger »Die Endlösung« und der Veröffentlichung von Helmut Krausnick »Zur Zahl der jüdischen Opfer des Nationalsozialismus« festgehalten sind, ist zu schließen, daß die Gesamtzahl bei 6 Millionen liegt.

DAS FESTSTELLBARE

Das Ausmaß grausamer Akte gegen das menschliche Leben ließ die nationalsozialistische Katastrophe in aller Eindringlichkeit deutlich werden. Jedes Bemühen aber um genaue Zahlenangaben von Opfern und Gegnern des Hitlersystems kann nur zu Teilergebnissen führen. Umfangreiche und wesentliche Dokumente wurden zum Ausgang des »Dritten Reiches« noch von den Nationalsozialisten vernichtet; während sie zuvor mit pedantischer Sorgfalt über ihre Verbrechen Buch geführt hatten, waren sie nun interessiert, ihre Taten zu verwischen und die Breite des Widerstandes zu verschleiern. Viele Akten und Unterlagen gingen dann unter den letzten Kriegseinwirkungen und dem folgenden Flüchtlingselend verloren. Anderes dokumentarisches Material wurde bei den Besetzungsmaßnahmen beschlagnahmt und steht – Teilfolge der Zerschneidung Deutschlands – bisher nur in beschränktem Maße zur Verfügung.

Vor allem aber stieß der ganze Fragenkomplex, als seit 1945 die Möglichkeit gegeben war, dem noch Feststellbaren nachzugehen, auf ein verwirrtes Denken im innerdeutschen Raum. Zwar wurde das Thema zunächst diskutiert, aber die Diskussion, die selbstkritische Eingeständnisse forderte, versandete sehr bald. Sie wurde zum Teil tatsächlich von den sich überstürzenden Ereignissen – aktuellen Problemen und Nöten, die von der kommunistischen Diktatur ausgingen – verdrängt; zum Teil aber dienten die neuen Erfahrungen dazu, der Auseinandersetzung auszuweichen und mit dem Vergehen anderer eigenes Versagen oder gar eigene Untaten zu entschuldigen.

Aber Verwirrung und Unausgeglichenheit boten auch Raum zu Über- und Unterbewertungen menschlichen Verhaltens unter der Diktatur und den Spielregeln, die sie gebot, was dazu beitrug, daß man die unmittelbare Sammlung der noch erreichbaren Unterlagen schleppen ließ, statt zu klären, was im Interesse der geschichtlichen Wahrheit, der moralischen Sauberkeit und des inneren Gleichgewichts unseres Volkes nicht dem Zwielicht halber Wahrheiten verfallen sollte.
Die totalitäre Herrschaft Hitlers begann mit der Verordnung des Reichspräsidenten »zum Schutze von Volk und Staat« vom 28. Februar 1933, durch die die staatsbürgerlichen Rechte weitgehend aufgehoben wurden. Das Ermächtigungsgesetz vom 24. März 1933 zerstörte die rechtsstaatlichen Grundlagen definitiv. Gleichzeitig wurde die Macht der Polizei ausgeweitet. Die Gestapo, schon im Frühjahr 1933 in Preußen errichtet und auf das ganze Reich ausgedehnt, arbeitete außerhalb jeder staatsanwaltlichen oder richterlichen Kontrolle mit der willkürlich verhängten »politischen Schutzhaft« und dem Terror der Konzentrationslager.

Besondere Aufmerksamkeit galt der Beseitigung richterlicher Unabhängigkeit. Im Zuge der Schaffung von Sondergerichten entstand am 24. April 1934 der Volksgerichtshof mit der Order, »eine neue Art volksgebundener Rechtsfindung einzuführen«, und seine Richter wurden nach den Anweisungen Hitlers ausgewählt: »Je subjektiver und ausschließlicher ein Richter an die Ideen des Nationalsozialismus gebunden ist, desto objektiver und gerechter wid seine Rechtsprechung sein.«

Diese Richtlinien führten zu der Justifizierung der Morde vom 30. Juni 1934 und zur fortschreitenden Denaturierung der Justiz. Und 1938 erklärte der Reichsanwalt Parisius in seiner Festrede zum vierjährigen Bestehen des Volksgerichtshofes: »Die Aufgabe des Volksgerichtshofes ist nicht die, Recht zu sprechen, sondern die, die Gegner des Nationalsozialismus zu vernichten.«

Symptomatisch für diese Entwicklung war die Anwendung der Todesstrafe, die in der Periode vor 1933 lediglich Gegenstand der Kriminalpolitik war. Sie wurde in den drei letzten Jahrzehnten bis auf wenige Ausnahmen in Deutschland nur noch wegen Mord verhängt; in der Mehrzahl der Fälle kam das Begnadigungsrecht zur Anwendung.

Eine Zusammenstellung kriminalstatistischer Erhebungen durch Jürgen Koch 1949 brachte folgendes Bild:

1907–1932

	Todesurteile:	davon vollstreckt:
1907–1913:	124	67
1914–1918:	141	94
1919–1924:	664	138
1925–1929:	333	38
1930–1932:	135	8

Mit der nationalsozialistischen Machtergreifung wurde die Todesstrafe zum Mittel politischen Terrors. Schon im Frühjahr 1933 war durch das Gesetz vom 29. März neben die Strafe des Enthauptens die Möglichkeit des Erhängens getreten, wenn auch erst 1942 diese Maßnahme in der Regel zur Anwendung kam. Doch in einem Beschluß des Magdeburger Landgerichtes vom November 1933 hieß es bereits lobend und zur Begründung einer entsprechenden geldlichen Vergütung: Der Scharfrichter wirke »bei der Ausübung desjenigen Hoheitsaktes des Staates hervorragend mit, der nach außen hin den nachhaltigsten Eindruck macht«.

So wurde seit 1933 das Anwendungsgebiet der Todesstrafe ständig erweitert. Allein bis Kriegsbeginn ergingen zwölf entsprechende Gesetze und Verordnungen, so z. B. am 13. Oktober 1933 das »Gesetz zur Gewährleistung des Rechtsfriedens« mit der ausdrücklichen Kommentierung, daß »die zur Bekämpfung staatsfeindlicher Bestrebungen erlassenen Gesetze ... die gegenrevolutionären Kreise nicht in vollem Umfang haben unterdrükken können«.

Nach Kriegsausbruch wurden dann 15 weitere Verordnungen und Gesetze mit Todesstrafenandrohung erlassen. Parallel stiegen die Todesurteile seit 1933 an, um während des Krieges ein bisher unvorstellbares Ausmaß zu erreichen.

Wie alle wichtigen Akten haben die Nationalsozialisten auch die Mordregister mit den Meldungen über vollstreckte Todesurteile zu vernichten versucht. Doch der Berliner Rechtsanwalt Liebenow konnte ungefähr 30 Bände in lose zusammengehefteten Blättern aus den Trümmern eines Wohnhauses retten. Nachdem dieses umfangreiche, doch nicht ganz vollständige Material 1947 auf Veranlassung des inzwischen verstorbenen Ministers Eugen Schiffer karteimäßig geordnet war, bearbeitete Pfarrer Dr. Harald Poelchau diese Todesurteile der Hitlerzeit unter statistischen Gesichtspunkten:

1934–1944

	Todesurteile:	davon vollstreckt:
1934–1939:	679	534
1940–1944:	12 212	11 336

Unter den Hingerichteten befanden sich 1100 Frauen und 5088 Ausländer der verschiedensten Nationen. Bei diesen Angaben wurden nur die Urteile der deutschen Strafgerichte und des Volksgerichtshofes erfaßt, nicht aber das Ausgangsgeschehen bis April 1945 und nicht die zahlreichen Urteile der Militärgerichte, die auch vielfach für die Aburteilung von echten Widerstandshandlungen während des Krieges zuständig waren, ebenso z. T. für die von den Bibelforschern aus Glaubensgründen verweigerte Kriegsdienstpflicht. Bei dem Fehlen jeglicher Unterlagen aus diesem Bereich ergaben sich Anhaltspunkte nur durch zwei Schriftstücke, die im Hause eines ehemaligen Abteilungschefs des OKW laut Nachrichtenagentur Exchange vom 30. Juli 1945 gefunden wurden und statistische Angaben zu den Hinrichtungen im Rahmen der Militärgerichtsbarkeit enthielten; sie wiesen für die Zeit vom 1. September 1939 bis 30. November 1944 die Hinrichtung von insgesamt 9413 Offizieren und Soldaten nach – mehr als 4000 davon allein zwischen dem 1. September 1943 und dem 31. August 1944.

Darüber hinaus wurden die zahlreichen Tötungsakte, die die SS ohne Justizurteil durchführen ließ, nicht in den Mordregistern erfaßt. Auch erfolgte seit 1943 die Aburteilung von Juden nicht mehr auf sogenanntem Gerichtswege; sie verfielen kurzerhand der Gestapo.

Wieviele Deutsche wurden in den Jahren 1933–1945 wegen ihrer politischen Haltung verhaftet, wieviele aus politischen Gründen verurteilt?

Bei der Unbeantwortbarkeit dieser Frage bot das Mordregister eine Vergleichsmöglichkeit: Von den 12 212 Menschen, die die Todesstrafe traf, waren 6927 aus politischen Gründen verurteilt; und 3790

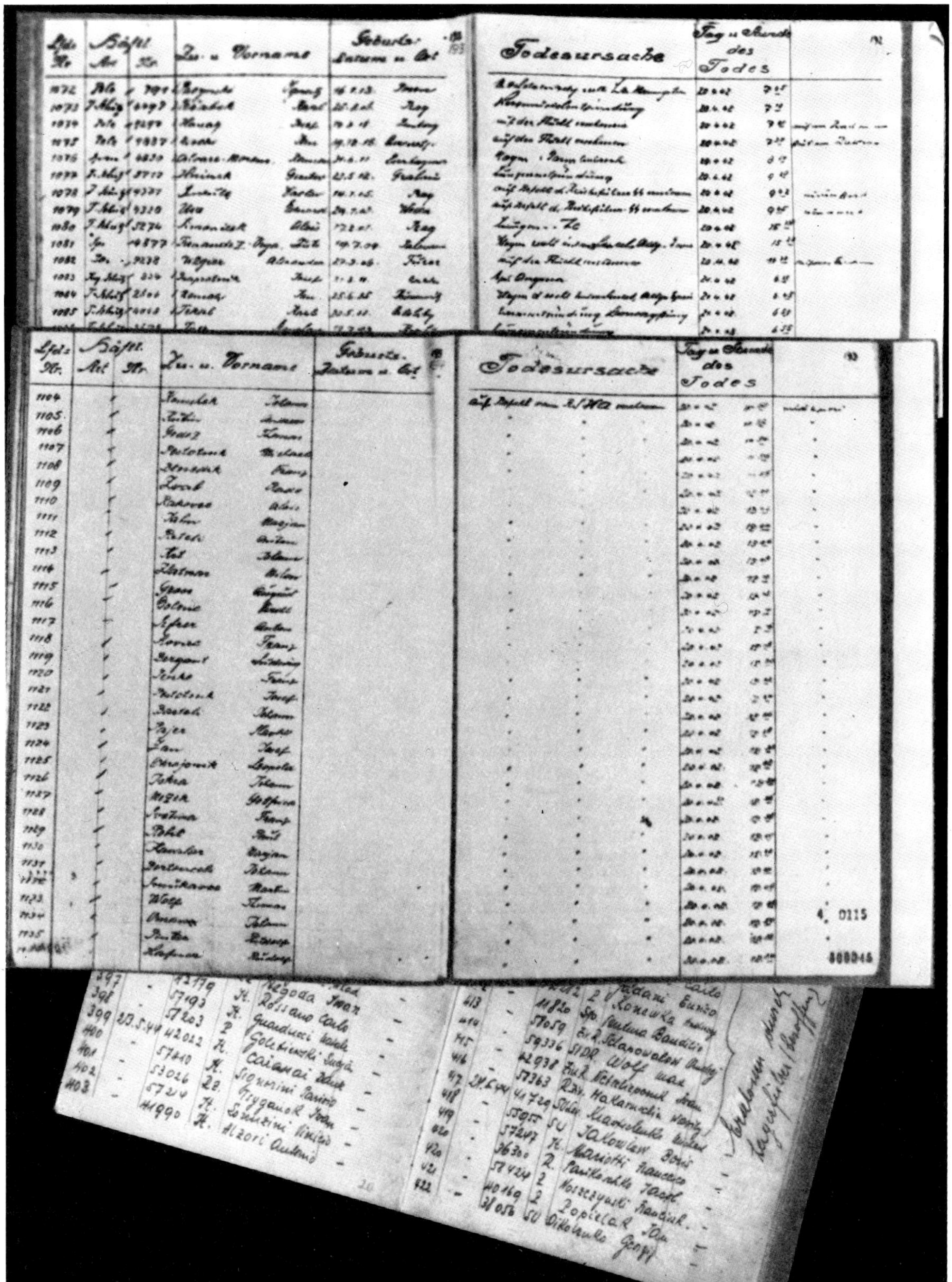

Seiten aus den Totenbüchern, die von der SS in den Konzentrationslagern geführt wurden.

von ihnen waren Ausländer, deren Verurteilung wegen nationalen Widerstandes erfolgte.
Weitere Teilantwort geben die Plankarten der Konzentrationslager. Ein hoher Anteil der Gefangenen war wegen politischer Gegnerschaft eingeliefert worden, und über die Zahl der nicht Zurückgekehrten berichten die Zahlen von Dachau und Buchenwald.
Das Heer der Deutschen, die wegen ihrer Überzeugung und ihres Handelns oder als Opfer nationalsozialistischer Wahnvorstellungen und Willkürakte kürzere oder längere Zeit in den Konzentrationslagern und Kerkern des Hitler-Regimes zubringen mußten, wird auf über eine Million geschätzt. Und die Zahl derer, die in der Auseinandersetzung mit der Diktatur umkamen, liegt eher über als unter 40 000.
Der Ausschnitt aus der Plankarte des Konzentrationslagers Buchenwald zeigt Hauptsitz und organisatorische Untergliederungen in Nebenlager und örtlich weit verstreute Außenkommandos. Bei unterschiedlich starker Belegung dienten die Außenkommandos zur Zusammenfassung von Gefangenen, die je nach Bedarf im Rahmen der Kriegsplanung zur Zwangsarbeit eingesetzt wurden. Teile des Lagers Buchenwald erhielten als Mittelbau gemeinsam mit Mittelbau-Dora und den umliegenden Nebenlagern 1944 eigene Verwaltung.

Lager Buchenwald
Errichtungsdatum 29. 7. 1939

	Inhaftierte	gesamte Durchgangszahl
Dez. 1939:	11 807	
Dez. 1940:	7 740	
Dez. 1941:	9 834	
Dez. 1942:	9 551	
Dez. 1943:	37 319	
Dez. 1944:	63 430	
Apr. 1945:	80 900	249 140

Registrierte Tote im wesentlichen auf 16 Nationen verteilt: 34 223

Das Konzentrationslager Dachau gehörte in die Gruppe der Lager, die unmittelbar nach der »Reichstagsbrandverordnung« vom 28. Februar 1933 zur Ausschaltung und Verfolgung politischer Gegner errichtet wurden. Bei Kriegsbeginn wurden die Gefangenen, deren Zahl bei wechselndem Durchgang auf 4719 angestiegen war, evakuiert, um das Lager vorübergehend für die SS-Totenkopfverbände freizumachen. Im Februar 1940 erfolgte die Wiedereröffnung als Konzentrationslager mit zunächst 2811 Gefangenen, deren Zahl jedoch dann rapide anwuchs.

Lager Dachau
Errichtungsdatum 10. 3. 1933

	Inhaftierte	gesamte Durchgangszahl
Sept. 1939:	4 719	
Febr. 1940:	2 811	
Apr. 1945:	67 665	188 358

Registrierte Tote im wesentlichen auf 22 Nationen verteilt: 27 522

So wenig die Erschütterungen menschlicher Substanz unter der Diktatur durch Fakten und Ziffern erfaßbar wären, so wenig könnte ein detailliertes Zahlenbild die Werte dennoch bewahrten menschlichen Gehaltes begreiflich machen. Jedenfalls gab es Entscheidungen gegen die Diktatur Hitlers mannigfaltiger Art; sie aber wären schon deshalb kaum in Zahlen anzugeben, weil die Bereiche von Verfolgung und Widerstand nicht identisch waren. Selbstverständlich stellten jene, die dem nationalsozialistischen Regime entgegenzuwirken suchten, nur eine Minderheit im Volke dar, doch eine Minderheit von bleibender Zeugniskraft.
Der deutsche Widerstand hatte kein Oberkommando; er war auch keine einheitliche unterirdische »Armee«. Und doch fanden sich viele seiner tragenden Kräfte aus den verschiedenen Bereichen im Befreiungsversuch des 20. Juli 1944. Neben den größeren meist traditionell gebundenen Gruppen hatten sich kleinere, die nur eine begrenzte Zeit zu wirken vermochten, gebildet. Aber auch viele Einzelne hatten, ohne gruppenmäßige Anlehnung, zu tun versucht, was ihnen das Gewissen befahl. Viele blieben unbekannt, andere konnten selbst als Tote nicht einmal identifiziert werden.
Ein großes Vergessen aber könnte den jungen Menschen vorenthalten: Wer in unserem Volk auf seiten der Wahrheit und Gerechtigkeit stand, als am härtesten darum gerungen wurde!

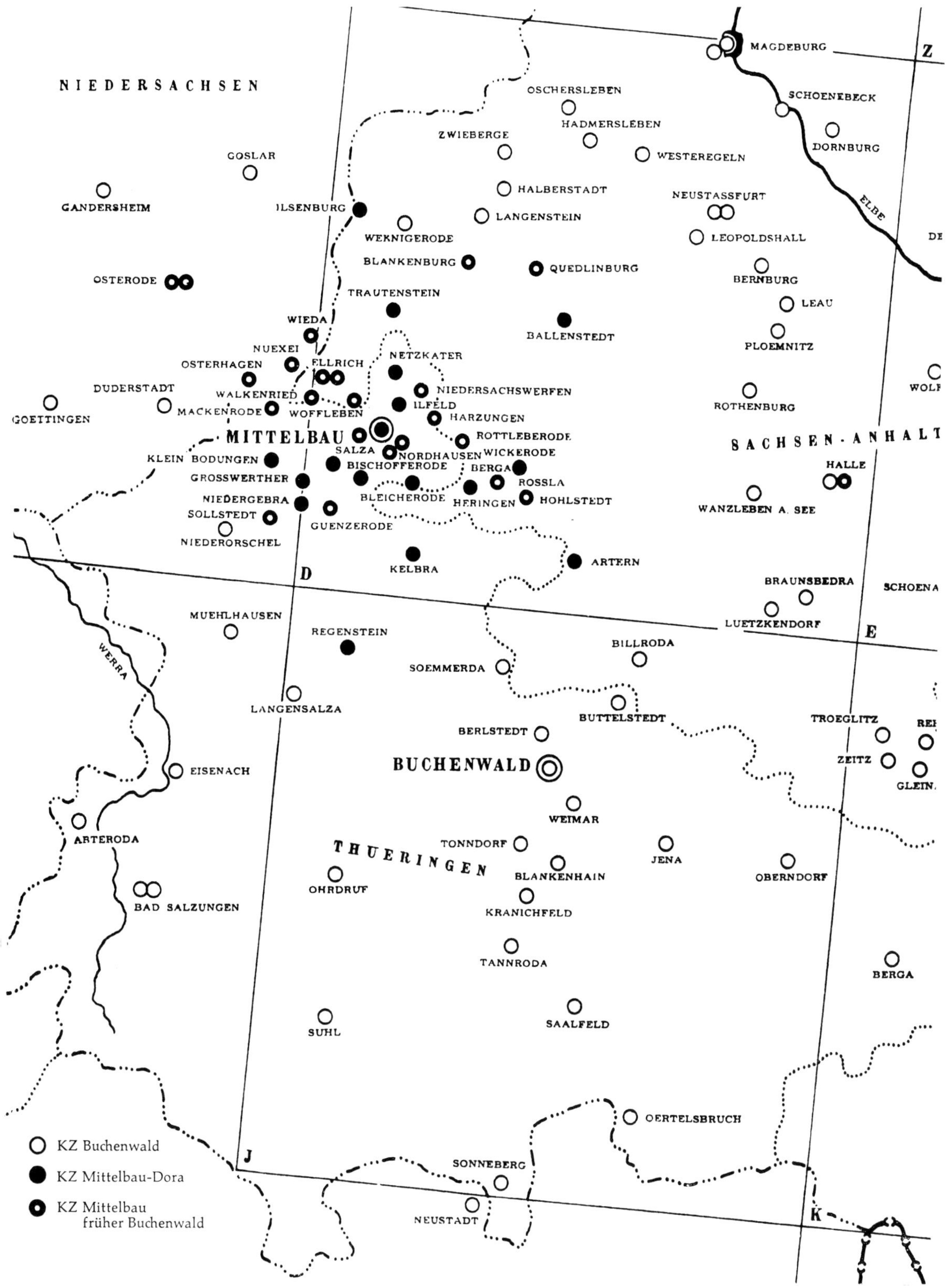

Die Unterlagen für beide Seiten stellte International Tracing Service, Arolsen, zur Verfügung

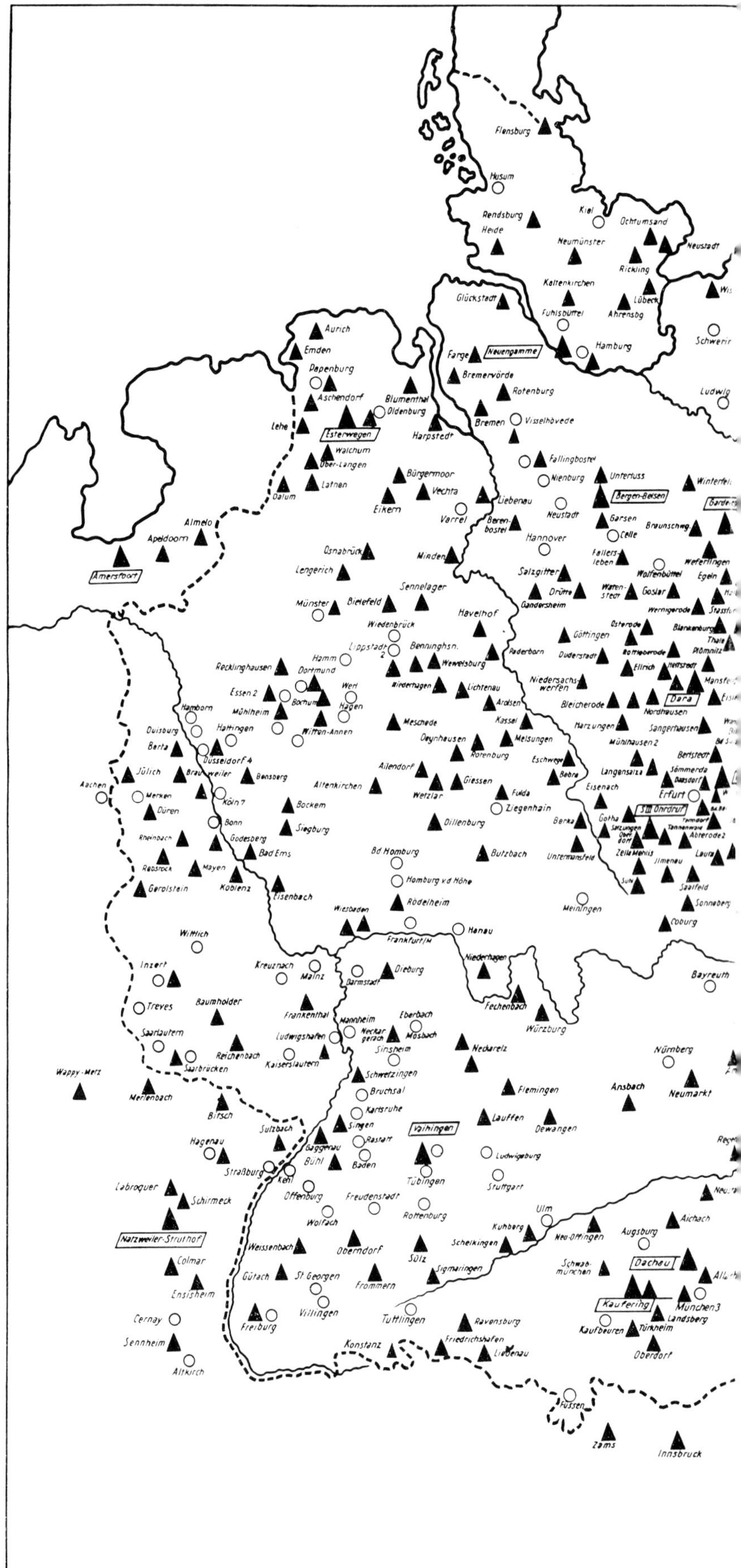

Diese Planskizze wurde vom Bayerischen Landesentschädigungsamt zur Orientierung für Arbeitszwecke verwandt. Sie gibt einen allgemeinen Überblick über das Netz der Konzentrationslager, das über Deutschland gespannt war, ohne jedoch in Einzelfällen Haupt- und Nebenlager exakt zu unterscheiden und geografische Genauigkeit zu beanspruchen. Die Darstellung erfaßt auch keineswegs alle Nebenlager und alle Außenkommandos.

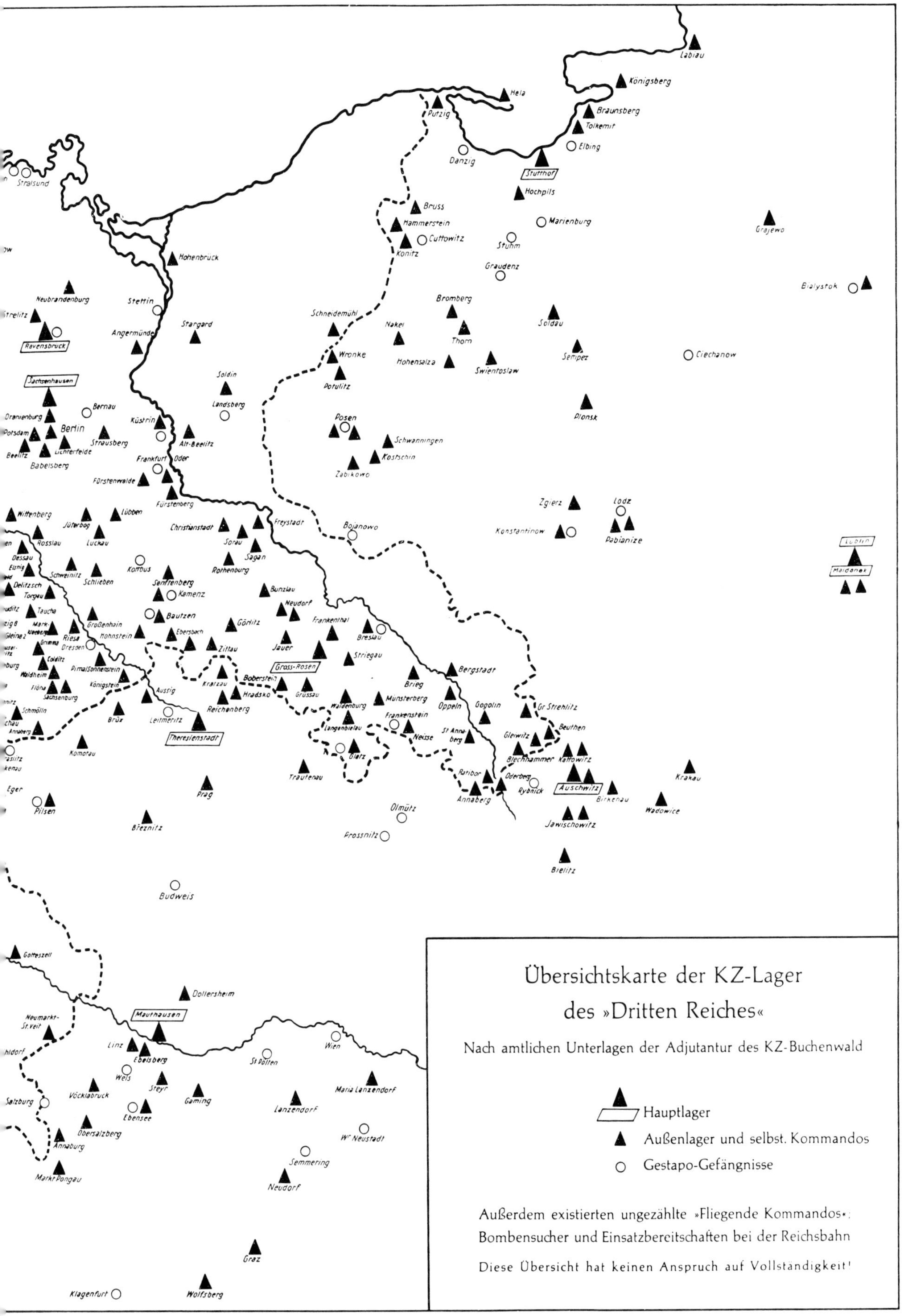

Übersichtskarte der KZ-Lager des »Dritten Reiches«

Nach amtlichen Unterlagen der Adjutantur des KZ-Buchenwald

Hauptlager

Außenlager und selbst. Kommandos

Gestapo-Gefängnisse

Außerdem existierten ungezählte »Fliegende Kommandos«: Bombensucher und Einsatzbereitschaften bei der Reichsbahn

Diese Übersicht hat keinen Anspruch auf Vollständigkeit!

DER WEG DER DEMOKRATISCHEN LINKEN

Das Jahr 1933 warf die alarmierende Frage auf, wie der relativ leichte Sieg der totalen Diktatur über die Demokratie in Deutschland möglich werden konnte. Diesem politischen Phänomen wurden im In- und Ausland die verschiedensten Deutungen zuteil, ohne daß das erschütternde Resultat in den geschichtlichen Voraussetzungen oder den Fehlern des Versailler Vertrages und der Weltwirtschaftskrise eine ausreichende Erklärung finden konnte. Denn schließlich war die Erwartung nicht unberechtigt, daß Deutschland nach der vorausgegangenen Entwicklung auch über genügend demokratische Kräfte zur Verhütung einer solchen Wende verfügte.

Gewiß sah sich die junge Republik von dem Radikalismus der Nationalsozialisten und Kommunisten flankiert, die beide alles unterstützten, was sich gegen die demokratische Ordnung wandte und die Katastrophenpolitik förderte. Dabei brachte die von beiden Parteien seit Beginn der wirtschaftlichen Krisenjahre entwickelte Agitation besonders der NSDAP mit ihrer Parole, »alles anders machen zu wollen« und den »Marxismus restlos zu zerschlagen«, eine wachsende Anhängerschaft. So konnten die Nationalsozialisten, nachdem sie bereits bei den Wahlen vom 14. September 1930 den ungeheuren Sprung von 12 auf 107 Mandate im Reichstag getan hatten, bei der folgenden Wahl am 31. Juli 1932 sogar 230 von den insgesamt 608 Reichstagssitzen erobern.

Mit dieser Fraktionsstärke boten sie jedes Mittel auf, um die Arbeit im Reichstag zu stören und unwirksam zu machen, während gleichzeitig eine demagogische Presse- und Mundkampagne die Demokratie und ihre parlamentarische Vertretung in der Öffentlichkeit diskreditieren sollte. Durch den Einsatz der SA wurde der skrupellose Machtkampf auf die Straße getragen, so daß es 1932 zu bürgerkriegähnlichen Zuständen kam.

Im politischen Leben Deutschlands hatten überzeugte Demokraten vor der aufziehenden Gefahr gewarnt und sich bemüht, sie abzuwenden. Zu ihnen gehörten Gruppen aus dem liberalen und konservativen Lager und die überwiegende Mehrheit der Zentrumspartei. Besonders aber gab es die breite sozialdemokratische und gewerkschaftliche Arbeiterbewegung und die im wesentlichen durch sie getragenen republikanischen Schutztruppen: das »Reichsbanner Schwarz-Rot-Gold« und später die »Eiserne Front« standen treu zum demokratischen Staat.

Die warnenden Stimmen waren jedoch nicht früh genug durchgedrungen. Vielmehr hatte ein Mangel an Kooperation unter den demokratischen Kräften zu einem gefährlich häufigen Regierungswechsel beigetragen; dies zeigte sich noch in Stunden, in denen die Geschichte eine gemeinsame feste Entschiedenheit zur dringenden Forderung machte. Die Situation, die durch mehrfache Reichstagsauflösungen und eine dementsprechende Vielzahl von Wahlkämpfen verschärft wurde, gestaltete sich um so schwieriger, als die parlamentarische Rechte mit Beginn der ersten Krisenerscheinungen zerfiel und zu einer konstruktiven Politik am Reichstag nicht mehr fähig war. Statt dessen gewannen nationalistische und reaktionäre Bestrebungen einer kleinen, aber mächtigen Clique Raum. Dadurch wurde das Kabinett Brüning, das die sozialdemokratische Fraktion trotz vieler Bedenken toleriert hatte, Ende Mai 1932 gestürzt. Da die politischen Entscheidungen nunmehr auf anderer Ebene fielen, war die SPD, die weiterhin an den parlamentarischen Mitteln festhielt, in der Folge von der politischen Einflußnahme weitgehend ausgeschlossen.

Am 20. Juli 1932 beseitigte dann der neue »autoritäre« Kanzler Franz von Papen nicht zuletzt auf nationalsozialistisches Drängen gewaltsam die sozialdemokratisch geführte Regierung in Preußen, die in der Koalition mit dem Zentrum und den Deutschen Demokraten seit 1919 den Rückhalt der Weimarer Republik gebildet hatte. Zu der kampflosen Übergabe berichtete der damalige preußische Innenminister Carl Severing in seinen Memoiren, daß der sozialdemokratische Parteivorstand bei seiner Beratung über einen möglichen Widerstand den Entschluß gefaßt hatte, »bei allem, was kommen möge, die Rechtsgrundlage der Verfassung nicht zu verlassen«.

Dieser Vorgang beleuchtete, in welchem Maße in der Sozialdemokratie nach einer jahrzehntelangen politischen Bildungsarbeit die demokratischen

Prinzipien zum bindenden Ethos geworden waren. Von der Führung bis tief in die Mitgliedschaft hinein lebte sie aus der Vorstellung der legalen und unverrückbaren Rechtsstaatlichkeit, deren Garantien selbst denen zugebilligt wurden, die mit rücksichtsloser Besessenheit den Sturz dieses demokratischen Rechtsstaates betrieben. Unerfahren in den totalitären Methoden, hatte sie den Zeitpunkt versäumt, zu dem ein energisches Vorgehen erforderlich gewesen wäre.

Dazu gewannen 1932 die Vorstellungen Raum, daß bei einem Kampf um die Republik erhebliche Teile der Wehrmacht und möglicherweise der Polizei auf der Gegenseite zu finden sein könnten. So mochte es menschlich durchaus verständlich sein, daß die sozialdemokratische Führung, während die extremen Parteien gemeinsam zum Chaos trieben, nicht die Verantwortung für einen blutigen Bürgerkrieg übernehmen wollte. Geschichtlich aber blieb unbeantwortet, ob das Wagnis einer zweifellos opfervollen Auseinandersetzung in den kritischen Tagen des Juli 1932 nicht vielleicht noch den Weg in die Katastrophe hätte aufhalten können. Zweifellos war die Sozialdemokratie mit ihrer festen und traditionsreichen Organisation und dem breiten Bestand ihrer vielschichtigen Anhängerschaft ein zuverlässiger und einsatzfähiger Faktor für die Demokratie. Doch bei der straffen Organisation waren beschlußlose Einzelaktionen ungewohnt, und ungenutzt blieben die vielfältigen Impulse, deren Mobilisierung vermutlich selbst unter den immer schwereren Umständen der folgenden Monate noch möglich gewesen wäre – beispielsweise als um Gregor Strasser im Dezember 1932 eine Krise der NSDAP sichtbar wurde, und sogar nach dem Machtantritt Hitlers, als Deutschland noch einmal gewaltige Demonstrationen der demokratischen Linken erlebte.

Diese Gesinnungstreue bewiesen noch die Wahlen vom 5. März 1933, die sich bereits unter dem unverhüllten Terror des neuen Regimes vollzogen. Die Inszenierung des Reichstagsbrandes im Februar hatte zum Vorwand umfassender Verfolgungen gedient. Führer der Sozialdemokratie wurden von der SA verschleppt, ihre Zeitungen in weiten Teilen des Reiches verboten und ihre Versammlungen unterdrückt. Dennoch bekannten sich mit kaum nennbarem Unterschied zu der vorausgegangenen Wahl vom November 1932 über sieben Millionen Wähler zur Sozialdemokratischen Partei.

Doch die letzte öffentliche Bewährungsprobe der Anhängerschaft vermochte die politischen Versäumnisse nicht mehr wettzumachen; denn wenn auch Hitler mit 43,9 Prozent der am 5. März abgegebenen Stimmen die erhoffte parlamentarische Mehrheit nicht erreichen konnte, so hatte er bereits mit dem Reichs- und Preußischen Innenministerium die wesentlichen Machtpositionen besetzt und baute sie jetzt weiter aus. Am 23. März stimmte ein eingeschüchterter und verwirrter Reichstag für das von Hitler geforderte Ermächtigungsgesetz, das ihm alle Möglichkeiten zu der staatlichen Organisierung seiner verbrecherischen Pläne gab. Das geschichtliche NEIN an diesem entscheidungsschweren Tag sprachen die Sozialdemokraten. »Freiheit und Leben kann man uns nehmen, die Ehre nicht«, rief ihr Vorsitzender Otto Wels. »Wir bekennen uns in dieser geschichtlichen Stunde feierlich zu den Grundsätzen der Menschlichkeit und Gerechtigkeit, der Freiheit und des Sozialismus. Kein Ermächtigungsgesetz gibt Ihnen die Macht, Ideen, die ewig und unzerstörbar sind, zu vernichten.« Von den 119 Sitzen der sozialdemokratischen Fraktion waren in dieser Stunde nur 94 besetzt, da die fehlenden Abgeordneten, wie beispielsweise Ludwig Marum, Wilhelm Sollmann oder Julius Leber, entweder schon in den Wochen zuvor durch terroristische Maßnahmen ausgeschaltet oder noch vor Beginn der Sitzung vor der Krolloper verhaftet worden waren.

In den folgenden Monaten stand die Partei unter einem immer massiveren Druck. Bekannte und unbekannte Sozialdemokraten fielen der von der SA ausgeübten »Schutzhaft« anheim und mußten die Martyrien der Folterkeller und der neu eingerichteten Konzentrationslager über sich ergehen lassen. Lange Haftzeiten trafen vor allem die jüngeren »Köpfe« wie Carlo Mierendorff oder Kurt Schumacher, der Goebbels im Reichstag mit den Worten begegnet war, die nationalsozialistische Agitation sei ein dauernder Appell an den inneren Schweinehund. Vielen aber brachte das KZ schon bald den Tod. Zur gleichen Zeit wurden Tausende von Mitarbeitern der Sozialdemokratischen Partei und Presse, der Gewerkschaften und Genossenschaften, von Beamten, von Angestellten und Arbeitern des öffentlichen Dienstes und privater Betriebe ihrer Existenz beraubt. Mit diesen Maßnahmen sollte tatsächlich und moralisch zerrieben werden, was die Arbeiterbewegung in mehr als sechs Jahrzehnten aufgebaut hatte.

Um die Mitgliedschaft nicht noch stärker zu gefährden, nahm die Parteiführung zunächst eine abwartende Haltung ein. Einige, die im Lager der demokratischen Linken an führender Stelle gestanden hatten, hofften auch, daß die noch an der Regierung beteiligten konservativen Kreise bald gemeinsam mit der Reichswehr verfassungsmäßige Zustände wiederherstellen würden. In dem Bemühen, die Organisationen unter Berufung auf die vielleicht noch zur Verfügung stehenden rechtlichen Mittel möglichst zu erhalten, wurden vom Vorstand auch erste Versuche einer geheimen Widerstandsarbeit aus Kreisen der sozialistischen Jugend energisch zurückgewiesen.

Als die Auflösung der Gewerkschaften und die Beschlagnahme des Parteivermögens im Mai 1933 die Unerbittlichkeit der Entwicklung sichtbar werden ließ, ging ein Teil des Parteivorstandes ins Ausland, um von dort aus die politische Arbeit fortzusetzen. Die Zurückbleibenden sahen sich mit Rücksicht auf die neu angedrohten Verfolgungen der Mitglieder bald genötigt, von den Emigrierten abzurücken. Da die Anhänger auf die Emigration der Führung nicht vorbereitet waren und sie teilweise als persönliche Sicherung mißverstanden, griffen Gefühle der Ohnmacht und der Vereinsamung um sich. Am 22. Juni 1933 wurde die Sozialdemokratische Partei formell verboten, und das Gesetz vom 14. Juli 1933 »gegen die Neubildung von Parteien« machte die NSDAP zur einzigen Partei des neuen Regimes. Unter den alten Sozialdemokraten entstand eine widerspruchsvolle Situation. Viele zogen sich in die Passivität zurück. Manche erlagen auch der Versuchung, sich den neuen Verhältnissen anzupassen. Die Unbeugsamen aber suchten in kleinen Zirkeln Teile der zerschlagenen Organisation zusammenzuhalten und unterzogen die Politik der vergangenen Jahre einer scharfen Kritik.

»Uns interessiert die Vergangenheit der Arbeiterbewegung, vor allem die jüngste, nur insoweit«, schrieb die nur in zwei Ausgaben erschienene »Arbeiterzeitung« Ende 1933, »als wir Lehren aus ihr ziehen können für Gegenwart und Zukunft des Kampfes um den Sozialismus«. Da jedoch unter dem sehr schnell ausgebauten Gestapo-System eine planmäßige Gruppenarbeit außerordentlich schwierig war und bei den politischen Überlegungen oftmals der klärende Einfluß und die geistige Führung der Männer fehlten, die als »gefährliche Gegner« an erster Stelle verhaftet worden waren, schoß die Kritik auch häufig genug über das Ziel hinaus. Vielfach wurde die Meinung vertreten, die Entwicklung der Weimarer Republik habe gezeigt, daß sich eine grundlegende soziale Umgestaltung nicht auf reformerischem Wege mit parlamentarischen Mitteln erreichen lasse. Die Forderung nach dem »revolutionären Sozialismus« wurde bereitwillig aufgenommen. Für die meisten, die diese These vertraten, verbanden sich damit keine gegen die Freiheitsideale gerichteten Vorstellungen. Sie wollten vielmehr ihrem Verlangen nach einer kraftvollen Politik und einer lebendigen, verteidigungsbereiten Demokratie Ausdruck verleihen.

Mit der bedrängenden Gegenwart waren völlig neue Bedingungen gegeben, unvergleichbar auch den Erfahrungen aus der Zeit des Sozialistengesetzes, durch das Bismarck in den Jahren 1878–1890 die ihm unbequemen Widersacher – letztlich erfolglos – ausschalten wollte. In der Auseinandersetzung mit dem Hitlerregime waren revolutionäre Mittel nicht nur moralisch erlaubt, sondern sie waren die einzig möglichen. Die bewußten Kräfte der demokratischen Linken sahen ihre Aufgabe darin, sich durch den geheimen Zusammenhalt auf eine Krise des Regimes und die dann nötige Führung der in Bewegung geratenden Volksschichten vorzubereiten. Nicht selten waren aber auch starke Worte und besonders radikale Formulierungen einfach Ausdruck der Machtlosigkeit und der Ausschaltung aus der praktischen Arbeit in Partei und Gewerkschaft, in Staat und Gemeinde.

Auf diesem Hintergrund erlangten richtungsmäßige Gruppenbildungen aus Angehörigen der Sozialdemokratischen Partei und der ihr verwandten Organisationen, nicht zuletzt der sozialistischen Jugend, eine gewisse Bedeutung. Überall regten sich kritische Geister, die Wert darauf legten, sich von der alten Partei zu unterscheiden, und die sich vorgenommen hatten, aus der Katastrophe Deutschlands eine erneuerte sozialistische Bewegung hervorgehen zu lassen. Dieses Vorhaben schloß freilich nicht aus, daß vielfach auch solche Gruppen, die sich revolutionär-sozialistisch nannten, mit Trägern der alten Partei zusammenarbeiteten und mit dem Exilvorstand in Prag in mehr oder weniger enger Verbindung standen. Die Vertreter der alten Parteiführung konnten sich vielfach auch auf eine beträchtliche Anzahl solcher Vertrauensleute stützen, denen es in erster Linie um die Pflege des traditionellen Zusammenhaltes ging und die sich durch den Ruf nach neuen Programmen weniger angesprochen fühlten.

Die alten Organisationen waren zunächst in lokale und betriebliche Gruppen zerfallen, die in manchen Fällen isoliert blieben, sich in anderen Fällen wieder zusammenfanden oder auch Anschluß an neue, ihnen bis dahin unbekannte Kreise gewannen, wobei ein und derselbe »Widerständler« im Laufe der Jahre zu unterschiedlichen Zirkeln gehören konnte. Die Arbeit galt der Betreuung von Angehörigen Verfolgter, der Beschaffung von Deckadressen und Ausweichquartieren für besonders Bedrängte. Hin und wieder gelang es sogar, Verhaftete durch kühne und wohlorganisierte Aktionen aus der Gewalt der SA oder der Gestapo zu befreien. Die Gruppen pflegten ferner den Austausch von Rundfunk- und Presse-Informationen, um sich gegenseitig so gut wie möglich zu unterrichten und mit der Durchleuchtung der neuen Verhältnisse »geistig gerüstet« zu bleiben. Vor allem aber war die erste Phase der Widerstandsarbeit dadurch gekennzeichnet, daß in den verschiedenen Teilen Deutschlands, vor allem in den Großstädten, Hunderte von »illegalen«, meist hektografierten Mitteilungsblättern und Zeitungen und äußerlich getarnten Flugblättern und Broschüren erschienen. Diese Versuche einer Massenaufklärung waren auch später noch, etwa zu den Olympischen Spielen 1936, zu verzeichnen.

Eine der größeren Gruppen, die gleich 1933 in Berlin initiativ wurde und deren Kern aus einer Gemeinschaft von Studenten und jungen Arbeitern bestand, nannte sich »Roter Stoßtrupp«. Unter dem gleichen Titel erschienen 28 Nummern einer hektografierten, in mehreren tausend Exemplaren verbreiteten Wochenschrift. Im Feuer dieser Zeit werde eine neue Bewegung geschmiedet, hieß es in der ersten Ausgabe – »eine Bewegung ohne Parteibuch, ohne Vereinsabzeichen«. Die Absichten zielten auf die Heranbildung einer Widerstandsbewegung, deren Verhalten den von Grund auf veränderten Verhältnissen angepaßt sein sollte und »die ihre besten Kräfte nicht leichtfertig aufs Spiel setzt, sondern die sie zusammenhält und sie schult, sie schlagfertig und kampfbereit macht für den Tag an dem der Einsatz sich lohnt«. In der Anklageschrift gegen den im Dezember 1933 verhafteten »Stab« der Gruppe wurde ausgeführt, dieser sei sich zwar bewußt, daß zur Zeit mit einer raschen Verwirklichung der gesetzten Ziele nicht zu rechnen sei: »Er erwartet aber, daß früher oder später Krisen über die jetzigen Machthaber hereinbrechen werden, für die schon jetzt gerüstet werden müsse, um im gegebenen Augenblick losschlagen zu können.«

Ähnlich wie andere Geheimorganisationen entwickelte der »Stoßtrupp« ein System von »Fünfergruppen« und von Vertrauensleuten, vor allem auch in den Betrieben. Zu linkssozialistischen und radikaldemokratischen Kreisen wie auch zu jungen kommunistischen Arbeitern wurden Verbindungen hergestellt, und bald gelang es, gleichgesinnte Zirkel in den verschiedenen Teilen des Reiches für die Mitarbeit zu gewinnen. Angehörige von Verhafteten wurden durch Geldsammlungen unterstützt und Gefährdete durch einen besonderen Kurierdienst über die Grenze gebracht. Trotz des hohen Grades der damit verbundenen Risiken wurden vor den »Wahlen« im November 1933 Flugblätter mit der Nein-Parole verbreitet, und durch die Entsendung von Beobachtern in eine Reihe von Wahllokalen konnten Wahlschiebungen im einzelnen nachgewiesen werden. Auch beim »Stoßtrupp« endete dieser erste Abschnitt aktiver Opposition wie bei anderen Widerstandsgruppen mit umfassenden Verhaftungen, die den Initiatoren langjährige Zuchthausstrafen eintrugen und ihre Mitarbeiter in und außerhalb Berlins vor die Gerichte brachten.

Die »Nichterfaßten« mußten zwar fortan auf die propagandistische Tätigkeit verzichten, aber sie hielten auch weiterhin Kontakt und bildeten unter anderem einen Warndienst, der sich auf Mitteilungen einiger in die Gestapo eingeschleuster Männer stützte und der nicht zuletzt auch jüdischen Mitbürgern zugute kam. Mitarbeiter dieser Gruppe standen dann wieder bereit, als vor Kriegsausbruch und während des Krieges Vertrauensleute der demokratischen Linken für den im Zusammenwirken mit der Militäropposition geplanten Sturz des Regimes zusammengefaßt wurden. Einer der Beteiligten, Dr. Karl König, wies darauf hin, daß die Versuche des »Roten Stoßtrupps« charakteristisch waren für alle Bemühungen ähnlicher Art: »Seine Mitarbeiter haben mutig gearbeitet und gekämpft zu einer Zeit, in der die meisten es für richtig hielten, klein beizugeben und zu schweigen.« Klarer als jene, die »um Schlimmeres zu verhüten«, sich dem Regime zur Verfügung stellten, hätten sie vorausgesehen, was kommen würde.

Eine andere Gruppe, die bis zum Kriegsausbruch eine bemerkenswerte Kaderarbeit leistete, trug den Namen »Neu Beginnen«. Hier hatten sich, in der Überzeugung, daß der Sieg des Nationalsozialismus nicht mehr abzuwenden sei, schon vor der Machtergreifung jüngere Sozialdemokraten und kommunistische Dissidenten zusammengefunden. Sie wollten sich auf die notwendig werdende Untergrundarbeit vorbereiten, anstatt der vorherrschenden »Legalitätsillusion« anzuhängen. Auch dieser Kreis ging von der Auffassung aus, daß der Nationalsozialismus in eine innere Krise geraten werde und daß sich daraus revolutionäre Bewegungen entwickeln könnten. Für diesen Fall wollte man sich rüsten, damit Kader vorhanden wären, um die erwartete Massenbewegung führen zu können. Die zunächst vertretenen überspitzten Elitevorstellungen wurden überwunden, aber die Zielsetzung einer erneuerten Partei blieb erhalten. In ihr sollte sich ähnlich wie es österreichische Gesinnungsfreunde in der Dollfuß-Periode formulierten, die Einheit von »revolutionärem und freiheitlichem Sozialismus« verwirklichen. Zu den Grenzsekretären dieser Gruppe, die über beachtliche Auslandsverbindungen verfügte, gehörten die späteren Landesvorsitzenden der SPD, Erwin Schöttle, Waldemar von Knoeringen und Franz Bögler. »Neu Beginnen« wandte sich entschieden gegen Bestrebungen zur »illegalen« Massenbeeinflussung als nicht zeitgemäß. Mehr als dreißig der führenden Mitarbeiter wurden im Laufe der Jahre hingerichtet und hunderte erhielten langjährige Freiheitsstrafen. Auch der Bundestagsabgeordnete Fritz Erler, der an dem Aufbau Berliner Kader maßgeblich beteiligt war, mußte als Neu-Beginnler sieben Jahre Zuchthaus verbüßen.

Illegale Aktivität entfaltete ebenfalls die Sozialistische Arbeiterpartei (SAP), die Ende 1931 durch eine »linke« Absplitterung von der SPD entstanden war und der sich unabhängige Kommunisten angeschlossen hatten. Mit ihrer scharfen Kritik an dem Kurs der alten Partei gewann sie Boden über ihre Stammbezirke in Sachsen und Schlesien hinaus und konnte eine recht ausgedehnte Kaderorganisation aufrechterhalten. Sie brachte nach 1933 verschiedene Publikationen heraus und verfügte über rege Auslandsgruppen. Aber auch hier gelangen der Gestapo harte Zugriffe, und nach einer Serie von Prozessen schrumpfte diese Widerstandsorganisation wie andere zwangsläufig zusammen. Immerhin waren beispielsweise noch 1936/37 in Berlin mehrere Hundert ihrer Anhänger in Gruppenarbeit erfaßt.

Ganz allgemein wurden die Gruppen, die nach 1933 zunächst den Charakter eines zentralen Zusammenschlusses hatten, auf schwerste dezimiert. Dies traf ebenso auf den Internationalen Sozialistischen Kampfbund (ISK) wie auf verschiedene sozialdemokratische Gruppierungen zu. Zum Teil waren deren Lebensdauer nur kurz, zum Teil jedoch erarbeiteten sie bemerkenswerte Grundlagen für die Meinungsbildung ihrer Mitglieder und für »die Zeit nach Hitler«. Auch spätere Gründungen, wie die im Sommer 1938 entstandene »Deutsche Freiheitspartei« oder die von Hermann Brill und anderen Sozialdemokraten etwa zur gleichen Zeit gebildete »Deutsche Volksfront«, die sich bemüht hatte, auf der Grundlage eines Zehn-Punkte-Programms Möglichkeiten einer Zusammenarbeit sowohl mit Kommunisten wie mit nicht-sozialistischen Kreisen zu erkunden, wurden durch Verhaftungen mehr oder weniger aufgerieben. Ihre Gedanken lebten jedoch nicht nur in den Konzentrationslagern und Zuchthäusern fort, sondern auch in der losen Verbindung lokaler Vertrauensleute, die der Verhaftung entgehen konnten.

Die in den Jahren 1933 und noch während des Krieges zu verzeichnenden Bemühungen, Kontakte zwischen sozialdemokratischen und kommunistischen Gruppen zu schaffen, konnten nur aus der damaligen Lage verstanden werden. Auch in sozialdemokratischen Kreisen bedauerten viele die »Spaltung der Arbeiterbewegung«, die seit dem Ersten Weltkrieg zu heftigen und sogar blutigen Auseinandersetzungen geführt und den Sieg der Nationalsozialisten begünstigt hatte. Manchem erschien die KPD in einem anderen Licht – gleichsam als linker Flügel der Arbeiterbewegung, der sich von den demokratischen Sozialisten mehr durch den Weg als im Ziel unterschied. Enttäuschung und Hilflosigkeit verstärkten das Gefühl, einem gemeinsamen Feind gegenüberzustehen und durch gemeinsames Leid verbunden zu sein.

Demgegenüber hatte der SPD-Vorstand im Exil aufgrund der gefährlichen kommunistischen Einheitsfront-Taktik ein Zusammengehen mit den Kommunisten konsequent abgelehnt. Doch in Deutschland selbst hatten manche radikalen Arbeiter und jungen Intellektuellen, die sich zum Kommunismus bekannten, ihre Verbindung zu

Moskau verloren, und sie waren von dem ehrlichen Wunsch erfüllt, das Hitlerregime durch eine demokratische Ordnung abzulösen. Überhaupt: führten die Erfahrungen mit den totalitären Methoden verschiedene sozialistische Gruppen zu weit klarerer Erkenntnis und zu der stärkeren Betonung rechtsstaatlicher, freiheitlicher Grundlagen.

Etwa ab 1936 konnten sich allerdings nur noch solche Gruppen erhalten, die sich auf eine längere Dauer des Regimes umgestellt hatten, auf eine in die Breite zielende Arbeit bei unzureichenden Mitteln verzichteten und die sehr zusammengeschmolzenen Kader für künftige Aufgaben zu schützen und zu schulen bestrebt waren. Dabei ergaben sich nicht allein schwerwiegende Probleme in technisch-organisatorischer Richtung, sondern es türmten sich auch Schwierigkeiten menschlich-psychologischer Art auf. Einer der »Sopade-Berichte«, die von der Exil-SPD in Prag regelmäßig herausgegeben wurden, beschrieb im Mai 1935 die doppelten Belastungen der Freunde, die unter Einsatz von Leib und Leben in der Heimat kämpften: »Der Druck des Terrors in allen seinen Formen und der seelische Druck, dem die kleinen Häuflein der Sozialisten unter der Wucht der staatlichen Machtentfaltung und der gegnerischen Propaganda ausgesetzt sind – dieser seelische Druck wirkt noch stärker als rücksichtslose Polizeiverfolgung und brutalste Gerichtsurteile.«
Die sich entwickelnde pro-nationalsozialistische Massenstimmung, ergänzt durch eine sich aus dem Terror begründende Gleichgültigkeit, die viele den ihnen gestellten moralischen Entscheidungen ausweichen ließ, wurde zum bedrückenden Merkmal für die Lage des deutschen Widerstandes – im Unterschied zu den Verhältnissen in den später besetzten Ländern, wo breiteste Schichten den nationalen Widerstand bejahten und die aktiven Gruppen weitgehend zu schützen versuchten. In Deutschland hatte indessen das Regime die nationalen Gefühle für sich mobilisiert, und seine innerdeutschen Gegner mußten sich als Fremde im eigenen Volk fühlen.

Trotz aller Bedrängnisse aber hielten viele Anhänger der Parteitradition wie auch die jungen »Parteirebellen« an der Widerstandsarbeit fest. In einem Bericht des Geheimen Staatspolizeiamtes in Karlsruhe vom 30. 6. 1936 wurde ausgeführt, daß es in den verschiedenen Verfahren vor dem Volksgerichtshof und den Oberlandesgerichten nicht gelungen sei, den Umfang der »staatsfeindlichen« Tätigkeit aufzuklären: »In den meisten Fällen konnte nur festgestellt werden, daß sich die genannten Parteiorganisationen in den einzelnen Städten und Stadtteilen neu organisierten, Beiträge einzogen und illegale Druckschriften, die entweder im Inland hergestellt oder vom Ausland eingeschmuggelt wurden, zur Verteilung brachten. War eine Organisation aufgedeckt und ausgehoben und somit die Verbindung zwischen den einzelnen illegalen Gruppen abgerissen, so konnte auch schon nach kurzer Zeit die Wahrnehmung gemacht werden, daß neue Gruppen im Aufbau begriffen waren.«

Nach den Unterlagen der Gestapo wurden im Jahre 1936 wegen illegaler sozialistischer Arbeit 11 687 Personen verhaftet. Für 1937 waren 8058 solcher Verhaftungen erfaßt. Im gleichen Jahr wurden 17 168 Verfahren aufgrund des nationalsozialistischen Gesetzes »gegen heimtückische Angriffe auf Staat und Partei und zum Schutz der Parteiuniform« eingeleitet. So fiel auch die Unterstützung von Familien, deren Versorger im Gefängnis saßen oder ermordet worden waren, unter die Rubrik »Hochverrat«. In einem Verfahren »gegen Oskar Wagner und andere« wegen »Betätigung für die illegale SPD« – Wagner hatte auf einer Reise nach Kopenhagen von den dänischen Metallarbeitern 1500,– RM für Unterstützungszwecke erhalten – hieß es im Ermittlungsbericht vom 22. Dezember 1938: »Die materielle Unterstützung in Not geratener Gesinnungsgenossen ist der caritative Teil jener illegalen Betätigung, den gerade die emigrierten Exponenten der früheren SPD als wirksamste Propagandawaffe benutzen, um den im Reich verbliebenen Genossen einen Beweis der Treue und Solidarität sowie des Opferwillens zu geben. Vermittler und Überbringer dieser Geldspenden versuchen auf diesem Wege, den in Not geratenen Gesinnungsgenossen und den Angehörigen solcher, die sich in Straf- oder Schutzhaft befinden, das Bewußtsein zu geben und den Glauben aufrechzuerhalten, daß die in der Illegalität Kämpfenden in organisatorischem Zusammenhalt stehen, ihn pflegen und nach wie vor an der Arbeit für die einzelnen Genossen und ihr politisches Endziel sind. Damit wird durch diese rein caritative Tätigkeit die ideologische Grundlage für einen tatsächlichen organisatorischen Zusammenhalt und dessen Erweiterung geschaffen. Unter der Berücksichtigung der Mentalität und der bereits geleisteten politischen Arbeit ehemaliger SPD-Anhänger ist eine rein menschliche Beurteilung dieser Hilfstätigkeit vollkommen fehl am Platz.«

Zu den in diesen Zusammenhängen mehrfach Vernommenen gehörten auch Paul Löbe, der alte Reichstagspräsident, und Franz Künstler, der langjährige Vorsitzende des Berliner Bezirksverbandes. Max Westphal, in den zwanziger Jahren Vorsitzender der Sozialistischen Arbeiter-Jugend und später Vorstandsmitglied der SPD, und die Frau des früheren »Vorwärts«-Redakteurs Franz Klühs, der 1933/1934 die Verbindung mit dem Exilvorstand wahrgenommen hatte und dann nach 2½jähriger Haft verstarb, wurden in der gleichen Sache am 30. Oktober 1939 vom Kammergericht in Berlin aufgrund ihres geschickten Verhaltens zwar freigesprochen, doch in der Urteilsbegründung stand zu lesen: »Nach der Rechtsprechung des Senats kann in der Sammlung und Verteilung von Unterstützungsgeldern an Angehörige von politischen Häftlingen, die früher der SPD angehört haben, die Vorbereitung eines hochverräterischen Unternehmens im Sinne des § 83 Abs. 2 StGB erblickt werden, da die materielle Unterstützung der Angehörigen von politischen Häftlingen als wirksames Propagandamittel der illegalen Arbeit anzusehen und dazu bestimmt ist, den Zusammenhalt der illegalen SPD zu pflegen und aufrechtzuerhalten.«

Breithin hatte sich in der Tat die alte »Treuegemeinschaft«, deren Bestand sich während der Hitler-Diktatur nicht nur in unauffälligen Hilfestellungen erwies, sondern auch zu verschiedensten Anlässen offenbar wurde, bewährt. Dem Zusammenhalt dienten äußerlich Gesangvereine – wie die Berliner »Liedertafel« –, Gartenvereine und Sportgruppen, Wanderungen und Skatrunden. Vielerorts wurde das schon von jeher besuchte Lokal oder das erst nach der Gleichschaltung entstandene Geschäft eines »alten Genossen« als Treffpunkt benutzt. Während dieser Rahmen Möglichkeiten zu abgeschirmten Gesprächen über die politische Lage bot, wurden Begräbnisse bekannter Arbeitervertreter immer wieder zu eindrucksvollen Bekenntnissen einer treuen Anhängerschaft. So war es im Sommer 1933, als der ermordete Johannes Stelling – Vorstandsmitglied der SPD und früherer Ministerpräsident von Mecklenburg – eingeäschert wurde und aus den Reihen der Hunderte, die ihm die letzte Ehre erwiesen, die Rufe »Freiheit«, »Rache für Stelling und die anderen« ertönten. So war es im September 1934 in Breslau bei der Einweihung des Gedenksteines für den im KZ ermordeten Reichsbanner-Sekretär, den schwerkriegsbeschädigten Hans Alexander, und im Frühjahr 1935 bei der Beisetzung des Bergarbeiterführers Fritz Husemann im Ruhrgebiet. Und so war es Anfang 1942, als die Berliner Sozialdemokraten Franz Künstler zu Grabe trugen.

Die Sozialdemokraten, die ins Exil gegangen waren, hatten sich bemüht, die politischen Bestrebungen ihrer Freunde in der Heimat zu unterstützen. Die Verbindungen von der Tschechoslowakei nach Schlesien, Sachsen und Bayern waren für die Übermittlung gegenseitiger Informationen von besonderem Interesse. Daneben gewannen St. Gallen und Basel in der Schweiz, Mühlhausen im Elsaß und Grenzorte in Belgien, Holland und Dänemark eine gewisse Bedeutung. Nicht selten übernahmen Mitglieder der Auslandsgruppen Kurieraufträge, um dann kürzere oder längere Zeit im »Reich« zu arbeiten, und mancher von ihnen wurde dabei von der Gestapo gefaßt. Die Opfer der Emigration erhöhten sich in dem Maße, in dem sich die nationalsozialistische Macht auf dem Kontinent ausbreitete. Der Exilvorstand der SPD konnte zwar noch 1938 von Prag nach Paris übersiedeln. Bei Kriegsausbruch gelang aber nicht allen Gefährdeten die Weiterreise in ein neues Asyl, und nach der Besetzung Frankreichs wurden zwölf deutsche Sozialdemokraten, unter ihnen die Reichstagsabgeordneten Rudolf Breitscheid und Rudolf Hilferding, von der Vichy-Regierung an Hitler ausgeliefert.

Die etwa 3000 Sozialdemokraten, die aus politischen Gründen Deutschland verlassen hatten, lebten in den Zufluchtsländern meist unter schwierigen materiellen Bedingungen. Mindestens so ernst waren jedoch für die Emigrierten die Schwierigkeiten geistig-politischer Existenz. Das Exil brachte mit der Loslösung vom eigentlichen Boden politischen Wirkens nicht nur die Gefahren des Abirrens in abstrakte Diskussionen und doktrinäre Richtungsstreitigkeiten, sondern oft auch die bittere Enttäuschung, sich in der politischen Legitimation von der Umwelt angezweifelt zu sehen oder bei Mitteilungen über den Terror in Deutschland dem Verdacht der Übertreibungen ausgesetzt zu sein. Trotz aller äußeren und inneren Schwierigkeiten aber hatten die Flüchtlinge mancherlei zur Aufklärung des Auslandes tun und Freunde für das »andere Deutschland« gewinnen können. Ebenso vermochten sie, wenn auch ihre Ratschläge oder die für die Heimat bestimmte Literatur bei weitem nicht immer den Erfordernissen der innerdeutschen Widerstandsarbeit gerecht wurden, zur Erschließung ausländischer Hilfe und Sympathien wie zur Klärung problematischer Fragen und zur Besinnung auf die unverrückbaren Fundamente der demokratischen Linken beizutragen.

Der SPD-Vorstand gab seit Mitte 1933 die Dünndruckausgabe des »Neuen Vorwärts« in Prag heraus, die einige Monate später durch die »Sozialistische Aktion« unter eigener Redaktion abgelöst wurde; 12 000 Exemplare gingen davon zeitweilig ins Reich. Neben den grünen »Sopade-Berichten« über die Lage in Deutschland verbreitete der Exilvorstand auch die »Zeitschrift für Sozialismus«. Es entstand eine Vielzahl anderer Emigrationsblätter, von denen manche – wie die »Sozialistische Warte« oder die »Neue Front« – auch den Weg nach Deutschland fanden, während andere – wie die »Neue Volkszeitung« in New York – vornehmlich der Aufklärung im Ausland dienten. Broschüren und Bücher gaben größere Darstellungen über die Lage in Deutschland, in manchen Fällen auch aufschlußreiche Aussagen über die Anstrengungen der Emigrierten. So waren auch im Exil alle nur faßbaren Nachrichten über Geschick und Verbleib der alten Hitler-Gegner zusammengetragen worden, und ein dann 1946 in England herausgegebenes »Weißbuch der deutschen Opposition« ließ trotz zwangsläufiger Unvollständigkeit die tiefen Einkerbungen auf dem Weg der demokratischen Linken während der Diktatur deutlich werden.

In die frühe Periode, in der das Jahr 1933 im wesentlichen durch KZ-Verhaftungen und -Exzesse gekennzeichnet war, fielen allerorts Prozesse gegen Angehörige der SPD und des Reichsbanners, häufig mit weitgreifenden Verhaftungswellen, wie beispielsweise 1934 der Prozeß gegen »Beier und andere« im Waldenburger Bergwerksrevier oder gegen eine Dresdener Gruppe wegen Verbreitung des »Neuen Vorwärts«.

1935 erfolgte die Verhaftung von etwa 450 sozialdemokratischen Funktionären aus Bayreuth und Umgebung. Die Hälfte von ihnen kam ins Konzentrationslager, unter ihnen der frühere Reichstagsabgeordnete Fritz Puchta, der nach seiner Entlassung mehrfach in die Tschechoslowakei fuhr und schließlich bei Kriegsende auf dem Todesmarsch Dachauer Häftlinge an Erschöpfung starb.

Andere Prozesse gegen sozialdemokratische Gruppen fanden, wie gegen die Gruppe Schmedemann mit 68 Angeklagten in Hamburg oder gegen »Osterloh und andere« in Bremen, etwa gleichzeitig statt. Vor dem Gericht in Berlin stand 1935 neben dem Reichsbannermann und Hauptangeklagten Hans Ackermann der frühere Kommandant der Berliner Schutzpolizei, Major Heinrich, der nach 1945 dann in sowjetischer Haft umkam.

Weitere Prozesse gegen Angehörige des Reichsbanners und der Sozialdemokratie aus größeren Städten wie kleineren Orten erfolgten 1935 und 1936 in vielen Reichsgebieten. Auch der Fall Ludwig Ruf traf in das Jahr 1936 oder die Verhaftung von 90 Sozialdemokraten – Frauen und Männer –, die in neun aufeinander folgenden Prozessen im Frühjahr 1937 in Halle zur Aburteilung kamen. Die Kette solcher Prozesse – unter ihnen der Düsseldorfer Prozeß gegen Hermann Runge und weitere 17 Sozialdemokraten – zog sich über das Jahr 1937 fort, und noch Ende 1938 wurde eine umfangreiche Aktion durchgeführt, ersichtlich aus dem Prozeß gegen die »Gruppe Spengemann« der Hannoverschen Sozialdemokraten mit 240 Angeklagten, nachdem etwa 1000 Personen verhaftet oder verhört worden waren.
In Südbayern hatte eine Verhaftungswelle 1934/1935 über 700 Personen erfaßt. Trotzdem dehnte sich in der Folgezeit die Arbeit von München und Augsburg nach anderen Landesteilen aus, auch zu Widerstandsgruppen in Tirol, Salzburg, Wien. Im Jahr 1937 schlossen sich 13 Gruppen in Bayern und Österreich zu einer festgefügten Organisation zusammen und führten ihre Arbeit bis in die Kriegszeit fort. Im Frühjahr 1942 wurden sie von zahlreichen Verhaftungen betroffen, und über 50 der Mitglieder wurden zu schweren Zuchthausstrafen und 15 zum Tode verurteilt; 10 wurden hingerichtet, und 6 andere nahmen sich während der grausamen Verhöre selbst das Leben.

So zeugte nicht nur die erste Phase nach der nationalsozialistischen Machtübernahme, sondern auch der Abschnitt nach Kriegsausbruch für die Kontinuität sozialdemokratischer Widerstandstätigkeit. Ab 1. September 1939 wurde die Todesstrafe durch eine Folge verschärfter Gesetze ausgeweitet. Unabhängig davon wurden bei Kriegsbeginn eine Reihe bekannter früherer Funktionäre der SPD ohne sonstigen Anlaß, aus rein vorsorglichen Gründen, vorübergehend wieder in Haft genommen. Bei der immer stärkeren Ausnutzung der totalen Macht hatten die meisten ohnehin schon seit längerem die Hoffnung verloren, daß Schwierigkeiten oder Rückschläge des Regimes spontane Massenerhebungen auslösen könnten, zumal die Kriegserfolge Hitlers auch manchen Sozialdemokraten verwirrt hatten. Wenn dennoch Planungen für »die Zeit danach« in engsten Zirkeln lebendig blieben und die Gestapo noch im Jahr 1941 über die Tätigkeit der Linksopposition 11 405 Verhaftungen registrieren mußte, so zeichneten sich dabei unterschiedliche Auffassungen ab. Manche zogen den Schluß, daß nur der verlorene Krieg das deutsche Volk von dem Gewaltregime befreien könne. Andere dagegen hielten es für die gebotene Aufgabe, rechtzeitig einzugreifen und alle Kräfte der Opposition, unabhängig ihrer früheren politischen Richtung, zu einem gemeinsamen Aufstand zu sammeln. Sie sahen die Chance gekommen, hierfür die Unterstützung von Trägern der bewaffneten Macht zu gewinnen. Führende Köpfe der Sozialdemokratie und der Gewerkschaften, vornehmlich aus der jüngeren Generation – Männer wie Wilhelm Leuschner und Julius Leber, Carlo Mierendorff und Theodor Haubach, Adolf Reichwein und Gustav Dahrendorf –, die durchweg in den ersten Jahren nach 1933 verhaftet gewesen waren, hatten sich bald nach ihrer Entlassung um die notwendigen Verbindungen bemüht. Hieraus wuchs jene politische Gemeinschaft, die in die Geschichte durch das Datum vom 20. Juli 1944 eingezeichnet wurde.

Das Gewicht der demokratischen Linken beruhte in dieser Gemeinschaft auf ihren beständig gebliebenen Gruppen in den Bezirken. Unter ihnen hatten die schon 1933 gebildeten schlesischen Gruppen von Breslau aus Verbindung mit Berlin, Sachsen und Norddeutschland gehalten, und im Zusammenwirken mit Wilhelm Leuschner und Hermann Maass arbeiteten Oswald Wiersich, Fritz Voigt, Max Kukil und andere zu Beginn des Krieges erneut an dem Aufbau eines zuverlässigen Vertrauenskörpers für die Opposition. In Mecklenburg war die ursprüngliche geheime Arbeit, wie in anderen Bezirken, 1937 zerschlagen worden, aber es gelang, ein Netz von Stützpunkten zu schaffen, das beispielsweise bis zum Juli 1944 durch den früheren Reichstagsabgeordneten Gustav Dahrendorf im Auftrag der Berliner »Zentrale« betreut wurde. In den für die Arbeiterbewegung so traditionsreichen Gebieten Sachsen und Thüringen, im Ruhrgebiet, in Hamburg, Bremen, Stettin, in Niedersachsen und Hessen, aber auch in Württemberg, Baden und der Pfalz blieben gleichfalls bis zuletzt Zellen des Widerstandes mit Kontakten zur Berliner »Zentrale« erhalten.

Ein fester örtlicher Rückhalt ergab sich vielfach aus Sozialdemokraten, die sich in früheren Jahren im Rahmen der örtlichen Organisationen bewährt hatten und zum Teil bereits in der ersten Phase kürzere oder längere Haftzeiten durchstanden, wie beispielsweise die späteren Bürgermeister Fritz Hensler, Dortmund, Otto Passarge, Lübeck, Gustav Reinhold Klimpel, Duisburg, Walter Kolb, Frankfurt/Main oder das Mitglied des Städtetages, Werner Jacobi und das Vorstandsmitglied der Arbeiterwohlfahrt, Robert Görlinger.
Nicht geringer aber war auch die Zahl alter sozialdemokratischer Funktionäre, die neben den Hauptbeteiligten im Zuge der Verhaftungen nach dem 20. Juli wieder festgenommen wurden und erneut die KZ's füllten. Mancher von diesen grundsätzlich »Verdächtigen« durfte – wie Heinrich Jasper oder Karl Fick – den Tag der Befreiung nicht mehr erleben. Ungeachtet aller Verfolgungen hofften viele andere auf den Tag, an dem sie, wie schon nach 1918, den Schutt des verlorenen Krieges abräumen und eine stabilere Demokratie in Deutschland errichten könnten.

So konnte die deutsche demokratische Linke als Idee und Bekenntnis von der totalen Diktatur Hitlers nicht ausgelöscht werden. Das Bild ihrer Existenz spiegelte sich in den Gefängnissen und Konzentrationslagern bei zum Teil außerordentlichen Proben moralischer Bewährung, unter der sogenannten Freiheit in der vielfältigen Zahl kleinerer und größerer Gruppen aktiven Widerstandes wie in einer sich aus den alten Verbindungen ergebenden unorganisierten, treuen Freundesgemeinde und außerhalb Deutschlands in jener politischen Emigration, die ihre Doppelaufgabe darin sah, das Ausland aufzuklären und den Freunden in der Heimat zu helfen. Der Weg der Sozialdemokratie, die vor 1933 eine opfervolle Auseinandersetzung vermeiden wollte, führte unter harten Verlusten durch das Hitlerreich, und die hohe Zahl ihrer blutigen Opfer überwog alle menschlichen Unzulänglichkeiten.

OTTO EGGERSTEDT

stammte aus Kiel, wo er als Sohn eines Lokomotivheizers am 27. August 1886 geboren wurde. Da der Vater früh starb, war die Mutter mit ihren zwei Söhnen auf eine äußerst bescheidene Rente angewiesen. Nach dem Besuch der Mittelschule erlernte Otto Eggerstedt das Bäckerhandwerk, arbeitete danach als Geselle in einem genossenschaftlichen Betrieb und schloß sich früh der Sozialdemokratischen Partei an. Die Kriegsjahre 1914–1918 führten ihn an die Westfront, und beim Zusammenbruch wurde er Mitglied des Arbeiter- und Soldatenrates in Kiel. Vom August 1919 bis 1927 war er Parteisekretär von Groß-Kiel und von 1919 bis 1924 Kieler Stadtverordneter.

Otto Eggerstedt, den der fast klassische Weg des jungen, begabten Arbeiters in verantwortliche Stellungen führte, wurde 1921 Reichstagsabgeordneter und nahm in den folgenden Jahren, in denen innerhalb der Sozialdemokratischen Partei grundsätzliche und heftige Auseinandersetzungen um die Fage von Koalition und Opposition geführt wurden, entschieden Stellung. Er gehörte zu jenen, die dafür eintraten, daß die Sozialdemokratische Partei Regierungsverantwortung tragen und für die Regierungsgewalt in ihrem substantiellen Gewicht gegebenenfalls auf sozial- oder kulturpolitischem Gebiet Zugeständnisse machen müsse.

Da er aus diesen Erwägungen zuverlässige Beziehungen zu Polizei und Heer – die im Interesse der Republik nicht einseitigen Einflüssen überlassen werden dürften – für wesentlich hielt, folgte er 1927 dem Ruf des Preußischen Innenministeriums. Nach einer Tätigkeit als Leiter des Polizeiamtes Wandsbek übernahm er 1929 die weit in den Hamburger Großstadtraum greifende Position des Polizeipräsidenten von Altona-Wandsbek.

Mit Schärfe begegnete er dem in diesen Jahren verstärkten Ansturm der demokratiefeindlichen Kräfte von rechts und links, um gleichzeitig an dem Aufbau des »Reichsbanners Schwarz-Rot-Gold« mitzuwirken und um Kontakte von der Polizei zum Heer bemüht zu sein.

»Eggerstedt bestimmte mich zum Verbindungsoffizier zwischen seiner Dienststelle und der Reichswehr«, schrieb einer seiner damaligen Polizei-Offiziere, Ernst Voss. »Die Reichswehr bestellte von ihrer Seite den Obersten Drogand und den Hauptmann Bonde. Die Aufgabe dieses Zusammenwirkens zwischen der Polizei Altonas und der Reichswehr war, aus allen damals bestehenden Verbänden Männer zusammenzuführen.

In jedem Monat wurde in unserer Kaserne ein Schulungsabend abgehalten. Die Kursabende wurden gut besucht, die Teilnehmer kamen aus allen Lagern, ausgenommen die NSDAP. – Das Tragen irgendwelcher Abzeichen war nicht gestattet. Leute, die Abzeichen trugen, wurden an der Tür zum Ablegen dieses Unterscheidungsmerkmales veranlaßt. Behandelt wurden an diesen Abenden die Organisation der staatlichen Einrichtungen, Fragen der Polizei und der Reichswehr...

Der Zorn der NSDAP gegen Eggerstedt begann in der Zeit der Bombenattentate in Schleswig-Holstein. Otto Eggerstedt wurde vom Reichsminister des Innern zum Regierungskommissar zur Bekämpfung der Anschläge bestellt. Seine Arbeit führte zur Festnahme der Attentäter.«

Bei dem leidenschaftlichen Kampf, den Otto Eggerstedt für die Republik geführt hatte, war um so tragischer, daß er am Sonntag, dem 19. Juli 1932, der zu blutigen Zusammenstößen zwischen Nationalsozialisten und Kommunisten in Altona führte, nicht im Amt war, sondern sich anschließend an einer Wahlreise mit dem preußischen Minister Severing zu Besprechungen in der Provinz aufhielt.

Nachdem der Altonaer Zusammenstoß Papen zum Anlaß diente, Severing abzusetzen, verlor auch Eggerstedt sein Amt. Ohnmächtig und tief bedrückt nach dem kampflosen Ausscheiden Severings, galten die verzweifelten Anstrengungen Eggerstedts auch weiterhin einer Mobilisierung der Kräfte gegen den Nationalsozialismus.

Als einer der ersten wurde Eggerstedt nach der Machtübernahme verhaftet und zunächst in dem Polizeipräsidium, wo er Präsident gewesen war,

gefangengehalten. Der körperlich zarte und sehr empfindliche Mann erkrankte und kam ins Polizeikrankenhaus, wo die Gelegenheit günstig schien, ihn zu befreien. Skandinavische Freunde hatten die Flucht vorbereitet, die jedoch vorzeitig entdeckt wurde, und Eggerstedt wurde gefesselt ins Konzentrationslager Papenburg abtransportiert.
Dort war er monatelang bei schwersten Arbeiten brutalen Mißhandlungen ausgesetzt. Dann erhielt er am 12. Oktober 1933 ein Sonderkommando, vom Randgelände Baumstämme ins Lager zu transportieren.

Zwei Schüsse der beiden Wachmannschaften von hinten töteten ihn.
Die amtliche Mitteilung lautete »Fluchtversuch«.

OSKAR UMRATH

wurde am 9. 6. 1913 in Chemnitz geboren. Sein Vater war in leitender Stellung in einem großindustriellen Unternehmen tätig, bekannte sich mit seiner Frau zur Sozialdemokratie und regte die Söhne früh zum politischen Denken an.
Im Frühjahr 1931 legte Oskar Umrath sein Abitur ab. Er studierte zunächst ein Semester Jura in Heidelberg und im Anschluß daran zwei Trimester an der Londoner Universität. Eine wachsende Neigung für wirtschaftliche und politische Fragen führte ihn dann an das Wiener Institut Mundaneum, das von dem Wirtschaftswissenschaftler und Philosophen Otto Neurath geleitet wurde.

Dieser schrieb in einem Abschlußbericht über die dortige Studienzeit Oskar Umraths, daß der kaum Zwanzigjährige weit über sein Alter gebildet sei, ausgesprochene wissenschaftliche Begabung zeige und auch aufgrund seiner Umgangsformen und Sprachkenntnisse zu den besten Hoffnungen berechtige.
Als Sohn einer jüdischen Mutter blieb jedoch Oskar Umrath der Abschluß seines Studiums an einer deutschen Universität versagt. Ende 1934 erwarb er den Titel eines Dr. rer. pol. in Bern, der ihm fünf Jahre später vom Volksgerichtshof in Berlin »ehrenhalber« aberkannt wurde.

»Wir leben in einer Zeit, in der gehandelt wird. Und wenn vom Standpunkt des Einzelschicksals auch der Goethesche Satz gilt: Der Handelnde ist immer gewissenlos, Gewissen hat nur der Betrachtende, so gilt vom Gesamtschicksal aus gesehen das Umgekehrte, nämlich daß der Betrachtende gewissenlos ist und nur der Handelnde Gewissen hat. Und daher interessiert mich trotz aller Seelenanalyse, die nur meine allerpersönlichsten Dinge betrifft, im Hinblick auf die Zeitsituation gar kein Einzelschicksal, einschließlich des meinigen.
... der Zweck des Lebens in der heutigen Zeit ist nur die Bewährung im Charakter und Handeln, und gerade für bewußte Menschen ist es heute die allererbärmlichste Pflicht, nicht nur alles hinzugeben, sondern die grenzenlose Unwichtigkeit der eigenen Existenz zu sehen«.
Diese Zeilen, die Oskar Umrath in der Vorahnung des nahenden Todes am 10. 2. 1943 an seinen Bruder schrieb, ließen die Motive seiner Entscheidung von 1934 erkennen. Der junge Dr. rer. pol. kehrte damals nach seiner Promotion in Bern nach Deutschland zurück, ungeachtet der Möglichkeiten, die ihm das Ausland bot. Er begnügte sich mit der Stellung eines Lehrlings in einer kleinen Berliner Bank – zugunsten der ihm wesentlicheren Aufgabe einer Aktion »von innen her« gegen das NS-Regime.

Über seine Mitarbeit in der von jüngeren Kräften geheim gegründeten Gruppe »Neu Beginnen« berichtete Fritz Erler:
»Nach der ersten großen Verhaftungswelle gegen die Organisation im Jahre 1935 wurde ich von einer Stadtteilleitung in die Berliner Leitung geholt und mußte dann ab 1936 sogar mit wenigen Freunden die Arbeit in Deutschland selbst mitverantwortlich leiten. In dieser Zeit lernte ich Oskar Umrath als einen treuen, tapferen Freund und Helfer schätzen. Es war mir später auch nach dem Zusammenbruch immer besonders wertvoll, mich an seine klarsichtigen Prognosen der Folgen zu erinnern, die sich zwangsläufig aus den Methoden der nationalsozialistischen Rüstungsfinanzierung ergeben mußten. Alle diese Probleme der Verbrauchslenkung und der zunehmenden Beherrschung des gesamten Wirtschaftslebens durch den staatlichen Befehl in der Zeit der preisgestoppten Inflation haben durch ihn mit vielen Beispielen die nach meiner Erinnerung eigentlich früheste Darstellung gefunden.«

Oskar Umrath hatte an der Schrift »5 Jahre Nationalsozialismus«, die von der Gruppe »Neu Beginnen« zur Aufklärung weiterer Kreise des In- und Auslandes erarbeitet wurde, mitgewirkt. Die Finanz- und Wirtschaftspolitik des Nationalsozialismus kritisierend, schrieb er dort unter anderem:

Deutschland geht den Weg der kalten Inflation. Die in Reichsanleihe aufgenommenen Spargelder usf. sind auf lange Sicht gesehen ebenso verloren wie nach einer Inflation, wenn nicht noch in der Konjunktur das Steuer herumgerissen und der wachsenden Verschuldung Einhalt geboten wird.

Zum Abstoppen der Weiterverschuldung gäbe es zwei Möglichkeiten. Statt der Anleihen ehrlich riesige Steuersummen zu erheben oder die Staatsausgaben kräftig zu drosseln. Beide Wege will und kann das Regime aus politischen Gründen nicht gehen... Das deutsche Volk darf nicht wissen, wieviel der Nationalsozialismus kostet. Der Weg, die Staatsausgaben zu drosseln, verbietet sich von selbst. Er nähme diesem Regime, der im großen betriebenen Räuberei, seinen Sinn. Zahlenmäßig sehr bedeutende Drohnenschichten in der Partei, Staats- und Wirtschaftsbürokratie würden ihre Pfründe verlieren, die Versorgung der Hunderttausende von alten Kämpfern würde ernstlich gefährdet.«

Am 4. November 1938 wurde Oskar Umrath von der Gestapo verhaftet und im September 1939 zusammen mit Fritz Erler, Kurt Schmidt und Erwin Kürschner vom Volksgerichtshof zu langjähriger Zuchthausstrafe verurteilt. Im Mittelpunkt dieses Prozesses standen zwei Fragenkomplexe: einmal die zuvor erwähnte Schrift, zum anderen das Interesse der Angeklagten an militärischen Vorgängen. Den Vorwurf des Landesverrates entkräftete das Gutachten eines sachverständigen Obersten, der etwa folgende Überlegung vortrug:

»Die Angeklagten leugnen gar nicht, daß sie Gegner des Regimes sind und sich gegen das Regime betätigt haben. Dafür stehen sie wegen Hochverrat vor Gericht. Als Gegner des Regimes haben sie sich für die Verhältnisse in der Wehrmacht interessiert. Sie wollten nämlich wissen, ob und wann evtl. mit einem kriegerischen Konflikt zu rechnen sei, gegen wen dieser Konflikt etwa entbrennen könne und wie dann die Chancen seien. Sie haben sich dafür interessiert, wie das Verhältnis von Offizieren und Mannschaften in der Wehrmacht ist, um die Zuverlässigkeit der Wehrmacht für die nationalsozialistische Staatsführung beurteilen zu können...
Das alles sind politische Fragen, für die sie sich als politische Gegner des Regimes interessierten. –«

Während der Zuchthaushaft wurde Oskar Umrath von einer Drüsenerkrankung erfaßt, die unheilbare Formen annahm. Dank den Bemühungen des menschlich denkenden Anstaltsleiters, von Normann, wurde er schließlich befristet zum Krankenhausaufenthalt »beurlaubt«. Er war sich jedoch bewußt, daß ihn auch die Anstrengungen seines Arztes, Freiherr von Kreß, nicht mehr retten konnten. Unter der schweren physischen wie psychischen Last dieser Krankenhaushaft führte er mit dem Bruder noch eine schriftliche Diskussion, in der er seine weit der Entwicklung vorauseilenden Gedanken zu ökonomischen, soziologischen und philosophischen Fragen darlegte. Seine große Sorge um die politische Zukunft Deutschlands zeichnete sich in den Bedenken, die er nach Stalingrad äußerte: »Die Würfel sind gefallen. Jetzt kommt der Bolschewismus nach Europa. Und wir, die unter Hitler im Zuchthaus sitzen, werden auch unter den Sowjets wieder in den Bunker müssen.«

Am 6. März 1943 verstarb Oskar Umrath an den Folgen der durchlittenen Haft. Sein letztes Bekenntnis hieß: »In der radikalen Einheit von Gedanke und Handlung liegt das erreichbare Maß an menschlicher Freiheit begründet.«

KARL ZINN

Gleichzeitig mit dem »Gesetz vom 24. April 1934 zur Änderung von Vorschriften des Strafrechtes und des Strafverfahrens« setzte das nationalsozialistische Regime den Volksgerichtshof, der erst zwei Jahre später den Titel des ordentlichen Gerichts erhielt, als »reichsrechtlich bestelltes Sondergericht« ein.

Am 14. Juli 1934 trat er zu seiner konstituierenden Sitzung zusammen und am 27. August des Jahres führte er – zum zweiten Male tagend – den Prozeß gegen den »Stab des Roten Stoßtrupps« durch. Zu den sieben Angeklagten, Studenten und jungen Arbeitern, die wegen »Vorbereitung zum Hochverrat gegen die Regierung der Nationalen Erhebung« verurteilt wurden, zählte Karl Zinn. Seine Strafe lautete auf sieben Jahre Zuchthaus und sieben Jahre Ehrverlust.

Karl Zinn, der als viertes Kind eines Ingenieurs am 22. Juli 1906 in Frankfurt geboren wurde, hatte schon früh den Vater verloren und mußte deshalb die Schule mit mittlerer Reife verlassen. Er trat bei der Commerz- und Privatbank in Kassel als Lehrling ein, bereitete sich daneben auf dem Abendgymnasium auf das Abitur vor.

Seine damals erwachenden und schnell zunehmenden politischen Neigungen führten ihn zur Mitarbeit in der SPD. Nach Ablegung des Abiturs wurde er zur Zentrale seiner Bank nach Berlin versetzt, wo er neben seinem Beruf das Studium der Volkswirtschaft an der Universität aufnehmen konnte. Doch seine Interessen galten auch weiterhin politischen Aufgaben, die ihm aus seiner scharfen Abwehrstellung gegen den Nationalsozialismus immer wichtiger wurden.

Die politischen Hoffnungen und Enttäuschungen des jungen Sozialdemokraten spiegelten sich in den Briefen, die er zu Anfang des Jahres 1933 an seine damalige Braut und spätere Frau schrieb:

19. 1. 1933

»Von jeher ist die Freiheit das höchste Gut des Menschen gewesen und die Besten haben sich und andere für sie geopfert. Sollen wir da zurückstehen?«

30. 1. 1933

»Also Hitler ist Reichskanzler. Er sitzt schon in der Reichskanzlei und das ›Volk‹, SA und Pelz und Monokel tragendes Bürgertum, bringt ihm stürmische Ovationen dar. Ich war eben da und hab's mir angesehen ... Für unsere Partei und die Gewerkschaften ist der entscheidende Augenblick sehr nahe. In dem Augenblick, wo jene sich über die Verfassung hinwegsetzen und mit dem Einsatz ihrer Macht einen rechtlosen Zustand schaffen, gibt es nur noch eins: Den letzten Kampf!«

21. 3. 1933

»... arbeiten insofern, als eine selbstlose, befähigte, verantwortungsvolle und begeisternde Führerschicht heranzubilden ist, das ist unsere Aufgabe und keine vergebliche Arbeit, ja sogar unsere Pflicht. Ich gehe so weit, daß ich sage, wir müssen ganz und gar von vorn anfangen, ganz neu aufbauen, denn unsere bisherige Bewegung und Organisation ist vermorscht und unbrauchbar geworden.«

»Er war eine sehr empfindsame Natur, die schwer an allem trug und Freundschaften sehr ernst nahm«, schrieb Karl König, einer seiner Mitangeklagten aus dem Prozeß vom 27. 8. 1934. »Als Emil Groß von Nazi-Studenten im Keller der Universität eingesperrt wurde, wollte ihn eine Gruppe von uns – Karl Zinn an der Spitze – mit Waffengewalt befreien. Kurz vor der beabsichtigten Aktion wurde Groß jedoch mit einem Polizeiwagen in den berüchtigten SA-Keller in der Parochialstraße gebracht. Zinn aber gab nicht auf. Zu zweit gelang es uns, unter Mithilfe eines alten sozialdemokratischen Schupos, Groß aus dem Gebäude herauszuholen und ihm zur Flucht ins Ausland zu verhelfen.

Eine ebenso mutige Haltung hat Zinn dann ein Jahr später in unserem Prozeß gezeigt.«
Das gleiche bestätigte der damalige Hauptangeklagte Rudolf Küstermeier:

»Karl Zinn war einer der prächtigsten Menschen und Kameraden, die ich je gekannt habe, ein tapferer und mutiger Kämpfer von tiefer Menschlichkeit, starkem Verantwortungsgefühl und unkomplizierter Klugheit. Je schwerer alles wurde, desto mehr setzte er sich ein, obwohl seinem ganzen Wesen das Abenteuerhafte und Heimliche unserer Arbeit widerstrebte. Er war auch eher weich als hart; er lebte und arbeitete mit dem Herzen. Als Karl Zinn im April 1933 gefragt wurde, ob er in der bereits seit dem Herbst 1932 vorbereiteten Widerstandsorganisation des ›Roten Stoßtrupps‹ mitarbeiten wolle, gab er – nach der allen Kandidaten auferlegten Bedenkzeit – ein einfaches, aber unbedingtes Ja. Schon nach kurzer Zeit war er eine der tragenden Säulen der Gruppe, deren führende Mitglieder der sozialistischen Studenten- und Jugendbewegung entstammten, die aber bewußt Kontakte suchten und ausbauten, wo immer entschiedene Gegner des Nationalsozialismus zu finden waren. Es bestanden auch Verbindungen zu links von der SPD stehenden Gruppen. Die Bedeutung dieser Verbindungen nahm jedoch im Laufe der Zeit ab, während die Zusammenarbeit mit Kreisen der ehemaligen Weimarer Koalition immer enger wurde und schließlich sogar an die politische Rechte heranreichte. Karl Zinn gab Rat und Beistand, wo immer er konnte. Er warb wichtige neue Mitarbeiter. Er stellte für geheime Zusammenkünfte und mehrfach auch für den Druck der Zeitschrift und Flugblätter des RSt seine Wohnung zur Verfügung. Er half insbesondere beim Ausbau der Organisation, als Echo und Mitarbeit, vor allem in Jugend- und Studentenorganisationen, immer stärker wurden. Dabei waren die technischen Schwierigkeiten um so größer, als es immer an Geld fehlte. Ein erheblicher Teil der Arbeit mußte mit minimalen Beiträgen von Studenten und sogar Arbeitslosen finanziert werden . . . Die finanziellen Schwierigkeiten haben auch eine Vernachlässigung der Sicherheit zur Folge gehabt und damit zu frühzeitiger Gefährdung des Gesamtapparates beigetragen. Neben unserem Prozeß liefen vor dem Berliner Kammergericht mehrere Prozesse gegen etwa weitere 150 Angeklagte; ferner fanden außerhalb Berlins Prozesse gegen Mitarbeiter des RSt in Leipzig, Halle, Bielefeld, Pirmasens und anderen Orten statt, ein Zeichen für die Breite der Organisation trotz nationalsozialistischen Terrors.«

Die Verhaftung Karl Zinns war Ende November 1933 erfolgt. Nach 5½ Jahren verbüßter Zuchthausstrafe erhielt er aufgrund der Bemühungen seiner Braut einen Strafaufschub mit der Einschränkung, als »Wehrunwürdiger« Berlin nicht verlassen zu dürfen. Eine Rückkehr in die frühere Tätigkeit war unmöglich, weil inzwischen den Banken die Einstellung politisch Vorbestrafter verboten worden war. Schließlich bot sich ein Arbeitsfeld in einer Tiefbaufirma, in der er bald Prokurist wurde. Anträge der Firma, in Verbindung mit der Arbeit Reisen zu erlauben, wurden von der Gestapo strikt abgelehnt, und die Bewegungsfreiheit Zinns blieb auf Berlin beschränkt. In dieser Zeit bestanden über König Kontakte zu dem politischen Kreis um Ernst von Harnack.

Nach einem Bombenangriff auf Berlin in der Nacht vom 23. zum 24. August 1943 wurde Karl Zinn bei Aufräumungs- und Löscharbeiten durch die Explosion eines Zeitzünders getötet.

BEBO WAGER

wurde am 29. Dezember 1905 in Augsburg geboren. Der Vater war Arbeiter und kehrte aus dem ersten Weltkrieg als nicht mehr erwerbsfähiger Invalide zurück. Bebo erlernte in der MAN (Maschinenfabrik Augsburg-Nürnberg) den Elektromaschinenbau, schloß sich mit 17 Jahren der Sozialistischen Arbeiterjugend an und heiratete im Alter von 23 Jahren.
Im Juni 1933 gründete er in Gemeinschaft mit Kameraden aus den ehemaligen Jugend-, Sport- und Bildungsverbänden der verbotenen Sozialdemokratischen Partei eine Kampfgruppe, die sich »Revolutionäre Sozialisten« nannte. Er sorgte neun Jahre lang für den Zusammenhalt und die permanente Rebellion von Hunderten, die kompromißlose Gegner der Gleichschaltung geblieben waren.
Am 12. April 1942 wurde er verhaftet, am 27. Mai 1943 zum Tode verurteilt und am 12. August 1943 hingerichtet.

In Bayern richteten sich die Kampfgruppen vieler sozialistischer Widerstandsgruppen nach Grundsätzen, die Bebo Wager und Hermann Frieb als Gründer und Leiter der ersten bayerischen Gruppen in gemeinsamer Arbeit entwickelten. Diese beiden stärksten Initiatoren einer organisierten sozialdemokratischen Widerstandsbewegung Bayerns gehörten in ihrer Partei bis 1933 zum hoffnungsvollen jungen Nachwuchs, dessen Willenskräfte die Nationalsozialisten weit unterschätzt hatten. So konnten Wager und Frieb schon im ersten Jahr der Hitlerherrschaft – zunächst noch unabhängig voneinander – auf eigene Verantwortung, allein und ohne Vorbilder, in ihrem Wirkungsbereich neue politische Aktionszentren schaffen.
Das große Wagnis der verbotenen Kaderbildung war für Bebo Wager nach seiner fast zehnjährigen Tätigkeit als Organisationsleiter der Sozialistischen Arbeiterjugend die ehrenvolle Erbschaft aller Verpflichtungen, die er zur Zeit der offenen und legalen, relativ gefahrlosen politischen Auseinandersetzungen begeistert übernommen hatte. Die Gestaltung einer »gerechteren und friedlicheren Welt« beschäftigte seine Vorstellungskraft, seit er in entbehrungsreichen Kindertagen einem Sozialdemokraten aus Bebels Generation begegnet war; der alte Mann hatte dem wißbegierigen Jungen auf die Frage, was Sozialismus sei, geantwortet: »Sozialist sein, heißt Mensch sein. Wenn du dies als Richtschnur für dein ganzes späteres Leben nimmst – Mensch sein mit allem Guten, was den Menschen vor der Kreatur auszeichnet – dann wirst du immer den rechten Weg finden.«
Die enge Bindung an seine jungen Gesinnungsfreunde forderte schon früh die moralischen Kräfte Bebo Wagers heraus. Dies bestimmte auch die tapfere Haltung, mit der er in den Entwicklungsjahren dem Druck der Lasten begegnete. Während die herzkranke Mutter vergeblich gegen die inflationsbedingte Geldnot kämpfte und der kriegsverletzte Vater fünf erfolglose Operationen durchmachen mußte, suchte Bebo Wager weder billige Gelegenheitsverdienste noch egoistische Fluchtwege. Er wählte den härteren Werdegang zum Facharbeiter und die strengeren Freuden geistiger Fortbildung in den Erziehungsgemeinschaften der Arbeiterbewegung.
Als Wager nach dem Zusammenbruch seiner Welt die Augsburger Kameraden zur Verbreitung verbotener politischer Literatur, zum Nachrichtenaustausch mit emigrierten Parteifreunden und zur Sammlung von Spenden für die Angehörigen der ersten Opfer Hitlers organisierte, erforschte er das unbekannte, gefährliche Gelände der Konspiration im vollen Bewußtsein einer ungeheuren Verantwortung. Sein Mitkämper Eugen Nerdinger berichtete später, daß Wagers Gruppen in der Zusammenarbeit mit Frieb viel länger als andere, die zur gleichen Zeit begannen, von den Verhaftungen verschont blieben.
Einer Verhaftungswelle in Nordbayern fielen 1934 mehr als 200 Sozialdemokraten zum Opfer. Im April 1935 zerstörte die Gestapo die Tätigkeit einer weiteren Gruppe, und deren Führer, Faltnar,

wurde zu zehn Jahren Zuchthaus verurteilt. Nach solchen bitteren Erfahrungen suchten Wager in Augsburg und Hermann Frieb in München – gestützt auf den Gedankenaustausch mit der Auslandszentrale in Prag – neue Wege zur Sicherung ihrer Arbeit. Sie trafen die Sendboten ihrer Freunde in einem Bootshaus am Ammersee und besprachen ihre Pläne auf dem Segelboot.
An Bebo Wagers Wirkungsbereich waren 1937 etwa zehn selbständige bayerische Gruppen beteiligt und drei in Österreich, wo die »Revolutionären Sozialisten« trotz schwerer Verfolgungen nach drei Jahre währender Illegalität – ein Jahr vor der Gleichschaltung Österreichs – noch erheblich mehr Bewegungsfreiheit hatten als ihre deutschen Kameraden. In diesem Stadium war Bebo Wagers erstaunlichste Leistung das zähe Festhalten an den Vorsätzen, obgleich er im vierten Jahr systematischer Untergrundarbeit schon längst nicht mehr mit entscheidenden Erfolgen rechnete und den Ausbruch des Krieges für unabwendbar hielt. Nach weiteren vier Jahren rissen schließlich die Auslandsverbindungen ab. Da auch immer mehr Mitarbeiter eingezogen oder in weit entfernt lie-

gende Rüstungsbetriebe versetzt wurden, wuchs mit diesen technischen Schwierigkeiten die Gefahr für Wager und all seine Freunde, die den militärischen Zusammenbruch stets für unvermeidlich gehalten hatten. Um »in der letzten Phase der nationalsozialistischen Macht aktionsfähig zu sein und alle Kräfte auf die Abkürzung der Endkatastrophe konzentrieren« zu können, mußten sie untereinander erreichbar bleiben, auch für Waffen sorgen und die unentbehrlichen Auslandsverbindungen wiederherstellen.
Im Frühjahr 1942 entdeckte die Gestapo Aktionspläne und Waffen; sie konnte fast alle Beteiligten verhaften. Gemeinsam mit Bebo Wager und Hermann Frieb wurden Alois Brunner aus Wörgl und seine Frau Josephine zum Tode verurteilt und hingerichtet. An Otto Haas aus Wien wurde die Todesstrafe erst am 30. August 1944 vollstreckt.

Die Untersuchungshaft von Wager und Frieb dauerte über ein Jahr. In der Zeitspanne zwischen dem Spruch des Volksgerichtshofes in Innsbruck, der am 23. Mai 1943 gegen beide »wegen Hoch- und Landesverrats« das Todesurteil verkündete und dem 12. August 1943 – dem Tag der Hinrichtung in München-Stadelheim – erreichte die wenigen Kameraden, die noch in Freiheit waren, ein Kassiber. Es war die Nachricht vom Endkampf um Sinn und Ziel der Lebensopfer. Frieb hatte bei den Verhören bereits seine politische Überzeugung begründet. Nach der Urteilsverkündung brachte er die Gedanken, die ihn und seine Kameraden geleitet hatten, in die Form eines Vertragsentwurfs, der auf inoffiziellem Wege aus dem Gefängnis befördert und dem Gestapochef zugeleitet wurde. In dem Text stand unter dem Datum vom 18. Juni 1943, daß der Nationalsozialismus zum Untergang verurteilt sei und nur noch die eine Chance habe, rechtzeitig zu kapitulieren. Die NSDAP solle sich bereit erklären, die gesamte Staatsgewalt widerstandslos der SPD zu übergeben, die sich ihrerseits verpflichten würde, mit allen zu Gebote stehenden Mitteln abzuwehren, daß deutsche Staats- oder Volksangehörige gegen ihren Willen ins Ausland deportiert würden; sie würde auch im Falle einer Zerschlagung Deutschlands alle geeigneten Mittel einsetzen, um die Rechtseinheit wiederherzustellen. Die NSDAP sollte sich verpflichten, alle ihre Mitglieder und Amtswalter am Tage der Machtübergabe durch den Rundfunk zu einer loyalen Haltung und zum Verbleiben auf ihren Posten aufzufordern.

In der Einleitung zu dem ausführlichen Dokument, das eine Präambel und 18 Artikel enthielt, schrieben Wager und Frieb:
»Für den Fall, daß Deutschland diesen Krieg mit militärischen Mitteln nicht mehr zu seinen Gunsten beenden kann, haben wir die unten angeführten Vorschläge zur Kenntnis der NSDAP gebracht und bitten, sie nicht als conditio sine qua non unseres Bereitschaftswillens zu betrachten, sondern als einseitige Verhandlungsbasis. Gleichzeitig weisen wir darauf hin, daß die folgenden Vorschläge nicht aus Überlegungen resultieren, die unserer gegenwärtigen Lage entspringen, sondern zwingende politische Gründe zur Ursache haben.«

Am 13. August 1943 erfuhr Lina Wager durch den Pfarrer Aschleitner aus München: »Sie werden inzwischen die traurige Nachricht erhalten haben, daß Ihr Mann, Josef Wager, gestern, nachmittags im Gefängnis Stadelheim hingerichtet wurde. Auf seinen letzten Wunsch hin wurde ich als Pfarrer für die letzten beiden Stunden zu ihm gerufen. Ich fand ihn tapfer und völlig gefaßt. Er erklärte mir und bat mich, es auch Ihnen auszurichten, daß er in der Zeit seiner Gefangenschaft zum Gebet zurückgefunden habe. Er bat mich ausdrücklich, Ihnen mitzuteilen, daß er ohne Haß- und Rachegelüste aus dieser Welt gehe und auch Sie ersuche, sich von derartigen falschen Gedanken freizumachen. Er dankt Ihnen sowie seiner Mutter für alles, was Sie ihm gewesen sind und befiehlt Sie der Gnade Gottes.«
In den sparsamen Zeilen, die Bebo Wager wenige Stunden vor seinem Tod an seine Frau und seine drei Kinder richtete, schrieb er: »Ich habe Euer Bild vor mir, und es ist unendlich schwer in dem Gedanken an Euch zu scheiden ... Sei tapfer, um unserer Kinder willen, wie auch ich versuchen will, tapfer für meine Idee zu sterben. Möge Dir und unseren Kindern alles Gute erblühen, das ich erstrebt habe und für das ich auch an mir selbst gearbeitet habe ... Auch Hermann geht mit mir den gleichen Weg; er war mir der treueste Freund und Kamerad.«

Hermann Frieb, dessen überlegene intellektuelle Fähigkeiten sich in so hervorragender Weise mit der mehr vom Gefühl bestimmten Rebellennatur Bebo Wagers ergänzt hatten, verbrachte in der Nebenzelle die letzten Lebensstunden. Vor 1933 hatte Frieb die sozialistische Studentengruppe der Münchener Universität geleitet, er wurde Dipl.-Volkswirt und ernährte sich im Dritten Reich durch Steuerberatungen. Waldemar von Knoeringen schilderte ihn als einen systematischen Denker, der sich mit der Überwindung des Nationalsozialismus und der Schaffung einer neuen Sozialdemokratie in Deutschland geistig immer wieder auseinandergesetzt habe. Ebenso aber sei er ein unbeirrbarer Aktivist gewesen, der sich in seiner Organisation für die planmäßige Vorbereitung revolutionärer Handlungen einsetzte und bis zum Kriegseintritt der USA über Deckadressen in Schweden und Amerika mit der Leitung der Sozialdemokratischen Partei in London in Verbindung blieb.

Hermann Friebs 71jährige Mutter wurde kurz nach ihrem Sohn zum Tode verurteilt, um schließlich zu zwölf Jahren Zuchthaus begnadigt zu werden. Die letzten Briefe Friebs galten der Mutter, der er sehr zugetan war:

»... ich habe mich langsam losgelöst von der Umwelt und ihrer Hast und Unruhe. Vor einiger Zeit bin ich einmal (was natürlich verboten ist) auf den Tisch gestiegen und habe zum Fenster in die Welt hinausgesehen, d.h. auf einen Teil des Nockherberges. Ich sah Frauen mit Markttaschen, Männer mit Aktentaschen, eine halbe Kompanie Grenadiere, einige Trambahnen voll Menschen den Berg herauf- oder hinunterfahren und einen Luftwaffensoldaten mit seinem Mädel. Alles dies sah ich wie ein Bild aus ferner Welt, zwar mit einigem Interesse, aber so fern und unwirklich wie die Aufnahme einer japanischen Großstadtstraße. Auch ohne das Verlangen, mit einer Straßenbahn irgendwo hinzufahren, oder mit einem Mädel den Berg hinaufzugehen oder mit den Soldaten zu marschieren. Diese Welt ist mir ferngerückt und eine andere ist eingezogen. Die Welt des Geistes. Meine Gedanken wandern zurück auf den uns bekannten Wegen der Menschheit ins Mittelalter, durch die Antike bis zum Ursprung unserer Kultur nach Chaldäa und nach der alten Sintflutstadt Schurupak am Persischen Meer und von dort wieder herauf durch die Zeiten und Völker, ihre Gedanken, Religionen und Nöte, Siege und Niederlagen bis in unsere Tage, ja darüber hinaus. Viel Neues ist durch meine Gedanken und Visionen gegangen, Zusammenhänge habe ich gefunden, große Männer der Geschichte sind in meiner kleinen Zelle ein- und ausgegangen, und ich habe mit ihnen Zwiesprache gehalten. Die kleinen Sorgen des Alltags haben jede Bedeutung verloren. Mein krankes Herz, die Vergangenheit und Zukunft, alles versinkt allmählich in der Unendlichkeit des Friedens um mich her, außer Deinem Geschick...

So bleibt mir nichts Böses übrig als die Sorge um Dich; wenn ich von meiner kleinen Liebe zu den kleinen Dingen des täglichen Lebens absehe, so habe ich nur die eine große dauernde Liebe zu Dir, ein Stück von der geahnten Unendlichkeit, deren Ursprung in der Schöpfung liegt. Und sie ist um so größer, weil sie bei Dir endigt, und ich sie nicht über mich hinaus fortsetzen kann, hin zu einer Frau und zu Kindern. Ich weiß, für mich hier genau, daß der Gang der Welt nicht um einen Atemzug beschleunigt werden kann, aber leider auch, daß er nicht so angehalten werden kann – für Dich.

... und jetzt, liebste Mutter, muß ich Dir meine letzten Zeilen schreiben. Stunden trennen mich noch von dem Ende. Ich will ohne Haß und ohne Groll aus diesem Leben gehen. Wenn Du einmal abberufen wirst, gehe auch ohne Groll gegen alles uns Feindliche im stillen Frieden mit Gott aus der Welt, so wie ich. Ich muß Schluß machen. Alles, alles Gute, liebste, ärmste Mutter, meine letzten Gedanken werden bei Dir sein.«

LUDWIG RUF

»Die Wirkung Ludwig Rufs beruhte auf seiner wachen Intelligenz und seiner volkstümlichen Redebegabung. Seine Worte hatten die Anziehungskraft des Echten, Ursprünglichen; aus ihnen sprach eine Überzeugung, die sich unter dem Druck schwerster Lebensbedingungen gebildet hatte.«

In der Charakteristik fand die Frage nach Ludwig Ruf Antwort in seinem kleinen Heimatort Seckenheim, wo er am 12. Februar 1898 geboren wurde, im Vorraum von Mannheim. Nach den Aussagen von Angehörigen und Freunden war er von Kindheit an in seiner Entwicklung eingeengt. Schon frühzeitig mußte er zum Unterhalt einer vielköpfigen Arbeiterfamilie beitragen. Eine Berufsausbildung blieb ihm infolgedessen versagt, und als Rangierarbeiter am Mannheimer Bahnhof hatte er später für elf Kinder zu sorgen. Doch in der politischen und gewerkschaftlichen Mitarbeit fand Ludwig Ruf den Ausgleich für vieles, was er entbehren mußte. Im Seckenheimer Ortsverband der SPD wurde er bald nach Kriegsschluß 1918 tätig. Zunächst neigte er der radikaleren Richtung der »unabhängigen« sozialistischen Partei zu. In den Jahren wachsender politischer Gefahren hielt er fest zu der alten Partei und bewährte sich als treuer und zuverlässiger Funktionär der Sozialdemokratie. So war er auch nach der nationalsozialistischen Machtübernahme zu jedem Opfer für seine Partei und seine Gewerkschaft bereit.

Zu der Gruppe enger Gesinnungsfreunde, die in Baden nach 1933 dem neuen System entgegenzuwirken versuchten, gehörte der damalige Gewerkschaftssekretär der Eisenbahner Mannheims, Matthias Denzler. Er schrieb, daß Ludwig Ruf bis 1933 Vorsitzender des Betriebsrates vom Mannheimer Bahnhof, Mitglied des Bezirksbetriebsrates, Versicherten-Vertreter, Mitglied der Ortsverwaltung der Einheitsgewerkschaft der Eisenbahner Deutschlands und Mitglied des Bezirksvorstandes in Karlsruhe war. Er sei von den Nationalsozialisten besonders gehaßt worden, trotzdem »von der Entlassungswelle 1933, die sich auf fast alle Funktionäre der Gewerkschaft erstreckte, verschont geblieben aufgrund seiner großen Wertschätzung unter den Eisenbahnern Mannheims und darüber hinaus bei allen Verwaltungsstellen der Reichsbahn bis zur Direktion Karlsruhe.« Da mit der Gleichschaltung der Gewerkschaften jede Verbindung unter Freunden und Gleichgesinnten abzubrechen drohte, habe sich dann am 1. Mai abseits der Zwangsdemonstrationen ein engerer Kreis alter Gewerkschaftsfunktionäre – unter ihnen Ludwig Ruf – auf dem Kohlhof bei Heidelberg getroffen, um sich Überlegungen für die Zukunft zu machen. Diese Widerstandszelle suchte Verbindung zu der SPD in Straßburg und Prag. Es wurden sozialdemokratische Aufklärungsschriften verteilt, auch durch Ruf innerhalb seines Bahnhofes, ohne daß er dadurch einen Verdacht auf sich zog. Ruf drängte dann mehrfach, an einer Zusammenkunft mit weiteren Mitarbeitern im Ausland teilzunehmen. Sein Anliegen wurde aufgrund seines Charakters vorbehaltlos bejaht, aber wegen seiner Familienverhältnisse nur zögernd erfüllt.

»Ohne Angabe des endgültigen Reisezieles«, schrieb Denzler, »nahm ich Ruf mit zu einer im Dezember 1934 in Antwerpen stattfindenden Besprechung. Aus nicht einwandfrei geklärten Gründen erfuhr bereits 1935 die Gestapo von dieser Konferenz. Es führte zu Verhaftungen des größten Teiles der Teilnehmer. Den Kollegen Ruf ereilte das Schicksal am 14. Februar 1936. Einige Wochen gemeinsamer Untersuchungshaft verbrachte ich mit Ruf im Landesgefängnis Mannheim. Rufs Zelle befand sich eine Etage höher als meine. Am 19. Mai 1936 hörte ich abends gegen 7 Uhr über mir Laute einer harten Auseinandersetzung, verbunden mit Hilferufen. Dem folgte ein dumpfer Aufschlag mit weithallenden Schmerzensschreien, die im Verhältnis abnahmen, wie es sich aus einer zunehmenden Entfernung ergibt.

Den folgenden Morgen ließ ich mich rasieren; dies geschah auf der Gefängnisgalerie durch einen Ge-

fangenen unter der Aufsicht eines Wärters. Bei dieser Gelegenheit konnte ich erfahren, daß am Abend vorher ein ›Politischer‹ von der oberen Galerie herabgestürzt sei. Dies aber geschah zu einer Zeit, wo sonst Friedhofsruhe im Bau herrschte und die Gefängnisbeamten höchstens die Zellentüren öffneten, wenn der Gefangene selbst die Notklingel in Anspruch nahm. Nur auf Gestapobeamte, die zu jeder beliebigen Zeit zu den Gefangenen in die Zellen gehen konnten, hatten die Gefängnisaufseher keinen Einfluß.

Als Todesursache wurde dann aber bei Ruf offiziell Selbstmord durch Erhängen angegeben.«

Frau Ruf hatte bei ihrem Mann, den sie auf ihr Verlangen selbst bestatten durfte, keine Strangulierungsmerkmale gesehen, dagegen eine schwere Verletzung am Kopf.

Sie sagte, daß aber auch die Zeit danach schwer genug war – »unter diesen Umständen in dem kleinen Ort Arbeit zu finden«. Dennoch brachte sie außer den eigenen Kindern drei Enkel groß, denen der Hitlerkrieg Vater und Mutter nahm.

MAX WESTPHAL

am 30. September 1895 als Sohn eines Hamburger Hafenarbeiters geboren, wurde er mit vierzehn Jahren Bürobote bei der Hamburger Niederlassung der Autofabrik Benz & Co, die ihn später als Angestellten beschäftigte. Mit fünfzehn Jahren schloß er sich dem Arbeiterjugendbund an. In der Sommeschlacht des Ersten Weltkrieges verlor er den linken Arm.
Die sozialistische Arbeiterjugend Hamburgs wählte Max Westphal 1920 zum hauptberuflichen Vorsitzenden und Geschäftsführer; 1921 zog er als Vorsitzender der Arbeiterjugend Deutschlands nach Berlin. 1927 wurde er Mitglied des Vorstandes der Sozialdemokratischen Partei und 1932 kam er als Abgeordneter in den Preußischen Landtag. Anfang 1933 gehörte er zu den äußerst gefährdeten Politikern, die täglich mit ihrer Verhaftung und schweren Mißhandlungen rechnen mußten; trotzdem lehnte er ab, diesem Schicksal durch rechtzeitige Flucht zu entgehen.
Die erste Haft im Spandauer Gefängnis dauerte von Juni bis September 1933. Am 19. Dezember 1938 wurde er zum zweitenmal abgeholt und von der Staatsanwaltschaft wegen Betätigung für die verbotene SPD und Vorbereitung eines hochverräterischen Unternehmens angeklagt. Der Prozeß endete am 30. Oktober 1939 zwar mit einem Freispruch, aber Max Westphal kam anschließend in das Konzentrationslager Sachsenhausen, das er im Mai 1940 als Todeskandidat verließ. Am 28. Dezember 1942 starb er im Alter von 47 Jahren an der Magen- und Lungenkrankheit, die er sich im Lager und bei den qualvollen Verhören der Gestapo zugezogen hatte.

Als Kind hatte Max Westphal erlebt, daß der Wochenlohn seines schwer arbeitenden Vaters oft nicht zum Lebensunterhalt ausreichte. Weil aber drei heranwachsende, ewig eßlustige Schuljungen satt werden sollten, stand auch die Mutter vor Morgengrauen auf, um Büroräume zu reinigen. Max lernte leicht und brachte die besten Zeugnisse nach Hause; während der letzten Schuljahre träumte er von der künftigen Lehrstelle in einem großen Handelshaus – für ihn der einzig gangbare Weg, um seine geistigen Fähigkeiten weiterzuentwickeln. Aber der aufgeweckte, fleißige Junge kam vor verschlossene Türen, denn begehrenswerte Lehrstellen wurden meistens nur mit Schülern höherer Lehranstalten besetzt; statt des ersehnten Lehrvertrages bekam er das Arbeitsbuch für ungelernte jugendliche Arbeiter.
Fast alle Jungen und Mädchen vom Arbeiterjugendbund, mit denen Max von 1910–1914 jeden Sonntag wanderte und am Mittwochabend lehrreiche Vorträge diskutierte, waren mehr als 70 Stunden pro Woche fest eingespannt; da ihr zehnstündiger Arbeitstag von zwei Stunden Tischzeit unterbrochen wurde und den meisten das Fahrgeld fehlte, mußten sie täglich vier weite Wege zu Fuß zurücklegen. Mit dem obligatorischen Fortbildungsunterricht am späten Abend durften sie pro Woche höchstens zwei Arbeitsstunden versäumen. In ihrer knappen Freizeit bemühten sie sich, das harte Leben, dem sie entgegengingen, zu erforschen und Wege für eine gerechtere Zukunft zu finden.
Als die Hamburger Arbeiterjugend nach 1918 in den ersten leidenschaftlichen Debatten mit jungen Spartakisten ihren eigenen Weg zu neuen Erkenntnissen und praktischeren Zielen suchte, bestärkte Max Westphal alle sozialistischen Kameraden, die noch nicht völlig dem Mythos der russischen Revolution verfallen waren, im Streben nach einer demokratischen Ordnung. Nach Kriegsende bewährten sich seine pädagogischen Fähigkeiten beim Aufbau des Hamburger Jugend-Arbeitsnachweises. Trotz der frühen Entscheidung für die Politik der Mäßigung und des stetigen, unblutigen Kampfes um die Gestalt einer besseren Gesellschaft bewahrte sich Max Westphal tiefes Verständnis für die Ideale der Ungeduldigen, und jüngere Kameraden liebten ihn immer noch als den echten, strahlenden Repräsentanten der Jugend, nachdem er längst schon in den Rat der Älteren und zu führenden Funktionen aufgerückt war.

Im Dritten Reich gab es keinen Arbeitsplatz für Max Westphal. Er fuhr auf dem Rad mit schwerem Anhängewagen über Land und verkaufte Kolonialwaren an alte Freunde; vorübergehend warb er Kunden für eine Hamburger Lebensversicherungsgesellschaft, bis ihm die Nazis diese leichtere Arbeit entzogen. Mit Haussuchungen verfolgt und häufig von der Gestapo verhört, hielt er dennoch unermüdlich den Kontakt zwischen den treuen einstigen Mitgliedern der verbotenen Sozialdemokratischen Partei aufrecht. Er beteiligte sich an dem lebensgefährlichen Nachrichtenaustausch mit den emigrierten Parteifreunden, reiste illegal zu einer Besprechung in die Tschechoslowakei, verteilte ausländische Spenden an notleidende Gesinnungsgenossen – was 1934 zur ersten Anklage führte – und ermöglichte eine Zusammenkunft mit dänischen Politikern, indem er sich einer »Kraft durch Freude«-Reise anschloß.

In einem langwierigen Verfahren gegen Max Westphal und Gertrud Klühs konnte der 2. Strafsenat des Kammergerichts den beiden Angeklagten nachweisen, daß sie 1938 die Angehörigen politischer Häftlinge unterstützt hatten und die Geldmittel dafür im Ausland – von dänischen Metallarbeitern – gesammelt worden waren. Darauf konnte unter Umständen damals die Todesstrafe stehen, weil es als »Unterstützung der auf gewaltsamen Umsturz gerichteten Ziele der SPD und Vorbereitung eines hochverräterischen Unternehmens« bezeichnet wurde.

Max Westphals starres Festhalten an der Behauptung, diese caritative Tätigkeit auch schon bei früheren Verhören der Gestapo niemals verleugnet zu haben, und die umsichtige Haltung seines Verteidigers führten zu dem offiziellen Freispruch. Doch nunmehr erklärten Gestapobeamte seiner verzweifelten Frau, die immer wieder, unerschrocken auf das Urteil pochend, seine Entlassung aus Sachsenhausen verlangte: »Den lassen wir nicht los, nachdem wir ihn endlich haben.«

Durch systematischen Wechsel von Lagerfron und peinlichen Verhören im SS-Hauptquartier versuchte die Gestapo sechs Monate lang vergeblich von ihm zu erfahren, ob seine Berliner Parteifreunde sich am organisierten Widerstand beteiligten. Erst nach dem Einmarsch deutscher Truppen in Frankreich, der auch die letzte sozialdemokratische Grenz- und Auslandsverbindung auf dem Kontinent zerstörte, durfte Max Westphal nach Hause gehen. Im Krankenhaus sprach er kurz vor dem Tode über die Landung amerikanischer Truppen in Nordafrika: »Gewiß, wir werden den Krieg und damit auch Hitler verlieren; aber ich fürchte, daß wir doch noch durch den Bolschewismus hindurchmüssen.«

Vor dem Portal des Krematoriums standen am 2. Januar 1943 über tausend Sozialdemokraten.

RUDOLF BREITSCHEID

wurde am 2. November 1874 als einziger Sohn eines Buchhändlers in Köln geboren. Nach dem Besuch des dortigen Friedrich-Wilhelm-Gymnasiums studierte er in München und Marburg Nationalökonomie und erwarb 1898 den Doktortitel, um sich danach der Journalistik zuzuwenden. Er wurde Redakteur am »Hamburger Korrespondent« und am »Hannoverschen Courier« und ging anschließend nach Berlin, wo er von 1905 bis 1908 Geschäftsführer des Handelsvertragsvereins war.

Sein politischer Weg begann 1903 in der Freisinnigen Vereinigung. Bei Entstehen des Bülow-Blocks protestierte er gegen ein Bündnis von Konservativen, Nationalliberalen und Freisinnigen und begründete 1908 mit Theodor Barth und Hellmuth von Gerlach die »Demokratische Vereinigung«, die ihn zu ihrem Vorsitzenden wählte. Als er die begrenzten Einflußmöglichkeiten dieser Partei auf die deutsche Staatsentwicklung erkannte, trat er 1912 in die Sozialdemokratische Partei ein und gehörte von 1917 bis zur Wiedervereinigung 1922 zur Unabhängigen Sozialdemokratischen Partei.

In den Jahren von 1914 bis 1920 wirkte Breitscheid – bis auf die Zeit seines Frontdienstes – als Stadtverordneter in Berlin und als Mitglied des Brandenburgischen Provinziallandtages und vom 10. November 1918 bis zum 4. Januar 1919 als Minister des Innern in Preußen. Seit 1920 Reichstagsabgeordneter, gehörte er zu den profilierten Gestalten des deutschen parlamentarischen Lebens während der Weimarer Republik.

In einer Veröffentlichungsreihe »Neue Politikerköpfe« aus dem Jahre 1924 wurde Rudolf Breitscheid als Parlamentarier der Linken von Johannes Fischart mit den Worten charakterisiert:

»So ging er 1912 zu den Sozialdemokraten. Nicht als Marxist, der an die Möglichkeit einer innerlich gebundenen, statistisch geregelten Gesellschaftswirtschaft glaubte. Sondern als radikaler Demokrat. Als Pazifist. Als Protestler gegen den inneren und äußeren Imperialismus des wilhelminischen Regimes … Die vorsichtige Haltung der lavierenden Sozialdemokratie in den Kriegs- und Friedensfragen war bald nicht mehr nach Breitscheids Geschmack, und als die Kautsky, Mehring und Haase die Partei (wegen Verweigerung der Kriegskredite) in Aufruhr brachten, war auch er sofort bei den Rebellen. In der neuen USPD setzte er sich mit seinem lebhaften Temperament bald durch und bekam eine führende Rolle zu spielen … Die Revolution brach aus. Breitscheid war einer von den Unabhängigen, die von vornherein für ein Zusammengehen mit der Sozialdemokratie eintraten … Die reine Theorie lag ihm nicht. Die Politik der Haarspalterei. Die Politik der Taktik. Die Politik einer Ohnmacht, die selbstverschuldet war.«

So hatte sich Breitscheid in den folgenden Jahren nicht nur mehrfach um eine Verständigung beider Richtungen bemüht, sondern auch das von den Sozialdemokraten gestützte Kabinett Wirth im Frühjahr 1922 gegenüber den Angriffen der Rechtsparteien, Kommunisten und eines Teils der Unabhängigen vor dem Sturz bewahrt, indem er vor der entscheidenden Abstimmung mit 17 Fraktionskollegen der USPD den Sitzungssaal verließ. Als sich bald darauf wieder Sozialdemokraten und Unabhängige zu einer Partei zusammenschlossen, wurde Breitscheid in den Vorstand der Reichstagsfraktion gewählt, und er trat nunmehr häufig als ein durch seinen brillanten Vortrag wie sein sachliches Wissen fesselnder Redner der SPD hervor. Bei seinen sehr guten Auslandskenntnissen, die er sich durch geschichtliche Studien und viele Reisen erworben hatte, wurde sein Hauptarbeitsfeld die auswärtige Politik. Unablässig versuchte er für den Ausgleich unter den europäischen Völkern zu wirken. Er machte sich als einer der stärksten Befürworter des Völkerbundes und mehrjähriges Mitglied der deutschen Delegation in Genf bekannt.

Nach dem Urteil von Paul Hertz war Rudolf Breitscheid, der frühe und treue Verfechter einsichtsvoller Beziehungen zwischen Deutschland und Frankreich, »bei seinen reichen Gaben und Fähigkeiten berufen, für die Verständigungspolitik der

Weimarer Republik das Vertrauen der Welt zu gewinnen. Der Verlauf der Reichstagssitzung vom 23. März 1933, in der die große Mehrheit den Machtansprüchen Hitlers zustimmte, erschütterte ihn aufs tiefste. Wir drangen in ihn, ins Ausland zu gehen. Noch am Abend verließ er mit seiner Frau Berlin, um einstweilen in der Schweiz ein Asyl zu suchen. ›Und was wird aus Ihnen?‹ fragte er den Freund, der ihn bis zur Grenze begleitete. ›Ich kehre zurück, ich gehöre zu denen, die nicht ins Ausland flüchten können.‹ – ›Da handeln Sie richtiger als ich. Ich bin aber abgekämpft und um so viel älter.‹

Diese bohrende Selbstkritik, die Breitscheid auszeichnete und ihn manchmal bei Entscheidungen hemmte, gehörte zu den Eigenschaften, die ihm zwar seinen klaren Blick gaben, ihm aber während der Emigration viel zu schaffen machten und ihm das Leben sehr erschwerten. Materielle Sorgen quälten ihn verschiedentlich. Aber viel mehr hat er gelitten, weil er sich entwurzelt fühlte und nicht mehr den richtigen Platz für seine Fähigkeiten und Neigungen fand.

Das hinderte ihn jedoch nicht, den Kampf gegen Hitler mit ganzer Leidenschaft zu führen, soweit das von draußen möglich war. Er suchte die Welt von den Illusionen zu heilen, daß man durch Zugeständnisse an Hitler seine Diktatur zähmen und den Frieden erhalten könne. Von Paris aus, wohin er 1933 übergesiedelt war, in Unterhaltungen mit Politikern, in Reden und Artikeln, enthüllte er die Untaten und die unselige Politik des Dritten Reiches und wies auf die Gefahr hin, die dem deutschen Volk und der Welt von Hitler drohte.

Breitscheids Bemühungen, mit den Kommunisten zusammen eine ›Volksfront‹ zum Kampf gegen Hitler zu bilden, mußten scheitern, aber er hielt es für einen letzten Versuch, die Kommunisten auf eine gemeinsame Linie mit den Sozialdemokraten im Kampf gegen Hitler zu bringen. ›Wir sollten jede Gelegenheit und jede Plattform benutzen, um den Kampf gegen das Hitlertum zu führen‹, schrieb er mir im Juni 1935. Doch sein kritischer Sinn bewahrte ihn vor politischen Unklarheiten.«

In einem Brief an Paul Hertz aus jener Periode hieß es: »Sie dürfen überzeugt sein, daß keinerlei Rücksichten mich abhalten würden, den Bruch mit den Kommunisten zu vollziehen, wenn sich irgendwie ergäbe, daß wir mißbraucht oder an der Nase herumgeführt werden sollten. Wir haben in keinem Augenblick ein Hehl daraus gemacht, daß wir uns nur so lange gebunden erachten, als das Zusammengehen nicht gegen unsere politische Würde und gegen unser Gewissen verstößt.«

Bei Ausbruch des Krieges sorgte Léon Blum dafür, daß Breitscheid und die von Prag geflüchteten Mitglieder des Parteivorstandes nicht in ein Internierungslager gehen mußten. Breitscheid, der schon zuvor an der Pariser Gründung der »Arbeiterwohlfahrt« beteiligt war und manchem der Emigrierten geholfen hatte, nutzte diese Freiheit, um unter befreundeten französischen Abgeordneten dafür zu wirken, daß weiteren Emigranten, für die er persönlich bürgte, das Lager erspart wurde. Er blieb in Paris, bis die deutschen Heere in der Nähe der Stadt standen, und flüchtete darauf nach Marseille. Nachdem ihm im Herbst 1940 unter der deutschen Besetzung von den französischen Behörden Arles en Provence als Zwangswohnsitz angewiesen war, wurde er dort 1941, ebenso wie Dr. Rudolf Hilferding, verhaftet und nach Vichy gebracht, um der deutschen Gestapo ausgeliefert zu werden. Von dem Pariser Gefängnis La Santé wurde Breitscheid nach Berlin in das Gestapo-Gefängnis in der Prinz-Albrecht-Straße übergeführt.

Seit Anfang Januar 1942 war er gemeinsam mit seiner Frau in völliger Abgeschiedenheit von der Umwelt in einem der Sonderhäuser des Konzentrationslagers Sachsenhausen untergebracht, von wo beide im Herbst 1943 in eine Sonderbaracke des Lagers Buchenwald, die später die italienische Prinzessin Mafalda mit ihnen teilte, verlegt wurden. Bei einem heftigen Fliegerangriff auf Buchenwald am 24. August 1944 suchte Breitscheid mit seiner Frau und der Prinzessin in einem offenen Splittergraben Schutz. Bewußtlos und schwer verwundet wurde Frau Breitscheid, die bei dem Angriff verschüttet worden war, ausgegraben.

Drei Tage später erfuhr sie, daß ihr Mann nicht mehr lebte.

Mitgefangene berichteten, daß Rudolf Breitscheid als Toter unter Stein- und Erdmassen aufgefunden wurde. Nach der Aussage anderer Häftlinge soll die SA-Wache unmittelbar nach dem Angriff Rudolf Breitscheid durch einen Schuß ins Herz getötet haben.

FRIEDRICH VOIGT

»Wie Ihr dem Heeresbericht vom 26. entnommen habt, sind in Breslau Straßenkämpfe . . . Damit ist auch Opperau gefährdet, wenn nicht schon von den Russen besetzt.« Friedrich Voigt, gegen den der Volksgerichtshof am 28. Februar 1945 das Todesurteil verkündet hatte, wußte, daß sein Abschiedsbrief nicht mehr Frau und Tochter in Opperau erreichen würde. So richtete er seine letzten Zeilen an seinen Sohn Hans in Kiel. Aus ihnen sprach größere Besorgnis um die Heimat und um die Familie als um das eigene Geschick, das er – wie Zeit seines Lebens – nur im Gesamtgeschehen sehen konnte. »Wo täglich in diesem Weltendrama Tausende ihr Leben lassen, fällt das Sterben mit 62 nicht schwer.«

Friedrich Voigt wurde am 18. November 1882 geboren und hatte in seinem Geburtsort Trebra, Kreis Nordhausen, das Bauhandwerk erlernt. Nach einigen Jahren der Wanderschaft kam er nach Kiel, wo er 1909 Gewerkschaftssekretär des Bauarbeiterverbandes wurde, und die gleiche Aufgabe führte ihn 1913 nach Breslau.

Am 1. Weltkrieg, der ihn zu einem entschiedenen Kriegsgegner machte, nahm er von August 1914 bis November 1918 teil. Nach Ausbruch der Revolution wählten ihn seine Kameraden zum Vorsitzenden des Soldatenrates für Schlesien, und als Sozialdemokrat wurde er Mitglied der Nationalversammlung. Am 1. Mai 1919 übernahm Friedrich Voigt das Amt des Polizeipräsidenten von Breslau. Doch während des Kapp-Putsches geriet er mit dem Landesverband der SPD in Widerspruch, weil er sich weigerte, die im Polizeipräsidium lagernden Waffen an die Breslauer Arbeiterschaft herauszugeben, die nach seiner Auffassung andernfalls nur in einen doch aussichtslosen Kampf mit nicht zu verantwortenden Blutopfern verwickelt werden könnte. Dies führte zu seinem Rücktritt als Polizeipräsident, und er widmete nunmehr von 1921 bis 1933, vor allem als Mitbegründer der Bauhütten in Schlesien, seine ganze Arbeitskraft der Entwicklung gemeinnütziger Bau-Organisationen. Mit der nationalsozialistischen Machtübernahme wurde Voigt zum »Staatsfeind« erklärt, seiner Funktionen enthoben und wie viele seiner Breslauer Freunde in das Konzentrationslager Dürrgoy eingeliefert. Von hier aus erfolgte seine Überführung in das KZ Esterwegen, und eine weitere Verlegung brachte ihn in das KZ Lichtenburg/Torgau.

Nach seiner Entlassung bot ihm die Tätigkeit als selbständiger Hypotheken- und Grundstücksvermittler in den Jahren von 1934 bis 1944 vielseitige Möglichkeiten zu einer Organisierung des Widerstandswillens in Schlesien gegen den ihm zutiefst verhaßten Gewaltstaat. So vermittelte er, auch seit jeher wegen seines selbstlosen Wirkens in weiteren Kreisen geschätzt, seiner Freundesgruppe um Oswald Wiersich Verbindungen zu dem früheren Oberpräsidenten von Schlesien und Zentrumsvertreter, Hans Lukaschek. Ebenso hatte er Kontakt zu Fritz von der Schulenburg seit dessen schlesischer Landratstätigkeit. In der Nacht vom 20. Juli 1944 untersuchte die Gestapo sein Haus und erwartete seine Heimkehr, um ihn verhaftet abzuführen.

Damit trat Voigt nach einem Leben mit vielen persönlichen Opfern in das letzte Feld blutiger Auseinandersetzung, das er in grundsätzlicher Unbeirrbarkeit seiner Mitwelt ersparen wollte. Das Todesurteil war an den meisten seiner nächsten Gefährten bereits vollstreckt, als er gemeinsam mit Oswald Wiersich und Franz Leuninger am 1. März 1945 hingerichtet wurde.

Sein Mitgefangener und alter Freund, einer der Überlebenden aus dem gleichen Prozeß, Wilhelm Winzer, berichtete, daß er Fritz Voigt noch mehrfach auf den Rundgängen im Gefängnisbau, Berlin, Lehrter Straße, und zuletzt beim Rücktransport von der Prozeßverhandlung vor dem Volksgerichtshof gesehen habe. Körperlich überaus mitgenommen, habe Fritz Voigt eine beeindruckend gefaßte und in sich geschlossene Haltung gezeigt.

HERMANN MAASS

wurde am 23. Oktober 1897 als Sohn eines Bahnbeamten in Bromberg geboren, besuchte die Oberrealschule und stand nach dem Abiturium im Kriegsdienst, bis er 1918 an der Westfront eine Gasvergiftung erlitt. Er studierte nach Kriegsende Philosophie, Psychologie und Soziologie an der Berliner Universität, legte seine Lehramtsprüfung ab und bereitete sich dann an der Berliner Hochschule für Politik und durch sozialpädagogische Arbeit in thüringischen Fürsorgeheimen auf das Wohlfahrtspflegerexamen vor.
Seine Funktionen seit 1924 als Geschäftsführer des »Reichsausschusses der deutschen Jugendverbände« und Chefredakteur der Monatsschrift »Das junge Deutschland« verlor er, als Anfang 1933 alle Jugendorganisationen dem Kommando des »Reichsjugendführers« Baldur von Schirach unterstellt wurden. Ein Angebot der Harvard-University, in den Vereinigten Staaten einen neuen Wirkungskreis zu finden, lehnte Maass ab, weil er in Deutschland bleiben wollte. Im Widerstand gegen die Gewaltherrschaft wurde er Wilhelm Leuschners engster Mitarbeiter und teilte dessen Schicksal. Hermann Maass wurde am 8. August 1944 verhaftet und am 20. Oktober zum Tode verurteilt.

Auf der ersten Station des Leidensweges – im mecklenburgischen Konzentrationslager Fürstenberg-Drögen, in das die Verhafteten nach dem 20. Juli 1944 eingeliefert wurden – schrieb Hermann Maass in einem Brief an seine Familie:
»Seit meiner Jugend waren für mich allgemeingültig menschliche Liebe, Gerechtigkeit und der Einsatz für eine wohlgeordnete Gemeinschaft, die auch vor Gott bestehen könne, die treibenden Kräfte, die mich über die Familie und den Beruf hinaus zum Einsatz für Volk, Staat und Gesellschaft drängten ... Das Machtmäßige hat nie magnetisch auf mich gewirkt, denn ich wußte um seine Vergänglichkeit. Was ich immer wieder als meine persönliche Aufgabe fühlte, der ich mich auch in diesen Stunden nicht versagen kann, ist die Mitschöpfung eines neuen, unserem Zeitalter gemäßen, umfassenden Ethos, das die kleinen und die großen Gemeinschaften durchdringt und die menschlichen Unzulänglichkeiten kennt und die tausenderlei persönlichen und gruppenmäßigen Egoismen zurückdrängt und überwindet.«
Dieses verantwortungsbewußte tatkräftige Ethos war bei Hermann Maass die lebensbejahende Antwort auf geistig einsame Entwicklungsjahre. Er wuchs ohne Geschwister auf und mußte sich als Schüler allzuoft an neue Kameraden und neue Lehrer gewöhnen, weil der Beruf des Vaters häufigen Ortswechsel forderte. Darüber schrieb er später seinem Sohn Michael: »Wer Letztes will, Höchstes, Reinstes, Vollendetes, trifft noch nicht unter tausend Altersgenossen einen, der ihm darin gleicht. Er bleibt einsam, ein Suchender, ein Unbefriedigter, bis das Schicksal es gnädig mit ihm meint.«
Dem Suchenden ebnete nach dem ersten Weltkrieg das Vordringen sozialpädagogischer Probleme den Berufsweg; und in der Sozialdemokratischen Partei fand er ein weiteres Wirkungsfeld für seine Begabung, theoretische Forschung mit praktischer gemeinnütziger Arbeit zu verbinden. Achtung vor dem Weltbild Andersdenkender und Verständnis für die Nöte der gesamten deutschen Jugend machten ihn zum überzeugenden Treuhänder der Jugendverbände aller Richtungen, die sich im »Reichsausschuß« zur unparteiischen Wahrung gemeinsamer Interessen zusammengeschlossen hatten.
In dieser Funktion schuf Hermann Maass in den zwanziger Jahren die große aufsehenerregende Ausstellung »Das junge Deutschland«, die plastisch und bildlich das Verlangen der erwerbstätigen Jugend nach ausreichender Freizeit darstellte und zugleich ihre kulturellen Leistungen zeigte. Von hier aus drängte er weiter vor, immer wieder auf die Notwendigkeit neuer Formen und Wege hinweisend. »Eine Jugendführung«, mahnte er 1931, »auch die durch den Staat, stellt der Jugend Aufgaben und gibt ihr zugleich die Chancen, diese

Aufgaben zu lösen.« Daneben entwickelte er die Monatsschrift der Verbände zum einzigartigen Informations- und Bildungsorgan und führte dort die freimütigsten Auseinandersetzungen über brennende politische Zeitfragen.

Doch am 22. 4. 1933 schrieb Hermann Maass: »Es bleibt als Ergebnis: nach nahezu neunjähriger Arbeit im Reichsausschuß bin ich entlassen. Man hat mir durch Mittelsmänner nahegelegt, überzutreten oder freiwillig zu kapitulieren. Ich habe beides abgelehnt. Mein Denken ist ebenso politisch wie soldatisch. Ich habe erklärt, daß ich im Felde nicht kapituliert hätte und daß ich es auch vor inneren politischen Gegnern nicht zu tun gedächte. Auch ein deutscher Sozialist hat eine Ehre zu bewahren, gerade heute, wo man in eigenen Reihen verständliche Angst und unentschuldbare Feigheit, Zusammenbruch banaler Ideale und unsozialistische Sicherheitsspekulationen erlebt – wie andererseits aber auch in der neueren politischen Geschichte bisher unerhörtes Heldentum und Standhaftigkeit.

Der Grund für meine Unbeugsamkeit und für meine Unfähigkeit, hinüberzuwechseln, liegt tiefer . . . Man darf . . . den Geist nicht beugen wollen – es sei denn bei Strafe der Verungeistigung. Und der Geist darf sich nicht beugen, unter keinen Umständen –, es sei denn, bei Strafe seinen von Gott stammenden Adel zu verlieren.«

Und wenige Wochen später formulierte Hermann Maass: »Jeder Deutsche hat Deutschland zu verantworten, wer es auch sei und wo er auch stehe, in der Heimat wie in der Fremde, öffentlich wie daheim. Keiner kann ihn von dieser Verantwortung entbinden. Er kann sie keinem übertragen.«

Zur Abwehr der nationalsozialistischen Irrlehren gab Hermann Maass mit Hilfe von deutschen und ausländischen Gesinnungsfreunden, doch unter größten finanziellen und publizistischen Schwierigkeiten, noch bis 1938 die Schriftenreihen »Jugend und Erziehung im Ausland« und »Jugend und Erziehung in der Welt« heraus. Dann gründete er in Gemeinschaft mit Wilhelm Leuschner in Berlin, nahe dem Schlesischen Bahnhof, eine Werkstatt, aus der sich eine kleine Aluminiumfabrik entwikkelte. Aufträge von seiten des militärischen Widerstandes an diese Fabrik ermöglichten, daß Maass unter dem Deckmantel »wehrwichtiger« Dienstreisen die Bemühungen Leuschners um den Ausbau gewerkschaftlicher Widerstandszellen im Lande wesentlich fördern konnte. Er galt nicht nur bei seinen nächsten politischen Freunden, sondern auch in Kreisen der militärischen Opposition als Mann zuverlässigster Informationen.

Die Mitverschworenen erschienen häufig im Büro der Fabrik oder suchten Hermann Maass in seinem Haus in Neu-Babelsberg auf, wo Eva Maass vorbehaltlos die gefahrvolle Arbeit ihres Mannes unterstützte – trotz tiefster Sorge um die Zukunft von sechs Kindern, deren Jüngstes erst Anfang 1944 geboren wurde, während der Älteste schon Soldat war und von den oppositionellen Bestrebungen wußte.

Noch vor Ende des Jahres 1944 war das Leben der Eltern erloschen. Eva Maass starb fünf Wochen nach der Hinrichtung ihres Mannes, verzehrt und erschöpft in ihren Lebenskräften. Sie konnte nur den Kindern auftragen, das Vermächtnis des Vaters – seine Worte aus dem Kerker – zu bewahren und zu erfüllen:

»Ich verzeihe allen Menschen, was sie gegen mich getan haben. Wenn ich sterbe, denkt nicht an Rache, trachtet nach Liebe.«

LUDWIG SCHWAMB

Die Namen und Jahreszahlen einer Gedenktafel im Darmstädter Kollegienhaus, dem traditionsreichen Amtsgebäude der hessischen Regierung, das 1944 zerstört und 1953 wieder errichtet wurde, weisen in jene Periode, über die kurz nach der Machtübernahme Hitlers die Frankfurter Zeitung in mutigen Worten schrieb: »Trotz der Volksstimmung darf man an der Behauptung festhalten, daß sachlich und in der großen Linie die Bevölkerung Hessens keineswegs Grund hatte, mit ihrem nun abgelösten Regierungssystem unzufrieden zu sein. Es ist eben tatsächlich kein Trümmerhaufen, sondern es ist ein wohlgeordnetes und im allgemeinen wohlregiertes Land, das die Regierung Adelung ihren Nachfolgern hinterläßt.«

Als 1928 der Sozialdemokrat Dr. h. c. Bernhard Adelung das Amt des hessischen Staatspräsidenten übernahm, das seit Kriegsschluß 1918 sein Parteifreund Carl Ulrich verwaltet hatte, berief er Wilhelm Leuschner zum Innenminister. In diesem Aufgabenbereich unterstützten Leuschner als engste Berater die beiden Männer seines Vertrauens, Carlo Mierendorff und Ludwig Schwamb. Und aus der gemeinsamen Arbeit wuchs trotz der Verschiedenartigkeit der Temperamente eine Freundschaft, die bis in die Stunden des Todes halten sollte.

Eine der Grundfesten dieses Zusammenhaltes war die Fähigkeit Ludwig Schwambs, in guten wie in schlechten Tagen Freund zu sein. Die Freundestugenden bestimmten auch den politischen Weg dieses äußerlich so zurückhaltenden, innerlich aber tief mitempfindenden Mannes, der seiner Natur nach weit mehr dem friedlichen Ausgleich als dem kämpferischen Konflikt zugewandt schien. Schon seine Vorfahren gehörten väterlicher- und mütterlicherseits zu den Bauern der Rheinpfalz, die sich gegen die Feudallasten empört und 1848 ihre demokratischen Rechte standhaft vertreten hatten. Voll Stolz erzählten die Großväter den Söhnen und Enkelsöhnen von ihrem Kämpfen aus jener Zeit und der die Jahre zuvor von Haus zu Haus weitergereichten Flugschrift »Der hessische Landbote« mit dem berühmten Ruf des Darmstädters Georg Büchner: »Friede den Hütten, Kampf den Palästen.«

Ludwig Schwamb wurde am 30. Juli 1890 in Untenheim geboren. Das bäuerliche Elternhaus in dem rheinhessischen Dorf blieb zeitlebens für Ludwig Schwamb ein starker Anziehungspunkt, obwohl er sich schon als Kind durch seine scheue Empfindsamkeit von der urwüchsigeren Art seiner Umgebung unterschied. Für den Prozeß seines Denkens zeugte ein Brief, den er Anfang 1918 aus dem Kriege an seine Eltern schrieb: »Ich lebe hier sehr zurückgezogen und ich wäre froh, wenn ich die Uniform, die ich einst mit Begeisterung angezogen habe, endlich ablegen dürfte. Daß der Frieden im Osten trotz allem kommt, hoffe ich. Die Heimat täte gut, die Großmäuler, die nicht genug fordern können und den Frieden ernstlich gefährden, an die Front zu schicken. Das wäre wohl die beste Erziehung zur Einsicht.«

Nach dem zweiten juristischen Staatsexamen im Jahr 1921 ließ sich Ludwig Schwamb zunächst in Mainz als Rechtsanwalt nieder. Damit beantragte er auch seine Ummeldung von Untenheim nach Mainz als Mitglied der Sozialdemokratischen Partei. Die Eindrücke über das neu hinzugekommene Mitglied faßte ein Funktionär des Parteibüros in die Worte: »In Mainz war es erstmalig, daß ein

Rechtsanwalt offizielles Parteimitglied war. Aber die Unterredungen, die wir miteinander hatten, führten dazu, daß wir uns näher kennenlernten, daß ich erstaunt war über die Kenntnis unserer Parteigeschichte, unserer politischen Forderungen und der Möglichkeiten, die für weitere Verbreitung unserer Ideen bestehen. Da sprach ein Sozialist zu mir, dem nichts fremd war und der mit zwingender Logik den Weg mit uns gehen wollte aus innerem Trieb. Er fügte sich in unsere Parteiorganisation ein, stellte sich als Redner zur Verfügung und kam den Anforderungen der Partei vorbildlich nach aus Verpflichtung. Wer Gelegenheit hatte, ihn kennenzulernen und seine Eigenschaften bei seiner Wirksamkeit, seinen Charakter in der Familie und in der Gemeinschaft und seine Treue zur Sache der Arbeiter beobachten konnte, der muß abschließend erkennen, er war ein echter Sohn des Volkes, ein sozialer Demokrat.« Aus der freien Rechtsanwaltpraxis wechselte Ludwig Schwamb zur Zeit seiner Eheschließung in die Verwaltung über. Nach kurzen Stationen an den Finanzämtern Mainz und Alzey wurde er 1925 Regierungsrat in Oppenheim. 1928 folgte er dann dem Ruf Leuschners, der sich von Schwamb in allen juristischen Fragen beraten sehen wollte. In dieser Periode schuf Schwamb die hessische Gemeindeordnung. Als Staatsrat erhielt er 1933 seine Entlassung.

Durch die Maßnahmen des »Dritten Reiches« wurden die Freunde für Jahre getrennt, um sich später noch enger zusammenzuschließen. In der Berliner Wohnung Ludwig Schwambs, der Syndikus bei der Schuhfabrik Konrad Tack geworden war, fand 1938 die erste Begegnung zwischen Leuschner, Leber und Mierendorff nach ihrer KZ-Haft statt. Auch in den folgenden Jahren war Schwamb zu jeder Stunde bereit, seine unauffälligen Räume in einem Wohnblock von Berlin-Wilmersdorf den Freunden für kleinere oder größere Zusammenkünfte und in besonderen Gefahrenmomenten als Zuflucht zur Verfügung zu stellen.

Am 23. Juli 1944 wurde Ludwig Schwamb von der Gestapo abgeholt. Nach schweren Monaten in dem Gefängnisbau, Berlin, Lehrter Straße, erhielt er am 23. Januar 1945 das Todesurteil, das wenige Stunden später vollstreckt wurde.

Im Wissen, daß er wie seine Freunde sterben werde, schrieb er zu Weihnachten an seine Frau: »Aber wofür kämpfen wir, freilich nicht für irgendeinen Frieden, sondern für den Frieden der Gerechtigkeit. Und so erkennen wir, daß Voraussetzung des ›Friedens auf Erden‹ ein Zustand der Gerechtigkeit ist, und daß kein dauerhafter Friede sein kann, solange Ungerechtigkeit herrscht und ein Volk dem anderen sein Lebensrecht neiden und versagen will . . . Wenn dieser gerechte Friede erreicht ist, dann wird vielleicht auch einmal wieder die Zeit kommen, da die Menschen Weihnachten als ›Fest der Liebe‹ feiern dürfen. Nicht einer blinden, schwächlichen Liebe, die sich wegwirft, sondern einer Liebe, die sich ihrer schweren menschlichen Verpflichtung bewußt ist . . . Weil zu wenig Liebe auf der Welt ist, darum ist es so dunkel geworden. Aber draußen über den Gräben und Trichtern strahlt es auf. Trotz Trümmer und Zerstörung, trotz Tod und Verwesung! Denn, wie es schon in der Schrift heißt: ›Niemand hat größere Liebe, denn der sein Leben läßt für seine Brüder.‹«

GEWERKSCHAFTLICHE SOLIDARITÄT

Die gewerkschaftliche Interessenvertretung hat als ursprünglicher Zusammenschluß schutzloser Arbeiter von Anbeginn an mehr als einen nur materiellen Inhalt gehabt; sie hat eine kulturpolitische und eine staatspolitische Aufgabe von Rang erfüllt, und mit Recht wurde von einem auf dem Gedanken der Solidarität beruhenden »Gewerkschaftsethos« gesprochen.

Für die Initiative selbstbewußter Arbeiter und eine aus ihrem eigenen Wollen geschaffene Gewerkschaftsbewegung hatten die Führer der nationalsozialistischen »Arbeiter«-Partei jedoch keinen Sinn. Sie lehnten das Mitbestimmungs- und Streikrecht ab: Wer sich der Arbeitsdienstpflicht entzieht, verliert den Anspruch auf Existenz; wer verlangte Arbeit verweigert, wird erschossen, hieß es in den berüchtigten Boxheimer Dokumenten des Jahres 1931. Der kollektive Arbeitsvertrag, Ziel und Inhalt jeder Gewerkschaft, war mit dem nationalsozialistischen Programm ebenso unvereinbar wie der Ideengehalt einer Massenorganisation unter dem Gesetz des Füreinander-Einstehens. Der Konflikt wäre deshalb auch ohne die enge Verbindung zwischen der gewerkschaftlichen und der politischen Arbeiterbewegung unvermeidlich gewesen.

In den ersten Monaten nach der »Machtübernahme« gingen die Meinungen nur noch über die Methoden, die zur Ausschaltung der Gewerkschaften angewandt werden sollten, auseinander. Hugenberg bot die von ihm begünstigten »wirtschaftsfriedlichen« Fachvereine als Nachfolge an. Die »Nationalsozialistische Betriebszellenorganisation« (NSBO) wollte selbst das Erbe antreten. Einigen Führern der NSDAP schwebte eine Gleichschaltung der bestehenden Gewerkschaften vor, andere drängten auf eine halbstaatliche »Organisation der Arbeit«.

Zu gleicher Zeit häuften sich tätliche Übergriffe. Nach den Angaben einer Denkschrift, die der Vorstand des Allgemeinen Deutschen Gewerkschaftsbundes am 5. April 1933 der nationalsozialistischen Regierung überreichen ließ, waren bis zum 25. März 1933 in 39 Orten die Gewerkschaftsgebäude und -büros durch SA, SS oder Polizei besetzt worden; in weiteren Städten waren Beschlagnahmen erfolgt. Berichte aus 18 Städten in den Tagen vom 25. März bis 3. April ergänzten die Zusammenstellung, in der es abschließend hieß: »... Es tritt insbesondere auch eine Störung der Unterstützungsanweisungen und -auszahlungen an arbeitslose, kranke und invalide Mitglieder ein ... Durch die Besetzung der Büros wird die Auskunft- und Raterteilung in allen arbeitsrechtlichen und beruflichen Angelegenheiten völlig unterbunden ... Hinzu kommt der ungeheure Terror, der sich insbesondere in der Zeit nach den abgeschlossenen Wahlen in fast allen Gebieten Deutschlands gegen die hauptamtlichen und ehrenamtlichen Funktionäre der Gewerkschaften auswirkt. Die Zahl der ohne Angabe von Gründen Verhafteten geht in die Hunderte ... Zahlreiche Fälle sind uns gemeldet worden, wo die Betroffenen in der Regel nachts aus ihren Wohnungen verschleppt und teilweise unmenschlich verprügelt wurden, die sich aber aus Angst vor weiteren Strafexpeditionen hüten, schriftliche Angaben zu machen. Die Polizei lehnt in der Regel ein Eingreifen ab ... Wir bitten Sie, ... alles einzusetzen, um Recht und Gerechtigkeit in Deutschland wieder zur Geltung zu bringen.«

Trotz solcher Ereignisse hatte ein Teil der Gewerkschaftsführer geglaubt, im vermeintlichen Interesse der Arbeiterschaft ihre Verbandsgemeinschaften dem neuen Regime angleichen zu sollen, um »zu retten, was noch zu retten war«. Zum 1. Mai 1933, der als nationalsozialistischer Feiertag proklamiert wurde, forderte neben anderen Gewerkschaftsbünden sogar der Vorstand des ADGB die Mitgliedschaft auf, diesen Tag wie bisher auch als eigenen Feiertag zu betrachten. Doch am Tage darauf wurde der gleiche Vorstand mit brutaler Gewalt beiseite geschoben. Goebbels hatte am 17. April nach einem Besuch auf dem Obersalzberg in sein Tagebuch eingetragen: »Hier oben habe ich mit dem Führer die schwebenden Fragen eingehend durchgesprochen. Den 1. Mai werden wir zu einer grandiosen Demonstration deutschen Volkswillens gestalten. Am 2. Mai werden dann die Gewerkschaftshäuser besetzt. Gleichschaltung auch auf diesem Gebiet. Es wird vielleicht ein paar Tage Krach geben, aber dann gehören sie uns. Man darf hier keine Rücksicht mehr kennen ... Sind die Gewerkschaften in unserer Hand, dann werden sich auch die anderen Parteien und Organisationen nicht mehr lange halten können.«

Den geplanten Gewaltakt führte die SA am 2. Mai durch. Damit wurden zunächst die Freien – sozialdemokratisch orientierten – Gewerkschaften aufgelöst und am 24. Juni 1933 formell auch die Christlichen Gewerkschaften, die vorher jedoch schon ähnlichen Bedrängnissen ausgesetzt waren. Nach entsprechendem Druck auf die übrigen Verbände entstand als staatliche Zwangsvereinigung von Arbeitnehmern und Arbeitgebern die »Deutsche Arbeitsfront« unter dem Kommando des Dr. Robert Ley; bei den parteiinternen Kämpfen hatte er seinen Kontrahenten Schumann, der die Gewerkschaften als »Nationalsozialistische Arbeiter-Organisation« fortführen wollte, überspielt.

Die »Deutsche Arbeitsfront« sollte im Innern in enger Zusammenarbeit mit der Gestapo – nach den Worten Leys – als »Kontrollsystem« dienen, um Gegner oder auch nur Abseitsstehende »entlarven« zu können; nach außen jedoch wollte Ley selbst als legitimer Vertreter der deutschen Arbeiterschaft erscheinen. Sein Versuch aber, sich bei der Tagung des Internationalen Arbeitsamtes in Genf im Juni 1933 auf das Ansehen des international renommierten deutschen Gewerkschaftsvertreters Wilhelm Leuschner stützen zu können, schlug fehl. Leuschner, der seit dem 2. Mai verhaftet war und plötzlich wieder aus dem sogenannten Todesblock in dem Zuchthaus Berlin-Plötzensee herausgeholt wurde, um als internationaler Mandatsträger den Leiter der »Deutschen Arbeitsfront« bei der Genfer Versammlung einzuführen, trotzte dort Ley durch sein mutiges Schweigen. Es trug ihm nach der Rückkehr an der deutschen Grenze seine erneute Verhaftung durch die Gestapo und eine mehrjährige KZ-Haft ein. Wie er wurde fast die ganze alte Gewerkschaftsführung durch Haft und Verfolgung ausgeschaltet oder durch berufliche Einschränkungen jeglicher Wirksamkeit beraubt. Diese Maßnahmen, denen freilich auch einige Gewerkschaftsfunktionäre durch Loyalitätserklärungen oder Einordnung in die Arbeitsfront zu entgehen versuchten, sollten und mußten den Widerstandswillen der Mitgliedschaft weitgehend brechen.

Es war ein großes organisatorisches Gebäude, das die Nationalsozialisten im Frühjahr 1933 in Trümmer legten. Der Allgemeine Deutsche Gewerkschaftsbund zählte nach dem Stand von 1930 fast 5 Millionen Mitglieder; der mit ihm verbundene Allgemeine Freie Angestelltenbund ½ Million. Die Christlichen Gewerkschaften, die vor allem im katholischen Westen verankert waren, hatten etwa 1 Million, der Deutschnationale Handlungsgehilfenverband 300 000 und die liberalen Hirsch-Dunckerschen Gewerkschaften 150 000 Mitglieder. Daneben gab es verschiedene Beamtenverbände und eine Reihe sonstiger kleinerer Gruppen. Dabei hatte sich in den Jahren vor 1933 zwischen den beiden Hauptrichtungen, der »Freien« und der »Christen«, eine enge Zusammenarbeit in wirtschafts- und sozialpolitischen Fragen entwickelt. Ihre Hauptsorgen waren in den Vorgängen seit 1918 begründet – in der Schwäche der Weimarer Republik und in dem mangelnden Einfluß der neuen Demokratie auf die häufig politisch mißbrauchten Positionen wirtschaftlicher Macht.

Die Frage, welche Chancen zur Behauptung der Demokratie noch Ende 1932 gegeben waren, als General von Schleicher während seiner kurzen Reichskanzlerschaft Verbindung zu den Gewerkschaften suchte, wurde viel diskutiert. Weniger bekannt wurde die Tatsache, daß dann sogar noch im Februar 1933 der Kreis um den Reichspräsidenten von Hindenburg Kontakt mit der ADGB-Führung aufgenommen hatte, um zu erfragen, ob die Gewerkschaften bereit wären, bei einem etwaigen offenen Staatsstreich der Nationalsozialisten – man sprach von einem »Marsch auf Berlin« – in den Generalstreik zu treten. Aber die Möglichkeiten, durch die Schlagkraft der Gewerkschaften Hitler den Weg zur totalen Macht zu verbauen, waren außerordentlich beschnitten. Die große Wirtschaftskrise mit der erdrückenden Arbeitslosigkeit hatte die Gewerkschaften bereits vorher empfindlich geschwächt und zu einer gefährlichen Tren-

nung der beschäftigten Arbeiter und Angestellten von ihren erwerbslosen Kollegen geführt.
Diese Lage schildert das ehemalige ADGB-Vorstandsmitglied Franz Spliedt in einem Brief vom 6. Februar 1956: »Bei 6½ Millionen seit Jahren Arbeitslosen und Millionen Kurzarbeitern, bei schwer bewaffneten, den offenen Kampf suchenden SA-Banden war praktisch ein Generalstreik unmöglich. Wir hätten Tausende nutzlos in den Tod gejagt. Und doch wollten wir den Versuch wagen. Unsere Organisation in Sachsen glaubte hier an günstige Voraussetzungen für einen Generalstreik. Sie erhielt von uns Vollmacht. Der Versuch blieb jedoch in der Vorbereitung stecken, weil auch hier die Massenarbeitslosigkeit jeden Elan hinderte.«
Die Entschlußkraft war zudem dadurch gelähmt, daß die Kommunisten einen großen Teil der Verzweifelten in ihrer »Roten Gewerkschaftsopposition« (RGO) gesammelt hatten. Ebenso aber trug der Zustrom, den die Nationalsozialisten vor allem auf dem Lande, aber auch in den größeren Städten aus den Reihen der Arbeitslosen erhalten hatten, zu der stimmungsmäßigen Zerrissenheit bei.
Immerhin hatten die Betriebsrätewahlen im Jahr 1931 bewiesen, daß den Nationalsozialisten im Gegensatz zu den Reichstagswahlen vom September 1930, die ihnen 107 Mandate statt vorher 12 gebracht hatten, der Einbruch in die Betriebe nicht gelungen war. Von insgesamt 138 000 gewählten Vertretern entfielen danach auf:

Freie Gewerkschaften	115 671
Christliche Gewerkschaften	10 956
Hirsch-Dunckersche Gewerkschaften	1 560
Kommunisten	4 664
Nationalsozialisten	710

Bei Berücksichtigung »Sonstiger« und »Nicht-Organisierter« betrug damit der Anteil der drei demokratischen Richtungen 92,6% gegenüber 95,1% im Jahr zuvor. Im Rahmen dieses Gesamtergebnisses konnten die Nationalsozialisten in gewissen Großbetrieben der Chemie mit rund 10%, im Oberschlesischen Bergbau mit 7,4% und im Ruhrbergbau mit 4% ihre höchsten Stimmenzahlen erreichen; in der Metallindustrie dagegen hatten sie so gut wie keinen Anhang.
Aber selbst die wenigen Zahlen, die von den unter nationalsozialistischem Terror abgehaltenen Betriebsrätewahlen im März und April 1933 gerettet wurden, ergaben noch ein ähnliches Bild der abgegebenen Stimmen:

	insg.	Freie	Christen	Komm.	NS
Bewag/Berlin	3 320	3 034	—	156	83
Straßenbahn/Hamburg	4 772	4 319	—	189	158
Hochbahn/Hamburg	1 814	1 152	—	416	160
Dynamit/Troisdorf	1 986	1 249	309	189	199

Die Erfolge, die die NSBO bei diesen Betriebsrätewahlen im Ruhrbergbau erzielen konnte, gingen sehr wesentlich auf Kosten der kommunistischen RGO. Verglichen mit den Ergebnissen von 1931 sank dort der Stimmenanteil der Freien Gewerkschaften von 36,9% auf 30,5%, der Christlichen von 24,6% auf 22,9%, der RGO von 29,4% auf 9,2%, während die Nationalsozialisten ihren Anteil von 4,2% auf 30,7% steigern konnten.
In anderen Fällen wurden die Betriebsvertretungen gezwungen, zugunsten nationalsozialistischer Kollegen zurückzutreten. Bei den Osram-Werken z. B. erklärten die wenigen gewählten NSBO-Leute, daß zusammen mit den gewerkschaftlichen Betriebsräten eine arbeitsfähige Betriebsvertretung nicht gebildet werden könne, und über das Ergebnis der Erpressungen meldete dann der »Völkische Beobachter«, daß in allen Osram-Werken ein »reibungsloser« Wechsel vorgenommen worden sei.
Dennoch konnten die Nationalsozialisten auch noch nicht im Frühjahr 1935 bei den Vertrauensrätewahlen in den Betrieben den gewünschten Erfolg verbuchen. In Sachsen schätzten gewerkschaftliche Beobachter, daß nur 50 bis 60% Ja-Stimmen abgegeben wurden, während 20 bis 25% der Beteiligten sich der Stimme enthielten und ebenso viele mit Nein stimmten oder ihre Wahlzettel ungültig machten.
An manchen Stellen war eine sehr geringe Beteiligung zu verzeichnen, und vielfach mußten plumpe Fälschungen das negative Wahlergebnis verdekken. Diese Fälschungen erregten sogar die starken Bedenken des Reichsleiters Martin Bormann, der über die tatsächlichen Wahlergebnisse unterrichtet wurde. So wies ein Bericht, den der Beauftragte der Reichsparteileitung in Hannover, Seidel, am 20. April 1935 über die Vertrauensrätewahlen gegeben hatte, folgende Resultate aus:
Hamburger Ölwerke, Brinkmann & Mergel: Belegschaft 1130 Mann, abgegebene Ja-Stimmen: 430.

Phönix-Gummiwerke: Belegschaft 2347 Mann, abgegebene gültige Stimmen: 1394; davon erhielten die Kandidaten durchschnittlich 950 Ja-Stimmen.
Wolter & Söhne: Belegschaft 223 Mann, abgegeben 93 gültige Ja-Stimmen.
In der Wilhelmsburger Wollkämmerei, in den Zinnwerken in Wilhelmsburg und in der Harburger Hansamühle gaben gerade 50% der Belegschaft ihre Stimmen ab.
Bei der Volksfürsorge A.G. in Hamburg wurden von 24 zu wählenden Vertrauensräten und deren Stellvertretern nur 5 Vertreter gewählt und diese auch nur mit einigen Stimmen über 50%.
Eine Ergänzung hierzu brachten die Angaben in dem als »Geheimsache« gezeichneten Bericht des Pg. Oexle, Nußdorf, vom 24. April 1935:
»Es haben von 3125 Angestellten und Arbeitern ca. 2900 abgestimmt. Von diesen 2900 waren 1700 Stimmen ungültig, so daß nur 1200 gültige Stimmen herauskamen. Ca. 200 haben überhaupt nicht abgestimmt ... Die 1200 gültigen Stimmen erscheinen nun in der Presse als mit 84,5% Ja-Stimmen. Damit wird das wahre Bild der Abstimmung verfälscht und wirkt in der ganzen Arbeiterschaft geradezu ›lächerlich‹ ...«
Trotz der immer schärferen Maßnahmen konnten in einer Reihe von Großbetrieben durch Übereinkunft der Belegschaft bewährte Vertrauensleute kandidieren, die durchweg die meisten Stimmen erhielten, und mit oder ohne Tarnung hat das System der »natürlichen Vertrauensleute« jahrelang und nicht selten bis zum Kriegsende seine Wirksamkeit gehabt.
Relativ rasch hatten sich aus den in der Gewerkschaft geformten Gemeinschaften – auf betrieblicher, branchenmäßiger oder beruflicher Basis – kleinere Zirkel derer gebildet, die sich weder beugen noch in die völlige Vereinsamung zurückziehen wollten. Die Zusammenkünfte, häufig in der Form von Sonntagsausflügen, mochten beinahe als Selbstzweck erscheinen, aber daneben standen der Nachrichtenhunger und das Bedürfnis nach Aussprache im vertrauten Kreis. Manche der betrieblichen und lokalen Gruppen fanden Anschluß an ähnliche Zirkel im bezirklichen Bereich oder darüber hinaus.
Es bildeten sich jedoch auch typisch gewerkschaftliche Kader heraus, vor allem aus den großen Verbänden der Metallarbeiter, der Transportarbeiter und aus dem Allgemeinen Freien Angestelltenbund. In Berlin, Leipzig und im Ruhrgebiet wurden Zentren des alten ADGB aktiv. Wiederholte Verhaftungsaktionen – wie die gegen den Kreis um den Metallarbeiter-Vorsitzenden Alwin Brandes und den Berliner Bevollmächtigten Max Urich, um Richard Engelhardt, den ehemaligen Bundessekretär des ADGB, um Josef Simon, den alten Verbandsvorsitzenden der Lederarbeiter, oder um Matthäus Herrmann (Bayern), den stellvertretenden Vorsitzenden des Eisenbahnerverbandes bis 1933, und gegen viele ihrer Kollegen – bewiesen, daß es sich hier um Menschen handelte, die für ihre Prinzipien und ihre Ziele Opfer zu bringen bereit waren. Andere Gewerkschaftler wie Hans Schmaus, Arthur Schille, Richard Teichgräber oder Fritz Sauer haben dies mit ihrem Tode bezeugt. Dokumente gewerkschaftlicher Gesinnungstreue waren auch die in Gruppenarbeit verfaßten und in den Betrieben von Hand zu Hand weitergereichten Aufklärungsschriften, die in den verschiedenen Landesteilen zirkulierten.
Im Bereich der Christlichen Gewerkschaften boten die katholischen Arbeitervereine bis zu ihrer Auflösung 1936 einen Boden für Begegnung und gegenseitige Information. Als starker Rückhalt hatten sich dabei das Berliner Generalsekretariat der Vereine und das Ketteler-Haus in Köln unter der Führung ihrer alten Verbandsvorsitzenden Dr. Otto Müller und Josef Joos und ihrer Mitarbeiter Bernhard Letterhaus und Nikolaus Groß bewährt. Von Anbeginn wurde hier die enge Zusammenarbeit mit den Gewerkschaftsführern Jakob Kaiser, Heinrich Körner, Johannes Albers und anderen Kollegen vom Venloer Wall, dem früheren Sitz der Christlichen Gewerkschaften in Köln, gepflegt und über alle Verbote hinweg – auch mit der rückhaltlosen Unterstützung Elfriede Nebgens – im Ketteler-Haus fortgesetzt. Von diesem Zentralpunkt aus waren die Fäden zu vielen kleineren und zum Teil freigewerkschaftlichen oder gemischten Gruppen gespannt.
Gleichzeitig suchten viele katholische Arbeiter, die als gute Demokraten noch am 5. März 1933 zu dem stabilen – im Vergleich zu 1932 sogar angestiegenen – Wahlergebnis der Zentrumspartei von

über 4 Millionen Stimmen beigetragen hatten, den Rat ihrer politischen Freunde im Ketteler-Haus. Von hier aus liefen auch Verbindungsfäden zu befreundeten konfessionellen Verbänden und Kirchenvertretern des Auslandes, wie im weiteren zu dem früheren Zentrums-Vorsitzenden Prälat Ludwig Kaas, der 1933 an den Vatikan berufen wurde. Später bemühten sich dann in Amerika der frühere Reichskanzler und einstmalige Geschäftsführer der Christlichen Gewerkschaften, Dr. Heinrich Brüning, und der Wirtschaftsexperte der Christlichen Gewerkschaften, Prof. Dr. Theodor Brauer, um Verständnis für die deutschen Verhältnisse.

Überhaupt haben im Raum gewerkschaftlicher Opposition wie im sozialdemokratischen Widerstandsbereich die Verbindungen mit emigrierten und ausländischen Gesinnungsfreunden in den Jahren nach 1933 eine wesentliche Rolle gespielt. Auch dabei erwies sich der Wert der inneren Einheit zwischen politischer und gewerkschaftlicher Tätigkeit, die sich nach der Zerschlagung der alten Arbeiterorganisationen vor allem in jenen deutschen Kreisen entwickelt hatte, in denen die Partei- oder die Gewerkschaftszugehörigkeit zu einer häufig bewußt gepflegten Familientradition geworden war. Diese innere Einheit fand über die Grenzen Deutschlands hinaus ihren Widerhall.

Dies zeigte sich gleich zu Beginn der nationalsozialistischen Diktatur, als die Bemühungen darauf gerichtet waren, Exilstellen mit möglichst festen Arbeitskontakten zu den Oppositionsgruppen in Deutschland zu organisieren. Von beträchtlicher Bedeutung war in dieser Phase die Unterstützung, die den deutschen Kollegen »von draußen« zuteil wurde. Der Internationale Gewerkschaftsbund (IGB) schuf eine Außenstelle in Komotau (Tschechoslowakei), errichtete verschiedene andere Stützpunkte und führte eine Reihe von Geheimkonferenzen in den europäischen Nachbarländern durch. Die sogenannten Berufsinternationalen des IGB gaben – z. B. die Metallarbeiter-Internationale von der Schweiz oder das Berufssekretariat der Angestellten von Amsterdam – den Mitgliedern ihrer deutschen Verbandszweige Hilfestellung.

Eine besondere Stütze der deutschen Hitlergegner war der Sekretär der Internationalen Transportarbeiter-Föderation (ITF) Edo Fimmen in Amsterdam. Seine Organisation leistete eine umfassende publizistische und organisatorische Arbeit. Sie führte zahlreiche Grenzbesprechungen mit Freunden aus Deutschland durch, mit dem Vorteil, sich dabei auf die Mitarbeit von Eisenbahnern, Binnenschiffern und Seeleuten stützen zu können. Hierdurch wurden politisch besonders gefährdete Deutsche vor dem Zugriff der Gestapo bewahrt.

Als 1937 eine Gruppe von Eisenbahnern im Rheinland, die über Hans Jahn, den späteren 1. Vorsitzenden der Eisenbahnergewerkschaft, Verbindung mit der ITF in Holland gehalten hatte, vom Volksgerichtshof verurteilt wurde – die Strafen gingen bis zu 15 Jahren Zuchthaus –, hieß es in der Anklageschrift: »Jede gewerkschaftliche Betätigung kann daher nur für Sozialdemokraten und Gewerkschaftler einen Sinn haben, wenn sie sich als eine Ergänzung der rein politisch-revolutionären Arbeit darstellt und selbst von revolutionären Geist getragen ist... Jede auf Wiederaufbau der Gewerkschaften und damit zusammenhängende Fragen gerichtete Tätigkeit dient daher der Vorbereitung eines hochverräterischen Unternehmens.«

Schon zuvor hatte der Volksgerichtshof in anderen Gruppen-Prozessen ähnliche Feststellungen getroffen. Wenn auch in der schmähenden Form der Verurteilung, so bestätigten sie die Wahrheit, daß sich nach dem Verlust der Vereinigungsfreiheit Gewerkschaftler und Sozialdemokraten vielerorts in dem Geist solidarischen Widerstandes zusammengefunden hatten. Und parallel dem hier aufflammenden alten solidarischen Gehalt gab es gerade auf dem Boden der Arbeiterbewegung viele Beweise ausländischer Solidarität mit dem deutschen Widerstand.

Ein Mann wie Koos Vorrink, der spätere Vorsitzende der holländischen »Partei der Arbeit«, reiste nach der nationalsozialistischen Machtergreifung mehrfach nach Berlin, um bei seinen Freunden aus der sozialdemokratischen Jugend zu sein und ihnen Informationen und materielle Unterstützung zu bringen. In Norwegen nähte beispielsweise ein Offizier aus dem Lager der Linken die ihm anvertrauten Schriftstücke in seine Uniform, als er sich auf eine Dienstreise nach Deutschland begab, die zugleich und vor allem den Zwecken deutscher Gesinnungsfreunde dienen sollte. Von England aus wirkte ein späterer Kabinettsminister als Vermittler der deutschen Arbeiterbewegung, und neben Männern der Kirche leisteten englische Linkssozialisten und Gewerkschaftler, als während des Krieges das deutsche Volk breithin mit den Verbrechen Hitlers identifiziert wurde, der Sache des »anderen Deutschland« durch ihre gerecht abwägenden Worte unschätzbare Dienste. In diesem Sinne wirkten auch die deutlichen Stellungnahmen, welche die »Union der sozialistischen Gruppen« unter Mitwirkung von Hans Vogel und Erich Ollenhauer bald nach Ausbruch des Krieges in London erarbeitet und veröffentlicht hatten.

Ebenso versuchten Vertreter der amerikanischen Gewerkschaften sich rechtzeitig in Europa zu informieren und für den Tag nach dem Sturz des Hitlerregimes eine Zusammenarbeit mit den demokratischen Kräften in Deutschland vorzubereiten. Im Frühjahr 1939 wurde unter dem Protektorat der »American Federation of Labor« die »German Labor Delegation in USA« gegründet, der Männer wie Max Brauer, Rudolf Katz, Siegfried Aufhäuser und Friedrich Stampfer angehörten. In einer ihrer Resolutionen an die deutschen Arbeiter hieß es: »Unsere Konferenz war glücklich, der Demokratie der Welt Eure Bereitschaft bezeugen zu können, daß Ihr deren Verbündete seid in diesem großen Ringen um die hohen ethischen und sozialen Ideale der Menschheit.« Im gleichen Sinne war die »Association for a Democratic Germany« unter dem Einfluß von Paul Hertz darum bemüht, Vergeltungsstimmungen vorzubeugen und angesichts der drohenden Gefahren das Verständnis für die gemeinsamen kommenden Aufgaben zu wecken. Als 1940 die aus Deutschland in die westeuropäischen Länder Geflüchteten durch den Hitlerschen Vormarsch neuen Gefahren ausgesetzt waren, intervenierten die amerikanischen Gewerkschaften bei Präsident Roosevelt und erreichten, daß diesen Gefährdeten unter Fortfall der üblichen Einwanderungsformalitäten Notasyl in den USA gewährt wurde. Wesentliche Unterstützung erfuhr diese Hilfsaktion durch das »Jüdische Arbeiterkomitee« und seine einfachen Arbeiter, die Tausende von Dollars spendeten und dadurch zahlreiche Hitlergegner retteten, die sonst in Europa zugrunde gegangen wären. Etwa zur gleichen Zeit, zu der die Kriegsentwicklung die Exilstellen auf dem europäischen Kontinent vernichtet hatte, erschienen in den Ländern, die selbst unter der nationalsozialistischen Okkupation schwer zu leiden hatten, illegale Blätter mit mutigen und auf einsichtsvolle Zusammenarbeit gerichteten Stellungnahmen wie vor allem die französischer und belgischer Sozialisten oder norwegischer Gewerkschaftler.

Während des Krieges bemühten sich dann beispielsweise noch schwedische Matrosen um die Aufrechterhaltung von Verbindungen zu gleichgesinnten deutschen Kollegen. In Schweden hatte sich ein internationaler Arbeitskreis demokratischer Sozialisten auf eine Europa-Politik mit einer positiven Haltung einem neuen rechtlichen Deutschland gegenüber verständigt. Neben anderen haben sich bis zuletzt auch Fritz Tarnow und Willy Brandt in Stockholm mit den einseitig antideutschen Stimmen auseinandergesetzt und deutlich zu machen versucht, daß die soliden Kader der deutschen Linken zu keinem Zeitpunkt mit dem nationalsozialistischen Regime Frieden geschlossen hätten. Ebenso mahnten in der Schweiz linksorientierte Gruppen, u. a. um die Züricher Verlegerfamilie Oprecht, daß die demokratische Seite Deutschlands nicht übersehen werden dürfe. Aus der Türkei erinnerte ein Mann wie Ernst Reuter immer wieder mit Eindringlichkeit ausländische und deutsche Freunde an die guten Kräfte im deutschen Volk und an die gewaltigen Aufgaben des europäischen Aufbaus nach dem Kriege.

Um die innerdeutsche Opposition aber hatten Diktatur und Krieg einen fast undurchdringlichen Sperrkreis gelegt. Damit entfielen die notwendigen gegenseitigen Informationsmöglichkeiten. Da die vereinzelten Begegnungen auf dem Boden neutraler Länder kaum eine ausreichende Basis bieten konnten, um breitere Kreise des Auslandes von den inzwischen in Deutschland gereiften Widerstandsplänen zu überzeugen, mußte auch auf der Ebene der internationalen Arbeiterbewegung mit vielen Zweifeln an der Standfestigkeit der ehemaligen deutschen Gewerkschaftskollegen und Parteifreunde gerungen werden. Diese Zweifel wurden auch durch den Aufstand vom 20. Juli 1944 nicht überwunden, weil das Hitlerregime sofort alle Mittel der totalen Diktatur aufgeboten hatte, um die Wahrheit der Geschehnisse zu verwischen.

Es war jedoch keine Zufälligkeit, wenn sich die

Vertreter der verschiedenen Widerstandsrichtungen darauf geeinigt hatten, daß in der kommenden deutschen Regierung, die für den Tag nach der Beseitigung Hitlers geplant war, der Gewerkschaftler Wilhelm Leuschner das Amt des stellvertretenden Kanzlers übernehmen sollte. Sie sahen in Leuschner aufgrund seiner politischen Unbeirrbarkeit und seiner weitreichenden gewerkschaftlichen Beziehungen das Bindeglied zu jenen, die dem Ideengehalt der Arbeiterbewegung innerlich treu geblieben waren und deren Unterstützung ihnen bei dem bevorstehenden Wagnis unentbehrlich erschien.

Doch ein gefahrvoller und mühseliger Weg mußte zurückgelegt werden, bis das Netz gewerkschaftlicher Vertrauensleute über ganz Deutschland gespannt war. In einer Reihe von Bezirken und an zahlreichen Orten waren erfahrene und bewährte Gewerkschaftler ausgewählt, um in Verbindung mit den betreffenden Stellen der Wehrmacht unverzüglich als »politische Beauftragte« der neuen Regierung in Aktion zu treten. Neben Männern wie dem schlesischen ADGB-Sekretär Oswald Wiersich, seinen Kollegen August Quallo in Ostpreußen, Jakob Weimer in Württemberg-Baden, Ehrhard Kupfer und Lorenz Hagen in Bayern, Karl Hartmann und Paul Voigt in Thüringen, Wilhelm Voß und Otto Schmalfeld in Pommern, Willi Richter, Albrecht Ege und Theodor Thomas in Hessen, Karl Arndt in Dresden, Hans Böckler im Rheinland, Hein Hansen und August Hein in Hamburg, Richard Timm in Berlin und Verbandsvorsitzenden wie Josef Seitz von den Buchdrukkern, Alwin Brandes von den Metallarbeitern, Cäsar Thierfelder von den Bekleidungsarbeitern, Albin Karl vom Fabrikarbeiterverband, Nikolaus Bernhard vom Baugewerksbund, Oswald Schumann von den Transportarbeitern, Georg Schmidt von den Landarbeitern, Hermann Lüdemann vom Bund der Technischen Angestellten und Beamten, Markus Schleicher von den Holzarbeitern, Hans Jahn, Franz Apitsch, Lorenz Breunig und Herrmann Jochade von den Eisenbahnern, standen christliche Gewerkschaftler wie Heinrich Körner, Bernhard Letterhaus, Julius Scheuble, Johannes Albers und Karl Arnold im Rheinland, Georg Pelster im Münsterland, Franz Leuninger in Schlesien, Josef Ersing in Württemberg und Reimar Mager in Sachsen für die Bewältigung gemeinsamer Aufgaben und eine Zusammenführung der alten Mitgliedschaft bereit.

Die frühere parteipolitisch und konfessionell bedingte Aufgliederung im Gewerkschaftsbereich sollte nicht wiederkehren. Diese Notwendigkeit hatten sich Wilhelm Leuschner und Jakob Kaiser als maßgebende Vertreter der »Freien« und der »Christen« schon in den Maitagen des Jahres 1933 gegenseitig bestätigt. Max Habermann vom Deutschnationalen Handlungsgehilfenverband und Ernst Lemmer von der liberalen Hirsch-Dunckerschen Richtung trafen sich mit ihnen in dem Wunsch, die Zukunft der deutschen Gewerkschaften gemeinsam zu gestalten.

Ihre Vorstellung war eine einheitliche »Deutsche Gewerkschaft« mit Leuschner als Vorsitzendem und Kaiser und Habermann als seinen Stellvertretern. Auch für die Leitung der Industriegruppen und Bezirksorganisationen waren gemeinsam durchdachte personelle Vorbereitungen getroffen worden. Ebenso lagen über die Aufgaben wirtschaftlicher und sozialpolitischer Art zum Teil bis ins einzelne gehende Vereinbarungen vor. Sie erstreckten sich auf schwierige Organisationsprobleme, wie die Übernahme der DAF und die zunächst nötige Planung »von oben«, die baldigst durch alle Möglichkeiten demokratischer Kontrolle und Mitbestimmung abgelöst werden sollte.

Der Wille, den alten Idealen wieder Raum und Geltung zu schaffen, hatte Gewerkschaftler aus den verschiedenen deutschen Gebieten und Verbänden zu einer Front zusammengefügt. Diese neue solidarische Willensbildung, die in Jahren freier Entfaltung kaum möglich schien, vollzog sich nach der nationalsozialistischen Machtübernahme unter schwersten Belastungen, um während des Krieges zu der immer dringlicheren Forderung zu werden, daß den Wahnsinnsbefehlen Hitlers ein Ende zu setzen sei. Der Opfermut wurde vergleichbar dem Geist zur Gründungszeit der Arbeiterorganisationen. Über die damaligen Auseinandersetzungen hinaus verlangte diesmal jedoch der Kampf um das Arbeiterrecht auf freies solidarisches Bündnis den Einsatz des Lebens und von vielen das letzte Opfer.

FRIEDRICH HUSEMANN

wurde am 19. September 1873 in Leopoldsthal im Lipp'schen Land als Sohn einer kinderreichen Arbeiterfamilie geboren. Nach der Volksschule konnte er das Maurerhandwerk erlernen, das ihn nach Bielefeld führte. Dort trat er der Gewerkschaftsbewegung und der Sozialdemokratischen Partei bei und suchte sich in Abendkursen und durch Selbststudium weiterzubilden. Da er infolge agitatorischer Tätigkeit in Bielefeld Arbeitsschwierigkeiten hatte, ging er ins Ruhrgebiet und nahm in Dortmund-Oespel Arbeit im Bergbau auf. Seit 1893 kämpfte Fritz Husemann, zum Teil unter polizeilichen Verfolgungen, in der Bergarbeiterorganisation an vorderster Front. Am 1. Juli 1902 wurde er zum Sekretär und 1919 einstimmig zum ersten Vorsitzenden des Bergarbeiterverbandes gewählt, und er wirkte in dieser Funktion bis 1933. Als bekannter und anerkannter Vertreter deutschen demokratischen Lebens und exponierter Gewerkschaftler gehörte Fritz Husemann zu den frühen Opfern der nationalsozialistischen Diktatur.
Unter seiner Führung hatte sich die wirtschaftlich und politisch bedeutsame Industriegewerkschaft der Bergbauindustriearbeiter Deutschlands, die in den Krisenjahren der Weimarer Republik in besonderem Maße den kommunistischen wie nationalsozialistischen Unterhöhlungs- und Radikalisierungsversuchen ausgesetzt war, als demokratische Institution behauptet. Aber schon zuvor war Husemann als Mann reicher Erfahrungen und besonnener Klugheit 1920 zum Vorstandsmitglied und einige Jahre später zum Vizepräsidenten des Internationalen Bergarbeiterverbandes gewählt worden. Er war Mitglied der verfassunggebenden Preußischen Landesversammlung und später des Preußischen Landtages, Aufsichtsratmitglied des Ruhrkohle-Syndikats, Mitglied des Reichs-Kohlen- und Kali-Rates und seit der zweiten Wahlperiode 1924 sozialdemokratischer Abgeordneter des Deutschen Reichstages.
Bereits am 10. März 1933 wurde Husemann mit den übrigen Vorstandsmitgliedern der Bergarbeiterorganisation für einige Tage festgenommen. Seine zweite Verhaftung erfolgte am 2. Mai, nachdem auch das Verbandsgebäude des Bergarbeiterverbandes in Bochum von den Nationalsozialisten besetzt worden war. Eine dritte vorübergehende Haftzeit fiel in den Juli des gleichen Jahres. Die endgültige Verhaftung aber traf Husemann im März 1935, als er nach erfolglosen Klagen beim Arbeitsgericht Bochum und dem Reichsarbeitsgericht in Berlin, gemeinsam mit einigen Gewerkschaftssekretären, eine erneute Klage gegen »die Deutsche Arbeitsfront, vertreten durch Dr. Ley« auf Entschädigungszahlung an die Gewerkschaftsangestellten für die nicht eingehaltenen Kündigungsfristen und Rückzahlungen ihrer selbst eingezahlten Beiträge aus der Versorgungskasse ausgearbeitet, den Schriftsatz vervielfältigt und für eine große Anzahl von Kollegen selbst in den Briefkasten eingeworfen hatte.
Noch am Abend des gleichen Tages wurde er von der Gestapo in das Polizeigefängnis Bochum eingeliefert. Am 13. April 1935 wurde er in das Konzentrationslager Papenburg-Esterwegen übergeführt. Die Meldung am 15. April lautete, daß Fritz Husemann »bei einem Fluchtversuch erschossen« worden sei.
Als seine Angehörigen den Toten zur Bestattung nach Bochum abholen wollten, war an den Abtransport die Bedingung geknüpft, daß der Zug Bochum nicht berühren und die Verbrennung nur in Dortmund erfolgen dürfe. Dort wurde der Sarg sofort wieder von der Gestapo beschlagnahmt und seine Öffnung im Krematorium verhindert.
Zu der Einäscherung hatten sich weit über tausend seiner alten Kameraden und Gesinnungsfreunde versammelt. Auch bei der Beisetzung der Aschenurne einige Tage später auf dem Friedhof in Bochum zogen reihenweise an der Grabstelle alte Freunde vorbei. Die Antwort der überwachenden Gestapo war eine Verhaftungswelle, die vielen aus dem Trauergefolge Gefängnis- und Konzentrationslagerstrafen eintrug.

ELSE NIEVIERA

die Tochter eines Maurers, wurde am 12. April 1891 in Pößneck in Thüringen geboren, wo sie wie ihre drei jüngeren Schwestern die Volksschule besuchte. Schon bei ihrer ersten Berufsarbeit als Krankenpflegerin zeigte sich ihre Aufopferungsfähigkeit gegenüber Hilfsbedürftigen. Ihr eigentlicher Wunsch, sich auf ein medizinisches Studium vorbereiten zu können, veranlaßte sie, an weiterbildenden Abendkursen teilzunehmen. Doch nach dem Besuch der Heimvolkshochschule Tinz und der Volkswirtschaftsschule des Landes Thüringen wurde sie Gewerbeaufsichts-Inspektorin in Gera und bald sozialdemokratische Stadtverordnete.

Der Kongreß des Deutschen Textilarbeiterverbandes 1927 in Hamburg – sie hielt dort ein sehr beachtetes Referat über die Frau in der Textilindustrie – wählte sie als Frauen- und Jugendsekretärin in den Hauptvorstand. Diese Aufgabe führte sie nach Berlin, und ihre allgemein anerkannten Fähigkeiten und Leistungen machten sie häufig zu der Verbandsdelegierten auf innerdeutschen wie internationalen Tagungen.

Unter dem Titel »Mein Arbeitstag – mein Wochenende« veröffentlichte Else Nieviera 1933 eine Zusammenstellung von 150 Briefen, in denen Textilarbeiterinnen über ihren Tageslauf berichteten, und bot mit der sie selbst zeitlich und innerlich stark in Anspruch nehmenden Arbeit eine neuartige soziologische Untersuchung.

»Wer Hitler wählt, der wählt den Krieg!«

Diese warnenden Worte hatte Else Nieviera noch wenige Wochen vor der Wahl vom 5. März 1933 einer Frauenversammlung in Gera zugerufen. Obwohl sie danach auf Druck der örtlichen NSDAP stundenlangen Polizeiverhören unterzogen wurde, machte ihr dann in Berlin, nach der Besetzung der Gewerkschaftshäuser am 2. Mai, der neue kommissarische Leiter im Hauptverwaltungsgebäude des Textilarbeiterverbandes das Angebot, daß sie bei einer entsprechenden Loyalitätserklärung »übernommen« werden sollte. Else Nieviera aber lehnte ab und trat als Löterin in einen Großbetrieb der Berliner Rundfunkindustrie ein.

Neben der neuen Berufsarbeit galt ihre unmittelbare Sorge jenen Familien, die unter dem politischen Terror jeglichen Existenzrückhalt verloren hatten. Gemeinsam mit einigen alten Gewerkschaftskollegen und der Hilfe englischer Quäker – eine Verbindung von früheren internationalen Tagungen – organisierte sie deshalb eine Unterstützungsaktion, die sie über vier Jahre aufrechterhielt, obgleich die englischen Geldmittel infolge verschärfter Kontrollen bald nicht mehr nach Berlin gebracht und ihr direkt übergeben werden konnten. Als die Beträge nunmehr einer Amtsstelle in Prag zugeleitet wurden und von dort abgeholt werden mußten, waren es gefährliche Wege, die Else Nieviera oder ein anderer ihrer Gruppe am Wochenende bei Nacht an den Grenzposten vorbei zu bestehen hatten. Dies glückte, bis bei der Besetzung der Tschechoslowakei die Abrechnungslisten mit den Namen der Abholer von der SS beschlagnahmt wurden. Kurz darauf erfolgte die Verhaftung Else Nievieras und ihrer Freunde.

Nach Abbüßung einer zweieinhalbjährigen Gefängnishaft in Dresden kehrte Else Nieviera nach Berlin zurück. Hier arbeitete sie, wie ihr gleichfalls im Widerstand tätiger Gewerkschaftskollege Willy Pichtsmayer berichtete, noch während des Krieges mit einer Gruppe zusammen, die mit dem Kreis um General von Hase in Verbindung stand. Berufliche Möglichkeit bot sich ihr in der Sozialabteilung eines nahe Teltow gelegenen Rüstungsbetriebes mit einer Belegschaft, die zum überwiegenden Teil aus russischen Zwangsarbeitern bestand. Mit der ihr eigenen Rückhaltlosigkeit, aber auch dem Geschick der alten Gewerkschaftlerin, vertrat sie die Interessen der russischen Zwangsarbeiter.

Ein aus farbigen Papieren zusammengestellter Blumenstrauß war der Gruß ihrer Schützlinge, als sie nach einer schwereren Krankheit wieder den Arbeitsraum betrat – wenige Wochen bevor am 24. Mai 1944 ihr Leben bei einem Bombenangriff auf den Betrieb ausgelöscht wurde.

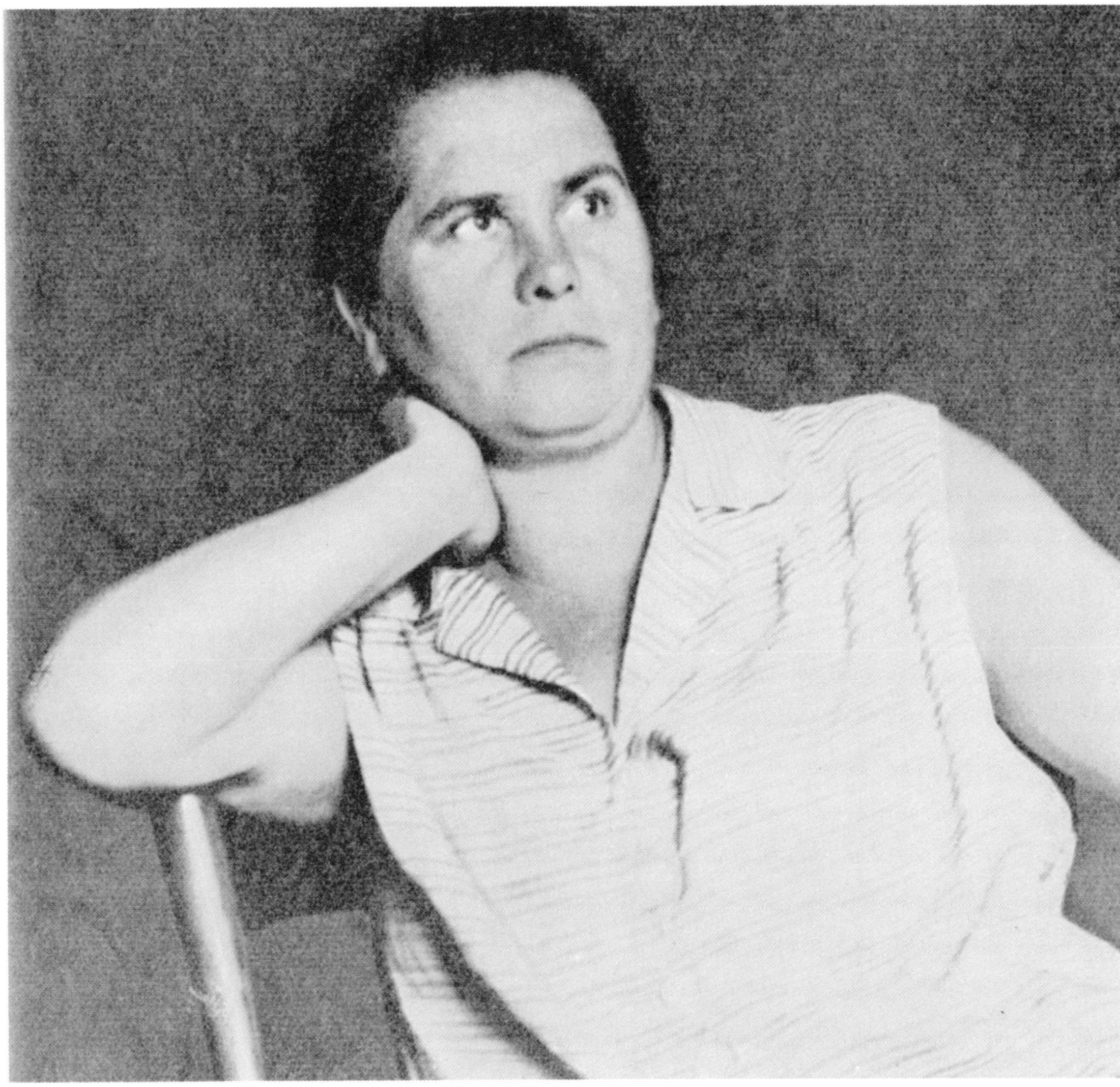

HANS FUNGER

wurde am 10. Dezember 1891 in Krefeld geboren. Sein Vater, ein Eisenbahner des einfachen Dienstes, ermöglichte dem Sohn den Besuch des Realgymnasiums. Hans Funger trat 1910 in den Krefelder Eisenbahndienst ein und wurde 1917 als Beamter der mittleren Laufbahn übernommen.
Am Ersten Weltkrieg nahm Funger als Infanterist und Funker teil und wurde nach Kriegsende als Reichsbahnsekretär nach Neuß versetzt. Der Ruhrkampf führte ihn zum ersten Male mit gewerkschaftlichen Kreisen zusammen, und er trat bald nach der Gründung dem Deutschen Eisenbahnerverband des ADGB bei. Hier wurde er in den Folgejahren Mitglied des Beamtenrates und stellvertretender Vorsitzender seiner Fachgruppe. Seit 1926 Mitglied der SPD, gehörte er auch bald dem »Reichsbanner Schwarz-Rot-Gold« an.

Am 3. Dezember 1937 verurteilte der Volksgerichtshof in Düsseldorf den Reichsbahnsekretär Hans Funger aus Neuß zu 15 Jahren Zuchthaus. Mit ihm erhielten sieben seiner Mitarbeiter Zuchthausstrafen von 2½ bis 10 Jahren. In der Urteilsbegründung wurden die Angeklagten als »langjährige Gewerkschaftsfunktionäre mit politischer Schulung und Erfahrung« bezeichnet, die sich »der Tragweite ihres Tuns zweifellos bewußt« gewesen seien. Im weiteren hieß es über ihre Tätigkeit:
»Die Anklage befaßt sich mit dem Wiederaufbau einer illegalen Organisation des Einheitsverbandes der Eisenbahner Deutschlands (E.d.E.D.) im Rheinland und im Ruhrgebiet unter der Leitung der Internationalen Transportarbeiter-Föderation (I.T.F.). Zu diesem Zwecke sind auf Veranlassung des Kaufmannes Johannes Jahn und des Schlossers Willi Molitor die Angeschuldigten Funger, Emmen, Bachmann, Radtke, Komorowsky, Pester und Malina zunächst untereinander in Verbindung getreten und haben gemeinschaftliche Besprechungen an verschiedenen westdeutschen Orten abgehalten. Sie haben außerdem Beziehungen zur I.T.F. angeknüpft und sind mit deren Funktionären, insbesondere dem Generalsekretär Edo Fimmen, dem Kassierer Oldenbroek und dem genannten Jahn in Amsterdam, Velo und Arnheim zusammengetroffen, um über ihre illegale Tätigkeit und die Lage in Deutschland zu berichten sowie Anweisungen für die weitere Arbeit entgegenzunehmen. Sie haben sich ferner bemüht, im Rheinland neue Stützpunkte zu errichten.«
Hans Funger, der bis 1933 als führender Reichsbannermann des Kreises Krefeld-Neuß und Mitglied der »Eisernen Front« nationalsozialistischen und kommunistischen Unruhen entgegengetreten war, hatte sich seit dem Jahr 1934 um die Mobilisierung alter gewerkschaftlicher Kader bemüht. Kleinere Zellen konnten in Köln, Düsseldorf, Essen, Opladen, Krefeld, Hamm und vielen Ortschaften des Rhein- und Ruhrgebietes gebildet werden.
Die Gestapo kam dieser Widerstandsarbeit auf die Spur, als bei einer Zolldurchsicht in Kaldenkirchen im Februar 1937 aus Holland eingeführte Druckschriften im Auto des Kurierfahrers Heinrich Tillier gefunden wurden. Unter den ersten am 15. Februar 1937 Verhafteten war Hans Funger, der während der Untersuchungshaft schwerste Folterungen durchstehen mußte. Die Gestapo wollte von ihm Aussagen über die vermuteten Widerstandskreise erpressen, was ihr jedoch nicht gelang.
Nach dem Urteilsspruch wurde Hans Funger in das Zuchthaus Lüttringhausen bei Remscheid eingeliefert und von dort einem Straßenbaukommando in der Eifel zugeteilt. Nachdem er bei den übermäßigen Arbeitsleistungen erkrankt war, kam er in das Zuchthaus Lüttringhausen zurück.

Während des Krieges wurde Hans Funger bei einem Bombensuchkommando in der Nähe Celle/Hannover eingesetzt, seither fehlte jede Nachricht von ihm. Nachforschungen erbrachten den offiziellen Bescheid, daß er im Zuchthaus Celle gestorben sei. Seine Freunde aber vermuteten, daß er einem Transport in das Konzentrationslager Bergen-Belsen zugeteilt wurde und, wie viele andere Gefangene unterwegs in den Güterwagen, infolge Hunger und Kälte umkam.

WALTER BRANDT

am 26. September 1912 geboren, kam aus einer Hamburger Arbeiterfamilie mit sozialdemokratischer Tradition. Nach dem Besuch der Realschule durchlief er die kaufmännische Lehre in einem Fruchtimportunternehmen. Als Siebzehnjähriger trat er dem Zentralverband der Angestellten bei und wurde dort ein aktives Mitglied in den Jugendgruppen. Im Jahr 1931 schloß er sich dem »Internationalen Sozialistischen Kampfbund« (ISK) an, einer unabhängigen sozialistischen Organisation, die um die Zusammenfassung junger Gewerkschaftler zu kleinen, politisch aktiven Funktionärsgruppen und ihre Verbindung zu ähnlich denkenden Auslandskreisen bemüht war.

Mit der Gläubigkeit seines jungen, begeisterungsfähigen Herzens bekannte sich Walter Brandt zu der Mitarbeit im ISK, in dem er den Vortrupp für die Verwirklichung und Verteidigung humanitärer Forderungen sah. So hatte er schon vor 1933 seine Bereitschaft gezeigt, den nationalsozialistischen Theorien, Demonstrationen und Aufrufen zur Gewalttätigkeit mit allen Kräften entgegenzuwirken. Sein jugendlicher Protest aber wurde zu einer echten Gewissensempörung, als er nach der Machtübernahme die Zerstörung des freien Gewerkschaftslebens und die Verfolgung von Menschen um ihrer Gesinnung und Herkunft willen miterlebte. Und diese unmittelbaren Eindrücke drängten ihn, nach wirksameren Gegenmaßnahmen zu suchen.
Im Rahmen der Widerstandsarbeit, die Ende 1933 von den ISK-Funktionären beschlossen wurde, bemühte sich Walter Brandt mit seinen Kollegen, oppositionelle Gewerkschaftszellen im Hamburger Raum zu organisieren. Dazu schrieb nach der damaligen gemeinsamen Tätigkeit sein überlebender Freund Hellmut Kalbitzer: »Walter Brandt war jung, stark und optimistisch. Als wir daran gingen, die illegale Organisation aufzubauen, glaubte er, die oppositionellen Kräfte würden dem ISK zuströmen, da die Massenparteien der SPD und KPD mit dem Zusammenbruch der Weimarer Republik ihre Unfähigkeit, den Sozialismus gegen die Reaktion zu verteidigen, bewiesen hätten. Unsere besondere Aufmerksamkeit galt der Arbeiter- und Angestelltenschaft, deren Widerstandsbereitschaft wir durch Neugründung der ›USG‹, der Unabhängigen Sozialistischen Gewerkschaftsorganisation, stärken wollten.«
Über ein Jahr konnte der Gruppenzusammenhalt durch den Vertrieb eines Pressespiegels mit dem Titel »Blick in die Zeit«, den in jener Zeit vornehmlich der Kieler Sozialdemokrat Andreas Gayk mit der organisatorischen Unterstützung seiner Bremer Freunde, Frida Arnold und Alexander Dehms, bearbeitete, getarnt werden. Zugleich diente diese Wochenschrift mit ihren damals noch zugelassenen Abdrucken aus der deutschen und ausländischen Presse der gegenseitigen Information, indem sie durch eine geschickte Zusammenstellung ihrer Auszüge wesentliche politische Fragen beleuchtete.
Die Hamburger USG versuchte dann durch Flugblattaktionen, vor allem in den Betrieben, den passiven Widerstand der Arbeiterschaft zu stärken, bis im Jahre 1935 bei der wiederholten Verhaftung eines Mitarbeiters die Gestapo weitere Spuren entdeckte.
Als im Frühjahr 1936 auch ein der Gruppe angehörendes junges Mädchen verhaftet wurde, ging Walter Brandt zur Gestapo, um die Freilassung seiner Braut aus dem Konzentrationslager zu fordern, und er schrieb ihr in diesen Wochen: »Ich war heute zum erstenmal wieder auf Fahrt. Ich war im Sachsenwald und in den Feldern nördlich davon. Es war seit Wochen, seit dem Sonntag, den wir zuletzt draußen verbracht haben, der erste sonnige Tag. Der Frühling hat seinen Anmarsch kräftig fortgesetzt, sogar die Birken fangen schon an, Blätter zu bekommen. Ich habe unterwegs Lärchen gesehen, die schon ganz grün waren – die Nadeln zeigten ein so schönes junges Grün! Außerdem habe ich auf den Wiesen so viele schöne Blumen gesehen! Ich stecke Dir zwei, drei Veilchen in den Umschlag, um Dir wenigstens so etwas von der

Pracht zu zeigen und um Dich damit zu erfreuen. Ich habe sehr gezögert, Dir von all diesem Schönen, das ich erlebt habe, zu schreiben, während Du dort eingesperrt bist und kaum den Himmel sehen kannst. Aber ich habe mir dann überlegt, wie es mir an Deiner Stelle ergehen würde, wenn ich einen solchen Brief von Dir bekäme – ich glaube, ich würde mich dann doch freuen.«

Nachdem die Freilassung des jungen Mädchens erreicht war, folgte für Walter Brandt eine kurze Urlaubszeit.

Bei der Rückkehr erfuhr er, daß die Gestapo bereits mehrere Tage und Nächte hindurch in seiner Wohnung auf ihn gewartet habe. Seine Freunde schickten ihn in die Schweiz, doch es trieb ihn bald wieder nach Deutschland zurück. Hier aber hatte die erste Verhaftung von 1935 eine Welle weiterer Verhaftungen ausgelöst, von der unter vielen anderen auch der 1943 im Konzentrationslager Auschwitz umgekommene Leiter des ISK, Julius Philippson, erfaßt worden war. Da jegliche Arbeitsmöglichkeit zunächst beschnitten war, ging Walter Brandt für eine kurze Frist in die Schweiz, um von dort aus Verbindungen und Wege zu den deutschen Emigrantenstellen in Frankreich zu suchen.

»1937 sah ich Walter Brandt zum letzten Mal in der Untergrundbahn in Paris«, schrieb Elisabeth Innis. »Er war auf dem Wege zur Bahn und wollte zurück nach Deutschland reisen. In mir stieg die unbestimmte Angst auf, daß sein Vorhaben mißlingen könnte, und ich fragte ihn, ob er sich darüber klar sei, was ihm passieren könnte. So jung dieser Mensch war, so ernst und fest hatte er alle Konsequenzen seines Tuns abgewogen. Er sagte mir: ›Wenn ich erwischt werde, so wird niemand etwas von mir erfahren.‹ Mit guten englischen Papieren ging Walter Brandt nach Süddeutschland, weil es ihm im norddeutschen Raum nicht mehr möglich war, seine Arbeit fortzusetzen. Er hatte die Absicht, sich als Engländer an einer Universität immatrikulieren zu lassen und unter der Studentenschaft und auch sonst gegen das Dritte Reich zu arbeiten. An Mut hat es ihm gewiß nicht gefehlt. Er wurde das Opfer eines Spitzels und an die Gestapo verraten.«

Die Festnahme Walter Brandts in München erfolgte im Herbst 1937. Seine Mitarbeiter, die ihn in der Sicherheit der Schweiz glaubten, hatten bei ihren eigenen Prozessen im Jahr zuvor belastende Zeugnisse der Gestapo gegen sich dadurch entkräften können, daß sie eine Reihe ihrer Handlungen Walter Brandt zuschoben. Eine Mitteilung, daß er zurückgekehrt und in den Händen der Gestapo war, ging ihnen während der Zeit ihrer Strafhaft nicht zu. Erst später erfuhren sie aus einem Polizeibericht, daß sich Walter Brandt im Oktober 1937, in der Nacht nach seiner Verhaftung, erhängte. Die Sorge um seine Freunde, die er nicht etwa durch unter Foltern erpreßte Aussagen erneut gefährden wollte, trieb ihn zu der Entscheidung, im Alter von 25 Jahren sein Leben zu opfern.

HEINRICH KÖRNER

wurde als Sohn eines Kruppschen Arbeiters am 30. April 1892 in Essen geboren. Sein Weg führte ihn vom Werkzeugmacher in die Gewerkschaftsarbeit. Von 1926–1933 war er zusammen mit Jakob Kaiser Landesgeschäftsführer der »Christlichen Gewerkschaften Westdeutschlands« und gleichzeitig Provinziallandtagsabgeordneter der Zentrumspartei. Da er sich nach der nationalsozialistischen Machtergreifung innerlich weiter an seine alten Mandate gebunden fühlte, wahrte er in der unerschütterlichen Überzeugung, daß das Hitlerregime sein Ende finden werde, für den Tag kommender Aufgaben bis zum Aufstand vom 20. Juli 1944 engen Zusammenhalt mit einer Reihe gleichgesonnener Kollegen.

Aus seinem tiefen Glauben schöpfte Heinrich Körner die Festigkeit, allen Herausforderungen, vor die ihn das Leben stellte, klar zu begegnen. Seine Religion war ihm ein verbindlicher und verpflichtender Auftrag, und er maß an ihr seine Verantwortungen gegenüber der Mitwelt. Nach seinen eigenen Worten blieb er, der in Jugendjahren als Lehrling im Essener Kolpinghaus Heim und Rückhalt gefunden hatte, zeitlebens ein »treuer Kolpingsohn«.

Dabei hatte er schon in der Kindheit jenen unbeirrbaren Willen gezeigt, der später dem Manne eigen war; als der Dreizehnjährige nach dem frühen Tode der Eltern bei der Aufteilung der vier hinterbliebenen Kinder an die verschiedenen Verwandten die Schule verlassen sollte, um als Laufbursche zu seiner Existenz in dem ärmlichen Haushalt der Großmutter beizusteuern, hielt er an seinem Ziel einer Lehrausbildung fest und machte sich kurz entschlossen zu einem Bruder seines Vaters auf, der ihm den Schulabschluß ermöglichte und eine Werkzeugmacherlehre bei Krupp in Essen vermittelte.

Neben der Lehre suchte der junge Heinrich Körner sein Wissen durch den Besuch von Bildungskursen zu erweitern. Er schloß sich dem katholischen Gesellenverein an und wurde bald ein aktives Mitglied der Jugendgruppe im christlichen Metallarbeiterverband. Im Anschluß an die Gesellenprüfung führte ihn seine Wanderschaft nach Düsseldorf, Frankfurt und Bonn, wo er sich von der ihn innerlich immer mehr in Anspruch nehmenden Mitarbeit in der christlichen Arbeiterbewegung festgehalten fühlte und bereits im Alter von 18 Jahren als Versammlungsredner herangezogen wurde.

Im ersten Weltkrieg gehörte Körner dem Seebataillon von Tsingtau an, zu dem er sich in dem Wunsch, die Welt kennenzulernen, schon 1913 freiwillig von Bonn aus gemeldet hatte. Die sechs folgenden Jahre in japanischen Internierungslagern nutzte er, wie auch seine späteren Haftzeiten, zu systematischen Sprachstudien. Die nächste Festnahme traf ihn, als er nach weiterer zweijähriger praktischer Arbeit als Werkzeugmacher bei Krupp 1922 den Ruf zum Kartellsekretär der Christlichen Gewerkschaften in Bonn angenommen und zur Zeit des passiven Widerstandes im Ruhrgebiet eine verbotene Versammlung abgehalten hatte.

Die Funktionen, die Heinrich Körner 1926 mit der Wahl zum Landesgeschäftsführer der Christlichen Gewerkschaften Westdeutschlands übertragen wurden, führten ihn enger mit Adam Stegerwald zusammen. Den Hauptteil seiner Zeit widmete Körner nunmehr dem Aufbau einer Bildungsarbeit, die dem demokratischen Staat und den Erfordernissen der neuen Zeit gerecht werden sollte. Zu dieser wesentlichen gewerkschaftspolitischen Aufgabe nahm er auch in verschiedenen Veröffentlichungen Stellung.

Trotz dieser ihn innerlich wie zeitlich sehr beanspruchenden Tätigkeit und der sorgfältigen Wahrnehmung seiner Aufgaben als Provinziallandtagsabgeordneter und Aufsichtsratsvorsitzender der Konsumgenossenschaften, suchte Heinrich Körner sich auch in dieser Periode stetig weiterzubilden. So wurde er beispielsweise regelmäßiger Teilnehmer des juristischen Seminars in Bonn, nachdem er das Ehrenamt des Reichsarbeitsrichters übernommen hatte. Auch seine Auslandsreisen

dienten ihm zu Studienzwecken oder sie galten seinem speziellen Anliegen, den Arbeiteraustausch zu fördern.
Seine dritte Haftzeit erlebte Heinrich Körner im unmittelbaren Zusammenhang mit dem nationalsozialistischen Generalangriff auf das Gewerkschaftsleben im Mai 1933, noch bevor die Auflösung der Christlichen Gewerkschaften im Juni formell vollzogen war. Nach seiner Entlassung wurde er Handelsvertreter, ein beruflicher Rahmen, der ihm unauffällige Begegnungen mit seinen alten Kollegen, aber auch neuen Gesinnungsfreunden ermöglichte. Durch Jahre hindurch fanden bei wechselnden Treffpunkten in den Wohnungen der Beteiligten, im Ketteler-Haus oder mitunter auch noch in der kleinen Wirtschaft am Venloer Wall, dem alten Stammlokal der Christlichen Gewerkschaftler in Köln, Gespräche und Beratungen statt.
»Nach meiner Erinnerung kam im Jahre 1942 Jakob Kaiser mit Heinz Körner in unser Godesberger Haus«, schrieb Andreas Hermes, sein späterer Mitgefangener im Gefängnis Lehrter Straße, Berlin. »Das war meine erste Begegnung mit Körner, die in meinem Gedächtnis deshalb besonders haften geblieben ist, weil Körner mir bei dieser Zusammenkunft den Eindruck einer energischen, klugen und besonnenen Persönlichkeit machte. Seine Einstellung gegenüber dem Nationalsozialismus war eindeutig und kompromißlos. Er machte den Eindruck eines zum Handeln entschlossenen Mannes. Wir haben uns in der Folgezeit öfter in Godesberg oder Bonn getroffen und besonders in den periodischen Zusammenkünften mit anderen politischen Freunden: Arnold, Albers, Pater Laurentius Siemer und anderen in der Wohnung von Nikolaus Groß in Köln. Mir fiel bei unseren Aussprachen immer wieder seine klare und überlegte Haltung auf.«
Auch aus der vierten Haft, kurz nach dem 20. Juli 1944, war Heinrich Körner noch einmal zurückgekehrt, um am 25. November 1944 erneut von der Gestapo zu seiner fünften und letzten Haft festgenommen zu werden. »Der Gedanke im Bett zu sterben, ist für einen Mann unerträglich«, hatte er noch wenige Wochen zuvor seiner Frau auf die besorgte Frage, ob er nicht doch ein übergroßes Risiko auf sich nähme, zur Antwort gegeben.

»Gewiß war er ein mutiger und großartiger Freund«, schilderte Johannes Albers. »Als ich ihn 1939 nach meiner dreijährigen Gefängnisstrafe zum ersten Mal wiedersah, sagte er nur: ›Es bleibt bei der alten Linie!‹ Doch als wir uns am 6. Januar 1945 völlig unbekleidet mit unseren zerschlagenen und gefesselten Körpern in dem Konzentrationslager Fürstenberg gegenübergestellt wurden, war ich mir sicherer denn je, daß er ein starker Mann war, der keinen Verrat kannte und keinen Verrat ertragen konnte. Unser Prozeß zog sich hin, und in den Wirren der letzten Kriegstage wurden wir schließlich am 5. April 1945 nur noch zu 4 Jahren Zuchthaus verurteilt. Nachdem aber am 25. April sowjetische Soldaten unsere Zellentüren in Plötzensee geöffnet hatten, warf Heinrich Körner die Qualen der letzten Monate mit den Worten ab: ›Wir sind frei, wir müssen nicht mit dem Tode bezahlen.‹ Doch wenige Minuten später traf ihn in den noch immer umkämpften Straßen Berlins eine tödliche Kugel.«

FRANZ LEUNINGER

am 28. Dezember 1898 in dem Dorf Mengerskirchen geboren, kam aus den sehr bescheidenen Verhältnissen des Westerwälder Kleinbauerntums, die dem aufgeweckten und früh am politischen Geschehen interessierten Jungen keine Berufsausbildung gestatteten. So wurde er nach dem Besuch der Dorfschule Bauhilfsarbeiter und schon in kurzer Zeit Maurer im Siegerland. Als er Anfang 1917 seine Einberufung zum Kriegsdienst erhielt, meldete er sich zur Artillerie und wurde nach seiner Verwundung 1918 als Unteroffizier entlassen.
Er nahm dann die Arbeit als Maurer auf, um sich gleichzeitig durch die Teilnahme an Abendkursen weiterzubilden. 1923 berief ihn der christliche Bauarbeiterverband in Aachen zum Sekretär, und nach einer Verbandstätigkeit in Trier, Euskirchen und Krefeld wurde er 1927 Bezirksleiter für die Bezirke Ober- und Niederschlesien, wo er die weiteren Jahre erfolgreich wirkte. Daneben war er von 1930 bis 1933 Stadtverordneter der Zentrumspartei in Breslau. Zu den Märzwahlen von 1933 wurde der Vierunddreißigjährige und jederzeit zum vollen Einsatz bereite Franz Leuninger noch von seiner Partei als Reichstagskandidat aufgestellt.

»Als Mitarbeiter ist mir der durch die Gestapo ermordete Franz Leuninger sehr gut bekannt geworden, und ich habe mit ihm auch über die Zeit nach 1933 hinaus ständig Verbindung gehabt«, schrieb sein Verbandskollege August Weimer. Obwohl er einer der jüngsten unter den hauptamtlichen Kräften gewesen sei, hätten ihn »seine Arbeitskraft, seine Initiative und vor allem seine Tüchtigkeit« zu einem der aussichtsreichsten Bewerber für eine Spitzentätigkeit gemacht. »Allgemein galt er in Gewerkschaftskreisen als einer der kommenden Männer im Gewerkschaftsleben oder in der Politik.«
Der überzeugte Katholik und Gewerkschaftler Franz Leuninger konnte in seinen ethischen Grundprinzipien und gesellschaftspolitischen Vorstellungen weder durch die Diffamierungen der Nationalsozialisten noch durch die Zerschlagung seines Aufgabenbereiches erschüttert werden. Nach einer kurzen Periode, in der er als Bauleiter tätig war, wurde er Geschäftsführer bei der privaten schlesischen Wohnungsbaugesellschaft »Deutsches Heim« – eine Arbeit, die ihn enger mit Fritz Voigt, dem ehemaligen Sozialdemokratischen Polizeipräsidenten von Breslau und späteren Mitbegründer der Schlesischen Bauhütten, zusammenführte. Durch ihn bekam er Kontakt zu weiteren Widerstandsgruppen.

Hierüber berichtete Jakob Kaiser: »Es entsprach einer Selbstverständlichkeit, daß ich nach 1933 mit Franz Leuninger... in steter Verbindung geblieben bin. Leuninger gehörte zum Schluß neben dem früheren Polizeipräsidenten Voigt in Breslau zu den schlesischen Vertrauensleuten der Widerstandsgruppe, die sich um Carl Friedrich Goerdeler und Generaloberst Ludwig Beck geschlossen hatte.«

Am 26. September 1944 wurde Franz Leuninger in seiner Breslauer Wohnung von der Gestapo verhaftet und nach Berlin überführt. Als der Volksgerichtshof am 28. Februar 1945 das Todesurteil gegen ihn aussprach, war gerade sein ältester Sohn im Alter von 20 Jahren in Ungarn gefallen, während die beiden jüngeren noch im Fronteinsatz standen. Seine Frau, die in jenen Tagen aus Schlesien flüchten mußte, erreichte erst im August 1945 die Nachricht, daß ihr Mann am 1. März des Jahres in Plötzensee hingerichtet worden war.

»Ich war die letzten Tage vor seinem Tode viel mit Ihrem verstorbenen Gatten in der Lehrter Straße zusammen«, schrieb ihr Hermann Freiherr von Lüninck, der Mitgefangene Leuningers und Bruder des im gleichen Zusammenhang am 14. November 1944 hingerichteten Ferdinand von Lüninck. »Mit bewundernswerter, nur aus seinem tiefchristlichen Glauben erklärlichen Stärke hat er die letzten Tage gelebt und ist seinen letzten Gang gegangen – nach einer Mitteilung, die uns damals von einem der an der Hinrichtung Beteiligten gegeben wurde – buchstäblich psalmsingend zur Richtstätte. Franz Leuninger war ein Mensch, der sein Leben ganz bewußt und ganz klaren Willens für uns und für sein Vaterland geopfert hat.«

OSWALD WIERSICH

der Sohn eines Breslauer Werkmeisters, wurde am 1. September 1882 geboren. Schon während der Maschinenbauerlehre arbeitete er gewerkschaftlich und wurde als Geselle wegen der Verteilung gewerkschaftlicher Schriften vielfach gemaßregelt, was ihm eine längere Zeit der Arbeitslosigkeit eintrug. Seit 1912 Bevollmächtigter des Deutschen Metallarbeiterverbandes in Breslau erhielt er 1923 bei der Bildung des Allgemeinen Deutschen Gewerkschaftsbundes die Berufung zum Bezirkssekretär von Schlesien.

Durch Weitblick und Zielbewußtsein hatte Oswald Wiersich – Mitglied des ADGB-Bundesvorstandes, Mitglied des Preußischen Staatsrates und Deutschen Städtetages, Vorsitzender des Schlichtungsausschusses für Schlesien sowie Abgeordneter des Provinziallandtages und Stadtverordneter in Breslau – zu der Stabilität der schlesischen Politik und Wirtschaft entscheidend beigetragen. Gemeinsam mit seinem Freund und Vorbild Carl Legien verfocht er den Gedanken einer paritätischen Arbeitsgemeinschaft zwischen Arbeitgeber und Arbeitnehmer.

Da sich Oswald Wiersich als scharfer Widersacher der Nationalsozialisten gezeigt und geäußert hatte, wurde er 1933 auf Veranlassung des berüchtigten SA-Führers und nationalsozialistischen Polizeipräsidenten von Breslau, Edmund Heines, sofort für mehrere Wochen in Polizeihaft genommen, und nach seiner Entlassung stand er noch längere Zeit unter Polizeikontrolle. Seit 1934 arbeitete er dann als Versicherungsvertreter und Buchhalter, wobei er trotz mehrfacher kürzerer Verhaftungen um den Zusammenhalt von Vertrauensleuten in zahlreichen Orten Schlesiens bemüht war.

Seit 1935 stand er in enger Verbindung mit Wilhelm Leuschner, der häufiger zu ihm nach Breslau kam, sich mit ihm und anderen Freunden später noch in Berlin traf und auch eine Begegnung zwischen Wiersich und Generaloberst Beck vermittelte.

Aus der Kenntnis der gemeinsamen Widerstandsbestrebungen berichtete der frühere sozialdemokratische Parteisekretär Schlesiens, Max Kukil: »Besonders Oswald Wiersich hatte es verstanden, Verbindungen auch zu anderen Widerstandskreisen in Schlesien herzustellen, so beispielsweise zu den ebenfalls nach dem 20. Juli 1944 Hingerichteten, Graf Fritz von der Schulenburg und Graf Michael von Matuschka. Ebenso hat er die über Fritz Voigt geschaffene Verbindung zu dem früheren Oberpräsidenten Lukaschek gepflegt.«
Seiner Frau sagte Oswald Wiersich damals: »Es gibt Situationen, denen man sich nicht entziehen kann. In einer solchen Lage ist es eine Pflicht, sich auch der Gefahr nicht zu entziehen, sondern zu handeln.«

Nachdem Wiersich am 22. August 1944 verhaftet worden war, wurde er zunächst mit anderen Männern der schlesischen Opposition in das Konzentrationslager Groß-Rosen bei Striegau gebracht und von dort nach Berlin überführt. Seine schweren Vernehmungen erfolgten zum Teil in der Prinz-Albrecht-Straße, Berlin, zum Teil in dem Mecklenburger Konzentrationslager Fürstenberg.

Vor seiner Verurteilung schrieb er an seine Angehörigen: »Bei dem sparsamsten Gebrauch meiner Pfeife und dem Füttern meiner Berliner Spatzen vor dem Zellenfenster tröstet mich der Gedanke, daß es auch vielleicht für mich einen San Francesco gibt.«

Ungebrochen und aufrecht nahm Oswald Wiersich den letzten Gang auf sich. Am 1. März 1945 wurde er gemeinsam mit seinem Freund Fritz Voigt in Plötzensee hingerichtet.

MAX HABERMANN

stammte aus einer Handwerkerfamilie und wurde am 21. März 1885 in Hamburg-Altona geboren. Als junger Buchhändler trat er 1907 in die Verbandsarbeit des Deutschnationalen Handlungsgehilfenverbandes ein und stieg dort bald vom Sachbearbeiter zum Leiter der sozial- und gewerkschaftspolitischen Abteilung und Mitglied der Verbandsverwaltung auf. Der Kriegsfreiwillige von 1914 schied 1918 als Leutnant d. Res. aus dem Heer aus und gehörte dann bis 1933 zum Vorstand des Deutschnationalen Handlungsgehilfenverbandes, den er auch im Reichswirtschaftsrat vertrat. Zugleich war Max Habermann Vorstandsmitglied des Deutschen Gewerkschaftsbundes und des Internationalen Bundes Christlicher Gewerkschaften.

Max Habermann war nach dem Zeugnis seines alten Freundes Dr. Heinrich Brüning »immer die Brücke zwischen den stark auseinanderstrebenden verschiedenen politischen Gruppen im Deutschen Gewerkschaftsbund«. Von Anbeginn – nachdem sich im November 1918 die Christlichen Gewerkschaften, die Angestellten- und Beamtengewerkschaften zum Deutschen Gewerkschaftsbund (DGB) zusammengeschlossen hatten – habe Max Habermann als Vorsitzender des Deutschnationalen Handlungsgehilfenverbandes ein ungewöhnliches Verständnis für die oft überaus schwierigen politischen und personellen Probleme gezeigt und mit klarem Urteil und großer Energie die gemeinsamen Pläne verfolgt. Seine offene und freundliche Art sei ihm dabei ebenso zugute gekommen wie sein schnelles Auffassungsvermögen. Vor allem habe sein Mut, die Dinge stets beim rechten Namen zu nennen, beeindruckt. Außerdem sei es Habermanns Verdienst gewesen, daß auch jüngere Intellektuelle für die Mitarbeit gewonnen wurden, und mit der Schulungsarbeit, die er in der Zeit der Wirtschaftskrise im Johannesstift in Berlin-Spandau entwickelte, habe er grundlegende Anregungen für den freiwilligen Arbeitsdienst gegeben.
Die Worte des geistig regen Mannes und überzeugten evangelischen Christen, Max Habermann, fanden in seiner Umgebung stets Gehör. So bestimmte sein Einfluß auch Dr. Heinrich Brüning, im Jahre 1921 das Amt des geschäftsführenden Vorsitzenden im DGB anzunehmen wie auch später in den kritischen Jahren der Weimarer Republik das Amt des Reichskanzlers. In der Periode seit 1930 hatte Max Habermann die Vorstellung, über Gregor Strasser, als den Gegenspieler Hitlers, auch die Nationalsozialisten zu sachlicher Arbeit mitheranziehen zu können. Mit dem Austritt Gregor Strassers aus der NSDAP am 7. Dezember 1932 fanden diese Bemühungen ihr Ende.
Dennoch hoffte Habermann – ähnlich anderen Konservativen – auch noch nach 1933, als bereits seine Verbandsarbeit zerschlagen war, daß Hitler bald durch besonnenere und fähigere Männer der Rechtsparteien abzulösen sei. Den endgültigen Trennungsstrich zog jedoch Habermann, als er in den Maßnahmen vom 30. Juni 1934 die Manifestierung des Gewaltstaates erkannte.

In den folgenden Jahren ernährte er seine neunköpfige Familie durch ein bescheidenes Büro-Organisationsgeschäft, um zugleich, soweit es in seiner Kraft stand, gegen das Hitlerregime zu wirken. Im Winter 1934/35 fand die erste Besprechung zwischen ihm und Jakob Kaiser statt. Weitere Begegnungen galten der Überlegung, wie der Kreis Gleichgesonnener erweitert werden könne.
Die Aktivität Habermanns steigerte sich nach Ausbruch des Krieges, worüber einer seiner ehemaligen Mitarbeiter vom Deutschnationalen Handlungsgehilfenverband, Karl Hahn, berichtete: »Ich werde nie den Eindruck unseres Gespräches im August 1939 am Lehrter Bahnhof in Berlin vergessen, wie mir Habermann auseinandersetzte, daß es zu dem allgemein befürchteten Krieg nicht kommen werde; denn es könnte angenommen werden, daß die einsichtigen Generale in der entscheidenden Stunde handeln werden. Leider ist auch diese damals berechtigte Hoffnung nicht in Erfüllung gegangen.

Von nun an widmete sich Habermann mit seiner ganzen verhaltenen Leidenschaft, unter Zurückstellung der eigenen Geschäftsinteressen, fast nur noch der Sammlung des Widerstandes. Das Dreimänner-Kollegium Leuschner, Kaiser, Habermann ist immer enger zusammengewachsen. Zwischen dem ehemaligen Sozialdemokraten und freien Gewerkschaftler Leuschner und den beiden Christlich-Nationalen Kaiser und Habermann gab es keine Vorbehalte in grundsätzlichen Fragen mehr.«

Nach dem 20. Juli 1944 fand Max Habermann Zufluchtsstätten bei Freunden in Bielefeld, bis deren Wohnungen durch Bombenangriffe zerstört waren. Als er nach Tagen des Umherirrens den Weg zu seiner Frau suchte, nahm ihn die Gestapo fest. Um nicht diejenigen zu verraten, die ihm Hilfe und Obdach gegeben hatten, beendete Max Habermann selbst sein Leben in der Nacht nach der Einlieferung in das Gefängnis.

ANTON ERKELENZ

der Sohn eines selbständigen Schlossermeisters, wurde am 10. Oktober 1878 in Neuß am Rhein geboren und erlernte das gleiche Handwerk im väterlichen Betrieb. Jedoch entgegen den politisch konservativen Auffassungen seines Vaters zeigte er früh Interesse für die Arbeiterfrage, und mit 19 Jahren verließ er das elterliche Haus, um sich der Gewerkschaftsarbeit widmen zu können. Bald wurde er eine bekannte Erscheinung im Kreis der rheinischen Maschinenbauer und 1902 Gewerkschaftssekretär im Hirsch-Dunckerschen Gewerkverein. Reisen nach Holland und Österreich und einen längeren Aufenthalt in England nutzte er zu Vergleichsstudien. Als Mitglied der Demokratischen Partei wurde er 1919 in die Nationalversammlung gewählt.

Schon vor dem ersten Weltkrieg hatte Anton Erkelenz die Frage bewegt, wie sich der Arbeiter eine Interessenvertretung schaffen könne, die eine wirkliche Macht darstelle. Konsequent verfocht er den Gedanken einer starken und einigen Gewerkschaftsbewegung während der Weimarer Republik; und angesichts der Parteizersplitterung auf der Linken, die nach seiner Überzeugung den Traum von der Einheit des Proletariats ad absurdum führte, schrieb er: »Eine einheitliche wirtschaftliche Arbeitnehmerbewegung wäre nicht nur nötig, sondern bei allseitigem gutem Willen auch möglich. Man müßte nur lernen, in der wirtschaftlichen Organisation auch Leute zu ertragen, die politisch, religiös, kulturell etwas anders denken und handeln, vorausgesetzt nur, daß sie ihre abweichenden Ansichten, außerhalb des Gewerkvereins, in den Parteien, Kirchen usw. betätigen. Leider sind wir mit der Erziehung in der deutschen Arbeitnehmerschaft noch nicht soweit, daß jede ehrliche Überzeugung geehrt wird.«
So war Erkelenz ernstlich mitbemüht, die parteipolitisch und religiös neutrale Hirsch-Dunckersche Gewerkschaft mit den Christlichen Gewerkschaften in der Dachorganisation des Deutschen Gewerkschaftsbundes zusammenzufassen, Bestrebungen, die aber scheiterten, als im November 1919 der DGB für sein Programm die Forderung stellte, »den unser Volk zersetzenden Materialismus zu überwinden durch eine Pflege allgemein sittlicher, christlicher und nationaler Gedanken«.
»Bei aller Initiative auf dem Gebiet praktischer Gewerkschaftsarbeit hat Anton Erkelenz seine Stärke darin gezeigt, daß er mit den Sachkenntnissen eines Gelehrten die Probleme immer wieder durchdachte«, äußerte sich Ernst Lemmer über den alten Freund nach den Jahren der Zusammenarbeit in den Hirsch-Dunckerschen Gewerkschaften. Als enger Mitarbeiter Friedrich Naumanns und dessen Nachfolger in der Zeitschrift »Die Hilfe« wie als Chefredakteur an der Zeitschrift des Gewerkvereins Deutscher Metallarbeiter, »Regulator«, konnte Anton Erkelenz seine Gedanken über eine weitgehende Demokratisierung des Wirtschaftslebens und der Selbstverwaltung auf möglichst vielen Gebieten und vor allem in der Sozialpolitik vertreten. Diese Veröffentlichungen sprachen auch für seine Überlegungen, wie ein echtes demokratisches Bewußtsein in der Arbeiterschaft, die sich nach seiner Auffassung zu sehr auf die Staatsinitiative verließ, zu entwickeln sei. Im Jahre 1925 faßte er seine Betrachtungen in die Worte: »Demokratie heißt Führung von freien, selbstbewußten, verantwortungsfreudigen Menschen durch stärkere, sachkundige Führer. Demokratie heißt Entschlußfreudigkeit und Entschlußfähigkeit auf jeder Stufe der sozialen Leiter.« Denn die Demokratie sei nicht nur eine Form der Regierung, sondern weit mehr der Inhalt einer Gesinnung, einer Haltung und einer stetigen Lebensweise.
Wie der Demokrat Erkelenz eine starke Linkspartei für unerläßlich hielt, so war er nicht weniger von der Notwendigkeit einer starken Rechtspartei durchdrungen, und mit wachsender Besorgnis verfolgte er die Zersplitterung der konservativen politischen Kräfte. Im April 1930 mahnte er in der »Hilfe«: »Je mehr Parteien es auf der Rechten gibt,

um so weniger regierungsfähig wird die Rechte sein, um so weniger regierungsfähig wird aber auch das deutsche Parlament überhaupt sein ... Aus dem gesamten Zerfall wird fernerhin eine Stärkung der nationalsozialistischen Partei als der extremsten nationalistischen Gruppe entstehen.«

Anton Erkelenz hatte seine politische Heimat in der Demokratischen Partei gesucht, von der er erhoffte, sie werde »ganz bewußt das Volk aus dem bürgerlichen und sozialistischen Klassengedanken hinausführen zur republikanischen Freibürgerschaft«. Nachdem er in den zwanziger Jahren der SPD vorgeworfen hatte, sie sei »zu sehr verstrickt in ihrer materialistischen Geschichtsauffassung«, als daß sie eine echte Wegbereiterin der Demokratie werden könne, zog er 1932 aus praktischen politischen Erwägungen die ihm nur noch möglich erscheinende Konsequenz: er trat der Sozialdemokratischen Partei bei. Diesen Schritt begründet er in einem Brief vom 27. Juni 1932: »Warum ich zur Sozialdemokratie übergetreten bin? Weil ich glaube, daß meine politischen Ideale gegenüber dem Ansturm von unvernünftigen und unklaren Menschen, wie sie bei den Nationalsozialisten sind, am stärksten und am erfolgreichsten von der Sozialdemokratie vertreten werden können. Ich bin Republikaner, Demokrat, Sozialpolitiker, Gewerkschaftler, habe mein Leben lang für die Aufwärtsentwicklung der Arbeitnehmer gekämpft und will das, was wir alle dazu beigetragen haben, nicht zerschlagen sehen von Leuten, die in einem Wahn befangen sind ... Und wie ich von 1918 bis 1923 gegen die kommunistische Seuche gekämpft habe, so werde ich jetzt ebenso offen und rückhaltlos gegen die nationalsozialistische Seuche kämpfen.«

Seine große politische Sorge trieb Anton Erkelenz erneut seit 1928, durch Aussprachen mit führenden Gewerkschaftskollegen eine Verschmelzung aller drei Gewerkschaftsrichtungen zu fördern. Seine Verhandlungen wurden angesichts der immer bedrohlicheren wirtschaftlichen und politischen Lage in Deutschland dringlicher, und rückblickend konnte er 1933 darauf hinweisen, daß die Leitung des ADGB seine Bestrebungen unterstützt und sich immer wieder zu weitgehenden Zugeständnissen gegenüber den Hirsch-Dunckerschen Gewerkvereinen bereit gezeigt hätte.

Ein letztes Mal versuchte Anton Erkelenz kurz nach der Machtübernahme Hitlers die Gewerkschaften zu einem demonstrativen Zusammenschluß zu bewegen, damit sie »ein Organ der Selbstverwaltung und Selbstbestimmung bleiben und nicht Staatszwangsgewerkschaften« werden. Der 2. Mai 1933 durchschnitt seine Bemühungen, und in einem Brief vom 3. Mai schrieb er: »Den Christlichen und uns wird man gnädigst erlauben, sich anzuschließen, und daß ich bei diesem Anschluß nicht dabei sein kann, ist von beiden Seiten aus selbstverständlich.«

Anton Erkelenz führte von dann an ein ganz zurückgezogenes Leben, anscheinend nur der Pflege seines Gartens und seinen persönlichen Neigungen zugewandt und doch voll innerer leidenschaftlicher Anteilnahme an dem politischen Geschehen. Dies fand zwar nicht Ausdruck in kämpferischer Form; aber er suchte die geistige Auseinandersetzung auch mit dem politischen Dogma, das ihm zuwider war, was an seiner systematischen Sammlung zeitgeschichtlicher Berichte, die er mit Kommentaren versah, und in Gesprächen mit Gesinnungsfreunden erkennbar wurde. So trafen sich auch Ernst Lemmer und Julius Leber mehrfach in seinem Haus.

Die drohende Gefahr eines kommunistischen Vordringens als letztes Ergebnis des von Hitler entfachten Krieges beunruhigte Anton Erkelenz tief. Er mochte sein düsteres Geschick vorgeahnt haben, als er im Januar 1944 in der Sorge um seinen unmündigen und mutterlosen Sohn sein Testament einem Freunde übersandte. In dem Begleitbrief hieß es: »Ich mache mir gelegentlich Gedanken darüber, was hier bei mir wird, wenn ich durch irgendwelche Umstände einmal außer Gefecht gesetzt würde ... Für diesen, hoffentlich nicht eintretenden, aber immerhin möglichen Fall brauche ich jemanden hier in der Nähe, der schnell zur Hand sein und die ersten Dispositionen treffen kann.«

Am Tage nach dem Einmarsch der sowjetischen Truppen wurde Anton Erkelenz am 25. April 1945, von unbekannten Tätern ermordet im Garten seines Zehlendorfer Hauses aufgefunden.

ETHOS UND RADIKALISMUS

In der politischen Entwicklung, die zum Sieg des Nationalsozialismus in Deutschland führte, war der Kampf der Kommunistischen Partei gegen das parlamentarische System und den demokratischen Staat von wesentlicher Bedeutung. Er schwächte die republikanischen Kräfte und erleichterte Hitlers Machtergreifung. Mit der Aushöhlung der Weimarer Republik untergrub jedoch die KPD letzten Endes ihre eigene Existenz. Ihre organisatorische und politische Niederwerfung 1933 war die Folge einer völlig verfehlten »Generallinie«, und ihre eigentliche Ursache lag in der Abhängigkeit von Moskau begründet.

Die Kommunistische Partei Deutschlands war im Laufe weniger Jahre von der linken Flügelpartei ihres Landes zu einem Instrument der russischen Außenpolitik geworden. Hatten zunächst parteiinterne Auseinandersetzungen in der deutschen sozialdemokratischen Arbeiterbewegung über die Politik während des ersten Weltkrieges 1917 zu den linksoppositionellen Gründungen der USPD und des noch radikaleren Spartakusbundes geführt, so standen dann im wesentlichen die Linksextremisten des Spartakusbundes am 30. Dezember 1918 hinter der Konstituierung einer sich dem russischen Vorbild angleichenden KPD. Von der Theorie überzeugt, daß die alte Gesellschaftsordnung nicht auf reformerischen Wegen zu überwinden sei, wollten sie den Kampf um eine sozialistische Ordnung kompromißlos und ohne »zweifelhafte Bündnisse« durchgefochten sehen. Sie ließen sich von den Ideen leiten, die sich ihnen als »unverfälschter Marxismus« darstellten und denen in jener Periode die humanitären Wurzeln und die sozialen Triebkräfte kaum abgesprochen werden konnten.

Die Begeisterung wurde durch das »weltbewegende Ereignis« der russischen Oktoberrevolution angefacht. Doch das Vorbild erwies sich als irreführendes Phantom. Rosa Luxemburg, die an der Spitze des Spartakusbundes gestanden hatte und im Januar 1919 mit Dr. Karl Liebknecht von Rechtsradikalen in bestialischer Weise erschlagen wurde, hatte mit ihrem scharfen Verstand früh das Wesen des Bolschewismus erkannt. Mit ihrem Kreis war sie für die Gleichberechtigung national eigenständiger Arbeiterbewegungen und für die innere Parteidemokratie eingetreten, und mit zwingender Logik hatte sie dargelegt, daß Meinungsfreiheit immer nur die Freiheit der Meinung des Andersdenkenden sei. Solche Auffassungen wurden jedoch bald »liquidiert«. Die Moskauer Zentrale hielt an der Forderung fest, daß es nur darauf ankomme, allenthalben über disziplinierte und von demokratischen Vorurteilen befreite Parteiarmeen zu verfügen, um mit ihnen die bürgerlich-kapitalistische Welt zu überrennen.

In Kürze aber bestätigte sich, daß das Schema der Bolschewiki – ungeachtet der verschiedenen politischen und sozialen Voraussetzungen alles in Durchschnittsformen pressen zu wollen – auf industriell entwickelte Länder mit starker gewerkschaftlicher Organisation und relativ hohem Lebensstandard der Arbeiterschaft nicht paßte und daß die Abhängigkeit vom Moskauer »Generalstab« zur Lähmung und moralischen Korrumpierung der kommunistischen Parteien führen mußte. Dies zeigte sich, als 1929 die Wirtschaftskrise über Deutschland hereinbrach und die KPD zu keinem positiven Beitrag fähig war, um die Folgen der Krise von der Arbeiterschaft abzuwenden. Statt dessen wurde von der Führung die Parole ausgegeben, daß der Faschismus Deutschland bereits erobert habe und die Sozialdemokraten – »Sozialfaschisten« – als Hauptfeind zu bekämpfen seien. So blieb es, als das Jahr 1932 nicht nur den Höhepunkt der Wirtschaftskrise, sondern auch das immer aggressivere Vorrücken der Harzburger Front und der Hitlerschen Bürgerkriegsformationen brachte. Ein ernsthafter Versuch zur Verständigung mit den Sozialdemokraten und den Gewerkschaften kam für die KPD nicht in Betracht. Entsprechend der Gene-

rallinie galt auch weiterhin das selbstmörderische Programm, die Republik als Existenzgrundlage der Arbeiterbewegung zugrundegehen zu lassen. Richtschnur wurde die These, daß nach dem unvermeidlichen Übergangsstadium des deutschen Faschismus das Erbe den Kommunisten von selbst zufallen werde.
Zu dem Bild der KPD Anfang der dreißiger Jahre gehörte aber nicht nur die politische Unfähigkeit einer den Zentralanweisungen hörigen Führung und nicht nur die rasche Fluktuation jener Anhängerschaft, für die der Weg von Hammer und Sichel zum Hakenkreuz nicht weit war. Die kommunistischen Maximen waren auch von beträchtlichen Kreisen idealistisch gesonnener Intellektueller gestützt, die sich jedoch über die politischen Realitäten hinwegtäuschten. Und gewiß hielten an der KPD tausende ehrlicher Arbeiter fest, die in »ihrer« Partei, manchem Zweifel zum Trotz, die radikale Vertretung ihrer Interessen sahen und eine gründliche Lösung ihrer und ihrer Kollegen Misere erstrebten. Da aber in der breiteren deutschen Öffentlichkeit diese inneren Divergenzen kaum gesehen wurden, fand der simplifizierende Kampfruf Hitlers »gegen die bolschewistische Gefahr« um so mehr Widerhall, als seit 1931 gerade zwischen KP und SA blutige Saal- und Straßenschlachten zur Regel geworden waren. Gleichlaufend mit dem Kern der nationalsozialistischen Propaganda, daß der Radikalismus mit radikalen Mitteln vernichtet werden müsse, wurde der Kommunismus aus seiner bislang mehr abstrakten und oft verworrenen Verkündung in die Ebene der tätlichen Auseinandersetzung gelenkt. Seine rechtsradikalen Gegner fanden den Rückhalt Hitlers, insbesondere nach seinem berüchtigten Telegramm mit dem Bekenntnis »restloser Treue« zu den fünf SA-Leuten, die im August 1932 in dem schlesischen Dorf Potempa einen Kommunisten in seiner Wohnung überfallen und zu Tode getreten hatten.

Nachdem in der ersten internen Kabinettsberatung am 30. Januar 1933 die Möglichkeit erwogen worden war, durch rechtzeitige Ausschaltung der Kommunisten die erforderliche Reichstagsmehrheit für die Ermächtigung Hitlers zu erzielen, und der Regierungsaufruf am folgenden Tage den Gegensatz von »nationaler Disziplin« und »kommunistischer Zersetzung« herausstellte, brachte der 28. Februar 1933 zugleich mit der sensationellen Meldung vom Brand des Reichstagsgebäudes die Notverordnung »zur Abwehr staatsgefährdender kommunistischer Gewaltakte«, mit der die demokratischen Grundrechte endgültig aufgehoben wurden.
»Diese Brandstiftung ist der bisher ungeheuerlichste Terrorakt des Bolschewismus in Deutschland«, hieß es in dem amtlichen Preußischen Pressedienst: »Der Kommissar des Reiches im Preußischen Ministerium des Innern, Reichsminister Göring, ist dieser ungeheuren Gefahr mit den schärfsten Maßnahmen entgegengetreten. Er wird die Staatsautorität unter allen Umständen und mit allen Mitteln aufrechterhalten.« Noch in der Nacht des Reichstagsbrandes wurden auf Befehl Görings viertausend kommunistische Funktionäre verhaftet, die Parteipresse verboten und die Organisation mit allen Nebengliederungen aufgelöst – bei dem Bestand einer Anhängerschaft, die nach den letzten korrekt ausgezählten Wahlen vom 5. März 1933 noch 4845003 Wähler auswies. Die damit gewählten 81 kommunistischen Abgeordneten fanden aber unter der Lawine der Verfolgungen, Verhaftungen und Ermordungen keine Gelegenheit mehr, ihre Mandate auszuüben.
Durch den Terror des Dritten Reiches verschoben sich plötzlich die Akzente der politischen Moral. Da die Anhänger der kommunistischen Diktatur zu Opfern der nationalsozialistischen Diktatur wurden, erregten sie die Anteilnahme der Weltöffentlichkeit. Die Stimmen mehrten sich, daß der Brand nicht von den Kommunisten, sondern von den Nationalsozialisten selbst gelegt worden sei, als die nationalsozialistischen Versprechungen, das angeblich umfangreiche Beweismaterial zu veröffentlichen, nicht eingelöst wurden und sogar bei der Ermittlung tätige Polizeibeamte wie auch der Oberbranddirektor von Berlin, Walter Gempp, den amtlichen Verlautbarungen entgegengesetzte Aussagen machten.
Am 21. September 1933 begann vor dem IV. Strafsenat des Reichsgerichtes in Leipzig der Reichstagsbrandprozeß, in dem einer der Hauptangeklagten, der Bulgare Georg Dimitroff, der sich freilich auf sowjetischen Rückhalt verlassen haben mochte, infolge seiner unerschrockenen Kaltblü-

tigkeit die Bewunderung auch bürgerlicher Kreise des In- und Auslandes fand. Zum Höhepunkt der Verhandlung wurde die Auseinandersetzung, in der Dimitroff die Glaubwürdigkeit des als Zeugen geladenen neuen Preußischen Ministerpräsidenten Hermann Göring zu erschüttern und die Brandstiftung als Provokation der nationalsozialistischen Führung zu entlarven suchte. Nachdem Göring am Schluß der Vernehmung die Beherrschung verlor und Dimitroff dies mit den überlegenen Worten quittierte: »Sie haben wohl Angst vor meinen Fragen, Herr Ministerpräsident?«, wurde sein moralischer Sieg zu einem legendären Fanal für die junge kommunistische Resistance, die unter großen Opfern ihre ersten Erfahrungen sammelte.
Die einfachen Parteigänger der KPD und die kleinen Funktionäre hatten jetzt nicht allein die Folgen einer gescheiterten Politik zu tragen, sondern sie wurden auch von den nach Prag, Paris und Moskau ausgewichenen Spitzen des »Apparats« zum Ansporn für die illegale Arbeit bedenkenlos mit Parolen vom »nahe bevorstehenden roten Oktober« überschwemmt. Solche Parolen fanden nicht unbeträchtlichen Widerhall; denn die Verfolgungsmaßnahmen selbst hatten die in Deutschland verbliebenen subjektiv ehrlichen Kommunisten, die seit Jahren schon im Kleinkrieg mit den Bürgerkriegsgarden der extremen Rechten gestanden hatten, nicht entmutigen können. Nach den Thesen vom nationalsozialistischen Übergangsstadium und kommunistischen Erbe waren viele von ihnen, im Gegensatz zu den Sozialdemokraten, seit längerem schon auf den Tag der Untergrundarbeit eingestellt, und zum Teil sahen sie in einer fast abenteuerwilligen Bereitschaft ihrem Einsatz bei Sabotageakten und nächtlichen Klebekolonnen entgegen. Ohne Schonung der eigenen Person drängten sie mit höchster Aktivität zur Gruppenbildung, allerdings häufig auch in dem bewußten oder unbewußten Bestreben, nunmehr sozialdemokratische Freunde auf die kommunistische Linie zu bringen. Trotz des überaus hohen Anteils an Lebensopfern aus ihren Reihen schon in den ersten Monaten nach der nationalsozialistischen Machtübernahme führten sie vielfach ihren Kampf in einem nicht zu erschütternden Glauben an ihre Idee bis zur letzten Konsequenz. »Dieser Antrag, mich zum Tode zu verurteilen, ist die größte Ehre, die einem Revolutionär zuteil werden kann!«, lauteten vor Gericht die letzten Worte des Hamburger Arbeiters August Lüttgens, der am 1. August 1933 hingerichtet wurde.
Im übrigen aber waren unter dem Druck der Umstände vielfach auch in den Betrieben und Wohnblocks alte politische Gegensätze verblaßt. Der gegenseitige Beistand, der allerdings gerade von kommunistischer Seite nicht durchweg die Regel war, ergab sich in Massenprozessen, in den Folterkellern, Zuchthäusern und Konzentrationslagern, in denen viele Kommunisten über ihre doktrinären Fesseln hinauswuchsen und Zeugnisse starker ethischer Kraft erbrachten. So berichteten später nicht wenige Geistliche, Bürger, Aristokraten, Kriegsgefangene, Deportierte wie auch Verfolgte jüdischer Herkunft, daß sie ihr Leben der tapferen und vorbehaltlosen Unterstützung von Kommunisten zu verdanken hatten. Um andere nicht unter Foltern verraten zu müssen, wählte auch mancher Kommunist den Ausweg des Freitodes.

Über diese parteitreue Armee, der fraglos menschlicher Fundus eigen war, deren politische Sicht jedoch aus vielfältigen Gründen eingeengt blieb, wurde von der »Zentrale« in verantwortungsloser Weise disponiert. Die Genossen im Reich hatten sich ebenso mit der Bürde hoffnungsloser Vorhaben wie mit unerwarteten taktischen Wendungen abzufinden. Funktionäre aber, die sich mangelnder Linientreue verdächtig machten, wurden sogar oft genug ohne die geringste Hemmung der Gestapo in die Hände gespielt.
Der VII. Weltkongreß der Kommunistischen Internationale im August 1935 in Moskau hatte als zentrale Aufgabe »die Herstellung der Aktionseinheit aller Teile der Arbeiterklasse und die Schaffung der antifaschistischen Volksfront aller Werktätigen zum Kampf gegen die faschistische Diktatur und für ihren Sturz« propagiert. Dieser Verkündung folgte nicht allein eine rege Agitation zum Zwecke der Einflußnahme auf die Regierungsbildungen in den verschiedenen europäischen Ländern, sondern das Programm wurde auch wenige Monate später über die von den emigrierten Funktionären durchgeführte vierte, sogenannte Brüsseler Parteikonferenz der KPD, die in Wirklichkeit in

der Sowjetunion stattfand, an die kommunistische Resistance in Deutschland weitergegeben. Von dem Volksfrontgedanken erfüllt, folgten aus ihren Reihen viele begeistert dem Ruf und bahnten sich durch das Gestaponetz den Weg zum Spanischen Bürgerkrieg, um nach blutigen Kämpfen und tiefer Enttäuschung über die militärische Niederlage des Jahres 1938, soweit sie einer Verhaftung entgehen konnten, meist in der Emigration ihre Zuflucht zu suchen; und nur wenigen gelang es, sich wieder nach Deutschland durchzuschlagen.

Auf der im Jahre 1939 folgenden Berner Konferenz der KPD sollte die Stimmung erneut angefacht werden. So hieß es in der Schlußresolution: »Wo der Widerstand und die Einheit wachsen, wo neuer Mut die Menschen erfüllt, wo Klarheit über den Weg zum Sturze Hitlers und das gemeinsame Kampfziel entsteht, wo richtige Losungen als Flüsterzeitung durch die Massen gehen, wo Kreideinschriften, Handzettel und Flugblätter den Weg zeigen, da sagt das Volk mit Respekt: Das sind die Kommunisten!«

Doch wenige Monate später wurden die deutschen Kommunisten von dem Bündnis zwischen Stalin und Hitler überrascht, das Hitler die Rückendekkung für seinen Angriff auf Westeuropa gab. In nationalsozialistischen Gefängnissen und Konzentrationslagern aber bot sich da und dort alten Kommunisten die Möglichkeit zu dem Gespräch mit einem der nicht linientreuen kommunistischen Emigranten, die nach dem Pakt von Moskau an die Gestapo ausgeliefert wurden.

Während nach dieser Wendung, die manchen bislang Getreuen an der Generallinie irre werden ließ, der kommunistische Widerstand gegen das Hitlerregime seinen Tiefpunkt erreichte, gab der Angriff Hitlers auf die Sowjetunion am 22. Juni 1941 neuen Auftrieb. Mit dem Auftrag, die Untergrundarbeit in Deutschland zu mobilisieren, wurden von der Zentrale in Moskau in die verschiedenen europäischen Länder Vertrauensleute geschickt. Aber auch unabhängig von ihnen lebten innerdeutsche kommunistische Kader auf, die ihre Zellen zu einer netzartigen Organisation über Deutschland auszubauen und auch weitere Kreise zu erfassen suchten. Bis zuletzt waren sie meist auf charakteristische Aktivitäten wie Flugblattverteilung, Mauer- und Eisenbahnbeschriftung oder auch Sabotageversuche in den Rüstungsbetrieben eingestellt.

Ein typisches Beispiel für Einsatz und Opfer der kommunistischen Arbeiterschaft boten die Unternehmen Robert Uhrigs, eines dreißigjährigen Arbeiters, der bereits 1933 eine Widerstandsgruppe im Betrieb der Berliner Osram-Werke gegründet hatte und nach Verbüßung einer mehrjährigen Zuchthausstrafe dann erneut eine geheime Organisation unter der Arbeiterschaft zahlreicher Berliner Betriebe entwickelte. Auch in München und Dortmund entstanden Gruppen dieser Organisation, deren Schwerpunkt sich schließlich auf Hamburg verlagerte. Wie auch in anderen Fällen gelang es der Gestapo, Spitzel einzuschleusen, und Uhrig wurde 1942 mit einem Teil seiner Mitarbeiter in Haft genommen. Die Anklage lautete: »Die Angeschuldigten haben sich in der Zeit von 1938 bis 1942 in Berlin und anderen Orten des Inlandes als Funktionäre einer aus Kommunisten und sonstigen Staatsfeinden bestehenden illegalen Organisation betätigt. Sie haben an zahlreichen Zusammenkünften und Besprechungen über den Aufbau und die Arbeit der Organisation teilgenommen, bei der Bildung von Betriebs- und anderen illegalen Gruppen mitgewirkt, Beiträge gezahlt oder kassiert, kommunistische Mundpropaganda getrieben und Gesinnungsgenossen geworben ... Besonders in dem bis zum Januar 1942 mehrfach erschienenen ›Informationsdienst‹ wird nicht nur kommunistische Propaganda getrieben, sondern unter anderem offen zur Sabotage in der Heimat und an der Front und zur Aufklärung der Soldaten aufgefordert. Der ›Informationsdienst‹ Anfang Dezember 1941 enthält sogar eingehende Richtlinien für die von der Arbeiterschaft durchzuführenden Sabotagehandlungen.« Von den Verhafteten wurden 16 bereits in der Untersuchungshaft ermordet und 36 – unter ihnen Uhrig – nach ihrem Todesurteil hingerichtet. Die Nichterfaßten schlossen sich später der Gruppe Saefkow-Jacob an, die erst 1944 in die Hände der Gestapo fiel.

Vor allem wuchsen dem Kommunismus auch während des Krieges Sympathien aus den Bereichen junger Intellektueller zu. Oft politisch noch ungeformt, hatten sie sich weniger die Konsequenzen eines kommunistischen Deutschland überlegt;

vielmehr erschien manchen der Kommunismus als noch allein mögliche »Alternativlösung« gegenüber der Ausweitung der Hitlerdiktatur. In diesem Sinne bedeutete die Entdeckung des Kreises um Harro Schulze-Boysen und Arvid Harnack eine Sensation für die Machthaber des »Dritten Reiches«.

Harro Schulze-Boysen, Oberleutnant der Luftwaffe und Sohn eines Kapitäns zur See, war als Mitglied des »Jungdeutschen Ordens« und Herausgeber der Zeitschrift seines Jugendverbandes 1933 für einige Monate verhaftet worden und verließ das Gefängnis als scharfer Gegner des Nationalsozialismus. Der Vierundzwanzigjährige, der nach seiner Entlassung zunächst eine Luftfahrtschule besuchte und sich zugleich mit Sprachstudien an dem Auslandswissenschaftlichen Institut der Berliner Humboldt-Universität befaßte, schrieb im September 1933 in einem Brief: »Ich habe das zwar unbestimmte, aber sichere Gefühl, daß wir – à la longue – einer europäischen Katastrophe von Riesenausmaßen entgegengehen.« Nachdem er seit 1936 als Abwehroffizier im Luftfahrtministerium tätig gewesen war, lauteten seine Zeilen im Oktober 1938 an seine Eltern: »Ich sage jetzt für 1940/41 spätestens, vermutlich aber schon kommendes Frühjahr, den Weltkrieg mit anschließendem Klassenkrieg in Europa voraus. Und ich behaupte, daß Österreich und die Tschechoslowakei die beiden ersten Schlachten des neuen Krieges gewesen sind!«

Harro Schulze-Boysen hatte seit Kriegsbeginn Menschen ähnlichen Denkens um sich zu sammeln gesucht. Dabei hatte er in der Vorstellung, hier die wirksamste Unterstützung zur Bekämpfung des Nationalsozialismus zu finden, die Verbindung zu anderen kommunistischen Kreisen aufgenommen. Bald schon entstand ein enger Kontakt zwischen ihm und dem anderen Kopf der Gruppe, Arvid Harnack, einem Beamten im Reichswirtschaftsministerium, der sich als Wirtschaftstheoretiker die kommunistische Doktrin zu eigen gemacht hatte. Ein naher Verwandter charakterisierte ihn mit den Worten: »Eine gewisse Härte war kennzeichnend für ihn. Er verfügte neben ihr aber auch über das Mittel der Ironie, und er verschmähte seine Anwendung schwächeren Gegnern gegenüber im Redekampf nicht. Er besaß starken Ehrgeiz und ein Selbstbewußtsein, das auf anerkannten Leistungen beruhte... Seine Interessen waren vielseitig, und ich wußte, daß er umfassende und gründliche Studien, namentlich über den Sozialismus und das russische Regierungssystem gemacht hatte.«

Die Gruppe Schulze-Boysen-Harnack wurde von der Gestapo als die gefährlichste aller kommunistischen Organisationen bezeichnet, und in dem Abschlußbericht des Staatssicherheitsdienstes im Jahre 1942 hieß es: »Bemerkenswert ist die Tatsache, daß sich unter den Festgenommenen über 20% Berufssoldaten, Beamte und Staatsangestellte, 21% Künstler, Schriftsteller und Journalisten befinden, während andererseits nur 13% Arbeiter und Handwerker festgenommen wurden. Von der Gesamtzahl der Festgenommenen sind 26 Personen, d. h. 29% Akademiker und Studenten.«

Dieser Kreis, von dessen Aktivität sich gerade auch über die Kriegsentwicklung verzweifelte junge Menschen angesprochen fühlten, versuchte mit der Zeitschrift »Innere Front« vor allem auf Soldaten und Fremdarbeiter Einfluß zu nehmen. Über Arvid Harnack und seine Beziehungen zu Vertretern der ehemaligen sowjetischen Botschaft und Funktionären der kommunistischen Zentrale wurde ein Nachrichtennetz nach Rußland aufgebaut. Daneben gelangen Kontakte zur westeuropäischen Resistance. Im August 1942 begannen die Verhaftungen, bei denen vier Sendegeräte der von der Gestapo als »Rote Kapelle« bezeichneten Gruppe beschlagnahmt wurden. Nach schlimmen Mißhandlungen der Verhafteten, die sich zum Teil keineswegs des Netzes, in das sie durch ihre Führung verflochten waren, bewußt geworden waren, verurteilte das Reichskriegsgericht in Berlin in prozessualen Abschnitten von Dezember 1942 bis Oktober 1943 insgesamt 75 Angeklagte auf ausdrückliches Verlangen Hitlers ausnahmslos zum Tode. Die Urteilsbegründung unterstrich: »Der Oberregierungsrat Dr. Harnack und der Oberleutnant Schulze-Boysen hatten es verstanden, in Berlin eine Schar von Personen aus den verschiedensten Gesellschaftskreisen um sich zu sammeln, die aus ihrer staatsfeindlichen Einstellung kein Hehl machten.«

Über die heroische Haltung, mit der viele der Angeklagten und nicht zuletzt bisher abseits der politischen Sphäre wirkende Frauen, wie die Keramikerin Cato Bontjes van Beek, die Tänzerin Oda Schottmüller, die Studentin Eva-Maria Buch, Mildred Harnack, die Frau Arvids – eine geborene Amerikanerin – oder die Frau des Grafen von Brockdorff, Erika, ihr Schicksal auf sich nahmen, berichteten die Gefängnispfarrer Buchholz und Poelchau.

Während noch die letzten Prozesse gegen die »Rote Kapelle« liefen, war im Juli 1943 in der Sowjetunion das »Nationalkomitee Freies Deutschland« als »antifaschistische Einheitsfront aller in der Sowjetunion lebenden Hitlergegner« geschaffen worden, nicht allein mit der Absicht, die deutschen Kriegsgefangenen für den Weltkommunismus zu gewinnen, sondern auch mit dem Ziel, über kommunistische Restkader in Deutschland entsprechenden Einfluß auf die kriegsmüden Teile der Bevölkerung zu nehmen. Im Sommer des gleichen Jahres entwickelte sich aus der Leipziger Widerstandsorganisation um die Mitbegründer des Spartakusbundes Georg Schumann, Georg Schwarz und jüngere Kommunisten wie Otto Engert und Kurt Kresse, die etwa zur Zeit des Hitlerischen Angriffs auf Rußland damals noch ohne Auslandsverbindungen ihre Arbeit aufgenommen hatten, eine Parallelgründung zu dem »Nationalkomitee Freies Deutschland«. Nach der Konzeption der Leipziger sollte sich mit dem Vordringen der Roten Armee nach Deutschland der Krieg gegen Hitler in eine revolutionäre Auseinandersetzung mit den westlichen Demokratien verwandeln. Die Organisation druckte Flugblätter und Aufrufe, hatte ihre Mitglieder hauptsächlich in den Großbetrieben und stand in Beziehung zu thüringischen Gruppen um Dr. Theo Neubauer und der Berliner Gruppe um Anton Saefkow und Franz Jacob. Im Jahre 1944 kam eine sogenannte illegale »Reichsleitung« mit den Namen Georg Schumann, Theo Neubauer, Anton Saefkow zustande. Auch hier wurde wieder zum Anschluß an sonstige Widerstandsgruppen gedrängt. Der Versuch zielte dahin, auf einer breiten Plattform auch die Verbindung mit Sozialdemokraten und bürgerlichen Kreisen zu erreichen.

Es ergingen Weisungen an die Gruppen in der Provinz, die in Übereinstimmung mit neuen Parolen aus Moskau organisiert werden sollten. Doch die Aufrufe vermieden jede Wendung, die auf Verbindungen mit Moskau schließen lassen konnten, so daß selbst mitwirkende Kommunisten, die von jeher eine Unabhängigkeit von Moskau vertreten hatten, voller Hoffnung waren, daß nach dem Sturze Hitlers das Erstehen einer national eigenständigen KPD möglich sei. Ehe noch die der Kapitulation folgenden Maßnahmen deutlich machen konnten, daß die Versuche der innerdeutschen Parallelorganisation zum Nationalkomitee nicht die Erwartungen der Zentrale erfüllten, wurde sie durch den Zugriff der Gestapo und umfangreiche Verhaftungen in Berlin und im mitteldeutschen Raum in den Monaten Juli und August 1944 weitgehend zerstört.

Die kommunistische Resistance hatte ihre gefährliche Arbeit, gleich den anderen Angehörigen des deutschen Widerstandes, ohne Pathos und ohne Bedacht auf die Erfolgschancen übernommen. Ihre Opfer zählten nach Zehntausenden. Vergeblich hatten unzählige Namenlose versucht, ein Schicksal zu wenden, das ihre Führung mitverschuldet hatte. Sie gaben ihr Leben für eine Sache, die sie für gut hielten. Sie träumten einen unerfüllbaren Traum. Das Fallbeil kam ihrer Desillusionierung zuvor und ersparte ihnen die Praxis des Kommunismus in Deutschland.

HANS LITTEN

entstammte einer alten Pastoren- und Gelehrtenfamilie und wurde am 19. Juni 1903 geboren. Sein Vater, damals Professor des römischen und deutschen Rechts in Halle und später Rektor der Universität Königsberg, drängte seinen Sohn, der entsprechend seiner Begabung das Studium der vergleichenden Sprachwissenschaften wählen wollte, die juristische Laufbahn einzuschlagen. Während seiner Studienjahre schloß sich Hans Litten der linksgerichteten Jugendbewegung an und geriet mit seinen radikalen politischen und sozialen Auffassungen in ausgesprochenen Gegensatz zu seinem Elternhaus.

Nach Ablegung seiner juristischen Examen trat Hans Litten in den letzten Jahren der Weimarer Republik als junger Berliner Rechtsanwalt in verschiedenen Prozessen durch seine zähe Verfolgung nationalsozialistischer Terrorakte und seine kompromißlosen Rechtsforderungen im Interesse auch kommunistischer Mandanten hervor.

Auf Antrag des 27jährigen Rechtsanwaltes Hans Litten hatte das Berliner Schwurgericht III zu einem Prozeß gegen Angehörige eines SA-Sturmes wegen »Totschlag in drei Fällen, Landfriedensbruch und Körperverletzung durch hinterlistigen Überfall« am 7. Mai 1931 Adolf Hitler als Zeugen geladen. In dem mehrstündigen Verhör vor einem überfüllten Zuschauerraum wies Litten als Vertreter des Nebenklägers der nationalsozialistischen Parteiführung nach, daß sie nicht nur Gewalttaten und illegale Handlungsweisen ihrer Mitglieder dulde, sondern diese begünstige und sogar planmäßig organisiere. Nach dem Bericht des »Berliner Tageblattes« hoben sich dabei folgende Fragen an den Zeugen ab:
Gehörten die vier Angeklagten zu einem von der Parteileitung angeordneten Rollkommando mit dem Ziel, Menschen zu töten?
Wurde die revolutionäre Zeitschrift Goebbels' – nach den Worten Littens »das Bekenntnis zur Illegalität« – vom Parteiverlag übernommen und damit von der Partei sanktioniert?
War Hitler die Stelle aus dem Buch bekannt, wo Goebbels erklärte, daß vor dem Umsturz nicht zurückgeschreckt werden dürfe, das Parlament gesprengt und die Regierung zum Teufel gejagt werden solle?
Wenn dennoch ein Mann wie Goebbels zum Reichspropagandaleiter gemacht wurde, müsse dies als eine Aufforderung zur Illegalität aufgefaßt werden.
Hitler sah sich vor einer breiten Öffentlichkeit, bekannten Juristen, Regierungsvertretern und der gespannten Berliner Presse, mehr und mehr durch das von Litten zusammengetragene Beweismaterial in die Enge gedrängt. Er flüchtete in Beteuerungen seiner Verfassungstreue und der Friedfertigkeit seiner Partei, um schließlich hochrot vor Erregung Litten entgegenzuschreien: »Wie kommen Sie dazu, Herr Rechtsanwalt, zu sagen, es ist eine Aufforderung zur Illegalität? Das ist eine durch nichts zu beweisende Erklärung!«
Der frühere Rechtsanwalt und Herausgeber des »Berliner Tageblattes«, Rudolf Olden, charakterisierte später Litten in einem Nachruf als einen »gründlichen Verteidiger, der offenbar unbegrenzte Zeit und unbegrenzte Geduld hatte und auch Geringfügiges wichtig nahm, wenn es im Interesse seines Mandanten zu liegen schien. Schwer war es auch, ihn vom Wort abzudrängen, weil er ein vorzüglicher Kenner des Prozeßrechtes war, und so hieß es oft für die anderen Beteiligten, sich in Geduld zu fassen.« Litten habe sich auffallend von jenen Anwälten auf der äußersten Linken und der äußersten Rechten, die Mängel ihrer Sache oder ihrer Person durch Erregtheit und Stimmaufwand auszugleichen versuchten, unterschieden. »Sein Radikalismus zeigte sich nicht in den äußeren Mitteln. Er trat zutage in der Formulierung von Fragen und Beweisanträgen, die gelegentlich scheinbar Entferntes, ja den ganzen Staatsaufbau umfaßten, wo die Verhandlung nur um eine Straßenrauferei zu gehen schien.« Selbst habe er sich »revolutionärer Marxist, weit links von der kommunistischen Partei« genannt, der unerbittlich nach der Berg-

predigt leben wollte, »ein franziskanischer Mensch, und da er einmal in die Juristerei verschlagen war, so stand er fürs Recht, unnachsichtlich – nicht für billigen Vergleich, nicht für Kompromisse.«

In zunehmendem Maße wurde Hans Litten Anfang der dreißiger Jahre von der nationalsozialistischen Presse angegriffen, mehr und mehr auch gehaßt von solchen Kollegen und Richtern, die sich den nationalsozialistischen Auffassungen anzugleichen begannen. Im Oktober 1932 führten schließlich wiederholte Denunziationen zu seinem Ausschluß von der Verteidigung. Da Litten die falsche Beschuldigung der Zeugenbegünstigung widerlegen konnte, hob das Kammergericht zunächst den Beschluß auf, um jedoch bei einem erneuten Antrag zurückzuweichen und den Verteidigungsausschluß Littens zu bestätigen.

Nach dem 30. Januar 1933 beschworen die Eltern den Sohn, Deutschland zu verlassen; doch er lehnte es mit Entschiedenheit ab: »Die Millionen Arbeiter können nicht heraus, also muß ich auch hierbleiben.« Am Morgen nach dem Reichstagsbrand wurde Hans Litten verhaftet, in das Spandauer Polizeigefängnis eingeliefert und von dort in das Konzentrationslager Sonnenburg übergeführt, wo er schwersten Mißhandlungen von SA-Leuten, gegen die er in seinen Prozessen aufgetreten war, ausgesetzt wurde.

Als in dieser Periode die Revision von Prozessen gegen Anhänger der NSDAP aus der Weimarer Zeit verfügt wurde, fiel hierunter auch jener Prozeß um einen nächtlichen SA-Überfall, bei dem Litten 1932 einen des Mordes an einem SA-Mann angeschuldigten Kommunisten verteidigt hatte. Durch tagelange systematische Tortur konnte die Gestapo von Hans Litten das Geständnis erpressen, sein Mandant sei der Mörder gewesen. Doch während der »Völkische Beobachter« in großer Aufmachung einen Artikel unter der Überschrift »Litten gesteht Mitwisserschaft an einem Mord« veröffentlichte, hatte Hans Litten die erzwungene Aussage widerrufen. »Ich mußte sie widerrufen, fühlte mich aber den mir angedrohten Folgen für den Fall eines Widerrufes nicht gewachsen. Das habe ich auch an die Geheime Staatspolizei geschrieben.« Diese Nachricht hinterließ Hans Litten in seiner Zelle, als er nach dem Verhör einen Selbstmordversuch unternahm und sich die Pulsader öffnete. Fast ausgeblutet, aber noch lebend, wurde er am nächsten Morgen aufgefunden.

Die angestrengten Bemühungen der Familie, über Persönlichkeiten wie den damaligen Wehrminister Blomberg oder den Justizminister Gürtner, Hans Litten eine Erleichterung zu verschaffen, blieben ergebnislos. »Es wird niemand etwas für Litten erreichen. Hitler lief blaurot im Gesicht an, als er den Namen hörte«, äußerte Freisler. Der Kronprinz, der für Litten Fürsprache einzulegen versuchte, erhielt von Hitler die drohende Antwort: »Wer für Litten eintritt, fliegt ins Lager, selbst wenn Sie es sind!«

Die Nachrichten über Hans Litten drangen ins Ausland. Vor allem erregte es in England Empörung, daß ein Rechtsanwalt gezwungen werden sollte, sein Berufsgeheimnis preiszugeben. Im Jahre 1935 hatte Lord Allen of Hurtwood eine Eingabe an Hitler gemacht, die von über 100 der angesehensten Juristen Englands unterschrieben war. In seinem Antwortschreiben betonte Ribbentrop, Litten könne nicht mit Milde rechnen, da er »einer der geistigen Führer des Kommunismus« sei.

Eine zweite große Kampagne in der englischen Öffentlichkeit für Hans Litten, die durch einen Bericht Lord Allens of Hurtwood in der »Times« eingeleitet werden sollte, war für Ende Januar 1938 vorgesehen. Das Gerücht von einer umfassenden Amnestie, die, wie man hoffte, auch Hans Litten zugute kommen würde, verschob diese Aktion bis zum März. Doch inzwischen hatten die Eltern am 5. Februar 1938 über die örtliche Polizeidienststelle die Nachricht von dem Selbstmord des Sohnes erhalten.

Hans Litten war im Januar 1934 in das Konzentrationslager Esterwegen verlegt und nach Zwischenstationen in den Lagern Lichtenburg und Buchenwald im Oktober 1937 in das Konzentrationslager Dachau eingeliefert worden, um dort durch weitere Folterungen in den Tod getrieben zu werden.

Hans Litten nach der Zeichnung eines Mithäftlings im KZ-Lichtenburg.

WILLI MARKER

der Sohn eines Tagelöhners, wurde am 22. August 1894 in Hofgeismar geboren. Als Teilnehmer des ersten Weltkrieges und Mitglied der SPD wurde er 1918 in den Soldatenrat gewählt. Die Vorgänge des Kapp-Putsches bestimmten ihn, sich 1920 zunächst den Unabhängigen Sozialdemokraten zuzuwenden und sich dann 1922 der Kommunistischen Partei anzuschließen. Bis 1933 war er kommunistischer Gemeindevertreter in Kassel-Niederzwehren und Landtagskandidat. In dieser Funktion trat er noch nach der nationalsozialistischen Machtübernahme im Februar 1933 bis zum Reichstagsbrand im Wahlkampf auf.

»Willi Marker führt sich hier ordentlich. Zu Hausarbeit herangezogen, zeigt er sich willig und fleißig. Im übrigen scheint ihm die Strafe noch nicht recht nahezugehen. Von einer ernsten innerlichen Umkehrabsicht war noch nichts zu merken. Nicht gefördert!«, lautete der Bericht des Abteilungswachtmeisters in der Strafanstalt Hameln am 20. Oktober 1934.
Willi Marker, der sich der ersten Verhaftungswelle nach dem Reichstagsbrand entziehen, mehrere Monate lang verborgen halten und nach dem Verrat seines Versteckes vor den Augen der Gestapo in einer dramatischen Flucht retten konnte, wurde schließlich im Hause von Freunden in Kassel am 11. April 1934 verhaftet und am 13. Juli wegen »Vorbereitung eines hochverräterischen Unternehmens« zu anderthalb Jahren Gefängnis verurteilt. Neben seinem Entwicklungsweg hob die Urteilsbegründung hervor, daß Marker noch Anfang 1933 Versammlungsreden gehalten, auch nach dem Verbot der KPD seine Tätigkeit als Kassierer fortgesetzt und dadurch im geheimen Anhänger gesammelt und neu organisiert habe.

In unmittelbarem Anschluß an die Haftverbüßung kam Willi Marker im September 1935 mit dem Vermerk »Die Haft hat seine Gesinnung nicht geändert« in das Konzentrationslager Esterwegen. Von dort führte sein Leidensweg 1937 in das Konzentrationslager Sachsenhausen, in das nach Kriegsbeginn viele Juden aus dem Altreich und den besetzten Gebieten eingeliefert wurden. Darüber schrieb einer seiner Mitgefangenen: »Das Leben dieser jüdischen Bürger war schrecklich. Sie wurden auf halbe Rationen gesetzt und in Holzbaracken untergebracht; diese waren so überbelegt, daß nachts die Häftlinge sich nicht zum Schlafen hinlegen konnten. In dem strengen Winter 1939/40 durfte kein Feuer in diesen Baracken angesteckt werden. Sie hatten keine Strohsäcke und keine Decken, sie lagen auf blanker Erde. In diesen – wir nannten sie Hungerblocks – war Willi Marker Stubenältester. Die Juden verehrten ihn. Er sorgte für sie und half den Kranken. Durch die schlechte Ernährung hatten viele die Ruhr; viele starben an Lungenentzündung ... ihre schwerkranken Mithäftlinge fanden keine Aufnahme im Krankenrevier ... Ich habe Willi Marker oft besucht. Eine Freizeit kannte er nicht. Seine Sorge galt nur allein diesen elenden Menschen. Ich habe oft gesehen, wie er die an der Ruhr erkrankten Häftlinge säuberte und die Verzweifelten tröstete.«
Mit seiner tätigen Nächstenliebe lenkte Willi Marker die Aufmerksamkeit der Wachmannschaft auf sich. Der zuständige Blockführer beschuldigte ihn, zu human gegenüber den Juden zu sein, und er drohte ihm schärfste Maßnahmen an, wenn er sich einer Vernichtung der Juden weiterhin in den Weg stellen werde. Da diese Drohung Willi Marker in seiner Haltung nicht beirren konnte, wurde er als Stubenältester durch einen Berufsverbrecher abgelöst, und damit setzte ein schreckliches Sterben in der Baracke ein.
Nach heftigen Vorwürfen, die Willi Marker dem neuen, verrohten Stubenältesten machte, wurde er von der Lagerleitung in die Strafkompanie versetzt und wenige Tage darauf während der Nacht im Waschraum aufgehängt.
Seine Frau erhielt am 22. April 1940 ein Telegramm des Lagerführers mit dem Inhalt: »Ehemann verübte Selbstmord.«

HANS OTTO

wurde am 10. August 1900 als Sohn eines Beamten in Dresden geboren. Als er nach dem Besuch des Realgymnasiums Kaufmann werden sollte, verließ er das väterliche Haus, da er sich von der Berufung zum Schauspieler getrieben fühlte.
Seinen ersten Vertrag erhielt er von dem Frankfurter Künstler-Theater. 1924 engagierte ihn Erich Ziegel an die Hamburger Kammerspiele. Bald darauf wurde er nach Berlin geholt, und Ende der zwanziger Jahre engagierte ihn Leopold Jessner für das Berliner Staatstheater am Gendarmenmarkt.
»In der Theaterwelt wurde man bald auf Hans Ottos eigenwillige, mit großen Mitteln ausgestattete Begabung aufmerksam«, schrieb der Berliner Schauspieler Hugo Gau-Hamm über die Wirkung des jungen Schauspielers vor 1933. »In der Zeit, da SA-Leute Andersdenkenden mit Stuhlbeinen und Revolvern zu Leibe gingen, spielte Hans Otto auf den Bühnen Berlins den ›Egmont‹, den ›Prinzen von Homburg‹, den ›Don Carlos‹ und den Prinzen in ›Emilia Galotti‹. Sein Spiel war der Ausdruck tiefen persönlichen Miterlebens jener Periode, die bereits von dem nationalsozialistischen Terror gezeichnet war, und diese Erlebnisse machten Hans Otto zu einer einmaligen Bühnengestalt. Aber er wollte auch leben, was er spielte, und er war dabei, wenn die Arbeiterschaft gegen den Nationalsozialismus demonstrierte. Wenngleich er hierbei die Mittel verkannte, wurde er in seiner Art ein Gegenbeispiel zu der sonst treffenden Formulierung Julius Babs, nach der die innere Bereitschaft zu vielfältiger und völliger Verwandlung, auf der die ganze Mimenkunst beruht, Standpunktfestigkeit und hingebendes soziales Interesse des bürgerlichen Menschen ausschließt.«
Schon in den zwanziger Jahren hatte Hans Otto eine starke Anteilnahme an den politischen und sozialen Auseinandersetzungen gezeigt. In besonderer Weise trat er politisch jedoch erst hervor, als 1931 durch die Sparmaßnahmen im Zuge der Notverordnungen verschiedene Berliner Theater geschlossen werden sollten. Damals übernahm er den Vorsitz im Ortsverband der Bühnengenossenschaft.
Nach dem Urteil seiner damaligen Kollegen bekannte sich Hans Otto vorbehaltlos zum Kommunismus, und gemeinsam mit einer kleinen scharf links tendierenden Gruppe bereitete er durch seine aggressive politische Haltung einer fruchtbaren Arbeit in der Bühnengenossenschaft oft große Schwierigkeiten. »In diesen Radikalismus hatte ihn aber« – so betonten seine Kollegen – »zweifellos seine leidenschaftliche Ablehnung des Nationalsozialismus getrieben, und er blieb auch kompromißlos, als Göring 1933 sein besonderes Interesse den Staatstheatern zu zeigen begann. Doch er hatte unter Kommunismus etwas anderes verstanden, als ein Bekenntnis zur Rechtlosigkeit oder zum Haß. Niemals hat er sich einem Unrecht gebeugt, noch gestattet, daß einem Berufsgenossen, speziell einem Wehrlosen, ein Unrecht angetan wurde. Persönlich war er auch frei von jeder Gehässigkeit – ein wahrhaft liebenswürdiger Mensch, warmherzig und hilfsbereit.«
Nach einer gewissen Frist, in der die Theater mit Rücksicht auf die öffentliche Wirkung noch von schärferen Maßnahmen verschont blieben, wurde der Hitlerstaat auch für Hans Otto zum unausweichlichen Schicksal. In einem Flugblatt, das Ende 1933 im Ausland erschien, hieß es:

Hans Otto
Schauspieler am Berliner Staatstheater, wurde am 15. November 1933 von einem SS-Führer und drei SS-Leuten verhaftet.
Hans Otto
wurde nach zehn Tagen mit doppeltem Schädelbruch ins Staatskrankenhaus eingeliefert.
Hans Otto
starb kurz darauf an den Folgen seiner schweren Verletzungen. Er war 33 Jahre alt.
Hans Otto
war nach einhelligem Urteil einer der talentvollsten Künstler des Berliner Staatstheaters.
Schauspieler der Welt!
Helft, daß der erste Mord, der einen Kollegen von Euch traf, der einzige bleibt! Ihr kämpft für die geistige Freiheit, auf der die Macht Eures Wirkens beruht. Findet Wege, das Berliner Staatstheater und die Regierung des Dritten Reiches Eure Meinung wissen zu lassen, nehmt öffentlich Stellung!

HANS BEIMLER

Über den Weg Beimlers vom jugendlichen Revolutionär und Spartakuskämpfer bis zum Organisator der ersten »antifaschistischen Formation deutscher Freiwilliger« und Politkommissar im Spanischen Bürgerkrieg und seine Ermordung durch die GPU berichtete nach eingehenden Nachforschungen Antonia Stern:

»... Geboren wurde ich auch einmal, und zwar am 2. Juli 1895 in München«, schrieb Beimler in einer kurzen Selbstbiographie. »Da meine Mutter eine ledige Köchin war, wurde ich mit drei Wochen meinen Großeltern, einer Schlossermeisterfamilie in Waldthurn, einem kleinen Marktflecken in der Oberpfalz, übergeben. In diesem Winkel, wo die Bevölkerung so gut katholisch wie die Not groß war, lebte ich bis zu meinem 16. Jahr. Selbstverständlich durfte ich kein Konditor werden, wenn alle meine ›männlichen‹ Verwandten bis zum Urgroßvater Schlosser waren. Ich wurde also auch Schlosser.«
Nach der Gesellenprüfung lernte der Sechzehnjährige auf der Wanderschaft Land und Leute kennen und ließ sich schließlich in München nieder. Dort trat er 1913 dem Deutschen Metallarbeiterverband bei, dessen Mitglied er war, bis er 1927 wegen oppositioneller Bestrebungen ausgeschlossen wurde. In den Konjunkturjahren vor dem ersten Weltkrieg arbeitete er in der Münchener Rüstungsindustrie und später auf einer Hamburger Werft. Über seine Einziehung zu Ausbruch des Krieges 1914 äußerte er in seinem Lebenslauf: »Meine Kriegsbegeisterung war nicht allzu groß, so daß ich zur terminmäßigen Meldung zu spät kam.«
Er wurde als Minensucher ausgebildet, zunächst einer Flottille in der Ostsee und gegen Kriegsende einem Kommando in der Nordsee zugeteilt. Dort erreichte ihn die Nachricht von der russischen Oktober-Revolution 1917 – »das ungeheure und tiefgreifendste Erlebnis« seines Lebens, das seinen weiteren Weg bestimmte. Zur Zeit der deutschen Revolution im November 1918 war Beimler in Cuxhaven stationiert; schon am 5. November veranstaltete er mit Kameraden der im Hafen liegenden Schiffe eine revolutionäre Demonstration, und als Mitglied des Arbeiter- und Soldatenrates wurde er in die Leitung der örtlichen Spartakusgruppe gewählt. Bei Ausrufung der bayerischen Räterepublik war er in München, um nach deren Niederwerfung als Matrose der Roten Armee vorübergehend verhaftet zu werden.
Der Versuch einer Brückensprengung, mit der er 1921 den Transport bayerischer Truppen in das sächsische Aufstandsgebiet verhindern wollte, trug ihm zwei Jahre Haft in der Festung Niederschönfeld ein. Nach seiner Freilassung arbeitete er in der Lokomotivfabrik Kraus-München-Sendling. Mit seinem starken Einfluß auf die dortige Arbeiterschaft begann sein politischer Aufstieg. Er wurde 1930 kommunistischer Landtagsabgeordneter, 1932 Reichstagsabgeordneter und erhielt noch bei den Märzwahlen nach Hitlers Machtantritt 60 000 Stimmen in München-Oberbayern.

Nach dem Reichstagsbrand hielt sich Beimler einige Wochen verborgen. Doch seine geheimen »Treffs« mit Genossen wurden von einem der Beteiligten verraten, und über das Münchener Polizeipräsidium mußte er seinen Weg in das Konzentrationslager Dachau antreten. Über das Martyrium, dem die KZ-Häftlinge ausgesetzt waren, berichtet seine Broschüre »Im Mörderlager Dachau«, die 1933 in Moskau erschien. Auf den letzten Seiten ist dort zu lesen:

»So wie Fritz Dressel wollte ich nicht sterben. Als die Mörder mich in die Zelle ›vier‹ geworfen hatten und ich vor mir den toten Freund und Revolutionär, den linken Arm mit den drei Schnitten am Handgelenk überquert, daneben das Brotmesser auf dem Boden liegen sah, stand mir für einen Augenblick der Verstand still, eben unfähig zu erkennen, was das zu bedeuten hat. Mit den Händen vor den Augen wollte ich nicht wahrhaben, daß Dressel tot ist. Als dann der Schlüssel zum Öffnen der Totenzelle angesetzt wurde, und ich

mit meinem endgültigen Schluß in der gleichen Zelle rechnen mußte, da hatte ich auch schon wieder Kraft genug, allem was da kommen mag, ins Auge zu sehen. Die Tatsache, daß ich mit der allergrößten Wahrscheinlichkeit das Lager nicht mehr lebendig verlassen werde, ließ mir nur die Wahl wie ich sterben wollte ... Für mich stand aber unumstößlich fest, daß ich erstens auf keinen Fall Hand an mich legen und daß ich mich zweitens nicht grausam in dem finsteren Dreckloch erwürgen und eventuell aufhängen lassen werde, so daß ich mich entschied, auf jeden Fall in der Nacht auszubrechen, und wenn mich die Bande dabei erwischt ... die Außenwelt dann durch die Mörder selbst erfahren muß, daß ›der Kommunist Beimler auf der Flucht erschossen wurde‹. So bereitete ich mich darauf vor. Ohne Erregung ›verließ‹ ich in der Nacht vom 8. auf den 9. Mai die Zelle, um jeden Augenblick die Kugel zu erwarten.«

Die tollkühne Flucht gelang. Beimler bewerkstelligte sie allein, ohne jede Hilfe von außen. Seine Mittel waren die handwerkliche Geschicklichkeit des Schlossers, seine Kaltblütigkeit und seine mutige Entschlossenheit, die ihn trotz des gemarterten und blutig geschlagenen Körpers das Unwahrscheinliche vollbringen ließen. Nach gefahrvollen Wochen des Versterktseins konnte Hans Beimler die tschechoslowakische Grenze überschreiten.
Nachdem er einer Einladung aus der Sowjetunion zu einem Aufenthalt in einem Sanatorium der Krim gefolgt war, drängte es ihn zurück, seinem Lande näher zu sein, den Kampf gegen den Nationalsozialismus erneut aufzunehmen, der zugleich der Befreiung der Opfer in den Konzentrationslagern galt, zu denen auch Beimlers Frau Centa und deren Schwester Maria gehörten, die für ihn seit seiner Flucht als Geiseln festgenommen waren. Am 20. Dezember 1933 traf er mit einem Moskauer Flugzeug in Paris ein, selbst zum rückhaltlosen Einsatz bereit und bald um so tiefer enttäuscht über die Gleichgültigkeit, mit der die maßgebenden Parteiinstanzen seine Vorschläge aufnahmen. In einem Bericht Beimlers vom 9. Februar 1934 an das Emigrantenbüro der Internationalen Roten Hilfe heißt es darüber:
»... Wir schreiben heute den 9. Februar und die Rote Hilfe hat bis heute keine einzige Versammlung in Paris organisiert ... Es ist alles beim alten geblieben ... und ich habe weiter gewartet ... Unter dem Vorwand, daß die Arbeiter ›versammlungsmüde‹ seien oder weil ›kein Dolmetscher zu finden ist‹ ... werden Versammlungen nicht durchgeführt ... Ich muß erklären, daß man wohl auch jetzt wieder versucht, die Schlamperei ... auf mich abzuwälzen ... Ich soll der Sündenbock sein ...« Der Bericht gipfelte in der Anklage, daß das Emigrantenbüro außer allgemeinen Redensarten nichts unternommen habe und damit der Zweck seiner Reise, etwas für die Rote Hilfe oder im Kampf gegen den Hitlerterror zu erreichen, ergebnislos geblieben sei.
Die gespannten Beziehungen Beimlers zu der Parteibürokratie sollten sich fortsetzen, als er im Frühjahr 1935 in Zürich die Leitung der »Roten Hilfe für das illegale Deutschland« übernahm und sich dieser im wesentlichen karitativen Tätigkeit mit größter menschlicher Anteilnahme und Verantwortlichkeit widmete. Für die unermüdliche Geduld, mit der er um seine Schützlinge bemüht war, sprechen auch unzählige Lebensläufe, die er in ihrem Interesse verfaßte. Eine Charakteristik aus jener Periode lautete:
»In seinem Benehmen war er denkbar einfach und natürlich und bescheiden. Wenn man ihn kennenlernte, wäre man nie auf den Gedanken gekommen, einen ›Prominenten‹ der Partei, einen der bekanntesten revolutionären Kämpfer vor sich zu haben ... Er war meist still, folgte der Unterhaltung mit dem ihm eigenen gütigen, etwas verschmitzten Lächeln, bildete sich aber dabei ein genaues Urteil über den anderen, mit dem er meist das Richtige traf ... Seine von der früheren Schlosserarbeit her gehärteten Hände waren gute Hände, zu denen man sofort Vertrauen faßte ... Wer Rat und Hilfe brauchte, kam zu ihm ... Er machte dann nicht viele Worte, doch übertrug sich seine große menschliche Wärme, seine innere Sicherheit und Ruhe auf jenen, und ich sah keinen, der mutlos von ihm ging ... Es mußte schon etwas ganz Besonderes sein, um ihn aus seinem harmonischen Gleichgewicht zu bringen. Dann aber war er auch wie ausgewechselt ... Sein Gesicht wurde hart, verschlossen, wie aus Stein gemeißelt. Die ausgeprägten mongolischen Backenknochen traten noch mehr hervor ... Aus solchen Augenblicken weiß

ich, daß es in ihm Härten, rasende Energien gab, die einmal entfesselt, den anderen unerbittlich treffen konnten... Aber nie ging es ihm um die eigene Person, sondern stets nur um die Sache, der sein Leben galt.«

Doch sein Wirken während der Zürcher Zeit wurde von einigen Doktrinären mit mißgünstigen Blikken verfolgt. Verleumdungen setzten ein, und für die Versäumnisse seines Vorgängers, auf die er längst selbst – aber vergeblich – warnend hingewiesen hatte, verantwortlich gemacht, wurde er seiner Funktionen enthoben und kaltgestellt. Darauf begab er sich nach Paris, um die Angelegenheit vor das Zentralkomitee zu bringen.

Der Ausbruch des Spanischen Bürgerkrieges im Juli 1936 bereitete diesen Auseinandersetzungen ein Ende. Als einer der ersten eilte Beimler Anfang August nach Barcelona. Dort organisierte er im Auftrag der Partei die erste Formation deutscher »antifaschistischer Freiwilliger« unter dem Namen »Centuria Thälmann«, und als deren Politkommissar schrieb er voller Begeisterung: »Die Stimmung an der Front wie im Hinterland ist unbeschreiblich... Wer da an einem Sieg der Volksfront über die Faschisten zweifelt, ist blind.«

Die revolutionäre Stimmung wurde gedämpft, als mit den ersten russischen Waffenlieferungen Anfang November 1936 GPU-Agenten mit dem Auftrag eintrafen, die von Stalin an die Waffenlieferungen geknüpften politischen Bedingungen durchzusetzen. Die Verfolgung aller »Andersdenkenden«, der Sozialisten, Trotzkisten, Anarchisten und Poum-Anhänger begann, und während sie an der Front noch Schulter an Schulter mit den »Linientreuen« kämpften, wurden viele von ihnen im Hinterland verhaftet, ins Gefängnis geworfen und ermordet.

Für Beimler, der sich solchen Methoden nicht anzuschließen vermochte, gibt es keine Kompromisse in diesem Konflikt. Da er das Ideal, dem er sein Leben lang in Treue gedient hatte, verraten sieht, macht er aus seiner Gesinnung keinen Hehl. Bei seinem Prestige unter den Milizionären, die in ihm vielmehr den in den vordersten Gräben alle Gefahren teilenden Freund und Kameraden als den Vorgesetzten sehen, wird er in den Augen der linientreuen Funktionäre des Colons zur echten revolutionären Gefahr, womit auch sein Todesurteil gesprochen war.

Zum »Politischen Kommissar aller deutschen Bataillone der internationalen Brigaden« ernannt, wird er anfangs November 1936 nach Madrid gerufen. Dort erwartet ihn der Tod. Er fällt am 1. Dezember 1936 auf einem Inspektionsgang in der Universitätsstadt durch eine aus dem Hinterhalt abgeschossene Kugel der GPU – und mit ihm sein treuer Kamerad Louis Schuster, der ihm zu Hilfe eilt. Nur der dritte Beteiligte an dem Gang, der GPU-Agent Richard, der kurz zuvor aus Moskau gekommen und Beimler in Madrid zur Seite beordert war, kehrte unversehrt zurück.

EVA-MARIA BUCH

das einzige Kind des Berliner Kunstmalers Walther Buch, wurde am 31. Januar 1921 geboren. Nach dem Abitur an der von katholischen Ordensschwestern geleiteten St.-Ursula-Schule, Berlin, bereitete sie sich an der Auslandswissenschaftlichen Fakultät der Humboldt-Universität auf das Dolmetscherexamen vor. Daneben arbeitete sie als Assistentin am Deutschen Auslandswissenschaftlichen Institut und als Buchhändlerin in einem Berliner Antiquariat. Hier wurde sie mit Angehörigen der Schulze-Boysen-Harnack-Gruppe bekannt, deren Bestrebungen sie bis zu der gemeinsamen Verhaftung im Jahre 1942 zu unterstützen suchte.

Als impulsiv mitempfindender Mensch wurde die junge Eva-Maria Buch von ihrem Vater geschildert. Sie sei von dem Geist der Bergpredigt erfüllt gewesen. Bei ihrem starken Verlangen, jedem Menschen zu helfen und geholfen zu sehen, habe sie sich zweifellos gerade unter dem Eindruck der nationalsozialistischen Vernichtung aller menschlichen Werte durch die kommunistischen Lehren, in der damals verkündeten Form, angesprochen gefühlt.

Als dann das furchtbare Geschick von Verhaftung, Verhören und monatelanger Haft – in der Erwartung des eigenen Todes – über sie hinweggegangen war, schrieb Eva-Maria Buch aus dem Gefängnis: »Acht Menschenleben waren das wieder, und zwar nicht irgendwelche, sondern wertvolle Menschenleben, und es sind ja nicht nur diese acht, von denen wir wissen, sondern täglich sterben Tausende, und nicht nur in den Gefängnissen, sondern auch an den Fronten, und nicht nur in Deutschland, sondern in aller Welt – das ergibt eine solche Summe Elends, daß man darüber den Verstand verlieren könnte.«

Angesichts aller Not, des Krieges und des Massensterbens, hatte die politisch Unerfahrene, als sie den zufälligen Kontakt mit der Schulze-Boysen-Gruppe fand, deren Bemühungen um die Beseitigung des Hitlerregimes und die Verwirklichung eines kommunistisch geprägten Sozialismus in enger Anlehnung an Sowjetrußland für die gegebene Lösung gehalten.

Eva-Maria Buch war am 10. Oktober 1942 von der Gestapo verhaftet worden. Als Beweismaterial diente ein von ihr ins Französische übersetzter Artikel für einen Aufruf ihrer Gruppe an die ausländischen Zwangsarbeiter in den Rüstungsbetrieben. Die Arbeiter sollten immer daran denken, daß es ihre eigenen Angehörigen seien, die von den durch sie gefertigten Bomben zerrissen würden.

Bei der Hauptverhandlung vor dem Reichskriegsgericht vom 1. bis 3. Februar 1943 nahm Eva-Maria Buch mutig die Belastung auf sich, sie selbst habe den Artikel, der ihrer Anklage zugrunde lag, verfaßt, um durch ihre Aussage andere schützen zu können. Auf die Frage des Vorsitzenden, ob sie bereit gewesen wäre, den Kreis der Widerstandskämpfer anzuzeigen, wenn sie früher über die Schwere ihres Vergehens gegen den nationalsozialistischen Staat unterrichtet gewesen wäre, antwortete sie: »Zur Anzeige? ... Nein! Dann wäre ich ja so niederträchtig und verdorben, wie Sie mich hinstellen möchten.« Das Verhalten Eva-Maria Buchs beurteilte das Gericht als ein todeswürdiges Verbrechen; sie habe die Verschlagenheit einer Katholikin und die Staatsfeindlichkeit einer Kommunistin gezeigt, lautete die erschwerende Anschuldigung.

Mit der unzerstörten Frische ihres opferfrohen Herzens – wie eine Heilige vergangener Tage – bestieg Eva-Maria Buch das Schafott, bezeugte Pfarrer Buchholz, der sie am 5. August 1943 auf ihrem letzten Weg begleitet hatte.

Am Morgen ihrer Hinrichtung schrieb sie noch ihren Eltern: »Daß ich Euch diesen ärgsten Kummer nicht ersparen konnte! Aber es ist doch alles gut so, wie es kam. Es war ein so unseliger Zwiespalt in mir, das Erleben der letzten Monate brachte die Lösung. Nun ist alles Ruhe und Freude.«

ALEXANDER SCHWAB

der Sohn des Komponisten und Opernkapellmeisters Karl Julius Schwab, wurde am 5. Juli 1887 in Stuttgart geboren. Nach dem Abitur führte ihn sein Weg an die Universitäten Rostock, Jena, Heidelberg und Freiburg, und mit der breiten Grundlage seines Studiums der Philosophie, Germanistik, alter Sprachen, Nationalökonomie, Soziologie und Staatsrecht wurde er Lehrer an der Freien Schulgemeinde Wickersdorf und einer der Führenden in der »Freideutschen Jugend«.

Seit 1921 arbeitete er als Journalist und von 1928–1933 als Pressechef der Reichsanstalt für Arbeitsvermittlung und Arbeitslosenversicherung. Nach einer »Schutzhaft« im April 1933 wurde er 1936 wieder verhaftet und 1937 vom Volksgerichtshof zu acht Jahren Zuchthaus verurteilt, die er in verschiedenen Zuchthäusern und im Konzentrationslager Börgermoor verbüßen mußte.

Alexander Schwab gehörte zu den rebellischen »Jungen» des Wandervogels und der Freideutschen Jugend, die nicht mehr an die Gesichertheit der bürgerlichen Welt vor 1914 glaubten und sich um erste Brücken zwischen Studenten und Industriearbeitern bemühten.

»Gewiß wollten wir kämpfen«, schrieb er später im Konzentrationslager Börgermoor im Rückblick auf seine Jugend. »Ja, wir fühlten uns schon im Kampfe stehend – und doch lebten auch wir in einem gewissen Sinne in Sicherheit und Frieden. Dieser uns unbewußte Gegensatz hatte Folgen, die ebenso eigentümlich waren und die erst jetzt, am Kontrast zur Gegenwart, deutlich und bewußt werden. Er ließ nämlich in uns den Glauben an zwei Kräfte groß werden: an die Kraft des Geistes und an die Kraft der Freundschaft. Wir glaubten an die Kraft des Geistes als die zuletzt siegreiche Macht – denn wir sahen noch kaum die Methoden der sozialen Vernichtung und überhaupt nicht die der physischen Auslöschung des Gegners. Erst der Weltkrieg und was ihm folgte, machte uns mit diesen Methoden als Massenerscheinung vertraut.«

Krieg und Nachkriegszeit, die Beschäftigung mit Hegel und Marx und der Enthusiasmus, eine neue Welt bauen zu wollen, trieben ihn an die Seite der Linksradikalen. Über die Unabhängigen Sozialdemokraten kam er zum Spartakusbund und 1920 zur Kommunistischen Arbeiterpartei (KAP) – jenen Extremisten, die bedingungslos den Sieg der proletarischen Weltrevolution erkämpfen wollten und sich von der KPD lösten, als diese die Beteiligung an Parlamentswahlen und gewerkschaftlicher Arbeit beschlossen hatte.

Als Beauftragter der KAP fuhr Dr. Schwab 1921 nach Moskau, zusammen mit einigen anderen Delegierten seiner Partei. Dort erkannten er und seine Freunde, daß der neue bolschewistische Staat statt der »Herrschaft des Proletariats« die Diktatur einer Parteiminderheit verwirklicht hatte. Sein in Moskau gehaltenes Referat auf dem Dritten Weltkongreß der III. Internationale gegen die Politik der KP der Sowjetunion wurde als offene Kampfansage an die leninistische Politik aufgefaßt; es entsprach den Überzeugungen seiner Organisation. Dennoch kam es später zum Bruch zwischen Schwab und der KAP.

In den folgenden Jahren baute sich Alexander Schwab als Journalist und Wirtschaftsschriftsteller eine neue, unabhängige Existenz. Seine spätere Position als Pressechef der Reichsanstalt für Arbeitslosenvermittlung und Arbeitslosenversicherung verlor er dann durch das »Gesetz zur Wiederherstellung des Berufsbeamtentums« vom 11. April 1933. Er wurde bald darauf zum erstenmal verhaftet, aber durch die Vermittlung seines deutschnationalen Kreisen nahestehenden Schwiegervaters, Dr. Paul Felisch, nach wenigen Monaten wieder freigelassen.

Seit 1934 bemühte sich Alexander Schwab um die Organisierung einer Widerstandsgruppe mit Auslandskontakten. Er gab eine illegale Zeitschrift heraus, hielt in Jugend-, Studenten- und Arbeiter-

gruppen soziologische Kurse ab und suchte Querverbindungen zu Widerstandskreisen der SPD, in der Überzeugung, daß revolutionäre Erschütterungen früher oder später den Nationalsozialismus schwächen würden und dann ein neuer Staat in der »Synthese von Sozialismus und Freiheit« zu bauen sei.

Als er von einem Aufenthalt in Prag 1936 trotz eindringlicher Warnung nach Deutschland zurückkehrte, wurde er verhaftet. Wesentliches Dokument der Anklage vor dem Volksgerichtshof war einer seiner illegalen Rundbriefe mit einer kritischen Auseinandersetzung sowohl über die Vorgänge, die zur Machtergreifung Hitlers geführt hatten, wie auch über die Grundlagen des Marxismus.
Nach schwersten Folterungen und Verhören durch die Gestapo während seiner einjährigen Untersuchungshaft in Berlin-Moabit schrieb Alexander Schwab im Oktober 1937 an seine Familie: »Ich wünsche Euch allen so viel Ruhe, wie ich selbst habe.« Und zwei Jahre später, nachdem er über Stationen in den Zuchthäusern Brandenburg und Sonnenburg zu Moorarbeiten in das Konzentrationslager Börgermoor eingeliefert war, mahnte er seinen Sohn zum Tage der Mündigkeit: »Wird Dein Leben in der nächsten Zeit unter dem großen Zeichen des Krieges stehen, so bitte ich Dich nur um eins: gib Dich nie auf, nie und in keiner Lage.«

Körperlich sehr geschwächt wurde Alexander Schwab 1943 in das Zuchthaus Zwickau eingeliefert, und nach einer telegraphischen Nachricht, die seiner Tochter von der Anstalt zuging, starb er dort – angeblich an einer Lungenentzündung – am 12. November 1943.

CAROLA NEHER

wurde am 2. November 1905 in München geboren, und ihr Vater, der dort Kapellmeister war, ließ sie bei dem katholischen Orden der »Englischen Fräulein« erziehen.
Der Weg der jungen Schauspielerin führte dann über die Kammerspiele in München und das Lobe-Theater in Breslau an die Berliner Bühnen. Nach dem Tode ihres Mannes, des Dichters Klabund im Jahre 1928, machte sie mehrere Gastspielreisen mit seinen Werken durch verschiedene deutsche Städte, wo sie, wie auch 1932 in Wien, starken Widerhall fand.

»Es ist noch gar nicht so lange her«, hieß es über Carola Neher in einer Kritik von Manfred Georg in der »Weltbühne« 1929: »Wuschelkopf in Pyjama oder Pelz – und plötzlich eine Schauspielerin von Heute und Morgen. Ganz am Anfang stand ein Dichter mit einer Reisemütze über träumerisch großäugiger Hornbrille: Klabund – an dem fing sich die Debütantin. Zwischen Davos und den rauchigen Tanzbars der Städte schrieb er ihr Rollen, die ›Haitang‹ vor allem. Sie gab sie, litt sie. Ein ehrgeiziges Kind wollte erzwingen, was wachsen mußte.
Dann der Abrutsch in die Gesellschaftskomödie ... Niemand sah, daß diese Hände, griffsicher, starkgliederig, nicht an Handgelenken von Damen der Gesellschaft sitzen konnten, niemand, daß eine große Begabung gewaltsam zu momentanem Nutzeffekt verniedlicht wurde. In Bourdets ›Soeben erschienen‹ geschah es wie erste Besinnung. Sie spielte eine stille, junge Frau, ganz schlicht, gar nicht mehr vorn an der Rampe. Wie eine Variation über das Klabund-Lied:

›Es ist so dunkel. Dämmert es?
Hier klopft ja was. Was hämmert es?
Klopft denn die Wand? Tropft denn die Kerz'?
Es klopft und tropft und klopft mein Herz!‹

Jahre vergingen. Wieder schrieb ein Dichter – nicht just für Carola Neher – die ›Dreigroschenoper‹ und ›Happy End‹. Diese Rollen nahm sie sich ... Nach Abläufen, die am verzerrtesten, doch deutlichsten in Shaws Fräulein Dolittle (Pygmalion) waren, hatte sie aus bewußter Theatermacherei zur Menschendarstellung gefunden. Sie zog sich auf sich selbst zurück, und wir fanden eine aus dem Unterbewußtsein aufblühende Frau, die als Polly oder Lilian zum Volke gehörte, zur Masse, empfindsam wie die Mädchen des Volkes, die in warmen Nächten an geöffneten Fenstern singen ...«

In den Jahren, in denen Manfred Georg das Bild einer kommenden Volksschauspielerin zeichnete, die – nach außen beliebig wandelbar, innerlich einer Steigerung bis ins Fanatische fähig – das »Echo der großen Gefühle« zu wecken vermochte, lebte Carola Neher inmitten einer gegen die bisherigen Theaterformen revoltierenden jungen Künstlergeneration, gemeinsam mit ihren Freunden überzeugt, daß in einer gesellschaftlichen Umbruchszeit die Bühne gegenüber den menschlichen Forderungen besondere Missionen habe.
»Schon neben Klabund wäre eine ganz unpolitische Frau kaum denkbar gewesen«, lautete die Aussage des mit jener Berliner Theaterepoche verbundenen Regisseurs Heinz Goldberg. »Dann stieß Carola Neher aus ihrer eigenen Arbeit zu unserem Kreis, dem sie sich in den folgenden Jahren geistig zugehörig fühlte. Wir alle aber, denen es damals um neue künstlerische Wege ging, waren mehr oder weniger links orientiert und standen in scharfem Gegensatz zu den nivellierenden nationalsozialistischen Phrasen.«
Durch diese Umwelt wurden die Auffassungen Carola Nehers geprägt, wie auch die enge Zusammenarbeit mit Bert Brecht nicht ohne Einfluß auf ihr Denken blieb. Überhaupt zeigte die sonst ihrer künstlerischen Aufgabe völlig hingegebene Schauspielerin eine stetige und erstaunliche Aufgeschlossenheit, sich mit den Ansichten und Überzeugungen anderer innerlich auseinanderzusetzen, wobei sie zwar nicht immer eine klare politische Urteilsfähigkeit, doch ein sicheres und starkes soziales Empfinden erkennen ließ. So berichtete

auch ihr damaliger Theaterfriseur Max Nickel, während der Periode ihres großen Erfolges als Schauspielerin in der Hauptstadt Berlin mehr als einmal von ihr die Worte gehört zu haben, daß sie lieber für die Ränge als die Logen spiele. Zu Beginn des Jahres 1933 habe sie plötzlich ihre luxuriöse Wohnung aufgegeben und eine Zweizimmerwohnung bezogen, in der sie selbst zu kochen begann. Auf seine erstaunte Frage wäre die Antwort gefolgt, daß sie sich »gegenüber dem Nationalsozialismus auf den einzig wahren Weg nach Rußland« vorbereiten wolle.

Gemeinsam mit ihrem Mann, einem deutsch-rumänischen Ingenieur und Kommunisten, ging sie in den Frühjahrsmonaten 1933 nach Prag und von dort in die Sowjetunion. Bald jedoch wurde ihr Mann in Moskau als angeblicher Konterrevolutionär verhaftet. Carola Neher fand eine Beschäftigung als Regieassistentin bei einer Filmgesellschaft, und mit dieser Arbeit ernährte sie sich und ihren kleinen Sohn, bis im Herbst 1936 eines Tages ihre Freunde feststellten, daß auch sie abgeholt und ihre Wohnung versiegelt war. Wenige Monate später ging dann durch die Reihen ihrer Freunde die Nachricht, daß sie erschossen worden sei.
Die Zeit seit ihrer Verurteilung aber hatte Carola Neher in Einzelhaft im Zuchthaus Kasan verbracht, und im Winter 1939/40 befand sie sich unter den Frauen, die nach dem Stalin-Hitler-Austauschpakt im Moskauer Gefängnis »Butirka« für die Auslieferung nach Deutschland zusammengefaßt wurden. Noch in der Zuchthauskleidung mit wattierter Jacke, viel zu großen Schuhen und abgeschorenem Haar sei sie als eine eindrucksvolle, große, schlanke Erscheinung mit königlicher Haltung aufgefallen, und sie habe sich auch ihren Mithäftlingen gegenüber als ein starker Mensch gezeigt, schilderte eine ihrer damaligen Schicksalsgefährtinnen.
Eines Tages sei dann Carola Neher aus der Gemeinschaftszelle herausgeholt worden; bei ihrer Rückkehr habe sie berichtet, daß sie die verhörenden Offiziere äußerst höflich empfangen und sich für ihre irrtümliche Verhaftung entschuldigt hätten. Auf die Inaussichtstellung, nunmehr in Freiheit leben zu können, habe sie darauf gedrängt, sofort Rußland zu verlassen und nach Schweden zu gehen.

Dieser Unterredung folgten weitere Verhöre. Dabei wurden Carola Neher auch einmal Bilder ihres Kindes, das kaum zweijährig bei ihrer Verhaftung von ihr getrennt und in ein russisches Kinderheim gebracht worden war, gezeigt, und die Frage schloß sich an: »Wollen Sie für die NKWD tätig sein?« Die Antwort: »Ich eigne mich nicht für solche Tätigkeit«, überlieferte Margarete Buber-Neumann, die vor ihrem Abtransport nach Deutschland mit Carola Neher im Gefängnis Butirka zusammengetroffen war, in ihrem Buch »Als Gefangene bei Stalin und Hitler«. Und sie berichtete über die letzten gemeinsamen Tage:

»Mein Bett stand neben dem von Carola. In diesen wenigen Wochen waren wir Freunde geworden. Von früher kannten wir uns nicht. Nur auf der Bühne hatte ich Carola gesehen, als ›Haitang‹ im ›Kreidekreis‹ und später in der ›Dreigroschenoper‹. Jetzt schien sie mir noch schöner zu sein als damals. Sie machte Zukunftspläne: ›Vielleicht werde ich wieder mit Bert Brecht zusammenarbeiten.‹ Dann erzählte sie von früher, von ihrer ersten Ehe mit dem Dichter Klabund, als sie noch in München lebte, ganz jung war und eben ihre Bühnenlaufbahn begann. Einmal sprach sie uns die Marion aus ›Dantons Tod‹ vor. Und so mochten zwölf Tage vergangen sein, als eines vormittags die Klappe herunterfiel: ‹Klara Vater, Betty Olberg und Buber-Neumann fertigmachen mit Sachen!‹ Carola war nicht dabei.«

Ihr Schicksal blieb seither unbekannt.

TAPFERE SEELSORGE

In seiner programmatischen Reichstagsrede vom 23. März 1933 gab Hitler als neuer Reichskanzler die feierliche Versicherung ab: »Die nationale Regierung sieht in den beiden christlichen Konfessionen wichtigste Faktoren der Erhaltung unseres Volkstums. Ihre Rechte sollen nicht angetastet werden.« Seine wirkliche Einstellung zu den Kirchen enthüllte Hitler zwei Wochen später vor seinen engsten Gefolgsleuten in der Reichskanzlei: »Mit den Konfessionen, ob nun diese oder jene, das ist alles gleich, das hat keine Zukunft mehr. Für die Deutschen jedenfalls nicht. Der Faschismus mag in Gottes Namen seinen Frieden mit der Kirche machen. Ich werde das auch tun. Warum nicht! Das wird mich nicht abhalten, mit Stumpf und Stiel, mit allen seinen Wurzeln das Christentum aus Deutschland auszurotten. Man ist entweder Christ oder Deutscher. Beides kann man nicht sein.«

Hitler war überzeugt, die evangelische Kirche ohne Schwierigkeiten gleichschalten zu können. Sein Vertrauensmann, der Wehrkreispfarrer und spätere Reichsbischof Ludwig Müller, sollte als »Bevollmächtigter für die Angelegenheiten der evangelischen Kirche« solche Pläne verwirklichen, gestützt auf die »Glaubensbewegung Deutsche Christen«, die seit 1932 innerhalb der evangelischen Kirche nationalsozialistische Prinzipien vertrat und sich rühmte, »SA Christi« zu sein. Einer ihrer ausdrücklichen Programmpunkte war eine zentralistisch geleitete Reichskirche als Vorbereitung für die Gleichschaltung von Staat und Kirche.
Um dem gefährlichen Wirken der Deutschen Christen vorzubeugen, hatte der Präsident des Evangelischen Kirchenbundes, Hermann Kapler, gemeinsam mit Landesbischof August Marahrens-Hannover und Pfarrer Hermann Hesse-Elberfeld und im Auftrag der evangelischen Landeskirchen eine Verfassung für die geforderte Reichskirche ausgearbeitet. In dem ersten Artikel war als Voraussetzung formuliert: »Die unantastbare Grundlage der Deutschen Evangelischen Kirche ist das Evangelium von Jesus Christus, wie es uns in der Heiligen Schrift bezeugt und in den Bekenntnissen der Reformation neu ans Licht getreten ist. Hierdurch werden die Vollmachten, deren die Kirche für ihre Sendung bedarf, bestimmt und begrenzt.« Diese vom Kapler-Ausschuß entworfene Kirchenverfassung wurde nach dem persönlichen Eingreifen Hindenburgs schließlich von Hitler genehmigt.

Doch die durch die Reichskirchenverfassung bedingten Neuwahlen der kirchlichen Körperschaften im Juli 1933 wurden mit allen Mitteln der Propaganda bis zur offenen Bedrohung andersdenkender Kirchengruppen durch die Partei vorbereitet. Einheitswahllisten in zahlreichen kirchlichen Wahlbezirken und nicht zuletzt eine Radioansprache Hitlers zugunsten der Deutschen Christen brachten diesen in vielen Provinzen eine überwältigende Mehrheit. Unter dem Übergewicht der Deutschen Christen nahm einige Wochen später die neugewählte preußische Generalsynode den Arierparagraphen für Geistliche an.

In diesem Augenblick formierte sich zum erstenmal ein offener Widerstand. Er fand Ausdruck und weiten Widerhall in einem Aufruf, durch den Martin Niemöller zur Bildung eines Pfarrernotbundes am 21. September 1933 aufforderte: »Gegenüber den Deutschen Christen haben kirchliche Führer und Behörden versagt... Wir rufen daher auf zu einem Notbund von Pfarrern, die sich verpflichten, sich nur an die Heilige Schrift und die Bekenntnisse der Reformation zu binden und gegen jede Verletzung des Bekenntnisses zu protestieren mit rücksichtslosem Einsatz. Ich bezeuge, daß solche Verletzung mit der Anwendung des Arierparagraphen im Raum der Kirche geschaffen ist.«

Als dann am 13. November 1933 die Deutschen Christen bei einer Propaganda-Aktion im Berliner Sportpalast unter Zustimmung der anwesenden Pfarrer und Kirchenführer die Befreiung von allem »Undeutschen« in der evangelischen Kirche,

Rückkehr zum »heldischen Jesus« und die Entfernung aller Menschen jüdischen Blutes aus der Kirche forderten, protestierte der Pfarrernotbund entschieden gegen solche Bestrebungen, die sich als Gefahr für Leben und Lehre der Kirche erwiesen hätten.
Da die Glaubensbewegung Deutsche Christen durch ihr unvorsichtiges Auftreten die Öffentlichkeit beunruhigt hatte, kehrte Hitler sich äußerlich von ihr ab; im Januar 1934 beauftragte er Alfred Rosenberg mit der gesamten weltanschaulichen Schulung der NSDAP und ihrer zahlreichen angegliederten Verbände. Das war der Auftakt für eine umfassende ideologische Propaganda in den folgenden Jahren unter dem Schlagwort der »Entkonfessionalisierung des öffentlichen Lebens«.
Daneben wurde der Kampf innerhalb der evangelischen Kirche weitergeführt. Trotz gegenteiliger Versicherungen gegenüber den Landesbischöfen befahl Hitler dem Reichsbischof und »Schirmherrn der Deutschen Christen«, Ludwig Müller, ausdrücklich, sein Amt weiterzuführen, und die Kirchenleitungen blieben weiterhin in starkem Maße von Deutschen Christen besetzt.

Indessen hatten sich jedoch um die Pfarrer des Notbundes zahlreiche Gemeinden geschart, mit ihnen zusammen freie Synoden und Kirchentage beschickt und erste Protesterklärungen abgefaßt. Gemeinsam mit den Kirchenleitungen von Bayern und Württemberg nahmen sie auf der Bekenntnissynode von Barmen im März 1934 das Wort des damals in Bonn wirkenden Theologen Karl Barth vom offenen Notstand der Kirche auf und bestritten in den 6 Sätzen ihrer »Theologischen Erklärung« jegliches Recht der Lehre und Bewegung der Deutschen Christen auf Leitung und Gestaltung der evangelischen Kirche. Damit schufen sie die Voraussetzungen für den Zusammenschluß bekenntnistreuer Gemeinden zur Bekennenden Kirche: »Ungehorsam gegen ein Kirchenregiment, das wider Gottes Wort regiert, ist Gehorsam gegen Gott. – Die Kirche ist dieselbe in Botschaft und Gestalt in den verschiedenen Zeiten, Rassen, Völkern, Staaten und Kulturen.«

Gemeinden und Körperschaften der Bekennenden Kirche – Bruderräte und Synoden – erkannten das staatlich geförderte Kirchenregiment nicht an, widersetzten sich seinen geistlichen Führungsansprüchen, riefen auf der Synode von Berlin-Dahlem im Oktober 1934 das kirchliche Notrecht aus und bildeten in der »Vorläufigen Leitung der Bekennenden Kirche« ein rechtmäßiges Kirchenregiment unter dem Vorsitz des Landesbischofs Marahrens und seit 1936 unter dem Vorsitz von Pfarrer Fritz Müller, Berlin-Dahlem.
In verschiedenen Prozessen und Gutachten wurde dem Reichsbischof Ludwig Müller, der 1933 von der Regierung Hitler gegen den rechtmäßig gewählten Pastor Friedrich von Bodelschwingh durchgesetzt worden war, die fehlende Rechtsgrundlage für seine Amtstätigkeit nachgewiesen. Da er von der Partei gestützt wurde, hatte die Vorläufige Leitung aber trotzdem einen schweren Stand. Es war ihm kaum möglich, Publikationen in die Öffentlichkeit zu bringen, nachdem die Pressegesetze vom 7. Juli 1934 die gesamte evangelische Presse der von Deutschen Christen besetzten Reichskirchenleitung unterstellt hatten. Die Pfarrer der Bekennenden Kirche waren – besonders seit der gemeinsamen Kanzelerklärung vom 7. Januar 1934 gegen den Reichsbischof und das deutschchristliche Kirchenregiment – von zahlreichen disziplinarischen Maßnahmen in der Form von Suspensionen, Beurlaubungen, Versetzungen in den Ruhestand, Geldstrafen und Gehaltssperren bedroht. Die Geheime Staatspolizei unterstützte die offizielle Kirchenbehörde; sie verwies Pfarrer aus ihrer Gemeinde, hielt Haussuchungen, verhängte »Schutzhaft«, erteilte Redeverbot, verbannte führende Männer der Bekennenden Kirche an andere Orte, wies sie aus ihren Gemeinden oder ganzen Kirchengebieten aus oder leitete auch Gerichtsverfahren ein, die nicht selten zu Gefängnisstrafen führten.

Weitere Schwierigkeiten erwuchsen der Bekennenden Kirche durch die planmäßige Besetzung theologischer Lehrstühle und kirchlicher Prüfungsämter mit Deutschen Christen. Die jungen Theologen sprachen ihnen das Recht ab, über die Amtseignung zu entscheiden und stellten sich den besonderen Prüfungskommissionen der Bekennenden Kirche, die daraufhin im Oktober 1935 zwei eigene Hochschulen in Berlin und Wuppertal einrichtete

und durch ihre Synoden dem Weg ihrer Studenten eine feste theologische Begründung gab.
Die offiziellen Kirchenbehörden verweigerten den Kandidaten der Bekennenden Kirche jedoch Anstellung und Gehalt, so daß die jungen Pastoren – in der Landeskirche der Altpreußischen Union waren es schließlich fast tausend – nur inoffiziell in bekenntnistreuen Gemeinden beschäftigt werden konnten. Aber auch das Verbot jeder Lehr- und Prüfungstätigkeit durch Himmler im Jahre 1937 konnte die Bekennende Kirche und ihre Dozenten und Studenten nicht von dem als recht erkannten Weg abbringen.
Konsequenten Widerstand gegen die staatlichen Übergriffe leisteten durch alle Jahre die Bekenntnispfarrer und Bekennenden Gemeinden in der Evangelischen Kirche der Altpreußischen Union. Angesichts der sogenannten »Entkonfessionalisierung« des öffentlichen Lebens vertraten sie das Recht der evangelischen Christenheit auf Geltung und Übung ihres Glaubens, besondes in der großen Erklärung gegen das Neuheidentum vom März 1935. Mit den bekenntnistreuen Leitern anderer Landeskirchen wandten sie sich gegen die Rassenvergötzung und traten für ihre »nichtarischen« Gemeindemitglieder ein; denn »vom Evangelium her ist der Ausschluß der getauften Nichtarier nicht zu rechtfertigen«.
Im Sommer 1936 überreichte die zweite Vorläufige Leitung eine an Hitler gerichtete Denkschrift, in der sie nicht nur gegen die Eingriffe in die Kirche und die neuheidnische Propaganda protestierte, sondern ebenso gegen die nationalsozialistische Rechtszerstörung, den Mißbrauch des Eides, die Konzentrationslager und die Judenverfolgung. Und als 1940 die Tötung Geisteskranker begann, wandte sich der württembergische Bischof, D. Theophil Wurm, an den Reichsminister Frick in einem Protestschreiben, das, wie spätere Briefe Wurms über Greueltaten gegen feindliche Kriegsgefangene und fremde Zivilbevölkerung, unter der Hand weitergegeben wurde.
Nach dem Tode Hindenburgs führte Hitler einen neuen starken Angriff gegen die Kirchen, die sich bisher den Gleichschaltungsversuchen hartnäckig widersetzt hatten. Unter dem Vorwand, nach lutherischer Lehre sei die Regelung des äußeren Lebens der Kirche Sache des Staates, brachte der von Hitler eingesetzte Reichsminister für kirchliche Angelegenheiten, Hanns Kerrl, am 26. Juni 1935 durch die Einrichtung einer »Beschlußstelle in Rechtsangelegenheiten der evangelischen Kirche« und sogenannte Finanzabteilungen wie sonstige Maßnahmen die gesamte Verwaltung der Kirche unter die Kontrolle der Partei.
Die Einsetzung besonderer Kirchenausschüsse, die das Leben der Kirche befrieden sollten, hatten trotz der Bemühungen der lutherischen Kirchenführer nur weitere Spannungen zur Folge. Hierbei wirkten sich nicht allein gegensätzliche Auffassungen lutherischer und reformierter Richtung, sondern vor allem die unterschiedliche Lage der Landeskirchen aus. Die sogenannten intakten Kirchen, die sich ein Kirchenregiment ohne Vertreter der Deutschen Christen bewahrt hatten, waren bereit, den Reichskirchenausschuß anzuerkennen. Dagegen lehnten die sogenannten zerstörten Kirchen, in denen das rechte Kirchenregiment nur noch in der inoffiziellen Form der Bekenntnis-Bruderräte aufrechterhalten wurde, den Reichskirchenausschuß wie auch die Ausschüsse für die Landes- und Provinzialkirchen als ein vom Staat erzwungenes Kirchenregiment ab.

Nachdem verschiedene Vermittlungsversuche in dieser Frage an dem Totalitätsanspruch des nationalsozialistischen Regimes gescheitert waren, bedeutete das Jahr 1937 einen Höhepunkt im Kampf gegen die evangelische Kirche. Am 1. Juli wurde Martin Niemöller verhaftet, und sein Prozeß erfolgte dann 1938. Als das Gericht ihn zu Festungshaft, einer Art Ehrenstrafe, verurteilte, wurde er als »persönlicher Gefangener des Führers« ins KZ gebracht. Gleichzeitig versuchte der Kirchenminister das gesamte Kollekten- und Sammlungswesen der Bekenntniskirche zum Erliegen zu bringen, und Hunderte von Bekenntnispfarrern kamen wegen ihres Widerstandes gegen den »Kollektenerlaß« ins Gefängnis.

Im Hinblick auf seine Kriegspläne gab Hitler zur selben Zeit zwar Anweisung zur Entspannung der kirchenpolitischen Lage; unauffällig wurden jedoch Maßnahmen zur endgültigen Vernichtung der in den christlichen Kirchen vereinten Gegenkräfte vorbereitet. Eine Geheime Kommandosache des Sicherheitsdienstes vom 15. Februar 1938 enthielt Anordnungen für die »nächste Zielsetzung in der Bekämpfung der konfessionellen Gegner«, die eine genaue Überwachung der seelsorgerischen Tätigkeit, die Beobachtung führender kirchlicher Persönlichkeiten durch Spitzel und eine langsame Entziehung des kirchlichen Vermögens vorsahen.

Am 11. Januar 1939 reichten die bekenntnistreuen Kirchenführer, an ihrer Spitze die Bischöfe Wurm und Marahrens, eine Denkschrift beim Reichskirchenministerium ein, in der sie noch einmal Vorschläge für eine Neuordnung der evangelischen Kirche unterbreiteten. Ausdrücklich wiesen sie dabei auf die im Wesen der Kirche gelegene Grenze der Zusammenarbeit mit den politischen Behörden hin: »Eins müssen wir mit aller Deutlichkeit feststellen: Es ist nie die Lehre der deutschen Reformation – weder Luthers noch der lutherischen Bekenntnisse – gewesen, daß die Verwaltung der äußeren Angelegenheiten der Kirche Sache des Staates sei, und wenn in unserer Zeit das Gegenteil behauptet worden ist, so war das eine falsche Behauptung ... Es ist auch nie die Lehre der lutherischen Kirche gewesen – von der reformierten Lehre gilt das erst recht –, daß man die äußere Kirchenleitung von der geistlichen Leitung trennen könne.«

Während der Kriegsjahre nahm die antichristliche Propaganda noch zu, angefacht durch nationalsozialistische Parolen, daß der Sieg gewiß und dann der Zeitpunkt für die Liquidation der Kirche gekommen sei. Dazu erdrückten Kriegsmaßnahmen immer mehr die äußere Organisation der Bekennenden Kirche, deren Geistliche als angeblich »Arbeitslose« planmäßig eingezogen wurden. Damit verloren die Gemeinden ihre Seelsorger.

Doch die Treue zur Offenbarung in Jesus Christus als einzigem Fundament der Kirche erhielt sich als wirkende Kraft gegen die nationalsozialistische Staats- und Rassenvergötzung und ihre furchtbaren Auswirkungen, wenngleich – wie auch führende Männer der Bekennenden Kirche betonten – eine staatsfeindliche evangelische Kirche in Deutschland nach Tradition und Lehre ein Widerspruch in sich selbst zu sein schien. Der Widerstand war vor allem erwachsen unter den Pfarrern, die sich auf ihre Bindung an die Heilige Schrift und das Bekenntnis beriefen. Aber er wurde auch mitgetragen von lebendigen Gemeinden oder Gemeindeteilen, deren Glieder oft schwere Bedrückungen zu bestehen hatten. Bei der politischen Zwangslage blieb die Wirkung dieses Kampfes in der Öffentlichkeit gering; selbst im Raum der Kirche blieb sie beschränkt im Verhältnis zu den viele Jahre hindurch getragenen Leiden und Opfern der Einzelnen. Das unnachgiebige Einstehen für das unverfälschte Evangelium vereitelte jedoch nicht allein die Gleichschaltung der evangelischen Kirche, sondern entwickelte auch neues Denken und führte Männer der Bekennenden Kirche wie Justus Perels und Pastor Dietrich Bonhoeffer sogar zur bewußten politischen Widerstandstätigkeit und zur Teilnahme an den Vorbereitungen zum 20. Juli 1944, als »an der geschichtlichen Gestaltung – von Fall zu Fall in jedem Augenblick, als Sieger oder als Unterlegene – Mitverantwortliche«.

Zögernder ging Hitler zunächst gegen die katholische Kirche vor. Ihn beeindruckte bei seiner primitiven Auffassung, in allem bloße Machtmittel zur Massenbeeinflussung zu sehen, die feste Organisation der katholischen Kirche; bereits in seinem Buch »Mein Kampf« fand er rühmende Worte über ihre kluge Menschenführung und ihr »starres Festhalten an den einmal niedergelegten Dogmen«. Unverkennbar war dabei sein Mißtrauen vor der festen Verwurzelung der katholischen Lehre in breiten Volksschichten.

Intuitiv hatte Hitler hier einen gefährlichen Gegner erkannt, demgegenüber Vorsicht und ein vorläufiges Friedensangebot ratsam erschien. So drängte er, auch wegen des Ansehens seiner Herrschaft im In- und Ausland, auf den Abschluß eines Konkordats, das schon im Sommer 1933 unterzeichnet wurde. Die katholische Kirche nahm trotz Bedenken und nicht ohne Illusionen dieses Angebot als Rechtsgrundlage gegenüber den Ansprüchen einer totalitären Herrschaft an, bemüht, ihren Gläubigen, wie 1937 Papst Pius XI. ausführte, »im Rahmen des Menschenmöglichen die Spannungen und Leiden zu ersparen, die andernfalls unter den damaligen Verhältnissen mit Gewißheit zu erwarten gewesen wären«.

Im Frühjahr 1933 hatten die deutschen Bischöfe ihren Beschluß, die Mitgliedschaft von Katholiken in der NSDAP zu dulden, mit der eindeutigen Ablehnung der nationalsozialistischen Ideologie verbunden. Sie wandten sich gegen den Antisemitismus und forderten von der neuen Regierung Schutz für die Freiheit und Ehre des Einzelnen und Verzicht auf Rachepolitik. Es war vor allem Erzbischof Michael Faulhaber von München, der schon in den vorausgegangenen Jahren eindeutig und unermüdlich vor der nationalsozialistischen Ideologie gewarnt hatte und auch jetzt in seinen Predigten gegen die antijüdische Hetze Stellung nahm, nicht ohne daraufhin von Anhängern der Partei offen bedroht zu werden.

Die Vereinbarungen des Konkordats selbst wurden von den Nationalsozialisten von Anfang an verletzt, so daß der Vatikan in einer Note an die Regierung des »Dritten Reiches« am 14. Mai 1934 feststellen mußte, »daß der katholische Klerus im heutigen Deutschland auch nicht entfernt das Mindestmaß derjenigen Freiheit in der Ausübung seines seelsorgerischen Amtes genießt, ohne die er der Pflicht der geistlichen Leitung der ihm anvertrauten Seelen nicht genügen kann«.

Der erste und schwerste Ansturm richtete sich gegen die katholischen Organisationen, die ungeachtet des konkordatsmäßig zugestandenen Schutzes gleichgeschaltet oder aufgelöst wurden. Eine Note des Hl. Stuhles vom 15. April 1934 protestierte gegen den konzentrierten Angriff auf die katholischen Verbände, der »an Schärfe, an Bedenkenlosigkeit, an geringer Achtung der Gesetze der Wahrhaftigkeit, Gerechtigkeit und Liebe« seinesgleichen suche, der durch eine einseitige Propaganda, »den verzerrenden Hohlspiegel einer Meinungsmache«, noch gesteigert werde und gekennzeichnet sei durch »das mitleidlose Ausspielen der Faust gegen das Recht«.

Im weiteren wurden die katholischen Orden besonders hart von den Verfolgungen der Gestapo getroffen, weil sie dem Regime als der »militante Arm der Kirche« galten. Schon im Oktober 1934 wies eine Geheimverfügung des NSDAP-Schatzamtes alle Gauämter an, Grundbesitz und Barvermögen der verschiedenen Ordensniederlassungen genau zu erkunden und Vorschläge für ihre spätere Verwendbarkeit zu machen. Außerdem sollte das kulturpolitische Amt der Partei die Tätigkeit der Orden überwachen, um Vorwände für Maßnahmen gegen die Klöster liefern zu können.

Durch willkürliche Besteuerung, durch entschädigungslose Enteignung unter unhaltbaren Vorwänden, durch einschneidende Beschränkungen der Arbeitsmöglichkeit für Ordensangehörige vor allem in erzieherischen und Krankenpflegeberufen, suchten die Nationalsozialisten den Klöstern ihre wirtschaftliche Grundlage zu nehmen und ihre Angehörigen zum Austritt aus dem Orden zu zwingen. Eine Geheimanweisung des Sicherheitsdienstes vom 15. Februar 1938 enthielt die Forderung, die Orden müßten »von ihren Einflußgebieten zurückgedrängt, eingeengt und schließlich vernichtet werden«. Für umfassendere Maßnahmen auf dem Gebiete des Ordenswesens müsse der Boden erst propagandistisch noch mehr vorbereitet werden.

Ein Beitrag dazu waren berüchtigte und unter skrupellosen Verleumdungen geführte Devisen- und Sittlichkeitsprozesse gegen Geistliche und Ordensangehörige nach dem Rezept: »Wir schaffen keine Märtyrer, sondern Verbrecher«. Abwegigkeiten und Einzelfälle wurden zum Riesenausmaß aufgebauscht, und die Presse mußte darüber umfangreiche Berichte auf der ersten Seite veröffentlichen. Vergeblich leiteten die Bischöfe ihre Beschwerden an die zuständigen Stellen. Die bayerischen Bischöfe gaben in einem Hirtenbrief vom 9. Mai 1937 ihrer Empörung über die schamlose Diffamierung von Geistlichen Ausdruck. Darin hieß es: »Das katholische Volk, das in all seinen Schichten den Priesternachwuchs stellt und tagtäglich seine Priester beobachtet, weiß, was es an diesen seinen Priestern im Leben und Sterben hat. Das katholische Volk erfährt es tagtäglich, wieviel Opfergeist, Religiosität und Seeleneifer in Welt- und Ordensklerus zu finden sind.«

Gegenüber dem offenen und versteckten Angriff auf die Priesterseminare und theologischen Fakultäten – sie wurden als »Schulungsstätten des weltanschaulichen Gegners« zum Teil zwangsweise geschlossen –, gegenüber der zunehmenden Einschränkung der religiösen Erziehung und gegenüber dem umfassenden Angriff auf ein allgemein gültiges Recht, dem die nationalsozialistische These vom Volk als einzigem Lebenszweck entgegengestellt wurde, bekundeten die katholischen Bischöfe ihr laut vernehmbares NEIN.

Als Sprecher der alljährlich auf der Fuldaer Bischofskonferenz versammelten deutschen Bischöfe richtete Kardinal Bertram von Breslau wiederholt Eingaben und Beschwerden an die Führung des »Dritten Reiches«, die unüberhörbare Anklagen waren. Die Beschöfe traten dabei für die Rechte der Kirche ein; sie erhoben ihre mahnenden Stimmen für die verfolgten Juden, und sie forderten Rechenschaft über den Mord an Geisteskranken. Sie wußten sich gestützt von der Überzeugungskraft einer breiten Priesterschaft, die im gleichen Sinn auf die Gemeinden einzuwirken versuchte. Als Beispiel dafür sprach vor allem die Unbeirrbarkeit des Dompropstes an der St.-Hedwigs-Kathedrale Berlin, Bernhard Lichtenberg.

Die zunehmende Schärfe der Kirchenverfolgung veranlaßte Papst Pius XI. in einer Enzyklika, die am 14. März 1937 von den Kanzeln verlesen wurde, die Doktrinen und Praktiken des Nationalsozialismus anzuprangern: »Nur oberflächliche Geister können der Irrlehre verfallen, von einem nationalen Gott, von einer nationalen Religion zu sprechen, können den Wahnversuch unternehmen, Gott, den Schöpfer aller Welt ... in die Grenzen eines einzelnen Volkes, in die blutmäßige Enge einer einzelnen Rasse einkerkern zu wollen.« Die Papstworte brandmarkten die Unwahrhaftigkeit eines Regimes, durch das nämlich »von der anderen Seite die Vertragsumdeutung, die Vertragsumgehung, die Vertragsaushöhlung, schließlich die mehr oder minder öffentliche Vertragsverletzung zum ungeschriebenen Gesetz des Handelns gemacht« wurden. – »Mit verhüllten und sichtbaren Zwangsmaßnahmen, Einschüchterungen, Inaussichtstellung wirtschaftlicher, beruflicher, bürgerlicher und sonstiger Nachteile wird die Glaubenstreue der Katholiken ... unter einen Druck gesetzt, der ebenso rechtswidrig wie menschlich unwürdig ist.«

Die Verlesung der Enzyklika trug der Gestapo schwere Vorwürfe Hitlers wegen mangelnder Überwachung ein, und leitende Parteistellen bezeichneten die kirchenpolitische Lage als aufs äußerste gespannt. Durch einen besonderen Erlaß wurde die Beschlagnahme aller Druckereien verfügt, die das Papstrundschreiben vervielfältigt hatten.

Bischofspredigten und Hirtenbriefe konnten in dieser Periode kaum noch veröffentlicht werden, zumal schon nach der Gleichschaltung der katholischen Presse 1933 und ihrer schrittweise vorgetriebenen Vernichtung auch das rein kirchliche Schrifttum mehr und mehr eingeschränkt war. Druck und Verteilung führten immer häufiger zu polizeilichen Maßnahmen gegen die Druckereien selbst, so daß sich die Angestellten zum Teil weigerten, noch Hirtenbriefe zu setzen. Durch die Unterbindung von Publikationen versuchte die Gestapo nicht nur öffentliche Proteste gegen nationalsozialistische Methoden zu verhindern, sondern auch die Nachrichtenübermittlung zwischen den einzelnen Bistümern zu erschweren und das kirchliche Leben lahmzulegen.

Bald nach Kriegsbeginn wurde die Kirchenverfolgung unter dem Vorwand kriegsnotwendiger Einschränkungen noch verschärft. Am 6. Juni 1941 verfügte ein Geheimerlaß der Reichskanzlei an alle Gauleiter: »Niemals aber darf den Kirchen wieder ein Einfluß auf die Volksführung eingeräumt werden. Dieser muß endgültig und restlos gebrochen werden. Erst wenn dieses geschehen ist, hat die Staatsführung den vollen Einfluß auf die einzelnen Volksgenossen.« Und am 11. August 1942 wurde aus der Tischunterhaltung im Führerhauptquartier die Äußerung Hitlers notiert: »Solange wir die Pfaffen dulden, geschieht uns das ganz recht. Aber diesen Kampf der deutschen Geschichte werde ich endgültig einmal für immer zum Austrag bringen ... ich werde die Pfaffen die Staatsgewalt spüren lassen, daß sie nur so staunen. Ich schaue ihnen jetzt nur zu. Würde ich glauben, daß sie gefährlich werden, würde ich sie zusammenschießen.«

Doch mit zunehmender Spannung hatte sich vielerorts das katholische Volk nur noch fester um seine Kirche und Priester geschart. Predigten und Firmungsreisen der Bischöfe gaben Anlaß zu Treuekundgebungen der Gläubigen und wurden in den Karteien der Gestapo als »Volksaufwiegelungen« geführt. Dieser Zusammenhalt hinderte sogar Hitler und Goebbels, dem Ratschlag Bormanns zu folgen und den Bischof Galen von Münster zu erhängen, weil man fürchtete, sonst die Bevölkerung ganz Westfalens abschreiben zu müssen.

Um so bedrängender wirkte sich der Terror im kleinen Bezirk der Pfarrei aus, wo sich die Geistlichen mühten, trotz des hohen persönlichen Risikos ihre seelsorgerischen Pflichten zu erfüllen, um nach der Mahnung des Hl. Vaters den ihnen anvertrauten Menschen »die rechten Wege zu weisen in Lehre und Beispiel, in täglicher Hingabe, in apostolischer Geduld«. In der Verdächtigung jeder seelsorgerischen Betreuung und im Angriff auf die Sakramentenspendung, vor allem auf Taufe, Beichte und Ehe, wurden die nationalsozialistischen Praktiken besonders deutlich. So richtete beispielsweise »Der Stürmer« zynische Angriffe gegen den Pfarrer der St. Matthias-Kirche in Berlin wegen der Taufe von Konvertiten jüdischer Herkunft. Wie in vielen ähnlich gearteten Fällen erklärte jedoch der Pfarrer seiner Gemeinde im Gottesdienst: »Euer Pfarrer ist nicht willens, sich seine tägliche Tätigkeit vom ›Stürmer‹ diktieren zu lassen, sondern von seinem eigenen Gewissen. Und dem Gewissen folgend, wird er nicht zögern, Ungläubige jeder Rasse in die Kirche aufzunehmen, die Christus für alle Menschen gegründet hat.«

Die Erfüllung ihrer Hirtenaufgabe trug unzähligen katholischen Geistlichen Konzentrationslagerhaft ein. Einen Eindruck von der hohen Zahl dieser Verfolgungen vermittelt die Angabe über das Konzentrationslager Dachau, in dem sich am 15. März 1945 noch insgesamt 1493 Priester befanden, unter ihnen 261 Deutsche, 64 Österreicher, 791 Polen, 122 Franzosen, 38 Holländer, 34 Belgier und 29 Italiener.

Wenn auch die Auffassung, daß die Auseinandersetzung um eine bestimmte Staatsform nicht zum Auftrag der Kirche gehöre, die katholische Kirche gegenüber den ersten politischen Ausschreitungen Hitlers in seiner neuen Machtposition Zurückhaltung üben ließ, so wuchs doch ihr Widerstand aus der elementaren Forderung, daß jede staatliche Rechtssatzung unter dem Gottesgebot steht und damit an sittliche Normen gebunden bleibt.

Das Bewußtsein, daß die tyrannische Herrschaft Hitlers die Grundlagen allen rechtlichen Zusammenlebens bewußt zerstörte, wurde Männern der katholischen Kirche, wie Prälat Otto Müller, Pater Augustin Roesch oder Pater Alfred Delp, zur Grundlage ihres Handelns im politischen Raum. Für sie sprechen die Worte des damaligen Berliner Bischofs Graf von Preysing im Sommer 1937: »Es geht um die Frage, ob es eine über aller irdischen Macht stehende Autorität, die Autorität Gottes, gibt, dessen Gebote und Gesetze unabhängig von Zeit und Raum, von Land und Rasse Geltung beanspruchen. Ob der einzelne Mensch persönliche Rechte besitzt, die ihm keine Gemeinschaft und kein Staat nehmen darf, ohne den Willen Gottes zu verletzen und das Wort des Menschen zu gefährden. Ob der Mensch im letzten Grunde frei ist und frei sein darf, oder ob die freie Gewissensentscheidung des Menschen vom Staate verhindert, vom Staate verboten werden kann.«

Aus den gleichen Impulsen drängten Geistliche beider Konfessionen zu einem entschiedenen Vorgehen gegen das Hitlerreich. Diese Impulse machten den evangelischen Pfarrer Dietrich Bonhoeffer und den katholischen Politiker Josef Wirmer zu engen Verbündeten; sie führten Moltke und Stauffenberg zu dem Bischof von Preysing, aber auch Goerdeler zu Preysing und Kardinal Faulhaber; sie waren, wie es in einem Geheimbericht des Reichssicherheitshauptamtes zu den Prozessen vom 20. Juli 1944 vor dem Volksgerichtshof hieß, bestimmend für eine Zahl von Persönlichkeiten innerhalb des gesamten politischen Widerstandes. Dabei unterstrich der Bericht die große Rolle, die konfessionelle Bindungen und kirchliche Beziehungen bei der Ablehnung des Nationalsozialismus gespielt hatten.

Ein Jahrhundert zuvor hatte Sören Kierkegaard geschrieben: »Das Christentum bedarf vor allem dessen, daß das Martyrium wieder in seine Wirklichkeit eingesetzt wird. Das Christentum ist das, was das Dasein vom tiefsten Grund her bewegen will. Für eine solche Bewegung aber wird, wie Archimedes so richtig sagte, ein außenliegender Punkt gefordert. Der außenliegende Punkt ist einzig und allein das Martyrium.«

Beiden Kirchen hat es während der nationalsozialistischen Diktatur nicht an Märtyrern gefehlt.

PAUL SCHNEIDER

wurde am 29. August 1897 in Pferdsfeld bei Kreuznach geboren. Er wuchs dort in der strengen Vorstellungswelt seines Vaters, eines reformierten Pfarrers, auf; die liebevoll sorgende, doch schwerleidende Mutter verlor er ein Jahr, bevor er 1915 sein Notabitur ablegte. Obwohl er zum Medizinstudium entschlossen war, meldete er sich als Kriegsfreiwilliger und wurde Leutnant der Artillerie. Nach einer Heimkehr 1918 nahm er das Studium der Theologie auf, arbeitete dazwischen als dritter Mann am Hochofen und später in der Berliner Stadtmission. 1926 wurde er Pfarrer in Hochelheim bei Wetzlar.

Am 8. Oktober 1933 hatte der unbekannte Pfarrer Paul Schneider aus dem kleinen Ort Hochelheim von der Kanzel herab gegen einen Aufruf des damaligen Stabschef der SA, Ernst Röhm, protestiert: Röhm irre, wenn er meine, nur mit revolutionären Kräften das »Dritte Reich« bauen zu können ohne eine innere Erneuerung des Volkes. Paul Schneider wurde von Parteistellen angezeigt, und das Konsistorium, das schwerere Folgen vermeiden wollte, beurlaubte ihn.
Der neu eingesetzte Bischof für das Rheinland, ein führender Deutscher Christ, belehrte Schneider, daß er in einer so wichtigen Frage nicht nach eigenem Ermessen handeln dürfe. Seine Bedenken gegen die Haltung dieser Kirchenleitung brachte Schneider im Jahre 1934 in einem Brief an seine Angehörigen zum Ausdruck: »Ich glaube nicht, daß unsere evangelische Kirche um eine Auseinandersetzung mit dem nationalsozialistischen Staat herumkommen wird, daß es nicht einmal geraten ist, sie noch länger aufzuschieben, bei allem schuldigen christlichen Gehorsam.«
Schneiders Kritik an einem Goebbels'schen Aufsatz, seine Treue zum wahren Bekenntnis und seine entschiedene Stellungnahme gegen die Deutschen Christen führten im Februar des Jahres 1934, nachdem er längst von der NSDAP-Kreisleitung als »politisch unzuverlässig« beobachtet wurde, zu seiner Versetzung.
Die neue Gemeinde in Dickenschied im Hunsrück zählte 500 Seelen. Schon am 11. Juni 1934 kam es auch hier zu einem Zusammenstoß, als der Kreisleiter ein verstorbenes HJ-Mitglied in den »himmlischen Sturm Horst Wessel« eingehen ließ. Pfarrer Schneider wies diese Herausforderung zurück und wurde – angeblich »zum Schutz seines Lebens und seiner Gesundheit wegen der Erregung der Bevölkerung« – verhaftet. Die tatsächliche Reaktion der Bevölkerung schilderte Paul Schneider zwei Tage später in einem Brief: »Während meiner Haft unterschrieben von 48 Haushaltungen meines Filials 43 eine Eingabe, in Dickenschied das Presbyterium für die ganze Gemeinde. Die SA-Leute drohten mit Austritt, wenn der Pfarrer nicht wiederkomme und riskierten Verhaftungen, führten Glaubensgespräche mit dem Kreisleiter und antworteten auf die Frage, was ihnen lieber sei, der Glaube oder der Nationalsozialismus, ›der Glaube‹, um sich dann sagen lassen zu müssen, daß sie so keine rechten Nationalsozialisten seien.«
In dieser Phase wurde Schneider durch die jüngeren Pfarrer der Umgebung, die durch die Glaubensbedrängnis immer enger zusammengewachsen waren, unterstützt. Die Pfarrschaft des Hunsrück erklärte sich solidarisch mit ihm, so daß er nach wenigen Tagen wieder entlassen wurde.
Es ergaben sich weitere Auseinandersetzungen aus Schneiders Sorge um die Erziehung der Jugend, um eine rechte Kirchenzucht oder auch aus seiner Ablehnung, an einer militärischen Übung zur Wiederaufnahme in den Stand des Reserveoffiziers teilzunehmen. Eine Woche nach der Wahl 1936, zu der die Kirchen zwangsweise beflaggt und die Glocken geläutet wurden, war die Front des Schneider'schen Pfarrhauses mit großen roten Buchstaben bemalt: »Er hat nicht gewählt, Vaterland, Volk was sagst Du dazu?« Die Gemeindeglieder rückten mit Schrubbern und Eimern an, wuschen die Farbe ab, und Schneider dankte später im öffentlichen Gottesdienst für diese Hilfe.
Im Winter 1935/1936 liefen allein zwölf Anzeigen gegen ihn. Nach mehreren Verhaftungen wurde Paul Schneider 1937 aus dem Rheinland ausgewiesen, eine Maßnahme, die zu jener Zeit Hunderte von deutschen Pfarrern traf. Der Ausweisungsbefehl erreichte Schneider während eines Krankenhausaufenthaltes im Schwarzwald, nach einem schweren Verkehrsunfall, der eine Verkürzung seines Beines zur Folge hatte. Obwohl diese Ausweisungen, als eine Hauptwaffe der Staatsführung

gegen die Bekennende Kirche, das geistliche Band zerstörten sollten und zu einer schweren Gewissensbelastung für die betroffenen Pfarrer und Gemeinden wurden, konnte sich die Bekenntnissynode im Rheinland nicht zu einer einhelligen Weisung durchringen. Sie verwies auch Paul Schneider letztlich auf sein eigenes in Christus gebundenes Gewissen. Er, den seine Zwangsversetzung aus seiner ersten Gemeinde 1934 noch lange innerlich quälend beschäftigt hatte, kehrte am 3. Oktober 1937 der Ausweisung zum Trotz nach Dickenschied zurück, zumal er diesmal Presbyterium und Gemeinde einmütig hinter sich wußte. Verpflichtend war ihm das Wort aus dem Johannesevangelium von dem Hirten, der seine Herde vor dem drohenden Wolf nicht im Stich läßt, sondern bereit ist, auch sein Leben für sie hinzugeben.

Am selben Tage holte ihn die Gestapo auf dem Weg zu einem Abendgottesdienst ab. Seiner Frau rief er noch zu: »Sag' es der Gemeinde, ich bin und bleibe der Pfarrer.« Seine Nachricht, die vier Wochen später auf inoffiziellem Wege aus dem Gefängnis kam, lautete: »Mir scheint es so, daß nicht bei der Kirche und ihrer Leitung, sondern bei den einzelnen Gemeinden die Entscheidung für die kommende Kirche in Deutschland fällt. Darum verrechnen sich auch alle klugen Kirchenpolitiker, die nicht an ihrem Platz in der Gemeinde kämpfen und einstehen.«
Aus dem Polizeigefängnis Koblenz kam Schneider am 1. Advent in das Konzentrationslager Buchenwald. Dort wurde im April 1938 beim Appell bemerkt, daß er vor der Hakenkreuzfahne niemals die Mütze abnahm. Damit begann seine eigentliche Leidenszeit im Arrestbunker. Es verschlug nicht nur den Mithäftlingen, sondern sogar der SS den Atem, wenn beim Morgen- und Abendappell aus der vergitterten Zellenluke über den weiten Platz hinweg die Stimme Paul Schneiders durch die Stille des Abzählens drang. Er predigte und wurde den Bedrückten und Mißhandelten zum Seelsorger. Er betete laut, um durch die Zellenwände hindurch die Gefolterten zu trösten. Manchen Gefangenen rettete er vor Verzweiflung und Selbstmord und zeigte ihm einen Ausweg aus der scheinbaren Ausweglosigkeit des Gefangenenschicksals. Er wurde von den Mithäftlingen, auch Kommunisten und Atheisten, geliebt und verehrt. Der österreichische katholische Geistliche Leonhard Steinwänder berichtete in dem Buch »Christus im KZ«:

»Eine heroische Gestalt, zu der das ganze Lager mit ehrfürchtiger Bewunderung aufschaute, war der evangelische Pfarrer Paul Schneider aus dem Hunsrück.« Keine Folterung hielt ihn zurück, immer wieder das Gewissen der SS-Wachmannschaft und des Lagerkommandanten anzurufen: »Ich klage Sie an vor dem Richterstuhl Gottes, ich klage Sie an des Mordes an diesen Häftlingen!«
Paul Schneider wurde sinnlos geschlagen – er predigte. Er wurde mit rückwärts gefesselten Händen am Fensterkreuz aufgehängt – er predigte. Seine Zelle blieb tagaus, tagein abgedunkelt, er bekam nichts zu essen, ein dem Wahnsinn Verfallener wurde zu ihm gesperrt – Paul Schneider betete und predigte. Schließlich sollte der immer unbequemere Gefangene freigelassen werden, doch er verweigerte die Unterschrift unter einen Revers, nicht in seine Gemeinde zu gehen und nicht mehr zu predigen.
Nach vierzehnmonatiger Haft sahen die Gefangenen im Krankenrevier noch einmal sein von Leiden zerfurchtes Gesicht aus der Nähe. In dem Buch »Arztschreiber in Buchenwald« schrieb sein Mitgefangener Walter Poller: »Niemals habe ich die tiefe Tragik des Pilatuswortes ›Ecce home‹ erschütternder gefühlt. Das große, edle, fahlgelbe Gesicht mit den hellen, offenen Augen leidzerfurcht, und doch von jener Verklärung, die edelstes Menschentum und entschlossener Wille auf jede Kämpferstirn legt. Der Körper abgemagert zum Skelett, die Arme unförmig geschwollen, an den Handgelenken blaurote, grüne und blutige Einschnürungen, und die Beine, es waren Elefantenbeine, Wasser! . . .« Nach dem Bericht Pollers wurde Paul Schneider am 18. Juli 1939 durch fünf Strophantinspritzen getötet.
Seine Leiche wurde entgegen der Regel ausgeliefert, jedoch im versiegelten Sarg, und auf dem Friedhof von Dickenschied unter einem weit ragenden Kreuz begraben. An der Trauerfeier nahmen neben seiner Frau und seinen sechs Kindern 200 Pfarrer der Bekennenden Kirche im Talar und Vertreter aller ihrer Kirchenleitungen teil.

FRITZ MÜLLER

entstammte einer märkischen Familie. Am 11. März 1889 als Sohn eines Berliner Rektors geboren, wünschte er sich schon als Achtjähriger während einer lebensgefährlichen Erkrankung, Pfarrer zu werden.
Vor Abschluß des Studiums meldete er sich als Kriegsfreiwilliger, wurde mehrmals verwundet und erhielt das EK I und II. Nach dem Kriege nahm er das Studium wieder auf und bestand in schneller Folge die theologischen Prüfungen.
Seine erste Pfarrstelle im Lautawerk in der Lausitz stellte ihn vor die schwierige Aufgabe, sich das Vertrauen der Arbeiterschaft schrittweise zu gewinnen. Den Gottesdienst hielt er dort abwechselnd mit seinem katholischen Kollegen in einer Holzbaracke ab, bis er 1927 den Grundstein zu einer eigenen Kirche legen konnte. Schweren Herzens verließ er ein Jahr später seine Gemeinde, um einem Ruf an die Markus-Kirche in Berlin-Steglitz zu folgen. Am 1. Februar 1933 wurde er Pfarrer der Evangelischen Gemeinde in Berlin-Dahlem.

Als im September 1938 durch den Druck Hitlers auf die Tschechoslowakei der Krieg unvermeidlich schien, ordnete die Vorläufige Leitung der Bekennenden Kirche für den 30. September einen Bittgottesdienst an. Die maßgebliche Persönlichkeit in der Vorläufigen Leitung – nach den Worten Martin Niemöllers, »der eine Kirchenmann von Format, der in jenen kritischen Jahren hervorgetreten ist« – war Pfarrer Fritz Müller-Dahlem. Unter seiner führenden Mitwirkung war eine Gebetsliturgie vorbereitet, die den Krieg als eine Strafe Gottes bezeichnete und das deutsche Volk zu Buße aufrief: »Wir armen Sünder bekennen vor Dir die Sünde unserer Kirche. Durch Lieblosigkeit haben wir den Lauf Deines Wortes oft gehindert, durch Menschenfurcht Dein Wort oft unglaubwürdig gemacht ... Wir bekennen vor Dir die Sünden unseres Volkes. Dein Name ist in ihm verlästert, Dein Wort bekämpft, Deine Wahrheit unterdrückt worden. Öffentlich und im Geheimen ist viel Unrecht geschehen ... Vergib uns und verschone uns mit Deinen Strafen.«

Durch das Münchener Abkommen vom 29. September, das die Kriegsabsichten Hitlers zu bannen schien, kam die Liturgie nicht zur Verlesung. Trotzdem war die Empörung unter den nationalsozialistischen Funktionären groß, zumal über 1000 Pfarrer der Bekennenden Kirche unterschriftlich für den Inhalt der Liturgie eintraten. Das »Schwarze Korps«, die Zeitung der SS, und der »Stürmer« griffen die verantwortlichen Mitglieder der Vorläufigen Kirchenleitung und den Text des Gebetformulars mit polemischen Worten, wie Defaitismus, Sabotage und Heimtücke, an. Auf einer Konferenz im Kirchenministerium am 29. Oktober 1938 wurden die evangelischen Bischöfe von Bayern, Württemberg, Baden und Hannover gedrängt, eine Erklärung zu unterschreiben, in der sie die Gebetsliturgie »aus religiösen und vaterländischen Gründen« ablehnten. Angriffe auf die Urheber der Liturgie, die Reichskirchenminister Hanns Kerrl als Staatsverräter bezeichnete, wiesen die Bischöfe jedoch entschieden zurück.

Gegen die Verfasser der Gebetsliturgie wurde ein Disziplinarverfahren eingeleitet und die Verhandlung gegen Pfarrer Fritz Müller, Superintendent Martin Albertz und Pfarrer Hans Böhm fand vor dem Berliner Konsistorium statt. Die Anklageschrift warf Müller unter anderem vor, daß er sich jener kirchlichen Gruppe angeschlossen habe, die für die bedauerliche Trübung der Beziehungen zwischen der staatlichen Führung und der evangelischen Kirche verantwortlich sei. Das Urteil des stark mit Deutschen Christen durchsetzten Gremiums lautete auf Amtsenthebung.
Bereits im September 1933 hatte Pfarrer Fritz Müller auf der Nationalsynode in Wittenberg gegen die Maßnahmen des Reichsbischofs Ludwig Müller protestiert, der als Vertrauensmann Hitlers die evangelische Kirche gleichzuschalten suchte. In den folgenden Jahren war Fritz Müller dann an der Gestaltung aller wesentlichen Kundgebungen des Pfarrernotbundes und später der Bekennenden Kirche entscheidend beteiligt. Auf der Bekenntnissynode 1936 in Oeynhausen übernahm er den Vorsitz in der Vorläufigen Leitung der Bekennenden Kirche und im gleichen Jahr auch den Vorsitz im Bruderrat der Altpreußischen Union, der größten der evangelischen Landeskirchen, von der in zahlreichen Fällen bei der Abwehr staatlicher

Übergriffe auf kirchliches Gebiet die Initiative ausging.
Müller zeigte sich auch als furchtloser Sprecher der Bekennenden Kirche bei einer Verhandlung, zu der der Reichskirchenminister den gesamten Preußischen Bruderrat geladen hatte. Als Kerrl die Ausführungen Müllers mit den Worten unterbrach: »Warum reden Sie so lange? Das ist für mich vollständig wertlos«, entgegnete Müller: »Ich stelle fest, daß der Herr Reichsminister das, was wir zu sagen haben, für vollständig wertlos erklärt hat. Dann brechen wir die Verhandlung ab.« Und Müller erhob sich, um den Raum zu verlassen.

Die eigene Gemeinde Fritz Müllers hatte frühzeitig erfaßt, um was es ging, und sie schätzte die undramatische, sachliche Art seiner Predigten. »Die Wirkung seiner Persönlichkeit als Pfarrer und Seelsorger ist schwer zu beschreiben; man kann nicht sagen, daß er sich irgendwelche Mühe gegeben hätte, das Vertrauen seines Gegenübers zu gewinnen, und man kann ebensowenig sagen, es sei ein Strom des Vertrauens von ihm ausgegangen. Wer aber einmal Vertrauen zu ihm faßte – und das ereignete sich wieder und wieder unter seiner fast unpersönlichen Verkündigung – der kam nicht mehr auf den Gedanken, dieses Vertrauen könnte noch irgendwie wieder in Zweifel gezogen werden; es war einfach eine Tatsache, unbezweifelbar und unwandelbar wie die Sonne am Himmel.« So charakterisierte ihn sein Amtsbruder Martin Niemöller nach der Zeit gemeinsamen Wirkens in Dahlem.

Ohne Ehrgeiz und Geltungsdrang, mit unerschütterlicher Gelassenheit verteidigte Fritz Müller, ein zäher Verhandlungspartner von scharfem Denkvermögen, in geschliffenen Formulierungen die Position, die einzunehmen sein Gewissen und sein Auftrag ihm vorschrieben. Aber nach seinem inneren Wesen bekümmerte es ihn, daß er zu kämpfen hatte nicht nur gegen eine Staatsgewalt, die ihre Grenzen überschritt, sondern auch gegen Amtsbrüder, die zu Kompromissen bereit waren. Da er selbst Lutheraner war, hatte seine Zugehörigkeit zur Altpreußischen Union oft den Verdacht erweckt, daß er vom Lutherischen abweichende Auffassungen vertrete und daß auch seine Auseinandersetzung mit den politischen Gewalten davon bestimmt werde. Dennoch wurde Fritz Müller nicht müde, um eine gemeinsame Haltung und um gegenseitiges Verständnis zu ringen, und er ertrug Mißverständnisse und Verdächtigungen, um der Sache, die ihm ein tiefes Anliegen war, zu dienen. »Ich habe ihm oft abgeraten«, erinnerte sich Martin Niemöller, »mit den Vertretern der staatlichen Kirchenausschüsse und den kirchlichen und konfessionellen Taktikern zu verhandeln. Er ging trotzdem – wenn auch manchmal mit dem berlinischen Seufzer: ›Es schadet ja nichts – im Gegenteil, es hilft auch nichts.‹ Er wollte sich selber nicht den Vorwurf mangelnder Brüderlichkeit machen müssen.‹ Wenn Fritz Müller etwas als notwendig erachtete, scheute er keine Folgen. Rückhaltlos verteidigte er die Anliegen der Bekennenden Kirche trotz der zunehmenden Bedrängnis und wurde dabei viele Male verhaftet. Häufig stellte er sich dann mit seinen Aussagen schützend vor andere. Manches Mal kam er direkt aus der Haft in eine Tagung der Bekenntnispfarrer und übernahm den Vorsitz, als sei er nicht fort gewesen. Die Strapazen der Haft merkte ihm niemand an und auch nicht die schweren Sorgen im Amt, wie um seine Frau und seine Tochter, die Jahre hindurch leidend waren.

Als ihn nach dem Urteilsspruch von 1938 die Amtsenthebung traf, war seine Frau erst wenige Monate zuvor gestorben. Nun verlor er mit dem Amt auch die Wohnung. Er wurde ein einsamer Mann. Im zweiten Weltkrieg rückte er als Gräberoffizier in die Armee ein. Bischof Dibelius schrieb: »Der Krieg kam in dem Augenblick, als die Wellen über ihm zusammenzuschlagen drohten und wir ernstlich für ihn zu fürchten anfingen. So war es für uns eine Befreiung, daß er wieder Soldat wurde. Wir empfanden es als eine Genugtuung, daß die deutsche Armee ihn, den Vielgeschmähten und von gewissen Behörden geradezu Verfolgten, willig als Offizier aufnahm und förderte.«

Nach der Überlieferung war Pfarrer Müller auch im Feld als Seelsorger tätig. Die Ursache für den frühzeitigen und ungeklärten Tod des Dreiundfünfzigjährigen am 20. September 1942 an der Ostfront sahen seine Freunde darin, daß er durch eine Mahlzeit, in die Gift gemischt war, ermordet wurde.

HELMUT HESSE

wurde am 11. Mai 1916 in Bremen geboren, und sein Vater, Pastor Lic. Hermann Hesse, übernahm bald danach das Pfarramt der reformierten Gemeinde in Elberfeld. Helmut wandte sich 1935 trotz einer ausgesprochen technisch-physikalischen Begabung dem Theologiestudium zu, denn –, »in der Not gehören alle Mann an Deck«.

Als jüngster Blutzeuge der Bekennenden Kirche starb er mit 27 Jahren 1943 im Konzentrationslager Dachau. Seine Brüder Friedrich und Theodor fielen 1941 und 1942 an der Ostfront.

»Bald führte ihn das Studium« – schrieb sein Bruder, Pastor Eduard Hesse –, »in die Illegalität, in die Hilfsaktionen des Elberfelder Pastors Hermann Ziegler für Kommunisten und Juden, in die Berliner Kreise um Propst Grüber und natürlich zu dem Widerstandszentrum um Karl Barth in Basel. Bei ihm hat er gelernt, daß rechtes Gebet nicht nur das Zusammenfalten der Hände vor Gott ist, sondern auch das Entfalten eines großen Einsatzes vor den Menschen. Da wir fünf Kinder nacheinander in den Dienst am Wort Gottes eintraten, wurden solche Erkenntnisse im Kreise der Familie nach allen Seiten abgewogen; mußte doch da der Weg gefunden werden aus dem konservativen und pietistischen Erbe zu der heute, hier und jetzt gebotenen legitimen Illegalität.«

Der Kirchenkampf griff stark in das Familienleben ein. Zwei Brüder und ein Schwager kamen wegen ihrer Predigten ins Gefängnis. Der Vater wurde von der Gestapo überwacht und unter Reichsredeverbot gestellt, nachdem er als verantwortlicher Sprecher des reformierten Bekenntnisses die Kirchenverfassung von 1933 mit entworfen und die Wahl des Pastors Friedrich von Bodelschwingh zum Reichsbischof vorbereitet hatte. Helmut gelang es erst nach Schwierigkeiten, seine Prüfungen abzulegen, da die Leitung der Bekennenden Kirche nach den schweren Urteilen gegen die Mitglieder ihrer Prüfungsausschüsse nicht mehr wagte, theologische Examina abzuhalten. Schließlich fand sich das Presbyterium der bekennenden, reformierten Gemeinde in Elberfeld bereit, sein Abschlußexamen abzunehmen und ihn danach auch für den Predigtdienst zu ordinieren.

Schon für den jungen, lebensfrohen Helmut Hesse, der sein Studium nach der menschlich gebotenen Aufgabe wählte und mit eisernem Fleiß bewältigte, war es eine Selbstverständlichkeit, den bedrängten Juden beizustehen. Wo immer sich eine Gelegenheit ergab, half er ihnen in ihrer Not.

Im Juni 1943 wurde der Stadtteil Barmen von einem besonders schweren Bombenangriff getroffen. Sollte dies ein Gericht Gottes über das fromme Wuppertal sein?, fragte der Vater unerschrocken beim Gottesdienst. Nachmittags trat Helmut mit seinem Vater in einer Bekenntnisveranstaltung für die jüdischen Mitbürger ein. Am übernächsten Morgen wurden Vater und Sohn verhaftet und belastende Schriften der Bekennenden Kirche bei ihnen beschlagnahmt. Nach längerer Haft im Polizeipräsidium Barmen kamen sie auf eine Verfügung Himmlers nach Dachau.

Die Haftmonate wurden aber für Helmut Hesse zur letzten Reife. Er wußte seit einiger Zeit, daß die Kopfschmerzen, die ihn von Jugend auf peinigten, von einem unheilbaren Gehirntumor herrührten, und er mußte sich erst nach anfänglicher Verzweiflung wieder fangen. Dem monatelangen Hunger und dem Entzug der notwendigen Medikamente war er bei seiner ohnehin zarten Gesundheit kaum noch gewachsen. Am 24. November 1943, zehn Tage nach der Einlieferung in Dachau, wurde sein Leben im Krankenrevier durch eine tödliche Spritze ausgelöscht.

Sein Vater, der die schwere Gefangenschaft überstand, berichtete aus den Monaten der gemeinsamen Haft über die immer tiefere Hingabe des Sohnes an den göttlichen Willen. Der Lebensweg Helmut Hesses war ein Bekenntnis für die Worte, die er 1942 am Palmsonntag gepredigt hatte:

». . . . so laßt uns denn das Erbe der Väter, die von Gott geschenkte Ordnung nicht preisgeben und lieber mit Christus in den Tod gehen, als die Gemeinde Gottes unter die Willkür eines Ahab stellen, der den Weinberg zum Kohlgarten macht. Gottes Wort ist selbst ein hauendes Schwert, das Wahrheit und Lüge auseinanderschlägt und es auch wagt, der Obrigkeit zu sagen: du stehst u n t e r Gott und hast dich an Seinem Gebot, das auch dir gilt, versündigt, du hast gemordet und gestohlen! Du hast dein obrigkeitliches Schwert mißbraucht, darum wird es auch dich treffen.«

FRIEDRICH WEISSLER

wurde am 28. April 1891 geboren. Nach vierjährigem Kriegsdienst, von 1914 bis 1918, schloß er 1919 sein juristisches Studium ab, schlug die richterliche Laufbahn ein und wurde Landgerichtsdirektor in Halle und später in Magdeburg. Nach seiner Entlassung aus dem Staatsdienst 1933 trat er als juristischer Mitarbeiter in die Kanzlei der Vorläufigen Leitung der evangelischen Kirche ein. Im Oktober 1936 wurde Weissler verhaftet und am 19. Februar 1937 im Konzentrationslager Sachsenhausen ermordet.

»Jesus Christus der Herr der Welt« – und nicht nur Herr der Kirche! Diesem Bekenntnis in seiner umfassenden Bedeutung hatte sich der Christ und Jurist Friedrich Weissler verpflichtet: »Ein anderer Maßstab neben oder gar über dem Bekenntnis ist unzulässig, weil er dem alleinigen Herrschaftsanspruch Gottes widersprechen würde.« Aber der Herrschaftsanspruch Christi über die Welt, so folgerte Weissler, fordere vom Christen den Dienst auch an dieser Welt und danach von der Kirche, dem totalen Staat entgegenzutreten. »Ist eine Maßnahme bekenntniswidrig, so hat sie im Raum der Kirche keine Rechtswirkung, mag sie ausgehen, von wem sie will. Andernfalls würde sie das Wort Gottes selbst verleugnen, indem sie seine Gültigkeit in das Belieben einer weltlichen Macht stellt.«

Friedrich Weissler wandte sich 1935 in der Zeitschrift »Junge Kirche« mit diesen Überlegungen gegen die neuen Eingriffe des Regimes in das innerkirchliche Leben. Das Gesetz vom Juni 1935 schuf die Beschlußstelle in »Rechtsangelegenheiten der evangelischen Kirche«, die durch autoritäre Entscheidung neues Recht setzen konnte, und das im September des gleichen Jahres verkündete »Gesetz zur Sicherung der Deutschen Evangelischen Kirche« ermächtigte den Reichsminister für kirchliche Angelegenheiten, »rechtsetzend« in kirchliche Konflikte einzugreifen. Gleichzeitig mit diesen politischen Angriffen auf die kirchliche Ordnung wurde der Nationalsozialismus als neue Religion des Volkes propagiert: »Die Partei erhebt den Totalitätsanspruch auf die Seele des deutschen Volkes – Wir glauben nun einmal, daß das deutsche Volk allein durch den Nationalsozialismus ewig selig werden kann«, verkündete Robert Ley in der Arbeitsfront.

In der allgemeinen Verwirrung wurde die unmißverständliche Stellungnahme Weisslers richtungweisend für viele. Mit offenem Blick sah er den Leidensweg der Kirche unter dem Nationalsozialismus voraus, und er zweifelte nicht, daß er selbst, durch seine jüdische Abstammung besonders gefährdet war.

Unter der verantwortlichen Mitarbeit Weisslers wurde von der Vorläufigen Kirchenleitung im Mai 1936 eine Denkschrift verfaßt. Diese wandte sich gegen die nationalsozialistischen Übergriffe auf das kirchliche Gebiet, die planmäßige Zerstörung der kirchlichen Ordnung, die Gefahr der Entchristlichung, die organisierte antisemitische Hetze, die Verherrlichung der »arischen Rasse« und den Mißbrauch des Eides. Wörtlich hieß es darin: »Das evangelische Gewissen, das sich für Volk und Regierung mitverantwortlich weiß, wird aufs härteste belastet durch die Tatsache, daß es in Deutschland, das sich selbst als Rechtsstaat bezeichnet, immer noch Konzentrationslager gibt und daß die Maßnahmen der Geheimen Staatspolizei jeder richterlichen Nachprüfung entzogen sind.«

Das Dokument sollte Hitler zugeleitet werden, wurde dann jedoch unerwartet im Ausland veröffentlicht, so daß sich die Leitung der Bekennenden Kirche am 23. August 1936 zu jener Kanzelabkündigung veranlaßt sah: »Mit größter Gewissenhaftigkeit sind diese Denkschrift und ihr Inhalt vor der Öffentlichkeit, ja selbst vor den Gliedern der Bekennenden Kirche geheimgehalten worden, um dem Führer des Reiches Gelegenheit zu sachlicher Prüfung zu geben und gleichzeitig einen Mißbrauch dieser Denkschrift in der Öffentlichkeit zu verhindern. Gegen unseren Willen und ohne Verantwortung der Bekennenden Kirche wurde die Denkschrift in der ausländischen Presse veröffentlicht und dadurch in Deutschland bekannt. Wir sind nunmehr gezwungen, öffentlich zu diesem Worte zu stehen. Wir müssen jetzt der Gemeinde bezeugen, was uns im Blick auf unser Volk und unsere Kirche bewegt . . .«

Die Wirkung von Denkschrift und Kanzelabkündigung im Ausland wie in der deutschen Öffentlichkeit führte die Gestapo zum Gegenschlag. Im Mit-

telpunkt ihres Interesses stand der offiziell verbotene, aber von Weissler geheim weitergeführte Pressedienst der Bekennenden Kirche.
Aus der Überzeugung, daß die Kirche Christi nur Eine sei in der ganzen Welt und nicht durch nationale oder sonstige Gesichtspunkte begrenzt werden könne, hatte Friedrich Weissler die Ökumene fortlaufend über die Bedrängnis der Christen in Deutschland informiert. Sein Vertrauensmann aber hatte die ihm für eine Nacht zur Orientierung überlassene Denkschrift irrtümlicherweise in der Abschrift des vollen Wortlautes weitergegeben.
Am 3. Oktober 1936 wurde Weissler verhaftet und am 13. Februar 1937 mit den Mitarbeitern seines Pressedienstes nach Sachsenhausen gebracht. Er bekam eine Einzelzelle im Arrestbau, in der er sechs Tage und sechs Nächte von der SS-Wachmannschaft gequält, gefoltert und schließlich buchstäblich mit schweren Kommißstiefeln zu Tode getrampelt wurde.

Sein Glaube gab Friedrich Weissler, dem feinfühligen, zarten Mann, die Tapferkeit seiner Frau und seinen Kindern die Abschiedsworte zu schreiben: »Ich habe wunderbare Ruhe und Kraft geschenkt bekommen. Fürchte dich nicht, glaube nur!«

LUDWIG STEIL

wurde am 29. Oktober 1900 in Lüttringhausen im Rheinland geboren, erlebte unter zehn Geschwistern eine glückliche Kindheit, studierte Theologie und wurde wie sein Vater Pfarrer – »der schönste Beruf, den ich kenne«. Während des Kirchenkampfes stand Steil als reformierter Pfarrer in einer unierten Gemeinde und wurde im westfälischen Raum eine zentrale Gestalt der Bekennenden Kirche.
Im Sommer 1944 verhaftet, kam er nach monatelangem Gefängnisaufenthalt in Dortmund und Herne im Dezember nach Dachau, wo er am 17. Januar 1945 an Lungenentzündung und Herzschwäche starb.

Es waren vorwiegend Bergleute und kleine Geschäftsinhaber, die zu der Gemeinde Ludwig Steils im westfälischen Industriegebiet gehörten. Allmählich nur konnte er deren Vertrauen gewinnen; doch 1933 stand seine Gemeinde hinter ihm. Die Parolen der Deutschen Christen, »Befreiung vom Alten Testament, von der Minderwertigkeitstheologie des Rabbiners Paulus und Rückkehr zum heldischen Christus«, fanden dort keinen fruchtbaren Boden. Regelmäßig erläuterte Steil in Gemeindeversammlungen die Lage der Kirche, die Beschlüsse des Pfarrernotbundes und später der Bekennenden Kirche. Er warnte vor dem sogenannten »positiven Christentum« der Nationalsozialisten. Pfarrer Steil wußte um seine Aufgabe; schon früh schrieb er darüber: »Gott beruft zum Wächteramt. Jeder, der diesen Ruf bekommt, empfängt damit eine schwere Last. Er hat nicht danach zu fragen, ob sein aufweckender Ruf angenommen wird. Er hat sich nur den Inhalt seiner Botschaft sagen zu lassen – und ihn dann von Stunde zu Stunde in das laute Gewühl der Straßen hineinzurufen. Der, der ihm das Amt auferlegte, schafft auch den Hörer.«

Ludwig Steil war wie ein unerschütterlicher Fels; zu seiner Gesundheit und Arbeitskraft kam eine Lebensfreude, die ihn – so schilderte seine Frau – manchmal packte, daß er mitten im Zimmer stehend, die Arme emporreckte und ausrief: »Ich bin ja so glücklich.« Sein warmes herzhaftes Lachen gewann ihm die Herzen. Es war ansteckend, und seine Freunde sagten: »Wenn Lutz Steil auf Bahnsteig I lacht, dann lachen die Leute auf Bahnsteig II mit.« Aber er konnte auch mit den Kranken, den Bekümmerten, den Kindern sehr zart und behutsam sein. Er sang gern mit seiner Gemeinde und in der Familie. Gelegentlich dichtete er auch selbst ein Lied und vertonte es. Er liebte Bach, Händel und Beethoven. Im Gefängnis »hörte« er nachts, aus dem Gedächtnis unverlierbar, seine Lieblingsmelodien, und dieses »wonnige Konzert« machte ihn »glücklich und müde vor Heimweh«. Er war ein zufriedener Mensch, voll dankbarer Gottesfreude. Für ihn bildeten »Beruf und Leben, Religion und Theologie eine Einheit«.

In seiner Arbeit bewies er nüchtern-praktischen Sinn. »Ludwig Steil hatte die Gabe, wichtige Dinge prägnant und unmißverständlich zu formulieren«, schrieb Wilhelm Niemöller, der Bruder Martins: »Wenn er bei mancher Auseinandersetzung, und nicht selten im Plenum einer Bekenntnissynode, das Wort ergriff, so war sein Beitrag niemals theoretisch. Wenn er diskutierte, so verkündete er. Und er legte großen Wert darauf, daß seiner Verkündigung die Tat folgte. Er wies der ersten westfälischen Bekenntnissynode im März 1934 in Dortmund den einzig möglichen Weg, den Weg des Glaubensgehorsams. Er schloß mit den Sätzen: ›Wir sagen den Heiden in unserem Volk, daß wir Christen bleiben. Wir sagen den Schwärmern in unserer Kirche, daß wir evangelisch bleiben. Wir sagen den Verzagten unter uns, daß wir auf die Hilfe Gottes hoffen.‹ Am gleichen Tag wurde Ludwig Steil in den Bruderrat der westfälischen Bekenntnissynode gewählt, dem er bis zu seinem Tode angehörte.«
Innerhalb des Bruderrats galt die Arbeit Steils vor allen Dingen dem theologischen Nachwuchs; er bewältigte sie neben den vielfältigen anderen Auf-

gaben in der Bekennenden Kirche ohne Schwierigkeiten. Nur ein einziges Mal erlebte ihn seine Frau – im Gegensatz zu seinem sonst unverwüstlich freudigen Wesen – ein paar Tage lang still und in sich gekehrt, beinahe fassungslos. Dann erzählte er ihr mit knappen Worten, daß ihm Berichte aus deutschen Konzentrationslagern den Schlaf nähmen; wiedergeben könne er sie nicht. Nur einige Andeutungen kamen zögernd über seine Lippen. Tiefbekümmert schloß er: »Was für eine Aufgabe haben wir an den jungen SS-Männern, die dort Dienst tun müssen!«

Schon 1933 hatte uniformierte SA seine Gemeindeversammlungen gestört. Immer häufiger wurde er in den folgenden Jahren zur Polizei zitiert. In einem Zeitungsartikel von damals hieß es über eine seiner Predigten: »Es sprach Pfarrer Steil aus Holsterhausen, der der Parteileitung reichlich bekannt ist. Solche Leute können nie für den Nationalsozialisten zum Segen werden. Wer die braunen Soldaten des Führers nicht liebt, der kann eine noch so große Rednergabe haben, der kann das Vertrauen der braunen Helden nicht gewinnen, höchstens das Herz der christlichen Spießbürger befriedigen.« Im Jahre 1938 liefen beim Sondergericht in Dortmund fünf verschiedene Verfahren gegen Pfarrer Steil, wegen Vergehens gegen das »Gesetz gegen heimtückische Angriffe auf Staat und Partei«. Es hinderte Ludwig Steil nicht, die verbotene Fürbittenliste für die gefangenen und gemaßregelten Geistlichen bis Pfingsten 1944 zu verlesen. Im Sommer darauf wurde er verhaftet, weil nach Meinung der Gewalthaber das Maß nun voll war.

Als das Dortmunder Gefängnis bei Luftangriffen stark beschädigt wurde, kam Steil mit anderen Gefangenen nach Herne, wo ihn seine Frau häufiger besuchen konnte. Sie erzählte darüber: »Wenn es eben ging, steckte er rasch einem Mitgefangenen etwas von dem zu, was ich mitgebracht hatte, oder er bat mich, einer der inhaftierten Frauen, die soeben ihren Rundgang auf dem Hof machen durften, etwas zu geben. Einmal gab er ein Viertelpfund Butter, das ich mit Mühe erworben hatte, einem Franzosen, der über Magenschmerzen klagte. Dann wieder bat er mich, einem anderen Franzosen einen Rosenkranz zu besorgen und zu veranlassen, daß Pfarrer P. aus einem Krankenhaus das Essen gebracht bekam, da er sehr von Kräften war. Er schrieb manchen Mitgefangenen Bibelverse und Liedersprüche auf Zettel, besonders solchen, die anderswohin gebracht wurden.«

Am 5. Oktober hießen die Zeilen Ludwig Steils an seine Frau: »Eben beim Essen erfreute mich die schöne Zeichnung eines Lorbeerblattes in meiner Suppe. Ich ließ es auf dem Rand des Napfes liegen, während ich aß, und staunte über die Verästelungen der Rippen und die vollendete Form. So erinnert uns Gott auch in einer Umgebung, in der alles fehlt, ›was lieblich ist und wohllautet‹, an die Schönheiten seines Reiches. Es hat mir noch an keinem Tag an Grund zum Danken gefehlt.«

Ludwig Steil traf schließlich nach 19tägigem Transport grippekrank in Dachau ein. Dort konnte er noch vor seinen Leidensgefährten am Weihnachtsabend 1944 predigen. Doch dann erfaßte auch ihn der im Lager herrschende Typhus, zu dem im ungeheizten »Revier« eine Lungenentzündung hinzukam. Mitgefangene, die ihn noch einmal sahen, fanden ihn zwar erschöpft, aber nicht ohne seinen gewohnten freundlichen Humor, und voll selbstverständlicher Bereitschaft, in der Nachfolge des Herrn zu leiden. Sie überlieferten als seine letzte Nachricht, daß er sich mit den kranken Russen rundum leider nicht verständigen könne, sich aber im Frieden Gottes geborgen fühle.
Die Kameraden aus dem »Pfarrerblock« trafen sich an seiner Bahre in der Totenkammer des Reviers beim geheimen Gebet und Gesang.

RUPERT MAYER

wurde als Sohn einer angesehenen Stuttgarter Kaufmannsfamilie am 23. Januar 1876 geboren, studierte Theologie und trat 1900 nach einjähriger Tätigkeit als Priester in den Jesuitenorden ein. 1912 schickte ihn sein Orden in die Großstadtseelsorge nach München, die ihm zur Lebensaufgabe wurde. Während des ersten Weltkrieges war er Pfarrer an der Front. Unter dem nationalsozialistischen Regime wurde er mehrfach verhaftet und in Gefängnissen und im Konzentrationslager festgehalten. Die Jahre von 1940 bis Kriegsende verbrachte er im Kloster Ettal, das ihm als Zwangsaufenthalt zugewiesen wurde.

Liebe war der treibende Motor seines Lebens. Rupert Mayer verstand sich mit der Marktfrau, dem Fuhrmann, dem Intellektuellen und der Aristokratin; er hatte ein Herz für den entlassenen Strafgefangenen, die gefallenen Mädchen und den berufsmäßigen Landstreicher. Durch seine Hände gelangten Millionenwerte zu den Armen. Auf mehr als 20000 Karteikarten der Münchener Caritas war seine Mitarbeit vermerkt.

Rupert Mayer sah den Menschen in der Einheit seiner seelischen und geistigen Bedürftigkeit. Bei dem Auftrag seines Ordens, in München neue Wege der Großstadtseelsorge zu entwickeln, gewann er in der Marianischen Männerkongregation durch sein Beispiel unermüdlicher Hingabe treue Helfer für sein weitreichendes Arbeitsgebiet. In St. Michael, der Münchener Jesuitenniederlassung, war er bis spät abends für alle, die ihn suchten, zu sprechen.

Neben einer Ferienkolonie für Kinder gründete Rupert Mayer zur Unterstützung der Familien die Kongregation »Schwestern der Hl. Familie«. Den naturhungrigen Großstädtern ermöglichte er durch den Bahnhofsgottesdienst, vor Abfahrten der ersten Züge ihrer Sonntagspflicht zu genügen. Er war ein besonders gesuchter Beichtvater und ein Prediger, der auch Abseitsstehende und Andersgläubige in seinen Bann zog. In manchen Monaten predigte er siebzigmal. Er hatte den Menschen in die Küche, in die Werkstatt und ins Herz geschaut, und so buchstabierte er ihnen ohne Salbung oder Poltrigkeit die Weisheit des Himmels in ihre kleinen irdischen Verhältnisse hinein.

Im ersten Weltkrieg hatten die Soldaten gemeint, er sei »kugelfest«, weil er sich seelenruhig in der vordersten Linie bewegte und sein Leben aufs Spiel setzte, um Verwundete zu bergen, Sterbenden die Augen zuzudrücken und Tote zu bestatten. Neben verschiedenen anderen Tapferkeitsauszeichnungen erhielt er als erster katholischer Priester das Eiserne Kreuz erster Klasse. 1916 wurde er in Rumänien schwer verwundet. Hans Carossa, der ihm als Bataillonsarzt erste Hilfe leistete, berichtete von dem tiefen Eindruck: »Der Mann, der da in seinem Blute lag, behielt ja mitten im jammervollsten Zustand noch den Ausdruck einer ungemeinen Überlegenheit über sich selber. In seinem Dasein, dies fühlte man, war etwas Planmäßiges, auch das gegenwärtige Unheil sicherlich seit langem als Möglichkeit in Rechnung gezogen und gewiß nicht auf der Seite der Verluste. Der Unterschied zwischen einem Menschen, der noch mit wildem Drang im Leben haftet und dem Entsagenden, der seine Triebe ins Geistige hinüberwandelt, war mir nie deutlicher gewesen. Wenn unsereiner dahinging, so blieb immer etwas nicht ganz Geklärtes, nicht ganz Aufgearbeitetes zurück, dieser aber verschwebte wie eine Sonate von Bach, aus dem Dunkeln hervorgerufen, in einfach lichten Linien durchgeführt und vollkommen gelöst. Für uns Ärzte jedoch war nun die Hauptaufgabe, diese schöne Lösung möglichst weit hinauszuschieben.«

Rupert Mayer wurde gerettet, aber das linke Bein mußte oberhalb des Knies amputiert werden, und fast dreißig Jahre machte er seine Seelsorge und weite Prozessionswege mit einem Holzbein am ständig schmerzenden Stumpf. Unermüdlich besuchte er Vortrags- und Versammlungsabende der Stadt. Aber auch wenn er es mit radikalen Widersachern zu tun hatte, war das Wesentliche für ihn stets der Mensch mit seiner unsterblichen Seele.

Auf einer Hitlerversammlung im Bürgerbräu 1923 über das Thema: »Kann ein Katholik Nationalso-

zialist sein?«, ergriff er das Wort. Als ihn, den in München weithin Bekannten, Beifall auf dem Podium empfing, winkte er ab und sagte: »Sie haben mir zu früh applaudiert, denn ich werde Ihnen nun klar sagen, daß ein deutscher Katholik niemals Nationalsozialist sein kann.«
Die nächsten zehn Jahre änderten nichts an seiner Einstellung. »Nie dürfen wir für einen faulen Frieden eintreten«, war sein Standpunkt. »Wenn es um Dinge geht, die Gott gebietet, müssen wir durchhalten, auch wenn es Kampf und Streit gibt. Wo die Interessen Gottes in Frage kommen, hört der Frieden auf.« In der Michaels-Kirche predigte er 1937: »Es gibt manche Menschen, die lassen sich imponieren von unseren religiösen Feinden durch die großen Töne, die sie anschlagen. Liebe Freunde! Dem Unkundigen kann so etwas imponieren. Dem Kundigen aber sind diese Sprüche seit langem bekannt. Das ist die großsprecherische Art der Christus- und Kirchenfeinde von jeher gewesen. Nicht immer hat das, was mehr Lärm macht, auch mehr Geist und Kraft. Fürchtet Euch nicht vor derartigen Reden. Es kommt oft ganz anders als man denkt. Habt Vertrauen!«
Anfang Mai 1937 wurde Rupert Mayer durch die Geheime Staatspolizei verboten, noch weiterhin in Versammlungen zu reden. Damals schon waren in seinen Gestapoakten insgesamt 77 Eintragungen vermerkt über »Unbotmäßigkeit« gegenüber dem Nationalsozialismus; die ersten beiden Aktennotizen gingen auf die Jahre 1921 und 1923 zurück. Am 28. Mai 1937 wurde ihm auch untersagt, in der Kirche zu predigen. Drei Tage darauf erhob Kardinal Faulhaber von München beim Reichsminister für kirchliche Angelegenheiten Einspruch gegen diesen Eingriff in kirchliche Rechte und gegen die Entehrung eines »hochverdienten Mannes und tadellosen Priesters«. Die Ordensleitung und Kardinal Faulhaber billigten den Entschluß Rupert Mayers, entgegen dem Gestapoverbot seine seelsorgerischen Verpflichtungen weiterzuerfüllen. Sein Provinzial, Pater Roesch, begleitete ihn zu der nächsten Predigt. Acht Tage darauf wurde Pater Rupert Mayer verhaftet.
Nach einem scharfen Protestschreiben des Erzbischöflichen Ordinariats an die obersten nationalsozialistischen Behörden benutzte Kardinal Faulhaber den nächsten Konvent der Münchener Männerkongregation »als erste feierliche Gelegenheit«, um öffentlich zu erklären, mit welcher Bestürzung und Entrüstung, ja mit welcher Verbitterung die katholischen Männer Münchens die Verhaftung Pater Rupert Mayers am 5. Juni vernommen haben und wie schwer die Fortdauer der Haft auf den Katholiken lastet. Zu der Polemik hoher Regierungsstellen über die Verhaftungsnachricht in ausländischen Zeitungen äußerte der Kardinal: »Ich gebe grundsätzlich keine Meldung an ausländische Zeitungen, kann aber doch ein großes Erstaunen nicht unterdrücken, wenn ich höre, daß man sich über die Auslandsmeldungen über unleugbare Tatsachen mehr entrüstet als über die Tatsache selber. – Die Verhaftung am 5. Juni wurde überall in München lebhaft besprochen. Die Berichterstatter der ausländischen Zeitungen in München müßten ja blind und taub sein, wenn sie von all diesen Dingen nichts erfahren würden.«
Zu den Anschuldigungen in der Prozeßverhandlung am 7. Juli 1937 erklärte Rupert Mayer, daß er sich nicht darüber den Kopf zerbrochen habe, ob er in seinen Predigten in Widerspruch geraten würde mit dem Kanzelparagraphen oder dem Heimtückegesetz; er würde auch jetzt, nachdem er entsprechend aufgeklärt sei, fortfahren, die katholische Kirche wie bisher zu verteidigen, er halte sich hierzu als katholischer Priester für verpflichtet und nach dem Konkordat auch für berechtigt.
Seine Richter, die ihm »eine selten tiefe Bildung des Verstandes und des Herzens« bestätigen mußten, führten zur Urteilsbegründung aus: »Der Staat muß rücksichtslos über Persönlichkeiten hinweggehen, die man nicht in eine Linie setzen kann mit Verbrechern, die aber doch für den Bestand des Staates eine Gefahr bedeuten.«
Rupert Mayer wurde verurteilt und verbüßte fünf Monate Haft im Gefängnis in Landsberg. Nachdem er im Zuge einer allgemeinen Amnestie Anfang 1938 entlassen, jedoch unter Predigtverbot gestellt wurde, konnte er nur noch in privaten Zirkeln sprechen. Aber immer noch kamen die Menschen in großer Zahl zu ihm nach St. Michael, um seinen Rat und seine Hilfe zu suchen.
Nach Kriegsbeginn holte ihn im Herbst 1939 erneut die Gestapo, in der Absicht, ihn nach den Zusammenhängen einer vermuteten bayerischen Königspartei auszuforschen. Er wurde in das Konzentra-

tionslager Sachsenhausen eingeliefert und erhielt Einzelbunker, »weil von einem Pater Rupert Mayer nicht zu erwarten war, daß er das Beichtgeheimnis verrate«. Wegen seines bedrohlichen Gesundheitszustandes wurde er nach einem Jahr mit schweren Hungerödemen in das Benediktinerkloster Ettal übergeführt. Schmerzlicher als die polizeiliche Anweisung, das Kloster nicht verlassen zu dürfen, traf ihn das Verbot jeder seelsorgerischen Tätigkeit. Doch »ein einbeiniger alter Jesuit lebt, wenn es Gottes Wille ist, länger als eine tausendjährige gottlose Diktatur«.
Erst 1945 wurde ihm seine Bewegungsfreiheit wiedergegeben, und er eilte nach München, machte Hausbesuche in Ruinen und Krankenbesuche in Kellern, beschwor alle, die unter dem Hitlerstaate gelitten hatten, ihren Widersachern von Herzen zu verzeihen, schrieb Nächte hindurch Entlassungsgesuche für kriegsgefangene Familienväter, wandte sich mit seiner letzten Lebenskraft gegen Härten der Entnazifizierung und war bemüht, den Opfern der nationalsozialistischen Irrlehre in menschlicher Güte wieder den Weg zu Gott zu zeigen.

Am 1. November 1945 traf ihn während der Meßfeier vor dem Altar der Herzschlag.

HEINRICH FEURSTEIN

wurde am 11. April 1877 in Freiburg (Breisgau) geboren. 1896 legte er das Abitur am Freiburger Gymnasium ab. Nach seiner Priesterweihe als Zweiundzwanzigjähriger erhielt er seine erste Vikarstelle in Tiengen. Von dort wurde er nach einjähriger Tätigkeit an die St.-Stephans-Kirche in Karlsruhe versetzt, wo er gemeinsam mit seinem späteren Bischof Dr. Konrad Gröber als Kaplan wirkte. Seit 1904 war er Pfarrverweser von Achern, und 1908 erfolgte seine Berufung zum Stadtpfarrer von Donaueschingen.

Die Predigten Heinrich Feursteins richteten sich an eine Gemeinde mit vielschichtiger Bevölkerung – an Bauern, Arbeiter, Kaufleute, Beamte und Mitglieder des fürstlichen Hauses. Seit der Machtübernahme Hitlers, in dem er den Mann sah, von dem uns »kein Heil, sondern Unheil« kommt, rief er mit immer eindringlicheren und leidenschaftlicheren Worten das sittliche Bewußtsein seiner Gemeinde gegen die nationalsozialistischen Willkürakte auf. »Ich will lieber einmal den Vorwurf hören, ich sei unklug, als ich sei feig gewesen«, war seine Antwort auf Stimmen, die ihn zur Vorsicht mahnten.

Wo es um Glaubensfreiheit und Treue zu den Geboten ging, gab es für Heinrich Feurstein kein Ausweichen. Aus der Tiefe seiner geistigen Existenz empörte er sich gegen das Zurückdrängen der Kirche und die systematische Untergrabung des Christentums. Doch neben den religiösen Kräften bestimmte eine ausgeprägte Vaterlandsliebe seine Haltung. Jahrelang hatte er als Standortpfarrer die Kaserne von Donaueschingen betreut, und bei Beginn des ersten Weltkrieges meldete er sich als Kriegsfreiwilliger. Für den Mut, den er bei der priesterlichen Betreuung Schwerverletzter in vorderster Linie und während der Kampfhandlungen bewies, wurde ihm das Eiserne Kreuz verliehen. Die Revolution von 1918 widersprach seiner ganzen Vorstellungswelt, so daß er in heftige Auseinandersetzungen mit dem örtlichen Arbeiter- und Soldatenrat geriet.

Aber Heinrich Feurstein, der Sohn eines Goldschmieds und durch die mütterliche Linie mit bekannten Domkapellmeistern des Freiburger Münsters nahe verwandt, hatte auch starke und ausgeprägte künstlerische Neigungen. Sie verbanden ihn mit dem Fürsten von Fürstenberg, der ihm die Pflege seiner Gemäldegalerie in Donaueschingen anvertraute. Feurstein wurde als Kunsthistoriker und Heimatforscher bekannt. Neben zahlreichen Artikeln in Fachzeitschriften veröffentlichte er über 20 Forschungsarbeiten, u. a. über Matthias Grünewald, über den Meister von Meßkirch und über die mittelalterliche Kunst in der Baar, jener in vieler Hinsicht so fruchtbaren Hochebene zwischen Schwäbischem Jura und Schwarzwald.

Noch mehr aber beanspruchten ihn die aktuellen sozialen Probleme in seiner Gemeinde. Schon als junger Theologe hatte sich Feurstein dem Studium der Volkswirtschaft zugewandt und war 1904 zum Dr. rer. pol. promoviert. Durch eine von ihm gegründete Baugenossenschaft entstanden zehn große Häuserblocks mit billigen Wohnungen für die Ärmeren der Pfarrei, und sein eigenes ererbtes Vermögen gab er zum Bau eines Konvikthauses für Missionare. Der Titel Monsignore wurde ihm 1931 verliehen.

Sein reiches Wissen und sein lauteres Wesen erwarben ihm die Achtung und Zuneigung seiner geistlichen Mitbrüder, von denen allein in der Freiburger Diözese zwölf ihr Leben opfern mußten; siebzehn Priester des Bistums wurden in das Konzentrationslager Dachau eingewiesen und viele andere verbrachten Monate und Jahre im Gefängnis. Heinrich Feurstein bekannte sich zu der Härte des Weges, der vor ihm lag. Seine Predigten aus dem Jahre 1941 führten immer wieder zu dem Beispiel des gekreuzigten Christus zurück. Sie wiesen auf die Gabe der Stärke, die darin besteht, »daß wir, wenn die Stürme des Lebens an uns rütteln, nicht wanken, daß keine Macht der Welt uns von Christus zu trennen vermag, daß wir ihm die Treue

halten, wenn die Bekenntnisprobe von uns verlangt wird... Der Märtyrer geht mit freier Entscheidung in den harten Tod. Das Martyrium ist uns groß, weil es ein öffentlich schmachvolles Sterben ist, begleitet von dem wilden Triumph eines gehässigen Pöbels... Auch in unserer Zeit erleben wir eine Wiederkehr des Martyriums in blutiger und unblutiger Form. Wir grüßen sie alle, die Märtyrer unserer Tage... Heil euch zumal, ihr Märtyrer von Dachau!«

Am Neujahrstag 1942 predigte Heinrich Feurstein vor seiner Gemeinde zum letztenmal. Bei seinen Ausführungen stand der Gedanke im Mittelpunkt, daß die Staatsgewalt bei der Durchführung ihrer Aufgaben an sittliche Gebote gebunden bleibt, das nationalsozialistische Regime aber an Hilflosen und Geisteskranken Verbrechen begehe und die Jugend auf falsche Wege führe, und »daß all diese Dinge unseren Soldaten im Felde draußen schwer zu denken geben und ihnen ernste Sorgen bereiten... Gott sei Dank, daß diese jungen Männer, denen die Lebenswerte der Religion und des Christentums aufgegangen sind als neu Erwähltes angesichts der Todeserfahrung, bei der künftigen Neuordnung in Deutschland mitsprechen werden, und zwar in verstärktem Maße«.

Als im Januar 1942 Pfarrer Feurstein verhaftet und in das Gefängnis nach Konstanz überführt wurde, sammelten Angehörige seiner Pfarrgemeinde Unterschriften und wandten sich in einem Schreiben an die Gestapo, um die Freilassung ihres Pfarrers zu erwirken. An der Spitze der Diözese Freiburg trat Konrad Gröber – wie auch in den Jahren zuvor bei schwierigen Auseinandersetzungen zwischen der Kirche und dem Regime – mit Mut und Wärme für den allgemein hochgeschätzten Priester und langjährigen Freund ein. Ebenso bemühten sich Schweizer Freunde um seine Rettung. Alle Interventionen blieben jedoch vergeblich.

Prälat Heinrich Feurstein wurde am 15. Juni 1942 in das Konzentrationslager Dachau überführt; er war aber körperlich bereits so geschwächt, daß er nicht einmal mehr auf einem Stuhl zu sitzen vermochte. Einige Aufzeichnungen aus der Haftzeit wurden zu seinem letzten Vermächtnis: »Die Gefangenschaft des unschuldig Gequälten ist nicht teuflisches Verhängnis, sondern göttliche Fügung, nicht Schicksal, sondern Gnade, Anstoß und Möglichkeit zur letzten Reife, zu einer großen, wenn auch schmerzlichen Lösung und damit Schule der Heiligkeit.« Heinrich Feurstein starb am 2. August 1942.

Damals schrieb der Erzbischof Dr. Konrad Gröber an die trauernde Gemeinde: »Nun ist euer Stadtpfarrer tot. Lange Monate hindurch habe ich mit ihm gelitten und alles versucht, um seine Lage zu bessern; es ist mir leider nicht gelungen. So ist er nun fern der Heimat, an der er mit leidenschaftlicher Zärtlichkeit hing, aus dem Leben geschieden... Der nun in eine Urne gefaßte, kleine Rest Heinrich Feursteins darf und wird, eingemauert in seiner Kirche, bei euch bleiben. Von diesem kleinen Grabe wird er weiter zu euch reden... von der Liebe zu Gott, vom Glauben an Christus und der Treue zu ihm. Er wird predigen von der Feindes- und Nächstenliebe, von den Seligpreisungen der Bergpredigt, deren letzte er an sich selbst erfuhr.«

CARL LAMPERT

wurde am 9. Januar 1894 zu Göfis bei Feldkirch als jüngstes von sechs Kindern einer Bauernfamilie geboren. Nach der Volksschule besuchte er das Feldkircher Gymnasium und trat 1913 als Student der Theologie in das Fürstbischöfliche Seminar in Brixen ein. Die Priesterweihe empfing er 1918; eine zwölfjährige praktische Seelsorgetätigkeit schloß sich an. Im Jahre 1930 kam er an die Anima, die Pfarrkirche der deutschen Katholiken in Rom, promovierte zum Doktor des Kirchenrechts und wurde Advokat beim Gerichtshof der römischen Kurie. Später, in Innsbruck, berief ihn sein Bischof zum Provikar der Apostolischen Administratur.

Als Gegner des Nationalsozialismus wurde Carl Lampert mehrfach in Schutzhaft genommen und mußte schließlich einen von seinem früheren Arbeitsfeld entfernten Aufenthalt nehmen, wofür ihm Mecklenburg-Pommern zugewiesen wurde. Dort erfolgte im Februar 1943 seine erneute Verhaftung. Am 13. November 1944 wurde das Todesurteil gegen ihn vollstreckt.

Im aggressiven Vorstoß gegen die katholische Kirche Pommerns und den Bischof der Diözese, Konrad von Preysing-Berlin, führte die Stettiner Gestapo im Februar 1943 nach gemeinsamer Vorbereitung mit der örtlichen NSDAP die Verhaftungsaktion »Lampert und andere« durch.
In der sogenannten Voruntersuchung wurde Prälat Dr. Carl Lampert mit einer Reihe katholischer Geistlicher und Laien aus dem pommerschen Raum in das Gestapogefängnis Stettin gebracht, wo die Verhafteten monatelang, zum Teil unter schweren Folterungen, schärfsten Verhören ausgesetzt waren. Dabei unterzog der leitende Kommissar Trettin insbesondere Carl Lampert einem Kreuzverhör; und während er im Hinblick auf die Hitlersche Kriegführung, die Judenverfolgung und andere Maßnahmen des Regimes »Geständnisse« von Carl Lampert zu erpressen versuchte, schrie er den hintergründigen Vorwurf heraus: »Warum müssen gerade Sie, ausgerechnet Sie, mit Ihren Fähigkeiten und Talenten und Ihrem angenehmen Äußeren dieser Schwindelreligion anhängen und den Beruf eines Saupfaffen ergreifen! . . . Wen man einsperren müßte, das sind Eure Bischöfe, den Grafen Galen von Münster und Euren, den Berliner Preysing. Das sind die eigentlichen Staatsfeinde und Verbrecher. Laßt nur erstmal den Krieg zu Ende sein, dann wird die katholische Kirche zerbrochen, wie man einen morschen Ast abbricht.«
Diese drohenden Worte verrieten, was von dem sogenannten Prozeß, der ebenfalls unter der Bezeichnung »Lampert und andere« lief, zu erwarten war, wobei der ausgezeichnete Ruf des Hauptangeklagten nur ein erschwerender Umstand sein konnte.
Die Rückberufung Carl Lamperts aus Rom auf den verantwortlichen Posten eines Provikars der Apostolischen Administratur nach Innsbruck erfolgte zur Zeit der Hitlerschen Machtausdehnung auf Österreich. Temperamentvoll und unerschrokken, aber auch völlig ungeeignet, sich auf Wege taktischer Diplomatie zu begeben, erhob Lampert von Anbeginn Einspruch gegen jede Behinderung des kirchlichen Lebens, weshalb er wiederholt »Schutzhaft« verbüßen mußte. Dies hielt ihn nicht von der christlichen Pflicht eines würdigen Nachrufs für einen im KZ verstorbenen Priester ab. Wegen »Aufwiegelung der Bevölkerung« wurde er nunmehr selbst für ein Jahr in das Konzentrationslager Dachau gebracht und wenige Tage nach seiner Entlassung aus Innsbruck ausgewiesen.
Die Verbannung führte ihn nach Stettin. Aber auch in der neuen Umgebung gewann sich Dr. Lampert bald Vertrauen und Anerkennung der dortigen Geistlichkeit wie die wachsende Hochschätzung des zuständigen Bischofs Preysing, der mit dem klugen, charaktervollen, jüngeren Geistlichen ständige Verbindung hielt. Ebenso brachten die Aufgaben während des Krieges in dem mit Militär stark belegten Gebiet Lampert in engen Kontakt mit den Stettiner Kaplänen und Militärseelsorgern Lorenz und Simoleit und dem Greifswalder Studentenpfarrer Wachsmann.

Lampert, der in kurzer Zeit bei der Bevölkerung – Zivilisten und Soldaten – bekannt und gerne gesehen war, half bei der Seelsorge in Stettin und den umliegenden Ortschaften. Dabei erstreckte sich seine Betreuung auf die in der Rüstungsproduktion und Landwirtschaft zur Zwangsarbeit eingesetzten Polen und Holländer, deren er sich nach dem Gottesdienst auch im pesönlichen Gespräch annahm.

Bei dem regen katholischen Leben im Raum der mecklenburgisch-pommerschen Diaspora wuchs vor allem das Mißtrauen der örtlichen NSDAP gegen Carl Lampert, dessen frühere Zusammenstöße mit dem Nationalsozialismus ebenso »aktenmäßig erfaßt« waren wie seine Beziehungen zu Rom. In der Vorbereitung des breitzielenden Schlages schickte die Gestapo einen Spitzel unter dem Namen Hagen zu den verschiedenen Geistlichen, der sich mit gefälschten Empfehlungsschreiben als gläubiger Katholik und Ingenieur auswies, Anschluß an konfessionelle Kreise erbat und zu den Diskussionsgruppen, die sich um die Kapläne Lorenz und Simoleit gebildet hatten, Zutritt fand. Prälat Lampert gegenüber gab er vor, sein Gewissen sei durch eine neue, von ihm mitentwickelte Geheimwaffe belastet; Lampert möge doch seine Verbindungen nützen, um fertige Konstruktionspläne, die er aus Peenemünde besorgen könne, über den Bischof Preysing an den Vatikan und von dort nach England zu leiten, damit der furchtbare Hitlerkrieg ein Ende fände.

Trotz Hagens wiederholtem Drängen ging Lampert auf diese Vorschläge nicht ein. Doch die Angaben Hagens reichten der Gestapo als Grundlage für ihre Vernichtungskampagne aus, und die im Februar 1943 verhafteten Geistlichen wurden am 6. Dezember 1943 in das Zuchthaus Halle überführt, wo der Prozeß vor dem Reichskriegsgericht am 19. Dezember begann. Am Tage darauf wurden Carl Lampert, Friedrich Lorenz und Herbert Simoleit, die ihre Anklagepunkte nur mündlich erfahren hatten und ihre Verteidiger einmal wenige Stunden vor Prozeßbeginn sprechen durften, wegen »Feindbegünstigung« und »Wehrkraftzersetzung« zum Tode verurteilt. Weitere Geistliche erhielten, teils in abgetrennten Verfahren, Zuchthausstrafen. Da der Verteidigung eine Wiederaufnahme des Verfahrens gegen Lampert, Lorenz und Simoleit gelang, folgte ein zweiter Termin am 24. Juli 1944 im Militärgefängnis Torgau, in das die Geistlichen schon am 14. Januar eingeliefert worden waren.

Als der Staatsanwalt bei dieser Verhandlung die Angeklagten »Verbrecher« und »asoziale Elemente« nannte, sprang der Zweite Vorsitzende, ein höherer Offizier, erregt auf und wies den Staatsanwalt mit den Worten zurück: »Es handelt sich in diesem Fall weder um Verbrecher noch um asoziale Elemente. Ihre einzige Tragik ist die, daß sie katholische Geistliche sind.« Der Gerichtspräsident, Generalstabsrichter Lueben, aber erschoß sich in der Nacht vor der Hauptverhandlung, um nicht das von der Partei geforderte Todesurteil aussprechen zu müssen.

Bei einem weiteren Termin am 4. September wurde das Todesurteil zum dritten Male verkündet. Als sich danach der Bischof Preysing zu einem letzten Gespräch mit den drei Geistlichen seines Zuständigkeitsbereiches nach Torgau begab, bekam er nur noch Verbindung mit Lorenz und Simoleit, während dem Hauptangeklagten bis zur Todesstunde jeder Kontakt mit der Außenwelt versagt blieb.

Zur Hinrichtung am 13. November 1944 wurden die Geistlichen in das Zuchthaus Halle zurückgebracht. Doch zuvor hatte Prälat Dr. Carl Lampert in letzten Aufzeichnungen, die auf inoffiziellem Wege seinen Bruder erreichten, seine Gedanken über die qualvollen Haftmonate als gefesselter Todeskandidat im Militärgefängnis Torgau niedergelegt. Damit hinterließ er die Frage, welche Ketten mehr Pein bereiten, »die der armen Seelen im Fegefeuer, oder die so schrecklich klirrenden und rasselnden der armen Seelen auf Erden?«

Der Abschiedsgruß vor der Urteilsvollstreckung aber brachte die Zuversicht: »Nun ist die Stunde gekommen – die so ›schreckliche‹ für Dich und für alle meine Lieben, die ›erlösende‹ für mich. Der Kreuzweg geht nun zur letzten Station, Finsternisse sind hereingebrochen, aber der ›Tag‹ dämmert herauf, auf Dich, o Herr, hoffe ich . . .«

OTTO MÜLLER

wurde am 9. Dezember 1870 als Sohn eines Lehrers in Eckenhagen im Oberbergischen Kreis geboren. Nach seiner Priesterweihe 1894 in Köln, promovierte er zum Doktor der Staatswissenschaften und wurde Mitarbeiter beim Volksverein für das katholische Deutschland, Generalsekretär der katholischen Arbeitervereine, Diözesanpräses für die Erzdiözese Köln und schließlich Verbandspräses.
Seine Gesinnungstreue führte ihn nach 1933 in den Widerstand und 1944 in die Haft, in der er am 12. Oktober 1944 verstarb.

Als Prälat Dr. Otto Müller am 15. August 1944 in Olpe im Sauerland sein 50jähriges Priesterjubiläum beging, waren seine Mitarbeiter von der Verbandszentrale in Köln alle schon verhaftet. Wenige Tage später wurde auch er im Auftrag des Sicherheitshauptamtes wegen seiner engen Verbindung mit Männern des 20. Juli festgenommen und nach Berlin übergeführt. »Es war für mich ein Erlebnis und eine große Bereicherung, diesem aufrechten, charaktervollen Mann und vorbildlichen Priester nahe sein zu dürfen; und das starke Ethos seiner Persönlichkeit stärkte seine Umgebung in der festen Haltung gegen den Nationalsozialismus«, schrieb Rudolf Pechel, der ihm zuletzt in der Zeit gemeinsamer Haft in dem Berliner Zuchthaus Tegel begegnete. »Ich sehe ihn vor mir, als ich ihn im Kettelerhaus besuchte, und wie er in der Berliner Wohnung unseres gemeinsamen Freundes Hejo Schmitt, damals Studentenpfarrer in Berlin, mit heiligem Zorn die Verbrechen des Nationalsozialismus geißelte.«
Otto Müller war als Christ und überzeugter Demokrat ein selbstverständlicher Gegner jedes totalitären Systems, und aus der Einheit seines religiösen und politischen Denkens reiften seine Lebensentscheidungen. Da er schon früh in der Umwelt des niederrheinischen Elternhauses Einblick in die industriellen Arbeitsverhältnisse bekam, erkannte er bald die Bedeutung des Rufes, der von den Soziallehren des Mainzer Bischofs Wilhelm Emmanuel von Ketteler, dem »Entdecker des Industriearbeiters« und Abgeordneten der Paulskirchenversammlung von 1848, ausging. Diese Sicht bestimmte Otto Müller, gegenüber dem unaufhaltsamen industriellen Entwicklungsprozeß der Arbeiter- und Volksbildung breiteren Raum zu geben.
So nahm Müller 1895 als Kaplan an der Hauptpfarrkirche von München-Gladbach die Bildungsarbeit in den katholischen Arbeitervereinen auf. Gemeinsam mit den leitenden Männern des Volksvereins Franz Hitze, August Pieper und Franz Brandts schuf er die »München-Gladbacher Schule« mit einer weitausstrahlenden Kulturarbeit auf praktisch-sozialen Grundlagen. Ebenso gab er durch den Ausbau allgemein bildender Möglichkeiten im Rahmen der katholischen Arbeitervereine und die Einrichtung sozialer Kurse für Geistliche unzähligen Menschen neue Impulse. Wesentliches Anliegen war ihm dabei, die Arbeiterschaft zu einer sich auf das reale Leben auswirkenden religiösen Haltung zu erziehen und den katholischen Klerus dichter an die soziale Wirklichkeit heranzuführen. Diese Gedanken vertrat er auch in der »Westdeutschen Arbeiterzeitung«, die er 1897 mit seinen Freunden gründen konnte. Sein ausgeprägtes Verantwortungsbewußtsein vor der Arbeiterschaft und seine stetige Forderung nach sozialer Gerechtigkeit trug ihm den Ruf ein – wie beispielsweise auch Kaplan Dr. Heinrich Brauns, langjähriger Arbeitsminister der Weimarer Zeit – zu den sogenannten roten Kaplänen zu zählen.
Der gesellschaftliche und soziale Weitblick Müllers erwies sich gleichfalls, als Ende des Jahrhunderts die Diskussionen über die Gründung christlicher Gewerkschaften in katholischen Kreisen zu heftigen Konflikten geführt hatte. In dieser Situation trug der weitherzige, tatkräftige, politisch bewußte Geistliche viel zu der Beendigung des Streites bei, indem er für die Idee der christlichen Gewerkschaften auch seinen geistlichen Mitbrüdern gegenüber entschieden eintrat. Viele seiner Anregungen auf sozialpolitischem Gebiet wurden von den Politikern des Zentrums aufgenommen. Brü-

ning, mit dem ihn, wie auch mit Stegerwald und Ersing, eine langjährige Freundschaft verband, schätzte das Urteil des erfahrenen Mannes hoch, und er suchte in verschiedenen Fragen seinen Rat. Im Jahr 1904 veröffentlichte Müller seine Doktorarbeit über die Geschichte der christlichen Gewerkschaften Deutschlands. Auf seinen Interessen an der Gewerkschaftsfrage beruhten die freundschaftlichen Beziehungen, die ihn über die späteren schweren Jahre bis zu seinem Tode mit Heinrich Körner, Jakob Kaiser und Karl Arnold verbanden.
Für seine ernste geistige Auseinandersetzung mit den sozialen Zeitproblemen zeugten auch seine Schriften »Die Entwicklung der Volkswirtschaft« und »Die Entwicklung des Sozialismus«, wo es hieß: »Das Gebot, den Nächsten zu lieben wie uns selbst, umfaßt auch die Liebe zur Gesamtheit des Volkes, fordert Einschränkung der eigenen Interessen zugunsten des Gesamtwohls. Gleichwohl erscheint die Forderung eines christlichen Sozialismus weniger zweckentsprechend, weil ein großer Teil der Menschheit sich nicht zum christlichen Glauben bekennt. Der Inhalt der christlichen Forderung braucht deshalb nicht geschmälert zu werden, denn letzten Endes sind die Ziele, die eine christliche Lebensauffassung für die künftige Gemeinschafts- und Wirtschaftsordnung stellt, auch von allen jenen zu erstreben, die ohne Voreingenommenheit gegen Glaube und Religion von der Sorge um die Gesundung des Allgemeinwohles geleitet werden. Es kommt darauf an, zur Gemeinsamkeitsarbeit an der Verwirklichung der Ziele alle Gutwilligen zu vereinen.«

Nachdem Otto Müller 1902 Diözesanpräses für die Erzdiözese Köln geworden war, wurde er dieses Amtes, das er fast drei Jahrzehnte verwaltete, von dem damaligen Kölner Kardinal von Hartmann in den Jahren 1917–1918 wegen seiner offenen Stellungnahme gegen das Dreiklassenwahlrecht in Preußen vorübergehend enthoben. Doch als Diözesanpräses berief er dann, unterstützt von dem Verbandsvorsitzenden Josef Joos, 1927 Nikolaus Groß zum Redakteur der »Westdeutschen Arbeiterzeitung« und Bernhard Letterhaus zum Verbandssekretär der westdeutschen katholischen Arbeitervereine. Zwei Jahre später gründete er das Kettelerhaus als Mittelpunkt seiner vielseitigen Bestrebungen.

Nach 1933 wurde das Kettelerhaus eine Zentrale des Widerstandes im Kölner Raum. In diesen Jahren erwies sich die ganze geistige Kraft, die diesem bescheidenen Manne stillen und doch so weit reichenden Wirkens eigen war. Darüber berichtete Grete Letterhaus: »In der Hauskapelle des ›Kettelerhauses‹ in Köln beim täglichen Opfer, umgeben von Mitarbeitern, ihren Frauen und Kindern, an Gedenktagen und kirchlichen Hochfesten, im Kreise der Freunde, fühlte sich Dr. Müller gerade in der schweren Zeit als Haupt einer Familie, die er geistig und leiblich zu betreuen hatte. In seiner Wohnung hörten er und seine Mitarbeiter regelmäßig durch ausländische Sendungen, was von der im Kriegssturm stehenden Welt zu wissen notwendig, vom Hitlerstaat aber nicht zu erfahren war.«

Da Prälat Otto Müller mehrmals zur Gestapo gerufen wurde, rieten besorgte Freunde zur Emigration. Doch Müller blieb, um jenen beizustehen, die den Nationalsozialismus – für Müller »das nationale Unglück« – beseitigen wollten. Wie schwer er dies alles nahm, zeigte sich daran, daß er, nachdem er als Zeuge bei einer Gerichtsverhandlung zum Hitlergruße veranlaßt wurde, tagelang niemandem die Hand gab, weil diese »verunreinigt« sei.

Um so mehr war er im Kettelerhaus gemeinsam mit Nikolaus Groß, Bernhard Letterhaus, Heinrich Körner, Jakob Kaiser und Elfriede Nebgen um den noch möglichen Zusammenhalt der katholischen Arbeiterschaft und ein gemeinsames Vorgehen mit anderen Gruppen des Widerstandes bemüht. Bernhard Letterhaus, der vom Unteroffizier zum Hauptmann aufgestiegen und ins OKW berufen war, wurde Mittelsmann zu der militärischen Opposition, und Elfriede Nebgen und Jakob Kaiser stellten die Verbindungen zu Leuschner und Goerdeler her. »Dr. Goerdeler hat mehrmals bei Dr. Müller übernachtet«, schrieb der Verbandssekretär Dr. Hermann Joseph Schmitt. »In der Endphase der nationalsozialistischen Zeit war Dr. Müller – soviel mir bekannt ist – zweimal in Berlin, hat dort bei Jakob Kaiser gewohnt, mit ihm, seiner Frau, Habermann und mir lange Überlegungen angestellt, welche Wege einzuschlagen wären, um zum Ziel zu kommen.«

Prälat Dr. Otto Müller war an der Ausarbeitung des Organisationsplanes beteiligt, der von führenden christlichen und sozialdemokratischen Gewerkschaftlern und Vertretern des Deutschnationalen Handlungsgehilfenverbandes ausgearbeitet wurde. Obwohl Müller die Bestrebungen Goerdelers in jeder nur möglichen Form zu stützen versuchte, hörte er aufgeschlossen die besorgte Frage Delps, ob nicht im Goerdelerkreis konservative Wirtschaftsvorstellungen zu stark vertreten seien, wogegen der Moltkekreis größeres Verständnis für die katholisch-sozialen Gedanken zeige. Mit Pater Alfred Delp und Pater Laurentius Siemer vom Walberberg besprach Otto Müller auch Fragen einer kommenden demokratischen Verfassung. In diesem Zusammenhang suchte ihn Joseph Wirmer mehrmals auf.

Als mit wachsendem Druck die Möglichkeiten einer Zusammenarbeit im Kettelerhaus immer mehr eingeschränkt wurden, bot die Fuldaer Zentrale für Männerseelsorge unter Leitung von Domkapitular Wohlgemuth den Freunden die Möglichkeit zu weiteren Zusammenkünften, bei denen auch vorsorgliche Maßnahmen für die Unterbringung besonders Gefährdeter getroffen wurden.

Nach seiner Verhaftung Ende August 1944 sahen ihn seine mitgefangenen Freunde zuletzt auf den Rundgängen im Zuchthaus Tegel. Dort gewannen sie die schmerzliche Erkenntnis, daß Otto Müller fast völlig erblindet war. Die vielen qualvollen Verhöre, denen der Alternde ausgesetzt war, hatten zudem andere körperliche Leiden verstärkt. Der Siebzigjährige aber trug alles klaglos in selbstverständlicher Würde, bis ihn der Tod erlöste.

CLEMENS AUGUST GRAF VON GALEN

Die mutigen Predigten des Bischofs von Münster, Graf von Galen, im Sommer 1941, die nicht gedruckt werden konnten, doch von verschiedensten Gruppen vervielfältigt und von Hand zu Hand in Deutschland weitergegeben wurden, veranlaßten die nationalsozialistische Gauleitung Westfalens, aber auch die Reichsführung SS und den Reichskirchenminister Kerrl zu der Forderung: »daß in diesem Fall die einzigste Maßnahme, die propagandistisch und strafrechtlich ergriffen werden kann, durchgeführt wird, daß nämlich der Bischof von Münster erhängt wird«. Hitler und Goebbels dagegen fürchteten, daß »wenn etwas gegen den Bischof unternommen würde, die Bevölkerung Münsters während des Krieges abzuschreiben sei. Dazu könne man ruhig noch ganz Westfalen nehmen«. Damit blieb der Bischof unangetastet.

Clemens August Graf von Galen, einem alten Geschlecht, das seit dem 12. Jahrhundert in Westfalen ansässig war, entstammend, wurde am 16. 3. 1878 geboren. Nachdem er sein Studium beendet hatte, war er seit 1904 als Bischöflicher Kaplan bei seinem Oheim, dem Weihbischof Maximilian Gereon von Galen, in Münster tätig, und im Jahre 1906 wurde er aus dem katholischen Westen an die St. Matthias-Kirche in Berlin versetzt. Dort wurde er 1919 Pfarrer und wirkte daneben mehrere Jahre als Präses des Berliner Gesellenvereins. Im April 1929 kehrte er nach Münster als Pfarrer der Stadt- und Marktkirche St. Lamberti zurück.

Seit seinen Berliner Jahren nahm Galen aufmerksam an den politischen und sozialen Auseinandersetzungen teil. Von gütigem Wesen und geruhsamer Festigkeit trat er dennoch unbeugsam kämpferisch den unchristlichen Zeitströmungen entgegen. Bei seiner tief konservativen und patriarchalischen Auffassung sah er in den revolutionären Ideen von 1918 schwere Gefahren für die ihm heiligen Werte der Tradition. Als eine zugleich durch seine Familiengeschichte geformte kirchliche Führergestalt mit ausgeprägtem Sinn für Autorität erhielt er im September 1933, bei der schwierigen Lage der katholischen Kirche nach der Machtergreifung Hitlers, den Ruf auf den Bischofsstuhl der Diözese Münster.

Graf von Galen hatte nach dem im Juli 1933 abgeschlossenen Konkordat als einer der ersten deutschen Bischöfe seinen Eid vor den Vertretern des »Dritten Reiches« zu leisten. Hermann Göring sprach bei der Vereidigung von der Notwendigkeit, auch die Geistlichen für den Nationalsozialismus zu gewinnen; die SA bildete auf Anordnung der Parteibehörden Spalier bei der kirchlichen Feier zur Bischofsweihe, und die Parteifunktionäre, vom Gauleiter bis zum Blockwart, überbrachten persönlich dem Bischof ihre Glückwünsche.

Die Parteiführung glaubte, auf den neuen Bischof als den »Mann von rechts« bauen zu können. Aber schon in seinem ersten Fastenhirtenbrief am 29. Januar 1934 wurde der unüberbrückbare Gegensatz sichtbar, als Bischof von Galen der nationalsozialistischen Rassenlehre mit Entschiedenheit begegnete: Der Christ kenne eine höhere Art der Blutsverbundenheit – die Gemeinschaft der Erlösung, welche in Christus die Menschen aller Völker, aller Zeiten umschließt. Wenige Wochen später erregten die offenen Worte seines Osterhirtenbriefes gegen das »positive Christentum« der Partei weit über Westfalen hinaus Aufsehen. Sie wurden zum Anlaß erster Konflikte mit den örtlichen Parteibehörden.

In den folgenden Jahren wies Bischof von Galen durch Eingaben bei den zuständigen Ministerien und der Wehrmachtsführung, vor allem aber immer neu in seinen Predigten, den Totalitätsanspruch des Regimes zurück. »Ein Gehorsam, der die Seelen knechtet, der in das innerste Heiligtum der menschlichen Freiheit, in das Gewissen, greift, ist roheste Sklaverei«, sagte er in einer Predigt in Xanten am 6. September 1936. Ebenso empörte den Sproß des alten deutschen Geschlechtes der überhebliche Anspruch einer »deutschen Herrenrasse«. »Wenn jemand aufsteht und behauptet, daß deutsches Blut aus ihm spreche: Hier stehe ich, und ich behaupte dasselbe von mir – ich weiche vor ihnen nicht zurück.«

Die Beschlagnahme mehrerer Klöster in Münster für Parteizwecke wurde zum Anlaß der ersten seiner drei berühmt gewordenen Predigten. Am 13. Juli 1941 warnte er:

»... Der physischen Übermacht der Geheimen Staatspolizei steht jeder deutsche Staatsbürger völlig schutzlos und wehrlos gegenüber. Das haben viele deutsche Volksgenossen im Laufe der letzten Jahre an sich erfahren. Keiner von uns ist sicher, und mag er sich völliger Schuldlosigkeit bewußt sein, daß er nicht eines Tages aus seiner Wohnung geholt, seiner Freiheit beraubt, in den Kellern und Konzentrationslagern der Gestapo eingesperrt wird. Weil ich dann nicht mehr öffentlich sprechen kann, darum will ich heute öffentlich sprechen ... Die Gerechtigkeit ist das einzig tragfeste Fundament aller Staatswesen. Das Recht auf Leben, auf Unverletzlichkeit, auf Freiheit ist ein unentbehrlicher Teil jeder sittlichen Gemeinschaftsordnung ... Der Staat, der diese von Gott gewollte Grenze überschreitet und die Bestrafung Unschuldiger zuläßt oder veranlaßt, untergräbt seine eigene Autorität und die Achtung vor seiner Hoheit in den Gewissen der Staatsbürger ... Die Pflicht meines bischöflichen Amtes, für die sittliche Ordnung einzutreten, die Pflicht meines Eides, in dem ich vor Gott und vor dem Vertreter der Reichsregierung gelobt habe, nach Kräften, ›jeden Schaden zu verhüten, der das deutsche Volk bedrohen könnte‹, drängen mich, angesichts der Taten der Geheimen Staatspolizei diese Tatsachen öffentlich warnend auszusprechen ...«

Eine Woche später, am 20. Juli, ergriff Bischof von Galen erneut das Wort:

»... Hart werden! Fest bleiben! Wir sind in diesem Augenblick nicht Hammer, sondern Amboß ... Fragt den Schmiedemeister und laßt es Euch von ihm sagen: Was auf dem Amboß geschmiedet wird, erhält seine Form nicht nur von dem Hammer, sondern auch vom Amboß ... Wie hart der Hammer auch zuschlägt, der Amboß steht in ruhiger Festigkeit da und wird noch lange dazu dienen, das zu formen, was neu geschmiedet wird. Das sind die zu Unrecht Eingekerkerten, die schuldlos Ausgewiesenen und Verbannten. Gott wird ihnen beistehen, daß sie Form und Haltung christlicher Festigkeit nicht verlieren, wenn der Hammer der Verfolgung sie bitter trifft und ihnen ungerechte Wunden schlägt ... Werdet hart! Bleibet fest! Bleibet standhaft! Wie der Amboß unter den Hammerschlägen. Es kann sein, daß der Gehorsam gegen Gott, die Treue gegen das Gewissen, mir oder Euch das Leben, die Freiheit oder die Heimat kostet. Aber lieber sterben als sündigen! Möge Gottes Gnade, ohne die wir nichts verögen, Euch und mir diese unerschütterliche Festigkeit geben und erhalten ...«

Doch den »wohl bisher stärksten Angriff gegen die deutsche Staatsführung, der seit Jahrzehnten überhaupt vorgekommen ist«, nannte ein Bericht des Sicherheitsdienstes die Predigt des Bischofs von Münster am 3. August 1941, in der er öffentlich die Tötung Geisteskranker anklagte:

»... Es handelt sich um unsere Mitmenschen, unsere Brüder und Schwestern. Arme Menschen, kranke Menschen, unproduktive Menschen meinetwegen! Aber haben sie damit das Recht auf Leben verwirkt? Hast Du, habe ich nur solange das Recht zu leben, solange wir produktiv sind? ... Dann braucht nur irgendein Geheimerlaß anzuordnen, daß das bei den Geisteskranken erprobte Verfahren auch auf andere ›Unproduktive‹ auszudehnen ist, daß es auch bei den unheilbar Lungenkranken, bei den Altersschwachen, bei den Arbeitsinvaliden, bei den schwerkriegsverletzten Soldaten anzuwenden ist. Dann ist keiner von uns seines Lebens mehr sicher ... Wer kann dann noch Vertrauen haben zu seinem Arzt? ... Es ist nicht auszudenken, welche Verwilderung der Sitten, welch allgemeines Mißtrauen bis in die Familien hineingetragen wird, wenn diese furchtbare Lehre geduldet, angenommen und befolgt wird. Wehe den Menschen, wehe unserem deutschen Volke, wenn das heilige Gottesgebot: ›Du sollst nicht töten!‹ nicht nur übertreten wird, sondern wenn diese Übertretung sogar geduldet und ungestraft ausgeübt wird! ...«

Die Predigten hätten eine starke, immer weiter um sich greifende Unruhe in der Bevölkerung hervorgerufen, hieß es in Meldungen des Sicherheitsdienstes. Doch auf den Rat Goebbels' verwarf Hitler

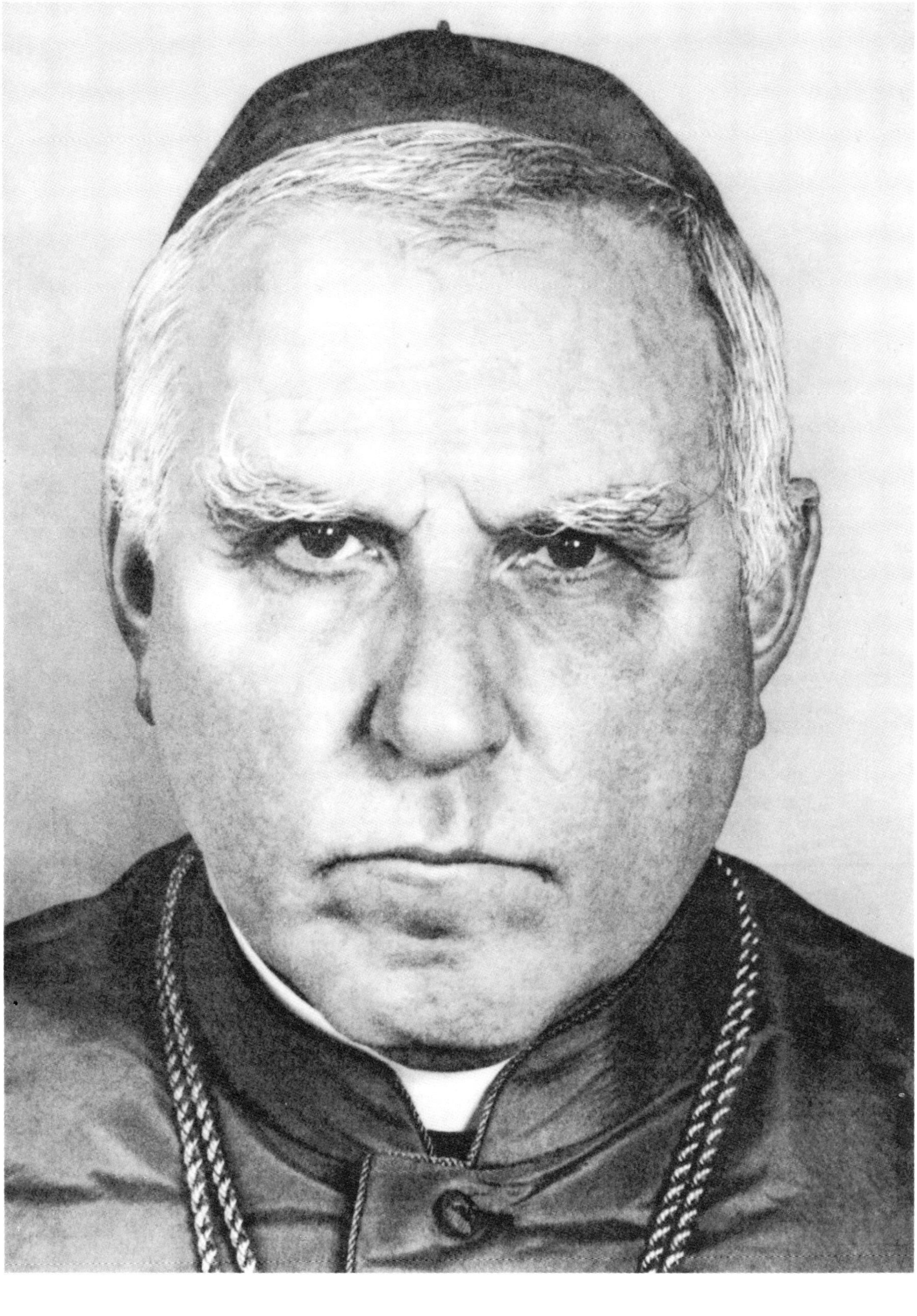

alle Vorschläge, mit drastischen Maßnahmen gegen Bischof Galen vorzugehen, und ordnete mit dem Datum vom 30. Juli 1941 an, daß jede weitere Beschlagnahme von kirchlichem oder klösterlichem Vermögen zu unterbleiben habe. Wenige Tage später gab Hitler, nach den Aussagen Dr. Karl Brandts im Nürnberger Ärzteprozeß, auch Befehl, die Tötung Geisteskranker vorläufig einzustellen.

Auf den Vorwurf Hermann Görings, daß sein »ganzes Verhalten« mit seinem Eid nicht zu vereinbaren sei, antwortete dann der Bischof in einem Brief vom 16. März 1942:
»Heute kann ich ... erklären, daß ich in der seither verflossenen Zeit nach dem Zeugnis meines Gewissens den Gott unserem Herrn in Ihre Hand geleisteten Eid treu gehalten und niemals verletzt habe. Wenn ich durch Eingaben an den Führer und Reichskanzler, an die Herren Minister und an andere Behördenvertreter und auch in einigen meiner Predigten und Hirtenbriefe auf hervorgetretene Mißstände und heraufziehende Gefahren hingewiesen und auf Abstellung gedrängt habe, so geschah das in Erfüllung meiner Amtspflichten und nicht zuletzt mit der Absicht und zu dem Ziel, getreu meinem Eide jeden Schaden nach Kräften zu verhüten, der das Wohl und das Interesse des deutschen Staatswesens bedrohen könnte ...«

Als im Oktober 1944 das Bischöfliche Palais durch Bomben zerstört wurde, mußte der Bischof nach Sendenhorst übersiedeln. Von dort half er mit allen ihm zur Verfügung stehenden Mitteln, um den Flüchtlingen und obdachlos Gewordenen Erleichterung zu schaffen. Dort erlebte er auch den Einmarsch der alliierten Truppen als »ein erschütterndes Erlebnis«.
Vor den zuständigen Militärbehörden trat Galen für Milderung der Nachkriegshärten und für Gerechtigkeit gegenüber dem deutschen Volk ein. Nach einem Interview berichtete ein englischer Journalist: »Galen ist von kindlicher Einfachheit und Geradheit im Benehmen, trotz seiner vornehmen Herkunft und seines kirchlichen Ranges ein bescheidener Mann und in etwa bestürzt über das hohe Ansehen, das er bei Katholiken und Nichtkatholiken in aller Welt genoß.
Den größten Eindruck wohl hinterläßt seine Geistigkeit, sein zartes Mitgefühl für die Opfer des Krieges und seine Bereitschaft, alles zu opfern, um die Leiden seines Volkes zu mildern.« Die Erinnerung an seine weltbekannten Predigten wehrte Galen in jenen Stunden mit den Worten ab, daß er auch damals nie etwas gegen Deutschland gesagt habe.

Im März 1946 reiste Bischof von Galen nach Rom, um den Kardinalshut entgegenzunehmen. Auf seinem ganzen Weg wurde sein Erscheinen mit außergewöhnlichem Beifall aufgenommen. Auf die gleiche Begeisterung traf er in Deutschland, als er am 16. März nach Münster zurückkehrte. Doch schon am nächsten Tag warf ihn eine plötzliche Erkrankung nieder. Sie brachte dem »Löwen von Münster« am 22. März 1946 den Tod.

VOM BÜRGER ZUM STAATSBÜRGER

Die Regierung, an deren Spitze Hindenburg nach langem Widerstreben am 30. Januar 1933 Hitler als neuen Reichskanzler berief, erschien äußerlich eher konservativ-deutschnational als nationalsozialistisch bestimmt. Drei Nationalsozialisten standen acht konservative Minister gegenüber; der Reichspräsident von Hindenburg galt als starke Sicherung für die Erhaltung der Rechtsverhältnisse, und auch der erste Aufruf der neuen Regierung an das deutsche Volk versprach Schutz der überkommenen bürgerlichen Wert- und Gesellschaftsordnung unter einer starken christlich-nationalen Staatsgewalt. Autoritäre Erneuerung, nicht totale Gleichschaltung wurde als Parole des Tages verkündet.

Ein großer Teil der Bevölkerung ließ sich von der Illusion einer »nationalen Erhebung« um so williger täuschen, als nach Jahren wirtschaftlicher Not und mangelnder politischer Stabilität breite Schichten des Mittelstandes und der Bauernschaft von dem Verlangen nach einer »starken« Politik erfüllt waren. Diese Krisenpsychose hatte Hitler als seine große Chance erkannt, und mit der Gewissenlosigkeit des politischen Abenteurers wußte er sie für seine Machtpläne auszunutzen.

Aus eigener Kraft hätte er sein Ziel freilich nicht erreicht. Er sah sich unterstützt durch verblendete Finanzkreise um Hjalmar Schacht und Schwerindustrielle um Fritz Thyssen und Emil Kirdorf. Durch das Bündnis mit dem pressemächtigen Alfred Hugenberg und seiner deutschnationalen Gefolgschaft gesellschaftsfähig gemacht, wurde er schließlich – nachdem die Novemberwahlen 1932 bereits einen Rückgang seiner politischen Anhängerschaft erbracht hatten – gegen die eigenen Erwartungen von den intrigekundigen Beratern Hindenburgs mit dem ehrgeizigen Exkanzler Franz von Papen an der Spitze in den Sattel der Reichskanzlerschaft gehoben. Obwohl Hitler in freien Wahlen nie eine Mehrheit der Bevölkerung für sich gewinnen konnte, verstand er sich rasch der Beschränkungen durch seine konservativen Partner zu entledigen, und seit dem Reichstagsbrand fielen Stück um Stück die Sicherungen des Rechtsstaates. In hartem Zugriff wurden Parlament, Parteien, Gewerkschaften, Wirtschaftsverbände und Kultur entweder gleichgeschaltet oder zerschlagen. Doch die rechtszerstörenden Akte wurden zum Teil nicht gleich in ihrem Gewicht erkannt, zum Teil fanden sogar die diktatorischen Gewaltmaßnahmen, insbesondere gegen die Linke, nicht unbeträchtliche Sympathien.
Es waren besondere, eigentümlich deutsche Bedingungen, die Möglichkeiten wie Hemmnisse eines Widerstandes aus bürgerlich geprägten Auffassungen in dieser Lage bestimmten. In eindringlicher Weise offenbarte die Geschichte der bürgerlichen Opposition gegen Hitler in ihren Ausdrucksformen wie in ihren Begrenzungen die tiefe Problematik der geschichtlichen, sozialen und geistigen Bindungen, auf denen die politische Haltung, das Staatsbewußtsein der tragenden Mittel- und Oberschichten im Deutschland des 19. und 20. Jahrhunderts gegründet war.

Der glühende Oppositionsgeist, mit dem das Bürgertum in der Ära zwischen den Freiheitskriegen und der Revolution von 1848 die liberale Verfassungsbewegung gegen die absolute Monarchie vorangetragen hatte, und das ungestüme Drängen nach gesicherten demokratisch-parlamentarischen Formen waren längst hinter dem Eindruck der Erfolge zurückgetreten, die im Bismarckschen und Wilhelminischen Zeitalter unter dem Zeichen der alten monarchisch-militärischen Ordnung für die sehnsüchtig erwartete nationale Einigung errungen worden waren. Dies förderte eine nationalistisch bestimmte Anerkennung der stark autoritär geprägten Staatspraxis und ihrer politischen und gesellschaftlichen Träger. In weitgehender Angleichung an die Haltung von Offizierkorps und Adel entwickelte sich vor allem in der Beamtenschaft das Bewußtsein einer Identität mit jenem Staat, der als hierarchisch gegliederter Obrigkeits- und

Verwaltungsstaat die traditionellen Werte und Ordnungen zu sichern schien. Dieses Bewußtsein wurde auch von der Bildungs- und Universitätswelt gestützt und häufig genug als Bestandteil humanistischer Erziehungsgrundsätze über Gebühr kultiviert. Und da der Staat mit starker nationaler Betonung, schmaler Führungsspitze und reibungsloser Verwaltungspolitik von einer in diesen Jahrzehnten allgemeinen raschen industriellen Entfaltung und einer Festigung des bürgerlichen Wohlstandes getragen war, genoß er auch unter den wirtschaftlichen und freiberuflichen Kreisen weitestgehende Anerkennung. Dadurch wurden die Möglichkeiten, die sich unter der parlamentarisch-konstitutionellen Monarchie für echte politische Willensbildung und freie kritische Teilnahme an dem Staatsgeschehen boten, im Denken und Verhalten des Bürgertums zurückgedrängt.

So kam es auch, daß breite bürgerliche Schichten der Revolution von 1918 verständnislos gegenüberstanden. Die Umwälzung der Staatsverhältnisse wurde weniger als Folge schwerwiegender Versäumnisse in der vergangenen politischen Ordnung betrachtet; vielmehr wurde der Verlust der wirtschaftlichen und politischen Sicherheit der neuen parlamentarischen Republik zur Last gelegt. Die Dolchstoßlegende als bequeme Ausflucht vor den wirklichen Ursachen des Zusammenbruchs gewann unter solchen Umständen rasch an Popularität. Unter den politisch Verantwortungsbewußten aber im konservativen, liberalen oder konfessionell gebundenen Bürgerbereich war das Verpflichtungsgefühl vor dem jungen Staat vielfach von der Befürchtung beschattet, daß die Demokratie geradezu in zwangsläufiger Konsequenz zu Vermassungs- und Nivellierungserscheinungen in Gesellschaft und Kultur führen werde. Andere Gruppen der Intelligenz wiederum erblickten die noch einzig mögliche Lösung der deutschen Krise in einer politischen Linksorientierung. Wohl lebte in einer Minderheit des Bürgertums noch der Geist von 1848, doch er erwies sich als zu schwach, um den neuen Staat noch mit echtem Leben zu erfüllen. Hand in Hand mit dem weiteren Zerfall der noch verbliebenen bürgerlich-demokratischen Bewegung erstarkten restaurative Strömungen. Als rangbewußter Bürger war man »national«, »stand rechts« und zeigte sich den wachsenden Bemühungen zur Überwindung des parlamentarisch-demokratischen »Systems« nicht ungeneigt.
Am sichtbarsten wurden die illusionären Bestrebungen um eine Restauration des vermeintlich oder wirklich Verlorenen am Weg der Deutschnationalen Partei, die mit der Wahl Alfred Hugenbergs zu ihrem Vorsitzenden im Oktober 1929 endgültig auf einen scharf nationalistischen Kurs gegangen war. Wie schon 1929/30 beim Kampf gegen die Reparationsregelungen des Youngplanes und erneut im Oktober 1931 bei der Gründung der antirepublikanischen »Harzburger Front« im Verein mit »Stahlhelm« und Nationalsozialisten, so war der deutschnational wählende Teil des Bürgertums dann auch beim Beginn der nationalsozialistischen »Machtergreifung« des selbstbewußten Glaubens, das politische Potential Hitlers für eine autoritäre »Reform« der Republik einsetzen und durch die eigene geistige, wirtschaftliche und fachliche Überlegenheit schon rechtzeitig bändigen zu können.
Wenn in dieser Periode Anhänger von den stark zersplitterten bürgerlichen Parteien der NSDAP zuströmten, die eine Änderung aller Dinge, die Erfüllung der verschiedensten Interessen und die »Neugeburt« des Reiches versprach, so bemühte sich demgegenüber gewiß ein beharrlicher demokratischer Bürgerwille um seine Behauptung. Besonders die Zentrumspartei, sehr wesentlich auch die politische Heimat des katholischen Bürgertums, bot mit über vier Millionen Wählern, die ihr bis zu den letzten halbfreien Wahlen vom 5. März 1933 die Treue hielten, ein Bild äußerer Geschlossenheit. In ihren politischen Entscheidungen wurde sie jedoch durch einen stark nach rechts tendierenden konservativen Flügel gehemmt, der dann sogar den letzten Versuchen Dr. Heinrich Brünings um den Erhalt von Partei und Rechtsstaat entgegenwirkte. Ebenso konnte die in breiten Teilen nach rechts neigende Bayerische Volkspartei – die trotz ihrer weit über eine Million zählenden stetigen Wähler vom katholischen Bauern bis zum monarchistisch gesinnten Beamten schon bei der Reichstagswahl 1925 den Kandidaten der Rechten, Hindenburg, dem Zentrumsvertreter und Kandidaten des demokratischen Blocks, Marx, vorgezogen hatte – bestenfalls Stütze einer funktionsfähi-

gen bürgerlichen Mitte, kaum aber Rückhalt der bereits gefährdeten Demokratie sein. Noch weniger aber vermochten die durch individualistische Neigungen von Führung und Anhängerschaft geschwächten und auseinanderstrebenden Restkerne der Deutschen Volkspartei und der Deutschen Demokratischen (Staats-) Partei oder die Gruppe des protestantisch geprägten Christlich-Sozialen Volksdienstes dem antidemokratischen Grundstrom, der immer breitere Volksschichten erfaßte, ein politisch wirksames Bekenntnis des Bürgertums zur parlamentarischen Republik entgegenzustellen.
Um so verhängnisvoller war, daß der Weimarer Republik eine Rechte von echter konservativer Prägung überhaupt fehlte. Gewisse Züge eines konservativen Ethos zeigten sich zwar noch bei jener kleinen Gruppe der Deutschnationalen, die seit 1929 als »Volkskonservative« gegen Hugenberg und gegen eine Zusammenarbeit mit Hitler rebellierte, doch von dem mächtigeren Hugenberg beiseitegeschoben wurde. Damit stand die »Machtergreifung« von 1933 zunächst durchaus unter dem Zeichen gemeinsamer Proklamationen einer »nationalen« Rechten. Wie einst im Jahre 1870 bei der Reichsgründung in Versailles, so ergab sich auch jetzt am »Tag der nationalen Erhebung« in Potsdam in weitem Umfange das Bürgertum – durch die Berufung auf Namen und Mythos Hindenburgs getäuscht – dem siegreichen Gedanken der nationalen Einigung, freilich mit dem entscheidenden Unterschied, daß an die Stelle eines damals autoritär, doch maßvoll regierenden Bismarck nun der totale Führungsanspruch eines Reichskanzlers wie Hitler getreten war.

Daß die neue Entwicklung trotz abstoßenden Übergriffen und wachsendem Terror, trotz Ausschaltung des Reichstages, Zerstörung der Parteien und Beseitigung des bundesstaatlichen Föderalismus, trotz rigoroser »Säuberung« unter dem Beamtentum und der Justiz, trotz Gleichschaltung von Presse, Wissenschaft und Kultur und trotz einer wütenden Kampagne gegen den Geist weltbürgerlichen Denkens nicht ihre anziehende Wirkung auf einen geschichtlich verwurzelten bürgerlichen Nationalismus verfehlte, ließ zugleich das geistige Dilemma jener Kreise deutlich werden, die dem Staat von Weimar stets mit innerer Distanz begegnet waren.

Eine Reihe der nationalsozialistischen Ankündigungen und Maßnahmen stand in naher Beziehung zu der zuvor im bürgerlichen Lager an der parlamentarischen Republik geübten Kritik. Häufig genug war die Forderung nach durchgreifenden Reformen, nach Zurückdrängung der Gewerkschaften und Parteien, nach militärischer Stärke und Gleichberechtigung erhoben worden. Diese traditionelle Kritik an der ersten deutschen Republik trug vieles dazu bei, dem »Dritten Reich« in den entscheidenden Anfangsmonaten die Zustimmung nicht allein großer Mittelstandskreise, sondern auch einer Mehrheit des tragenden Bürgertums in Verwaltung, Wirtschaft und Wissenschaft zu sichern. Weithin wurden infolgedessen die Gefahren der fortschreitenden nationalsozialistischen Machteroberung verkannt.

Verwirrend und zugleich beruhigend auf das Rechtsbewußtsein der deutschen Öffentlichkeit wirkte überdies die scheinheilige Legalitätspolitik, mit deren Hilfe Hitler schon vor 1933 ein Vorgehen gegen seine Partei abzuwehren gewußt hatte. Da die Machthaber auch weiterhin in vielfältigen Täuschungen den Eindruck einer »legalen« Staatsordnung zu wahren suchten, zunächst neue Wahlen zuließen, zu ihrer Ermächtigung an den Reichstag appellierten und ihren Willkürverordnungen einen scheinbar gesetzlichen Rahmen gaben, wurde Hitlers Weg in den Staat der Gewalt und des Terrors dem politisch ungeformten und dem Autoritätsprinzip verhafteten Bürger auch im folgenden kaum bewußt. Noch lange behielten die Vorstellungen von einer echten nationalen Erneuerung Wirksamkeit. Sie wurden genährt durch die politischen und wirtschaftlichen Scheinerfolge der ersten Jahre, die den Forderungen des Kleinbürgertums, der Bauernschaft und der Großindustrie gleichermaßen entgegenkamen. Der enge Zusammenhang zwischen dem wirtschaftlichen Aufschwung und einer systematischen Aufrüstung trat dahinter ebenso zurück wie die Einrichtung der Konzentrationslager.
Als dann Hitler mit dem blutigen »Säuberungsakt« vom 30. Juni 1934 nicht nur unter der SA

aufräumen, sondern auch jeden noch möglichen Widerstand von rechts ersticken wollte, war es nicht allein die Reichswehr, die widerspruchslos die Ermordung ihrer Generale von Schleicher und von Bredow hinnahm. Auch die damals wirtschaftlich und politisch noch einflußreichen Kreise des konservativen Bürgertums leisteten Hitler weiterhin Gefolgschaft – trotz der Morde an Männern wie dem konservativ gesinnten Münchener Rechtsanwalt Edgar Jung, dem Referenten im Vizekanzleramt Papens, Herbert von Bose, oder dem Leiter der Katholischen Aktion im Bistum Berlin und Ministerialdirektor im Reichsverkehrsministerium, Erich Klausener. Schwerer noch wog, daß die eng mit dem Bürgertum verflochtene Justiz als Wahrerin des Rechts keineswegs einmütig und entschlossen gegen die Justifizierung der Bluttaten aufbegehrte. Die pronationalsozialistische Stimmung war über den zusammengeschmolzenen Bestand des demokratisch bewußten Bürgertums hinweggeflutet, und scheinbar hatte das bürgerliche Gewissen seinen Frieden mit dem Regime gemacht, dessen Totalität sich nunmehr auf alle Lebensbereiche erstreckte.

Aber gegenüber diesem doch mehr äußerlich richtigen Bild gab es schon in den ersten Monaten des Jahres 1933 Zeichen des Bedenkens und der Kritik aus den Kreisen derer, die für das Wagnis eines Bündnisses mit Hitler plädiert hatten. Viele Einsichtige zwar waren zunächst bereit gewesen, ihre wachsenden Besorgnisse über die rigorose Gewaltpolitik der neuen Machthaber noch mit jenem fatalen Wort zu beschwichtigen, das Hugenberg den Kritikern in den ersten Wochen der Machtergreifung entgegenhielt: »Wo gehobelt wird, fallen Späne«. Doch am 27. Juni 1933 schon mußte Hugenberg selbst seine Schlüsselstellung in der Regierung aufgeben. Und als dann Zug um Zug das Gebäude fragwürdiger Garantien niedergerissen wurde und nach der Vernichtung der bürgerlichen Parteien und der »Gleichschaltung« der noch verbliebenen Nichtnationalsozialisten die terroristische Methodik der gnadenlosen Verfolgung und totalitären Zwangsordnung auch die unmittelbare persönliche Bedrohung deutlicher werden ließ, waren es anfangs mehr noch die Mittel als die Ziele der nationalsozialistischen Politik, die doch ernsthafteren Widerspruch zu erregen begannen.

Die Kritik setzte in zunächst mehr unverbindlich-überlegener Art auf gesellschaftlicher Ebene ein, wobei sich der Unmut vornehmlich gegen das ungezügelte Machtbewußtsein unreifer Emporkömmlinge und gegen die privaten Exzesse hemmungsloser Revolutionsmacher oder bürgerlich gescheiterter Opportunisten richtete. Für Kreise des alten Adels und des konservativen Bürgertums wie für die Bildungsschichten im weiteren Sinne lagen die Ansätze zur entschiedenen Empörung in der menschlichen und sittlichen Substanzlosigkeit jener Führer und Funktionäre, die der Öffentlichkeit als höchste Vorbilder, der Jugend als Erzieher zu neuen Idealen, der Kulturwelt als Träger von Kunst und Wissenschaft vorgesetzt wurden.

Kritische Betrachtungen wurden besonders auch in der Verwaltung angestellt. Konnte doch nach anfänglicher Mitarbeit aus nationalem oder rein traditionellem, unpolitischem Pflichtgefühl, »Schlimmeres verhüten zu müssen«, gerade der Beamte als unentbehrlicher und deshalb geduldeter oder sogar von den neuen Machthabern umworbener Fachmann besser als jeder andere Einblick in die Rechtlosigkeit und Willkür, in die Wirklichkeit der nationalsozialistischen Staatspraxis gewinnen. Aus einem allzu tief verankerten Dienstbewußtsein und getreu einem Eid, dem längst jede moralische Grundlage entzogen war, blieb die überwiegende Mehrzahl zwar bis zum letzten Tage des »Dritten Reiches« im Dienst. Während sich aber qualifizierte, doch nur auf Gehorsam und Karriere bedachte Beamte nicht scheuten, die nationalsozialistischen Rechtsvergehen und Vertragsbrüche auf innerdeutscher und internationaler Ebene durch sanktionierende Kommentare juristisch zu untermauern und so auch der Legalisierung weiterer Vernichtungsmaßnahmen die Wege zu ebnen, nutzten andere in der Tat ihre Position zum Schutze Verfolgter und allmählich zum Aufbau wirklicher Widerstandstätigkeit.

Die aus diesen Bereichen kommenden bürgerlichen Opponenten gingen nicht allein zu Beginn, sondern auch noch in späterer Zeit teilweise von dem Trugschluß aus, die rechtliche Ordnung im Rahmen der von der Diktatur belassenen Möglichkeiten auf vermeintlich legalem Wege wiederherstellen zu können; sie gründeten ihre Pläne vorwiegend auch auf der Überlegung, daß zu einem aussichtsreichen Gegenkampf Verbindungen in dem Apparat des totalen Staates selbst erhalten oder geschaffen werden müßten. Aus dieser unbewußten, aber immer noch wirksamen Bindung an den »legalen« Obrigkeitsstaat ergaben sich die verschiedenen Versuche, unter Verkennung der Sachlage über Hindenburg oder auch hohe NS-Funktionäre der Gewaltherrschaft Hitlers entgegenzuwirken, ja sogar auf Hitler selbst Einfluß zu nehmen. Hierauf beruhte auch die an Enttäuschungen reiche Orientierung auf die Armee hin. Und dies veranlaßte viele, in der bisherigen Position zu verharren, ohne sich wohl in jedem Einzelfall klarzuwerden, inwieweit das Argument, das Amt nicht aufgeben zu dürfen, einer Rechtfertigung vor sich selbst diente; schließlich bewog es sogar manchen, die Kontakte zu hohen Vertretern des Staats- und Parteiapparates auch später noch ständig auszubauen.

Aber im weiteren entzündeten sich an der täglichen Auseinandersetzung mit den Manifestationen des Regimes doch immer neue Impulse der Entrüstung, und sie gewannen an Kraft, als die Zerstörung auch vor bisher noch bewahrten privaten, rechtlichen und geistig-sittlichen Sphären nicht haltmachte. Das kulturbewußte Bürgertum, das sich schon vor der Weltöffentlichkeit durch die »Säuberung« der Universitäten und Schulen, die Reglementierung des Geisteslebens und die öffentliche Verbrennung großer Literatur bloßgestellt sah, fühlte sich mehr und mehr herausgefordert durch die gleichgeschaltete Produktivität im gesamten Kulturbereich, durch pseudowissenschaftliche Theorien mit der augenfälligen Verfälschung historischer Tatsachen und nicht zuletzt durch den Gegensatz, der durch die diktatorisch forcierten nationalsozialistischen Jugendorganisationen zwischen Kinder und Elternhaus getragen wurde. Unter der Anhäufung der jedem Recht widersprechenden Erlasse, Verordnungen und Paragraphierungen erregten insbesondere die staatlich sanktionierten Exzesse des Antisemitismus in der Form der »Nürnberger Gesetze« den Unwillen vieler, die nach persönlichen Freundschaften mit Juden wie nach ihrem Rechtsbewußtsein die täglich demonstrierten Judenverfolgungen mißbilligten und auch von hier aus in einen wachsenden Gegensatz zum Regime gerieten. Selbst Menschen, die der »nationalen Erneuerung« bis dahin noch symphatisierend gegenübergestanden hatten, erkannten dann die berüchtigte »Kristallnacht« vom 9. November 1938 mit ihren aufrüttelnden und nicht übersehbaren Ereignissen als den endgültigen Stichtag, an dem sich die Geister scheiden mußten.

Aber es gab auch von Anbeginn schon sichtbare Beispiele kompromißloser Standfestigkeit in dem politisch geformten Bürgertum. Die Bekenntnisse gegen die nationalsozialistische Flut, die noch bei den Wahlen vom 5. März 1933 abgelegt worden waren, konnten mit ihrem tieferen Gehalt echter Gesinnungs-, Überzeugungs- und Wahrheitstreue nicht durch einen diktatorischen Federstrich ausgelöscht werden, und der Wille zur deutlichen Distanzierung suchte nach den verschiedensten Ausdrucksformen. Bekannte und angesehene Persönlichkeiten erklärten unmittelbar nach der »Machtergreifung« demonstrativ ihren Rücktritt: so besonders eine große Zahl langjähriger Oberbürgermeister, die dadurch ihrem Protest gegen die Zerschlagung demokratischer Selbstverwaltung Ausdruck gaben, wie die Stadtoberhäupter Petersen-Hamburg, Landmann-Frankfurt/M., Mann-Erfurt, Lang von Langen-Eßlingen, Stadler-Kassel, Luppe-Nürnberg, Hipp-Regensburg und Kaschny-Ratibor, oder auch der Landeshauptmann von Schlesien und Vorsitzende der Preußischen Landesdirektorenkonferenz, Georg von Thaer. Es war die fast siebzigjährige Dichterin Ricarda Huch, die ihren Prinzipien treu 1933 aus der Preußischen Akademie der Künste austrat, als die Brüder Thomas und Heinrich Mann, Fritz von Unruh, Franz Werfel und andere Dichter ausgeschlossen wurden. Ihre kritische Unabhängigkeit bewahrten und bewiesen auch – sichtbar durch Rücktritt, Eintreten für die Verfolgten oder mannigfache Äußerungen des Widerstandsgeistes – Soziologen, Nationalökonomen, Historiker, Naturwissenschaftler, wie die Professoren Alfred Weber, Bernhard Harms, Max Sering, Friedrich Meinecke, Hermann Oncken oder Max von Laue. Andere Wissenschaftler und Künstler – gleich dem Theologen Paul Tillich, den Altphilologen Werner Jaeger, Georg Rohde und Kurt von

Fritz, den Nationalökonomen Wilhelm Röpke und Alexander Rüstow, dem Komponisten Paul Hindemith oder dem Regisseur Carl Ebert – verzichteten in den besten Jahren ihrer Schaffenskraft und ihres Wirkens auf Heimat, Sprache und bisherigen Aufgabenkreis und wählten den ungewissen Weg ins Ausland.

Ein weiterer wichtiger Ausdruck des Widerstandes war auch die Kritik »hinter den Zeilen«, die von der jeweiligen Leserschaft lebhaft gesucht und auch verstanden wurde. Mit beharrlichen und geschickten Tarnungen gegenüber der Zensur verstand es so immer wieder die »Frankfurter Zeitung«, sich eine abweichende Meinung zu bewahren und bis zu ihrem Verbot durch Hitler geistige Zuflucht bürgerlich-intellektueller Kreise zu bleiben. Reservate kritischer Publizistik erhielten ebenso jahrelang Rudolf Pechel der »Deutschen Rundschau«, Karl Ludwig Guttenberg den »Weißen Blättern« oder Alfred Delp den »Stimmen der Zeit«, und auch der Weg dieser drei Männer sollte schließlich in die Aktion zum Sturze Hitlers am 20. Juli 1944 münden.

Für einen frühen und konsequenten politischen Widerstandswillen zeugten noch sichtbarer die Entscheidungen des Juristen Martin Gauger oder des bayerischen Monarchisten Adolf von Harnier, die in ihrer klaren und unbeugsamen Haltung nicht vor dem letzten Opfer zögerten. Als markante Gestalt bürgerlichen Aufbegehrens, die kontinuierlich zum 20. Juli 1944 führte, war der Katholik Joseph Wirmer bald schon wegen seiner Verteidigung von Juden aus dem »Rechtswahrerbund« ausgestoßen worden, um schließlich als einer der Hauptbeteiligten an der Vorbereitung zum Sturze Hitlers am 8. September 1944 vom Volksgerichtshof zum Tode verurteilt zu werden. Wie er hatte sein Glaubensfreund Eugen Bolz, der alte württembergische Ministerpräsident, durch Jahre hindurch das Gespräch mit Gleichgesonnenen gepflegt – nicht anders der Demokrat Eduard Hamm oder der von den nationalen Traditionswerten tief durchdrungene Hermann Kaiser. Rechts- und zielbewußt drängte Hans von Dohnanyi schon nach dem Reichstagsbrand zu einer geschlossenen Aktion der Richter gegen den wachsenden Terror, und über die fortlaufende Registrierung nationalsozialistischer Verbrechen fand er zu enger Verbindung mit den entscheidenden Männern der Abwehr, Canaris und Oster, um mit ihnen gemeinsam ein wirksames Netz im Interesse des Widerstandes auszubauen. Parallele Bestrebungen liefen von Ulrich von Hassell zu Kreisen des Auswärtigen Amtes und – insbesondere über Adam von Trott zu Solz – zu Vertretern des Auslandes Informationen über Pläne des Widerstandes und die Vorbereitungen einer kommenden deutschen Regierung wie Rückfragen wegen erträglicher Friedensbedingungen. Mit Energie und Mut suchte immer wieder der Münchener Rechtsanwalt Joseph Müller die Aufmerksamkeit des Vatikans auf das Geschehen hinter der nationalsozialistischen Fassade zu lenken und darzutun, wie nötig es sei, daß das Ausland von dem innerdeutschen Bemühen erfahre. Als unermüdlicher Vermittler zwischen zivilen und militärischen Stellen zeigte sich Ulrich-Wilhelm Graf Schwerin von Schwanenfeld. Nicht zuletzt jedoch trat Carl Goerdeler als treibende Kraft zur Mobilisierung einer möglichst geschlossenen Opposition gegen Hitler hervor, bei seinen vielfältigen Reisen im Interesse des Aufbaues einer Widerstandsfront auch durch finanzkräftige Industrielle, wie Robert Bosch oder Walter Cramer, gestützt.

Und zu den treuen Freunden und Helfern des Widerstandes zählten der gleichzeitig mit Industriekreisen wie mit der Bekennenden Kirche verbundene Walter Bauer oder im weiteren Sinne der Geheimrat Dr. Hermann Bücher von der AEG, der, wie andere gleich ihm, manchem Opponenten des Regimes seine bewußte Unterstützung zuteil werden ließ.

Hatten schon bei heraufziehender Kriegsgefahr warnende Worte über die bedrohliche Entwicklung größere Resonanz gefunden, so erwuchs aus den Befürchtungen um die Ausweitung des Krieges und den Zweifeln über sein Ende die Einsicht, daß man dem Geschehen nicht tatenlos zusehen dürfe. So wurden nun die Zusammenkünfte bewußter gesucht und intensiver verfolgt. Gesprächszirkel bildeten sich auf lokaler Ebene und besonders in Berlin, wie etwa der Solfkreis, der von der Gestapo im Herbst 1943 gesprengt wurde. Während in diesen Zusammenhängen die Lebensopfer von Otto Kiep und Elisabeth von Thadden gefordert wurden, konnten andere gleichgeartete Zirkel weiterbestehen, zum Teil Hand in Hand mit konfessionellen Gruppen, zum Teil auch mit Querverbindungen untereinander. Und von Gewicht wurde die Zusammenarbeit kleinerer, politisch entschlossener Gruppen mit zentralen Gestalten der militärischen oder zivilen Opposition.

Eigenen Charakter gewann die Berliner »Mittwochsgesellschaft«, die seit 1863 in Diskussions- und Vortragsabenden ein festes Gremium von Wissenschaftlern aller Fachrichtungen vereinigte. Mehr und mehr trat auch hier seit Kriegsausbruch der General Beck als Mittelpunkt hervor, und mehr und mehr entwickelten sich auch die übrigen Teilnehmer, die von der früheren bürgerlichen Mitte bis zur konservativen Rechten reichten, als Gegner Hitlers und seines Systems. Namen wie Popitz, Hassell und Jessen, wie Meinecke, Spranger und Pinder gaben der »Mittwochsgesellschaft« das Profil eines politischen Colloquiums von hoher geistiger und zugleich kritischer Qualität.

Ähnlich entwickelte sich der nach der Kristallnacht von 1938 auf Anregung von Professor Constantin von Dietze gegründete »Freiburger Kreis«, der im wesentlichen von Universitätsprofessoren und Theologen getragen war und engen Zusammenhalt mit Vertretern der Bekennenden Kirche wahrte. Zu den Mitwirkenden zählten Männer wie die Professoren Walter Eucken, Adolf Lampe, Franz Böhm, Erik Wolf und Gerhard Ritter oder Theologen wie der württembergische Landesbischof Theophil Wurm und Professor Helmuth Thielicke. Und es war Dietrich Bonhoeffer, der dem Freiburger Kreis 1942 das Anliegen der Bekennenden Kirche Berlins übermittelte, er möge mitwirken, die Grundlagen einer gesunden Neugestaltung Deutschlands und einer künftigen Friedensordnung von evangelisch-kirchlicher Sicht her zu erarbeiten.
Wenn sich auch Teilnehmer der »Mittwochsgesellschaft« im wesentlichen mit Fragen des kommenden Staatsaufbaus, des Grundgesetzes oder der Länder- und Gemeindeordnungen befaßt hatten, wirkten ebenso einzelne an Beratungen über Möglichkeiten und Maßnahmen zum Sturze Hitlers mit. So bestand gleichfalls Einvernehmen zwischen Goerdeler und Beck, daß die Kontakte zu der demokratischen Linken und zu den Gewerkschaften erweitert werden müßten. In diesem abgestimmten Kreis zwischen bürgerlicher und militärischer Opposition wurde auch der Fassung einer kommenden Regierungserklärung wie der Formulierung der vom Oberbefehlshaber zu unterzeichnenden Tagesbefehle große Beachtung geschenkt. In ihrem beharrlichen Bemühen um ein rechtlich geordnetes Deutschland sahen sich die Vertreter tapferen Bürgergeistes wahrlich nicht allein durch die Elemente des Gewaltstaates gehemmt. Der bürgerliche Widerstand war auch durch ein schweres Ringen in den eigenen Reihen gezeichnet. Die Opposition gegen den Staat war für die Mehrzahl seiner Träger kaum zuvor in das Feld der Möglichkeiten gerückt, so daß erst der Angriff auf die sittlichen Fundamente den Weg freizulegen vermochte, um die lange verzögerte und oft versäumte Frage nach der aktiven Rolle des Bürgers im Staate zu klären. Diese Bürger standen als Einzelpersonen und konnten sich nur in loser Gruppenbildung finden, nicht aber als Volksströmung wie im kirchlichen Bereich oder als organisatorische Anknüpfung an kontinuierliche Parteitradition wie bei der politischen Linken. Die Eigenart ihrer Entscheidung zum Widerstand zeigte sich darin, daß der einzelne in seinem Sinn für Recht und Unrecht angerufen und zur Gewissensentscheidung gedrängt wurde.

Dieses gemeinsame Grundmotiv war die positive Seite einer inneren Gebundenheit an den Ordnungs- und Rechtsstaat, und es trat bei aller Divergenz der Erwartungen und Ziele immer wieder deutlich hervor. Nicht zuletzt aber trug zum Ruhm bürgerlich-konservativen Widerstandes der unerschütterliche Zusammenhalt ganzer Familiengruppen mit großer geistiger Tradition und öffentlichem Ansehen aus den sonst politisch so stark zergliederten Bereichen des Bürgertums wie auch des Adels bei. Dies wurde mit den vielfachen Blutopfern bekannter, durch Verwandtschaft einander verbundenen Familien wie der Harnacks, Delbrücks, Bonhoeffers oder der Yorcks und Stauffenbergs in die Geschichte geschrieben.

EUGEN BOLZ

»Leicht gebeugt steht der hochgewachsene ehemalige württembergische Staatspräsident Eugen Bolz vor seinen Richtern. Man sieht dieser weißhaarigen, ehrwürdigen Persönlichkeit keinerlei Erregung an. Leise, aber wohlüberlegt antwortet er ohne Stocken auf die oft gehässigen Fragen Freislers. Ruhig und nicht ohne Stolz schildert er seine Laufbahn vom Amtsrichter zum Präsidenten seiner württembergischen Heimat. Es ist der gerade und saubere Lebensweg eines katholischen Christen und eines überzeugten Demokraten, voll innerer Größe und wachen Verantwortungsbewußtseins. Bolz erkannte die dringende Notwendigkeit, in der Stunde höchster Not an Stelle der Diktatur eine Regierung aus auch vom Ausland geachteten und verantwortungsbewußten Demokraten zu bilden, die dann von den Alliierten als vertrauenswürdige Partner bei sofort einzuleitenden Friedensverhandlungen anerkannt würde. So spricht Eugen Bolz. Es ist keine Rechtfertigung seiner ›hochverräterischen Konspirationen‹, vielmehr das Bekenntnis einer stolzen Seele, die nur bedauert, nicht zum Zuge gekommen zu sein.«

Diese Eindrücke nahm einer der verwundeten Soldaten, die – allerdings in gegensätzlicher propagandistischer Absicht – zu den Verhandlungen vor dem Volksgerichtshof zugelassen wurden, aus dem Prozeß gegen Eugen Bolz am 21. 12. 1944 mit.

Eugen Bolz wurde am 15. 12. 1881 in der schwäbischen Stadt Rottenburg als Sohn einer altansässigen Kaufmannsfamilie geboren. Mit seinem Heimatland blieb er während seines ganzen Lebens immer tief verbunden. Ihm widmete er seine besten Kräfte als württembergischer Justizminister (1919), Innenminister (1923) und als Staatspräsident (1928–1933). Aber er setzte sich nicht nur für das Wohl und für ein eigenständiges Leben seines Heimatlandes ein, sondern zugleich für die großen Anliegen des Reiches. Bevor er seine Hauptarbeit in der württembergischen Regierung fand, war er seit 1912 Reichstagsabgeordneter des Zentrums. Er hat die Reichspolitik während der Weimarer Republik, besonders in der Zeit der Kanzlerschaft Brünings, in seinem württembergischen Bereich aufs entschiedenste unterstützt.

Eugen Bolz sah in den Auffassungen der katholischen Kirche von Staat, Kultur, Sozialordnung und Wirtschaftsleben die Grundlagen für seine öffentliche Wirksamkeit. Die katholische Kirche betrachtete er als die konservative Kraft der Welt, und so war er in diesem Sinn ein konservativer Demokrat. Seiner ganzen Einstellung nach mußte Bolz das umstürzlerische Betreiben der Kommunisten und Nationalsozialisten verwerfen. Er hat diese radikalen Parteien während seiner Regierungstätigkeit mit Energie und Entschlossenheit bekämpft. Als dann Hitler an die Macht kam, nahm er nach einer mehrwöchigen Haft auf dem Hohenasperg bald wieder die Verbindung mit Gleichgesinnten auf. Zu seinen Freunden zählten in diesen Jahren auch frühere Kollegen aus anderen Parteien, wie Theodor Heuss, Reinhold Maier und Wilhelm Keil.

Mit Entschiedenheit erkannte Eugen Bolz schon früh die Notwendigkeit zum Widerstand gegen die nationalsozialistische Staatsgewalt. In einer Abhandlung »Katholische Politik und Aktion« schrieb er im Frühjahr 1934: »Da das Gemeinwohl, ›nächst Gott das erste und letzte Gesetz in der staatlichen Gemeinschaft‹ (Papst Leo XIII.), Ursache und Ziel des Staates ist, so kann die Befehls- und Zwangsgewalt des Staates nur soweit reichen, als diese dem Gemeinwohl dient ... Bei offensichtlichem und dauerndem Mißbrauch der Staatsgewalt besteht ein Notwehrrecht des Volkes.«

Seit Anfang 1942 stand Eugen Bolz durch Vermittlung des früheren Reichstagsabgeordneten Josef Ersing in Kontakt mit Goerdeler. Tätige Mitwirkung in den Kreisen des Widerstandes, hielt Eugen Bolz für seine Pflicht. »Und wenn ich umkomme, mein Leben ist nichts, wenn es um Deutschland geht.«

Als der Aufstandsversuch am 20. Juli 1944 gescheitert war, wurde Eugen Bolz, der im Rahmen des Neuaufbaues das Kultusministerium übernehmen sollte, verhaftet und am 21. Dezember 1944 vom Volksgerichtshof zum Tode verurteilt. Mit seinem alten Karlsruher Parteifreund, dem Rechtsanwalt Reinhold Frank und künftigen »Beauftragten für Baden«, trat er am 23. Januar 1945 den Weg zur Richtstätte an.

»Leben und Eigentum gelten nichts mehr. Nur die Seele ist unerreichbar für alle äußeren Mächte«, hießen die Worte in einem der letzten Briefe von Eugen Bolz.

EDUARD HAMM

der Sohn eines Oberamtsrichters, wurde am 16. Oktober 1879 in Passau geboren. Als einer der besten Abiturienten des Landes in das Maximilianeum in München aufgenommen und als Jurist im bayerischen Staatsdienst bewährt, wurde Eduard Hamm 1919 Minister für Handel und Verkehr in Bayern, und er verwaltete dieses Amt unter vier Koalitionsregierungen. 1923 berief ihn der Reichskanzler Cuno zum Staatssekretär der Reichskanzlei und nach dem Kabinettswechsel der Reichskanzler Marx zum Reichswirtschaftsminister. Ab 1925 Generalsekretär des Deutschen Industrie- und Handelstages und 1927 Ehrendoktor der Universität Erlangen, zog sich Eduard Hamm 1933 aus dem öffentlichen Leben zurück. Beruflichen Rückhalt fand er in den folgenden Jahren als Rechtsanwalt für Versicherungsfragen. Doch seine Treue zum demokratischen Staat und sein Wirken gegen Hitler besiegelten 1944 sein Schicksal.

Über das Jahr, in dem der Demokrat Eduard Hamm seine ministeriellen Aufgaben in Bayern übernahm, äußerte Professor Georg Hohmann, der spätere Rektor der Münchener Universität: »Mit dem Zusammenbruch 1918 war für uns damals noch verhältnismäßig Junge der Anstoß gegeben, mit aller Kraft zu versuchen, aus Deutschland ein demokratisches Land zu machen, weil dies der einzige Weg schien, um geordnete Rechtsverhältnisse wiederherzustellen und dadurch die drohende Anarchie zu verhindern... Wir gründeten in München die Bayerische Demokratische Partei und schlossen uns der in Berlin gegründeten Deutschen Demokratischen Partei an. Zu dieser Bayerischen Demokratischen Partei stieß damals auch Eduard Hamm, der bis dahin im Gesamtliberalismus als Mitarbeiter zu den jungliberalen Vereinen gehört hatte. An dem klugen, kenntnisreichen Eduard Hamm gewannen wir einen wertvollen Ratgeber.«

Auf Vorschlag der Demokraten übernahm dann Hamm in der bayerischen Koalitionsregierung, die 1919 von Sozialdemokraten, Bayerischer Volkspartei, Demokratischer Partei und Bauerndienst getragen wurde, das Ministerium für Handel und Verkehr. In dieser Amtstätigkeit trat er bald durch zuverlässige Kenntnisse und ein klares Urteil hervor. Aber auch in der öffentlichen Versammlung beeindruckte der körperlich zarte und schmächtige Mann, der seine Rede auf sachliche, ernsthafte Gründe zu stützen wußte und sich angesichts wachsender Gegentendenzen vorbehaltlos zu den Prinzipien der Rechtsstaatlichkeit bekannte.

»Über allem stand ihm die Aufrechterhaltung des Reiches und die Sicherung seiner Lebensfähigkeit«, schrieb der ihm durch jahrelange Zusammenarbeit verbundene bayerische Ministerialrat Rudolf Decker. »Er verurteilte wie die Dolchstoßlegende, deren unheilvolle Auswirkungen er sofort erkannte, so auch jede Desperadopolitik, die er schon damals ihr Haupt erheben sah. So konnte er auch an der auf die Spitze getriebenen Betonung der bayerischen Selbständigkeit nicht teilnehmen, die bei den Streitigkeiten zwischen Berlin und München über die Einwohnerwehr, den Ausnahmezustand und das Republikschutzgesetz Platz griff... ja zu dem Gedanken führte, den Norden des Reiches einstweilen sich selbst zu überlassen. Diese Konflikte führten dazu, daß er im Sommer 1922 aus dem Kabinett ausschied, dessen Haltung gegenüber dem Reich er nicht billigte.«

Nachdem Eduard Hamm in der überaus schwierigen Zeit des Ruhrkampfes und der beginnenden Inflation den Posten als Staatssekretär der Reichskanzlei übernommen hatte, veranlaßte ihn der Hitlerputsch 1923 in München zu einem politischen Appell an Gustav von Kahr, der nach der Ausrufung des Ausnahmezustandes infolge der Ruhrkämpfe zum Generalstaatskommissar von Bayern ernannt worden war. Die Sicherheit des Staates hätte zuverlässigere Garantien als die fragwürdigen Beteuerungen Hitlers verlangt, und vor der Rechtsstaatlichkeit wäre schwerlich zu verantwor-

ten, wenn den Rechtsradikalen größere Zugeständnisse gemacht würden als der Linken und damit die erste Aufgabe einer Erziehung zu Staat und Recht erschwert werde, mahnte er in seinem Schreiben vom 13. November 1923. Auch er selbst habe die Revolution von 1918 beklagt, doch »der Beruf der Nationalversammlung im Reiche, des Landtags in Bayern zur Verfassungsgebung wurde überall anerkannt; nahezu alle bayerischen Abgeordneten beschlossen die Reichsverfassung mit, und der Bayerische Landtag selbst machte sie auch ausdrücklich zum Bestandteil der bayerischen Verfassung. Hier also ist klares bindendes Recht. Und wer seinem Volk den Bürgerkrieg ersparen und als Grundlage der nationalen Befreiung die Einheit wahren will, der muß zu diesem Recht stehen und mag aus ihm heraus im Frieden des Rechts ein neues, besseres Recht zu entwickeln suchen. Das ist für uns Beamte beschworene Pflicht.«

Es fiel Eduard Hamm überaus schwer, im Frühjahr 1933 sein Amt als Generalsekretär des Industrie- und Handelstages – eine Aufgabe, der er sich seit 1925 mit großer Tatkraft und wachsender Neigung gewidmet hatte – aufzugeben, als er sah, daß er sein Werk nicht vor der Gleichschaltung retten könne. Den Beitritt zur NSDAP wies er zurück. Dies wurde seinen politischen Kontrahenten zum willkommenen Anlaß, sich des Mannes zu entledigen, dessen Auffassungen längst unbequem geworden waren. Er selbst aber, der sich zeitlebens mit den Lehren Platos von dem »Gerechten Staate« beschäftigt hatte und nach seiner Erziehung bei den Benediktinern zum tief religiösen, wenn auch die konfessionellen Grenzen durchbrechenden Christen herangereift war, mußte den Nationalsozialismus als Angriff auf die Grundlagen seiner geistigen Existenz empfinden.

So hielt Eduard Hamm seinen beruflichen Wirkungskreis in den folgenden Jahren als Rechtsanwalt bewußt begrenzt. Weit mehr Raum nahmen in seinem Denken die politischen Ideale ein, und er pflegte von Anbeginn enge Verbindung mit seinem Parteifreund, dem ehemaligen Reichsminister Dr. Otto Geßler und dem Kreis um den früheren bayerischen Gesandten Franz Sperr, über den er später Kontakte zu Goerdeler bekam. Seine Familie, die er mit seiner Widerstandsarbeit nicht belasten wollte, war oftmals über seine weitreichenden Informationen zur innen- und außenpolitischen Lage während der Kriegsjahre erstaunt. Auch seien im Familienkreise seine teilweise kritischen, teilweise erwartungsvollen Äußerungen über das Verhalten der militärischen Führung aufgefallen wie seine häufigen Besuche bei dem im gleichen Hause wohnenden Panzergeneral Lutz oder gelegentliche Andeutungen, die auf Beziehungen zu General Halder und anderen Offizieren schließen ließen.

Eduard Hamm, der nach dem Sturz des Hitlerregimes im bayerischen Raum die wirtschaftspolitische Ordnung wiederherstellen sollte, wurde am 2. September 1944 verhaftet. Über seinen Tod am 23. September schrieb sein alter Freund und Mitarbeiter, Ministerialdirektor Heilbron: »Ich habe keine Zweifel, daß Dr. Eduard Hamm tatsächlich durch Sturz aus dem Fenster im Gefängnis in der Lehrter Straße umgekommen ist, und daß er den Tod freiwillig und mit reiflicher Überlegung gesucht und auf sich genommen hat. Indem er sich zu ewigem, freiwilligen Schweigen entschloß, wollte er vorbeugen, daß ihm in irgendeinem Moment ein Wort entschlüpfen würde, das geeignet war, einen seiner Freunde zu gefährden ... Ich bin überzeugt davon, daß er seinen Entschluß in völliger Klarheit und nicht aus einer nervösen Schwäche heraus, sondern in der Stärke, die seine Gewissenhaftigkeit und seine Opferfähigkeit ihm gaben, gefaßt und eine Gelegenheit zur Ausführung dieses Entschlusses festen Willens benutzt hat. So ging er hinüber, zwar ein Opfer der Hitlerschen Verfolgung, aber zugleich in voller Willensfreiheit.«

ULRICH VON HASSELL

wurde am 12. November 1881 in Anklam geboren; die Heimat der Familie lag in Hannover. Er studierte Jura in Lausanne, arbeitete als Referendar am deutschen Gericht in Tsingtau und ergänzte seine Sprachkenntnisse durch längeren Aufenthalt in England und andere Auslandsreisen. 1908 legte er seine Assessorprüfung ab, arbeitete 3 Jahre im Auswärtigen Amt und wurde 1911 Vizekonsul in Genua. Nach einer schweren Verwundung in der Marneschlacht des ersten Weltkrieges ging er 1916 als Regierungsrat nach Stettin. Ende 1918 übernahm er in Berlin die Leitung des Verbandes der Preußischen Landkreise. Ende 1919 trat er wieder in den auswärtigen Dienst und kam als Botschaftsrat und Geschäftsträger nach Rom. Von 1921 bis 1926 war er Generalkonsul in Barcelona, danach 4 Jahre lang Gesandter in Kopenhagen und von 1930 bis 1932 Gesandter in Belgrad. 1932 ging er wieder nach Rom – als Botschafter am Quirinal. Von dort wurde er 1937 abberufen, nachdem er den außenpolitischen Kurs des »Dritten Reiches« kritisiert und bekämpft hatte.

Nach Deutschland zurückgekehrt, fand er mit Hilfe der Münchener Rückversicherungsgesellschaft, des Mitteleuropäischen Wirtschaftstages und des Instituts für Wirtschaftsforschung die materielle Grundlage und notwendige Tarnung für seinen systematischen Widerstandskampf gegen die nationalsozialistische Gewaltherrschaft.

Aus der Geborgenheit einer bevorzugten Schicht, die seit Generationen auf wichtigen Gebieten des staatlichen, kirchlichen und akademischen Lebens erheblichen Einfluß ausübte, erwuchs in Hassell in jungen Jahren ein Gefühl für die Verpflichtung, auch andersgeartete Daseinsformen vorurteilslos zu erforschen. Lebendiges Interesse für Menschen und Mächte formte seine Beziehung zur deutschen Umwelt und förderte zugleich die intime Kenntnis fremder Völker. Obwohl Hassell mehrmals von Schicksalsschlägen getroffen wurde, die seine Lebenspläne durchkreuzten, strahlte sein ritterliches Wesen die heitere Harmonie und beruhigende Wärme des wahrhaft Glücklichen aus.

In den Jahren der Vorbereitung auf die diplomatische Laufbahn, als noch viele maßgebliche Stellungen im kaiserlichen Deutschland mit Anhängern einer aggressiven Weltmachtpolitik besetzt wurden, gelangte Hassell zu der unabhängigen Überzeugung, daß sich diplomatisches Talent jederzeit und überall im »Maßhalten« beweisen müsse und in der Fähigkeit, »Vertrauen zu erwerben«. Als Student beschäftigte er sich mit den Problemen internationaler wirtschaftlicher und kultureller Zusammenarbeit auf der Basis freiwilliger Abkommen, die vor allem den kleineren europäischen Nationen volle Selbständigkeit und Gleichberechtigung garantieren müßten. Aber Hassell war zu jung, die guten diplomatischen Vorsätze als Botschafter oder Gesandter des Kaiserreichs anzuwenden; er war erst drei Jahre Vizekonsul gewesen, als er sofort nach Kriegsausbruch an die Front kam.

Das Kriegsende führte ihn nach Berlin, wo er sich intensiv am Meinungsstreit um die Neugestaltung des Staates beteiligte. In der Tagespresse und in den Debatten einer »Staatspolitischen Arbeitsgemeinschaft«, die er 1918 gründete, entwarf er das Bild eines »Volksstaates«, dessen Lenkung von Angehörigen aller Berufsstände im Rahmen eines weitgehenden Mitbestimmungsrechts der Selbstverwaltungskörper beeinflußt werden sollte, während soziale Fragen durch »Sozialpolitik auf dem Boden christlicher Weltanschauung« gelöst würden. Da Hassells Gedanken der Neuordnung von Weimar widersprachen, die ja für alle Bürger die volle politische Gleichberechtigung erstrebte, gab es für ihn 1919 auf dem Gebiet der Innenpolitik nur wenige Aufgaben, die ihn befriedigt hätten. Der sozialdemokratische Außenminister und spätere Reichskanzler Hermann Müller erkannte in Hassell den idealen diplomatischen Vertreter, der im Ausland das Verständnis für die Lebensinteressen der jungen Republik wecken oder vertiefen konnte, und Hassell willigte ein.

In den Mittelmeerländern, deren geistiges Klima ihm vertraut war, und in Dänemark, wo man diesen liebenswerten, weltkundigen deutschen Gesandten besonders gern sah, pflegte und förderte er jeden Keim vernünftiger Verständigung zwischen allen Mitgliedern der europäischen Völkerfamilie. Hitlers Machtübernahme erlebte Hassell als Botschafter in Rom; dort paraphierte er am 7. Juni 1933, in Gemeinschaft mit den Vertretern Englands, Frankreichs und Italiens den sogenannten Viererpakt, dessen Inhalt die Regelung der Beziehungen mit den westlichen Großmächten vorsah. Obwohl der Pakt zwar am 15. Juli unterzeichnet, aber nicht mehr ratifiziert wurde und die deutsch-italienische Freundschaft sich immer stärker zur aggressiven Interessengemeinschaft der totalitären Machthaber entwickelte, hoffte Hassell auf eine innere Regeneration beider Länder; er identifizierte sie lieber mit Dante und Goethe als mit ihren Diktatoren.

Als 1937 der im Jahr zuvor mit Deutschland und Japan geschlossene »Antikominternpakt« auch auf Italien ausgedehnt und in Rom von Ribbentrop unterzeichnet wurde, protestierte Hassell gegen diese Form der Blockbildung, die mutwillige Kriegsgefahren heraufbeschwöre; er schrieb an den Außenminister von Neurath: »Hier handelt es sich um eine Neuorientierung der deutschen Außenpolitik, die auf Anregung niemanden anders als des Botschafters in London (Ribbentrop) sich bewußt gegen England stellt und einen Weltkonflikt geradezu ins Auge faßt.« Die offenen Warnungen und Proteste führten zu Hassells Abberufung. Nach Deutschland zurückgekehrt, bewegte ihn die Frage, ob man einem so unmoralischen System überhaupt noch dienen dürfe, obwohl anzunehmen sei, daß sich »die geringe Chance, etwas dagegen zu tun« noch weiter vermindern würde, wenn man »draußen« sei. Er behielt den Rang eines Botschafters z. V., während die entscheidenden Instanzen seine Weiterbeschäftigung im Auswärtigen Dienst ablehnten.

Die Ereignisse des Jahres 1938 steigerten Hassells Empörung: »Es gibt wohl nichts Bitteres im Leben, als ausländische Angriffe auf das eigene Volk als berechtigt ansehen zu müssen«, schrieb er am 28. November. Das Jahr 1939 überzeugte ihn von der Notwendigkeit, die Regierung gewaltsam zu beseitigen, aber er zweifelte am rechtzeitigen Gelingen der Umsturzpläne und schrieb am 31. August: »Für mich selbst war es maßgebend, daß zunächst alles darauf ankäme, den Weltkrieg zu vermeiden.« Hassells enge Freundschaft mit dem englischen Botschafter Henderson, und die kollegialen Beziehungen zu dem klugen italienischen Botschafter Attolico, erlaubten ihm, während der letzten Tage vor Kriegsausbruch immer wieder über alle denkbaren Auswege zu verhandeln.

In Tagebuchaufzeichnungen, die ständig zur Sicherheit ins Ausland gebracht oder im Garten vergraben werden mußten – Schulhefte und lose Zettel mit Decknamen für gefährdete Mitwisser – hinterließ Hassell den lebenswarmen, ehrlichen Rechenschaftsbericht über seine Gedanken und Begegnungen als geheimer Botschafter des Widerstandes. Sein unbestechliches Gewissen ließ sich weder vom Glanz der militärischen Erfolge noch von der Verzweiflung über die drohende Niederlage zum Schweigen bringen. »Selbst wenn wir siegen«, schrieb er Ende 1939, »so muß es ein Pyrrhussieg werden, ganz abgesehen von der inneren Zerstörung und Demoralisation, der endlich ein Ziel gesetzt werden muß, und von den maßlosen Schweinereien in Polen, die den deutschen Namen mit Schande bedecken und für die die Armee mitverantwortlich bleibt.« Und im Juni 1943: »Hitler hat den Deutschen zum verabscheuten wilden Tier in der ganzen Welt gemacht.« Daß seine Haltung jeden Tag mit dem Tode bestraft werden konnte, wußte er längst, als er im Februar 1944 über eine Verhandlung des Volksgerichtshofes gegen den Verleger Boneß, der zum Tode verurteilt wurde, schrieb: »Brutal durchgeführte Komödie, im Justizmord endend, vergewaltigte Zeugenaussagen, brutalisierter Angeklagter, schamlos beschränkte Verteidigung – dafür geben sich deutsche Richter her!«

Als Hassell am 8. September 1944 sein eigenes Todesurteil hörte, waren genau dreißig Jahre vergangen nach der fast tödlichen Verwundung, von der er noch immer die französische Kugel im Herzen trug. Tiefe Dankbarkeit über die geschenkten Jahrzehnte und die Gnade einer beglückenden Lebensgemeinschaft gaben ihm vor der Hinrichtung die Kraft zum trostreichen Abschiedsbrief an seine Frau und zu der tapferen Bitte: »Verhärte Dich nicht! Gott schütze Dich und segne Deutschland.«

FRANZ SPERR

Der Ermittlungsrichter des Volksgerichtshofes verhängte am 11. Oktober 1944 die Untersuchungshaft gegen den Oberst und Gesandten a. D. Franz Sperr, der bereits am 28. August in seiner Münchener Wohnung von der Gestapo verhaftet worden war. Die Beschuldigung lautete, Sperr habe in Gemeinschaft mit Graf Helmuth von Moltke, Dr. Theodor Haubach, Konsistorialrat Dr. Eugen Gerstenmaier, Oberstleutnant Theodor Steltzer, Dr. Franz Reisert und Fürst Fugger von Glött »unternommen, mit Gewalt die Verfassung des Reiches zu ändern und den Führer seiner verfassungsmäßigen Gewalt zu berauben und damit zugleich im Inland während eines Krieges gegen das Reich der feindlichen Macht Vorschub zu leisten«. Der Volksgerichtshof verurteilte Franz Sperr am 11. Januar 1945 zum Tode; am 23. Januar wurde das Urteil vollstreckt.

Der zähe bayerische Regierungswiderstand gegen nationalsozialistische Herrschaftsansprüche erschien 1933 vielen Menschen in Preußen einen Monat lang als ein Lichtblick. Sie hofften, Hitler werde vielleicht noch an dem Versuch, alle Länderregierungen gleichzuschalten, scheitern – möglicherweise gerade in München, wo er knapp zehn Jahre zuvor schon einmal geschlagen wurde. Die Hoffnung blieb wach, solange bayerische Parteiführer noch in München über die Bildung einer Koalitionsregierung verhandelten und solange antinazistische bayerische Politiker ihre Beschwerden über die SA, die SS und den Gauleiter bei Hindenburg, Papen und Hitler vorbringen konnten.

Der bayerische Gesandte Franz Sperr war ein beredter, illusionsloser, unerschrockener Wortführer des legalen Widerstandes, der sich in diplomatischen Schritten ausdrückte, wie man sie seit Bismarcks Zeiten zwischen Bayern und dem Reich gewohnt war, bis Hitler am 9. März 1933 den »Reichskommissar für Bayern« ernannte und die Oberherrschaft der NSDAP und der Gestapo sicherte. Im Gespräch mit Sperr erklärte Hindenburgs Staatssekretär Meißner, der solche Wortbrüche seines Herrn umdeuten mußte: weil der bayerische Ministerpräsident »den Platz nicht räumte«, habe wohl der Reichsinnenminister Frick die Situation in Bayern für »unhaltbar« angesehen.

Sperr war im ersten Jahrzehnt nach der Reichsgründung geboren worden, am 12. Februar 1878, in Karlstadt/Unterfranken; von der bayerischen Kriegsakademie kam der junge Oberleutnant in den Großen Generalstab nach Berlin. Während des Krieges war er im Stabe Hindenburgs, dann Generalstabsoffizier bayerischer Infanteriedivisionen und zuletzt in Berlin Bayerischer Militärbevollmächtigter. Sofort nach Kriegsende wurde er Beamter und Diplomat, stets Mitglied der Bayerischen Gesandtschaft in Berlin, wo er als stellvertretender Bevollmächtigter auch dem Reichsrat angehörte und im Dezember 1932 zum Gesandten und Bevollmächtigten Minister befördert wurde. Nach den Ereignissen vom 30. Juni 1934 versuchte Sperr noch einmal, den Reichsjustizminister Gürtner in langen Zwiegesprächen über alle Verbrechen der Regierung zur Abkehr von diesem System zu bewegen. Als Gürtner dennoch die juristische Rechtfertigung des 30. Juni verkündete, legte Sperr sein eigenes Amt nieder und berichtete bayerischen Freunden: »Ich habe vom Statthalter meine Entlassung erbeten, weil ich als charakterfester Mann diese Sache nicht mitmachen kann.« Nach München zurückgekehrt, übernahm er bei der Wehrwirtschaftlichen und Wehrwissenschaftlichen Gesellschaft eine leitende Position, die ihm etwas Spielraum zur halböffentlichen Kritik an den herrschenden Zuständen ließ. Seine Ansprachen waren so offen und pessimistisch, daß man ihm während des Krieges die Vortragstätigkeit verbot.

Von der geheimen politischen Arbeit berichtete Sperrs Mitgefangener, der Augsburger Rechtsanwalt Dr. Franz Reisert: »Sperr war sich klar, daß die Möglichkeit eines bewaffneten Widerstandes gegen das Regime nicht gegeben war; er wußte, daß das Chaos drohte, wenn die von ihm als unvermeidlich erkannte totale Niederlage über das deutsche Volk kam . . . und bereitete eine Auffangbe-

wegung vor, um vor allem Bayern das Schicksal eines blutigen Bürgerkrieges zu ersparen... Er sammelte Gleichgesinnte um sich, traf Vorsorge, daß geeignete Männer bereit waren, die Verwaltung des Staates zu übernehmen, er nahm Fühlung auf mit Kommandeuren zuverlässiger Truppenteile und Polizeikräfte...« Ratgeber und Mitarbeiter dieser bayerischen Auffangbewegung waren unter anderem der Generaloberst Halder, der frühere Reichswehrminister Geßler, der Reichsminister a. D. Eduard Hamm und Fürst Fugger von Glött. Als wichtigsten Schritt nach dem Zusammenbruch erklärte Sperr: »Wir müssen München – die Hochburg der SS – entweder sofort in die Hand bekommen oder von außen her nehmen.« Er glaubte wohl, daß Hitler eines Tages in einem relativ frühen Stadium der militärischen Niederlage kapitulieren würde; denn nach Aussagen von Überlebenden hatten die Mitglieder des bayerischen Widerstandskreises durchaus nicht die Absicht, Hitler zu beseitigen und dadurch die Abkürzung des Krieges zu erzwingen. Franz Sperr fühlte sich dennoch zur Aussprache mit anderen Widerstandsgruppen verpflichtet und folgte der Anregung Franz Reiserts, der ihn auf Wunsch des Paters Alfred Delp mit Graf Helmuth von Moltke zusammenführte. Moltke und Sperr waren Antipoden – auf sozialpolitischem Gebiet und im Hinblick auf viele praktische Streitfragen, aber sie begegneten sich auf jener höchsten Ebene selbstgewählter Verantwortung, die dem katholischen bayerischen Monarchisten und dem aus dem preußischen Protestantentum Gewachsenen und zum weltweiten Denken Gereiften vorschrieb, gemeinsam als Verbündete um Deutschlands geistige und moralische Wiedergeburt zu kämpfen. Den letzten Anstoß zu Sperrs Verhaftung gab seine Zusammenkunft mit Stauffenberg, die kurze Zeit vor dem Attentat stattfand.

Während Sperr mit gefesselten Händen im Tegeler Gefängnis ahnte, was ihm bevorstand, drückte ihn am schwersten die Sorge um seinen einzigen Sohn, der an der Süd-Ostfront stand und um seine Frau, die man als »Mitwisserin« verhaftet hatte; sie wurde erst drei Wochen nach der Hinrichtung ihres Mannes entlassen.

WALTER CRAMER

am 1. Mai 1886 in Leipzig geboren, war nach dem Besuch der Leipziger Thomasschule ein Jahr lang in England zur Ausbildung in der Textilindustrie und trat dann in den Betrieb des Vaters ein. Während des ganzen Ersten Weltkrieges war Walter Cramer als Reserveoffizier eines sächsischen Artillerieregiments im Felde. Nach seiner Heimkehr übernahm er leitende Aufgaben in einem Textilunternehmen und wurde 1928 Erster Vorstand des großen Stöhr-Konzerns (Kammgarnspinnerei) in Leipzig. Cramer, der sich in jungen Jahren den Konservativen verbunden fühlte, wuchs mehr und mehr in ein überparteiliches rechtsstaatliches Denken hinein, das ihn zum scharfen Gegner des Nationalsozialismus machte. Nach dem Scheitern des Umsturzversuches wurde er am 22. Juli 1944 verhaftet. Getragen von seinem tiefen christlichen Glauben hat er die schwere Zeit der Haft durchlebt und ist am 14. November 1944 äußerlich und innerlich ungebrochen in den Tod gegangen.

Walter Cramer stand seit 1933 mit Carl Goerdeler in enger, freundschaftlicher Verbindung. Seine entschiedene Ablehnung der Hitler-Diktatur von Anbeginn ließ ihn zum unermüdlichen Helfer Goerdelers bei dessen Bemühungen um eine breite Widerstandsbewegung werden. Ständig kam er mit ihm in Leipzig oder Berlin zu Besprechungen zusammen. Dabei war er in der Beurteilung der politischen Dinge wohl skeptischer und zurückhaltender als Goerdeler, und seit 1943 kam es zwischen beiden auch in einigen Fragen zu Meinungsverschiedenheiten.

Walter Cramer übernahm es vor allem, die Fühlungnahme mit den Generälen aufrechtzuerhalten und sie zum Handeln zu bewegen. So stand er in Beziehung zu Beck, Halder, Hoepner und Olbricht. Ohne Rücksicht auf sich selbst benutzte er jedes Zusammensein mit Industriellen, Wirtschaftsleuten oder Offizieren, um in offener und klarer Aussprache von der Notwendigkeit eines Umsturzes zu überzeugen. Er war außer sich über die Urteilslosigkeit und sittliche Gleichgültigkeit, mit der so viele Männer gerade auch in Kreisen, denen er nach Herkunft und Stellung angehörte, der Existenz des Hitlerregimes zuschauten. Er versuchte sie aufzuwecken, indem er an ihren starren Seelen rüttelte – doch häufig genug ohne Erfolg.

Auf seinen Geschäftsreisen half Walter Cramer die Verbindung mit den Auslandsstellen der Widerstandsbewegung, ganz besonders in der Schweiz, zu erhalten. Auf Goerdelers Drängen hin erklärte er sich zuletzt auch bereit, nach dem Umsturz als »Politischer Beauftragter« im Wehrkreis IV zusammen mit dem als Verbindungsoffizier vorgesehenen Generalmajor Oster die öffentliche Gewalt in Sachsen zu übernehmen.

In den letzten Jahren seines Lebens, als mit dem Soldatentod des einzigen, geliebten Sohnes 1941 und dann durch die weitgehende Zerstörung des in zäher und langer Arbeit entwickelten Leipziger Betriebes bei dem Luftangriff vom 20. Februar 1944 das persönliche Geschick sich in so harter Weise mit der allgemeinen Not seines Vaterlandes verband, wuchs Walter Cramer aus der verzweifelten Erkenntnis vom Zusammenbruch seiner Hoffnungen und seines Lebenswerkes in eine äußerste Entschlossenheit zum Kampf gegen den Nationalsozialismus hinein. Obwohl ihm im Frühjahr 1944 auf eine Denunziation hin sein Auslandspaß entzogen wurde, setzte er trotz dieser bedrohlichen Warnung sein ganzes Leben, seine ganze Kraft an die Vernichtung Hitlers.

Walter Cramer nahm als Leiter des größten Kammgarnspinnerei-Konzerns Deutschlands eine bedeutende Stellung im Wirtschaftsleben ein. Seinen Betrieb hatte er dank überragender wirtschaftlich-kaufmännischer Veranlagung und unerschöpflicher Arbeitskraft zum modernen Werk mit vorbildlichen sozialen und hygienischen Einrichtungen umgestaltet, und auf Geschäftsreisen nach der Schweiz, nach Ungarn, Rumänien, Skandinavien, Nord- und Südamerika intensivierte er die Auslandsverbindungen seines Unternehmens. Ein sehr persönliches Verhältnis verband ihn mit seinen Mitarbeitern in Betrieb und Büro. In vielen Anfragen und Zuschriften bezeugten sie während der Haft ihre innige Anteilnahme an seinem Schicksal. Ergreifenden Ausdruck fand diese Anteilnahme in dem erschütterten Schweigen, welches im ganzen Betrieb herrschte, als die Nachricht von seinem Opfertod zur versuchten Rettung Deutschlands im Werk bekanntgegeben wurde.

PAUL LEJEUNE-JUNG

wurde am 16. März 1882 als Sohn eines Kapitäns zur See in Köln geboren, besuchte das Gymnasium zu Paderborn und die Universitäten in Bonn und Berlin. Er wurde Syndikus bedeutender Wirtschaftsverbände und Reichstagsabgeordneter der Deutschnationalen Volkspartei, die er 1929 verließ. 1933 zog er sich demonstrativ aus dem öffentlichen politischen Leben zurück. Als Carl Friedrich Goerdeler 1941 seine Mitarbeit suchte, beteiligte sich Paul Lejeune-Jung intensiv an den Beratungen des engeren Kreises und den Vorarbeiten für die Wirtschaftspläne der Nachfolgeregierung. Am 11. August 1944 wurde er verhaftet, am 8. September 1944 zum Tode verurteilt und am gleichen Tag in Plötzensee hingerichtet.

Durch freiwilligen, eindeutigen Verzicht auf jede Form politischer oder administrativer Arbeitsgemeinschaft mit den Nationalsozialisten trat der konservative Wirtschaftspolitiker und gläubige Katholik Dr. Paul Lejeune-Jung bereits 1933 in den großen Kreis der unverkennbaren Gegner des neuen Regimes. Schon im folgenden Jahr ließ die Gestapo ihn und sein Haus ständig beobachten – besonders, nachdem ein Mordkommando vom 30. Juni 1934 seinen langjährigen Freund Treviranus verhaften wollte und vergeblich suchte.
Der gerettete Kamerad bewahrte Lejeunes Worte aus jenen Tagen: »Der Bruch der rechtsstaatlichen Ordnung wird das Reich bis zum bittersten Ende einem Wahnsinnigen ausliefern, sofern nicht Wehrmacht und Gerichte den Verfassungsbruch kennzeichnen und den Usurpator stürzen.«
Paul Lejeune erkannte nicht nur die brennende Notwendigkeit rechtzeitiger Gewissensentscheidung, die er selbst längst getroffen hatte, sondern auch den gangbaren und damals noch offenen Weg zur praktischen Lösung. Sein Urteil war unbestechlich; neben der Weltkenntnis des erfahrenen Parlamentariers und ständigen Beobachters wirtschaftlicher Zusammenhänge besaß er auch die Universalbildung des Theologen, Philosophen und Historikers.

Zu Beginn seiner Laufbahn, nach der Promotion zum Dr. phil., war er volkswirtschaftlicher Assistent im Reichskolonialamt. 1910 entschloß er sich für die Privatwirtschaft. Die erfolgreiche Tätigkeit in der Zellstoffindustrie unterbrach er nur während des Krieges, als er in einem Seuchenlazarett diente und anschließend in der Rohstoffabteilung des Kriegsministeriums das Referat Wolle verwaltete. Späterhin wurde er Geschäftsführer des Vereins Deutscher Zellstoff-Fabrikanten und Berater der Wollkämmer und Wollimporteure. Als Kandidat der Deutschnationalen Volkspartei kam er 1924 in den Reichstag, arbeitete zunächst im Steuerausschuß und übernahm 1928 den Vorsitz des Handelspolitischen Ausschusses; innerhalb seiner Parteiorganisation beteiligte er sich an der Gründung des Reichsausschusses der Katholiken.
Trotz seiner beruflichen Bindung an die Großindustrie betrachtete Paul Lejeune das Mandat des Parlamentariers als Dienst an der Allgemeinheit, das von ihm verlangte, auch die Lebensinteressen anderer Bevölkerungsschichten und Berufsgruppen zu verstehen und zu fördern. Wenn sein Gewissen eine klare Stellungnahme forderte, so konnte ihn keine taktische Erwägung vom Bekenntnis der eigenen Meinung zurückhalten. Als 1929 einige jüngere deutschnationale Politiker gegen den verhängnisvollen Hugenberg-Kurs protestierten und die Partei verließen, ging er mit ihnen, obwohl nur er dabei ein sicheres Mandat auf der Reichsliste der Deutschnationalen preisgab. Die Gründer der neuen »Volkskonservativen Vereinigung« verehrten Paul Lejeune als idealen Mentor; sie wollten alle staatsbejahenden, konservativen und dennoch freiheitlich gesinnten Kräfte sammeln. Aber ihr Einfluß und die Anziehungskraft der Gruppe reichten nicht aus, um solche Pläne zu verwirklichen.

In den Jahren des politischen Abwartens, in denen sich Lejeune auf Berufsaufgaben in der Privatindustrie beschränkte, prüfte er, wie die meisten oppositionellen Denker, die Tragfähigkeit

der eigenen Anschauungen, indem er die Niederlagen der jüngsten Vergangenheit von neuem analysierte. Den folgenschweren Sturz Brünings im Jahre 1932 führte er, in Übereinstimmung mit vielen Sozialisten und manchen christlichen Gewerkschaftspolitikern, in hohem Maße auf die Wünsche und das Verhalten der allzu mächtigen Bergbauindustriellen zurück. Solche Machtfülle abzubauen und das Recht auf Nutzung von Bodenschätzen – Kohle und anderen – der Allgemeinheit zu übertragen, hielt er für notwendig und durchführbar. Von den konkreten Bemühungen der Widerstandskreise erfuhr er 1941 durch den alten Parteifreund Max Habermann, der als Abgesandter zu ihm kam und seine Mitwirkung forderte. Lejeune war bereit und verpflichtete sich, gegebenenfalls das Wirtschafts- und Arbeitsministerium zu übernehmen. In langen Beratungen mit Goerdeler, Jakob Kaiser, Leuschner, Trott zu Solz, Yorck von Wartenburg und Max Habermann entstanden Entwürfe zu einem wirtschaftspolitischen Zukunftsprogramm. Lejeunes Konzeption begünstigte, gegenüber der Auffassung anderer, revolutionäre Umwälzungen der Eigentumsverhältnisse, verkündet und legitimiert durch eine Grundgesetzgebung, die sich zum Teil auf sehr alte Traditionen aus der vorkapitalistischen Epoche stützen sollte.
Die Last der Ämter, die ihm zugedacht waren, erschien Paul Lejeune zeitweise untragbar; seine Gesundheit war angegriffen, vor allem auch von dem Schmerz um die schweren Verluste im engsten Familienkreis. Von seinen fünf Söhnen, die alle an der Front standen, waren bereits zwei jüngere Brüder gefallen. Aber Lejeunes Versprechen, bereit zu sein, wann immer er gebraucht würde, blieb unwiderruflich. Drei Wochen nach dem 20. Juli stand der Gefängniswagen vor seiner Tür. Die Söhne im Feld bekamen Heimaturlaub, aber sie versuchten vergeblich, genauso vergeblich wie ihre Mutter, den Vater noch einmal zu sehen. Die einzige Vergünstigung blieb, daß einer der Söhne im letzten Stadium des Prozesses, noch vor der eigentlichen Gerichtsverhandlung, erfuhr, sein Vater würde bestimmt zum Tode verurteilt werden. Mit dieser Nachricht mußten die Söhne zur Front zurück, und der Älteste konnte erst 1955 aus russischer Gefangenschaft heimkehren.

Paul Lejeune wurde wie seinen Leidensgefährten der letzte Trost eines gläubigen Menschen, der geistliche Zuspruch, verweigert. Er wurde mit Ulrich von Hassell und Joseph Wirmer gleich nach dem Urteil in die Todeszellen des Gefängnisses Plötzensee gebracht.

Sein Abschiedsbrief hat die Familie nie erreicht. Ein Zeuge der letzten Stunde sah ihn betend in den Tod gehen und hörte die letzte Bitte: »Mein Jesus, Barmherzigkeit.«

JOHANNES POPITZ

wurde am 2. Dezember 1884 als Sohn eines Apothekers in Leipzig geboren. Das humanistische Gymnasium besuchte er in Dessau, und in Lausanne, Leipzig, Berlin und Halle studierte er Jura und Staatswissenschaften. Von 1907 bis 1918 arbeitete er als Regierungsreferendar in Köln, als Regierungsassessor in Oberschlesien, beim Oberverwaltungsgericht in Berlin, im Preußischen Innenministerium und im Reichsschatzamt. Im Reichsfinanzministerium wurde er 1919 Geheimer Regierungsrat und Vortragender Rat und 1925 Staatssekretär; 1929 trat er in den einstweiligen Ruhestand. Seit 1923 war Popitz Honorarprofessor an der Berliner Universität und später auch Dozent an der Verwaltungsakademie und der Handelshochschule. Als seine bedeutendsten wissenschaftlichen Werke gelten – neben den Beiträgen zum »Handwörterbuch für Staatswissenschaften« und zum »Handbuch der Finanzwissenschaft« – der »Kommentar zum Umsatzsteuergesetz« und »Finanzausgleich zwischen Reich, Ländern und Gemeinden«.
Popitz wurde am 1. November 1932 Reichskommissar für das Preußische Finanzministerium – als Reichsminister ohne Portefeuille – und am 21. April 1933 Preußischer Staatsminister und Finanzminister. 1935 wurde Popitz von Hans Oster, dem führenden Kopf der Widerstandskräfte in der Abwehrabteilung der Wehrmacht, ins Vertrauen gezogen, und 1938 begann seine praktische Mitarbeit an den Umsturzplänen, die zu seiner Verhaftung am 21. Juli 1944 führte.

Johannes Popitz war unter den Trägern des Widerstandes der einzige amtierende Minister. Durch Begabung und Entschlüsse an den isolierten Standort und die problematische Rolle gebunden, blieb er in der vielschichtigen, weitverzweigten Schicksalsgemeinschaft der Verschworenen die einsamste Gestalt.
Aus jedem Lebensabschnitt und Wirkungskreis von Popitz gab es Zeugen, die gern erzählten, er sei in ihrer Umgebung »der Klügste« gewesen. Beim Oberverwaltungsgericht in Berlin sprachen junge Juristen 1912 von dem ungewöhnlichen Ruf des achtundzwanzigjährigen Kollegen, der im preußischen Regierungsdienst den Spitznamen »das kluge Kind« bekommen hatte. Zehn Jahre später sprachen Reichstagsabgeordnete von dem »Wunderknaben« Popitz, dem jüngsten Ministerialdirektor, dessen Wissen, überragende Intelligenz und überzeugende Rednergabe von Parlamentariern aller politischen Richtungen gerühmt wurden.
Während Popitz als Staatssekretär – unter häufig wechselnden Ministern, die grundverschiedene politische Ziele verfolgten – die Reichsfinanzen durch schwere Krisen steuern mußte, beteiligte er sich immer stärker an Bestrebungen, die zur großen Reichs- und Verwaltungsreform führen und die Reorganisation einer funktionsfähigen Selbstverwaltung der Gemeinden ermöglichen sollten. Ende 1929 brach er seine erfolgreiche Beamtenlaufbahn ab, weil folgenschwere finanzpolitische Maßnahmen des Reichsbankpräsidenten Schacht die Position des sozialdemokratischen Reichsfinanzministers Dr. Rudolf Hilferding, mit dem Popitz in vertrauensvoller Zusammenarbeit verbunden war, erschütterten. Popitz' unerwarteter Entschluß, gemeinsam mit Hilferding zurückzutreten, war ein demonstrativer Protest gegen Schacht, dessen Pläne, politische Rolle und Motive ihm bedenklich erschienen. Nach dem Abschied vom Staatsdienst wurde Popitz von befreundeten Professoren vergeblich gedrängt, sich nun endgültig für die Universitätslaufbahn zu entscheiden; er scheute die Bindung an den abgegrenzten, eingleisigen Berufsweg. Der »einstweilige Ruhestand« wurde mit der befriedigenden, gewinnbringenden Arbeit des Gutachters und stärkerer Konzentration auf die nebenberufliche Lehrtätigkeit ausgefüllt, aber der völlig unabhängige Popitz vermißte dabei die Bürde der politischen Verantwortung. Da er das politische Programm der NSDAP ablehnte und den Dilettantismus ihrer Führer verachtete, empfand er im November 1932 die Aussicht, dem neuen Kabinett Schleicher anzugehören, als Befreiung

aus einer »tatenlosen Zuschauerrolle«. Als Reichsminister konnte er noch versuchen, Hindenburg von der Berufung Hitlers abzubringen.
Nach Hitlers Machtübernahme hielt Popitz das Ausharren im Amt für notwendig, um die Alleinherrschaft der Nazis und die Zerstörung des Verwaltungsapparates zu verhindern. Er war unter Hitlers Ministern der einzige, mit dem Politiker der verfolgten demokratischen Linken im März 1933 noch rückhaltlos über Deutschlands Zukunft sprechen konnten; als er erfuhr, daß Rudolf Hilferdings Leben bedroht wurde, sorgte er ungebeten für polizeilichen Schutz, der Hilferdings Flucht ins Ausland ermöglichte.
Im ersten Jahr seiner Amtsführung als preußischer Finanzminister und Staatsminister unter Hermann Göring hielt Popitz die Rechtsbrüche und Verbrechen der Nazis noch für eine vorübergehende Begleiterscheinung des Systemwechsels; ihre Auswirkungen suchte er im Bereich der preußischen Verwaltung durch selbstlose Protektion der »Unerwünschten« und der Gefährdeten abzuschwächen. Auch nach der späten Erkenntnis seines Irrtums exponierte er sich in zähem, mühseligem Kampf gegen Gestapo-Instanzen und nazistische Personalreferenten. Auf höherer politischer Ebene nahm sein Einfluß ständig ab, weil der Propagandaminister erreichte, daß wichtige Funktionen des Preußischen Finanzministeriums beseitigt oder anderen Behörden übertragen wurden.
Unter der alarmierenden Wirkung der Sudetenkrise reifte bei Popitz der Entschluß, die volle moralische und praktische Mitverantwortung für einen Umsturz zu suchen, zur Not auch mit Hilfe Görings, der ihm kurz vor dem Münchner Abkommen versprach, sich kampflos von der Macht und von Hitler zu lösen, falls er selbst mit einem behaglichen Asyl im Ausland entschädigt würde. Als eindeutigen und offiziellen Protest gegen die Schande der Judenverfolgungen überreichte Popitz am 10. November 1938 seinem Vorgesetzten Göring ein Abschiedsgesuch, das Hitler vorgelegt werden sollte. Popitz wartete vergeblich auf Antwort und blieb Chef des bedeutungslos gewordenen Ministeriums, das sich nun als Beobachtungsturm im Kalten Bürgerkrieg bewährte. Die ministerielle Fassade begünstigte Popitz' intensives Werben um die immer wieder von ihm hörten, daß Deutschland nur noch durch gewaltsame Ausschaltung Hitlers zu retten sei, und daß auch das radikalste Mittel gebilligt werden müsse – das Attentat.
Im Rat der Eingeweihten fühlte sich Popitz von wenigen vertrauten Freunden wie Ulrich von Hassell, Jens Jessen und Erwin Planck restlos verstanden. Die meisten Sozialisten und Gewerkschaftler lehnten eine Zusammenarbeit mit Popitz, seine staats- und wirtschaftspolitischen Konzeptionen aus grundsätzlichen Erwägungen ab. Manche anderen Spannungen beruhten nur auf Temperamentsunterschieden, weil Popitz häufig mit Ironie und Ungeduld auf Meinungsverschiedenheiten reagierte oder empfindliche Verhandlungspartner durch illusionslose Analyse ihrer Hoffnungen und Entwürfe enttäuschte.
Im fünften Jahr voller Enttäuschungen über gescheiterte Pläne erfuhr Popitz durch Heinrich Himmlers Rechtsanwalt Langbehn, daß der Reichsführer SS und Chef der Polizei weitgehend über Absichten und Auslandsverbindungen der Widerstandskräfte orientiert war und sich offenbar als Protektor des Umsturzes einschalten wollte, um Hitler und das Kriegsende zu überleben. Himmlers Annäherungsversuch verpflichtete Popitz, zwischen zwei gleich grausamen, gleich gefährlichen Alternativen zu wählen, und er entschied sich für ein diplomatisches Gespräch, das am 23. August 1943 stattfand. Bevor die Wirkungen erkennbar waren, wurde Langbehn verhaftet und von Himmler, der unbeteiligt war und selbst ein Alibi brauchte, im Stich gelassen. Popitz war nun so gefährdet, daß er seine einzige Tochter beschwor, sie möge das Haus und die Stadt verlassen, damit kein Familienmitglied »dabei« wäre.
Am Morgen nach dem 20. Juli 1944 wurde Popitz in das Konzentrationslager Fürstenberg gebracht und am 3. Oktober vom Volksgerichtshof zum Tode verurteilt. Als Objekt von Interessenkonflikten zwischen Gestapo und Justiz wurde der »Sonderfall« Johannes Popitz zu doppelter Todesnot und doppelt qualvoller Ungewißheit verurteilt, indem man ihn erst zur Richtstätte führte und dann noch einmal »mit Strafaufschub« ins Gefängnis zurückbrachte.
Als die Henker ihn am 2. Februar 1945 zum zweiten und letzten Mal abholten, wurde auch Carl Goerdeler zum Schafott geführt.

HERMANN KAISER

wurde am 31. Mai 1885 in Remscheid geboren. Der Vater war Pädagoge; Hermann Kaiser wählte den gleichen Beruf. In Halle und Göttingen studierte er Mathematik und Physik, Geschichte und Kunstgeschichte. Nach dem Staatsexamen wurde er in Wiesbaden Oberlehrer an der Oranienschule, dem späteren Reform-Realgymnasium. Im August 1914 kam er mit dem 1. Nassauischen Feldartillerieregiment Nr. 27 Oranien an die Westfront. Hier wurde er zum Leutnant befördert und wie später an der Ostfront wegen hervorragender Tapferkeit mehrfach ausgezeichnet. 1919 konnte er in seinen alten Wirkungskreis nach Wiesbaden zurückkehren. Bei Ausbruch des Zweiten Weltkrieges wurde er als Hauptmann der Reserve zur Wehrmacht eingezogen. Im Rahmen seiner militärischen Aufgaben nahm er die Möglichkeiten wahr, um die Ziele der Widerstandsbewegung zu fördern.

Seine hervorragende Rolle im Kampf um den Sturz des Regimes wurde am 20. Juli 1944 entdeckt, und am 23. Januar 1945 wurde er in Plötzensee hingerichtet.

»Meine Gespräche mit Kaiser gehören zu den erregendsten meines Lebens«, schrieb der 84jährige Meinecke in seinen Betrachtungen und Erinnerungen, die er 1946 unter dem Titel »Die Deutsche Katastrophe« veröffentlichte.

Diese Gespräche begannen Ende des Jahres 1941. Meinecke berichtet, wie er von Kaiser erfuhr, daß es Generäle gab, die sich – nach Meineckes Worten – »zu der Einsicht durchgerungen hatten, daß nur durch eine Tat, die formal gesehen ein todeswürdiges Verbrechen war, Deutschland vor weiterem Herabgleiten in den Abgrund gerettet werden könne . . .«
»Mein Gewährsmann«, hieß es bei Meinecke, »war der Hauptmann im OKH Hermann Kaiser, ein früherer Historiker, der mich von nun an öfter aufsuchte, ein glühender Idealist, eine tief religiöse Natur, die das Hitlertum als Sünde wider Gott empfand und von nun an entschlossen mit Beck und Goerdeler zusammenarbeitete, um eine Erhebung aus dem Zentrum der Wehrmacht heraus gegen Hitler vorzubereiten.«

Ebenso beglückend wie auf den greisen Gelehrten wirkte Kaisers Persönlichkeit auf junge Menschen, deren Erziehung ihm anvertraut war. Fünfunddreißig Jahre nach der ersten Unterrichtsstunde bei Kaiser schrieb ein früherer Schüler, der später in Tokio lebte: »Von den wenigen Kameraden meines Jahrganges, die heute noch am Leben sind, wird wohl jeder bezeugen können, daß der Geschichtsunterricht bei Hermann Kaiser für uns nicht nur ein Erlebnis war, sondern daß wir dadurch eine geschichtliche Schulung genossen, die uns durch das ganze Leben begleitet. In seiner Wohnung an der Ringkirche hielt er uns abends Lichtbildvorträge über Kunstgeschichte. Noch herrlicher waren die Ausflüge, die er mit uns an kunsthistorisch berühmte Stätten gemacht hat – Worms, Speyer, Heidelberg und die Einhardsbasilika bei Erbach im Odenwald. Selbstverständlich blieb man mit solch einem Lehrer auch über die Schulzeit hinaus in Verbindung. Die Erinnerung an Hermann Kaiser ermöglichte mir in späteren Jahren das Verständnis für die tiefe, man könnte fast sagen mystische Verbindung, die in Ostasien zwischen Lehrer und Schüler besteht. Die Verehrung des ›Meisters‹ ist etwas Ewiges. Hermann Kaiser war ein deutscher Idealist, ein Soldat und kein Militarist, ein Erzieher der Jugend, ein Meister, ein Mensch, den seine Schüler bis an ihr eigenes Ende nicht vergessen werden.«

Dieser humane, anregende Pädagoge mit dem großen Verständnis für die schwer lenkbare Nachkriegsjugend der zwanziger Jahre pflegte aus tiefster Überzeugung die Traditionen des Milieus, in dem er vor dem Ersten Weltkrieg aufgewachsen und gereift war. Er beschäftigte sich mit der hundertjährigen Geschichte seines alten Regiments und arbeitete sieben Jahre lang an der Verwirklichung eines Lieblingswunsches seiner Kriegskameraden, ein Denkmal für das 1. Nassauische Feldartillerieregiment Nr. 27 im Herzen der Stadt Wiesbaden zu errichten. Weil Hermann Kaiser den nationalsozialistischen Mißbrauch soldatischer Traditionen und die nationalsozialistische Verwirrung patriotischer Gefühle verabscheute, weigerte er sich 1934, den Namen Adolf Hitler in die Denkmalsurkunde aufzunehmen,

ohne Rücksicht auf die Schwierigkeiten, die sich aus einem so heftigen Konflikt mit dem Gauleiter von Hessen-Nassau ergaben.

Auch während des Krieges bewahrte Kaiser die gleiche Haltung. Weder die großen militärischen Siege noch die Begeisterung jüngerer Offiziere konnten den unbeugsamen Patrioten mit dem Nationalsozialismus aussöhnen. In Darmstadt, wo er einer Kavallerie-Ersatzformation angehörte, verließ er während der Übertragung einer Hitlerrede, die seine Auffassungen verletzte, in Anwesenheit des Kommandeurs und aller Offiziere ostentativ den Saal. Zu Kameraden, die ihm mit dem Hitlergruß entgegenkamen, sagte er häufig: »Lassen Sie das! Sie kommen mir vor wie Männer, die etwas segnen wollen, wo nichts zu segnen ist.«
Eigene militärische Aufstiegsmöglichkeiten lehnte Hermann Kaiser ab. Als der Befehlshaber des Ersatzheeres, Generaloberst Fromm – Kaiser kannte Fromm schon aus der Zeit des Ersten Weltkrieges, als sie vorübergehend zur gleichen Division gehörten – ihn in seinen Stab nach Berlin berufen wollte, lehnte Kaiser ab. Erst auf Drängen von Beck, Witzleben, Olbricht und Goerdeler, die einen charakterfesten und fachkundigen Freund in der unmittelbaren Umgebung Fromms wissen wollten, überwand Kaiser seine Bedenken und nahm schließlich die Stellung als Kriegstagebuchführer im Stabe von Fromm an. Als einer der nächsten Mitarbeiter Olbrichts konnte er an der militärischen Planung für den Einsatz der Truppenverbände des Ersatzheeres zum Sturz des nationalsozialistischen Regimes mitarbeiten. Er war es, der die Beziehungen Goerdelers zu General Olbricht pflegte und unter anderem Goerdeler im Interesse der Widerstandspositionen eine Reise an die Ostfront zu einem Gespräch mit Generalfeldmarschall von Kluge ermöglichte. Auch in anderer Richtung suchte Kaiser für die Notwendigkeit einer Neuordnung Deutschlands zu werben. Er galt als Vertrauensmann zu den rheinischen Weingütern, wo er als Freund guter Weine und humorvoller Unterhaltung geschätzt wurde.
Auf dem gefährlichen, dornigen Weg des Widerstandes wurde Hermann Kaiser von seinen Geschwistern aufopferungsvoll unterstützt. Mit ihm wurden seine Brüder Heinrich und Ludwig am 21. Juli 1944 im Hause der Familie in Kassel-Wilhelmshöhe verhaftet. Man führte die Brüder gefesselt in das Zuchthaus Kassel-Wehlheiden, während Hermann Kaiser in Fesseln zur Durchsuchung seiner Wiesbadener Wohnung mitgenommen wurde, bevor man ihn nach Berlin in das Reichssicherheitshauptamt in der Prinz-Albrecht-Straße brachte. Haft und Verhöre ertrug er mit großer Gelassenheit, und ebenso wurde von seiner imponierenden Haltung bei der Prozeßverhandlung berichtet.

Am 17. Januar 1945 hörte Hermann Kaiser sein Todesurteil. Aus der Zelle 197 des Gestapogefängnisses in Moabit gelangten noch kurze Nachrichten an hilfreiche Freunde: »Vielen innigen Dank, habe keine Wünsche als Schwestern benachrichtigen. Brauche bis Mittwoch keine Wäsche. Euer treuer Hermann.« Diese Worte vom 22. Januar 1945 waren seine letzte Verbindung zur Außenwelt.

NIKOLAUS CHRISTOPH VON HALEM

wurde am 5. März 1905 in Schwetz an der Weichsel geboren. Sein Vater war dort als Landrat tätig und ließ seinen sieben Kindern den ersten Unterricht im Hause erteilen. Trotz mehrfachen Schulwechsels legte Nikolaus, der niemals ein fleißiger Schüler war, aber von jung auf eine starke Belesenheit und geistige Aufgeschlossenheit erkennen ließ, schon vor seinem 17. Geburtstag das Abitur ab. Dann nahm er das Studium der Rechtswissenschaften an der Universität Heidelberg auf und wurde bei den Saxo-Borussen aktiv. Seine stürmisch bewegte Studentenzeit führte ihn nach München, Göttingen, Halle und Leipzig. Bald nach dem Referendarexamen in Jena heiratete der Sechsundzwanzigjährige; er fand seinen nächsten Wirkungskreis beim Amtsgericht Eckartsberga, von wo er zum Landgericht Naumburg kam.
1933 schied Halem aus dem Staatsdienst aus, da er nicht auf Hitler, den »Postboten des Chaos«, den Eid leisten wollte. In den folgenden Jahren konzentrierten sich seine Interessen auf politische und wirtschaftliche Zusammenhänge. Der Verdacht konspirativer Beziehungen trug ihm bereits 1936 eine mehrwöchige Haft ein. Nach einer Tätigkeit in der Lederindustrie wirkte er vorübergehend in der Dienststelle Joseph Wagners für den »Vierjahresplan«, in der Hoffnung, von hier aus auf eine beschleunigte Liquidation des nationalsozialistischen Regimes hindrängen zu können. Darauf arbeitete er, von ähnlichen Impulsen getrieben, bei der Reichsgruppe Industrie und schließlich in dem oberschlesischen Kohlenkonzern Ballestrem.

»Jede der kurzen Begegnungen mit Nikolaus von Halem war ein Erlebnis – bis es keine Begegnungen mehr gab; Zuchthausmauern lagen dazwischen.« Als kurz nach Kriegsende Ursula von Kardorf an jene Tage knapper Zusammenkünfte und geheimer Botschaften zwischen den Gesinnungsfreunden erinnerte, schrieb sie über die Wesenszüge Halems: »Er war ein Edelmann im besten Sinne des Wortes, mit einer Grazie des Geistes, die sich über einen weiten Horizont spannte. Dabei war er dem Leben mit seinen Genüssen zugetan wie kaum ein anderer, und doch setzte er dieses so geliebte Leben ein für ein höheres Ziel. Völlig unmilitärisch, stets schon sehr skeptisch für den Ausgang des Krieges, kämpfte er jahrelang an den geheimen Fronten, die mehr verlangten als die Hingabe des Seins auf der klaren Ebene der Schlacht.«

Die tiefe Bindung an ethische Werte und das logische Denkvermögen Halems bestimmten seine Haltung in diesem Kampf. Er bestritt ihn mit den Waffen seiner universellen Bildung und seines weltmännischen Selbstbewußtseins; sie gaben ihm eine Sicherheit, die nie direkt für ihn fürchten ließ, obwohl sein unbekümmerter Freimut, sein Witz und seine fröhliche Abenteuerlust oft Ängstlichere aus seiner Nähe trieben. Aus all dem aber sprach ein gewisser Stolz auf Eigenschaften seiner Familientradition. Sein Urgroßvater, Gerhard Anton von Halem, oldenburgischer Minister, war als Dichter und Verfasser historischer Werke hervorgetreten. Großvater und Vater waren Parlamentarier. Gustav Adolf von Halem, der Vater, wurde als freikonservativer Reichs- und Landtagsabgeordneter nach dem Zusammenbruch von 1918 Mitbegründer der Deutschnationalen Volkspartei. Mütterlicherseits hatte sich die Linie der Tiedemanns schon in den schleswig-holsteinischen Freiheitskämpfen bekanntgemacht. Der Großvater, Christoph von Tiedemann, war der erste Chef der Reichskanzlei unter dem Fürsten von Bismarck.

Als ausgeprägter Individualist hatte sich Halem früh und kompromißlos gegen den Nationalsozialismus entschieden. Sein Wirken gegen das Verhängnis begann 1933 im Kreise Carl von Jordans, eines katholischen Politikers, der ähnlich wie Edgar Jung und der engste Freund Halems, Wilhelm von Ketteler, über den damaligen Vizekanzler Franz von Papen eine Änderung der Zustände zu erreichen suchte. Edgar Jung wurde am 30. Juni 1934 – aus Anlaß der Röhmrevolte – von SS-Leuten ermordet; das gleiche Schicksal traf einige Jahre später Wilhelm von Ketteler, der noch mit Papen nach Wien gegangen war.

Vor dem Anschluß Österreichs, im Jahre 1938, bemühte sich Halem in Verbindung mit reichsdeutschen und österreichischen Freunden in Wien um militärische Gegenmaßnahmen gegen den Einmarsch und erwog, falls der Einmarsch nicht zu verhindern war, den Gedanken eines Attentates gegen Hitler.

Durch seine geschäftlichen Aufgaben kam Halem viel ins Ausland, nach Italien, Schweden, Ungarn, Frankreich und noch kurz vor Ausbruch des Krieges nach Rußland. Diese Reisen benutzte er, um Vertretern der Wirtschaft und Presse Informationen über die innerdeutschen Vorgänge zu geben und sie zu Gegenschritten in ihren Ländern zu veranlassen. In Deutschland suchte er Männer in leitenden Stellen für die Opposition zu gewinnen oder vom Nationalsozialismus abzuwenden. Er führte Verhandlungen mit dem Generalfeldmarschall von Bock und beeinflußte in stärkstem Maße den Breslauer Gauleiter und späteren Preiskommissar, Joseph Wagner. In Berlin hielt er engsten Kontakt mit Adam von Trott zu Solz, Karl Ludwig von Guttenberg und Justus Delbrück. Im Januar 1941 vertrat er entschlossen die Ansicht, daß eine Wendung der Verhältnisse nur noch durch ein Attentat auf Hitler möglich sei, dem eine rechtsstaatliche Neuordnung, die Aufnahme von Verhandlungen mit den Alliierten und die Freigabe aller besetzten Gebiete, selbstverständlich auch der Tschechoslowakei und Österreichs, folgen müsse. Während er über Schlabrendorff mit oppositionellen Offizieren um General von Tresckow bei der Heeresgruppe Mitte im Osten in Verbindung stand, unternahm er Vorbereitungen für seinen Plan.

Der Mann, auf den er seine Hoffnungen setzte, war Beppo Römer. Der ehemalige bayerische Generalstabshauptmann, Erstürmer des Annaberges, nach zeitweiser Hinwendung zu Hitler dessen erbittertster Gegner, später Mitglied der kommunistischen Partei und Opfer der Konzentrationslager, hatte 1939 die Freiheit wiedererlangt und erschien Halem als zur Ausführung des Attentats geeignet. Da die erwartete Aktion jedoch ausblieb, gab Halem die Beziehungen zu Römer auf. Anfang 1942 wurde Beppo Römer erneut verhaftet, und kurz darauf führten die früheren Zusammenhänge auch Halem in Haft.

Ein unendlich schweres Geschick brach damit über Nikolaus von Halem herein. Der Weg bis zu seinem Tode führte vom Polizeigefängnis auf dem Alexanderplatz in Berlin, wo er am 22. Februar 1942 eingeliefert wurde, in die Gestapostelle Burgstraße, in das Hausgefängnis des Reichssicherheitshauptamtes in der Prinz-Albrecht-Straße und zum Straflager Wuhlheide. Dann kam Halem ins Spandauer Gefängnis, in das Konzentrationslager Sachsenhausen, in das Untersuchungsgefängnis Moabit, noch einmal in die Prinz-Albrecht-Straße und zuletzt in das Zuchthaus Brandenburg-Görden. Auf diesem Weg durchlitt er furchtbare Folterungen. Einmal schrieb er darüber auf einen Kassiber die Worte: »Es war die Hölle!«

Berichte von Mitgefangenen, die ihm während der Haftzeit in Moabit gegenübertraten, schilderten einen Mann, der nach dieser Notzeit jahrelanger Gefangenschaft sogleich die Möglichkeit ergriff, um anderen Helfer und Beistand zu werden. Halem erhielt in Moabit eine Tätigkeit in der Arbeitskasse und trat dadurch in Berührung mit anderen Inhaftierten. Er verfaßte ihnen Eingaben und Gnadengesuche und gab ihnen wichtige juristische Hinweise für das Verhalten vor Gericht. Sogar die Wachmannschaften wandten sich um Rat und Hilfe an ihn.

Während des Aufenthaltes in Moabit bot sich Halem die Möglichkeit zur Flucht. Einmal, nach einem Luftangriff, stand er in Zivilkleidern am Gefängnistor mit der Weisung, keinen herein- oder herauszulassen. Wohlwollende Beamte hatten ihm helfen wollen. Aber Nikolaus von Halem ging nicht in die Freiheit. Auch in dieser Grenzsituation zeigte er höchste Selbstbeherrschung. »Es hat natürlich keinen Zweck, den ersten Schritt zu tun, solange man sich wegen des zweiten im Unklaren ist«, hieß es auf einem herausgeschickten Kassiber. Halem glaubte mit Rücksicht auf seine Angehörigen, die Flucht nicht wagen zu können. Am 16. Juni 1944 fand die Verhandlung vor dem Volksgerichtshof statt. Nikolaus von Halem wurde, nachdem er sich noch selbst überlegen verteidigt hatte, zum Tode verurteilt. Mit den Worten: »Ein Schiff kann untergehen, aber es braucht die Flagge nicht zu streichen!« beendete er die ihm zugebilligte Schlußäußerung. Mit dem Tode hatte er seit langem gerechnet und diesem Ausgang »mit Ruhe und Gefaßtheit« entgegengesehen. »Auch in diesen Dingen«, so schrieb er im Frühjahr 1944 aus dem Gefängnis, »ist ja nur das wirklich Schreckliche, was der Mensch sich selbst antut, nicht das, was ihm geschieht. Und so weit glaube ich mich zu kennen, daß ich es mir nicht antun werde, von dem schließlich in allerlei Stürmen erprobten Felsen meiner inneren Ruhe und Selbstsicherheit in den Wirbel von Verzweiflung und Angst hinabzusteigen – und dies alles angesichts eines Ausganges, der ja doch am Ende aller Dinge wartet. Was geschieht heutzutage nicht mit Millionen und Millionen? Ist es nicht einfach eine Denkstörung, deren Folgen nur für das eigene Gemüt schmerzlich

und erniedrigend sind, das eigene Schicksal so wichtig zu nehmen?«
Anfang Juli 1944 sagte Nikolaus von Halem in einem Abschiedsgruß an den ihm während der Haft zum treuen Freunde gewordenen Mithäftling Werner Berthold: »Ich will mich nicht vom Tode ablenken, sondern mich mit allen Gedanken auf ihn hinwenden und vorbereiten. Denn ich will mein Schicksal nicht dumpf erleiden, sondern erfüllen... Was mir das Schicksal jetzt nimmt, scheint viel, scheint alles zu sein. Aber es ist sehr wenig, gemessen an dem, was unverlierbar bleibt.«

Am 9. Oktober 1944 wurde Nikolaus von Halem in Brandenburg hingerichtet.

THEODOR STRÜNCK

Sohn eines Marine-Baurates, wurde am 7. April 1895 in Pries bei Kiel geboren. Er studierte Rechtswissenschaften, meldete sich am 2. August 1914 als Kriegsfreiwilliger, kam zunächst an die Ostfront und kehrte 1918, an der Westfront schwer verwundet, in die Heimat zurück. Nachdem er sein Studium mit der Promotion zum Dr. jur. abgeschlossen hatte, betätigte er sich in der Versicherungswirtschaft in leitender Stellung.

»Die Liebe zum Vaterland stärkte besonders in mir mein Geschichtslehrer an dem Kieler Gymnasium, Professor Dohrmann. In den Sturmangriffen des Ersten Weltkrieges, wenn es unmöglich schien, noch an den Sinn des Lebens glauben zu können, erinnerte ich mich seiner Worte und hielt aus – für Deutschland.« Diese Eindrücke, von denen Theodor Strünck noch in späteren Jahren sprach, beleuchteten sein Denken und seine Entschlüsse. Sie begleiteten ihn, der zum Ausgang des Krieges als junger Artillerieoffizier mit einem Brustschuß im Lazarett lag; sie wurden zum Diskussionsthema mit Gleichgesinnten während der Kieler Studienjahre und während der Zeit des beruflichen Aufstieges in Frankfurt.

In seinen nationalen Vorstellungen fühlte sich Theodor Strünck von der politischen Entwicklung der Nachkriegsjahre nicht angesprochen. So verfolgte er etwa seit dem Jahr 1923 mit Aufmerksamkeit und Sympathie die Kräfte, von denen er eine nationale Erneuerung erhoffte. Sehr bald aber erkannte er, daß diesen die ihm entscheidenden Grundlagen von Ernst, Würde und Gerechtigkeit fehlten. Die offensichtlichen Rechtsbrüche trieben ihn mehr und mehr Widerstandsüberlegunen zu. Ende 1937 veranlaßte Oberst Oster seine Beorderung zur Wehrmacht und seine Verwendung als Reserveoffizier bei der Abwehr, wo er ihm zu Sonderaufgaben im Rahmen der Verschwörung zur Verfügung stehen sollte. An den Umsturzbemühungen von 1938 nahm Strünck bereits aktiven Anteil. Kurz vor Kriegsbeginn erfolgte seine Einberufung zum OKW. Er siedelte mit seiner Frau Elisabeth nach Berlin um und nahm dann in den kommenden Jahren in engster Zusammenarbeit mit Oster und Goerdeler an den Vorbereitungen zur Beseitigung Hitlers teil.

In der unauffälligen kleinen Mietwohnung Strüncks, Berlin W 30, Nürnberger Straße 31, etwa eine Viertelstunde entfernt von dem Gebäudekomplex des Oberkommandos der Wehrmacht, war lange Zeit hindurch der geheime Treffpunkt für viele Leute der Opposition. Unter dem Namen und der Telefonnummer des Vermieters weitergeführt, bot diese Wohnung Gelegenheit zu Beratungen und verborgenem Aufenthalt; später, nach deren Ausbombung, leisteten Strüncks in den beiden Kellerräumen einer Charlottenburger Villa weiter die gleiche Hilfestellung.

Rücksichten auf die Eltern, die sonst von der Gefahr der Sippenhaft betroffen worden wären, Pflichtbewußtsein und Treue den Freunden gegenüber, deren Fährten noch verwischt werden mußten, veranlaßten Theodor Strünck nach dem Scheitern der Aktion vom 20. Juli 1944 nicht zu fliehen, obwohl ihm der Weg in die Schweiz seit langem mit aller Sorgfalt vorbereitet war. So wurde er am 1. August verhaftet und am 10. Oktober zum Tode verurteilt. In der Urteilsbegründung war angegeben, daß er die Absicht gehabt habe, Gruppen zu organisieren, um Hitler zu töten.

Augenzeugen berichteten, wie sichtlich Theodor Strünck nach den schweren Vernehmungen und Verhandlungen vor dem Volksgerichtshof zu einer ganz von innen her getragenen Ruhe gelangt war.

In einem fast zuversichtlichen Ernst, wie er ihn zeit seines Lebens begleitete, ging er am 9. April 1945 im Konzentrationslager Flossenbürg aufrecht in den Tod.

Seine Frau, die 58 Gestapo-Verhöre durchstand, blieb bis Kriegsende in Einzelhaft.

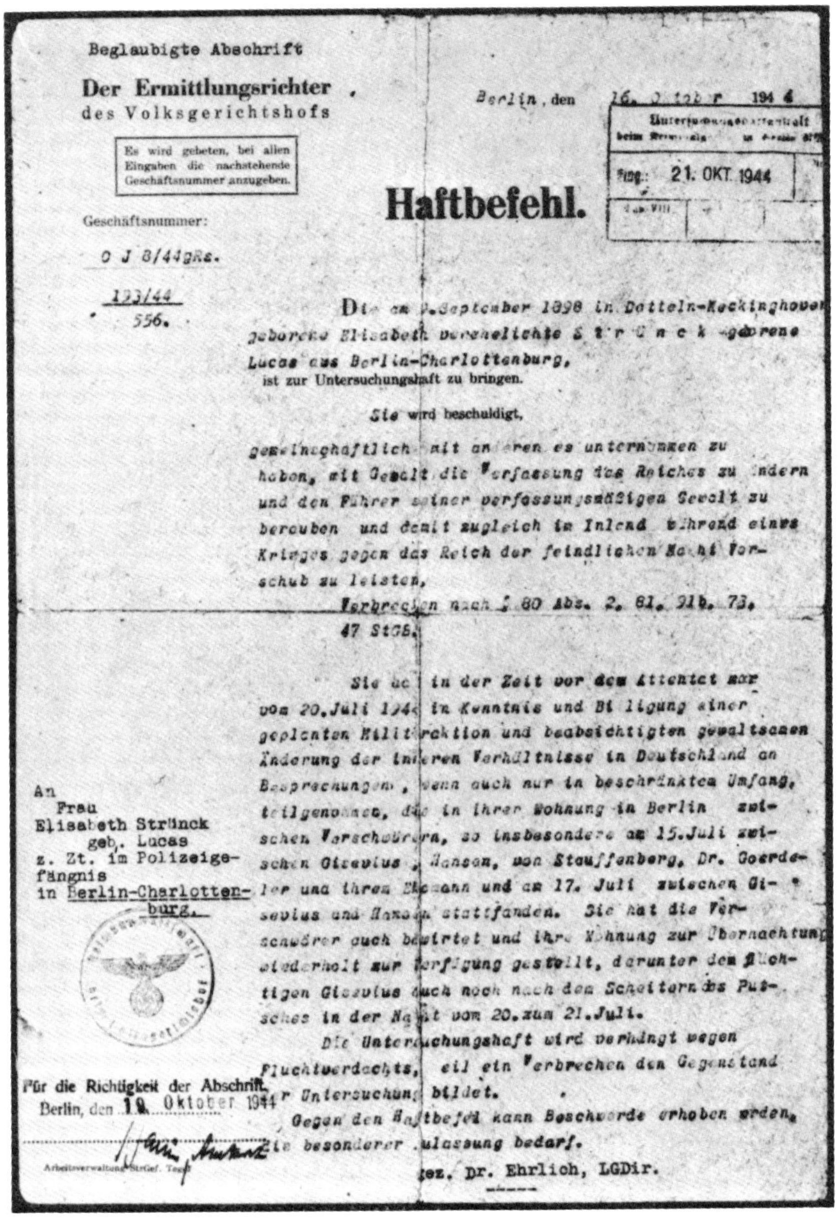

Beglaubigte Abschrift

Der Ermittlungsrichter
des Volksgerichtshofs

Es wird gebeten, bei allen Eingaben die nachstehende Geschäftsnummer anzugeben.

Geschäftsnummer:

O J 8/44gRs.

193/44
556.

Berlin, den 16. Oktober 1944

Untersuchungshaftanstalt
Eing.: 21. OKT. 1944

Haftbefehl.

Die am 9. September 1898 in Datteln-Meckinghoven geborene Elisabeth verehelichte S t r ü n c k geborene Lucas aus Berlin-Charlottenburg,
ist zur Untersuchungshaft zu bringen.

Sie wird beschuldigt,

gemeinschaftlich mit anderen es unternommen zu haben, mit Gewalt die Verfassung des Reiches zu ändern und den Führer seiner verfassungsmäßigen Gewalt zu berauben und damit zugleich im Inland während eines Krieges gegen das Reich der feindlichen Macht Vorschub zu leisten,

Verbrechen nach § 80 Abs. 2, 81, 91b, 73, 47 StGB.

Sie hat in der Zeit vor dem Attentat vom 20. Juli 1944 in Kenntnis und Billigung einer geplanten Militäraktion und beabsichtigten gewaltsamen Änderung der inneren Verhältnisse in Deutschland an Besprechungen, wenn auch nur in beschränktem Umfang, teilgenommen, die in ihrer Wohnung in Berlin zwischen Verschwörern, so insbesondere am 15. Juli zwischen Gisevius, Hansen, von Stauffenberg, Dr. Goerdeler und ihrem Ehemann und am 17. Juli zwischen Gisevius und Hansen stattfanden. Sie hat die Verschwörer auch bewirtet und ihre Wohnung zur Übernachtung wiederholt zur Verfügung gestellt, darunter dem flüchtigen Gisevius auch noch nach dem Scheitern des Putsches in der Nacht vom 20. zum 21. Juli.

Die Untersuchungshaft wird verhängt wegen Fluchtverdachts, weil ein Verbrechen den Gegenstand der Untersuchung bildet.

Gegen den Haftbefehl kann Beschwerde erhoben werden, die besonderer Zulassung bedarf.

gez. Dr. Ehrlich, LGDir.

An
Frau
Elisabeth Strünck
geb. Lucas
z. Zt. im Polizeigefängnis
in Berlin-Charlottenburg.

Für die Richtigkeit der Abschrift.
Berlin, den 19. Oktober 1944

Arbeitsverwaltung StrGef. Tegel

BEFEHL UND VERANTWORTUNG

Wenn nach 1945 der Berufsstand der hohen Offiziere weithin einer besonders kritischen Betrachtung unterzogen wurde, so hatte dies seine Gründe schon darin, daß nach dem äußeren Bild des geschichtlichen Ablaufs ein militärischer Zusammenbruch erfolgt war. Aber hinter diesem Zusammenbruch stand ein bedeutungsvolleres Ende. Es war das Ende einer militärischen Durchdringung des Staatslebens, die sich aus der preußischen Monarchie über die Reichswehr der Weimarer Republik bis ins Heer des Hitlerreiches erhalten hatte. Doch hieraus sollten sich auch Konfliktstoffe ergeben, die zu der blutigen Auseinandersetzung der Offiziere mit Hitler führten.

Der Widerstand der Offiziere hatte im Laufe der zwölf Jahre des Hitlerregimes aus mancherlei Quellen geschöpft:
Wesentlichen Zustrom erhielt er aus militärischen Traditionen der preußischen Struktur. Deren Kern war sicherlich ein ausgesprochenes Treueverhältnis des Offizierkorps zum Monarchen. Aber daneben hatte sich das Offizierkorps immer eine große Unabhängigkeit des Urteils und das Recht der freien Meinungsäußerung gegenüber Vorgesetzten, ja selbst gegenüber dem Monarchen gewahrt. Die preußische Tradition war als eine nationale nicht unmittelbar christlichen Ursprungs. Aber der überwiegende Teil des Offizierkorps hielt aus konservativer Grundeinstellung am Glauben der Väter fest.

Daneben floß eine mehr intellektuelle Quelle, nämlich die geistige Schulung des Generalstabs, die auf große Vorbilder zurückging. Ihr war das ungezügelte, emotionale Element der nationalsozialistischen Bewegung wesensfremd. Als exakte Wissenschaft rechnet die Strategie – im Gegensatz zu dem, was Hitler darunter verstand – mit erkennbaren und vermuteten Größen; sie verlangt deshalb vom Feldherrn neben dem kühlen Verstand Kühnheit und Genialität, aber gleichzeitig Ratio als Grundlage des Entschlusses. Aus diesem anerzogenen wissenschaftlichen Denken wurde der geistige Widerstand in hohem Grade genährt.
Die dritte und wichtigste Triebfeder militärischen Aufbegehrens war ethischer Art. Das Ethos des Soldaten, der sich an menschliche Grundprinzipien gebunden fühlte, läuterte innerlich die Auflehnung aus traditionellen Bindungen zu einer humanen Verpflichtung, und fachlich-kritische Einwände weiteten sich zu einem politischen Verantwortungsbewußtsein.
Nicht bei allen opponierenden Offizieren waren die drei Impulse im selben Verhältnis verschmolzen wie bei denen, die schon früh im Kampf gegen Hitler standen. Aber es gab auf der Seite des militärischen Widerstandes kaum einen Offizier, der eine dieser Komponenten vollkommen vermissen ließ. Während sich so die Elite im Widerstand fand, neigte die große Masse der Offiziere zur Passivität gegenüber dem Hitlerregime. War schon die preußische Überlieferung im Wechsel der politischen Systeme verblaßt, so verkümmerten Tradition, Schulung und Ethos im Offizierkorps nach der nationalsozialistischen Machtergreifung mehr und mehr. Später verdünnte sich dann noch die geistige Auslese der Generalstabsschulung durch die zu schnelle Vermehrung des Heeres wie durch den Verschleiß im Kriege selbst. Die Erkenntnis, daß Widerstand geboten sei, mußte ihren Platz finden, neben den ethischen Bindungen des zum Kampf und zur Verteidigung des Vaterlandes aufgerufenen Soldaten. Solch komplizierter Vorgang blieb einer Minderzahl vorbehalten; er konnte nicht Allgemeingut werden. Die geschichtliche Bedeutung des Einzelnen, der sich auflehnte bis zur letzten Konsequenz, beruhte unter den besonderen Bedingungen Deutschlands und des Heeres gerade darin, daß er sich von der Masse unterschied, wie schließlich auch im sonstigen deutschen Leben der zum Widerstand Entschlossene sich von seiner Umgebung abhob.
Sehr wohl hatte Hitler erkannt, daß die Macht militärischer Überlieferungen der Durchführung seiner Pläne entgegenstehen würde. Daher wurden

zwei Akte inszeniert, die geeignet erschienen, diese Tradition zu ersticken.
Der Tag von Potsdam proklamierte am 21. März 1933 unter Mißbrauch des Feldmarschallpräsidenten und der Potsdamer Garnisonskirche die angebliche Verschmelzung der preußischen Tradition mit dem Nationalsozialismus. Die Wirkung auf die Masse der Offiziere blieb nicht aus. Hier lebte für sie das Ordnungs- und Autoritätsprinzip wieder auf. Der erfolgreiche Führer der »Volksbewegung« empfing aus den Händen des ruhmreichen Feldherrn die militärische Legitimation.
Aber Hitler übernahm ein Heer, an dessen Spitze der Generaloberst Kurt von Hammerstein-Equord stand, ein ausgesprochener Gegner des Nationalsozialismus, selbst in einer Zeit, als hohe Offiziere noch hofften, daß die neue Bewegung in vernünftige Bahnen gelenkt werden könne. Nachdem Hammerstein Ende 1933 von seinem Posten verdrängt worden war, sollte der zweite Akt die erheblichen militärischen Gegenströmungen beseitigen.

Mit der sogenannten Röhmrevolte vom 30. Juni 1934 wurde der preußischen Überlieferung der Todesstoß versetzt. Hitlers Absichten trafen auf günstige Voraussetzungen: Die SA war unter Röhms Führung lästig geworden, weil sie sich in der Erwartung, an der vorgesehenen Heeresvermehrung entsprechenden Anteil zu haben, enttäuscht sah. Obwohl der Akt kaum gelungen wäre, wenn die SA tatsächlich in Putschvorbereitungen gestanden hätte, war es für Hitler die einmalige Gelegenheit, gleichzeitig die wirkliche oder vermeintliche Gefahr eines inneren Gegensatzes in der Bewegung zu ersticken und die Reichswehr für sich zu gewinnen. In dem von ihm umgestalteten Kriegsministerium hatte er sich dazu ein Werkzeug geschaffen, das dieses Bündnis annahm.
Manche Soldaten fühlten, daß die Reichswehr am 30. Juni 1934 ihre Tradition brach, indem sie die Ermordung der Generale von Schleicher und von Bredow widerspruchslos hinnahm. Aber der tiefere Einbruch in eine so alte Institution wie die der deutschen Armee bestand darin, daß sie die Verleugnung des Rechtsstaates und des Rechtslebens in Kauf nahm. Hier lag der eigentliche Bruch mit den Grundlagen der Vergangenheit, nach denen die Ermordung irgendeines SA-Mannes die gleiche Stelle einnahm wie die eines Generals oder eines KZ-Häftlings. Doch die Masse des Heeres ließ sich blenden durch die rechtsbrecherische Propaganda des »Führers«: »In dieser Stunde war ich verantwortlich für das Schicksal der deutschen Nation und damit des deutschen Volkes oberster Gerichtsherr.«

Der Weg, auf dem über Leben oder Tod des einzelnen Bürgers ohne Rechtsprechung und ohne Möglichkeit einer Verteidigung entschieden wurde, war geöffnet worden unter der Hilfestellung der Reichswehr, die aus der Aktion vom Frühsommer 1934 den Nutzen einer äußeren Vorrangstellung zog. Hier war der Keim gelegt für das Ende, aber auch der Keim für einen Teil des Widerstandes; denn die Blutschuld trieb die Offiziere, die noch in ethischen Vorstellungen erzogen waren und deren Erkenntnis der Vorgänge ausreichte, in die Gegnerschaft zum nationalsozialistischen Staat.
Der Gegensatz zur nationalsozialistischen Führung innerhalb des militärischen Bereichs hatte sein Zentrum im Generalstab des Heeres, der sich darin klar von dem kleineren Oberkommando der Wehrmacht unterschied. Die hervorstechende Figur in der Opposition gegen Hitler wurde in jener Periode der Chef des Generalstabs des Heeres, Ludwig Beck, eine Persönlichkeit von überragendem Geist und tiefer Bildung. In seiner nahen Umgebung waren Anhänger des nationalsozialistischen Regimes nicht am Platze, und er sorgte dafür, daß fast alle maßgebenden Posten des Generalstabs mit Männern seiner Wahl besetzt wurden. Da der Chef des Generalstabs auch dessen Geist prägt, erfuhr Hitler aus diesen Reihen eine gleichbleibende innere Ablehnung, die nicht nur auf rationellen, strategischen Erwägungen beruhte; denn Becks Widerstand ging von einer sittlichen Verantwortung aus. Sein Widerstand galt nicht nur Hitlers Kriegsplänen, sondern auch dem Mangel an Ethos, der das Regime brandmarkte. Hatte er tatsächlich – vielleicht bis zum 30. Juni 1934 – wie manche andere an die Bekehrbarkeit des Regimes zu einer normalen und sittlich begründeten Staatsform geglaubt? Aus seinen Denkschriften konnte in dieser Richtung kein Schluß gezogen werden; und soweit er dort gelegentlich von einem nationalsozialisti-

schen Fundament, auf dem das Heer ruhen müsse, sprach, mochte es ebenso List gewesen sein, um sich Gehör zu verschaffen. Aber seine Gegnerschaft war im Heer sprichwörtlich. Auf ihn traf der Vorwurf am wenigsten zu, im Amt geblieben zu sein, um »Schlimmeres zu verhüten«, ohne dies wirklich erhoffen zu können. Als Chef des Generalstabs mußte er bestrebt sein, den Ausbruch des Krieges, der ungeheures Unheil über die Menschheit und Deutschland brachte, zu verhüten. Das war sein tägliches Mühen, und darauf stellte er seinen Generalstab ein, nachdem klar geworden war, daß Hitler den Krieg wollte.

Beck hat sein Ziel nicht erreicht, aber nach seinem Abschied, den er im August 1938 als Protest gegen die Kriegspolitik nahm, wirkte sein Geist im Generalstab des Heeres fort. Kurz zuvor hatte er dem Oberbefehlshaber des Heeres, Generaloberst von Brauchitsch, mahnend geschrieben: »Die Geschichte wird diese Führer mit einer Blutschuld belasten, wenn sie nicht nach ihrem fachlichen und staatspolitischen Gewissen handeln. Ihr Gehorsam hat dort eine Grenze, wo ihr Wissen, ihr Gewissen und ihre Verantwortung die Ausführung eines Befehls verbieten.« Das war das Motiv seines Rücktritts, eines Rücktritts, der im Ablauf der Dinge damals leider ohne Wirkung blieb.
Beck ging damit in die Vereinsamung. Aber er wurde bald ein anerkannter Mittelpunkt jener Widerstandsbewegung, die im geheimen immer weitere Kreise ergriff. Von Männern der verschiedenen politischen Richtungen wurde ihm die Fähigkeit zugetraut, nach einem Sturz des Regimes in verantwortlicher Staatsposition über die ersten Wirren der Zeit hinwegzuhelfen.
Der Generalstab des Heeres mit der dort vertretenen Intelligenz wurde auch mit Becks Abgang nicht nationalsozialistisch. Vielmehr blieb er wenigstens in den Spitzenvertretern skeptisch in bezug auf die Wege der Hitlerischen Regierung. Dafür sorgte auch Becks Nachfolger, der Generaloberst Franz Halder.
Halder sah sich in seiner Amtsführung vor schwerste Gewissensentscheidungen gestellt. Freilich hätte auch er den Abschied nehmen können. Aber – so mochte man fragen – was sollte eine Wiederholung des erfolglosen Beckschen Schrittes fruchten? Männer der Opposition drängten ihn selbst, im Amt zu bleiben, weil sie ihn als einen der Ihren glaubten. Halder stand vor zwei sich widersprechenden Aufgaben. Er mußte – gegebenenfalls bis zum Sturz der Regierung – alles versuchen, um den Krieg zu verhindern. Darin setzte er das Erbe Becks fort. Gleichzeitig aber zwang ihn sein Amt, die Vorbereitungen für den von Hitler beabsichtigten Krieg in seinem Generalstab zu treffen. Das tragische Geschick bestand darin, daß Halder durch den Verlauf der Ereignisse sein erstes Ziel, den Krieg zu verhindern, nicht erreichte. Sein Versuch, zwischen Polen- und Frankreichfeldzug durch einen Staatsstreich das System zu stürzen und das deutsche Volk zu retten, kam nicht zum Zuge.

Dadurch gerieten die Männer des Generalstabs in einen gewissen Gegensatz zu den Spitzen des zivilen Widerstandes. Die Gründe für die Unterlassung des Staatsstreiches waren solche der mangelnden Gefolgschaft außerhalb des engeren Generalstabs des Heeres. Es zeigte sich, daß Offiziere desselben geistigen Niveaus, die die Kriegsaussichten ebenso skeptisch beurteilten, die aber an der Spitze von Truppenverbänden standen, durch ihr Vorgesetztenverhältnis noch weniger zur offenen Auflehnung bereit waren als Halder selbst. Sie fühlten sich noch mehr an ihre geblendete Umgebung gebunden als der Chef des Generalstabs, der in viel größerem Maße von gleichgesinnten Offizieren umgeben war. So kam es unter sonst Gleichgesonnenen zum »Widerstand gegen den Widerstand«. Die Grenze der Hemmung aus Gehorsam und Eidgebundenheit gegen jene andere aus Solidarität mit der unterstellten Truppe war im Einzelfall schwer zu ziehen.

In den Jahren bis zum Kriegsbeginn blieb als Erbe Becks innerhalb des engeren Generalstabskreises und unter vielen Führern die nüchterne Einschätzung der Erfolgsaussichten gepaart mit einem Appell des eigenen Gewissens, dem Volke, wenn irgend möglich, ein großes Unheil zu ersparen. Zur verblendeten Mehrheit des Volkes aber gehörte auch die große Masse der Offiziere, angefangen von einzelnen Armeeführern bis herab zu den unteren Dienstgraden.

Jene Hemmungen gegen den Ruf des Gewissens zur Entscheidung gegen das Regime steigerten sich sichtlich während des Krieges, der nicht hatte verhindert werden können. Obwohl nun die Kräfte des Widerstandes zunächst empfindliche Rückschläge erlitten, setzte nach dem schnellen Ende des Polenfeldzuges der Generalstab des Heeres doch beträchtliche Kraft dafür ein, den Westfeldzug zu verhindern. Ob die vielen Denkschriften und Vorträge, die vor allem der Oberbefehlshaber des Heeres, von Brauchitsch, zu diesem Zweck bei Hitler vorbrachte, in der negativen Beurteilung der Erfolgsaussichten ganz ehrlich waren, blieb offen. Möglicherweise waren sie zu dem Zweck, Hitler von seinem Vorhaben abzubringen, pessimistisch gefärbt.

Doch solcher Beurteilung der Aussichten lag die Schulung Becks zugrunde. Beck hatte die große Kunst der operativen Führung gepflegt wie seine Vorgänger; aber er hatte auch erkannt, daß sie nicht mehr allein den Kriegsausgang entscheidet. Im modernen Krieg war Beherrschung der operativen Kunst kein Ausgleich gegen zahlenmäßige Unterlegenheit, gegen Aussperrung von den Meerstraßen, gegen Stärke großer feindlicher Koalitionen, gegen Eingeschlossenheit in einer Festung, die bei feindlicher Luftüberlegenheit fallen mußte, weil ihre nationale Produktion und ihr Verkehr zum Erliegen kommen würden. Diese Gefahr wurde, oft mehr instinktiv, vom Generalstab des Heeres erkannt und verstärkte die inneren Reserven gegen Hitlers Krieg.

Der entgegen vielen Voraussagen schnell und erfolgreich verlaufene Feldzug im Westen schien den Generalstab und die Warnenden Lügen zu strafen. Die eigentliche neue Entwicklung des Widerstandes setzte daher erst ein, als der Vormarsch in Rußland zum Stehen kam, Hitler Rückzüge der Truppen rigoros unterdrückte und Generale in größerem Maßstab ablöste.

Mit dem zwischen Soldatenpflicht und Gewissensaufruf hin und her gerissenen Brauchitsch ging im Dezember 1941 der dritte und letzte Oberbefehlshaber des Heeres. Der erste, Hammerstein, war lange nach seiner Entlassung wieder zur Führung einer Armee im Westen berufen worden und in dieser Eigenschaft entschlossen, den Putsch gegen Hitler in seinem Hauptquartier zu wagen, ohne daß die Gelegenheit reifte. Der zweite, Generaloberst von Fritsch, war in der Aufbauzeit der bekannte Gegner des Nazismus und Inspirator des Generalstabs in dieser Richtung gewesen, dann in gemeiner Form zum Abschied gezwungen worden, und als Freiwilliger im Polenfeldzug ohne Kommandoführung hatte er den Tod in vorderster Front gesucht.

Nachdem im Dezember 1941 Hitler selbst den Oberbefehl des Heeres übernommen hatte, sah sich mit diesem Wendepunkt der Widerstand vor eine neue Phase gestellt. In kurzer Folge wurden Generale der Opposition wie Leeb, Witzleben und Hoepner von Hitler zur Seite geschoben, und wenige Monate später nahm der fast zur Ohnmacht verurteilte Chef des Stabes, Halder, seinen Abschied. Der Widerstand im Militärbereich zersplitterte sich in einzelne Gruppen, von denen zur zentralsten die Abwehr wurde, weniger durch den individualistischen Canaris als durch Oster, der bis zu seiner Verhaftung die Seele der militärischen Opposition, der organisatorische Mittelpunkt und die Brücke zu den zivilen Gruppen um Beck blieb. Das Wirtschafts- und Rüstungsamt unter Thomas war von Beginn an von der Aussichtslosigkeit des Durchhaltens überzeugt. Ebenso gehörte die Nachrichtenzentrale des OKW unter General Fellgiebel zum Widerstand – eine unabdingbare Voraussetzung für jede Aktion zum Sturz des Regimes.

Die wichtigsten Gruppen im Oberkommando des Heeres selbst waren diejenigen des Oberquartiermeisters Wagner, des Chefs der Organisationsabteilung Stieff, des Chefs der Abteilung »Fremde Heere« Rönne, des Artillerie-Inspektors Lindemann, des Chefs der Allgemeinen Abteilung im Heeresamt Olbricht. Zu ihnen war auch die Stelle des Militärbefehlshabers Paris zu rechnen, die mit dem überzeugten Widersacher Hitlers, Heinrich von Stülpnagel, besetzt war und die dann am 20. Juli durch den Kreis um Speidel verstärkt wurde.

An der Ostfront war das Zentrum des Widerstandes der Stab der Heeresgruppe Mitte, von dem mehrere mißglückte Attentate gegen Hitler ausgingen. Diese Gruppe rankte sich um die Namen Tresckow, Gersdorff und Schlabrendorff. Tres-

ckow beeinflußte seine Oberbefehlshaber im Sinne des Widerstandes und spann ein Netz von Verbindungen zu anderen Heeresgruppen.
Durch die Niederlage von Stalingrad wurde die Wende des Krieges breiteren Kreisen offenkundig. Nun wurde es mehr Menschen klar, daß der mörderische, für Deutschland verlorene Krieg nur nach der Beseitigung Hitlers beendigt werden konnte.
Wenn auch der etwa zur gleichen Zeit in Casablanca verkündete alliierte Entschluß zur bedingungslosen Kapitulation den Widerstand schwer traf, so erkannten doch mehr und mehr Offiziere, in welchem Maße das soldatische Ethos mit seiner festen Bindung an allgemeine Gebote der Sittlichkeit unter dem Einfluß der nationalsozialistischen Ideologie zerstört wurde. Hatte schon der Befehl zur Tötung der Kommissare am Beginn des Rußlandfeldzuges Bedenken und Verweigerung des Gehorsams verursacht, so folgten jetzt kurz vor der Stalingradniederlage ähnliche Befehle – wie jener, der zur Rücksichtslosigkeit selbst gegen Frauen und Kinder bei der Bekämpfung von Partisanen aufforderte, oder ein anderer, nach dem Kommandos, also in voller Uniform hinter den eigenen Linien ausgesetzte Feindtrupps, »niederzumachen« zu seien. Auch Männer, die nicht mehr dem Gewissen, nur noch dem »Führer« zu folgen gelernt hatten, empfanden das den Kämpfenden Entehrende in Befehlen, die Gewalttaten an Wehrlosen forderten. Ebenso drangen die grauenhaften Absichten, alle Juden zu vernichten, und die Maßnahmen, die hierfür getroffen wurden, endlich in das Bewußtsein mancher, die sich bisher solchen Wahrheiten verschlossen hatten. Die Zweifel wuchsen, ob dies alles weiter geduldet und der Krieg, der die Heimat fast tödlich treffen mußte, fortgesetzt werden sollte, ob ein Gehorsamsprinzip gelten könne, das durch die Forderung von verbrecherischen Handlungen schon in den Grundlagen erschüttert war. Der klaren Entscheidung standen andere Bedenken gegenüber. Hatte man in allen Schlüsselstellungen in der Heimat und im Feldheer zuverlässige und energische Mitkämpfer? Waren die Gruppen koordiniert und die Vorbereitung eines Aufstandes so organisiert, daß auf Erfolg zu rechnen war? Was drohte den Familien ohne Bejahung dieser Fragen?

Den Schritt zur entscheidenden Tat fand ein Generalstabsoffizier der jüngeren Generation: Claus Graf von Stauffenberg. Er vereinigte in sich alles, was zu großem Aufstieg prädestinierte. Er war universell gebildet, ein kluger Debattierer und Gesprächspartner, mit sicheren und gewinnenden Umgangsformen. Obwohl er im Krieg einen Arm, zwei Finger der übriggebliebenen Hand und ein Auge verloren hatte, strahlten auch aus dem versehrten Körper Geist und ungebrochener Mut.
Lange hatte er mit sich gerungen, und aus tiefsten religiösen Gründen hatte er seine Entscheidung getroffen, den einen verbrecherischen Mann jetzt zu beseitigen, um Millionen Menschen qualvolle Verfolgung, Mißhandlung, Verstümmelung, Heimatlosigkeit, Verlust der Familie und Tod durch Bomben oder Verbrennung zu ersparen. Siebenundzwanzig Jahre jünger als Beck, endete er am 20. Juli 1944, dem Tag seiner Tat – er, der alle Qualitäten hatte, dereinst in einem anderen Zeitabschnitt in die Fußstapfen Becks zu treten.

Den Konflikt Stauffenbergs mußten alle Offiziere, die dem Widerstand aktiv dienten, austragen. Sie mußten ihn austragen wie die Männer des zivilen Widerstandes, deren Söhne an der Front standen, während sie selbst die Vorbereitungen zur Aktion gegen Hitler trafen. Trotz des tragischen äußeren Mißerfolgs bleibt der Wert ihrer sittlichen Entscheidung bestehen: sie wahrten die hohe Tradition eines unabhängigen Gewissens vor einer Autorität, bei der das Gewissen erloschen war, als geistigen Maßstab für ein freies Soldatentum.

ERWIN VON WITZLEBEN

Nachkomme einer alten Soldatenfamilie, wurde am 4. Dezember 1881 in Breslau geboren. Er besuchte die Kadettenanstalt in Wahlstatt bei Liegnitz und in Berlin-Lichterfelde. Während des ersten Weltkrieges war er ständig an der Westfront eingesetzt. In der Reichswehr fand er Verwendung in Generalstabsstellungen und als Truppenführer. Ab 1934 Befehlshaber im Wehrkreis III und Kommandierender General des III. Armeekorps, wurde er 1938 Heeresgruppenführer in Frankfurt/Main. Im Zweiten Weltkrieg führte Witzleben die 1. Armee. Nachdem er 1940 zum Generalfeldmarschall ernannt und zwei Jahre später seines Postens als Oberbefehlshaber der Heeresgruppe D in Frankreich enthoben war, wurde er am 21. Juli 1944 von der Gestapo in Haft genommen, am 8. August zum Tode verurteilt und wenige Stunden später hingerichtet.

Der lang gehegte Wunsch Erwin von Witzlebens für das Endziel seiner militärischen Laufbahn, einmal das wegen selbstloser Pflichterfüllung in der preußischen Heeresgeschichte gerühmte III. – alte brandenburgische – Armeekorps in Berlin führen zu können, sollte sich im Februar 1934 erfüllen. Als Kommandierender General war Witzleben vier Jahre später bei der Sudetenkrise, aus der gleichen Gesinnung wie Generaloberst Beck, festen Willens, durch den Sturz Hitlers den drohenden Krieg zu verhindern. Nach den Münchener Verhandlungen verharrte Witzleben in kritischer Haltung. Obwohl er dadurch das Mißtrauen Hitlers erregte, erhielt er im Juli 1940 seine Ernennung zum Generalfeldmarschall; doch im Februar 1942 wurde dem unbequemen Opponenten, angeblich mit Rücksicht auf seine Gesundheit, der Oberbefehl über die Heersgruppe West entzogen. Damit war der General endgültig »kaltgestellt«.

Nach dem übereinstimmenden Urteil der ihm nahestehenden Offiziere »zeichneten Erwin von Witzleben hohe Intelligenz und Bildung aus. Jedoch waren diese geistigen Eigenschaften seinem Wesen entsprechend ganz unaufdringlich. Oft schien er nur kritisch zu beobachten und sich vor schnellen Urteilen hüten zu wollen. Er wußte um die Relativität aller Lösungen – auf dem Schlachtfeld und in der Politik. Seine angeborene Bescheidenheit ließ ihn jede andere Meinung achten. Er war immer liebenswürdig, nie laut, immer zuvorkommend, hilfsbereit und ritterlich. Er liebte die Menschen an sich, aber er unterschied natürlich, ob er sich unter seinesgleichen befand. Seinesgleichen waren die, die auch bescheiden waren. Seinesgleichen waren auch die Stillen im Lande und die Einfachen mit dem gesunden Menschenverstand, weil er um die wahren Werte des Menschen wußte. Ein letzter und entscheidender Wesenszug Erwin von Witzlebens trat nur in besonderer Behutsamkeit hervor. Bis zum letzten erwürgten Atemzug war er tief religiös.«

Die Entscheidungen Witzlebens aber mußten sich inmitten einer weithin verblendeten Umgebung vollziehen; sie wurden zum Teil durch die Kriegserfolge gehemmt, zum Teil auch durch Rücksichten auf die kämpfende Truppe. Zudem war Witzleben zwar eine soldatisch zum Handeln im höchsten Grade befähigte, nicht aber eine politisch-dynamische Natur. Doch gerade aus seiner soldatischen Haltung heraus, aus der Verschmelzung von Tradition, Erziehung und Naturell wurde er in der schwersten Krise der Nation zum soldatischen Vorbild. Er konnte es mit seiner Soldatenehre nicht vereinbaren, den Verbrechen der Nationalsozialisten tatenlos zuzusehen.

So war Erwin von Witzleben einer der ersten, die sich zum Handeln gegen Hitler bereitgefunden hatten, und er wäre auch später bereit gewesen, seine Befehlsgewalt über die Armeen des Westens gegen Hitler einzusetzen. In diesen Überlegungen traf er sich früh mit Generalen, wie Otto von Stülpnagel und Brockdorff-Ahlefeld. Während des Krieges, in dem ihm der Schutz der französischen Zivilbevölkerung vor unsinnigem Druck oder

Drangsalierung so sehr am Herzen lag, zog er seine jüngeren Gesinnungsfreunde, Ulrich-Wilhelm Graf Schwerin von Schwanenfeld und Alfred Graf Waldersee, als vertraute Vermittler zwischen der zivilen und militärischen Opposition heran. Den Tyrannenmord lehnte er aus christlichen Motiven ab. Er forderte die Verhaftung Hitlers; sie sollte bei einer Frühjahrsparade, die Hitler 1941 in Paris angesetzt hatte, durchgeführt werden. Doch als die Truppen in Paris bereits zusammengezogen waren, erfolgte unerwartet Hitlers Absage. Sehr viel später erst, nach schweren Gewissenskonflikten, da die täglich hoffnungsloser werdende Lage eine Entscheidung verlangte, hatte Witzleben die Undurchführbarkeit seiner Gedanken eingesehen.

Seit Weihnachten 1942, nach seiner Abdankung als Oberbefehlshaber West, lebte Witzleben in Berlin und führte trotz seiner Rekonvaleszenz nach einer schweren Magenoperation, unter Trauer um seine soeben verschiedene Lebensgefährtin, intensive Beratungen, insbesondere mit Beck und Stauffenberg. Wie schon 1938, als Witzleben noch Befehlshaber der Heeresteile im Berliner Bereich war, so sollte ihm auch nach den späteren Plänen, die zum 20. Juli 1944 führten, die Hauptaufgabe zufallen, in der Funktion des Oberbefehlshabers die Errichtung der neuen Regierungsgewalt in der Reichshauptstadt militärisch zu unterstützen.

Die Teilnahme der ihm unterstellten Einheiten an den Erhebungsplänen konnte ein Mann wie Erwin von Witzleben nicht leichten Herzens zugestehen, vielmehr trug er besonders schwer an der großen Verantwortung, ein derartiges Unternehmen, insbesondere während des Krieges bei Gefahr eines etwaigen Bürgerkrieges, durchzuführen. Doch für die im Einvernehmen mit Beck und Stauffenberg vorbereiteten Befehle zur Übernahme der Gewalt im Reich und in den besetzten Gebieten, die am 20. Juli herausgegeben werden sollten, hatte er bereits im Oktober 1943 »ohne Bedenken« seine Unterschrift geleistet. »In dieser Stunde höchster Gefahr hat die Reichsregierung zur Aufrechterhaltung von Ruhe und Ordnung den militärischen Ausnahmezustand verhängt und mir zugleich mit dem Oberbefehl über die Wehrmacht die vollziehende Gewalt übertragen«, hieß es in dem von ihm und Stauffenberg unterzeichneten und von der zivilen Opposition gebilligten Text.

Generalfeldmarschall von Witzleben wurde nach dem Scheitern des Staatsstreiches am 21. Juli 1944 in Seese, Kreis Kalau – auf dem Gut seines später ebenfalls zum Tode verurteilten Freundes Graf Lynar – verhaftet. Bei der Einlieferung in den Gefängniskeller des Reichssicherheitshauptamtes zeigte sich Witzleben »ruhig und fest, ohne merkbare Erschütterung«. Am 7. und 8. August 1944 stand der Generalfeldmarschall gemeinsam mit Generaloberst Erich Hoepner, Generalmajor Hellmuth Stieff, Oberstleutnant a. D. Albrecht von Hagen, Generalleutnant Paul von Hase, Oberstleutnant i.G. Robert Bernardis, Hauptmann Friedrich Karl Klausing und Leutnant d. R. Graf Yorck von Wartenburg wegen »Hoch- und Landesverrat« vor dem Volksgerichtshof. Der Generalfeldmarschall, der als erster vernommen wurde, bekannte sich rückhaltlos zu seiner Mitwirkung an den Vorbereitungen zum Sturz des Hitlerregimes als Voraussetzung für die Wiedererrichtung eines deutschen Rechtsstaates. Den Ausfällen Freislers während der zweitägigen Verhandlung begegnete Witzleben mit den Worten: »Sie können uns dem Henker überantworten. In drei Monaten zieht das empörte und gequälte Volk Sie zur Rechenschaft.«

Nach dem propagandistisch aufgezogenen Schauprozeß meldeten die Berichte in der deutschen Presse am 9. August: »Witzleben gehängt!«

ERICH HOEPNER

Sohn eines Arztes, wurde am 14. September 1886 in Frankfurt/Oder geboren und trat 1905 als Fahnenjunker in das Schleswig-Holsteinische Dragonerregiment 13 ein. In den Jahren von 1906 bis 1933 stieg er vom Leutnant zum Chef des Generalstabes Wehrkreis I Königsberg auf. Nachdem er früh schon für eine sich dem technischen Entwicklungsprozeß angleichende Modernisierung der Armee eingetreten war, galt er bald als vorzüglicher Kenner der Panzerwaffe.

»Ich bin meines Postens als Oberbefehlshaber der 4. Panzerarmee enthoben worden, weil ich einen Führerbefehl nicht befolgt habe. Seit meiner Jugend der Armee verbunden und dadurch dem deutschen Soldaten verpflichtet, fühlte ich mich bei meinen Entschlüssen stets einem Höheren verantwortlich. Jederzeit würde ich wieder genauso handeln, wie ich gehandelt habe. Ich weiß, daß dies das Ende meiner militärischen Laufbahn bedeutet, aber ich gehe in dem Bewußtsein, meiner Armee und meinem Volke gegenüber meine Pflicht erfüllt zu haben. Möge das jeder von Ihnen am Ende seiner Laufbahn auch sagen können.« Mit diesem Bekenntnis hatte sich Erich Hoepner in den Morgenstunden des 8. Januar 1942 von dem engeren Kreis seiner Mitarbeiter verabschiedet.
Hatte doch Erich Hoepner das geschichtliche Fanal der Gehorsamverweigerung aus Gewissenspflicht auf dem Schlachtfeld aufgerichtet. Im bewußten Widerspruch zu den Befehlen Hitlers – denen zufolge selbst nach den vorausgegangenen ungeheuerlichen Verlusten ganzer Armeeteile und angesichts des russischen Winters im November 1941 ein Angriff auf Moskau vorbereitet werden sollte – hatte der Generaloberst, dessen eindringliche und wiederholte Einsprüche kein Gehör fanden, in Vorausschau der zwangsläufigen Katastrophe ohne Wissen und Kenntnis seiner vorgesetzten Instanzen mit zäher Beharrlichkeit eine weit rückwärts laufende Befestigungslinie in der gesamten Breite seines Armeebereiches errichten lassen. Seine Begründung lautete: »Ich will nicht, daß meine Truppe, falls es zu diesem Angriff auf Moskau und damit unweigerlich zum Zusammenbruch dieser Front kommt, einer vernichtenden Niederlage und ohne entsprechende Ausrüstung dem russischen Winter preisgegeben wird; das ist auch der einzige Grund, aus dem ich auf meinem Posten bleibe.«
Als dann ein weiterer »Führerbefehl« um die Weihnachtszeit 1941 jegliches Zurückgehen der durch Flankenbedrohung, Frost, fehlende Winterkleidung und mangelnden Nachschub schwerstens gefährdeten Truppen verbot, gab Erich Hoepner in verantwortlicher Selbstentscheidung am 7. Januar 1942 den Befehl zum Rückzug auf die Befestigungslinie. Seine Meldung wurde von dem ihm vorgesetzten Feldmarschall von Kluge dem Hauptquartier zugeleitet, und zwei Stunden darauf trat die Antwort Hitlers ein, daß Erich Hoepner mit sofortiger Wirkung seines Postens enthoben und aus der Wehrmacht ausgestoßen sei. Die Anordnung Hoepners zur Absetzbewegung wurde zu diesem Zeitpunkt jedoch schon durchgeführt, und über zweihunderttausend seiner Soldaten wurden vor dem sicheren Verderben gerettet.
Eine für die Haltung Hoepners charakteristische Auseinandersetzung war bereits im Mai 1940 vorausgegangen, als sich im Verlauf des Frankreichfeldzuges bei einer Besprechung der Divisionskommandeure des XVI. Armeekorps über die Richtlinien für die Fortsetzung des Angriffs über den La-Bassée-Kanal bei Béthume der Führer einer SS-Division mit den Worten hervortun wollte: »Herr General, die SS wird halten, Menschen spielen dabei gar keine Rolle.« Nach kurzer, atemberaubender Stille war General Hoepner mit tief gerötetem Kopf und zuerst leiser, dann hart anschwellender Stimme dem SS-Führer entgegengetreten: »Menschen spielen bei Ihrer SS also gar keine Rolle? Demgegenüber sage ich Ihnen, für uns Soldaten gibt es kein höheres Gut als den Menschen, aber was wissen Sie und Ihresgleichen von den Gesetzen des Krieges! Ein Schlächter sind Sie und kein Offizier!« Die Tatsache, daß die SS-

Division unter den sich überstürzenden Ereignissen des Frankreichfeldzuges verlegt wurde, bewahrte den General damals noch vor Repressalien.
Erich Hoepner war schon vor 1933 als Gegner des Nationalsozialismus bekannt. Bereits in den Jahren seiner ersten Königsberger Tätigkeit von 1928 bis 1930 als Generalstabsoffizier im Wehrkreiskommando I – eine Zeit, auf die auch seine Bekanntschaft mit Carl Goerdeler, dem damaligen Oberbürgermeister von Königsberg, zurückging – hatte er mit tiefem Mißfallen das erste Auftreten der Nationalsozialisten verfolgt. Mit der Entwicklung des Hitlerregimes verschärfte sich seine Ablehnung, und über seine Äußerungen im Verlauf seines Antrittsbesuches 1937 als Divisionskommandeur in Wuppertal bei der Düsseldorfer Regierung schrieb der damalige Staatssekretär Schmid: »Er berichtete mir eingehend von seinen Erlebnissen mit dem Gauleiter Koch in Ostpreußen und bekannte sich ganz entschieden zu der Meinung, daß das nationalsozialistische Regierungssystem unter Anwendung jeden geeigneten Mittels möglichst bald zu Fall gebracht werden müsse, weil es durch Größenwahn und Korruption völlig entartet sei und zu einer unabsehbaren Katastrophe führen müsse. Bei weiteren gelegentlichen Zusammenkünften im Jahre 1938 konnte ich in noch schärferem Maße immer die gleiche Haltung feststellen. Im Gegensatz zu anderen mir bekannten höchsten Vertretern der Wehrmacht, die wenig Aktionsbereitschaft zeigten, war er immer vollgeladen von Energie und ohne Zögern bereit, sich persönlich in die praktische Aktion einzuschalten.«
Auch 1939 hatten sich mehrfach noch vertrauliche Beratungen ergeben, bei denen sich die Beteiligten in der Ansicht trafen, daß ein rechtzeitiges militärisches Vorgehen gegen Hitler noch vor seiner geplanten Westoffensive erforderlich sei. Dabei habe sich Hoepner zu der Auffassung bekannt, »daß man sich nicht auf den schwer durchführbaren Plan einer Aktion gegen das gesamte Führerhauptquartier beschränken, sondern notfalls auch vor einem Attentat auf die oberste Stelle nicht zurückschrekken sollte. Entscheidend sei, daß überhaupt ohne Verzug gehandelt werde und daß man sich nicht mit allzu komplizierten Überlegungen der Modalitäten im einzelnen belaste.«
So hatte Erich Hoepner 1938 in enger Verbindung mit Beck und Witzleben zum Sturze Hitlers bereitgestanden. Mit seinen Panzertruppen, die während der Sudetenkrise in den Thüringer Wald verlegt worden waren, wollte er bei der zu erwartenden Auseinandersetzung mit der SS den Raum um Berlin absichern. In diesen Monaten gehörte auch zu den jüngeren Offizieren seines Stabes Claus Graf von Stauffenberg. Die folgenden Kriegsjahre führten ihn enger mit dem General Olbricht zusammen, und auf seiten der zivilen Opposition mit dem Industriellen Walter Cramer und in wachsendem Maße mit Goerdeler.
Die formelle Entlassung Hoepners, die unzählige seiner Soldaten tief bedauerten, war Anfang Februar 1942 durchgeführt. Doch ihn, der nun in allen persönlichen Schritten eingeengt war, beschäftigten andere Erwägungen mehr. »Die Not des Vaterlandes nagt an meinem Herzen«, lauteten die Schlußworte eines Briefes, den er am 22. Dezember 1942 an einen Freund schrieb. Als er dann Ende August 1943 nach einem Bombenagriff, bei dem seine Berliner Wohnung zerstört worden war, ein Notquartier bei seiner Schwester in Bredereiche bei Fürstenberg fand, fuhr er zwei- bis dreimal wöchentlich nach Berlin, um die Verbindung mit seinen Gesinnungsfreunden zu halten. Wenn ein längerer Aufenthalt nötig war, blieb er bei seinen Schwiegereltern in Wannsee. Dort wohnte er auch am 19. Juli 1944. Ein Wagen des OKH brachte ihn am 20. Juli zur Bendlerstraße.
Am 8. August 1944 wurde Generaloberst Hoepner durch das Todesurteil des Volksgerichtshof gefällt, – den Warnruf an alle militärischen Kommandostellen der Zukunft hinterlassend, daß der Soldat an die höchste Instanz eines vor der Schöpfung ehrfürchtigen Gewissens gebunden bleibt.
Kurz nach der Verhaftung Erich Hoepners in der Bendlerstraße wurden seine Geschwister, seine Kinder und sein Enkel für mehrere Monate in Sippenhaft genommen. Seine Frau, die am 21. Juli von der Gestapo in Bredereiche abgeholt wurde, blieb bis Kriegsende im KZ Ravensbrück. Zehn Jahre später erst gelangte in ihre Hände der Abschiedsbrief ihres Mannes: »Ich sterbe mit Soldaten und fühle mich als solcher bis zum letzten Augenblick.«

HEINRICH GRAF ZU DOHNA-SCHLOBITTEN

Nachkomme eines alten ostpreußischen Geschlechts, wurde am 15. Oktober 1882 auf dem großen Landsitz seiner Vorfahren zu Waldburg bei Königsberg geboren und wuchs dort mit vielen Geschwistern in einem von schöngeistigen Interessen und tiefer Frömmigkeit erfüllten Elternhaus auf. Seine militärische Laufbahn begann er 1901 als Fahnenjunker beim 1. Leibhusarenregiment, in dem er Regimentsadjutant wurde.

Während des Ersten Weltkrieges gehörte er dem Generalstab an und arbeitete längere Zeit in der Operationsabteilung unter Ludendorff, folgte dann aber nicht dem Ruf in das 100 000-Mann-Heer, sondern reichte im Herbst 1919 seinen Abschied ein.

Bei Ausbruch des Zweiten Weltkrieges wurde Dohna Chef des Generalstabes beim stellvertretenden Generalkommando in Königsberg; später kam er als Chef des Stabes beim Abschnitt Mitte nach Polen und als Korpschef nach Frankreich, Norwegen und Finnland. Zuletzt Generalmajor und Chef bei dem stellvertretenden Generalkommando in Danzig, setzte er 1943 aus Widerspruch zu den politischen Auffassungen des dortigen Kommandierenden Generals – dem Bruder des Feldmarschalls Wilhelm Keitel – seinen Abschied durch.

Am 21. Juli 1944 wurde Graf Dohna verhaftet, am 14. September 1944 zum Tode verurteilt und wenige Stunden später hingerichtet.

Mit seinem Tode bezeugte Heinrich Graf zu Dohna-Schlobitten, daß die traditionellen Ordnungsbegriffe des alten Preußen, die seinem Leben prägende Formen gaben, letztlich als ethische Maßstäbe stärkste Verbindlichkeit für ihn hatten. Dies ließen schon seine Entscheidungen im jüngeren Alter erkennen. Doch seine festgeformten Überzeugungen wurden noch deutlicher gegenüber dem Zerfall aller sittlichen Werte unter der nationalsozialistischen Diktatur. Diesem Auflösungsprozeß begegnete der Ausgereifte, obgleich ihm sein geschichtliches und berufliches Vorstellungsbild die Auflehnung gegen die formale Staatsautorität erschweren mußte, mit der wachsenden Fähigkeit, in eigener Verantwortung zu entscheiden.

Wie es in einem Nachruf hieß, gehörte er zu jenen Männern, »die noch so viel Wurzel hatten, um wesenhaft und abseits von allen Überlegungen NEIN zu sagen – langsam und sehr ruhig, in der ihm eigenen Art, fast wissend um die Verlorenheit dieses Protestes, wie er schon in jungen Jahren dazu verurteilt war, die großen Katastrophen sehend und ohne sie wenden zu können, mitzuerleben«.

Dohna wurde als Dreißigjähriger in den Generalstab berufen und erkannte früh, daß der Erste Weltkrieg zur Niederlage führen müsse. Militärischen Vorgesetzten und Kameraden, die später behaupteten, daß die Front durch den »Dolchstoß der Heimat« ins Wanken gebracht worden sei, widersprach er entschieden und hielt ihnen »die Schwächen und Fehler des Systems« entgegen. Seine klare und vorbehaltlose Urteilskraft erwies sich auch nach der Zusammenarbeit mit Ludendorff, den er zwar militärisch für sehr begabt, menschlich jedoch für unzulänglich und wegen seines Machtstrebens politisch sogar für gefährlich hielt. Nachdem ihn kurz zuvor, in der ersten kritischen Nachkriegszeit, die Sorge um ein geordnetes Deutschland zu den Abwehrkämpfen der baltischen Landeswehr geführt hatte, stellte er sich dann 1920 nach dem Kapp-Putsch für die Aufrechterhaltung der Ordnung in der Provinz mit zur Verfügung. In den folgenden Jahren seiner gutsherrlichen Tätigkeit beteiligte er sich an den allgemeinen öffentlichen und kirchlichen Aufgaben seiner engeren Heimat als Mitglied verschiedener kommunaler Körperschaften. Nach der Darstellung des Landrates Dodo zu Knyphausen war Graf Dohna einer der besten Männer Ostpreußens, dessen kluger Rat überall geschätzt wurde. »Von seiner hohen Gestalt, seinen ernsten und doch freundlichen Gesichtszügen strahlte eine Zuverlässigkeit aus, die seiner Person gleich beim ersten Kennenlernen den Nimbus absoluter Vertrauenswürdigkeit verlieh. Im persönlichen Gespräch, in Sitzungen und Versammlungen hörte er ruhig zu, um dann im geeigneten Moment, in einfacher und sachlicher Rede, seine Meinung zu äußern, klar und kurz in der Form, aber immer das Wesentliche betreffend. Auf vielen Gebieten hatte er ein gutes und solides Wissen.«

Auch die Berufung Dohnas zum Chef des stellvertretenden Generalkommandos in Königsberg bei Kriegsausbruch 1939 – eine außergewöhnliche Maßnahme, da er seit 1920 nicht mehr zum Heer gehörte – sprach für seine vielseitigen Kenntnisse und Fähigkeiten. Durch seine Teilnahme an zahlreichen militärischen Vorkriegsübungen und Besichtigungsreisen des Generalstabes war er mit der modernen militärischen Entwicklung vertraut.

Wenn auch der Kriegszustand die soldatischen Wesenszüge Dohnas wieder hervortreten ließ, so blieb sein ablehnendes Urteil über das Hitlersystem davon unberührt. Wie er schon zeitig sein möglichstes getan hatte, um befreundete Generale zu wirksamen Maßnahmen gegen den Nationalsozialismus zu veranlassen, versuchte er nun, zum Teil mit hohem persönlichem Risiko, die unterworfene Bevölkerung vor Willkürakten der SS zu bewahren. So verhinderte er beispielsweise in Radom die Durchführung des Befehls, einen polnischen Gutsbesitzer mit seiner Familie wegen angeblichem verbotenen Waffenbesitzes erschießen zu lassen. Auf Antrag übertrug ihm sein Vorgesetzter, der General von Gienanth, die Untersuchung der Angelegenheit, und Dohna ermittelte, daß die SS selbst die Waffen im Gutspark vergraben hatte, die sie dann auffinden ließ, um ihren Vernichtungsplan durchführen zu können. Nach dieser Beweisführung wurde der Erschießungsbefehl zurückgezogen.

An moralischen Belastungen dieser Art, denen er sich an den verschiedenen Frontabschnitten gegenübersah, trug Dohna schwer. Der Konflikt erreichte 1943 in Danzig seinen Höhepunkt. Bodwin Keitel, der Bruder des Feldmarschalls Wilhelm Keitel, wurde als dortiger Kommandierender General sein Vorgesetzter. Die Einstellung Keitels, der sich eng dem Gauleiter Forster angeschlossen hatte, führte zu Situationen, die Dohna nicht mehr verantworten wollte, und damit zu scharfen Spannungen. Ein weiteres Ausharren auf seinem Posten hielt er infolgedessen für widersinnig.

In den Äußerungen des ehemaligen Generalobersten Franz Halder über diesen Abschied hieß es: »Die Gründe für seine Ablösung als Korpschef waren politische. Graf zu Dohna war als ein hervorstechender Vertreter besten alten preußischen Offizierstums ein erbitterter Gegner Hitlers und seines Regimes und zu keinerlei Konzessionen der militärischen Führung gegenüber dem Geist des Diktators geneigt. Das war für mich die Veranlassung, den Grafen Dohna auf die Stelle des Chefs des Generalstabes des stellvertretenden Generalkommandos XX. AK. – zu setzen. Die Erfahrung hatte gezeigt, daß die von Hitler für die Heimatgeneralkommandos eingesetzten stellvertretenden Kommandierenden Generale zumeist nach ihrer Gefügigkeit gegenüber den Parteidienststellen ausgewählt wurden. Daher war es notwendig, durch hochwertige und harte Gegner des Regimes in den zugehörigen Chefstellen ein Gegengewicht zu schaffen ... Ich war mir darüber klar, daß bei dem kompromißlosen Kampfgeist des Grafen Dohna diese Verwendung an einer mit Parteibehörden zusammenarbeitenden Heimatstelle nur eine befristete sein würde ...«

Nach seinem Abschied suchte Dohna noch mehrmals das Hauptquartier auf, um mit Offizieren der Opposition die Verbindung zu pflegen. Über den Grafen Yorck nahm er an Besprechungen des Kreisauer Kreises teil. Goerdeler war schon 1939 mit der Frage an Dohna herangetreten, ob er nicht nach dem Sturz des Hitlerregimes den Posten des Oberpräsidenten für die Provinz Ostpreußen übernehmen wolle – und Dohna hatte sich bereit erklärt. Dieses Vertrauen, wie auch seine weiteren engen Beziehungen zu konfessionellen und politischen Kreisen des Widerstandes, gründeten sich auf sein frühes, mutiges Einstehen für die Bekennende Kirche als Mitglied des Bruderrates.

»Sein Name machte sein Zeugnis verpflichtend für viele«, schrieb der Theologe Prof. D. Iwand über die Wirkung Dohnas und seine Teilnahme an der Synode Oeynhausen im Jahre 1936. »Kirche und Staat, Gotteswort und die Heimat – um diese Einheit ging es ihm in seinem Leben. Graf Dohna mag es gegangen sein wie vielen von uns, daß ... vom Glauben her und im Bekenntnis dieses Glaubens die Opposition als eine von Gott her gebotene erkannt wurde. Er wußte, daß es um mehr ging als nur um die Kirche als Institution. Er wußte, daß es um Gestalt und Leben ging.«

HELLMUTH STIEFF

geboren am 6. Juni 1901 in Deutsch-Eylau, Sohn eines Offiziers, trat noch im Juli 1918 als Kriegsfreiwilliger in das Feldartillerieregiment in Graudenz ein. Im Wirrwarr des Kriegsendes kaum mehr der Hoffnung zugeneigt, seiner Berufswahl zum Offizier folgen zu können, erhielt er nach einem Besuch der Infanterieschule München am 1. April 1922 sein Leutnantspatent und 1927 seine Beförderung zum Oberleutnant. Einer Ausbildung an der Kriegsakademie Berlin folgte 1934 seine Ernennung zum Hauptmann.
Am 3. November 1938 wurde Hellmuth Stieff zur ersten Abteilung im Generalstab des Heeres nach Berlin versetzt. Mit Kriegsbeginn Gruppenleiter im Generalstab des Heeres, im November 1940 Oberstleutnant, im Juni 1942 Oberst, und nach seinem Einsatz seit dem September 1941 als erster Generalstabsoffizier bei der 4. Armee im Rußlandfeldzug wurde er im Oktober 1942 Chef der Organisationsabteilung im Generalstab des Heeres. Diese Tätigkeit gab ihm Möglichkeiten, den für die Attentatsversuche auf Hitler im September 1943 und Juli 1944 benötigten und über die Abwehr beschafften Sprengstoff zur Verfügung zu halten.

Hellmuth Stieff, der am 30. Januar 1944 zum jüngsten Generalmajor des Heeres befördert worden war, wurde am 8. August 1944 in Berlin-Plötzensee hingerichtet.

Zu der Charakteristik von Hellmuth Stieff schrieb sein Kamerad, Oberstleutnant Albert Stückler: »Er liebte das Leben mit einer herzerfrischenden Natürlichkeit, war voller Energie und Zuversicht für seine Arbeit, ein wenig leichtsinnig im Spiel des Alltags, auch ehrgeizig aus der wohlempfundenen Sicherheit seiner Begabung und seines Könnens: Im ganzen ein selbständiger Mann.«

Auszüge aus den Briefen Stieffs an seine Frau ließen das Reifen seiner späteren Entscheidungen deutlich werden:

9. November 1928, Schweidnitz
Die Stellung des Offiziers heute ist nicht einfach. Die Linke zeiht uns der Reaktion, die Rechte ist zum Teil mißtrauisch und verzeiht uns den Dienst an der Republik, d. h. dem Staate, nicht.

15. September 1930, Beushausen
Was sagst Du zu dem Wahlausgang? Eine derartige Zunahme der Nazis hätte ich keinesfalls für möglich gehalten. Und ebenso beruhigend ist das Anschwellen der Kommunisten. Arbeitsfähig kann dieser Reichstag doch auch nicht sein. Und was soll dann werden?

21. August 1932, Truppenübungsplatz Ohrdruf
Ich glaube, daß wir noch mit der Zeit überraschende Dinge erleben werden, und daß wir in bezug auf die Struktur des Reiches an einem ebenso entscheidenden Wendepunkt stehen, wie es der 18. Januar 1871 und der 9. November 1918 waren. Ich habe die unbedingte Zuversicht, daß sich der zwölfjährige Ausbau der Reichswehr zu einem überparteilichen Instrument zum Wohle unseres Vaterlandes auswirken wird.

15. Oktober 1933, Berlin
Militärpolitisch ist es einfach nicht zu verstehen, daß Frankreich zusieht, wie ihm durch die ständig wachsende Stärkung Deutschlands die Früchte seines Sieges langsam, aber sicher entgleiten. Das ist auch vom französischen Generalstab klar erkannt, und er versucht mit allen Mitteln, die französische Politik zu einer gewaltsamen Lösung zu treiben, ehe das Risiko zu groß ist.

12. August 1934, Stuttgart
In bezug auf Hindenburgs Heimgang und seine Beisetzung haben wir beide das gleiche zur selben Stunde empfunden. Es ist ein ganz unersetzlicher Verlust. Du hast recht, wir Zurückgeliebenen sind an ein Schicksal gekettet, von dem man nicht weiß, wohin es führen wird.

23. Mai 1935, Elbing
Das Reichswehrministerium heißt jetzt Reichskriegsministerium, an die Stelle Chef Heeresleitung und Marineleitung treten die Oberbefehlshaber Heer, Kriegsmarine und Luftwaffe. Aus Reichswehr und Reichsmarine ist Heer und Kriegsmarine geworden. Äußerlichkeiten – und doch für jemand, der der Reichswehr angehörte, von großer innerer Anteilnahme ... Wir, die wir alle drei Entwicklungsphasen erlebt und durchlaufen haben – altes Heer, Reichswehr und neue Wehrmacht – werden trotz der mit dem Versailler

Vertrag verbundenen Bitterkeiten stets mit besonderem Stolz auf die Zeit unserer Zugehörigkeit zur nunmehr verschwundenen Reichswehr zurückdenken.

21. November 1939, Hauptquartier des Heeres in Zossen
Wir flogen am Samstag, 10.30 Uhr, mit Zwischenlandung in Posen und Lodz, nach Warschau durch, wo wir um 15.00 Uhr eintrafen... Ganze Stadtviertel liegen in Trümmern oder sind ausgebrannt... Die Masse der Millionenbevölkerung der Stadt vegetiert irgendwo und irgendwie, man kann nicht sagen, wovon. Es ist eine unsagbare Tragödie, die sich dort abspielt. Man sieht auch gar nicht, wie das weiter werden soll. Selbst ein reiches Volk und ein reicher Staat würden Mühe haben, all das wieder aufzubauen, was jahrelanger Arbeit doch eines ganzen Volkes bedurft hat, um es entstehen zu lassen... Diese Ausrottung ganzer Geschlechter mit Frauen und Kindern ist nur von einem Untermenschentum möglich, das den Namen deutsch nicht mehr verdient. Ich schäme mich, ein Deutscher zu sein!

23. August 1941, Hauptquartier des Heeres in »Anna« Ostpreußen
Unsere blutigen Verluste betragen immerhin schon über 300 000 Mann, und die Gefechtsstärken sind auf die Hälfte und mehr herabgesunken. Ersatz ist aber nur in Wochen heranzubringen, da die noch wenig leistungsfähigen Bahnen voll mit dem Betriebsstoff-, Munitions- und Verpflegungsnachschub ausgelastet sind. – Damit hast Du einen Begriff, welch sorgenvolle Gedanken einen gar nicht mehr loslassen können.

24. November 1941, AOK der 4. Armee in Malojaroslawez vor Moskau
Ich fühle mich nur gezwungenermaßen, keineswegs freiwillig oder gar freudig als Werkzeug eines despotischen Vernichtungswillens, der alle Regeln der Menschlichkeit und des einfachsten Anstandes außer acht läßt, sich aber gleichermaßen gegen Fremde wie gegen die eigenen Leute richtet.

9. Dezember 1941, AOK der 4. Armee in Malojaroslawez vor Moskau
Wir fühlen uns so entsetzlich verlassen. Jetzt stekken wir hier in dem tiefen verschneiten Rußland drin, haben unsere Pflicht bis zum Äußersten getan, sind ausgeblutet und müssen ohne ausreichende Ernährung und Bekleidung die Angriffe der zahlenmäßig weit überlegenen, frischen, bestausgestatteten und wohlverpflegten Russen täglich woanders über uns ergehen lassen.

13. Dezember 1941, AOK der 4. Armee in Malojaroslawez vor Moskau
Die Katastrophe steht vor der Tür! Es war ja auch notwendig und ist wohl die gerechte göttliche Strafe für derart viel Vermessenheit eines undeutschen Systems von Rachgier und Mordlust.

28. August 1942, AOK der 4. Armee in Spass-Demenskoje – Front Rußland
Ich fange ernstlich an, am Ausgang zu zweifeln! Aber das ist alles kein Wunder, denn wenn jemand größenwahnsinnig wird und auf keinen Rat mehr hört, dann muß er eben verdorben werden. Nur schade, daß so viele unschuldige, anständige Menschen darunter leiden müssen. Und um dieser Menschen wegen muß man seine Pflicht erfüllen, – auch gegen einen Wahnsinn! Denn jeder Gehorsam hat bestimmte Grenzen. Und ich habe durchaus die Absicht, auf der Seite der Vernunft zu bleiben.

19. Dezember 1942, Chef d. Organisationsabt. i. Hqu. d. Heeres in »Anna« Ostpreußen
Ich bin voller Empörung und Haß geladen, daß mir die Erfüllung meiner Pflicht oft verdammt schwer fällt. Zu all dem kommt die Intrigenwirtschaft einer Kamarilla, die einen nur anekeln kann. Der Ehrgeiz dieser Leute besteht im Katzenbuckeln statt darin, eine Division oder ein Korps an der Front zu haben.

14. Januar 1943, Hauptquartier des Heeres in »Anna« Ostpreußen
Der arme Paulus und seine Leute kommen einem nicht aus dem Sinn. Es geht bei ihm mit Riesenschritten dem Ende entgegen. Es ist eine unvorstellbare Tragödie. Man kennt so viele Menschen dort, die unausweichlich dem sicheren Tod ausgesetzt sind, ohne daß man auch nur im geringsten helfen kann... Nur in einer Sache bin ich heute froh. Ich habe einen Reorganisationsplan mit sehr scharfen Eingriffen auf materiellem Gebiet für die anderen Wehrmachtsteile und die Wirtschaft zugunsten eines ganz ausgesprochenen Schwerpunktes vor wenigen Tagen aufgestellt und heute abend durch Führerunterschrift weit über meine Erwartungen heraus bestätigt bekommen... Ich brauche jetzt nicht mehr rumzuwursteln, sondern jetzt kann ich wirklich schaffen! Und dann wird auch

was draus. Wir müssen ja handeln und diesen Krieg gewinnen.

21. August 1943, Hauptquartier des Heeres in »Anna« Ostpreußen
Es ist verdammt schwer, augenblicklich in meiner Haut zu stecken, aber ich habe das bombenfeste Vertrauen, daß mir alles gelingt, was ich anfasse... Der liebe Gott hat mich nun einmal dahin gestellt, wo ich stehe und da muß ich den Weg gehen, den mir mein Gewissen und mein Verstand vorgeschrieben haben.

8. August 1944, geschrieben nach der Verhandlung vorm Volksgerichtshof
Ich gehe ruhig und gefaßt in den Tod... Ich werde in Deinem Glauben sterben und mir als Beistand einen Geistlichen Deiner Kirche geben lassen. Geht das nicht, so gilt dies als mein letzter Wille, zur Katholischen Kirche überzutreten, und ich werde in die Ewigkeit so eingehen, wie wir vor bald 15 Jahren in Ludwigsdorf vor den Altar traten. Der Tod ist kein Ende, sondern nur eine Wandlung. Ich bin von der Unsterblichkeit unserer Seelen fest und gläubig überzeugt.

MAX ULRICH GRAF VON DRECHSEL

geboren am 3. Oktober 1911, wuchs mit vier Geschwistern auf dem elterlichen Besitz, Schloß Karlstein bei Regensburg, heran. Nach dem Besuch der Benediktinerschulen in Metten und Augsburg legte er 1930 sein humanistisches Abitur ab. Anschließend nahm er das juristische Studium an der Universität München auf. Nach einem Semester in Paris und einem Semester in Innsbruck ging er zum Abschluß seines Studiums nach Erlangen, wo er im Juli 1933 das Referendarexamen bestand.

Zweifel gegenüber dem Nationalsozialismus erfaßten den jungen Referendar am Amtsgericht Regenstauf, Max Ulrich Graf von Drechsel, nach den Ereignissen vom 30. Juni 1934. Hatte er zuvor von der Machtübernahme Hitlers durchgreifende Maßnahmen zur Überwindung der Arbeitslosigkeit erhofft, so ließen sich die Willkürakte des neuen Regimes am Tage der »Röhmrevolte« nicht mehr mit seinem Gewissen vereinbaren. Er gab die juristische Laufbahn auf und trat als Offiziersanwärter ins Heer, da er sich »als Soldat von den politischen Vorgängen besser als ein juristischer Beamter distanzieren« zu können glaubte.

Im Krieg wurde Max Ulrich Graf von Drechsel zunächst im Frankreichfeldzug eingesetzt, und nach einer Periode »bedrückender Untätigkeit« an der Kanalküste stand er dann bei den Wüstenkämpfen um Tobruk an der Spitze seiner Batterie, bis er durch eine Maschinengewehrgarbe eine schwere Verwundung erfuhr. Es folgten Monate körperlicher und seelischer Leiden unter den bedrohlichen Fragen, ob das Bein amputiert werden müsse und wohin der Krieg noch treiben werde.

Nach der Entlassung zum Heimatdienst war die einstige fröhliche Heiterkeit seines Wesens einem besinnlichen Ernst gewichen. Die Münchener Tätigkeit ab Juni 1943 bei der Annahmestelle für Offiziersbewerber führte ihn wieder mit seinem Jugendfreund, Ludwig Freiherr von Leonrod, zusammen; und seinem Freund aus der Erlanger Zeit, Claus Graf von Stauffenberg, sollte er während der ärztlichen Behandlung in einem Münchener Militärlazarett begegnen. In jenen Tagen erklärte Drechsel sein Einverständnis, sich für einen Aufstand gegen Hitler einzusetzen.

Sein Vater berichtete, daß sich der Sohn bei seinen häufigen Besuchen zwar äußerlich unverändert zeigte, aber doch erkennen ließ, daß er die Lage sehr ernst beurteilte und jene Kameraden bedauerte, die immer noch vom »großen Endsieg« redeten. »Von seinen Widerstandsplänen wußten wir Eltern indessen nichts; und so war unsere schmerzliche Überraschung groß, als wir hier einen Besuch der Gestapo bekamen, die viele Stunden alle Räume und Behältnisse durchsuchte, da Hauptmann Graf Drechsel verhaftet worden sei. Auf diese Nachricht hin begaben wir uns nach Berlin, um ihn zu suchen. Dort erhielten wir nach tagelangen Bemühungen durch den bekannten evangelischen Gefängnispfarrer Harald Poelchau die erschütternde Nachricht der bereits erfolgten Hinrichtung.«

Als »Mittäter des Aufstandes« wurde der Hauptmann Max Ulrich Graf von Drechsel zusammen mit dem Chef des Nachrichtenzentralamtes im OKH, General Fellgiebel, Oberst Hahn, Major Knaak und Graf Lehndorff am 4. September 1944 zum Tode verurteilt, und noch am gleichen Tage wurde das Urteil vollstreckt.

Erst im März 1945 erhielten seine Eltern die Abschiedszeilen des Sohnes:

»Ich gehe dem Tod ruhig entgegen. Eine große Gnade war es für mich, diese lange Vorbereitungszeit von drei Wochen zu haben, während der ich im Gebet viel Trost, Stärkung und Erleuchtung erfahren durfte ... Vom Anfang bis zum Ende meines Lebens wart Ihr, unser Heim, die Familie, Karlstein der Dreh- und Angelpunkt meiner ganzen Gedanken. Nirgends habe ich mich so wohl gefühlt. Wie schön noch zum Abschluß der letzte Urlaub! Dieser heißen Heimatliebe ist im Ursprung auch meine jetzige Tat entsprungen ... Voll Vertrauen zu ihm, dem allgütigen Gott und Richter, trete ich nun den Weg an.«

BERNHARD KLAMROTH

wurde am 20. November 1910 als Sohn eines Bankdirektors in Berlin geboren. Nach dem Besuch des Grunewald-Gymnasiums trat er 1930 in die Reichswehr ein und erhielt im Oktober 1933 sein Offizierspatent. Als Kompaniechef nahm er 1939 am Polenfeldzug teil. In den folgenden Jahren war er im Stabe der 3. und später als Generalstabsoffizier der 10. Panzerdivision wie schließlich der 4. Armee an der Ostfront eingesetzt. Seit 1943 in der Organisationsabteilung des Heeres, wurde er im Frühjahr 1944 zum Oberstleutnant befördert.

Aus den Jugendtagen Bernhard Klamroths berichtete seine Schwester:»Seine Berufswahl machte ihm keine Schwierigkeiten, da er schon lange fest entschlossen war, Offizier zu werden.« Doch die Eingewöhnung in das Soldatenleben sei ihm nicht leicht gefallen. Als er sich einmal in seinem überempfindlichen Gerechtigkeitsgefühl verletzt fühlte, habe dies sogar zu ernsten Krisen geführt, und er habe den Vater gebeten, ihn beim geplanten Austritt aus dem Heer zu unterstützen. Ein sehr einsichtsvoller Vorgesetzter aber nahm sich seiner an und überzeugte ihn von der Notwendigkeit einer verständnisvollen Einordnung. Danach sei der Bruder ein jederzeit einsatzbereiter Soldat und Offizier geworden.

Den Major Bernhard Klamroth charakterisierte der Wehrmachtspfarrer Hans Theodor Sendler: »Seine Entscheidungen waren klar, seine Persönlichkeit strahlte Ruhe aus. Seine Fähigkeit, auch mit älteren Menschen seiner Abteilung umzugehen und in einem guten dienstlichen Verhältnis zu stehen, war bekannt. Es war wohltuend, mit ihm zu verhandeln. Seine kameradschaftliche Einstellung war offenbar, ohne daß er sich etwas vergab und ohne daß er aus der letzten persönlichen Reserve heraustrat. Im Dienst und außerhalb des Dienstes wirkte er überzeugend durch ein gutes Verständnis für die Menschen seiner Umgebung, die er feinfühlend, objektiv und gerecht zu beurteilen in der Lage war ... Trotz seiner Jugend war er ein reifer Mensch im Urteil und in der Realisierung seiner Aufgaben ... Schon damals ... bedeutete die Kulturpolitik des Staates für ihn, der in der alten Kultur seines Volkes lebte, den Anlaß zu schwerwiegenden Bedenken. Als Offizier kannte er nicht nur den Gehorsam, sondern besaß eine stark ausgeprägte Zivilcourage, die seinem selbständigen Denken entsprach.«

Das Wirken des Generalstabsoffiziers Bernhard Klamroth schilderte der dem Oberkommando der 4. Armee als Kriegshistoriker und Kriegstagebuchführer zugeteilte Hellmuth von Wienskowski: »Im März 1942 traf beim Armee-Oberkommando 4 an der Front vor Moskau als vierter Generalstabsoffizier (I d) der Hauptmann i. G. Klamroth ein. Er gewann sich durch seine Frische und Natürlichkeit, besonders aber durch Offenheit seines Wesens und die Lauterkeit seines Charakters schnell unser aller Herzen. Ganz besonders aber schätzte ihn bald der I a, der Oberst i. G. Stieff, dessen erster und vornehmlichster Gehilfe bei der Bearbeitung der operativen, taktischen und organisatorischen Fragen Klamroth in seiner neuen Stellung war. In dem saalartigen Unterrichtsraum der Schule zu Spass Demensk, in dem Stieff, Klamroth und ich durch Monate hindurch gemeinsam arbeiteten, gingen die Gespräche häufig über den engeren Rahmen der unmittelbaren Tagesaufgaben hinaus und kreisten in großer Sorge um das Schicksal Deutschlands. Stets kehrten die Erörterungen dann zu den dilettantischen und militärisch unfaßlichen Führungsmethoden Hitlers zurück, die schon damals unnötig kostbares Blut gekostet hatten, aber auch zu Vorkommnissen im Armeebereich, die Anlaß zu tiefster Empörung rechtlich denkender Menschen gaben.

Obwohl Stieff und Klamroth voller Ablehnung Hitlers und seiner gefügigen Kreaturen waren, setzten sie dennoch ihre ganze Kraft an die Überwindung der großen Schwierigkeiten, denen die Armee überall begegnete. Ihre Fürsorge galt stets

der Truppe, die bei eisiger Kälte, später im tiefen Schneeschlamm unsagbar litt, trotzdem aber den Anforderungen, welche die Führung an sie stellen mußte, gerecht wurde. Auf dem Gebiete der Organisation erwarb sich dabei Klamroth besondere Verdienste. Der Ernst der Stunde zog ihn mehr und mehr in den Bann, von Monat zu Monat prägte sich seine Persönlichkeit fester. Sein soldatisches Wesen, seine in sich geschlossene männliche Art, seine konzentrierte Ausdrucksweise verstärkten sich. Ein unbestechliches, klares Urteil und eine dem Wesentlichen zugewandte Denkweise ließen ihn klare Erkenntnisse gewinnen, die sich in entsprechenden Vorschlägen äußerten. Die jedem Eigennutz ferne idealistische Auffassung seines Berufes, die Sauberkeit seiner Anschauungen machten ihn zu einem vorbildlichen Kameraden.«
Den bewährten Mitarbeiter und Kameraden Bernhard Klamroth forderte der Generalmajor Hellmuth Stieff, nachdem er zum Chef der Organisationsabteilung im Generalstab des Heeres ernannt worden war, sehr bald für seinen Stab an. Im weiteren bildete Klamroth in der Kette zwischen Stieff und Tresckow schon im Dezember 1943 ein wichtiges Glied bei der Vermittlung und Aufbewahrung des für das Attentat auf Hitler benötigten Sprengstoffes.

Am 21. Juli 1944, einen Tag vor der Geburt seines einzigen Sohnes, erfolgte die Verhaftung Bernhard Klamroths. Mit ihm gemeinsam wurde sein älterer Vetter und zugleich Schwiegervater Hans-Georg Klamroth, von Beruf Kaufmann und während des Krieges Abwehroffizier in Dänemark und Rußland, am 15. August 1944 zum Tode verurteilt und hingerichtet.

WILHELM CANARIS

Über Wilhelm Canaris, den seine Tätigkeit als Chef der deutschen Abwehr während des Hitlerkrieges und seine gleichzeitige listenreiche Strategie in der Bekämpfung des hitlerischen SS-Staates zu einer die Legende entzündenden Gestalt werden ließ, hieß es in einer Dienstbeurteilung vom 12. November 1908, kurz nachdem der Einundzwanzigjährige zum Leutnant zur See befördert worden war: »Er ist von kleiner Figur, sehr bescheiden und zurückhaltend, so daß man einige Zeit braucht, ihn kennenzulernen. Sehr tüchtig und gewissenhaft. Theoretisch vorzüglich begabt, hat er sich mit Eifer seinem Dienst in jeder Gestalt hingegeben. Er ist in die Geschäfte des Adjutanten eingeführt und verspricht ein guter Offizier zu werden, sobald er etwas mehr Zuversicht und Selbstvertrauen bekommen hat. Militärische und gesellschaftliche Formen tadellos. In Gesellschaften trotz einer gewissen Schüchternheit sehr beliebt, da er sich durch bescheidene Artigkeit auszeichnet.«

Die Vorfahren von Wilhelm Canaris waren Ende des 17. Jahrhunderts aus Oberitalien in die Moselgegend eingewandert und wirkten dort als Kaufleute oder widmeten sich dem Bergbau. Sein Vater war Hüttendirektor im westfälischen Kohlengebiet und veranlaßte den Sohn, der am 1. 1. 1887 in Aplerbeck geboren war und seine Jugend in Duisburg verlebte, den Plan, Seeoffizier zu werden, aufzugeben und sich als »guter und begeisterter Reiter schon in jungen Jahren« bei einem Münchener Reiterregiment zu melden. Doch nach dem plötzlichen Tod des Vaters sah Wilhelm Canaris den Weg für seinen ursprünglichen Berufswunsch frei und trat 1905 in die Marine ein.

Bei Kriegsausbruch 1914 befand sich der junge Seeoffizier auf dem Kleinen Kreuzer »Dresden«, der dem Ostasiengeschwader des Grafen Spee zugeteilt wurde und als einziges Schiff des Geschwaders die Seeschlacht bei den Falkland-Inseln überstand, dann aber im Frühjahr 1915 vor der chilenischen Küste versenkt werden mußte. Canaris wurde zunächst interniert, entkam aber in der Kleidung eines chilenischen Landmannes, über die Anden reitend, mit chilenischem Paß und bei seinen vorzüglichen Sprachkenntnissen in abenteuerlicher Flucht über Buenos Aires und Plymouth nach Deutschland, um sich unmittelbar danach einem mit noch größeren Gefahren verbundenem Unternehmen zuzuwenden. Nach dem im Rahmen des Geheimdienstes erhaltenen Kommando fuhr er 1916, unter anderem zur Versorgung der U-Boote im Mittelmeer, wieder mit chilenischem Paß nach Spanien. Auf der Rückfahrt in Norditalien bei der Grenzkontrolle zur Schweiz von den Italienern gefaßt, wurde er durch das Eingreifen einflußreicher spanischer Freunde vor dem während der wochenlangen Haft erwarteten Todesurteil bewahrt. Auf dem spanischen Schiff, das ihn nach Frankreich bringen sollte, bewog er den Kapitän, nicht Marseille anzulaufen, sondern die direkte Route nach dem spanischen Hafen Cartagena zu nehmen. Von dort gelang ihm auf einem deutschen U-Boot die Fahrt nach dem österreichischen Kriegshafen Pola und weiter die Rückkehr nach Deutschland. Ungeachtet der eben durchlebten Strapazen bat er sofort um Frontverwendung und wirkte nach einer vorgeschriebenen Ausbildungszeit bis Kriegsende als U-Bootkommandant im Mittelmeer.

Gewiß mußte der Kapitänleutnant der Kaiserlichen Marine nach Tradition und Gesinnung dem politischen Umbruch von 1918 mit innerer Reserve begegnen. Vor allem aber aus der Befürchtung, daß die kommunistischen Strömungen Überhand gewinnen könnten, setzte er sich von seiner Berliner Position in der Marineleitung für die Bildung von Marinebrigaden und Freikorps ein, und da er sich bei der Aufstellung von Einwohnerwehren und im weiteren an der Unterdrückung spartakistischer Unruhen beteiligte, wurden ihm von seinen Gegnern Sympathien für die Kappschen Bestrebungen nachgesagt. Als Mitglied des Gerichtes, das die wegen des Mordes an Rosa Luxemburg und Karl Liebknecht Angeklagten größtenteils freisprach, wurde Canaris sogar unter dem Verdacht, einem der Beteiligten Beihilfe zur Flucht gegeben zu haben, vorübergehend verhaftet. Nach seiner Rechtfertigung in der folgenden Untersuchung durch die Reichsregierung arbeitete er im Stabe des Reichswehrministers Noske und erwies in diesem Wirkungskreis, auch aus ehrlicher Anerkennung Noskes, seine volle Loyalität gegenüber der neuen Regierung.

Der weitere Wechsel der Tätigkeiten, ab Juli 1920 als Admiralstabsoffizier der Ostseestation, Erster Offizier des Kreuzers »Berlin«, Dezernent der Flottenabteilung in der Marineleitung, Erster Offizier des Linienschiffes »Schlesien«, Chef des Stabes der Nordseestation, Kommandant der »Schlesien« und schließlich ab Oktober 1934 als Festungskommandant von Swinemünde zeugte für seine vielseitige Verwendungsfähigkeit, – wenngleich ihn seine eigene Sehnsucht immer stärker zum Meere zog. Jedenfalls hieß es in einem Beurteilungsbericht vom 1. November 1925 über den Korvettenkapitän Wilhelm Canaris, daß er im Dezernat für organisatorische Ms-Vorarbeiten Grundlegendes geschaffen und diese Aufgaben mit »Gewissenhaftigkeit, klarem Blick und guter Sachkenntnis... zweckmäßig, rasch und selbständig« erledigt habe, doch bliebe der Eindruck, »daß ihm diese Art reiner Schreibtischtätigkeit... nicht liegt. Er ist, wie auch aus früheren Berichten hervorgeht, ein unruhiger Geist, den außergewöhnliche, schwierige Aufgaben reizen.«

Doch schon im vorausgehenden Jahr wurde erkennbar, daß Canaris die damalige Lage wie auch die Aussichten seines Berufes pessimistisch beurteilte. Wohl mitbestimmt durch eine vorübergehende körperliche Erschöpfung und den Gedanken, sich möglicherweise diplomatischen Aufgaben zuwenden zu können, hatte er sein Abschiedsgesuch eingereicht. »Ich gebe Ihnen ohne weiteres zu, daß das Betätigungsfeld im Rahmen der jetzigen Marine nicht allzu groß ist, und ich gebe Ihnen weiter zu, daß die Leitung der Marine dazu angetan ist, die Entfaltung der Kräfte über Gebühr einzuengen, die Flügel zu beschneiden... Ganz einfach, ich möchte Sie, Ihren Verstand, Ihre Energie, Ihre Arbeitskraft der Marine erhalten. Sie wissen, daß ich Ihnen hier keine Elogen sage, Ihnen keine Komplimente mache, sondern daß ich nur meiner Überzeugung Ausdruck gebe«, schrieb ihm darauf in einem Brief vom 6. Februar 1924 sein damaliger Vorgesetzter, Konteradmiral von Gagern, der sich weigerte, das Gesuch weiterzugeben und Canaris schließlich bestimmte, seinen Antrag zurückzuziehen.

In der Wahl Hindenburgs sah Canaris ein Zeichen für die »Verfahrenheit der deutschen Politik«. Nach seinen Reisen kreuz und quer durch die Welt wußte er um die Wechselwirkung außen- und innenpolitischer Situationen, und auf seine kritische Haltung gegenüber der Entwicklung deutete jenes dienstliche Urteil vom November 1933, das empfahl, Canaris »in Kommandos zu verwenden, wo es einmal auf eine scharfe Beobachtungsgabe und diplomatisches Geschick ankommt, dann aber auch in Stellungen, wo seine großen geistigen Fähigkeiten zur Geltung kommen, ohne daß seine durch nicht alltägliche Erlebnisse bedingten skeptischen Stimmungen sich auf einen allzugroßen Personenkreis übertragen können.«

Die lauten und gewaltsamen Methoden des Nationalsozialismus waren Canaris ebenso wesensfremd wie die verbrecherischen und zugleich einfältigen Träume Hitlers, sich zum Welteroberer machen zu können. Deshalb hätte sich Canaris selbst kaum nach dreißigjähriger Marinelaufbahn zu dem Amt als Chef der Abwehr gedrängt, als sein Vorgänger, der Kapitän zur See Konrad Patzig, in offenen Widerspruch zu der Parteileitung gekommen war. Canaris übernahm am 1. Januar 1935 die Leitung der Abwehr in der Hoffnung, sich mit dem neuen Amt militärischen Einfluß sichern und damit auch auf die politischen Verhältnisse einwirken zu können, zugleich aber sicherlich von der Vorstellung verlockt, hier ein die bisherigen Möglichkeiten sprengendes Arbeitsfeld vor sich zu sehen.

»Während seiner neunjährigen Tätigkeit als Abwehrchef entwickelte sich die kleine Abwehrabteilung des Reichskriegsministeriums zum gewaltigen Apparat des Amtes ›Ausland/Abwehr‹ im OKW

mit seinen Außenstellen«, schilderte sein langjähriger Mitarbeiter Erich Pruck. »In der politischen Fieberatmosphäre des ›Dritten Reiches‹ war das Tempo des Aufbaus übersteigert. Improvisation ersetzte das organische Wachstum. Die Parteirivalität verursachte hemmende Reibungen. Trotz alledem erreichte Canaris mit seiner Dienststelle beträchtliche Erfolge auf seinem Arbeitsgebiet. Er verlangte von seinen Mitarbeitern viel, aber von keinem mehr, als er sich selbst zumutete... Die seltenen offiziellen Reden und Ansprachen, die er sozusagen zum Fenster hinaus hielt, haben mit dem eigentlichen Wesen des Admirals nichts zu tun. Er entschloß sich ungern dazu. Sie waren immer konventionell. Meist hatten andere den Text vorbereitet... Sonst bediente er sich einer Sprechmethode, die die Wissenden unter der zaristischen Zwangsherrschaft als die ›äsopische Ausdrucksweise‹ bezeichnet hatten. Wer öfters mit dem Admiral zusammen war, erkannte auch ohne Wortbekenntnis, wie sich in ihm von Jahr zu Jahr mehr als kategorischer Imperativ die Gewissenspflicht durchsetzte, mit seinem Amte alles zu tun, um dem Unheil zu steuern.

Jahrelang verteidigte Canaris dieses Amt gegen das Verlangen Himmlers und Heydrichs, daß die Abwehr dem SD unterstellt werden sollte. Es war ein latenter und bitterernster Krieg, und Canaris führte ihn mit dem Rüstzeug eines scharfen Intellektes, einem außergewöhnlichen Kombinationsvermögen und einer Meisterschaft des unmittelbaren Durchschauens von Stärke und Schwäche des Gegners. Daß der Abwehrdienst selbst nach den internationalen Spielregeln mit fairen Mitteln geführt werde, war seine stetige Sorge. Aber er setzte auch alle Mittel seines umfassenden Apparates ein, um die Bemühungen Becks und Halders um die Verhinderung des Weltkrieges zu unterstützen und durch eine entsprechende Berichterstattung Hitler von Schritten zurückzuhalten, die einen neuen Weltbrand zu entfesseln drohten. Seine Vorstellungen waren so eindringlich, daß im Sommer 1939 Göring ein Verbot an den Chef der Abwehr erwirkte, »dem Führer defaitistische Berichte vorzulegen«. Als Canaris dann später, um die Wende 1942/43, den Befehl von Hitler erhielt, Franco für die Genehmigung zum Durchmarsch deutscher Truppen nach Gibraltar zu gewinnen, wirkte er im genau gegenteiligen Sinn und bestärkte den spanischen Staatschef in seiner ablehnenden Haltung.
In den ganzen Jahren seiner Tätigkeit als Chef der Abwehr nutzte Canaris alle Möglichkeiten seines Amtes, um vom Regime Verfolgte zu retten. Schicksale dieser Art berührten ihn tief, und er ging ihnen in großer menschlicher Güte nach. In einer Reihe von Fällen erwirkte er sogar durch das Aufgebot seiner diplomatischen Kunst von Himmler die Herausgabe bereits verhafteter Juden, um sie unter dem Vorwand, sie für Abwehrzwecke zu gebrauchen, ins Ausland zu bringen. Und ein hohes und gefährliches Spiel ging er ein, als er den französischen General Giraud vor und nach dessen Flucht von der Burg Königstein vor dem Liquidationsbefehl Hitlers und dem Zugriff des SD schützte, indem er sich selbst für die Erledigung des Auftrages verbürgte, so daß sich der General danach in Sicherheit bringen konnte. Den folgenden, durch Keitel übermittelten Drohungen des »zu allen Konsequenzen entschlossenen Führers« begegnete Canaris – nachdem er in blitzschneller Reaktion das zum lückenlosen Nachweis der Zeitfolgen wichtige Datum der Ermordung Heydrichs in Prag feststellen ließ – mit der kühl überlegenen Antwort, daß er den Auftrag zur Liquidierung Girauds persönlich dem SD-Führer Heydrich erteilt habe und sich der Durchführung des Befehls sicher gewesen sei.

Das bedrückende Wissen um die wirkliche Lage der Dinge und die unerbittliche Feindschaft des SD machten Canaris immer verschlossener und einsamer. Als einer der treuesten Verbindungsleute zu den militärischen Widerstandszentren fehlte der Oberst Großcourth, der nach den Kämpfen bei Stalingrad in der Gefangenschaft starb. Nach der Verhaftung Dohnanyis 1943 wurde Oster, der die Zentralabteilung des Amtes Ausland/Abwehr geleitet hatte, auf obersten Befehl entlassen. Der Übergang von Angehörigen der Abwehrdienststelle Istanbul zu den Engländern gab Hitler im Februar 1944 endlich den Anlaß, den schon lange mit Mißtrauen beobachteten Abwehrchef abzusetzen.

Es traf Canaris mehr, sein in jahrelangen Mühen aufgebautes Werk dem Staatssicherheitsdienst übergeben und nunmehr jede menschliche Hilfeleistung unmöglich gemacht zu sehen, als sich selbst in seinem Haus in Berlin-Schlachtensee unter der Kontrolle seiner Gegner zu wissen. Um ihn über den Stand der Vorbereitungen zu dem auf Hitler geplanten Attentat zu unterrichten, besuchte ihn trotz des Verbotes dort noch der Chefrichter des Heeres Carl Sack, sein Schicksalsgefährte in der Todesstunde. Nachrichten brachten ihm auch der mit der Sprengstoffbeschaffung beauftragte und sich in der Nacht vom 20. Juli selbst den Tod gebende Oberst der Abwehr, Wessel Freiherr von Freytag-Loringhoven, wie der von Canaris ins Hauptquartier entsandte Oberstleutnant Werner Schrader, der sich schon 1931 als Mitglied des »Stahlhelm« aus Widerspruch gegen die NSDAP gegen die Gründung der Harzburger Front gewandt hatte und sich schließlich als Verwahrer des Sprengstoffes am 28. Juli 1944 erschoß.

Im Frühjahr 1944 glaubte Canaris – der bereits nach der Bombardierung Warschaus von der göttlichen Gerechtigkeit, »die über uns kommen wird«, gesprochen hatte – nicht mehr, daß die Endkatastrophe abgewendet werden könne, sondern daß Deutschland »nach allem schuldhaften Geschehen« den Weg »bis zum bitteren Ende« werde gehen müssen.
Erst nach dem 20. Juli hatte die Gestapo Handhabe, Wilhelm Canaris zu verhaften. »Noch im Gefängnis war ihm eigentlich alles bekannt«, berichtete nach den Wochen gemeinsamer Haft im Keller des Reichssicherheitshauptamtes in der Prinz-Albrecht-Straße in Berlin Fabian von Schlabrendorff. »Auch hier erfuhr er, was er wissen wollte und im Grunde schon vorher wußte oder ahnte. Jahrelang gelang es ihm, Hitler und seine Umgebung irrezuführen. Noch aus den letzten Berichten Kaltenbrunners im Herbst 1944 an Hitler ging hervor, wie stark die Gestapo zweifelte, auf welcher Seite Canaris wirklich stand.«

Am 9. April 1945 wurde Wilhelm Canaris durch ein Schnellverfahren der SS im Konzentrationslager Flossenbürg getötet. In aller Eindringlichkeit aber hinterließ er in seiner Gestalt die ganze Problematik menschlicher Entscheidungen unter der Diktatur.

NIKOLAUS GRAF VON ÜXKÜLL-GYLLENBAND

Der Geburtsort von Nikolaus Graf von Üxküll war Güns in Ungarn, wo er am 14. 2. 1877 geboren wurde. Er entstammte einem alten baltischen Geschlecht, das über Schweden mit Gustav Adolf nach Württemberg gekommen war. Sein Vater hatte als österreichischer Militärattaché in Berlin und Paris 1870/71 dazu beigetragen, daß Österreich nicht als Bündnispartner Frankreichs am Krieg gegen Preußen teilnahm. Eine Schwester Nikolaus Üxkülls war die Mutter von Claus Graf von Stauffenberg. Da die Üxküllschen Kinder früh ihre Eltern verloren, nahm eine Tante Nikolaus und seine drei Schwestern zu sich.
Wenn sich Nikolaus Üxküll nach dem Abiturientenexamen 1895 dazu entschloß, als Fahnenjunker in das Schwarzenberg-Ulanen-Regiment der k. u. k. Armee einzutreten, so entsprach der Dienst in der österreichischen Armee einer Tradition seiner Familie. Es kam darin eine Bindung an die alte reichsständische Verfassung zum Ausdruck, die selbst die Gründung des neudeutschen Reiches überdauerte.

»Bei den Stauffenbergs war etwas von dem Universalismus der großen Epoche des Mittelalters lebendig und in ihre Konzeptionen von dem Neuen eingegangen, dessen Verwirklichung ihnen vorschwebte. Auch Üxküll war in diesen Ideen zu Hause. Freilich gehörte er einer anderen Generation als seine Neffen an. Trotzdem würde ich meinen, daß auch in ihm ein geschichtliches Bewußtsein lebendig war, das weder im Reiche Bismarcks noch im Nationalstaate seine Entsprechung fand«, schrieb einer seiner Neffen, Graf Paul Yorck von Wartenburg.

Die Jahre bis 1914 verbrachte Üxküll als junger Offizier in Wien und in den Garnisonen des österreichisch-ungarischen Reiches. Der erste Weltkrieg führte ihn als Oberstleutnant und ersten Generalstabsoffizier einer österreichischen Kavalleriedivision nach Italien, Polen und Rußland. Später hatte er eine Generalstabsstellung bei dem österreichischen Feldmarschall Conrad von Hötzendorf. Bei Kriegsende schied Üxküll aus der Armee aus und kehrte nach Deutschland zurück. »Der neuen deutsch-österreichischen Republik hätte er nicht dienen wollen. ›Wenn mich mein Kaiser ruft, dann werde ich zu seiner Verfügung sein‹, erinnere ich mich deutlich von ihm gehört zu haben«, berichtete sein anderer Neffe, Alexander Graf von Stauffenberg. »Gott sei Dank hat er ihn nicht gerufen. Aber die Haltung Horthys bei des Exkaisers ungarischem Staatsstreich hat er mißbilligt. Jedenfalls erinnere ich mich, daß Üxküll in den zwanziger Jahren in Budapest gewesen ist und dem Reichsverweser Vorhaltungen gemacht hat.«

In Deutschland begann Üxküll als kaufmännischer Lehrling in einer Holzhandlung und arbeitete sich aus kleinsten Anfängen empor, um im Jahre 1923 die Tiele-Winklersche Vermögensverwaltung in Berlin zu übernehmen. Nach einer befristeten Tätigkeit ab 1936 im Reichskommissariat für Preisbildung wurde er im Winter 1941 einberufen. Seine früheren Gebietskenntnisse brachten ihm dabei den Auftrag, eine Aserbeidschanen-Einheit auszubilden; doch mit der Begründung seines hohen Alters konnte er sich danach bald aus dem Militärdienst zurückziehen.

Schon 1938 hatte Üxküll seinen Neffen Claus Stauffenberg, dem seine ganze liebende Bewunderung galt, zusammen mit Fritz von der Schulenburg, zum Handeln bewegen wollen. In zahllosen Unterredungen hat er seinen jüngeren Freunden und Neffen, den Stauffenbergs, Cäsar von Hofacker und anderen von der Notwendigkeit gesprochen, daß das nationalsozialistische Unrecht aus deutscher Kraft überwunden werden müsse; wenigstens sei das Wagnis einer Aktion gegen Hitler erforderlich, selbst auf die Gefahr des Mißlingens hin. »Wir Deutschen können keinem Ausländer mehr ins Auge blicken, wenn wir es nicht aus eigener Kraft versuchen!« Dieser Überzeugung lebte Nikolaus Üxküll in den letzten Jahren, und es stand für ihn fest, daß Claus Stauffenberg der Mann sei, von dem die befreiende Tat kommen werde. So empfand er es als seine Aufgabe, dem schwerbehinderten und durch die Kriegsverletzung praktisch beider Hände beraubten Neffen zu helfen, wo und wie er es konnte, sei es bei der Vermittlung von Besprechungen oder der Weitergabe von Nachrichten, sei es durch ganz persönliche Handreichungen und Hilfsdienste. Deshalb auch war er 1943 mit Claus in die Wohnung Ber-

thold Stauffenbergs, des Bruders, in Berlin-Wannsee gezogen. Als im Mai 1944 einer der Verwandten Üxküll den Vorschlag machte, mit seiner schwerleidenden Frau ein an der Schweizer Grenze gelegenes Sanatorium aufzusuchen, um sich im Notfall in Sicherheit bringen zu können, lehnte er dies empört ab: auch wenn die Sache schiefginge, müsse er dabei sein, er, der immer zum Handeln getrieben habe!

In der Verhandlung vor dem Volksgerichtshof wies Nikolaus Üxküll eine für ihn günstige Deutung Freislers, daß er in seinem Alter wohl die Tragweite einer »Aktion gegen den Führer« nicht übersehen habe, entschieden zurück. Er habe alles in vollem Bewußtsein und mit klarster Überlegung getan und würde jederzeit wieder so handeln. In stolzer Haltung nahm er am 14. September 1944 das Todesurteil entgegen.

CÄSAR VON HOFACKER

»Heute wäre jedes ungenützte Verstreichenlassen auch nur weniger Stunden eine Sünde wider den Heiligen Geist und ein Verstoß nicht zuletzt gegen meine Pflichten als Mann einer deutschen Frau und Vater deutscher Kinder.«

Diese Worte enthielt der letzte Brief, den Cäsar von Hofacker, Oberstleutnant der Reserve im Stabe des Militärbefehlshabers in Frankreich, am 17. Juli 1944 auf der Rückfahrt von Berlin nach Paris an seine Frau schrieb.

Drei Tage danach, am Abend des 20. Juli, hatten die Truppen des Wachregiments I in Paris auf Befehl des Generals und damaligen Militärbefehlshabers in Frankreich, Heinrich von Stülpnagel, die SD-Quartiere in der französischen Hauptstadt umstellt. Ohne Blutvergießen wurden wenige Minuten später etwa zwölfhundert in Paris stationierte SD- und SS-Männer abtransportiert, und bereits um Mitternacht befanden sie sich in sicherem Gewahrsam, teils in dem Wehrmachtsgefängnis in Fresne, teils in den Kasematten des alten Fort de l'Est in St. Denis. Auch der »Höhere SS- und Polizeiführer Frankreich«, SS-Gruppenführer Oberg, und der »Oberste SD-Führer«, Dr. Knochen, konnten in überraschendem Zugriff festgenommen werden.

Die wesentlichen Impulse für die Aktion in Paris waren von Heinrich von Stülpnagel und Cäsar von Hofacker ausgegangen. »Im Herbst 1943 geschah der entscheidende Schritt«, schrieb Dr. Gotthard Freiherr von Falkenhausen. »Hofacker schied aus der Wirtschaftsabteilung (Heer Frankreich) aus... und trat als Stabsoffizier zur besonderen Verwendung in den persönlichen Stab des Generals von Stülpnagel ein. Formell wurde ihm als Aufgabe gestellt, das häufig divergierende Vorgehen zwischen Verwaltungsstab und Kommandostab zu koordinieren, wozu er wegen seines Ansehens, dessen er sich auf beiden Seiten erfreute, der geeignete Mann war. Sachlich wurden damit die engen persönlichen Beziehungen zu General von Stülpnagel hergestellt, die zur Zusammenarbeit auf das Ziel des Umsturzes hin notwendig waren. In diesen Monaten bis zum 20. Juli 1944 entwickelte sich Hofacker an der Aufgabe, die er sich gestellt hatte und die völlig von ihm Besitz ergriff, zu einer Persönlichkeit von so klarer und einzigartiger Prägung, kämpfte sich durch die Anfechtungen von Furcht, Skepsis und Opportunismus so sieghaft hindurch, daß er im Unterbewußtsein gefühlt haben muß, ihm sei nur noch eine kurze Zeitspanne beschieden, um den Grad der Vollendung zu erreichen, den eine höhere Fügung jedem menschlichen Streben gesetzt hat. Er hatte gleichsam die Hand an den Pflug gelegt und konnte und durfte nicht mehr zurückschauen. Die Schlacken menschlicher Unzulänglichkeit, die Sorge um Zukunft und Familie schüttelte er bewußt nach und nach von sich ab.«

Cäsar von Hofacker, ältester Sohn des württembergischen Generals Eberhard von Hofacker und, wie seine Vettern Stauffenberg, ein Nachkomme Gneisenaus, geboren am 11. 3. 1896, bestand 1914 in Frankfurt das Abitur am Lessing-Gymnasium, das auch der um wenige Jahre ältere Heinrich von Stülpnagel besucht hatte. Hofacker nahm als Kriegsfreiwilliger am Ersten Weltkrieg teil, wurde mehrfach ausgezeichnet und geriet 1918 auf dem Balkan als Oberleutnant und Staffelkapitän in Gefangenschaft, aus der er erst 1920 in die Heimat zurückkehrte. Von Jugend auf hatte er ein leidenschaftliches Interesse für Politik. Während seines Jurastudiums an den Universitäten Tübingen, Göttingen und Graz war er Leiter des »Hochschulringes deutscher Art«, und in den späteren Berliner Jahren fand er zu dem Freundeskreis um August Winnig, um dort über eine alle Gesellschaftsschichten befriedigende Einordnung der Arbeiterschaft in das Wirtschafts- und Staatsleben zu diskutieren. Seine berufliche Tätigkeit hatte ihn nach seiner Promotion 1925 von der Krefelder Seidenindustrie in die Verwaltungsstelle Berlin der Vereinigten Stahlwerke AG. geführt, wo er seit 1936 als Prokurist tätig war und vielfach mit schwierigen Wirtschaftsverhandlungen betraut wurde.

Cäsar von Hofacker, konservativ-national und soldatisch im Denken und Wesen, war Mitglied des »Stahlhelm« geworden. Als ein Mann von natürlicher Autorität durch ein starkes Herz, ruhige Sicherheit und weite Interessen brachte er aber dem Nationalsozialismus wenig Sympathien entgegen. In seinen anfänglichen Hoffnungen, »daß durch die Mitwirkung aller guten Kräfte in Deutschland aus dem nationalsozialistischen Regime ein Rechtsstaat werden könnte«, sah er sich bald enttäuscht, und nach der Justifizierung der Morde vom 30. Juni 1934 wuchsen seine Bedenken gegen Hitler, was er in Gesprächen mit Freunden und Verwandten in den folgenden Jahren immer wieder zum Ausdruck brachte.

Bei Ausbruch des Krieges erhielt Cäsar von Hofacker seine Einberufung als Reserveoffizier und nahm als Flieger-Verbindungsoffizier am Polenfeldzug teil. Nach der Besetzung Frankreichs wurde er dem Militärverwaltungschef als Leiter des Referats »Eisen und Stahl« zugeteilt. Hierbei war er um Verständnis für die französischen Lebensinteressen und eine entsprechend maßvolle Behandlung der französischen Wirtschaft bemüht. Es gelang ihm sogar verschiedentlich, durch entschlossenes Eintreten von dem SD verhaftete Franzosen vor dem sicheren Tod zu retten. Nachdem ihn schon die Judenverfolgung mit tiefem Abscheu erfüllt hatte, wuchs aus dem Einblick in die Hitlerische Ausbeutungspolitik durch den täglichen Dienstverkehr sein Wille zum aktiven Widerstand. Sein Freund, Graf Fritz-Dietlof von der Schulenburg, mit dem er aus der Studienzeit eng verbunden war, informierte Hofacker seit 1942 über den Stand der Berliner Widerstandspläne. Nach seiner Berufung in den persönlichen Stab des schon 1938 zur Aktion gegen Hitler bereiten Generals Heinrich von Stülpnagel traf er gemeinsam mit ihm systematische Vorbereitungen für den Tag des Umsturzes in Paris. Neben der rein militärischen Planung beschäftigte sich Hofacker mit der Vorbereitung der anschließenden Waffenstillstandsverhandlungen; er ließ ferner durch einen Vertrauensmann ins einzelne gehende Ermittlungen der von SD und SS in Frankreich begangenen Verbrechen durchführen, um nach dem Sturz des Regimes die Täter zur Rechenschaft ziehen zu können.

Mit Unterstützung Stülpnagels fuhr Hofacker mehrfach von Paris nach Berlin zu seinen Vettern Yorck und Stauffenberg, die ihm Gespräche mit Goerdeler und Hassell und auch Kontakte zur Linken vermittelten. Am 9. Juli 1944 suchte er die Invasionsfront in der Normandie auf, um durch persönlichen Einblick und ein Gespräch mit dem Feldmarschall Rommel eine Lagebeurteilung für Beck und Stauffenberg einzuholen. Nach dem Bericht des Generalleutnants Dr. Hans Speidel habe Hofacker in dieser Stunde mit aller Eindringlichkeit appelliert, »die Notwendigkeit schnellen und entschlossenen Handelns als Ergebnis der politischen und militärischen Gesamtlage zu erkennen«.

Am 18. Juli brachte Hofacker aus Berlin die Nachricht über den bevorstehenden Attentatsversuch nach Paris. Am frühen Nachmittag des 20. Juli löste das aus der Dienststelle des Generalquartiermeisters Wagner in Zossen telefonisch übermittelte Stichwort den Befehl General von Stülpnagels zu den vereinbarten Maßnahmen in Paris aus. Auch als die ersten Meldungen aus dem Führerhauptquartier einliefen, daß Hitler am Leben sei, widerrief Stülpnagel diesen Befehl nicht. Doch während die beauftragten Wehrmachtkommandos mit offensichtlicher Genugtuung die Festnahme der SS durchführten, wich der Oberbefehlshaber West, Feldmarschall von Kluge, der sein Versprechen zur Unterstützung der Aktion gegeben hatte, zurück, indem er von Stülpnagel die sofortige Rücknahme seiner Befehle forderte und ihn seines Postens enthob. Damit nahm das Geschick seinen Lauf wie in Berlin.

Cäsar von Hofacker, der die angebotene Hilfe französischer und deutscher Freunde sowie die vorbereiteten Fluchtmöglichkeiten ungenutzt ließ, wurde am 25. Juli 1944 auf Anordnung des Reichssicherheitshauptamtes verhaftet. Bereits bei den ersten Vernehmungen durch die SS in Paris bekannte er sich rückhaltlos zu der Tat und erklärte: »Ich bedauere, nicht an der Stelle meines Vetters Stauffenberg gewesen zu sein, der durch eine schwere Kriegsverletzung verhindert war, die Tat zu vollenden.« Wenige Tage später erfolgte seine Überführung nach Berlin in den Gestapokeller der Prinz-Albrecht-Straße, wo er schwersten Mißhandlungen ausgesetzt war.

Ein langjähriger Botenmeister im Berliner Verwaltungsgebäude der Vereinigten Stahlwerke, Josef Boslak, der in ein persönliches Vertrauensverhältnis zu Cäsar von Hofacker gewachsen war, äußerte: »Er war der menschlichste Chef, den ich in meinem Leben hatte, stets hilfsbereit, frei von Hochmut und Vorurteilen; er nahm echten Anteil an den Nöten und Sorgen seiner Mitmenschen. Als ein jüdischer Hausbesitzer enteignet werden sollte und die Mieter nicht mehr die Miete bezahlen wollten, hat Herr von Hofacker scharf dagegen protestiert und gezahlt und im weiteren dem Bedrängten Geldmittel zur Auswanderung zur Verfügung gestellt. Auch mir hat er, als ich mit meiner sechsköpfigen Familie ausgebombt wurde, tatkräftig zur Seite gestanden. Wenn ich dann nach dem 20. Juli 1944 an der Kellertür in der Prinz-Albrecht-Straße Wäsche, einige Lebensmittel und Zigaretten für ihn abgeben konnte, ließ er mir mit dem Wäschewechsel immer die gleiche Frage auf einem Zettel übermitteln: ›Wie geht es meiner Frau, wie geht es meinen fünf Kindern?‹ Er muß viel in den Wochen nach dem Todesurteil gelesen haben; ich sollte ihm Bücher von Bismarck, Goethe, Engels bringen, und die Bibel.«

Vor der Anklagebank des Volksgerichtshofes stand Hofacker ruhig und aufrecht. Als ihm Freisler das Schlußwort abschneiden wollte, entgegnete er ihm: »Sie sollten jetzt schweigen, Herr Präsident, denn jetzt geht es um meinen Kopf, in einem Jahr aber um den Ihren!«

Die Todesurteile wurden gegen die Beteiligten des Pariser Widerstandszentrums am 30. August 1944 ausgesprochen und noch am gleichen Tage an dem durch einen fehlgehenden Selbstschuß erblindeten General von Stülpnagel, den Obersten Finckh und von Linstow und dem Verbindungsoffizier Rathgens vollstreckt. Die Hinrichtung Cäsar von Hofackers, »als Haupt der Verschwörung in Frankreich«, erfolgte am 20. Dezember 1944 im Gefängnis Berlin-Plötzensee.

FRIEDRICH OLBRICHT

wurde am 4. Oktober 1888 in Leisnig/Sachsen als Sohn des Professors Dr. Richard Olbricht geboren. Nach dem Besuch des humanistischen Gymnasiums trat er 1907 als Fahnenjunker in das Infanterieregiment 106 in Leipzig ein und wurde im Ersten Weltkrieg Regimentsadjutant und Generalstabsoffizier, um dann in der Reichswehr wechselnde Verwendung in Truppen- und Generalstabsstellen zu finden. 1926 wurde er in das Reichswehrministerium, Abteilung »Fremde Heere«, berufen. Nach seiner Tätigkeit ab 1933 als Chef des Stabes der Dresdener Division und ab 1935 als Chef des Generalstabes des IV. Armeekorps in Dresden, war er von November 1938 bis März 1940 Kommandeur der 24. Infanteriedivision, mit der er am Polenfeldzug teilnahm. Als im März 1940 Friedrich Olbricht die Berufung zum Chef des Allgemeinen Heeresamtes im Oberkommando des Heeres erhielt, war er entschlossen, in dieser Schlüsselstellung auf den Sturz Hitlers hinzuwirken.

Aus Charakter und Wesen Friedrich Olbrichts mußten sich früh Widersprüche zu dem Regime ergeben. Bei den natürlichen Anlagen von Besonnenheit, Güte und Hilfsbereitschaft und nach einer christlich-humanistischen Erziehung zu Toleranz und Verständnis für alle menschlichen Probleme verkörperte Friedrich Olbricht, vielseitig begabt und mit eigenwilligen Interessen für Geschichte, Literatur und Kunst, das Vorbild eines Offiziers, der über die Beherrschung des Nur-Fachlichen hinaus von seinem Beruf als einer Erziehungsaufgabe gefesselt war. Klarheit und Zuverlässigkeit wie Festigkeit und Geradlinigkeit seines Wollens und Handelns, vor allem aber auch die verbindliche, ruhige und überzeugende Art seiner Verhandlungsführung trugen dazu bei, daß ihm schon früh außerordentliches Vertrauen entgegengebracht, sein Rat gesucht und sein Urteil oft als entscheidend gewertet wurden.

Sein vermittelnder Einfluß bewährte sich bereits zur Zeit der Arbeiter- und Soldatenräte 1918 und 1919 in Leipzig und besonders während der kommunistischen Unruhen in Sachsen in den Jahren 1921 und 1923. Die Fähigkeit zum verständnisvollen Ausgleich bewies er ebenfalls, als ihn seine Aufgaben 1926 bis 1931 in der Abteilung »Fremde Heere« des Reichswehrministeriums mit den Militärattachés der verschiedenen Staaten zusammenführte. Vertrauenskontakte aus dieser Zeit reichten sogar bis in die Kriegsjahre hinein.

Die Entwicklung des Nationalsozialismus und ihre bedenkliche Auswirkung auf die jungen Offiziere des 100 000-Mann-Heeres, insbesondere nach den Münchener Vorgängen 1923, verfolgte Olbricht mit großer Besorgnis. Dabei sah er vor allem die Gefahr, daß sich geltungsbedürftige Offiziere auf derartige Strömungen stützen zu können glaubten. Gleiche politische Auffassungen führten zu einer besonders kameradschaftlichen Verbundenheit mit den damaligen, ebenfalls zum Stabe der Dresdener Division gehörenden Hauptleuten von Witzleben, Oster und Thomas, was sich späterhin bedeutungsvoll auswirken sollte. Auch aus den zunächst rein dienstlichen Beziehungen, die Olbricht in seiner Dresdener Zeit nach 1933 zu dem Leipziger Oberbürgermeister Carl Goerdeler fand, entwickelten sich bald, in der Erkenntnis gleichgerichteter politischer Auffassungen, vorbehaltlose Beratungen.

In der Dresdener Position verstand Friedrich Olbricht einen geheimen Trennungsstrich zwischen sich und den neuen Machthabern erkennbar werden zu lassen. Auch hier zeigte sich seine zugleich verbindliche und entschlossene Art. Während des »Röhmputsches« 1934 gelang es ihm, sich schützend vor Männer zu stellen, die von den Mordanschlägen bedroht waren, indem er die bereits Verhafteten mit der Begründung militärpolitischer Aufgaben unter Armeeschutz nahm.

Wesentliche Impulse gingen auch 1938 von Olbricht im Interesse des verleumdeten General-

obersten Fritsch aus; über den Befehlshaber des Dresdener Armeekorps, List, war er intensiv darum bemüht, die Chefs der Armeegruppen und die kommandierenden Generale der Armeekorps zu einer geschlossenen Forderung gegenüber Hitler für die Rehabilitierung Fritschs zu veranlassen. In dem Maße aber, in dem Olbricht von der Notwendigkeit überzeugt war, daß dem verbrecherischen Regime Einhalt geboten werden müsse, wuchs seine Beunruhigung über die Entschlußlosigkeit und die fehlende Einmütigkeit der höheren Generale in der Frage des Widerstandes gegen Hitler.

Nach Jahren vergeblichen Drängens zu einem entscheidenden Schritt übernahm Friedrich Olbricht im Frühjahr 1940 die Position als Chef des Allgemeinen Heeresamtes im OKH in dem klaren Bewußtsein, jetzt an einer Stelle zu stehen, die ihm die Chancen bot, nunmehr selbst für eine Befreiung Deutschlands von der Diktatur Hitlers die Machtmittel der Wehrmacht in Bewegung zu setzen. Er sah das Amt, dem die Zentralnachrichtenstelle der Wehrmacht mit den Möglichkeiten zur umfassenden Information über die militärischen, wirtschaftlichen und politischen Vorgänge unterstand und ihm zugleich, nächst dem Befehlshaber des Ersatzheeres, Fromm, Befehlsbefugnisse über die Wehrkreisbefehlshaber und damit über die im Heimatgebiet befindlichen Truppenteile, Schulen und Ausbildungsverbände des Heeres einräumte, als eine Berufung zum Handeln an.

Damit wurde Friedrich Olbricht, der sich von dem vollen Vertrauen der Militäropposition getragen wußte, zu einer zentralen Gestalt bei der militärischen Vorbereitung und Durchführung des Umsturzversuches. Über strategische Fragen in fortlaufendem Gespräch mit Ludwig Beck, dem er sich schon seit 1931 verbunden fühlte, wahrte Olbricht auch mit dem truppenerfahrenen Erich Hoepner nach dessen Entlassung engen Kontakt. Ebenso sicherte die Kooperation mit seinem alten Freund Oster die Unterstützung der Abwehr. Im weiteren sah sich Olbricht bei seinen Organisationsplänen wesentlich durch den Chef des Waffenamtes, Thomas, gestützt wie auch durch Erwin Planck, der als Vertreter der Firma Wolff unter dem Vorwand der Erledigung von Rüstungsaufträgen mehrfach direkt zwischen Olbricht und dem Frontstabe Tresckows vermittelte. Darüber hinaus versuchte Olbricht in diesen Jahren, soweit wie nur möglich, Offiziere mit Widerstandshaltung in die verschiedenen Stäbe einzuschleusen.

So holte er sich auch im Frühjahr 1943 als seinen Chef des Stabes den zum entschlossenen Hitlergegner herangereiften Oberst Claus Schenk Graf von Stauffenberg, der in seinem Auftrag – nach dem Ausfall Osters infolge dessen von Hitler geforderter Entlassung aus der Abwehr – die weitere Ausarbeitung des Planes »Walküre« zur Mobilisierung der Heimattruppen für den Tag des Umsturzes übernahm; hierzu gehörten zugleich die Vorbereitungsmaßnahmen zur Verhaftung der höheren Partei-, Polizei- und SS-Führer wie zur Besetzung der Rundfunkstationen und Konzentrationslager. Ebenso bereitwillig aber gab Olbricht im Frühjahr 1944 Stauffenberg an Fromm als dessen Chef des Stabes ab, in der Hoffnung, daß Stauffenberg entsprechenden Einfluß auf Fromm gewinnen werde.

War zunächst vorgesehen, daß das Attentat auf Hitler bei einem Frontbesuch durchgeführt werden sollte, so zwangen die mehrfachen mißglückten Versuche vom März und November 1943 und vom Februar und März 1944 zu der Überlegung, daß auch die Beseitigung Hitlers, zumal er die Front nicht mehr aufzusuchen wagte, von der Berliner Zentralstelle im OKH übernommen werden müßte. Da nach deren Plänen mit Hitler zugleich Himmler und Göring beseitigt werden sollten, wurde das zunächst auf den 11. Juli 1944 angesetzte Attentat wegen Abwesenheit Himmlers und Görings auf den 15. Juli verschoben. Wieder jedoch mußte Stauffenberg die telefonische Meldung an Olbricht geben, daß Himmler und Göring im Führerhauptquartier nicht eingetroffen seien. Doch die hochgespannte Lage bestimmte die beiden Männer zu der Entscheidung, daß ein weiteres Warten unmöglich sei und Stauffenberg dennoch an diesem Tage das Attentat durchführen werde. Unter den erschwerten Umständen, daß am 15. Juli Olbricht, entsprechend der Absprache mit Stauffenberg, schon einmal ohne Gegenzeichnung Fromms den »Walküre«-Plan herausgegeben hatte, ihn jedoch zurückziehen mußte – Hitler hatte bei der Rückkehr Stauffenbergs den Besprechungsraum bereits verlassen und die Ausführung des Attentats war damit unmöglich geworden – gab dann Olbricht in den Nachmittagsstunden des 20. Juli nach Erhalt der ersten Information, daß die Bombe im Führerhauptquartier zur Explosion gekommen sei, die Umsturzbefehle heraus, bis zuletzt überzeugt, in der Entscheidungsstunde werde Fromm auf Seiten des Siegers stehen.

Die folgende Nachricht, daß Hitler am Leben sei, bestimmte in jener Stunde vom 20. Juli die Fragen von Sieg und Untergang. Im wechselvollen Verlauf der Nacht im Gebäude des OKH konnte Olbricht noch seinem Schwiegersohn, dem Major Friedrich Georgi, seine letzten Gedanken übermitteln: »Wir werden uns hier vielleicht noch einige Zeit halten, werden uns hier verteidigen. Vielleicht noch eine Nacht, vielleicht noch zwei, vielleicht sind wir aber auch schon in einer Stunde hier umstellt. Ich werde als Soldat zu sterben wissen. Ich sterbe dann für eine gute Sache, davon bin ich felsenfest überzeugt. Sollen wir jetzt bekennen, daß wir gesündigt haben? Nein, wir haben das Letzte gewagt für Deutschland.«

In der gleichen Nacht fiel Friedrich Olbricht zusammen mit Oberst Claus Schenk Graf von Stauffenberg, Oberst Albrecht Mertz von Quirnheim und Oberleutnant Werner von Haeften unter den Kugeln des Exekutionskommandos im Hof des Allgemeinen Heeresamtes in der Bendlerstraße.

OPFER IN LETZTER STUNDE

Nachdem der Widerstand am 20. Juli 1944 verblutet war, brach das letzte Verhängnis der hitlerischen Diktatur über das deutsche Volk herein. In seinem Untergang suchte der SS-Staat, der die Welt und den Geist herausgefordert hatte, mit sich zu reißen, was noch möglich war. Fliegende Standgerichte drohten den Menschen in der Heimat und an der Front; Werwolf-Aktionen erzwangen bis in die kleinsten Dörfer die Zersprengung von Straßen, Brücken und wichtigen Lebenszentren. Der Terror richtete sich schließlich nicht mehr gegen einzelne Gegner und Gruppen tatsächlicher oder vermeintlicher Oppositioneller. Er richtete sich gegen alle Gruppen des Volkes – gegen das Volk schlechthin und gegen jedes menschliche Prinzip. In den Monaten vom Herbst 1944 bis zum Frühjahr 1945 wurden noch Millionen von Menschenleben vernichtet und unzählige Städte zerstört, und unabwendbar die Teilung des Landes; Hitlers Krieg »gegen den Bolschewismus« hatte die Sowjets an die Elbe und Werra gebracht. Das bittere Ende war von vielen vorausgesehen worden, doch nach den zahlreichen Bemühungen der verschiedenen deutschen Oppositionsgruppen sollte auch der letzte Befreiungsversuch zum Scheitern verurteilt sein.

Die aus menschlicher Kraft kaum zu sprengenden Fesseln des Widerstandes unter der alle Lebensbereiche durchdringenden Diktatur ließ das äußere Geschehen vom 20. Juli 1944 offenbar werden. Deutlich aber wurde auch das dennoch breite Aufgebot der Beteiligten. Jeder von ihnen mußte letztlich ohne den Rückhalt seiner früheren Gesinnungsgemeinde seine Entscheidung treffen; denn diese Gesinnungsgemeinden waren nacheinander dem zerstörenden Angriff ausgesetzt und in dem geschichtlich markierten Ablauf, wie ihn auch die Kapitelfolge des Buches festzuhalten versuchte, im wesentlichen zerrissen worden. Unauslöschlich blieb deshalb als zeitgeschichtliches Merkmal, daß sich unter dem äußeren Geschehen das Bündnis menschlichen Willens zur Freiheit aus allen sozialen Schichten vollzogen hatte.

Sinnbild solchen Bündnisses wurde der Kreis um den Grafen Moltke und seinen Freund, den Grafen Yorck von Wartenburg, von der Gestapo als Kreisauer Kreis benannt, weil einige größere Besprechungen auf dem Moltkeschen Landsitz Kreisau stattgefunden hatten. Es war eine unorganisierte Zusammenfassung von Menschen aus allen Lebensbereichen, die engere oder losere Verbindung miteinander hielten. Neben Moltke und Yorck standen Männer wie Eugen Gerstenmaier, Adam von Trott zu Solz, Theodor Steltzer, Carlo Mierendorff, Theo Haubach, Adolf Reichwein, Julius Leber, Pater Alfred Delp, Pater Rösch, Paulus van Husen, Pater König, Harald Poelchau, Hans-Bernd von Haeften, Hans Lukaschek, Horst von Einsiedel, Carl Dietrich von Trotha und Hans Peters. Enger Kontakt bestand auch zu Fritz von der Schulenburg, Graf Schwerin von Schwanenfeld und Claus Schenk Graf von Stauffenberg und – trotz vieler Meinungsverschiedenheiten – zu der Gruppierung um Goerdeler.

Gräfin Freya von Moltke schilderte: »Zunächst war es nur ein Freundeskreis, einig in seiner Auflehnung gegen Hitler und sein Regime. Mehr und mehr aber wurde es ein Kreis von Menschen, die über diese Feindschaft hinaus in die Zukunft schauten und nach neuen Wegen suchten. Die Gruppe umfaßte schließlich viele, die sich aber untereinander durchaus nicht alle persönlich kannten. Hinter dem engeren Kreis standen andere.

Die Kreisauer wußten, daß Deutschland nur erneuert werden konnte, wenn der Nationalsozialismus von innen und von außen wirklich überwunden wurde. Gemeinsam suchten sie nach Kräften, die solche Überwindung zu tragen vermochten. Sie suchten ein Fundament, auf dem nach der Vernichtung der hitlerischen Macht Deutschland wieder errichtet werden konnte. Ihre Pläne waren weder endgültig, noch sind sie in ihrer letzten Fassung erhalten geblieben. Sie sind kein theoretisches Programm, sondern sie zeigen, wie sich Sozialisten,

Katholiken, Protestanten und andere Männer ganz verschiedener geistiger Herkunft und verschiedener Standpunkte zusammengefunden hatten. Der Rahmen war weit, aber die Einigung über eine gemeinsame Grundlage gelang.«

Professor Wilhelm Wengler wies darauf hin, daß Moltke – mit dem er im OKW zusammenarbeitete – den engen Kontakt der geistig führenden Schicht mit dem sozialen Anliegen der Massen als »sittlichen Mittelpunkt der innerpolitischen Gestaltung« betrachtet habe: »Er sah, wie das Sicherheitsbedürfnis nach dem Kriege einer der bestimmenden Faktoren für die Gestaltung Europas sein würde und er erkannte, daß eine ungeschickte Befriedigung dieses Bedürfnisses auf Kosten der Menschenrechte, der Gerechtigkeit und damit letztlich des Friedens selbst gehen müßte...«

Sein vor allem geistig-moralisches Anliegen an die kommenden deutschen Führungsschichten hatte Moltke selbst schon in einem Brief vom Jahr 1942 formuliert: »Wir können nur dann erwarten, unser Volk dazu zu bringen, die Herrschaft von Furcht und Schrecken über den Haufen zu werfen, wenn wir imstande sind, ihm ein Bild zu zeigen... wonach zu streben, wofür zu arbeiten, woran zu glauben, wofür neu zu beginnen es sich für das enttäuschte Volk lohnt. Für uns ist Europa nach dem Kriege weniger eine Frage von Grenzen und Soldaten, von komplizierten Organisationen oder großen Plänen. Europa nach dem Kriege ist die Frage: Wie kann das Bild des Menschen in den Herzen unserer Mitbürger aufgerichtet werden. Das ist eine Frage der Religion, der Erziehungen, der Bindungen an Arbeit und Familie, des richtigen Verhältnisses zwischen Verantwortung und Rechten.«

Über die persönliche Verbundenheit im Kreisauer Kreis hinaus pflegte aber doch die Mehrzahl der Männer im Rahmen ihrer bisherigen Widerstandsgruppen stetige Treffen, meist in kleinsten Zirkeln, um sich mit den aktuellen Vorplanungen für den Sturz des Regimes und den konkreten politischen Anforderungen, vor denen sich ein neuer deutscher Rechtsstaat nach Abschluß der Kriegshandlungen sehen würde, zu befassen. Ihre Gedanken galten der Zukunft des deutschen Volkes und seiner Wiedereingliederung in die Völkergemeinschaft. Sie hatten in Gruppen der demokratischen Linken, in Kreisen mehr konfessionell bestimmter Richtung und in Zusammenkünften nationalkonservativer Prägung zum Teil jahrelang gearbeitet und sich schließlich zu einer gemeinsamen Tat zusammengeschlossen. In dem dramatischen und noch nicht abgeschlossenen Widerstreit dieses Jahrhunderts zwischen einer fortschreitenden Vermenschlichung und einer expansiven Unmenschlichkeit hatten sie sich für die großen humanen Werte der Wahrheit, Freiheit und Gerechtigkeit entschieden. Ihre Gesinnung bewahrten sie sich auch nach dem äußeren Scheitern der Tat. In Gefängnissen, Konzentrationslagern und Terrorprozessen, die sich bis in die Endtage des Regimes hinzogen, reiften sie zur letzten inneren Freiheit. Die meisten von ihnen gaben, ihrem politischen Gewissen folgend, ihr Leben – unter vielen Berufenen wenige Auserwählte.

WILHELM ZUR NIEDEN

Wilhelm zur Nieden gehörte zu den etwa zwanzig politischen Gefangenen, die am Abend des 22. April 1945, unmittelbar vor Einrücken der Roten Armee in das Berliner Stadtgebiet, ihre Papiere, Wertsachen und Kleider in dem Zellengefängnis Berlin, Lehrter Straße, ausgehändigt erhielten und gegen Mitternacht unter Bewachung eines SS-Trupps den Gefängnisbau verließen.
Mit der Angabe, nach Plötzensee verlegt zu werden, wurden die Häftlinge, unter denen sich Klaus Bonhoeffer, Justus Perels, Rüdiger Schleicher, Hans John, Albrecht Haushofer, der Legationsrat Richard Kuenzer, der Freiherr Karl Ludwig von Guttenberg, wie auch der Herrenreiter Victor von Salviati oder der Oberstleutnant Ernst Munzinger, der Argentinier Hans Moll, der Berliner Mechaniker Max Jennewein und der russische Kriegsgefangene Sossimow befanden, von der SS gezwungen, ihr Gepäck einschließlich der Wertsachen und Papiere auf einem bereitstehenden Wagen abzulegen und sich selbst quer über ein Trümmerfeld in Richtung Potsdamer Bahnhof in Marsch zu setzen.

Wenige Minuten später waren die in zwei Gruppen aufgeteilten Gefangenen abgedrängt und durch Schußsalven von hinten niedergestreckt.
Mit Hilfe von Herbert Kosney, der als einer der Häftlinge gleichfalls durch einen Schuß in den Hals getroffen war, sich tot stellte und damit sein Leben rettete, konnten die Toten nach Abschluß der Kriegshandlungen zwischen den Trümmern des Ulap-Geländes nahe der Invalidenstraße identifiziert werden; ihre Papiere dagegen mochten in den folgenden Tagen der SS zur Tarnung und Flucht gedient haben.

Wilhelm zur Nieden war am 20. August 1944 verhaftet worden. In seinem Haftbefehl mit Datum vom 13. Oktober, der ihm nach wochenlanger Haft zugestellt wurde, hieß es:

»Er traf sich am 30. Dezember 1943 mit dem ehemaligen Oberbürgermeister Dr. Goerdeler, mit dem er von früher her sehr gut bekannt war, in dessen Wohnung in Leipzig, wurde von Dr. Goerdeler ausführlich über dessen hochverräterische Pläne, insbesondere über die geplante Beseitigung der nationalsozialistischen Regierung durch einen Militärputsch und die Errichtung einer Militärdiktatur zur Aufnahme von Friedensverhandlungen mit England unterrichtet und erklärte sich bereit, unter der von Dr. Goerdeler als Reichskanzler zu bildenden neuen Regierung einen leitenden Posten geeigneter Art zu übernehmen.«

Mit diesem Haftbefehl war auch das Todesurteil über Wilhelm zur Nieden gefällt, das dann der Volksgerichtshof am 18. Januar 1945 verkündete. Doch durch eine Kette relativ günstiger Umstände, die sich im wesentlichen aus der kurz auf das Urteil folgenden Zerbombung des Volksgerichtshofes – zugleich mit dem Tode Freislers – und der Verlegung der Gerichtsstellen nach Potsdam ergaben, verzögerte sich die Vollstreckung des Urteils bis zur Einsetzung des SS-Exekutionskommandos, unter dessen Schüssen Nieden in letzter Minute fiel.

Ein Leben verantwortungsvoller Tatkraft und gütiger Umsicht war vorausgegangen. Wilhelm zur Nieden, der Sohn einer alten westfälischen Pfarrersfamilie, am 29. 8. 1878 geboren, wurde nach dem Studium der Elektrotechnik aufgrund seines guten Examens unter 365 Bewerbern 1904 als Diplom-Ingenieur bei den Thyssen-Werken, Mülheim/Ruhr, angestellt. Drei Jahre danach wechselte er in den Dienst der Stadt Elberfeld und blieb auch im weiteren dem Kommunaldienst treu. 1910 übernahm er die Leitung der Städtischen Werke in Barmen, und 1927 folgte er dem Ruf nach Leipzig, wo ihm als Mitglied des Rates der Stadt die Generaldirektion der gesamten städtischen technischen Betriebe übertragen wurde.

»Ein Vorgesetzter hat nicht nur Rechte, sondern auch Pflichten«, war der verbindliche Grundsatz für Wilhelm zur Nieden, nach dem er auch handelte, als 1933 von den ihm unterstellten Direktoren drei fristlos entlassen und durch Parteigenossen ersetzt werden sollten. Sein entschiedener Widerspruch trug ihm die Warnung ein, daß es ihn seine eigene Stellung kosten werde. Doch die ruhige Antwort Niedens lautete: »Als Mensch und als Christ kann ich nicht anders handeln.« Es folgten unqualifizierte Beschuldigungen; da jedoch der wiederholten und dringenden Forderung Niedens nach Klärung durch ein Disziplinarverfahren mangels jeglicher Unterlagen nicht entsprochen werden konnte, kam es zum endgültigen Bruch, und im Herbst 1933 schied Nieden aus seinem Amt aus. Einen neuen Wirkungskreis fand er in Berlin; er wurde von verschiedenen Seiten um Gutachten gebeten und war zuletzt in einem Gremium von Sachverständigen für den Rechnungshof tätig, dabei allerdings mehr als einmal bedrohlichen nationalsozialistischen Angriffen ausgesetzt. Aber es zeigte sich, daß der alte Ruf Wilhelm zur Niedens, der schon zu Beginn seiner Laufbahn als ein des Vertrauens besonders würdiger Mann bezeichnet wurde und auch in Leipzig die rühmende Anerkennung fand, in »ganz seltener Selbstlosigkeit« dem Allgemeinwohl zu dienen, von stärkerem Gewicht war als sein offensichtlicher Gegensatz zum Nationalsozialismus. Aus allen Gebieten Deutschlands suchten ihn weiterhin Fachkollegen auf, um den Rat des hervorragenden Experten auf dem Gebiet der Energiewirtschaft einzuholen, stets gewiß, bei Wilhelm zur Nieden eine ebenso sichere wie bescheidene Antwort zu finden.

Nach der Schilderung früherer Mitarbeiter gehörte Nieden in die Gruppe der erfolgreichen und weltoffenen Wirtschaftsführer, mit der Fähigkeit, den echten Empfindungen vor dem Erwerb den Vorrang zu lassen; aus jeder Begegnung mit ihm habe man den wohltuenden Eindruck mitgenommen, daß sich in ihm der Blick für die großen Zusammenhänge mit dem Verständnis für das Einzelgeschick paarte.

Früh hatte der junge Ingenieur Wilhelm zur Nieden die Bedeutung der Elektrizität und ihrer progressiven Nutzungsmöglichkeiten im Rahmen der Gemeinwirtschaft für die moderne Gesellschaft erkannt, und die erkannte Aufgabe war ihm nach seinem Charakter zeitlebens wichtiger als der persönliche Erfolg. Mitbestimmt aber waren seine beruflichen und politischen Entscheidungen aus der tief humanen Sicht, die seiner ganzen Familie eigen war, auch das starke Band zwischen dem Unverheirateten und seinen beiden mit ihm zusammenlebenden Schwestern bildete und ihn veranlaßte, für die volle Ausbildung von vier Söhnen früh verstorbener Brüder zu sorgen.

Das selbstverständlich menschliche Ethos brachte Wilhelm zur Nieden in unüberbrückbaren Gegensatz zu dem staatlich organisierten System der Unmenschlichkeit, das Männer wie ihn, zum schweren Verlust für ihr Land, nicht freizugeben vermochte, sondern im Strudel des eigenen Untergangs mit vernichtete.

»Ich verliere den Mut nicht«, hatte Wilhelm zur Nieden nach seinem Todesurteil aus dem Zellengefängnis Berlin, Lehrter Straße, an seine Schwestern am 22. Februar 1945 geschrieben. »Alle Opfer brächten wir ja gern, wenn sie für einen guten Zweck wären ... Doch hat uns Gott bisher so sichtbar gut geführt, daß wir diese Probe auch bestehen müssen und nicht verzagen dürfen.«

FRANZ OPPENHOFF

»Aachener! Unsere fast zweitausendjährige Stadt ist in ihrer Geschichte niemals von einem gleich schweren Schicksal getroffen worden wie heute. Kein früherer Krieg, kein Stadtbrand, keine Hungersnot, keine Seuche haben die Stadt in ähnlicher Weise heimgesucht. Was nach den schweren Fliegerangriffen noch blieb, das ging in den letzten Kämpfen verloren. Wir finden nur noch Trümmer. Es fehlt an allem: An Wohnungen, an Nahrung, an Kleidung, an Werkzeugen, an Geld und an Hilfsquellen. Bitterste Not liegt hinter uns; lange schwerste Zeiten des Aufbaus vor uns. Uns bleibt nichts als unser guter Wille, unsere Tatkraft und die tiefe, heiße Sehnsucht nach einem neuen, wahrhaften und gerechten Vaterland für alle . . .«

Dies waren die ersten Worte, mit denen Franz Oppenhoff am 31. Oktober 1944, zehn Tage nach Einrücken der 1. US-Division in Aachen, im Auftrag einer größeren Gruppe angesehener Bürger als neues Stadtoberhaupt die Bevölkerung zur Mitarbeit aufrief.

Als Sohn einer alten katholischen Familie vom Rhein war Franz Oppenhoff am 18. August 1902 in Aachen geboren worden. Sein Vater hatte als Schuldezernent gewirkt, und sein Großvater hatte sich große Anerkennung als Landgerichtspräsident erworben. Nach dem Besuch des Kaiser-Karl-Gymnasiums in Aachen verdiente sich Franz Oppenhoff, dessen Vater früh starb, als kaufmännischer Angestellter in einer Fabrik die Mittel zum juristischen Studium. Nachdem er 1932 in Berlin die große Juristische Staatsprüfung bestanden hatte, ließ er sich im Januar 1933 in seiner Heimatstadt als Anwalt nieder.

»Oppenhoff war keine ängstliche Natur«, hieß es in einem Nachruf auf ihn. »Tief durchdrungen von dem Ideal des Rechts und der Freiheit des Christenmenschen« sei er als gewissenhafter Anwalt der Ordensleute in den vom Hitlerregime inszenierten Devisen- und Sittlichkeitsprozessen aufgetreten und habe auch die Verteidigung zahlreicher Geistlicher übernommen, die wegen Übertretung des Kanzelparagraphen und des Sammelverbots angeklagt waren. Ebenso habe er sich für Einwohner der Gebiete von Eupen, Malmedy und Moresnet eingesetzt und manchem von ihnen die Freilassung erwirken können, als nach dem Überfall auf Belgien im Mai 1940 diese Gebiete dem Deutschen Reich eingegliedert wurden und die Gestapo ihre Verhaftungsaktionen durchführte.

Die gleichlaufende Tätigkeit seit 1938 als Justitiar und späterer Geschäftsführer beim Franziskus-Xaverius-Missionsverein brachten für Franz Oppenhoff eine enge Zusammenarbeit mit Professor Johannes Joseph van der Velden, dem Vizepräsidenten des Päpstlichen Werkes der Glaubensverbreitung; van der Velden, seit 1943 Bischof von Aachen, hatte dann im Herbst 1944 der Besatzungsmacht Oppenhoff als geeigneten Mann für den Aufbau einer neuen deutschen Verwaltung in Aachen anempfohlen.

Es war für Franz Oppenhoff kein leichter Entschluß, in Aachen – der ersten größeren deutschen Stadt, die inmitten des stark umkämpften Westwalls von alliierten Truppen besetzt worden war – den Posten des Bürgermeisters zu übernehmen. Seine Entscheidung war auch dadurch erschwert, daß ein Teil seiner Verwandten im Reichsgebiet noch nationalsozialistischer Gewalt unterstand. Aus gleicher Sorge mahnte er seine Mitarbeiter, zu prüfen, »ob nicht die berechtigte Rücksicht auf nächste Angehörige im Hitlerreich die Übernahme eines führenden Postens unmöglich mache. Niemand, der deswegen zurücktrete, solle darob gescholten werden.«

Franz Oppenhoff war sich seiner großen Verantwortung gegenüber der von allen Zufahrtswegen abgeschnittenen Bevölkerung bewußt, aber auch der Gefahr, der er selbst ausgesetzt war. »Es wird

mir ergehen wie Rathenau und anderen«, sagte er in diesen Wochen, auch in besorgten Gedanken um seine drei Kinder, – um dennoch täglich mit neuem Mut und Gottvertrauen seinen Aufgaben nachzugehen.

Nachdem im November 1944 durch die Verlagerung der Hauptkampflinie an die Ruhr Aachen aus dem Artilleriebeschuß herausgekommen war, brachte die am 16. Dezember auf Befehl Hitlers einsetzende »Ardennenoffensive« die Front wieder in bedrohliche Nähe der Stadt. Aber die Anfangserfolge der Offensive gaben auch den nationalsozialistischen Elementen erneuten Auftrieb. Am Spätabend des Palmsonntags 1945 wurde der Oberbürgermeister der Stadt Aachen, Franz Oppenhoff, durch den Schuß eines Werwolf-Kommandos auf der Kellertreppe seines eigenen Hauses ermordet, in dem Augenblick, als er den drei Männern, die sich als abgeschossene deutsche Flieger ausgaben, Lebensmittel zur Stärkung holen wollte.

ALBRECHT HAUSHOFER

In der Nacht seiner Erschießung vom 22. auf den 23. April 1945 hatte Albrecht Haushofer, wie in den Monaten zuvor, sein Manuskript der »Moabiter Sonette« der Gefängniskontrolle entziehen können. Der Tote, der von seinem Bruder später in einem Berliner Trümmerfeld gefunden wurde, hielt noch seine Gedichte als Zeugnisse seines Reifens während der Haft in der Hand.

Seine dichterische Begabung hatte Albrecht Haushofer schon in der dramatischen Trilogie »Scipio – Sulla – Augustus« (1934–1939), »Die Makedonen« (1941) und »Chinesische Legende« (1943) erprobt. Zu seinem Nachlaß gehörte ein Lehrbuch der Allgemeinen Politischen Geographie und Geopolitik. Viele wissenschaftliche und politische Aufsätze, die seine Kenntnisse und seine Interessen deutlich werden ließen, waren vorausgegangen. Haushofer hatte in München Geographie und Geschichte als Schüler seines Vaters, Karl Haushofer, wie der Professoren Penck und Oncken studiert. Er ging als Assistent von Penck nach Berlin und wurde dort Generalsekretär der altberühmten »Gesellschaft für Erdkunde« und von 1928–1938 Schriftleiter ihrer Zeitschrift. Daneben wirkte er als Privatdozent an der Hochschule für Politik und bald darauf an der Auslandswissenschaftlichen Fakultät der Universität Berlin und wurde dort 1940 zum Professor ernannt. Reisen führten ihn nach Amerika, Ostasien, der Sowjetunion, nach Afrika und Australien.
Albrecht Haushofer, am 7. 1. 1903 in München geboren, war von Jugendjahren an bemüht, ein mannigfaltiges geistiges Erbe väterlicher- und mütterlicherseits aus den verschiedensten Gebieten der Geistes- und Naturwissenschaften auch mit den politischen Anregungen, die er schon im Elternhaus erhalten hatte, zu einer Einheit zusammenzubauen. Dieses Weltbild sollte allen Problemen des 20. Jahrhunderts standhalten, wenn er wagen durfte, es als akademischer Lehrer an seine Schüler weiterzugeben. Die Voraussetzung für sein immer waches Verantwortungsbewußtsein war das Behaupten geistiger Unabhängigkeit, ohne den Drang, andere bekehren zu wollen. Insofern lebte in ihm ein gutes Stück des homo liberalis aus dem 19. Jahrhundert mit der selbstverständlichen hohen Achtung vor allen kulturellen und ethischen Werten fremder Völker.

Aus seinen außenpolitischen Interessen entwickelte sich eine zeitweilige ehrenamtliche Mitarbeit im Auswärtigen Amt unter dem Staatssekretär von Weizsäcker. Schicksalsbestimmender aber wirkte sich für ihn aus, daß Rudolf Heß ein Schüler seines Vaters gewesen war. Nachdem Haushofer von der Vorstellung geleitet war, über diese Verbindung Einfluß auf den Kurs der deutschen Außenpolitik nehmen zu können, wurde er nach dem Flug von Rudolf Heß nach Schottland vom 10. April 1941 auf zwei Monate in Haft genommen und stand auch danach noch unter staatspolizeilicher Beschattung. In den folgenden Jahren wurde Haushofer durch Popitz mit Beck und anderen Mitgliedern der »Mittwochsgesellschaft« bekannt. Seine persönlichen Beziehungen zu Albrecht Graf von Bernstorff, dem früheren Botschafter an der Deutschen Botschaft in London, Peter Graf Yorck von Wartenburg und Hans-Bernd von Haeften führten dazu, daß er mehrere außen- und grenzpolitische Vorschläge für ein kommendes Deutschland ausarbeitete. Auch beteiligte er sich an den von Fritz von der Schulenburg unternommenen Vorarbeiten für eine Reichs- und Verwaltungsreform.

In der Annahme, daß der militärische Zusammenbruch schon im Herbst 1944 erfolgen würde, hielt er sich nach dem 20. Juli 1944 verborgen. Kurz vor Weihnachten 1944 wurde er in seiner Heimat, den bayerischen Bergen, verhaftet. Die bedrückenden Monate der Haft unter schwerer Bewachung verbrachte er, weitgehend von seinen Gedanken und der Frage nach ihrer dichterischen Form in Anspruch genommen, im Gefängnis Berlin, Lehrter Straße, bis er in der Nacht vom 22. zum 23. April 1945 unter den Schüssen des SS-Kommandos fiel.

HANS RUMMER

»Es muß etwas geschehen«, waren die Worte des einstmaligen Penzberger Bürgermeisters Hans Rummer, als er am 28. April 1945 – kurz vor Einrücken der bereits weit vorgedrungenen alliierten Truppen – von dem Plan der örtlichen nationalsozialistischen Parteileitung erfuhr, die Brücken, das Wasserwerk und vor allem das Bergwerk, den einzigen Lebensnerv der Stadt, sprengen und die dort arbeitenden Kriegsgefangenen erschießen zu wollen.

Nach schneller Verständigung machte sich Rummer mit seinen Gesinnungsfreunden Sebastian Reithofer, Franz Biersack und Max Lautenhammer zum Bergwerk auf und konnte dort – unterstützt von einer größeren Anzahl von Arbeitern – nach längeren Verhandlungen mit Mitgliedern der Direktion die vorläufige Stillegung des Bergwerkes bei Aufrechterhaltung der Ordnung durchsetzen.

Nachdem er noch gemeinsam mit seinen Freunden im Kriegsgefangenenlager entsprechende Vorkehrungen für Ruhe, Sicherheit und Bewachung getroffen hatte, begab sich die kleine Gruppe der Männer zum Rathaus und erklärte den bislang amtierenden Bürgermeister für abgesetzt. Der Menschenmenge, die sich inzwischen vor dem Rathaus angesammelt hatte, verkündete Rummer, daß schnellstens von schon früher bewährten Mitgliedern der alten SPD und Bayerischen Volkspartei, wie auch unter Heranziehung früherer Kommunisten aus Penzberg, ein neuer Gemeinderat gebildet werden solle, und die Menschenmenge rief Rummer zu, daß sie bis dahin seinen Bekanntmachungen als vorläufiger Bürgermeister folgen werde.

Doch der Kommandeur eines auf dem Rückzug befindlichen Werfer-Regimentes, das in diesen Stunden Penzberg durchquerte, setzte sich über den Volkswillen hinweg und ließ das Rathaus von seiner Truppe umstellen. Die Berichterstattung des Kommandeurs an den Gauleiter Giesler führte zu der Verhaftung Rummers und seiner Freunde; auf Befehl des Kommandeurs wurden am späten Nachmittag Rummer und sechs seiner Kameraden von einem zehnköpfigen Exekutionskommando außerhalb der Stadt erschossen.

Dem weiterziehenden Werfer-Regiment folgte ein »Werwolf-Kommando«, das auf Anweisung der Gauleitung noch am gleichen Abend acht weitere Penzberger Bürger erhängte und das drohende Flugblatt verbreitete: »Wir warnen! Verräter und Verbrecher am Volke büßen mit dem Leben und ihrer ganzen Sippe... Unsere Rache ist tödlich! Der Werwolf!«

Über den Sozialdemokraten Hans Rummer, der als Sohn eines Bergmannes am 24. 6. 1880 in Penzberg geboren wurde und bis auf die Zeit seines Frontdienstes von 1914 bis 1918 selbst als Bergmann arbeitete und 1919 an die Spitze der Stadtverwaltung getreten war, um hier bis 1933 seiner Heimatstadt zu dienen, hieß es in einem Nachruf:

»Rummers Schaffen als Bürgermeister von Penzberg ist tief in die Geschichte des Ortes eingegraben. Als Berufsbürgermeister zog er mit zehn Sozialdemokraten in den Stadtrat ein, nachdem Penzberg kurz vorher zur Stadt erhoben worden war. Er hatte ein schlimmes Erbe übernommen. Trostlos alte, aschengraue Bergwerkswohnhäuser hatten der Stadt den Stempel der armseligen Arbeiterkolonie aufgedrückt. Unter Rummers tatkräftiger Leitung entstand Wohnhaus an Wohnhaus... Unvergänglich sind die steinernen Zeugen...«

KARL FICK

Unmittelbar vor der Kapitulation, als bereits starke Truppenverbände der Alliierten in Norddeutschland standen und sich der Ring um die Hauptstadt Berlin geschlossen hatte, wurde das auf 9600 Häftlinge ausgeweitete Konzentrationslager Neuengamme bei Hamburg am 23. April 1945 aufgelöst. Achttausend Häftlinge – darunter Karl Fick – wurden unter scharfer SS-Bewachung in Güterwagen zum Lübecker Hafen transportiert, dort auf die Schiffe »Cap Arcona«, »Thielbeck« und »Athen« verladen und nach Hissung der Kriegsflagge, unter Begleitung von 20 kampffähigen Unterseebooten, in Richtung Ostsee ausgeschifft. In der Lübecker Bucht setzte ein Bombardement auf die von alliierten Flugzeugen beobachtete Schiffsbewegung ein, und mit den brennenden Schiffen »Cap Arcona« und »Thielbeck« gingen 6000 Gefangene unter. Auch Karl Fick fand in der Nacht vom 3. Mai 1945 den Tod, ebenso der frühere Reichstagsabgeordnete von Neumünster, Max Richter.

Auf seinem Lebensweg hatte Fick, geboren am 3. 12. 1881, vielerlei Kämpfe durchgestanden. Früh schon war es der soziale Kampf des Jungen aus einem Landarbeiterhaus, der sich in dem kleinen Ort Stockelsdorf im Landesteil Lübeck die Zimmermannslehre erstreiten mußte und damit als Achtzehnjähriger zur SPD fand. Zehn Jahre später, 1909, gehörte Karl Fick zu den Mitbegründern des Deutschen Landarbeiterverbandes, und im unbeirrbaren Einsatz erreichte er, daß die Verbandsgruppe im Landesteil Lübeck mit ihren 2000 Mitgliedern die stärkste im früheren deutschen Reichsgebiet wurde.

Der Zweiunddreißigjährige meldete sich 1914 als Kriegsfreiwilliger, und es folgten für ihn die blutigen Schlachten bei Lombarcide, Wytschätebogen, Dixmulden in Flandern und bei Cambrai um die Siegfriedstellung, bis er wegen völligen Gehörverlustes 1917 entlassen wurde. Er nahm seine Arbeit als Zimmermannspolier wieder auf und wurde bei Kriegsende Mitglied des Arbeiter- und Soldatenrates in seinem Heimatgebiet.

Die erste Etappe politischer Kämpfe nach dem 9. November 1918 führte das Mitglied des sozialdemokratischen Landesvorstandes und Stockelsdorfer Gemeinderates, Karl Fick, in den Eutiner Kreistag und 1924 in das Oldenburgische Landesparlament, wo er besonders für eine Hebung des Landarbeiterstandes und die Förderung des Wege- und Straßenbaus eintrat.

Zu einem schweren politischen Einschnitt wurde das Jahr 1932, in dem Oldenburg als erstes deutsches Land eine nationalsozialistische Regierung erhielt und Karl Fick schon in der ersten Sitzung der neuen Landesversammlung mit dem nationalsozialistischen Regierungspräsidenten Böhmker zusammenstieß.

Am 11. März 1933 wurde Karl Fick, der noch in der Nacht vom 29. zum 30. Januar kampfbereit auf eine Mobilisierung der demokratischen Kräfte gegen die drohende Machtergreifung Hitlers gewartet hatte, auf Veranlassung seines Gegners Böhmker in Schutzhaft genommen. Nach seiner Entlassung im September 1933 mußte er in den folgenden Jahren außerhalb seines Landesgebietes sein Brot als Vertreter verdienen, da ihm für den Heimatbezirk der Gewerbeschein versagt wurde. Die Überzeugung aber, daß er noch einmal für seine früheren Ziele werde kämpfen können, verließ ihn während der 12 Jahre der Hitlerdiktatur nicht. Bei Kriegsbeginn 1939 war er der Meinung, daß nun die Zeit zu einer Organisierung des Widerstandes gekommen sei. Nach dem 20. Juli 1944 gehörte er zu den alten politischen Funktionären, die »auf Verdacht« vorsorglich verhaftet wurden. Im Lager Neuengamme hatte er noch am Tage der Lagerauflösung mit seiner Befreiung und kommenden politischen Aufgaben gerechnet.

OTTO SCHIERITZ

Auf dem Balkon seiner Wohnung, im vierten Stock eines Berliner Mietshauses, Prenzlauer Berg, Senefelder Straße 33, hatte Otto Schieritz am 2. Mai 1945, eben vor Einrücken der sowjetischen Truppen in den Bezirk, die weiße Fahne gehißt. Wenige Minuten später war der Balkon durch eine von SS-Leuten geworfene Panzerfaust heruntergerissen. Als danach der SS-Trupp in das Haus eindrang, flüchtete Otto Schieritz aus seiner Wohnung in Räume der zweiten Etage. Darauf durch andere Mieter aufmerksam gemacht, verfolgten ihn die SS-Leute und verschleppten ihn zur Schultheiss-Brauerei in der Franseckystraße, dem in dieser Gegend letzten Stützpunkt der SS.

Otto Schieritz, als Sohn eines Arbeiters am 10. 3. 1889 geboren, selbst bis 1914 ungelernter Arbeiter und in den Kriegsjahren bis 1918 bei der Marine eingesetzt, dann ab 1925 Angestellter der Allgemeinen Ortskrankenkasse, hatte durch handwerkliche Geschicklichkeit und Energie die gewerbliche Anerkennung als Schildermacher erreicht. Seine gewerkschaftlichen und politischen Interessen als einstmaliges Mitglied der USPD und später der SPD bestimmten ihn jedoch, Ende 1929 auf das Angebot einer Anstellung im Gesamtverband der Arbeitnehmer öffentlicher Betriebe einzugehen; im Zuge der Gleichschaltung wurde er 1933 entlassen.

Seine frühere politische Aktivität trug ihm nicht allein eine vorübergehende Haft, sondern auch das rote Kreuz des »politisch Gemaßregelten« auf der Arbeitslosenkarte ein, so daß seine Rückfragen nach Arbeit bei den Vermittlungsstellen auf Achselzucken stießen. Trotzdem war Otto Schieritz zu keinem politischen Kompromiß bereit; vielmehr wahrte er weiterhin mit seinen früheren Genossen Alfred Markwitz, Walter Löffler, Paul Siebold, Walter Riedel, Michael Hirschberg und anderen politischen Zusammenhalt, auch im engen Kontakt mit dem Exilvorstand der SPD in Prag.

Die Gruppe wurde am 16. Mai 1935 verhaftet und in der Anklageschrift, die als Grundlage einer Volksgerichtsverhandlung am 21. Dezember 1936 diente, hieß es: »Wie oben dargelegt, verfolgt die SPD seit ihrer Auflösung das Ziel, die bestehende Verfassung zu ändern und an ihre Stelle eine parlamentarisch-demokratische Staatsform zu setzen. Es ist allgemein bekannt, daß für die SPD keine Möglichkeit besteht, dieses Ziel auf gesetzlichem Wege zu erreichen, und daß sie es daher durch Gewalt zu verwirklichen trachtet. Das haben auch die Angeschuldigten gewußt. Soweit sie sich gleichwohl durch ihre Tätigkeit in den Dienst der illegalen SPD gestellt haben, haben sie die auf den gewaltsamen Umsturz gerichteten Bestrebungen der SPD mit Täterwillen unterstützt und sich somit eines erschwerten Verbrechens der Vorbereitung eines hochverräterischen Unternehmens schuldig gemacht.«

Das fünf Tage später verkündete Urteil brachte den meisten Angeklagten Zuchthausstrafen – Otto Schieritz 4 1/2 Jahre, die er zum Teil in dem berüchtigten Moorlager Papenburg verbrachte. Nachdem er im Herbst 1940 entlassen worden war, wurde er nach neuerlichen Monaten der Arbeitslosigkeit schließlich in der Berliner Rüstungsindustrie eingesetzt.

Sein Schicksal nach dem 2. Mai 1945 blieb unbekannt. Nur in der Nachbarschaft war aufgefallen, daß in dem letzten Zusammenbruch auf dem Friedhof der Freireligiösen Gemeinde, Prenzlauer Berg, Pappelallee, mehrere Unbekannte bestattet wurden.

JUSTUS DELBRÜCK

Zwischen Leben und Sterben im Gefängnis Moabit schrieb Justus Delbrück: »Wenn Gott will, kann er durch den Tod eines Menschen mehr sagen, als durch sein Leben.«
Das war ein Zuspruch für den Weg, den er vor sich sah.

Justus Delbrück wurde am 25. November 1902 in Berlin geboren. Sein Vater, der Historiker Hans Delbrück, stand wie die ganze Familie Delbrück in enger Verbundenheit zum preußisch-deutschen Kaiserreich und trug schwer an dem Zusammenbruch von 1918. Dennoch erkannte er die Demokratie als die in jenen geschichtlichen Stunden gegebene Form für Deutschland an und brachte der Haltung Eberts größte Achtung entgegen.

Der junge Justus Delbrück hing nicht an Verlorenem. Er beklagte auch nicht das Hinschwinden der materiellen Grundlagen des Bürgertums in der Inflationszeit, sondern sah darin eine Möglichkeit, den Blick und die Hände freizubekommen für die echten Anliegen des Lebens. Die Freude an allem Unverfälschten und Aufrichtigen war ein Grundzug seines Wesens.
Mit dem ihm eigenen unabhängigen Sinn formte Justus Delbrück sein Leben. Als er achtzehnjährig sein Abitur abgelegt hatte, fuhr er ins Ruhrgebiet, um bis zum Beginn des Studiums im Bergwerk zu arbeiten. Und später hat er während der Semesterferien, im wesentlichen aus sozialem Interesse, noch einmal im Zwickauer Kohlengebiet Bergwerksarbeit getan.

Zur Wahl seines Lebensberufes schrieb er, der sich schon während der Schulzeit stark mit Mommsen, Ranke und Hegel beschäftigte: »So sehr mich Geschichte interessierte, der Forschung wollte ich mein Leben nicht widmen. So sehr ich die Welt in den Büchern schätzte, so wollte ich selbst doch nicht durch Bücher wirken, sondern von Mensch zu Mensch.« Dieser Wunsch war bei ihm »eine Auswirkung der christlichen Wahrheit«.

Er studierte in Heidelberg und Berlin Rechtswissenschaften und trat in die Beamtenlaufbahn ein. Über sein Verhältnis zum Beamtenberuf äußerte er: »Ein Grund, weshalb ich mich auch als Beamter nicht unfrei gefühlt habe, ist, daß ich mir mein Glück nie von einer Karriere abhängig gemacht habe ... So war ich schon als Student überzeugt, daß es keinen Unterschied macht, ob man der Nachwelt, wie mein Onkel Clemens Delbrück, als Minister eine Reichsversicherungsorganisation hinterläßt oder als Amtsrichter in Stadt und Land eine Reihe guter Entscheidungen und besonders ein Andenken in den Herzen der Menschen. Darin sehe ich auch beim Beamten den eigentlichen Sinn des Lebens.«

Als 1933 Hitler die Macht übernahm, war Justus Delbrück Regierungsassessor am Landratsamt in Stade, kam von dort als Regierungsrat nach Lüneburg, gab jedoch 1936 den Staatsdienst, der bei der politischen Entwicklung den »eigentlichen Sinn des Lebens« für ihn verloren hatte, auf. Nach dreijähriger Tätigkeit als Referent bei der Reichsgruppe für Industrie übernahm er treuhänderisch eine Tuchfabrik in der Niederlausitz, wurde dann aber 1940 zur Abwehr eingezogen und arbeitete dort, eng mit Dohnanyi verbunden, im Stabe Canaris. Er benutzte jede nur mögliche Gelegenheit in Berlin, den Kontakt mit den Freunden zu halten, denen er sich politisch und menschlich verbunden fühlte. Unter ihnen war Klaus Bonhoeffer sein nächster Freund.

Mit Herz und Geist, mit Verantwortung und Einsatz gehörte Delbrück dem Kreis des Widerstandes und der Planung für das »Nachher« an. Er war sich dabei der weittragenden Bedeutung der Entschlüsse, die dort gefaßt wurden, bewußt. Der Kompaß für sein Urteil war allein sein Gewissen; doch sorgsame Überlegung und nüchterne Sachlichkeit leiteten sein Verhalten und Handeln. Wesentliche Merkmale seines Charakters waren der Zug zur Versenkung, sein Suchen nach Wahrheit, nach

dem Geist Gottes. Daraus erwuchsen Liebe, Verstehen und tiefes Verlangen nach Gerechtigkeit für alle Menschen. Während der Haft traf er die Entscheidung, zum Katholizismus zu konvertieren.
Nach der Aktion vom 20. Juli 1944 wurde Justus Delbrück Anfang August verhaftet. Es gelang ihm jedoch, sein Verfahren hinauszuzögern. Nach acht Monaten der Ungewißheit und des Bedrohtseins wurde er, da er noch nicht verurteilt war, während der Eroberung Berlins entlassen.

Mit den Worten: »Ich bin durch, ich bin wieder da!«, die er am 30. April 1945 in sein Tagebuch eintrug, begrüßte er die wiedergegebene Welt. Aber der Gedanke an die mitgefangenen Freunde, deren Rückkehr er vergeblich erhoffte, trieb ihn in unruhiger Suche umher.
Da erfolgte nach zwei Wochen seine erneute Verhaftung durch einen sowjetischen Offizier – angeblich nur für drei Tage, um einige Angaben über die Widerstandsbewegung und die Canarisgruppe zu machen.

Aber Justus Delbrück kehrte nicht zurück. Ende Oktober 1945 erlag er, nach dem Bericht eines Mitgefangenen, durch die Haft geschwächt, einer jähen Diphterieerkrankung im Lager Jamlitz bei Lieberose in der Niederlausitz.

HINWEISE ZUM SCHRIFTTUM TEIL I

Bücher und sonstige Quellen, denen Zitate entnommen wurden, sind in jeder biographischen Skizze angegeben. Dieser Bericht gibt darüber hinaus einen zusammenhängenden Überblick über die Literatur, deren Kenntnis für die Gestaltung der Porträtsammlung notwendig war.

Wie reich und vielfältig das Bild des Widerstands gegen die nationalsozialistische Herrschaft ist, zeigt ein Blick auf das umfängliche Schrifttum. Neben geretteten Zeugnissen der Toten stehen Erinnerungen der Überlebenden, Würdigungen von Freunden, erste historische Forschungen, Versuche zu dichterischer und filmischer Bewältigung sowie zur Gestaltung in Form von Hörspielen. Man kann wohl nicht sagen, daß der Widerstand in seiner Gesamtheit schon eine volle Erfassung und gültige Darstellung gefunden hätte. Dazu ist der Gegenstand zu vielfältig, sind seine Zusammenhänge zu verschlungen, haben vor allem die Unterdrückungs- und Vernichtungsmaßnahmen des totalen Staates zu sorgfältig alle Spuren oppositioneller Meinung auszulöschen gesucht und allen Gegnern in Gedanke und Tat die Schweigsamkeit der Verschwörer auferlegt.

Bald nach dem Zusammenbruch hat Rudolf Pechels aus intimer Kenntnis der Dinge geschriebenes Buch[1] einen größeren Ausschnitt beleuchtet und wichtige Zusammenhänge und Personenverbindungen aufgedeckt. In etwa die gleiche Zeit fällt der erste zusammenfassende und Aufsehen erregende Erfahrungsbericht[2] des Amerikaners Allen Welsh Dulles. Etwa ein Jahr später erschien in Amerika, nicht zuletzt auch zur Aufklärung der amerikanischen Öffentlichkeit, die bekannte Studie von Hans Rothfels[3]; ihre deutsche Ausgabe gibt einen guten Überblick über die verschiedenen Gruppen und die geschichtliche Entwicklung des Widerstandes durch die Jahre 1933 bis 1945, in dessen Mittelpunkt die Bemühungen des Kreisauer Kreises gerückt sind. Seither sind manche weiteren Unterlagen zugänglich geworden. In dem Werk von Eberhard Zeller[4] liegt eine umfangreiche Gesamtdarstellung der zum 20. Juli 1944 führenden Planungen, Ereignisse und Gestalten vor. Die Fülle des hier beigebrachten und ausgewerteten Materials deutet vor allem Stauffenberg und die Geschichte seiner Tat, doch findet auch die Vorgeschichte seit Becks ersten Versuchen von 1938 eine ausführliche Würdigung. Freilich wird dabei der Begriff des Widerstands weitgehend auf den Bereich der militärischen Opposition beschränkt. Darum sind die grundsätzlichen Erwägungen[5] zum Problem des Widerstandsrechts und der Widerstandspflicht, die später im Zusammenhang mit dem Remer-Prozeß angestellt wurden, für eine abgewogene Beurteilung von großer Bedeutung. Vor kurzem hat dann Guenther Weisenborn[6] in einem materialreichen Querschnitt durch die verschiedenen Gruppierungen, Erscheinungsformen und Äußerungen des Widerstandes die Aktivität linksradikaler Gruppen besonders ausführlich behandelt.

Vor und nach den Gesamtdarstellungen sind Bücher erschienen, die Dokumente, Biographien und Bilder der wichtigsten Gestalten der Widerstandsbewegung sammeln[7], ihre Erscheinung aus dem Prozeßbericht des Volksgerichtshofs anläßlich der Verhandlung gegen Witzleben und sieben andere Offiziere des 20. Juli erstehen lassen[8] oder dem Schicksal jüdischer Verfolgter gewidmet sind[9]. Unmittelbarer noch sprechen die Niederschriften der Beteiligten selbst, unter ihnen das Buch Fabian von Schlabrendorffs[10], des Mitarbeiters Tresckows, das die tragische Geschichte der militärischen Oppositions- und Attentatsversuche erzählt, das Tagebuch Ulrich von Hassells[11], das von den Verbindungen und Planungen in der Umgebung des Auswärtigen Amtes einen unmittelbaren Eindruck gibt, die breiten, mehrfach angefochtenen Erinnerungen des Mittelsmannes Hans Bernd Gisevius[12] und schließlich auch eine etwas romanhaft ausgestaltete Biographie von Canaris[13]. In die Anfänge der aktiven militärischen Opposition führen Foersters reich dokumentierte, jedoch mit Kriegsausbruch abbrechende Studie über Beck[14] und die

Bücher von Kielmansegg und Foertsch[15] über den Fritsch-Prozeß von 1938, diese erste sichtbare Krise im Verhältnis zwischen Wehrmacht und Hitler.

Der große Bereich des Kirchenkampfes und die Gestalten des christlichen Widerstands haben in zahlreichen Teilveröffentlichungen Würdigung gefunden, wenngleich eine zusammenfassende Darstellung nach dem Charakter dieser Bewegung, die oft ganz in der isolierten Entscheidung des Einzelnen begründet ist und doch weiteste Kreise der Bevölkerung erfaßt hat, schwer möglich erscheint. Hier können nur stellvertretend einige Schriften genannt werden, in denen der Akzent nicht so sehr auf den historisch-wissenschaftlichen als vielmehr auf den menschlichen und religiösen Aspekten des Gegenstands liegt. Zu den Gedenk- und Rechenschaftsbüchern der evangelischen Kirche[16], der Zusammenfassung offizieller und persönlicher katholischer Widerstandsdokumente besonders im Bereich des Bistums Berlin[17], den Erinnerungen des evangelischen Gefängnispfarrers von Tegel[18] und zahlreichen Biographien – besonders des Pfarrers Paul Schneider und des Bischofs Graf von Galen[19], des Paters Franz Reinisch und des Verlegers Fritz Michael Gerlich[20] – treten Zeugnisse einzelner Gefangener[21], aus denen vor allem die Betrachtungen, Briefe und Gedichte Dietrich Bonhoeffers herausragen[22]. Diesem Buch ist der Bericht von Inge Scholl[23] zur Seite zu stellen, der dem Kreis um Hans und Sophie Scholl, Christoph Probst, Willi Graf, Kurt Huber, Alexander Schmorell gewidmet ist. Hier reiht sich auch das Gedenkbuch der Freunde Kurt Hubers ein[24]. Schließlich entfalten die Erinnerungen von Thadden-Trieglaffs und Liljes noch Ausblicke auf Kirchenkampf, Terror und Haft im Zeichen christlicher Verantwortung[25].

In der Mitte zwischen dem Bekenntnis des christlichen Widerstands und der unmittelbaren politischen Aktivität gegen Hitler stehen die letzten Briefe Moltkes[26]; sie lassen einen Blick tun in die Gedanken des Kreisauer Kreises, dessen Pläne zur sozialen und christlichen Erneuerung Deutschlands uns Theodor Steltzers Aufsätze[27] zugänglich machen. Dagegen ist der Kreis der sozialistischen und gewerkschaftlichen Widerstandsbewegung noch wenig erhellt. Hier bedeuten die durch Aufzeichnungen seiner Freunde bereicherten und ergänzten Niederschriften Julius Lebers[28], die den Sozialdemokraten aus dem Kampf um Weimar in die Gefängnisse und Konzentrationslager Hitlers begleiten, einen ersten wichtigen Beitrag. Ferner hat Otto John aus der Erfahrung der Zusammenarbeit ihm sowie Leuschner, Mierendorff, Haubach, Reichwein und auch Moltke aufschlußreiche Skizzen gewidmet[29]. Auch Axel von Harnacks Schrift[30] über seinen Bruder Ernst und Emil Henks Bericht[31] über die Vorbereitung des 20. Juli gehören in diesen Zusammenhang.

Die Bücher, von denen hier gesprochen wurde und denen noch manches angefügt werden könnte[32], sind nicht nur Dokumente der inneren Entwicklung deutscher Politik während des nationalsozialistischen Regimes. Sie sind zugleich Zeugnisse zutiefst angefochtenen und doch aufrechten, unzerstörbaren Menschentums in einem Zeitalter der Zerstörung.

[1] Rudolf Pechel, Deutscher Widerstand, Erlenbach-Zürich 1947.

[2] Allen Welsh Dulles, Verschwörung in Deutschland, Zürich 1948 (ursprüngliche amerikanische Ausgabe 1947).

[3] Hans Rothfels, Die deutsche Opposition gegen Hitler, Krefeld 1949 (ursprüngliche amerikanische Ausgabe 1948).

[4] Eberhard Zeller, Geist der Freiheit, Der zwanzigste Juli, München 1952 (mit einem Literaturverzeichnis).

[5] Die Gutachten sind abgedruckt in: Geist und Tat, Monatsschrift für Recht, Freiheit und Kultur, 7 (1952), S. 193–224. Vgl. auch Walter Dirks, Widerstand, Landesverrat, Hochverrat, in: Frankfurter Hefte, 6/1951, S. 475ff.

[6] Günther Weisenborn, Der lautlose Aufstand, Bericht über die Widerstandsbewegung des deutschen Volkes 1933–1945, Hamburg 1953.

[7] 20. Juli 1944. Herausgegeben von Hans Royce, Bonn 1953.

[8] Die Wahrheit über den 20. Juli. Herausgegeben von Eugen Budde und Peter Lütsches, Düsseldorf 1952.

[9] Den Unvergessenen, Opfer des Wahns 1933 bis 1945, Heidelberg 1952.

[10] Fabian von Schlabrendorff, Offiziere gegen Hitler. Herausgegeben von Gero von Schulze-Gävernitz, Zürich 1947, 2. Auflage 1950.

[11] Ulrich von Hassell, Vom anderen Deutschland. Aus den nachgelassenen Tagebüchern 1938 bis 1944, Zürich 1946.

[12] Hans Bernd Gisevius, Bis zum bitteren Ende, 2 Bände, Zürich 1946. 2. Auflage, Hamburg 1948.

[13] K. H. Abshagen, Canaris, Patriot und Weltbürger, Stuttgart, 9.–11. Tausend 1950.

[14] Wolfgang Foerster, Generaloberst Ludwig Beck, Sein Kampf gegen den Krieg, 2. erweiterte Auflage, München 1953.

[15] Johann A. Graf von Kielmansegg, Der Fritschprozeß 1938, Ablauf und Hintergründe, Hamburg 1949.
Hermann Foertsch, Schuld und Verhängnis, Die Fritschkrise als Wendepunkt der nationalsozialistischen Zeit, Stuttgart 1951.

[16] Kirchliches Jahrbuch für die Evangelische Kirche in Deutschland, 1933–1944, Gütersloh 1948.
Und folget ihrem Glauben nach, Gedenkbuch für die Blutzeugen der Bekennenden Kirche. Herausgegeben von Bernhard H. Forck, Stuttgart 1949.
Heinrich Hermelink, Kirche im Kampf, Dokumente des Widerstands und des Aufbaus der Evangelischen Kirche in Deutschland von 1933 bis 1945, Stuttgart 1950.
Wilhelm Niemöller, Kampf und Zeugnis der Bekennenden Kirche, Bielefeld 1948.

[17] Dokumente aus dem Kampf der Katholischen Kirche im Bistum Berlin gegen den Nationalsozialismus. Herausgegeben vom Bischöflichen Ordinariat Berlin, Berlin 1946.
Blutzeugen des Bistums Berlin. Herausgegeben von Heinz Kühn, Berlin 1952.
Im Schatten des Galgens, Zum Gedächtnis der Blutzeugen in der nationalsozialistischen Kirchenverfolgung, zusammengestellt von Walter Adolph, Berlin, 2. Auflage 1953.
Wo seine Zeugen sterben,, ist sein Reich. Briefe der enthaupteten Lübecker Geistlichen und Berichte von Augenzeugen, zusammengestellt von Josef Schäfer S. J., Hamburg 1946.

[18] Die letzten Stunden, Erinnerungen des Gefängnispfarrers Harald Poelchau, Berlin 1949.

[19] Der Prediger von Buchenwald, Das Martyrium Paul Schneiders. Herausgegeben von Heinrich Vogel, Berlin 1953.
Heinrich Portmann, Kardinal von Galen, Ein Gottesmann seiner Zeit, 2. Auflage, Münster 1950.

[20] Heinrich Kreutzberg, Franz Reinisch, Ein Martyrer unserer Zeit, Limburg 1952.
Erwein Frhr. von Aretin, Fritz Michael Gerlich, Ein Martyrer unserer Tage, München 1949.

[21] Als Beispiele seien genannt: Gedichte von Hans Lehnert und Hilde Meisel, Hamburg 1950.
Max Josef Metzger, Gefangenschaftsberichte, eingeleitet und herausgegeben von Hannes Bäcker, Meitingen bei Augsburg, 2. Auflage 1948.

[22] Dietrich Bonhoeffer, Widerstand und Ergebung, Briefe und Aufzeichnungen aus der Haft. Herausgegeben von Eberhard Bethge, München 1951.
Auf dem Wege zur Freiheit, Dietrich und Klaus Bonhoeffer, Gedichte und Briefe aus der Haft, Berlin 1946.

[23] Inge Scholl, Die Weiße Rose, Frankfurt am Main, 7. Auflage 1952.

[24] Kurt Huber zum Gedächtnis. Bildnis eines Menschen, Denkers und Forschers, dargestellt von seinen Freunden, herausgegeben von Clara Huber, Regensburg 1947.

[25] Reinhold von Thadden-Trieglaff. Auf verlorenem Posten? Ein Laie erlebt den evangelischen Kirchenkampf im Hitlerdeutschland, Tübingen 1948.
Hanns Lilje, Im finsteren Tal, Nürnberg 1947.

[26] Helmuth James Graf von Moltke, Letzte Briefe aus dem Gefängnis Tegel, Berlin, 4. Auflage 1953.

[27] Theodor Steltzer, Von deutscher Politik, Dokumente, Aufsätze und Vorträge. Herausgegeben von Friedrich Minssen, Frankfurt am Main 1949.

[28] Ein Mann geht seinen Weg, Schriften, Reden und Briefe von Julius Leber. Herausgegeben von seinen Freunden, Berlin 1952.

[29] Otto John in: Blick in die Welt, Heft 7, 9, 10, 11. Vgl. In Memoriam Carlo Mierendorff. Herausgegeben von Kasimir Edschmid, Darmstadt 1947 (mit einer Rede Haubachs vom 22. Februar 1944). Carl Zuckmayer, Carlo Mierendorff, Porträt eines deutschen Sozialisten, Berlin 1947.

[30] Axel von Harnack, Ernst von Harnack 1888–1945. Ein Kämpfer für Deutschlands Zukunft, Schwenningen am Neckar 1951.

[31] Emil Henk, Die Tragödie des 20. Juli 1944, Ein Beitrag zur politischen Vorgeschichte, Heidelberg, 2. Auflage 1946.
Zu erwähnen wäre noch als Erlebnisbericht aus dem Bereich des kommunistischen Widerstands: Friedrich Schlotterbeck, Je dunkler die Nacht, desto heller die Sterne, Erinnerungen eines deutschen Arbeiters, Zürich 1945 (Berlin 1948).

[32] Vgl. jetzt besonders Max Braubach, Der Weg zum 20. Juli 1944. Ein Forschungsbericht, in: Veröffentlichungen der Arbeitsgemeinschaft für Forschung des Landes Nordrhein-Westfalen, Heft 13 (1953), auch als Beilage zu: Das Parlament, vom 15. Juli 1953.
Ferner: Werner Conze, Die deutsche Opposition gegen Hitler, Literaturbericht, in: Politische Literatur 5/6 (1953), S. 210–215.
Georg Stadtmüller, Zur Geschichte der Deutschen Militäropposition 1938 bis 1945, in: Saeculum IV, Heft 4 (1953), S. 437–449.

LITERATUR ZU TEIL II

Bekenntnis und Verpflichtung, Reden zur 10jährigen Wiederkehr des 20. Juli 1944. Stuttgart 1955.
Du hast mich heimgesucht bei Nacht, Abschiedsbriefe und Aufzeichnungen des Widerstandes 1933–1944. Hrsg. von Hellmuth Gollwitzer, Käthe Kuhn, Reinhold Schneider. München 1954
Krausnick, Helmut: Zur Geschichte und Bedeutung des 20. Juli. In: »Aus Politik und Zeitgeschichte«, Beilage zur Wochenzeitung »Das Parlament«, 29. 9. 1954.
Ritter, Gerhard: Carl Goerdeler und die deutsche Widerstandsbewegung. Stuttgart 1954.
Die Vollmacht des Gewissens. Hrsg. von der Europäischen Publikation e. V. München 1956.

Zur Gestaltung der Lebensbilder brachten neben der Direktbefragung Aufschlüsse:

Abshagen, Karl Heinz: Canaris. Stuttgart 1950.
Buber-Neumann, Margarete: Als Gefangene bei Stalin und Hitler. Köln 1952.
Erkelenz, Anton, Hrsg.: »Die Hilfe«, Wochenschrift für Politik, Literatur und Kunst, 1930–1933.
Hassell, Ulrich von: Vom anderen Deutschland, Aus den nachgelassenen Tagebüchern 1938–1944. 3. Auflage, Zürich/Freiburg/Br. 1946.
Kast, Augustin: Die Badischen Martyrerpriester. Karlsruhe 1949.
Koerbling, Anton: Pater Rupert Mayer. München 1954.
Leverkuehn, Paul: Der geheime Nachrichtendienst der Wehrmacht im Kriege. Frankfurt/M. 1957.
Litten, Irmgard: A mother fights Hitler. London 1942. (Deutsche Ausgabe: Eine Mutter kämpft gegen Hitler. Rudolfstadt 1947.)
Lorenz, Georg: Die Penzberger Mordnacht, zusammengestellt nach den Presseberichten des »Hochland-Boten«, Garmisch-Partenkirchen 1948.
Miller, Max: Eugen Bolz, Staatsmann und Bekenner. Stuttgart 1951.
Müller, Otto: Der Sozialismus in Deutschland, und: Die Entwicklung der Volkswirtschaft. München-Gladbach 1920/1921.
Poll, Bernhard, Hrsg.: Das Schicksal Aachens im Herbst 1944, Authentische Berichte. Aachen 1954.
Portmann, Heinrich: Kardinal von Galen, Ein Gottesmann seiner Zeit. 3. Auflage, Münster 1953.

Portmann, Heinrich: Dokumente um den Bischof von Münster. Münster 1948.
Schramm, Wilhelm Ritter von: Der 20. Juli in Paris. Bad Wörishofen 1953.
Speidel, Hans: Invasion 1944. 3. Auflage, Tübingen/Stuttgart 1950.
Steil, Gusti: Ludwig Steil. Bielefeld o. J.
Vogel, Heinrich, Hrsg.: Der Prediger von Buchenwald, Das Martyrium Paul Schneiders. Berlin 1954.

Im weiteren dienten zur Orientierung für die einzelnen Bereiche:

Arbeiterbewegung:

Anderson, Evelyn: Hammer oder Amboß, Zur Geschichte der deutschen Arbeiterbewegung. Nürnberg 1948.
Boehme, Theodor: Die christlich-nationale Gewerkschaft, ihr Werden, Wesen und Wollen. Stuttgart 1930.
Brill, Hermann: Gegen den Strom. Offenbach 1946.
Buttinger, Joseph: Am Beispiel Österreichs. Köln 1953.
Edinger, Lewis B.: German Exile Politics. Berkeley und Los Angeles 1956.
Joos, Josef: Am Räderwerk der Zeit, Erinnerungen aus der katholischen und sozialen Bewegung und Politik. Augsburg 1951.
Leber, Julius: Ein Mann geht seinen Weg, Reden, Schriften, Briefe. Gesammelt und herausgegeben von seinen Freunden. Berlin 1952.
Material zu einem Weißbuch der deutschen Opposition gegen die Hitler-Diktatur. Hrsg. von der Londoner Vertretung des SPD-Parteivorstandes. London 1946.
Matthias, Erich: Der Untergang der Sozialdemokratie 1933. In: »Vierteljahreshefte für Zeitgeschichte«, 4, 1956.
Matthias, Erich:: Sozialdemokratie und Nation. Stuttgart 1952.
Mayer, Paul: Das Jahrhundert der entwurzelten Menschen (Deutsche Flüchtlinge nach 1933). In: »Die Neue Zeitung«, 9. 4. 1951.
Sopade-Bericht, Hrsg. von der Sozialdemokratischen Partei Deutschlands, Partei-Vorstand. Prag 1936.
Spliedt, Franz: Die Gewerkschaften, Entwicklung und Erfolge, Wiederaufbau seit 1945. Hamburg 1949.
Streiflichter zur Geschichte der Wahlen im 3. Reich, Dokumentation. In: »Vierteljahrshefte für Zeitgeschichte«, 3, 1955.
Vor zwanzig Jahren, Zerschlagung der deutschen Parteien. In: »Dokumentation der Zeit«, 1933, H. 50, 15. 7. 1953.
Wesemann, Fred: Kurt Schumacher, Ein Leben für Deutschland. Frankfurt/M. 1952.
Zur Politik deutscher Sozialisten, politische Kundgebungen und programmatische Richtlinien. Hrsg. von der Union deutscher Sozialistischer Organisationen in Groß-Britannien. London 1945.

Kirchenkampf:

Adolph, Walter: Im Schatten des Galgens, Zum Gedächtnis der Blutzeugen in der nationalsozialistischen Kirchenverfolgung. Darstellung und Dokumente. 2. Auflage, Berlin 1953.
Bell, George: Die Kirche und die Widerstandsbewegung. Sonderdruck aus »Evangelische Theologie«, H. 7, Juli 1957.
Bonhoeffer, Dietrich: Widerstand und Ergebung, Briefe und Aufzeichnungen aus der Haft. Hrsg. von Eberhard Bethge. München 1952.
Buchheim, Hans: Glaubenskrise im 3. Reich. Stuttgart 1953.
Dokumente aus dem Kampf der katholischen Kirche im Bistum Berlin gegen den Nationalsozialismus. Berlin 1946.
Forck, Bernhard H., Hrsg.: Und folget ihrem Glauben nach, Gedenkbuch für die Blutzeugen der Bekennenden Kirche. Stuttgart 1949.
Gauger, Martin: Bekenntnis und Kirchenregiment. Elberfeld 1936.
Hermelink, Heinrich: Kirche im Kampf, Dokumente des Widerstandes und des Aufbaus der Evangelischen Kirche in Deutschland von 1933–1945. Stuttgart 1950.
Kirchliches Jahrbuch für die evangelische Kirche in Deutschland 1933–1944. Gütersloh 1948.
Konrad Kardinal von Preysing, Bischof von Berlin, Zur Vollendung seines 70. Lebensjahres. Berlin 1950.
Kühn, Heinz: Blutzeugen des Bistums Berlin. Berlin 1952.

Kupisch, Karl: Zwischen Idealismus und Massendemokratie, Eine Geschichte der evangelischen Kirche in Deutschland von 1815–1945. Berlin 1955.
Neuhäusler, Johann: Kreuz und Hakenkreuz, Der Kampf des Nationalsozialismus gegen die katholische Kirche und der kirchliche Widerstand. 2. Auflage, München 1946.
Niemöller, Wilhelm: Die evangelische Kirche im Dritten Reich, Handbuch des Kirchenkampfes. Bielefeld 1956.
Niemöller, Wilhelm: Kampf und Zeugnis der Bekennenden Kirche. Bielefeld 1948.
Rauschning, Hermann: Gespräche mit Hitler. Zürich/Wien/New York 1940.

Kommunismus:

Borkenau, Franz: Der europäische Kommunismus, Seine Geschichte von 1917 bis zur Gegenwart. München 1952.
Buschmann, Hugo: De la résistance au défaitisme. In: »Les Temps Modernes«, nos. 46–47, Août-Septembre 1949, Paris.
Flechtheim, Ossip K.: Die Kommunistische Partei Deutschlands in der Weimarer Republik. Offenbach/M. 1948.
Koestler, Arthur: Die Geheimschrift. Bericht eines Lebens, 1932–1940. Wien/München/Basel 1955.
Schlotterbeck, Friedrich: Je dunkler die Nacht, desto heller die Sterne. Erinnerungen eines deutschen Arbeiters. Berlin 1948.
Wolff, Richard: Der Reichstagsbrand 1933, Ein Forschungsbericht. In: »Aus Politik und Zeitgeschichte«, Beilage zur Wochenzeitung »Das Parlament«, 18. 1. 1956.

Zum informativen Vergleich wurden an Veröffentlichungen aus den sowjetisch besetzten deutschen Gebieten eingesehen:

». . . besonders jetzt tu deine Pflicht!«, Briefe von Antifaschisten, geschrieben vor ihrer Hinrichtung. VVN-Verlag, Berlin-Potsdam 1948.
Dimitroff, Georgi: Reichstagsbrandprozeß. Verlag Neuer Weg. Berlin 1946.
Hermlin, Stephan: Die erste Reihe. Verlag Neues Leben. Berlin o. J.
Kühn, Kurt: Die letzte Runde, Widerstandsgruppe NKFD. VVN-Verlag. Berlin-Potsdam 1949.
Lehmann, Klaus: Widerstandsgruppe Schulze-Boysen-Harnack. VVN-Verlag. Berlin 1948.
Plesse, Werner: Zum Antifaschistischen Widerstandskampf in Mitteldeutschland (1939–1949). In: »Zeitschrift für Geschichtswissenschaft«, H. 2, 1954.

Bürgerbereich:

Aretin, Erwein von: Krone und Ketten, Erinnerungen eines bayerischen Edelmannes. München 1955.
Buchheim, Karl: Leidensgeschichte des zivilen Geistes. München 1951.
Drews, Richard, und Alfred Kantorowicz: Verboten und Verbrannt, Deutsche Literatur 12 Jahre unterdrückt. Berlin-München 1947.
Ein Jahrhundert Frankfurter Zeitung, Begründet von Leopold Sonnemann. In: »Gegenwart«, 20. 10. 1956 (Sonderheft).
Kordt, Erich: Nicht aus den Akten. Stuttgart 1950.
Krausnick, Helmut: Der 30. Juni 1934, Bedeutung – Hintergründe – Verlauf. In: »Aus Politik und Zeitgeschichte«, Beilage zur Wochenzeitung »Das Parlament«, 30. 6. 1954.
Litt, Theodor: The National Socialist Use of Moral Tendencies in Germany. In: The Third Reich. London 1955.
Meinecke, Friedrich: Die deutsche Katastrophe, Betrachtungen und Erinnerungen. 2. Auflage, Wiesbaden 1946.
Pechel, Rudolf: Zwischen den Zeilen, Der Kampf einer Zeitschrift für Freiheit und Recht 1932–1942. Wiesentheid 1948.
Pross, Helge: Die deutsche akademische Emigration nach den Vereinigten Staaten 1933–1941. Berlin 1955.
Sell, Friedrich E.: Die Tragödie des deutschen Liberalismus. Stuttgart 1953.

Zum Kreisauer Kreis:

Gerstenmaier, Eugen: Der Kreisauer Kreis. In: 20. Juli 1944. Hrsg.: Von der Bundeszentrale für Heimatdienst, Bonn 1954.
Hammer, Walter: Theodor Haubach zum Gedächtnis. Berlin 1955.
Moltke, Helmuth James Graf von: Letzte Briefe aus dem Gefängnis Tegel. Berlin 1950.
Steltzer, Theodor: Von deutscher Politik. Frankfurt/M. 1949.

Wengler, Wilhelm: Helmuth James Graf von Moltke (1906–1945). In: »Die Friedenswarte« Nr. 6, 1948.

Wehrmacht:

Erfurth, Waldemar: Die Geschichte des deutschen Generalstabs 1918–1945. Göttingen 1956.
Foerster, Wolfgang: Generaloberst Ludwig Beck, Sein Kampf gegen den Krieg. Aus nachgelassenen Papieren des Generalstabschefs. München 1953.
Kosthorst, Erich: Die deutsche Opposition gegen Hitler zwischen Polen- und Frankreichfeldzug. Bonn 1955.
Krausnick, Helmut: Vorgeschichte und Beginn des militärischen Widerstandes gegen Hitler. In: »Aus Politik und Zeitgeschichte«, Beilage zur Wochenzeitung »Das Parlament«. 7. und 14. 7. 1954, 9. und 16. 11. 1955.
Schlabrendorff, Fabian von: Offiziere gegen Hitler. Zürich 1946.
Schüddekopf, Otto Ernst: Das Heer und die Republik. Frankfurt/M. 1955.
Trevor-Roper, Hugh: Hitlers letzte Tage. Zürich 1948.
Wheeler-Bennett, John W.: Die Nemesis der Macht. Die deutsche Armee in der Politik 1918 bis 1945. Düsseldorf 1954. (Originalausgabe: The Nemesis of Power, London.)

Judenverfolgung:

Adler, H. G.: Theresienstadt 1941–1945, Das Antlitz einer Zwangsgemeinschaft. Tübingen 1955.
Baeck, Leo: Festschrift zum 80. Geburtstag von Rabbiner Leo Baeck. Hrsg. vom Council for the protection of the rights and interests of Jews from Germany. London 1953.
Blau, Bruno: Das Ausnahmestrafrecht für die Juden in Deutschland 1933–1945. 2. Auflage, Düsseldorf 1954.
Graml, Hermann: Der 9. November 1938, »Reichskristallnacht«. In: »Aus Politik und Zeitgeschichte«, Beilage zur Wochenzeitung »Das Parlament«, 11. 11. 1953.
Krausnick, Helmut: Zur Zahl der jüdischen Opfer des Nationalsozialismus. In: »Aus Politik und Zeitgeschichte«, Beilage zur Wochenzeitung »Das Parlament«, 11. 8. 1954.
Poliakov, Léon, und Wulf, Josef: Das Dritte Reich und die Juden, Dokumente und Aufsätze. Berlin 1955.
Reutlinger, Gerald: Die Endlösung, Hitlers Versuch der Ausrottung der Juden Europas 1939–1945. Berlin 1956. (Originalausgabe: The Final Solution, London 1953.)
Den Unvergessenen, Opfer des Wahns 1933–1945, Ein Gedenkbuch, herausgegeben von Hermann Maass und Gustav Radbruch. Heidelberg 1952.

Terrormethoden:

Adelsberger, Lucie: Auschwitz, Ein Tatsachenbericht. Berlin 1956.
Buchheim, Hans: Die SS in der Verfassung des Dritten Reiches. In: »Vierteljahrshefte für Zeitgeschichte« 3, 1955.
Catalogue of Camps and Prisons in Germany and German-Occupied Territories, September 1939–May 1945. Prepared by International Tracing Service, Records Branch, Documents Intelligence Section, Arolsen 1949/1950/1951.
Koch, Jürgen R.: Die Todesstrafe unter nationalsozialistischer Strafrechtsherrschaft. Jur. Diss. Heidelberg 1949.
Kogon, Eugen: Der SS-Staat, Das System der deutschen Konzentrationslager. Frankfurt/M. 1946.
Poller, Walter: Arztschreiber in Buchenwald, Bericht des Häftlings 996 aus Block 39. Hamburg 1946.
Pueschel, Wilhelm: Der Niedergang des Rechts im Dritten Reich. 2. Auflage. Reutlingen 1947.
Die Stimme des anderen Deutschlands, zusammengestellt von Angehörigen der deutschen Widerstandsbewegung. Oberhausen/Rheinland o. J.
Wormser, Olga, und Michel, Henri: Tragédie de la Déportation 1940–1945. Paris 1954.

Aufschlüsse zur historischen Entwicklung gaben:

Bracher, Karl Dietrich: Die Auflösung der Weimarer Republik, Eine Studie zum Problem des Machtverfalls in der Demokratie. Stuttgart/Düsseldorf, 2. Auflage, 1957.
Bracher, Karl Dietrich: Stufen totalitärer Gleichschaltung, Die Befestigung der nationalsozialistischen Herrschaft 1933/1934. In: »Vierteljahrshefte für Zeitgeschichte« 4, 1956.
Brandt, Willy, und Löwenthal, Richard: Ernst Reuter, Ein Leben für die Freiheit. München 1957.

Bullock, Alan: Hitler, Eine Studie über Tyrannei. Düsseldorf 1953. (Originalausgabe: A Study in Tyranny, London 1952.)
Haecker, Theodor: Tag- und Nachtbücher 1939–1945. München 1947.
Hofer, Walther: Die Entfesselung des zweiten Weltkrieges, Eine Studie über die internationalen Beziehungen im Sommer 1939. Stuttgart 1954.
Rosenberg, Arthur: Entstehung und Geschichte der Weimarer Republik. Frankfurt/M. 1955.
Muhlen, Norbert: Zweimal Deutschland, Köln 1955. (Originalausgabe: The Return of Germany, 1953.)
The Third Reich. Hrsg. vom International Council for Philosophy and Humanistic Studies and with assistance of UNESCO. London 1955.
Severing, Carl: Mein Lebensweg, 2 Bde., Köln 1950ff.
Stampfer, Friedrich: Die vierzehn Jahre der ersten deutschen Republik. 3. Auflage, Hamburg 1953.

WICHTIGE NEUERE BÜCHER*

Bibliographie: Büchel, Regine: Der deutsche Widerstand im Spiegel der Fachliteratur, München 1975, 215 Seiten.
Adolph, Walter: Geheime Aufzeichnungen aus dem nationalsozialistischen Kirchenkampf 1935–1945, Mainz 1980[2], 304 Seiten.
Albrecht, Dieter (Hrsg.): Katholische Kirche im Dritten Reich. Eine Aufsatzsammlung zum Verhältnis von Papsttum, Episkopat und deutschen Katholiken zum Nationalsozialismus 1933–1945, Mainz 1976.
Baumgärtner, Raimund: Weltanschauungskampf im Dritten Reich. Die Auseinandersetzungen der Kirchen mit Alfred Rosenberg, Mainz 1977, 272 Seiten.
Beck, Dorothea: Julius Leber, Sozialdemokrat zwischen Reform und Widerstand, Berlin 1983.
Beckmann, Joachim (Hrsg.): Kirchliches Jahrbuch für die Evangelische Kirche in Deutschland 1933–1944, Gütersloh 1976.
Bethge, Eberhard: Dietrich Bonhoeffer. Theologe, Christ, Zeitgenosse, München 1978[4], 1099 Seiten.
Bracher, Karl Dietrich: Die deutsche Diktatur. Entstehung, Struktur, Folgen des Nationalsozialismus, Köln 1979[6], 589 Seiten.
ders.: Europa in der Krise. Innengeschichte und Weltpolitik seit 1917, Berlin 1979, 579 Seiten.

* Eine vollständige Bibliographie zum deutschen Widerstand wird im Auftrag der Forschungsgemeinschaft 20. Juli e.V. zur Zeit vorbereitet.

Bücheler, Heinrich: Hoepner. Ein deutsches Soldatenschicksal des zwanzigsten Jahrhunderts, Herford 1980, 228 Seiten.
Esters, Helmut & Pelger, Hans: Gewerkschafter im Widerstand, Hannover 1967.
Hanser, Richard: Deutschland zuliebe. Leben und Sterben der Geschwister Scholl. Die Geschichte der Weißen Rose, München 1980, 346 Seiten.
Hoffmann, Peter: Widerstand, Staatsstreich, Attentat. Der Kampf der Opposition gegen Hitler, München 1979[3], 1003 Seiten.
ders.: Widerstand gegen Hitler. Probleme des Umsturzes, München 1979, 104 Seiten.
Jacobsen, Hans-Adolf/Erich Zimmermann: 20. Juli 1944. Bonn 1961[5], 350 Seiten.
Kempner, Benedicta Maria: Nonnen unter dem Hakenkreuz. Leiden – Heldentum – Tod, Würzburg 1980.
Kettenacker, Lothar (Hrsg.): Das ›Andere Deutschland‹ im Zweiten Weltkrieg. Emigration und Widerstand in internationaler Perspektive, Stuttgart 1977, 258 Seiten.
Klotzbach, Kurt: Gegen den Nationalsozialismus. Widerstand und Verfolgung in Dortmund. Eine historisch-politische Studie, Hannover 1969.
Langbein, Hermann: ... nicht wie die Schafe zur Schlachtbank. Widerstand in den nationalsozialistischen Konzentrationslagern 1938–1945, Frankfurt 1980, 495 Seiten.
Leithäuser, Joachim G.: Wilhelm Leuschner. Ein Leben für die Republik, Köln 1962.

Löwenthal, Richard/Patrick von zur Mühlen (Hrsg.): Widerstand und Verweigerung in Deutschland 1933–1945, Bonn 1982, 317 Seiten.

Meier, Kurt: Der evangelische Kirchenkampf. Bd. 1: Der Kampf um die Reichskirche. Bd. 2: Gescheiterte Neuordnungsversuche im Zug staatlicher Rechtshilfe. Göttingen 1976, XV, 648 Seiten, VII 472 Seiten.

Müller, Christian: Oberst i. G. Stauffenberg. Eine Biographie, Düsseldorf 1971², 623 Seiten.

Nebgen, Elfriede: Jacob Kaiser. Der Widerstandskämpfer, Stuttgart 1970.

Petry, Christian: Studenten aufs Schafott. Die Weiße Rose und ihr Scheitern. München 1968.

Peukert, Detlev: Die Edelweißpiraten. Protestbewegungen jugendlicher Arbeiter im Dritten Reich, Köln 1980.

ders.: Die KPD im Widerstand. Verfolgung und Untergrundarbeit an Rhein und Ruhr 1933–1945, Wuppertal 1980.

Reichold, Ludwig: Arbeiterbewegung jenseits des totalen Staates. Die Gewerkschaften und der 20. Juli 1944, Wien 1965.

Rings, Werner: Leben mit dem Feind. Anpassung und Widerstand in Hitlers Europa 1939–1945, München 1979.

van Roon, Ger: Neuordnung im Widerstand. Der Kreisauer Kreis innerhalb der deutschen Widerstandsbewegung, München 1967.

Scheurig, Bodo: Henning von Tresckow. Eine Biographie, Frankfurt 1980, 268 Seiten.

Scholder, Klaus: Die Kirchen und das Dritte Reich, Frankfurt am Main 1977.

Schmidthenner, Walter, Buchheim, Hans (Hrsg.): Der deutsche Widerstand gegen Hitler, Köln-Berlin 1966.

Steinberg, Hans-Josef: Widerstand und Verfolgung in Essen 1933–1945, Bonn 1974.

Zipfel, Friedrich: Kirchenkampf in Deutschland 1933–1945, Berlin 1965.

Zwischen Widerstand und Anpassung. Kunst in Deutschland 1933–1945, hrsg. von der Akademie der Künste, Berlin 1978.

NAMENSREGISTER

Begrenzt auf Namen von Gegnern und Opfern des Nationalsozialismus sowie mit diesem Personenkreis befreundeten Menschen, ohne die in den einzelnen Lebensbildern genannten nächsten Angehörigen besonders aufzuführen.

NACHTRAG: Bei dem Bild des Unbekannten von Seite 203 handelt es sich vermutlich um den Major Gerhard Knaak (geboren am 19. Juni 1909), der zusammen mit dem General Fellgiebel, dem Oberst Hahn, dem Hauptmann Graf Drechsel und dem Grafen Lehndorff am 4. September 1944 vom Volksgerichtshof zum Tode verurteilt und wenige Stunden später hingerichtet wurde.

VERZEICHNIS DER PORTRAITS

TEIL I

Bekenntnis der Jugend

Gelebte Lehre

Arbeit und Opfer für den anderen

Der Staat und das Recht

TEIL II

Ausmaß der Katastrophe

Der Weg der demokratischen Linken

Gewerkschaftliche Solidarität

Ethos und Radikalismus

Tapfere Seelsorge